홍익인간

韓 中 日
역사 연대기 중심 총망라

7만년 역사

③

■ 조홍근(曺洪根)

경남 밀양(密陽) 무안(武安) 삼강동(三綱洞)이 고향이며, 마산(馬山)고등학교를 졸업하고, 서울대학교에서 섬유공학을 전공, 법학을 부전공하였다. 대검찰청, 서울지방검찰청, 서울북부검찰청 등에서 13년간 근무하였으며, 미국 애리조나 폴리그래프 스쿨을 수료하고, 한국방송대학교에서 법학, 중어중문학, 영어영문학, 미디어영상학, 국어국문학을 전공하였다.

1980년경부터 40여 년 동안 족보(族譜)와 한중일(韓中日) 역사를 연구해 오면서, 부도지(符都誌), 한단고기(桓檀古記), 규원사화(揆園史話), 단기고사(檀奇古史) 등 귀중한 역사자료를 통하여, 우리역사 1만년을 넘어 마고(麻姑) 시대를 포함한 72399년의 역사를 밝히고 정립하는 데 총력을 기울이고 있다.

홍익인간 7만년 역사 3

© 조홍근, 2021

1판 1쇄 인쇄__2021년 10월 1일
1판 1쇄 발행__2021년 10월 3일

지은이__조홍근
펴낸이__이종엽
펴낸곳__글모아출판
　　　　등록__제324-2005-42호

공급처__(주)글로벌콘텐츠출판그룹
　　　　대표_홍정표 이사_김미미 편집_하선연 권군오 최한나 문방희 기획·마케팅_김수경 이종훈 홍민지
　　　　주소__서울특별시 강동구 풍성로 87-6
　　　　전화__02) 488-3280 팩스__02) 488-3281
　　　　홈페이지__http://www.gcbook.co.kr
　　　　이메일__edit@gcbook.co.kr

값 28,000원
ISBN 978-89-94626-87-1 04910
ISBN 978-89-94626-92-5 04910(전5권 세트)

홍익인간

韓 中 日
역사 연대기 중심 총망라

7만년역사

③

조홍근(曺洪根) 편저

한국시대 9족(九族)의 분포지역

글모아출판

天符經

一始無始一　析三極無盡本　天一一地一二人一三　一積十鉅無匱化三　天二三地二三人二三　大三合六生七八九運　三四成環五七一妙衍　萬往萬來用變不動本　本心本太陽昂明人中　天地一一終無終一

우리 역사 속 10대 대발견

❶ 홍익인간(弘益人間) 천부(天符)의 역사는 마고성(麻姑城:파미르고원)의 마고(麻姑)시대인 서기전 70378년 계해년(癸亥年)부터 시작되었음을 최초로 밝혔음.

❷ 역법(曆法)이 시작된 해는 마고성(麻姑城)의 황궁씨(黃穹氏) 시대인 서기전 25858년 계해년(癸亥年)임을 밝혔으며, 서기전 70378년 계해년이 마고(麻姑) 기원(紀元:천부 天符)임을 밝혔음.

❸ 황궁씨를 이은 나반(那般:那般尊者:獨聖者)이 한국(桓國)시대 한인씨(桓因氏) 이전의 임금이던 유인씨(有因氏)이며, 한인씨 7대(代)가 약 1,000년을 다스렸다는 것임을 밝혔음.

❹ 윷놀이판의 모습이 천부경(天符經)의 무극, 삼태극, 운삼사성환오칠의 무한조화순환역(無限造化循環易) 및 음양오행(陰陽五行), 태양태음성력(太陽太陰星曆)이자 단군조선의 정치행정 구조를 나타낸 것임을 밝혔으며, 하도(河圖)와 낙서(洛書)가 배달나라 시대의 음양오행수리역(陰陽五行數理易)이며, 태호복희 8괘역과 윷놀이판의 역(易)이 지구의 자전(自轉)과 공전(公轉)을 기반으로 한 무한순환 역(易)임을 밝혔음.

❺ 천제(天帝), 천황(天皇: 天王), 천군(天君), 천공(天公), 천후(天侯), 천백(天伯), 천자(天子), 천남(天男)의 위계질서를 최초로 밝히고, 천제자(天帝子)와 천자(天子)의 차이점을 최초로 밝혔으며, 태호복희씨(太皞伏羲氏)가 일반 천자(天子)가 아니라 천지인(天地人) 삼신(三神)에게 제(祭)를 올리는 권한을 가진 제사장인 천군(天君)임을 밝혔음.

❻ 아리랑(阿里嶺) 민요의 원천이 되는 최초의 역사적 사실이 서기전 2333년 10월 3일 조선을 건국하기 이전에 있었던 당요(唐堯)의 전란(戰亂)으로 인하여 단군왕검(檀君王儉)께서 동북의 아사달로 이동한 과정임을 밝혔음.

❼ 고대중국의 천자로 불리는 황제헌원(黃帝軒轅) 및 요순우(堯舜禹)와 고대 일본 왜(倭)의 시조 신무왕(神武王)이 배달, 단군조선의 제후인 천자(天子)로서 독립을 시도한, 홍익인간 왕도 정치권에서 이탈한 역천자(逆天者)임을 밝혔음.

❽ 우비(禹碑:우 치수기념 부루공덕비)의 비문을 국내 최초로 역사적 해석을 하였는 바, 우비는 서기전 2267년 이후 우(禹)가 치수에 성공한 후 치수법(治水法)을 전수해 준 단군조선 태자 부루의 공덕을 새겨 남악(南嶽) 형산(衡山)에 세운 것임을 밝혔음.

❾ 일본 국조신(國祖神)인 천조대신(天照大神)의 사당인 이세신궁(伊勢神宮)에 소장된 원시 한글 축문을 국내 최초로 완벽 해독하고, 요하유로 기록된 천조대신이 단군조선 두지주(豆只州) 예읍(濊邑)의 추장(酋長)인 두지도리의 후손임을 밝혔음.

❿ 명도전(明刀錢) 등에 새겨진 문자를 단군조선 문자로서 최초로 해독한 학자 허대동 선생 〈저서 고조선 문자〉의 가림토(加臨土)의 연구에 검증차 참여하여 첨수도(尖首刀), 명도전이 단군조선의 화폐이며 그 위에 새겨진 문자가 단군조선의 상형 및 표음 문자임을 밝혔으며, 배달시대부터 상음문자(象音文字)가 사용되었고 숫자 등 기본 한자(漢字)의 원발음이 단군조선 시대의 가림토식 음독(音讀)임을 밝혔음. 그 외 다수

『홍익인간 7만년 역사』를 쓴 이유

一. 홍익인간 실현의 우리 상고사 상식화

二. 연대기 역사 중심의 신화가 아닌 사실적 역사 강조

三. 아놀드 토인비의 한국사 지위 설정 오류의 교정 및 올바른 세계사 정립

목 차

(제4권에 계속)

홍익인간
7만년역사

韓中日
역사 연대기 중심 총망라

제4편
단군조선(檀君朝鮮)
시대

단군조선과 고대중국의 관계역사

4. 단군조선(번한, 마한)과 하은주(夏殷周)의 관계역사

구이(九夷), 동이(東夷), 서이(西夷) 등 이(夷)라는 용어는 단군조선 자체에서 사용한 용어가 아니라 하은주(夏殷周) 등 고대중국이 부른 명칭이다. 즉 이들 명칭은 단군조선의 구족(九族)이자 구한(九桓) 즉 배달나라 구려(九黎) 또는 그 일부를 부른 명칭이 된다. 고대중국의 기록상으로는 주나라 춘추(春秋)시대 이전에는 단군조선 구족을 구이(九夷)로 적고 있으며, 전국(戰國)시대 이후에는 동이(東夷)라는 명칭으로 쓰고 있다. 이리하여 전국시대에 주(周) 나라 시대의 역사를 기록하면서 서기전 1199년경부터 중원(中原)에 자리 잡은 은(殷)나라를 기준으로 하여 은나라의 동쪽의 나라를 동이(東夷)라 적게 된다.

은나라의 서쪽의 제후국인 주나라는 서이(西夷)에 속한 것이 되는데, 서이는 곧 백이(白夷)로서 단군조선의 구족 중의 백족(白族)에 해당한다. 서이 근처에 견이(畎夷)가 있었는데 주나라 시대에는 이를 견융(犬戎)이라고도 불렀으며 황이(黃夷)의 일파이고, 그 외 기록되고 있는 종융(踵戎) 등은 서이(西夷) 또는 황이(黃夷:黃族)의 일부로서 단군조선 구족(九族)의 일파가 된다.

한단고기(桓檀古記)의 단군세기(檀君世紀), 번한세가(番韓世家), 마한세가(馬

韓世家)에는 하(夏)나라와 주(周) 나라는 단군조선에 조공(朝貢)을 하고 침범한 기록이 거의 없으나, 은(殷)나라는 단군조선에 조공을 하면서도 빈번히 단군조선을 침범하다가 정벌을 당한 것으로 기록되고 있다. 주나라 서주(西周)시대에는 단군조선과 전쟁기록이 보이지 않고, 춘추전국(春秋戰國)시대에 들어서 연나라와 제나라가 단군조선(번조선)의 서쪽 변경에서 단군조선과 전쟁한 기록이 나타난다.

통상 동이족(東夷族)이라 불리는 은(殷)나라보다 의외로 서이족(西夷族)인 주(周) 나라 특히 서주(西周)시대에는 단군조선과 관계가 좋았던 것으로 보이는데, 역사적으로 볼 때, 하(夏)나라는 단군조선의 가르침을 외면하고 항거하여 단군조선이 가르침을 주기를 포기하면서 시작된 나라이며, 은(殷)나라는 단군조선이 건국을 도운 나라임에도 반역하여 침범하기를 더 자주하였고, 주(周) 나라는 동이족 출신의 강태공(姜太公)이 주무왕(周武王)을 도와 세워졌는데, 춘추전국시대의 연(燕)나라, 제(齊)나라 외에는 단군조선과 관계가 거의 우호적이었던 것으로 보인다.

단군조선과 주나라의 우호적 관계는 공자(孔子)의 7세손(世孫)인 공자순(孔子順:공빈(孔斌))이 홍사(鴻史)의 서문(序文)에서 동이(東夷)와 중화(中華)가 우방(友邦)이었다라고 적은 것으로 보아 사실임을 느낄 수 있는데, 이는 아래위의 질서가 잡혀 있었기 때문에 가능한 일이었으며, 만약 주나라가 단군조선을 침범하곤 하였다면 당연히 단군조선은 이에 대하여 응징하였을 것이다.

아래에서 [중]으로 표시된 글은 중국사서의 기록이며, [한]은 한국 측 사서의 기록이다.

가. 단군조선과 하(夏)나라의 관계역사

(1) 우(禹)

1) 사공(司空) 우(禹)가 치수를 맡다

서기전 2280년 순(舜)임금 시절에 치수담당이었다가 공을 이루지 못한 책임으로 우산(羽山)에서 처형당한 곤(鯤)의 아들인 우(禹)는 순(舜)임금으로부터 사공(司

空)의 벼슬에 봉해져 서기전 2288년에 발발한 요순(堯舜)시대 대홍수(大洪水)의 치수(治水)를 맡았다. 곤이 치수를 맡은 서기전 2288년부터 처형당한 서기전 2280년까지 9년간 대홍수가 계속되었다 하여 소위 요순시대 9년 대홍수라 불린다. 사공(司空)이란 벼슬은 건설담당으로서 지금의 건설부(장관)에 해당한다.

2) 사공 우가 13년간 치수에 성공하지 못하다

사공(司空) 우(禹)는 서기전 2280년부터 서기전 2267년까지 13년간을 치수에 온 힘을 기울였다. 홍수가 난 흙탕물에 직접 뛰어들어 치수를 위한 온갖 방법을 다 모색하였다. 집을 지나쳐도 들어가지 않고 산기슭에서 잠을 자면서, 둑을 쌓고 허물고 하면서 물바다를 육지로 바꾸려고 무진 애를 썼다.[1]

그러나, 태산(泰山), 형산(衡山), 화산(華山), 항산(恒山)의 산정(山頂)에 올라 아래를 내려다보면 아직도 산은 훤히 트여 있으나 산 아래 땅은 보이지 않고 물바다 그대로였다. 백성들에게는 날이 갈수록 먹을 것이 없어지고 입을 것이 없어지고 잠 잘 곳이 없어졌다. 이대로 가면 중원천하의 백성들이 배를 굶고 추위에 떨며 전염병에 걸려 모두 목숨을 잃을 지경이 될 것이었다.

3) 사공 우가 치수에 관한 가르침을 구하다

사공(司空) 우(禹)는 13년간을 치수에 힘썼으나, 드디어 스스로 치수를 하는 데는 한계가 있음을 깨닫게 되었다. 그리하여 우는 방법을 모색하던 중 회계산(會稽山)에 올라 태호복희(太皞伏羲)의 신전(神殿)에 들러 기도를 올렸다. 그때 사공 우는 단서를 찾아내었다. 즉, 지혜 있는 선인(仙人)을 찾아 방법을 여쭙는 것이었다.

이리하여 사공 우는 자허선인(紫虛仙人)을 찾아뵙고는[2] 치수에 관한 가르침을

---

1) 소위 우 치수기념 부루공덕비 및 전게 십팔사략(상), 29쪽 참조
2) 전게 한단고기 〈태백일사/소도경전본훈〉, 231쪽 참조

달라 청하였다. 이에 자허선인은 치수법(治水法)을 담은 황부중경(黃部中經)이라는 책이 천조(天朝)에 있음을 알려 주었다. 그리고 천조(天朝)의 가르침을 받는 방법을 알려 주었다. 그 천조(天朝)는 곧 상국(上國)인 단군조선(檀君朝鮮) 조정(朝廷)을 가리키는 것이다.

4) 사공 우가 순(舜)임금에게 천조(天朝)에 구원(救援)을 요청하라 간하다

사공 우는 곧바로 순임금에게 달려가 자신의 치수에는 한계가 있음을 아뢰고 천조(天朝)에 구원을 요청하라 간하였다. 이에 순임금은 고민에 빠졌다. 자신이 불효한 아버지의 나라이며, 자신이 불충을 저지른 임금의 나라에 도움을 요청하는 일이었다. 스스로 중원천하의 최고 제왕(帝王)의 꿈을 이루려 하였으나 이제 와서 하늘의 도움 없이는 이루지 못함을 깨닫게 되었다. 이대로 가다간 중원천하의 백성들이 모두 물귀신이 될 것만 같았다. 이에 순은 마음을 고쳐먹었다.

5) 순(舜)이 천제(天帝)께 상소문을 올리다

사공 우(禹)의 절박하고도 마지막일 것 같은 간청을 들은 순임금은 천조(天朝)의 천제(天帝)께 22년간 지속된 대홍수를 물러가게 해달라며 치수에 관한 구원을 요청하는 상소문을 올렸던 것이 된다.

그동안 군신의 도리와 부자의 도리를 어겨 가며 중원천하(中原天下)의 자칭천자(自稱天子)가 된 순(舜)의 소행(所行)을 지켜보며 경계(警戒)하시던 단군왕검 천제(天帝)께서는, "소신의 중원천하(中原天下들) 백성이 또한 천제(天帝) 폐하의 백성이 아니옵니까? 바라옵건대 물바다에 빠진 천제 폐하의 백성들의 목숨을 구하여 주시옵소서!"라는 취지로 글을 쓴 구구절절한 상소문을 읽으시고[3], 태자 부루(太子扶婁)를 부르셨다. 천자 자리 찬탈자 순이 진정한 천자로 인정받는 순간이었다.

---

3) 절차상 당연한 것이 될 것이다.

6) 단군왕검 천제께서 태자 부루에게 중원천하 백성들을 구하라 명하시다

단군왕검 천제께서는 태자 부루에게 중원천하의 백성을 구할 것을 명하셨다. 이에 단군조선의 진한(眞韓)으로서 천제(天帝)의 섭정(攝政)이던 태자 부루는 단군왕검 천제로부터 명을 받잡고, 서쪽의 중원천하의 백성들을 구하기 위하여 만반의 준비를 하고서, 대홍수의 중심지가 되는 도산(塗山)을 향하여 길을 떠났다. 이때 단군왕검 천제께서는 104세였으며 순은 77세였고 태자 부루는 순과 엇비슷한 연세(年歲)였다.

당시 중원천하의 주변은 단군조선의 직할 영역이나 다름없었다. 즉 서쪽의 서안에서 북쪽의 태원을 거쳐 동쪽의 태산으로부터 다시 남쪽으로 양자강 하류에 걸치는 지역의 밖은 당요(唐堯)와 우순(虞舜)이 설치한 9주 또는 12주에 접하는 땅으로서 당(唐)나라나 우(虞)나라가 마음대로 할 수 없는 지역이었으므로, 순의 신하이던 우(禹)가 치수를 마무리하기에는 한계가 있었던 것이다.

이러한 사공 우의 치수에 관한 한계를 극복하는 비결책(秘訣策)을 지니고서, 태자 부루는 일행과 함께 행차하여 먼저 번한(番韓)의 수도 험독(險瀆)에 들러 번한 낭야(琅耶)의 영접을 받고, 이곳에서 반 달 간 머물면서 민정(民情)을 청문(聽聞)하였다. 이후 태자 부루는 번한 낭야를 대동하여 남쪽으로 향하였다.

7) 태산(泰山)에서 천제(天祭)를 올리게 하다

태자 부루는 남쪽으로 태산을 지나면서 (泰山)번한 낭야에게 태산(泰山)에 올라 천제(天祭)를 지내게 명하였다. 이때부터 산동지역의 태산에서 줄곧 천제(天祭)가 행하여졌으며, 후대의 한(漢) 나라 때까지 이어졌다.

특히 주(周) 나라 이후 소위 봉선(封禪)이라는 형태로 천제(天帝)가 행해졌다. 하(夏)나라와 은(殷)나라 때는 태산(泰山)이 단군조선의 직할 영역이었으나, 주(周)나라가 되면서 춘추전국 시대에 들어 어느 때인가 태산이 노(魯)나라에 속하였다가 제(齊)나라에 속하게 되었던 것이다. 이후 이 태산(泰山)에서 진시황(秦始皇)과 한

무제(漢武帝)도 봉선을 행하였다. 원래 봉선(封禪)은 천자(天子)가 스스로 천자(天子) 자리에 올랐음을 하늘 천제(天帝)께 고(告)하는 의식으로서 천제로부터 진정(眞正) 천자(天子)로 윤허(允許)받는 의식인 것이다.

8) 진한(眞韓) 태자 부루와 천자(天子) 순(舜)

태자 부루는 번한 낭야와 함께 낭야성(琅耶城)에 들렀다. 낭야성은 가한성(可汗城)이라고도 하는데, 지금의 청도(靑島)이다. 태자 부루는 이 낭야성에서 천자 순(舜)의 알현(謁見)을 받고 치수에 관한 보고를 받았다. 그리고 협시월(協時月) 즉 시간과 달력을 협의하여 맞추고 율도량형(律度量衡)을 맞추었다.

태자 부루는 진한(眞韓)이자 천제자(天帝子)로서 천왕격(天王格)의 임금이며, 순은 천자(天子)로서 천제(天帝)의 제후인 바, 천제(天帝), 천왕(天王), 천군(天君), 천공(天公), 천후(天侯), 천백(天伯), 천자(天子), 천남(天男)의 순으로 보면 하늘과 땅 차이가 되는 서열인 것이다. 즉 천자(天子)는 천왕격의 천제자(天帝子)가 아니라 천제(天帝)의 자작(子爵)이라는 제후(諸侯)가 되는 것이다. 태자 부루는 다시 일행을 거느리고 도산(塗山)으로 향하였다. 이에, 천자 순(舜)은 사공 우(禹)에게 명하여 도산회의(塗山會議)에 참석하여 가르침을 받도록 조치하였던 것이다.

9) 우(禹)가 100일 기도를 올리다

서기전 2267년에 사공(司空) 우(禹)는 천조(天朝:단군조선 조정)에서 천제(天帝)의 명으로 태자 부루께서 사자(使者)로 오신다는 소식을 들은 후 100일간 목욕 재계하며 기도를 올렸다.

백마제(白馬祭)를 올리기도 하며 온 정성을 다하여 삼신상제(三神上帝)와 천사(天使)께 제(祭)를 올렸다. 이리하여 천사(天使) 태자 부루께서 현몽을 하시어 "나는 현이(玄夷)의 창수사자(蒼水使者)니라."하시며 사공 우에게 믿음을 주시기도 하였다.4) 여기서 현이는 북쪽의 나라인 단군조선 진한(眞韓)을 가리키며, 창수(蒼水)는 검푸른 물을 뜻하여 북극수(北極水)를 가리킨다. 즉 태자 부루가 곧 천제자(天帝子)로서 삼신상제(三神上帝)이신 천제(天帝)의 사자(使者)임을 나타낸다.

10) 태자 부루께서 도산회의(塗山會議)를 주관하시다

회수(淮水)의 하류 쪽에 위치한 도산(塗山)의 회의장에 도착하신 태자 부루께서 회의를 주관(主管)하셨다. 이에 번한 낭야(琅耶)를 사회(司會)로 삼아, 사공 우(禹)에게 치수에 관한 가르침을 주고 치산치수에 관한 권한(權限)을 부여하였으며, 이에 더하여 천자 순(舜)이 이행하여야 할 사항들을 명(命)하고 조치(措置)하였다.

치수와 관련하여, 삼육대례(三六大禮)를 행한 사공(司空) 우(禹)에게 태자 부루께서 치산치수(治山治水)에 관한 전권(專權)을 상징하는 천부왕인(天符王印)과 물의 깊이를 재는 도구인 신침(神針)과 구체적인 치수법을 적은 홍범구주(洪範九疇) 등을 전수(傳授)하셨다.

또, 천자 순이 임의로 설치한 병주(幷州), 유주(幽州), 영주(營州) 중에서 병주는 그대로 두고, 유주와 영주를 폐지하여 단군조선의 직할 영역에 편입시켰다. 이때 유주 땅에는 지금의 북경(北京)과 천진(天津)을 중심으로 하는 고죽국(孤竹國)을 봉한 것이 되고, 영주는 산동지역에 있던 단군조선의 군국(君國)인 청구(靑邱) 또는 남국(藍國)에 붙인 것이 된다.

또한, 태자 부루께서 5년마다 순시할 때, 천자 순(舜)은 낭야성에 설치된 감우(監虞)에 들러 치수(治水) 등 우공(虞貢)의 사례(事例)를 보고토록 조치하였다.

그리고, 천자 순으로 하여금 산동지역과 양자강 지역에 걸쳐 있는 단군조선의 제후국들인 구려(九黎)의 분정(分政)들을 감독하는 권한을 부여하였다. 즉 천자 순(舜)을 최상의 천하왕(天下王)인 상천자격(上天子格)으로 인정한 것이었다. 여기서 천군국(天君國)인 청구(靑邱)와 남국(藍國)은 제외된다 할 것이다.

---

4) 오월춘추 〈무여외전〉 참조

11) 사공 우가 치수(治水)에 성공하고, 낙서(洛書)를 얻고 산해경(山海經)을 짓다

서기전 2267년 태자 부루로부터 치수법을 전수받은 사공 우는 체계적인 치산치수를 하여 22년 이상 끌어온 대홍수의 치수를 마무리하게 되었다.

천부왕인(天符王印)으로써 인력(人力)과 물자(物資)를 조달(調達)하였으며, 신침(神針)으로 물길을 잡고 둑을 만들고, 치수법(治水法)을 이용하여 물을 빼고 육지가 드러나도록 하였다. 이리하여 백성들은 활기를 되찾아 일상생활로 되돌아 가게 되었던 것이다.

사공 우는 치수공사를 하던 중 낙수(洛水)에서 음양오행수리(陰陽五行數理)의 그림를 얻었다. 이를 낙서(洛書)라고 부른다. 이 낙서는 곧 배달나라 시대부터 있어온 음양오행수리(陰陽五行數理)를 나타낸 도표(圖表)인 것이다. 즉, 홀수는 양(陽)이고 짝수는 음(陰)이며, 사방(四方)과 중앙, 팔방(八方)과 중앙에 따라 음양(陰陽)의 수(數)를 배치한 역(易)인 것이다.

즉, 1, 3, 9, 7은 양수(陽數)로서 태양(太陽)이 지구의 둘레를 왼쪽에서 오른쪽으로 즉 북동남서의 방향으로 도는 모습으로 배치되어 있고, 2, 4, 8, 6은 음수(陰數)로서 지구가 자전(自轉)하는 방향 즉 시계침이 도는 방향의 반대방향으로 배치되어 있는 것이다. 중앙은 5의 자리가 된다. 그리하여 수리 상으로 대각선은 물론 가로와 세로로 3개의 숫자 합이 모두 각각 15가 되며, 15라는 숫자는 1과 5을 합하면 6이 되어 천지인(天地人) 창조(創造)의 의미를 지니는 숫자가 되는 것이다.

서기전 3500년경에 태호복희(太皡伏羲)가 황하에서 얻었다는 하도(河圖)는 그 이전의 한국(桓國)시대부터 배달나라 시대에 내려온 음양오행수리역(陰陽五行數理易)으로서, 동서남북중의 오방(五方)에 1에서 10까지 음양의 수를 방향에 따라 배치한 역(易)인 것이다. 즉, 북남동서중의 순으로 1, 2, 3, 4, 5를 배치하고 다시 6, 7, 8, 9, 10을 순서대로 배치하고 있다. 이러한 배치는 우(禹)의 낙서(洛書)에서, 7과 9의 위치가 바뀌어 있으며, 2, 4, 8, 6의 음수가 45도 우회전한 상태에서 2와 4의 자리가 바뀐 형태가 되며 1, 3, 9, 7의 양수(陽數) 사이에 배치되어 있는 것이 된다.

또, 사공 우는 치수를 마친 후, 신하 백익(伯益)과 함께 온 산천을 돌아다니며 인문지리를 조사하여 책을 엮어 산해경(山海經)이라 하였으며, 순임금에게 보고하고 바치어, 순임금으로 하여금 5년마다 순시하는 천조(天朝)의 사자(使者)이신 태자 부루(太子扶婁)께 치수(治水)와 함께 우공(虞貢)의 사례(事例)로 보고토록 하였다.

중국기록에서는 마치 산해경(山海經)을 우(禹)가 하(夏)나라 왕(王)이던 시절에 만든 것이라 기록하고 있기도 하나, 이는 역사적 사실에 어긋나는 것이다. 즉 우가 지은 산해경은 서기전 2267년에서 서기전 2247년경 사이에 치수와 관련하여 지은 것이 되며, 우가 하나라 시조가 된 서기전 2224년보다 최소한 약 25년 이전에 지어진 것이다. 하나라가 시작된 서기전 2224년부터 서기전 2195년경까지 약 30년간 단군조선의 사자 유호씨(有戶氏)와 하(夏)나라 사이에 전쟁(戰爭)이 있었으므로, 이 기간에 우(禹)가 산천을 답사하며 산해경(山海經)을 지었다라고 하는 것은, 왕으로 있었다는 사실에서 논리에도 전혀 맞지 않은 것이 된다.

산해경(山海經)에는 당시 단군조선(檀君朝鮮)의 직할 영역이 되는 지역의 지리(地理)도 함께 기록되어 있는데, 이는 단군조선의 명령 없이는 기록될 가능성이 거의 없는 것으로서, 서기전 2267년 도산회의(塗山會議)에서 태자 부루께서 우순(虞舜)의 신하 사공 우(禹)에게 직접 명하여, 우(禹)가 치산치수에 관한 전권(專權)을 상징하는 천부왕인(天符王印)을 증표(證票)로 하여 이행한 것이 되고, 우공(虞貢)의 사례(事例)의 하나로 우가 순에게 보고하면, 이를 다시 천자(天子) 순(舜)이 천제자(天帝子) 태자 부루께 보고한 것이 된다.

12) 우가 형산 구루봉에 치수기념부루공덕비(治水記念扶婁功德碑)를 세우다

사공(司空) 우(禹)는 서기전 2267년 이후, 9주(州)의 27산(山)과 9수(水)를 다스려 몇 년에 걸쳐 치수를 마무리하고서, 서기전 2247년 사이에 홍수의 중심지이던 양자강 남쪽에 위치한 남악(南嶽) 형산(衡山) 구루봉의 정상에 치수기념비를 세웠다.[5] 비문의 글씨체는 과두문이었다. 후대 명(明)나라 때 학자인 양신(楊愼)이 해독한 글이 있다.

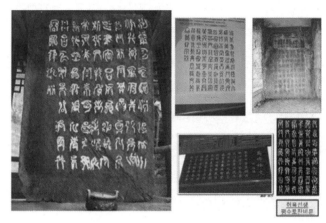

과두문(蝌蚪文) : 우(禹) 治水記念扶婁功德碑

承帝曰咨 翼輔佐卿 洲諸與登 鳥獸之門 參身洪流 而明發爾興 久旅忘家 宿
嶽麓庭 智營形折 心罔弗辰 往求平定 華岳泰衡 宗疏事裒 勞余神禋 鬱塞昏
徙 南瀆愆亨 衣制食備 萬國其寧 竄舞永奔〈77자〉

　순 임금(帝舜)께서 좌우의 대신들에게 말씀하신 바대로, 여러 섬을 돌아다니며
산에 올라 새와 짐승들의 문을 드나들면서, 몸소 홍수에 뛰어들어 밝게 일으키려,
오랫동안 집을 잊고 산기슭에서 잠을 자며 지혜를 다하여 만들고 허물고 하였도다!
그러나 마음이 새롭지 못하여 평정을 구하여 화산(華山:태화산), 북악(北岳:恒山),
태산(泰山), 형산(衡山)에 올랐지만, 마루는 트였으되 일은 쇠퇴하였도다! 이에 신
(神)께 제(祭) 올리기에 힘쓰니 막힌 것과 어두움이 물러가고, 남쪽 강의 허물이 벗
겨져 형통하게 되어, 입을 것이 만들어지고 먹을 것이 마련되었도다! 온 나라가 안
녕할지며, 백성들이 춤추는 시대여 영원하여라!

---

5) 전게 한단고기 〈고구려국본기〉, 267~268쪽 참조. 실제 치수기념공덕비가 세워진 곳은 형산 구
　루봉이다.

13) 천자 순(舜)이 반역(反逆)하다

서기전 2267년부터 서기전 2247년까지 20년 사이에 5년마다 산동지역의 낭야성(琅耶城:가한성)에 설치된 감우(監虞)에 행차하시던 태자 부루께서 서기전 2246년 이후에 친림(親臨)을 멈추시자, 천자(天子) 순(舜)은 이내 다른 마음을 품게 되었다. 치수와 관련한 과거역사는 잊어버렸던 것이다.

즉, 순은 서기전 2267년 도산회의에서 폐지되었던 유주(幽州)와 영주(營州)를 서기전 2246년경에 산동지역에 있던 남국(藍國)의 인근에 다시 설치하였던 것이다. 서기전 2267년 이전의 유주 땅에는 이미 고죽국(孤竹國)이 봉해져 있었기 때문에 그 땅에 다시 설치할 수는 없었던 것이 된다. 이리하여 천자 순은 더 이상 단군조선의 진정한 천자가 될 자격을 잃게 되었으며, 아버지 유호씨(有戶氏)와 천조(天朝)인 단군조선에 다시금 불효와 불충을 저지른 것이 되었다.

14) 부루 천왕께서 순의 유주와 영주를 정벌하시다

서기전 2240년에 제2대 천왕(天王)으로 즉위하신 부루(扶婁)께서 천자 순(舜)이 다시 설치한 유주(幽州)와 영주(營州)를 정벌하여 그 곳에 제후를 각각 봉하셨다.

이후 부루 천왕께서는 단군조선의 사자(使者) 유호씨(有戶氏)로 하여금 순(舜)의 반역을 징벌하라 명하셨다. 이에 유호씨는 곧바로 작은 아들 유상(有象)과 치수에 공이 큰 우(禹)에게 명하여 순을 협공(協攻)하라 명하였다.6)

15) 형제전쟁(兄弟戰爭) - 유상과 우가 순을 협공하여 순을 제거하다

서기전 2240년부터 서기전 2224년 사이에 천자 순(舜)과 단군조선의 사자 유호씨의 작은 아들인 유상(有象) 사이에 전쟁이 일어나니 이를 형제전쟁(兄弟戰爭)이라 부른다.

---

6) 전게 부도지, 62~63쪽 참조

순(舜)이 처음 20세에 단군조선의 환부(鰥夫)로서 아버지 유호씨를 따라 당요(唐堯)를 토벌하러 갔다가, 이제 당요의 천자 자리를 찬탈하여 스스로 천자가 되어, 아버지 유호씨와 단군조선에 불효(不孝)와 불충(不忠)을 되풀이하였던 것이다.

유호씨(有戶氏)의 작은 아들 유상(有象)이 우(禹)와 협공(協攻)으로 순(舜)을 공격하니, 순은 남쪽으로 창오(蒼梧)의 들에 피신하였다.

서기전 2224년에 결국 도망 다니던 순은 우(禹)의 군사들에게 창오의 들에서 죽임을 당하였으며, 순의 두 아내는 강물에 투신자살하였던 것이다.

16) 하나라 제1대왕 우(禹) – 우(禹)가 반역하여 자칭 하왕(夏王)이라 하다

순을 제거한 후 서기전 2224년에 우(禹)는 돌연 마음을 바꾸어 유호씨의 명을 받지 않고 몰래 군사를 모으고 무기를 보수하고서는 하왕(夏王)이라 참칭(僭稱)하였다.[7] 즉, 우는 자칭(自稱) 천자에 불과하며, 정식 천자(天子)로서 인정받지 못하였던 것이 된다. 우는 사공 시절에 단군조선의 태자 부루로부터 전수받았던 홍범구주(洪範九疇)의 가르침을 악용하여 자신의 권력욕(權力慾)에 활용한 것이 된다. 하왕(夏王)을 하후(夏后)라고도 하는데, 후(后)는 임금이라는 말로서 왕(王)과 같다.

우(禹)는 도산(塗山)에 수도를 정하고서 단군조선의 법제도(法制度)를 흉내 내어 힘부로 제후(諸侯)를 봉하고 조공(朝貢)을 받는 등 폭돌한 정치를 펼쳤다. 이에 수많은 백성들이 도망쳐 단군조선의 영역으로 피하였다. 그러자, 우는 국경을 봉쇄하여 백성들이 도망가지 못하도록 하였다.

이에, 유호씨는 도산에 수도를 정한 우(禹)에게 권사(權士) 등 사자(使者)를 보내어 가르침을 내려 주었다. 즉 우에게 당요(唐堯)의 전철을 밟지 말 것을 경고하였던 것이다. 그러나 우는 이를 도리어 모욕(侮辱)이라 하여 전쟁을 불사하였다.

유호씨는 어쩔 수 없이 군사를 움직여 우(禹)를 토벌하였다. 그러자, 우는 모산

---

7) 전게 부도지, 63쪽 참조

(茅山)으로 옮기고 진지(陣地)를 구축하였다. 모산은 지금의 회계산(會稽山)이다.

이리하여 서기전 2224년부터 서기전 2195년경까지 약 30년간 단군조선 사자(使者) 유호씨(有戶氏)와 하(夏)나라의 전쟁이 계속되었던 것이다.

서기전 2198년경 우(禹)는 진중(陣中)에서 병들어 사망하였다. 우(禹)가 9년간 다스리고 병이 들어 서기전 2215년경에 백익(伯益)에게 섭정을 맡겼던 것이며, 백익은 서기전 2198년에 우(禹)의 아들 계(啓)에게 죽임을 당하였다

(2) 하나라 제2대왕 계(啓)

서기전 2197년에 계(啓)가 왕이 되어서도 아비 우(禹)의 잘못을 깨닫지 못하고 그 아비와 그 아들이라 오히려 유호씨(有戶氏)가 도(道)를 어지럽힌다 하여 전쟁을 불사하였다.

계(啓)가 대군을 이끌고 유호씨가 머문 감(甘)이라는 읍(邑)으로 진격해 오다가, 유호씨가 이끄는 수천의 군사에게 오히려 매번 패하기만 하였다. 이에 계는 두려워서 퇴진하여 다시는 공격하지 못하였다.

유호씨는 가르침을 주려 하여도 받지 않고 우매(愚昧)하여 전쟁만을 일삼는 계(啓)와 그 하나라 백성들이 눈이 먼 것을 보고는, 고치기가 어렵다고 생각하여 오히려 서남(西南)의 제족(諸族)들을 가르치기 위하여, 서기전 2195년경에 군사를 물리니 감읍(甘邑)이 자연히 없어졌다.[8] 이를 두고 하나라 역사에서는 계왕이 유호씨의 감(甘)을 쳐서 이겼다라고 왜곡하고 있는 것이다. 감(甘)은 섬서성(陝西省)에 있으며 서안(西安)과 낙양(洛陽) 사이에 위치하였던 것이 된다. 서남의 제족은 파미르 서쪽과 남쪽 지역으로 분거하여 사는 백소씨족(白巢氏族)과 흑소씨족(黑巢氏族)으로서 마고할미의 후손들을 가리킨다.

계는 서기전 2197년부터 서기전 2189년까지 9년을 재위하였다.

---

8) 전계 부도지, 72쪽 참조

(3) 하나라 제3대왕 태강(太康)

태강(太康)은 서기전 2188년부터 서기전 2160년까지 29년 재위하였다.

> [중] 서기전 2188년~서기전 2159년 "태강(太康)이 덕을 잃어 이인(夷人)들이 처
> 음으로 반역하였는데, (중략) 태강은 계의 아들이며, (중략) 놀기만 하고 100일 동
> 안 돌아오지 않으면서 백성들을 돌보지 아니하니 예(羿)가 쫓아 낸 바 되었다"〈후
> 한서 동이열전 後漢書 東夷列傳〉

태강이 덕을 잃었다 함은 태강이 백성들을 위한 정치를 잘못하였다는 말이 된다.
이인(夷人)들이 반역하였다는 것은 이인들 즉 구이(九夷)가 하나라를 견제하여 나
라를 접수하려고 군사를 움직였다는 것을 이르는 말이다.

하나라는 서기전 2224년경 우가 자칭 하왕(夏王)이라 하면서 단군조선을 배신
하고 세운 나라인데, 제2대왕인 계(啓)에 이르러 그 백성들이 단군조선의 사자이던
유호씨(有戶氏)에게 강력히 항거하므로, 유호씨는 군사를 물리고 가르침을 주는 것
을 포기하였다.

이후, 태강의 시기에 이르러 태강이 정치를 잘못하니 주위에서 견제하고 있던 단
군조선의 일부세력들이 다시 하나라를 접수하려고 침공하였던 것이며, 태강이 정
치를 잘못 하므로 신하인 예(羿)가 태강을 왕위에서 쫓아내고 중강(仲康)을 세웠다
는 것이 된다.

(4) 하나라 제4대왕 중강(仲康)

중강은 서기전 2159년부터 서기전 2147년까지 13년 재위하였다.

(5) 하나라 제5대왕 상(相)

후상(后相)은 일명 왕상(王相)이며, 서기전 2146년부터 서기전 2119년까지 28

년 재위하였다.

[중] 서기전 2146년 "후상(后相) 1년(서기전 2146) 회이(淮夷)를 정벌하였다"〈竹書紀年〉

[중] 서기전 2145년 "후상(后相) 2년(서기전 2145) 풍이(風夷)와 황이(黃夷)를 정벌하였다"〈竹書紀年〉

[중] 서기전 2145년 "후상(后相) 2년(서기전 2145) 황이(黃夷)를 정벌하였다"〈후한서 동이열전〉

풍이와 황이는 회대(淮岱)의 땅에서 하(夏)나라에 접하여 둘러싸고 있는 구이(九夷) 중 일부로 동이(東夷)에 속한다. 풍이를 남이(藍夷)라고도 하고, 황이(黃夷)는 분파하여 황이(黃夷), 양이(陽夷), 우이(于夷), 방이(方夷), 견이(畎夷)가 되었다.
　태호복희의 후손들이 풍족(風族)으로서 풍이(風夷)이며, 하(夏)나라 시조인 우(禹)를 풍이출신이라고도 한다. 남이(藍夷)는 치우천황의 후손들이 되며, 풍이와 남이는 곧 구이 중 중국내륙의 동이(東夷)에 속한다. 풍이를 남이와 혼용하기도 하는데, 이는 풍이지역이 곧 남이지역이기 때문이다. 즉, 서기전 3500년경 이후 태호복희 후손들이 살던 땅이 서기전 2700년경 이후 치우천왕이 수도를 삼은 산동지역의 서부와 같은 지역이 되는 것이다.

[중] 서기전 2140년 "후상 7년(서기전 2140) 우이(于夷)가 내빈(來賓)하였다"〈죽서기년〉〈후한서 동이열전〉. "견이(畎夷)가 내빈하였다"〈通鑑前編〉

우이와 견이도 구이(九夷)의 일부인데 모두 황이(黃夷)에서 분파된 이족(夷族)이다. 우이는 동이(東夷)로서 하(夏)나라 동쪽 멀리 개마(蓋馬)의 동쪽에 사는 이족이다. 개마는 백두산지대을 가리킨다. 즉 개마가 지금의 백두산지대를 가리키는 것인데, 우이는 백두산의 동쪽에 있는 동이족이고, 단군조선 9봉후국의 하나인 예(濊) 땅에 사는 것이다. 이 예는 단군조선 초기에 여수기(余守己)가 봉해진 나라이고 여수기는 구가(狗加)를 지낸 인물이다.

견이는 처음에는 속말(송화강) 서쪽에 살고 있었는데, 서쪽으로 이동한 황이(黃夷)의 분파족으로서 하나라와 은나라의 서쪽이 되는 주(周) 나라 근처에서 삼위산(三危山)에 걸쳐 살았다. 즉 견이는 빈, 기(岐)의 땅을 그 근거지로 삼기도 하였다. 주나라는 기주(岐周)라 하여 서이(西夷)에 속한다.

맹자집주(孟子集註) 이루장구하에서는 주나라 문왕(文王)은 기주(岐周)에서 나고 필영(畢郢)에서 죽으니 서이(西夷) 사람이다라고 하였는데, 기주는 기산(岐山) 아래에 있고 주(周)의 옛 읍(邑)이며, 견이(畎夷)에 가까운 곳이 된다. 즉, 견이는 단군조선의 구이의 하나로 서쪽지역에서 하, 은, 주를 견제하고 있었던 것이다.

서기전 3897년경 제견(諸畎)의 가한(可汗)이 된 반고가한(盤固可汗)은 배달나라의 천자(天子)에 해당하며, 견이의 후예가 돌궐이고 지금의 터키가 된다.

견이에 대한 기록으로 보아, 단군조선의 영역에는 서안(西安) 부근이 포함되고 당연히 티벳도 포함되는데, 물론 단군조선은 태원(太原)에서 서안에 걸치는 지역의 이북을 포함하여 동북쪽의 흑룡강, 우수리강, 한반도끼지 포함히는 대제국임을 알 수 있다.

즉, 단군조선은 천산(天山) 동남쪽의 삼위산(三危山)과 태백산(太白山)에서 동북쪽으로 흑수(黑水:흑룡강)까지 배달나라의 대부분 지역을 차지하는 것이 되고, 단지 하, 은, 주나라의 땅만 빼면 모두 단군조선의 직할영역이라는 것이 된다. 이는 단군조선은 배달나라의 정통을 계승한 구족(九族)의 나라인 점에서 당연한 것이 된다. 공자의 7세손인 위(魏)나라 사람 공빈(孔斌, 일명 孔子順)이 지은 홍사(鴻史) 서문(序文)에서도 신인(神人) 단군(檀君)이 구이(九夷)의 추대를 받았다라고 적고 있는 것과 일맥상통한다.

내빈(來賓)은 손님으로 방문한 것을 가리키는데, 우이와 견이가 하(夏)나라의 정세를 정확히 파악함으로써 하나라를 견제하고 통제하기 위하여 의례상 방문하였던 것이 되며, 조공(朝貢)을 뜻하는 것은 아니라고 보인다.

[한] 서기전 2133년 무자년(戊子年) 4대 오사구(烏斯丘) 단군(檀君) 때 가을 8월에 하(夏)나라 사람이 특산물을 바치고 신서(神書)를 구해 갔다.9)

서기전 2133년 음력 8월에 하나라 사람들이 단군조선에 조공을 하고 신서를 선물로 받아갔던 것이 된다. 신서(神書)는 신령스런 책으로서 단군조선에서 지어진 것이 되는데, 아마도 신선도(神仙道) 또는 역(易)과 관련한 책이 아닌가 한다. 서기전 2267년에 태자 부루(太子扶婁)로부터 우(禹)가 받았다는 신서(神書)는 소위 홍범구주(洪範九疇)로서 단군조선에서 지어진 책이며 금간옥첩(金簡玉牒)이라고도 하고 황구종(皇矩宗)이라고도 하는데, 치수(治水)의 요결(要訣) 즉 오행치수법(五行治水法)과 관련된 내용이 기록되어 있는 책이 된다. 실제 홍범구주에는 첫 번째로 오행(五行)에 관한 내용이 간략히 기록되어 있다.

서기전 2133년은 하나라 제5대왕 상(相)(서기전 2146(중강 사망)~3년상~서기전 2142(1祀)~서기전 2119. 28년간)의 즉위 10사(祀:年)로 조상의 사당을 세웠으며 이해에 응국(鷹國)의 왕이 인방(人方)의 응(鷹) 땅을 정벌하였다고 적고 있다〈금갑문(낙빈기):丁巳王相柱祖 王錫衆觥柱貝 鷹王來正人方鷹 王十祀又五五日〉

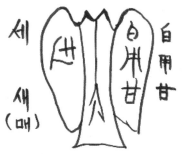

홍산옥에 새겨진 가림토 및 상형문자

응(鷹)이라는 글자는 매를 뜻하는데, 단군조선 시대에 응가(鷹加)라는 직책이 있

---

9) 전게 한단고기 〈단군세기〉, 70~71쪽 참조

었으며, 요하문명권에서 출토되는 옥제품 중에서 매의 모양으로 다듬어진 옥돌에 솔개(매) 모양의 상형문자를 새기고 있어, 실제로 응국[10]이라는 나라가 존재하였던 것이 틀림없는 것으로 보인다.

> [한] 서기전 2119년 임인년에 하주(夏主) 상(相)이 덕을 잃으니, 4대 오사구 단군이 식달(息達)에게 명하여 남(藍), 진(眞), 변(弁)의 3부(部)의 병력을 이끌고 가서 이를 정복하도록 하니 천하가 복종하게 되었다.[11]

하(夏)나라의 제4대왕 상(相)이 백성을 못살게 굴거나 방탕해 지는 등 정치를 잘못하니, 단군조선의 제4대 오사구 천왕이 하(夏)나라를 접수하려고 군대를 파견한 것으로 보인다. 하나라 왕상은 서기전 2146년부터 서기전 2119년까지 왕 자리에 있었는데, 이때 하나라의 왕 상이 물러나고 예(羿)가 왕 자리에 올랐던 것과 관련이 있어 보인다.

중국기록에서는 예(羿)가 태강(太康:서기전 2188년~서기전 2160년)이 유람간 사이에 태강의 동생 중강(仲康:서기전 2159년~서기전 2147년)을 세워 왕으로 삼았고, 중강이 죽자 왕 상(相)이 왕이 되었는데, 예(羿:서기전 2118년~서기전 2080년)가 왕상(王相)을 몰아내고 왕이 되었으며, 예의 신하이던 한착(寒浞)이 또 예(羿)를 죽이고 왕이 되었고, 이후 왕상의 아들 소강(少康:서기전 2079년~서기전 2058년)이 한착을 멸하고 다시 왕이 되었다.

자고로 요, 순, 하, 은나라는 항상 동이족(구이)에 둘러싸여 견제를 받았다. 남(藍)은 산동지역의 남국(藍國) 즉 남이(藍夷)의 나라, 진(眞)은 진한(眞韓), 변(弁)은 번한(番韓)을 가리키는 것이 되는데, 병력을 차출하여 정치를 잘못 하고 있는 하나라

---

10) 참조할 그림이 있는 곳 : http://blog.daum.net/sabul358/12636438
11) 전게 한단고기 〈단군세기〉, 70~71쪽 참조

를 정벌한 것이 된다. 남이(藍夷)는 회대(淮岱)지역에 있던 배달나라 치우천황의 중심백성들로서 치우천왕의 후손이라 불리고 중국내륙의 동이족이 되는데, 원래 한국(桓國)의 9족(族)의 하나에 해당한다.

하나라의 왕인 상(相)이 도를 잃어 정치를 잘못하고 있으므로, 오사구 천왕이 식달(息達)에게 명하여 진한의 군사와 번한의 군사와 군국(君國)인 남국의 군사를 합하여 하나라를 정벌하도록 한 것이 되는데, 단군조선의 정치제도상으로 일반 군후(君侯)는 천왕의 명을 받지 않고서는 원칙적으로 독립(獨立)하여 군사를 부릴 수 없었던 것이다.

(6) 하나라 제6대왕 예(羿)

하나라 왕 예(羿)는 서기전 2119년에 제5대왕 상(相)을 살해하였다.

예는 서기전 2118년부터 서기전 2080년까지 39년 재위하였다.

예는 또한 자신의 신하였던 한착(寒浞)에게 살해되었다.

[중] 서기전 2118년 "소강(少康) 즉위년(서기전 2118년)에 방이(方夷)가 내빈하였다"〈후한서동이열전〉

[중] 서기전 2117년 "소강(少康) 2년(서기전 2117년)에 방이(方夷)가 내빈하였다"〈죽서기년〉

하나라 제7대왕인 소강은 서기전 2079년부터 서기전 2058년까지 왕에 있었는데, 죽서기년(竹書紀年)에 의하면 소강 40년이 임오년(壬午年)으로 서기전 2079년에 해당되어, 하나라 6대왕인 후예(后羿)의 시기인 서기전 2118년부터 서기전 2058까지를 포함한 것이 된다. 이는 역사적 사실에 반하며, 하나라 역사의 치부(恥部)를 숨겨 적은 거짓 기록이 된다.

제6대왕 예(羿)는 바로 태강(太康)을 쫓아내고 중강(仲康)을 왕으로 세웠고, 중강의 아들 왕상(王相)을 후예(后羿)가 쫓아내고 서기전 2118년부터 서기전 2080년까지 39년간 왕 자리를 차지하였던 것이다.

이후 예(羿)의 신하인 한착(寒捉)이 예를 죽이고 왕 자리를 차지하였는데, 소강이 한착을 멸하고 서기전 2079년에 왕 자리를 도로 찾았던 것이다. 이 기록에서는 예(羿)와 한착(寒浞)의 왕위연대를 인정하지 아니하고 소강의 연대로 합산한 것이 되는데, 명백한 역사적 사실에 반하는, 소위 춘추필법에 의한 기록이 된다.

방이(方夷)는 구이(九夷)의 하나이며 황이(黃夷)에서 분파된 이족(夷族)이다. 하나라의 동북쪽에 위치하였던 이족으로서 속말(粟末)의 북쪽에 있었다. 속말은 지금의 송화강, 우수리 강을 가리킨다. 방이의 땅은 신지씨(神誌氏)의 나라로서 단군조선 9봉국(封國)의 하나이며, 국명을 숙신(肅愼)이라 하는데, 신지씨는 마가(馬加)를 지낸 인물이다.

방이는 단군조선의 제후국으로서 세습자치국인데, 독자적 정치목적으로 하나라 소강을 찾아간 것인지, 아니면 단군조선의 명을 받고 견제하기 위하여 찾아간 것인지는 분명하지 않으나, 일단 손님(賓)으로서 하나라를 방문하여 정세를 관찰한 것이 된다.

이때는 소강(少康)의 시대가 아닌 후예(后羿)의 시대인 바, 후예가 왕상을 죽이고 왕이 되었는데, 이는 아마도 예(羿)가 단군조선의 영향력으로 하나라의 왕 자리를 뺏은 것이 되며, 이때 방이(方夷)가 단군조선의 사자(使者)로서 하(夏)나라 왕이 된 예(羿)를 방문하여 즉위를 축하(祝賀)한 것이 될 것이다.

즉, 위 소강(少康) 원년과 2년은 소위 춘추필법(春秋筆法)에 의한 역사은폐 또는 역사날조에 해당하며, 실제로는 각 제6대왕인 예(羿)의 원년과 2년이 된다.

(7) 하나라 제7대왕 한착(寒浞)

한착은 후예(后羿)를 시해하고 하나라 왕이 되었으나, 곧바로 소강(少康)에게 살해된 것이 된다.

(8) 하나라 제8대왕 소강(少康)

소강은 제5대 왕상(王相)의 아들이며, 서기전 2079년부터 서기전 2058년까지 22년 재위하였다.

소강의 재위년수(在位年數)를 앞의 제6대왕 후예(后羿)가 즉위한 서기전 2118년부터 계산하여 61년이라 기록하기도 하나, 이는 역사적 사실에 반하는 윤색날조가 된다.

[중] 서기전 2079년 "소강 40년 임오년 여름에 도(道)가 다시 흥하였다"〈標準世界年表〉 "소강 이후로 세상이 왕의 교화에 따랐다"〈후한서 동이열전〉

하나라 소강의 재위 40년이 임오년이면 소강은 서기전 2118년에 즉위한 것이 되어 소강 2년은 서기전 2117년이 되는데, 소강의 재위연수가 22년이면 서기전 2079년부터 서기전 2058년이 되고, 재위연수가 61년이면 서기전 2118년부터 서기전 2058년이 된다. 소강 40년 임오년이라 하고 있어 소강의 왕위기간을 61년으로 계산한 것이 된다. 실제 소강이 즉위한 해는 서기전 2079년이므로 사실적 역사를 윤색 날조하여 서기전 2118년에 즉위한 것으로 적은 것이 된다.

소강 40년에 도가 다시 흥하였다는 말은 후예가 왕자리를 빼앗고 한착이 빼앗고 한 것을 서기전 2079년에 소강이 하나라의 왕 자리를 도로 찾았다는 것을 비유적으로 적은 것으로 된다. 역사 사실적으로 소강은 서기전 2079년이 원년으로서 한착을 죽이고 왕이 되었다.

[한] 서기전 2077년 갑신년 번한 호갑(虎甲) 때 하나라 왕 소강(少康)이 사신을 보내 새해인사를 올렸다.[12]

이 기록은 번한세가(番韓世家)13)에서 번한 오라(烏羅:서기전 2072년~서기전 2016년)의 즉위 기록 뒤에 갑신년(甲申年)으로 적어 갑신년이 되는 서기전 2017년에 해당하는 것으로 적은 것으로 보이나, 실제 호갑(虎甲:서기전 2098년~서기전 2073년) 때의 일인지 오라 때의 일인지 불분명하게 되는데, 하나라 왕 소강(少康:서기전 2079년~서기전 2058년)의 연대로 따지게 되면 호갑 때의 일로 분명해 진다.

(9) 하나라 제9대왕 저(杼)

하나라 왕 저(杼)는 서기전 2057년부터 서기전 2041년까지 17년 재위하였다.

(10) 하나라 제10대왕 괴(槐)

하나라 왕 괴는 분(芬)이라고도 하며, 서기전 2040년부터 서기전 2015년까지 26년 재위하였다.

> [중] 서기전 2038년 "제괴(帝槐) 3년 구이(九夷)가 내어(來御)하였다. 이르되, 견이, 우이, 방이, 황이, 백이, 적이, 현이, 풍이, 양이라"〈죽서기년〉

여기서 왕 괴라 하지 않고 제(帝)를 써서 제괴(帝槐)라 하여 폭군(暴君)임을 나타내고 있다. 괴가 폭군이기 때문에 구이가 감시하거나 견제하기 위하여 방문한 것이 되며, 중국기록은 괴가 구이를 제압하였다는 식으로 애매한 글귀로 윤색한 것이 된다.

구이(九夷)는 위에서 열거하고 있듯이 황이(黃夷), 양이(陽夷), 우이(于夷), 방이

---

12) 전게 한단고기 〈태백일사/삼한관경본기, 번한세가〉, 220~221쪽 참조
13) 한단고기 태백일사 중의 번한세가는 단군세기와 맞물려 귀중한 역사서가 되는데, 그 완전한 풀이는 단군세기와 더불어 할 수 있다.

(方夷), 견이(畎夷:犬夷), 풍이(風夷), 적이(赤夷), 백이(白夷), 현이(玄夷)이다. 신인
(神人) 단군(檀君) 즉 단군왕검(檀君王儉)께서는 구이(九夷)의 추대를 받아 제위에
올랐다. 풍이는 남이(藍夷)라고도 한다. 여기서 양이(陽夷), 우이(于夷), 방이(方夷),
견이(畎夷:犬夷)는 황이의 분파가 된다.

황이는 한단조선(桓檀朝鮮)의 종주(宗主)로서 지금의 시베리아를 포함하여 황하
이북의 대부분의 지역에 살던 이족(夷族)이고, 양이는 황이의 분파로 개마(백두산)
의 남쪽인 지금의 한반도에 살던 이족이며, 우이는 황이의 일파로 백두산 동쪽에 살
던 이족이고, 방이는 황이의 일파로 송화강 북쪽에 살던 이족이며, 견이는 황이의
일파로 삼위산(三危山) 부근에서 서안(西安) 근처에 살던 이족이고, 풍이와 남이는
태호복희와 치우천왕의 후손으로 회대(淮岱)지역과 섬에 살던 이족이며, 적이는 양
자강에 걸쳐 살던 이족이다.

또, 백이는 마고성(麻姑城)에서 서쪽으로 이동한 백소씨(白巢氏)의 일파인 지소
씨족(支巢氏族)의 후손으로서 파미르고원의 동쪽으로 가서 사막에 걸쳐 살던 족속
으로 후대에 호족(虎族)이 여기서 나오며 서이(西夷)라고도 불리고, 현이는 마고성
에서 남쪽으로 간 흑소씨(黑巢氏)의 일파로 추정되는데 동북으로 이동하여 흑수
(黑水:흑룡강) 물가에 정착하여 살던 이족이 된다.

구이가 내어(來御)하였다는 것은 글의 취지로 보면 구이가 제괴에게 와서 복종하
였다고 기록한 것이 된다. 그러나 구이가 내어하였다는 말은 내빈(來賓)하였다는
말보다 격이 높은 말로서 구이가 하나라 왕 괴에게 위엄을 보였다는 뜻으로 해석하
여야 정확한 풀이가 될 것이다. 즉 내빈(來賓)은 손님으로 왔다는 뜻이니 내어(來
御)는 와서 복종하였다는 뜻이 아니라 다스리려고 왔다, 임금으로 왔다는 뜻으로
풀이하여야 할 것이다. 한문(漢文)의 한계가 드러나는 애매한 문장이 된다.

(11) 하나라 제11대왕 망(芒)

하나라 왕 망(芒)은 서기전 2014년부터 서기전 1997년까지 18년 재위하였다.

[중] 서기전 2012년 "제망(帝芒) 3년에 구이가 내빈하였다"〈冊府元龜〉

여기서 제망(帝芒)의 제(帝)라는 글자로 보아 제망이 폭군임을 가리키는 것이 되며, 구이가 내빈(來賓)하였다는 것을 와서 복종하였다는 뜻으로 쓴 취지이나, 실제로는 구이가 조공하기 위하여 온 것이 아니라 하나라의 폭군인 망을 감시하고 견제하기 위하여 방문한 것이 된다.

(12) 하나라 제12대왕 설(泄)

하나라 왕 설(泄)는 서기전 1996년부터 서기전 1981년까지 16년 재위하였다.

(13) 하나라 제13대왕 불항(不降)

하나라 왕 불항(不降)은 서기전 1980년부터 서기전 1922년까지 59년 재위하였다.

[중] 서기전 1976년 "후설(后泄) 21년에 견이, 백이, 적이, 현이, 풍이, 양이에게 (작위를) 명하였다"〈竹書紀年〉

서기전 1976년은 후설의 시기가 아니라 불항 5년이 되는 해이다. 즉, 설(泄)은 하나라 11대왕으로 서기전 1996년부터 서기전 1981년까지 16년 재위한 왕이므로, 위 후설 21년은 재위연대에 맞지 아니한다. 그리하여 불항 5년에 불항이 견이, 백이, 적이, 현이, 풍이, 양이에게 그 각 지위를 인정해 준 것이 된다.

그러나, 하나라 왕인 설 또는 불항이 견이, 백이, 적이, 현이, 풍이, 양이에게 (작위를) 명령하였다라고 하나, 실제로는 그럴 처지가 되지 못하였으며, 각 그 세력을 인정하지 않을 수 없었다는 취지가 된다. 죽서기년의 기록이 참으로 애매모호하고 춘추필법(春秋筆法)에 따라 역사의 진실을 은폐하며 윤색날조하고 있는 것이 드러나고 있다.

(14) 하나라 제14대왕 경(扃)

하나라 왕 경(扃)은 서기전 1921년부터 서기전 1901년까지 21년 재위하였다.

(15) 하나라 제15대왕 근(廑)

하나라 왕 근(廑)은 서기전 1900년부터 서기전 1880년까지 21년 재위하였다.

[한] 서기전 1900~서기전 1880년 마한 아화(阿火:서기전 1838년~서기전 1864년) 때 하나라 왕 근이 사신을 보내 특산물을 바쳤다.[14]

이제껏 죽서기년의 기록과는 완전히 방향을 달리하고 있다. 마한세가(馬韓世家)[15]의 기록은 하나라가 마한(馬韓)에 조공하였다 하여, 하나라가 일반 제후국인 천자국(天子國)에 지나지 않음을 나타내고 있다.

(16) 하나라 제16대왕 공갑(孔甲)

하나라 왕 공갑(孔甲)은 서기전 1879년부터 서기전 1849년까지 31년 재위하였다.

[한] 서기전 1854년 정묘년에 11대 도해 단군이 선사(選士) 20명을 하나라 서울로 보내 처음으로 국훈(國訓)을 가르쳐 위세를 보였다.[16]

---

14) 전계 한단고기 〈단군세기〉, 84~85쪽 참조
15) 한단고기 태백일사 중의 마한세기는 단군조선의 역사를 알려주는 귀중한 역사서가 되는데, 그 완전한 해석은 단군세기와 더불어 할 수 있다.

이 기록은 서기전 268년경에 위(魏)나라 사람인 공빈(孔斌)이 홍사(鴻史)의 서문에서 동이(東夷) 사절단(使節團)의 위엄과 절도에 관하여 적었듯이 충분히 납득이 가는 기록이다.

즉, 단군조선의 선사(選士)가 하나라의 서울로 가서 단군조선의 국훈(國訓)을 가르쳐 위세를 보였다는 것은, 그나마 하나라 왕 공갑을 진정 천자(天子)로 인정한 것이 된다.

(17) 하나라 제17대왕 고(皐)

하나라 왕 고(皐)는 서기전 1848년부터 서기전 1938년까지 11년 재위하였다.

(18) 하나라 제18대왕 발(發)

하나라 왕 발(發)은 서기전 1837년부터 서기전 1819년까지 19년 재위하였다.

[중] 서기전 1837년 "후발(后發) 1년에 제이(諸夷)가 왕문(王門)을 방문하여 춤을 추었다"〈죽서기년, 후한서 동이열전〉

후발(后發)이라 하여 제(帝)라 하지 않고 있어, 왕 발은 폭군(暴君)이 아닌 것이 된다. 서기전 1837년은 발이 즉위한 해가 된다.

제이(諸夷)는 많은 이족 즉 구이(九夷)에 속한 이족들을 가리키는 것이 되며, 왕문(王門)은 왕의 문중(門中)을 뜻하는 말로 왕실(王室)을 가리키는 된다.

춤을 추었다는 것은 이족(夷族)들이 하나라 왕 발(發)의 문중을 방문하여, 발(發)이 왕위에 오른 것을 축하를 해 주었다는 것이 된다. 즉 왕 발의 인물 됨됨이가 좋았던 것을 알 수 있으며, 앞으로 발(發)이 정치를 제대로 할 것으로 축복한 것이 된다.

---

16) 전게 한단고기 〈단군세기〉, 84~85쪽 참조

(19) 하나라 제19대왕 이계(履癸)와 하나라 멸망

하나라 왕 이계(履癸)는 서기전 1918년부터 서기전 1766년까지 53년 재위하였다. 이계는 하나라 마지막 왕인 걸(桀)을 가리킨다.

[중] 서기전 1816년 "제계(帝癸) 3년 견이(畎夷)가 기(岐)에 들어와 반란을 일으켰다"〈會紀〉

왕계가 아닌 제계(帝癸)라 하여 폭군(暴君)임을 나타내고 있다. 즉 걸왕을 제(帝)라고 하여 폭정을 펼치는 왕임을 나타내고 있는 것이다.

견이는 삼위산에서 서안 부근에 걸치는 서쪽 지역에 살던 이족(夷族)으로 황이(黃夷)의 분파이며, 서이(西夷)의 땅이 되는 기(岐) 땅을 근거지로 삼으면서 단군조선의 명령으로 하은주(夏殷周)를 견제하던 이족이다. 견이는 단군조선의 명으로 받고 군사를 많이 움직였다. 주(周) 나라 왕실은 서이(西夷) 출신이기도 하다.

견이가 반란을 일으킨 것이 아니라, 하(夏)나라의 정치가 잘 행해지지 않아 서쪽 기(岐) 땅에 쳐들어가서 감시감독하고 견제하기 위하여 근거지로 삼았다는 뜻이 된다.

주나라 전국시대에 들어 주나라 주변을 크게 사이(四夷)로 나누어 각 이(夷), 적(狄), 융(戎), 만(蠻)이라고 적는데, 이는 동이, 북적, 서융, 남만을 가리키고, 각 동쪽의 황이(黃夷)와 남이(藍夷=風夷)를 동이(東夷)로, 북쪽의 황이를 북적(北狄)으로, 서쪽의 백이(白夷)를 서융(西戎)으로, 남쪽의 적이(赤夷)를 남만(南蠻)으로 부르는 것이 되며, 견이(畎夷)는 위치로 보아 큰 범위에서 서융에 포함되는 것으로 된다.

[한] 서기전 1767년 갑오년 겨울에 은나라 사람이 하나라를 정벌하니 하 걸왕이 구원을 청하였고, 이에 홀달 단군이 읍차 말량에게 구한(九桓)의 군대를 이끌고 가서 돕게 하니, 은 탕왕이 사신을 보내 사죄하였으며, 이에 말량에게 어명으로 군사를 돌

리게 하였는데, 하 걸왕이 조약을 위반하고 병사를 보내 길을 막으니, 이에 은나라 사람과 함께 하나라를 정벌하기로 하여, 몰래 신지 우량을 파견하여 견(畎犬)의 군대를 이끌고 가 낙랑과 합쳐 진격하여 관중(關中)의 기(岐), 빈 땅에 웅거하며 관청을 설치하였는데, 이때 번한 소전(少佺, 서기전 1770~1728)이 장수 치운(치雲)을 탕(湯)에게 보내어 걸(桀, 하나라 왕)을 치게 하였다.〈檀君世紀, 番韓世家〉[17]

살아있는 생생한 역사드라마와 같은 기록이다. 은나라가 하나라를 멸망시키는 역사적 사실에 단군조선이 직접 관련되어 있다.

관중은 섬서성(陝西省) 위수(渭水) 일대를 가리키는데, 기와 빈은 주(周) 나라 근처에 있는 땅으로 견이(畎夷)의 근거지이기도 하다. 주(周)는 서이(西夷)에 속한다.

이 기록은 단군조선 유위자(有爲子) 선인(仙人)의 제자인 이윤(伊尹)이 은탕(殷湯)을 보좌하여 동이(東夷:단군조선)와 함께 하(夏)나라를 치고 은나라를 세우는 과정으로서, 공자순의 홍사서문에 이윤이 유위자의 제자라는 기록과 일맥상통하고 있다. 즉 은나라는 서기전 1766년에 단군조선의 도움으로 건국되었던 것이다.

번한 소전이 장수 치운을 탕에게 보내어 걸을 치게 하였다는 것은 단군의 명을 받고 그리한 것이 된다. 번한은 비왕(裨王)으로서 비상사태가 아니면 원칙적으로 독립하여 군사를 부릴 수 없다. 국호가 대부여(大扶餘)로 바뀐 서기전 425년부터는 번한과 마한이 번조선왕(番朝鮮王), 마조선왕(馬朝鮮王)으로서 군사를 부릴 수 있게 되었다.

[중] 걸이 포악해지니 제이(諸夷)가 내침하였다〈후한서동이열전〉

---

17) 전게 한단고기 〈단군세기〉, 88~89쪽 및 〈태백일사/삼한관경본기, 번한세가〉, 220~221쪽 참조

구이(九夷) 즉 단군조선의 제후국들은 하은주(夏殷周) 나라의 주변에서 감시감독하고 견제하고 통제하며 내정에 간섭하였다. 하나라 걸왕이 폭군이 되니 주변의 이족(夷族)들이 그냥 두지 않고 제압하기 위하여 조여 들어간 것이 된다.

[중] 서기전 1767년 "제계(걸왕) 52년 탕이 걸을 치려하자 걸이 노하여 구이의 군사를 일으켜 치니 탕이 사죄하였다"〈設苑〉

이때는 구이가 걸의 편을 들어 주었다는 것이다. 바로 위 단군조선 측 기록인 "서기전 1767년 갑오년 겨울에 은나라 사람이 하나라를 정벌하니 하 걸왕이 구원을 청하였고, 이에 흘달 단군이 읍차 말량에게 구한의 군대를 이끌고 가서 돕게 하니, 은 탕왕이 사신을 보내 사죄하였으며"라는 글과 일맥상통한다. 여기서 구이는 구한(九桓)임을 알 수 있다.

[중] 서기전 1766년 "(제계) 53년 탕이 조공을 하지 않아 걸이 구이의 군사를 일으켰으나 구이가 일어나지 않았고, 탕이 군사를 일으켜 치고 걸을 남소(南巢)로 옮기게 했다"〈설원〉

이때는 구이가 탕의 편을 들자 탕이 걸을 치고 걸은 남소로 도망갔다는 것이다. 즉, 탕이 걸왕에게 굴복하지 않자 다시 걸왕이 탕을 치려고 군사를 일으켰으나, 구이(단군조선)가 하나라 걸왕의 약조위반으로 걸왕의 편을 들지 않고 탕의 편을 들었던 것이다.

이 기록은 단군조선 측 기록인 "이에 은나라 사람과 함께 하나라를 정벌하기로 하여, 몰래 신지 우량을 파견하여 견(畎)의 군대를 이끌고 가 낙랑과 합쳐 진격하여 관중의 기, 빈 땅에 웅거하며 관청을 설치하였는데, 이때 번한 소전(少佺, 서기전 1770~1728)이 장수 치운(치雲)을 탕(湯)에게 보내어 걸(傑, 하나라 왕)을 치게 하였다"라는 글과 일맥상통한다.

즉, 마지막으로 은탕이 하 걸왕을 칠 때, 단군조선의 군사는 은탕을 도와 합공으로 걸왕을 쳐서 멸하였던 것이다. 이 설원의 기록은 단군조선의 군사가 중립을 지킨 것으로 적고 있으나, 실제로는 은탕(殷湯)의 군사와 함께 하걸(夏桀)을 공격한 것이 된다. 그래서 은나라는 단군조선의 도움으로 세워진 천자국(天子國)인 것이다. 이는 단군조선의 군국(君國)인 고죽국(孤竹國)의 임금이던 묵태씨(墨胎氏)가 번한(番韓) 사전(沙佺)의 명을 받아 은탕(殷湯)의 즉위를 축하하여 주었던 사실에서 입증되고도 남는다.

이로써 하나라는 서기전 2224년부터 서기전 1766년까지 19대 459년의 역사를 가진다. 한착(寒浞)을 빼면 18대 459년이 된다.

나. 단군조선과 은(殷)나라의 관계역사

(1) 은나라 제1대왕 탕(湯)

은탕(殷湯)[18] 즉 은나라 왕 탕은 서기전 1766년부터 서기전 1754년까지 13년 재위하였다.

탕은 성명(姓名)이 자리(子履)이며, 천을(天乙) 또는 성탕(成湯)이라고도 한다. 박(亳)에 수도를 정하였다.

성탕이 자리 잡은 박(亳)이 정확히 어디인지는 불명이나, 소위 은허라고 발굴된 지금의 안양(安陽)이 은나라 시대의 수도이던 박(亳)의 하나가 되는데, 여기서 동서남북으로 하여 황하(黃河) 남쪽에 아마도 원래의 상(商)나라의 박(亳)이 있었던 것이 될 것이다. 박(亳)이라는 땅은 서기전 2436년경에 황제헌원의 나라인 웅국(熊

---

18) 은탕은 단군조선 선인(仙人) 유위자(有爲子)의 제자였던 이윤을 등용함으로써 하걸왕을 물리치고 은나라를 건국하였는바, 그 역사적 사실을 구체적으로 상세히 밝힘으로써 은나라가 단군조선의 적극적 후원으로 건국된 천자국임을 명확히 정립하여야 할 것이다.

國:有熊國)의 대를 이은 제곡고신씨(帝嚳高辛氏)가 수도를 정한 곳이기도 하다.

은나라 시조 탕(湯)이 원래 상(商)이라는 하나라의 제후국 출신이므로 탕이 세운 나라를 상(商)나라라고도 부른다.

> [한] 서기전 1766년 을미년에 번한 소전(少佺)이 묵태(墨胎, 고죽君)를 보내 탕 (湯)의 즉위를 축하하였다.[19]

묵태는 고죽국(孤竹國)의 임금인 바, 고죽국은 단군조선 번한(番韓)의 관할에 속하는 군국(君國)이 된다. 그래서 번한 소전이 그 관할에 속하는 봉국(封國)인 고죽국의 임금 묵태(墨胎)를 은나라에 사자로 보낸 것이다.

은나라의 건국은 단군조선의 군사적 지원으로 이루어졌고, 또한 하나라의 제후국인 상나라가 하나라의 동쪽에 있어 단군조선의 영향 하에 있었던 것이 되는 바, 단군조선의 서쪽을 관할하던 번한이 단군조선의 천왕(天王)을 대리하여 사자를 파견한 것이 된다.

단군조선의 사자가 되는 고죽군인 묵태의 즉위축하로 은나라 시조 탕왕은 단군조선의 정식 천자(天子)로 인정받은 것이 된다.

사마천의 사기(史記) 등 고대중국의 기록에서는 고죽국이 마치 은나라의 제후국인 양 적고 있으나 이는 소위 춘추필법에 의한 역사의 윤색날조에 해당한다.

고죽국은 하(夏)나라 이전부터 존속한 단군조선의 군후국(君侯國)의 하나로서, 서기전 2267년 도산회의 때 봉해진 것이 분명하며 서기전 650년경 춘추시대에 연나라와 패자였던 제나라의 합공으로 망한 것으로 된다. 고죽국은 최소한 1,600년 이상의 역사를 가지는 단군조선의 제후국(군후국의 일반칭)인 것이다.

---

19) 전게 한단고기 〈태백일사/삼한관경본기, 번한세가〉, 220~221쪽 참조

[중] 서기전 1766년 "탕왕 1년 성탕(成湯)이 즉위하고 견이를 정벌하였는데, 앞 시대 후걸(后桀)의 반란 때 견이가 빈과 기(岐) 사이의 땅에 들어와 살았으며, 성탕이 이미 부흥하여 쳐서 물렸다"〈후한서 동이열전〉

탕왕은 서기전 1766년에 즉위하였으며, 성탕이 즉위하고서 곧바로 견이를 정벌하였다 하는 바, 이는 은나라가 건국 후에 바로 단군조선의 제후국을 공격하였다는 것이 되어, 상국인 단군조선을 배신한 것이 된다. 이렇게 고대중국의 역사상 그들의 나라는 배신행위를 밥 먹듯이 하였던 무례(無禮), 무도(無道)한 족속들이었던 것이다.

하나라 마지막 왕인 걸왕의 시대에 단군조선의 견이가 하나라 서쪽 땅이 되는 빈, 기의 땅에 들어가 웅거하였는데, 성탕이 이 견이를 정벌하였다는 점에서 하나라를 함께 정벌하여 건국을 도와주었던 단군조선을 바로 배반한 것이 되겠다.

성탕이 은나라를 건국하여 부흥한 것은 단군조선의 군사적 지원으로 이루어진 것인데, 이 기록은 이를 모두 숨기고 있어 과히 춘추필법의 표본이라고 할 수 있다.

(2) 은나라 제2대왕 외병(外丙)

은나라 왕 외병은 서기전 1753년부터 서기전 1752년까지 2년 재위하였다.

(3) 은나라 제3대왕 중임(仲壬)

은나라 왕 중임은 서기전 1751년부터 서기전 1748년까지 4년 재위하였다.

(4) 은나라 제4대왕 태갑(太甲)

은나라 왕 태갑은 서기전 1747년부터 서기전 1721년까지 27년 재위하였다.

(5) 은나라 제5대왕 옥정(沃丁)

은나라 왕 옥정은 서기전 1720년부터 서기전 1692년까지 29년 재위하였다.

(6) 은나라 제6대왕 태경(太庚)

은나라 왕 태경은 서기전 1691년부터 서기전 1667년까지 25년 재위하였다.

이상의 왕들은 특별히 상국인 단군조선에 반역행위를 하지 않았던 것이고 대체적으로 평화시대를 이끈 것으로 된다.

(7) 은나라 제7대왕 소갑(小甲)

은나라 왕 소갑은 서기전 1666년부터 서기전 1650년까지 17년 재위하였다.

> [한] 서기전 1661년 경진년에 은주(殷主) 소갑(小甲)이 단군조선(代音 천왕:서기
> 전 1661년~서기전 1610년)에 화평을 청하였다.[20]

은나라 왕인 소갑(小甲)이 단군조선에 화평을 청하였다는 것은. 이 이전에는 적대적 관계에 있었다는 것이 되는데, 이는 소갑이 함부로 단군조선의 영역을 침범하였거나 그 이전의 왕들이 도에 어긋나는 짓을 하였기 때문이 된다.

대체적으로 은나라는 단군조선의 은혜를 저버린 무도한 나라로서 언제든지 국경을 침략하는 전쟁을 일으킬 수 있는 족속들이었다. 이는 곧 은나라가 단군조선의 가르침을 받아 단군조선의 제도를 본 따 다스린 것이 아니라, 천지인의 도를 잘 알지 못하던 하(夏)나라의 제도를 답습하였기 때문이 된다.

---

20) 전계 한단고기 〈단군세기〉, 91~92쪽 참조

(8) 은나라 제8대왕 옹기(雍己)

은나라 왕 옹기는 서기전 1649년부터 서기전 1638년까지 12년 재위하였다.

(9) 은나라 제9대왕 태무(太戊)

은나라 왕 태무는 서기전 1637년부터 서기전 1563년까지 75년 재위하였다.

[한] 서기전 1614년 정묘년에 번한 진단(震丹:서기전 1614년~서기전 1579년)이 즉위하고 은주(殷主, 은나라 왕) 태무(太戊)가 번한에 조공하였다.[21]

은나라 왕 태무가 단군조선 번한에 조공을 한 것은, 그 이전에 은나라 왕 소강이 단군조선에 화평을 청한 이후로, 은나라가 단군조선에 호의적으로 변한 것을 나타 내는 것이 된다.

(10) 은나라 제10대왕 중정(仲丁)

은나라 왕 중정은 서기전 1562년부터 서기전 1550년까지 13년 재위하였다.

[숭] 서기전 1562~서기전 1550년경 "중정(仲丁)에 이르러 남이(藍夷)가 도적질을 하였다"〈후한서 동이전〉

[중] 서기전 1562년 "중정 즉위년(서기전 1562년)에 남이(藍夷)를 정벌하였다"〈죽 서기년〉

남이(藍夷)는 구이 중의 하나로서 풍이라고도 하는데, 산동지역과 회수지역에 걸

---

21) 전계 한단고기 〈태백일사/삼한관경본기, 번한세가〉, 220~221쪽 참조

치는 회대(淮岱)의 땅에 살던 동이족(東夷族)으로서, 태호복희와 치우천왕의 후손들이라고도 기록된다. 후한서동이열전의 구이(九夷)에는 남이를 빼고 풍이(風夷)를 넣고 있다.

고대중국 기록에서는 산동과 회대지역에 있는 회이(淮夷), 서이(徐夷=徐國), 도이(島夷=藍夷), 래이(萊夷), 우이(隅夷) 등 사는 곳에 따라 중국내륙의 동이(東夷)를 여러 가지로 부르고 있다. 즉, 단군조선의 구족(九族)이나 군후국(君侯國)들을 모두 이(夷)라고 적었는데, 여기서 남이(藍夷)는 곧 단군조선의 군국(君國)인 산동지역의 남국(藍國)이 된다. 남국은 서기전 2333년에 단군왕검(檀君王儉) 천제(天帝)께서 치우천왕의 후손을 봉한 나라이다.

남이(藍夷)가 도적질을 하였다는 것은 남이가 은나라의 왕 중정이 정치를 잘못 하므로 견제하고 정치에 간섭하거나 접수하기 위하여 군사를 움직인 것을 가리킨다.

은나라 왕 중정이 단군조선의 군국(君國)이던 남국(藍國)을 정벌하였다 하는 것은, 남국(藍國:남이)이 은나라 왕 중정이 정치를 잘못 하므로 이를 가르치거나 나라를 접수하기 위하여 군사를 움직여 정벌한 것에 대응하여 전쟁을 벌인 것이 된다.

이와 같이 하(夏)나라나 은(殷)나라와 전쟁을 한 단군조선은 단군조선 본국(本國)이 아니라 단군조선의 삼한에 속하는 제후국인 것이다. 이는 하나라나 은나라는 천하왕의 나라인 천자국(天子國)이고, 단군조선 본국은 천상제(天上帝)의 나라로서 천제국(天帝國), 천왕국(天王國)이며, 그 아래 천하왕국이 되는 천군국(天君國)과 천자국(天子國) 등의 일반제후국을 두었던 것으로서, 하나라와 은나라의 천자국에 대응하는 나라는 곧 단군조선의 고죽국, 남국, 청구국, 구려국, 숙신국 등의 군국(天君國)과 일반 제후국(天侯國)이 되는 것이다.

(11) 은나라 제11대왕 외임(外壬)

은나라 왕 외임은 서기전 1549년부터 서기전 1535년까지 15년 재위하였다.

[한] 서기전 1550년 신미년에 마한 두막해(豆莫奚)가 즉위하고, 서기전 1549년 임신년에 하주(夏主:夏王) 외임(外壬)이 사신을 파견하여 마한 두막해(豆莫奚)가 참성단에 제를 올리는 것을 도왔다.〈馬韓世家〉[22]

여기서 외임(外壬)은 하(夏)나라 왕이 아니라 은(殷)나라의 왕이므로 은주(殷主)의 오기가 된다.

은나라 왕 외임이 사신을 파견하여 서기전 1549년에 마한인 두막해가 참성단에 직접 올라 제천하는 것을 도왔다고 하여 은나라가 단군조선의 제후국임을 바로 나타내고 있다.

즉, 마한(馬韓)은 단군조선의 정식명칭의 왕(王)은 아니지만, 왕보다 높은 격의 임금으로 천왕(天王)의 비왕(裨王)이므로 천상(天上)의 비왕(裨王)인 천왕격(天王格)이 되고, 은나라는 임금의 명칭이 왕으로서 천하왕(天下王)인 바, 마한과 은나라 왕의 사이에는 천상의 왕과 천하의 왕이라는 격차가 있는 것이다. 즉, 마한은 은나라의 상국(上國)에 해당한다.

서기전 425년부터는 단군조선의 번한은 번조선왕, 마한은 마조선왕이 되었는 바, 진조선의 천왕과 함께 같은 지위의 천왕이 된다. 다만, 진조선의 천왕은 삼조선(三朝鮮)의 소위 진왕(辰王)으로서 최고의 임금인 점에서 단군조선 내에서는 마조선왕과 번조선왕을 천왕이라 하지 않는 것이다.

서기전 323년 기자(箕子)의 먼 후손인 기후(箕侯)가 번한 수한(水韓)이 죽자 명을 받고 군령을 대행하다가 연(燕)나라가 천자, 왕이라 칭하고 장차 쳐들어오려고 하므로, 이에 기후도 번조선왕(番朝鮮王)이라 칭하고 진조선 천왕의 윤허를 받았다. 이는 왕은 독자적으로 군사를 부릴 수 있는 권한이 있는 임금이나, 왕 아래 군, 공, 후, 백, 자, 남 등의 군후(君侯)는 원칙적으로 명을 받고서 군사를 움직였으며, 비

---

22) 전게 한단고기〈태백일사/삼한관경본기, 마한세가〉, 208~209쪽

상시나 반역하여 자칭왕이라 하는 경우 외에는 함부로 군사를 움직일 수 없었기 때문이다.

(12) 은나라 제12대왕 하단갑(河亶甲)

은나라 왕 하단갑은 서기전 1534년부터 서기전 1527년까지 9년 재위하였다. 하단갑은 수도를 상(相)으로 옮겼다.

[중] 서기전 1531년 "하단갑 4년 경인년에 남이(藍夷)를 정벌하였다"〈죽서기년〉

남이(藍夷)는 산동지역에 있던 단군조선의 군국(君國)인 남국(藍國)이며, 서기전 2333년경부터 존속한 나라이다. 은나라 왕 하단갑이 남이를 정벌하였다는 것은, 하단갑이 무례무도(無禮無道)하게 남국을 침공한 것이 된다.

[한] 서기전 1528년 계사년(癸巳年)에 은나라가 조공을 하지 않아 번한 소밀(蘇密)이 은나라의 수도 북박(北박)을 쳤으며, 이에 하단갑(河壇甲)이 사죄를 하였다.〈番韓世家〉23)

이 기록으로 보아 은나라 왕 하단갑이 무례무도하게 산동지역의 단군조선 군국인 남국을 침공한 것이 사실로 보이며, 이에 이르러 남국(藍國)의 직속 상국이 되는 번한(番韓)의 소밀이 직접 군사를 이끌고 가서 은나라를 정벌 또는 토벌하여 수도를 공격한 것이 된다. 이로써, 은나라 왕 하단갑이 항복하여 진정한 신하로 되돌아온 것이 된다.

---

23) 전게 한단고기 〈태백일사/삼한관경본기, 번한세가〉, 220~221쪽

(13) 은나라 제13대왕 조을(祖乙)

　은나라 왕 조을은 서기전 1525년부터 서기전 1507년까지 19년 재위하였다. 조을은 홍수 때문에 수도를 경(耿)으로 옮겼다.

(14) 은나라 제14대왕 조신(祖辛)

　은나라 왕 조신은 서기전 1506년부터 서기전 1491년까지 16년 재위하였다. 하단갑 이후로 은나라가 무례 무도한 짓을 하지 않아 거의 평화시대였던 것이 된다.

(15) 은나라 제15대왕 옥갑(沃甲)

　은나라 왕 옥갑은 서기전 1490년부터 서기전 1466년까지 25년 재위하였다.

(16) 은나라 제16대왕 조정(祖丁)

　은나라 왕 조정은 서기전 1465년부터 서기전 1434년까지 32년 재위하였다.

(17) 은나라 제17대왕 남경(南庚)

　은나라 왕 남경은 서기전 1433년부터 서기전 1409년까지 25년 재위하였다.

(18) 은나라 제18대왕 양갑(陽甲)

　은나라 왕 양갑은 서기전 1408년부터 서기전 1402년까지 7년 재위하였다.

(19) 은나라 제19대왕 반경(盤庚)

　은나라 왕 반경은 서기전 1401년부터 서기전 1374년까지 28년 재위하였다. 반경은 수도를 다시 박(亳)으로 옮겼다. 반경 이전의 나라를 상(商)이라 하고 반경 이후를 은(殷)나라로 부르기도 한다.

은나라의 수도는 처음 시조 성탕(成湯)이 하남성의 박(亳)에 두었다가, 서기전 1560년경에 제10대 중정(仲丁)이 하남성의 효(囂)로 옮겼으며, 서기전 1530년경에 제12대 하단갑(河亶甲)이 하북성의 상(相)으로 옮겼으며, 제13대 조을(祖乙)이 산서성의 경(耿:刑)으로 옮겼다가 다시 산동성의 비(庇)로 옮겼고, 제17대 남경(南庚)이 산동성의 엄(奄)으로 옮겼으며, 제19대 반경(盤庚)이 다시 박(亳)으로 옮겼던 것이 된다. 그리하여 은나라의 수도는 최소한 6군데가 된다.

여기서 동서남북중으로 보면 산동성의 수도 비와 엄은 동경(東京), 동박(東亳)에 해당하고, 산서성의 수도 경은 서경(西京), 서박(西亳)에 해당하고, 하남성의 수도 효는 남경(南京), 남박(南亳)에 해당하며, 하북성의 상(相)은 북경(北京), 북박(北亳)에 해당하고, 박(亳)은 중경(中京), 중박(中亳)에 해당하게 된다.

(20) 은나라 제20대왕 소신(小辛)

은나라 왕 소신은 서기전 1373년부터 서기전 1353년까지 21년 재위하였다.

(21) 은나라 제21대왕 소을(小乙)

은나라 왕 소을은 서기전 1752년부터 서기전 1325년까지 28년 재위하였다.

[한] 서기전 1337년 갑진년(甲辰年) 소태(蘇台)단군 때 은주 소을(小乙)이 조공하였다.〈檀君世紀〉[24]

서기전 1337년은 은나라 왕 소을의 16년이 되는 해가 된다.

---

24) 전계 한단고기 〈단군세기〉, 96~97쪽

(22) 은나라 제22대왕 무정(武丁)

은나라 왕 무정은 서기전 1324년부터 서기전 1266년까지 59년 재위하였다. 무정을 고종(高宗)이라고 부르는데, 은나라 주변의 단군조선 제후국들을 침공하여 무력을 펼쳤으나, 단군조선 본국(眞朝鮮:眞韓)의 정벌을 받고 굴복하여 조공을 바쳤다.

삼국유사에서는 은 무정 8년에 단군조선이 망하고 164년 후인 서기전 1122년에 은나라 기자(箕子)가 주무왕(周武王)에 의하여 조선(朝鮮)에 봉해졌다고 기록하고 있으나, 은나라 무정 8년은 서기전 1317년이 되어 서기전 1122년의 164년 이전이 되는 서기전 1286년과는 31년의 시차를 보이고 있다. 그래서 삼국유사의 기록은 중국기록만 보고서 계산한 것이며, 서기전 1286년은 은나라 무정 39년이 되는 해가 되고, 3년상을 계산하면 38년이 된다. 삼국유사의 연대계산은 명백한 오류이다.

> [한] 서기전 1291년 경인년(庚寅年)에 은주 무정(武丁)이 귀방(鬼方)을 이기고 재침하였으나 은이 대패하여 화해를 청하고 공물을 바쳤다.〈檀君世紀〉

서기전 1291년은 은나라 무정 34년이 되는 해이다.

여기서 귀방(鬼方)은 단군조선의 번조선과 은나라의 국경 부근으로서, 북경 서쪽이자 태원(太原)의 북쪽으로 추정되는데, 방향을 가리키는 말로 된 지역 이름이 되며, 북쪽이나 서남쪽을 귀신이 드나드는 방향이라고 하는바, 은나라로 보면 북쪽이 귀방이 되고 단군조선으로 보면 서남쪽이 귀방이 되므로 위치상으로 일치하게 된다. 은나라의 북쪽과 단군조선의 서남쪽 즉 번조선의 서쪽은 주로 흉노족들이 활동하던 무대였는데, 북적(北狄)에 해당하는 구이(九夷)의 땅임을 알 수 있다.

> [한] 서기전 1289년 임진년(壬辰年)에 개사원 욕살 고등(高登)과 서여(西余)가 귀방을 멸하여 은나라 무정을 토벌하였다.〈檀君世紀〉[25]

서기전 1289년은 은나라 무정 36년이 되는 해이다.

고등은 단군조선의 개사원(蓋斯原) 욕살(褥薩) 출신으로서 서기전 1287년 우현왕(右賢王)이 되었고, 이 고등의 손자인 색불루(索弗婁)가 서기전 1286년 세습하여 우현왕이 되었으며, 서기전 1286년에 소태(蘇台) 단군으로부터 선양(禪讓)을 받아 즉위하여 후기 단군조선의 시조가 되었다.

서여(西余)는 전기 단군조선의 종실로서 한서여(桓西餘)이며 서우여(徐于餘)라고도 기록되는 인물이다. 해성(海城)의 욕살로서 서기전 1286년에 소태 단군으로부터 살수(薩水)의 기수(奇首)로 봉해졌다가, 소태 단군이 서여에게 선양(禪讓)하려 하자 우현왕 색불루와 마한(馬韓) 아라사(阿羅斯)가 극구 반대하는 바람에 무산되었고, 결국 우현왕 색불루가 군사력을 기반으로 단군으로 즉위하여 소태 단군으로부터 선양을 받자, 소태 단군이 서우여를 서인(庶人)으로 폐하였다. 이에 서우여가 몰래 좌원(坐原)에서 군사를 일으키니 색불루 단군의 신하인 개천령(蓋天齡)이 이때 전사하자 색불루 단군이 직접 나서서 서우여를 토벌하기 전에, 서우여를 번한(番韓)으로 봉하겠다고 설득하니, 서우여가 이를 받아들여 후기 단군조선의 번한의 시조가 되었다.

욕살(褥薩)은 고구려 때의 지방장관처럼 단군조선 시대에 단군 천왕으로부터 봉해진 지방장관이 된다. 때에 따라 욕살이 제후인 한(汗:지방 왕)으로 승진되어 봉해지기도 하였다.

[한] 서기전 1285년 병신년(丙申年) 11월 단군 색불루가 친히 구한의 군사를 이끌고 여러 차례 싸워 은(殷)나라 수도를 격파하여 화친을 맺었으나 다시 크게 싸워 대파하였으며, 이해에 은나라 무정(武丁)은 사신을 파견하여 조공을 약속하였다.[26]

---

25) 전게 한단고기 〈단군세기〉, 97쪽 참조
26) 전게 한단고기 〈단군세기〉, 99~100쪽 및 〈태백일사/삼한관경본기, 번한세가〉, 222~223쪽 참조

서기전 1285년은 은나라 무정 40년이 되는 해이다. 이때 은나라의 수도는 서기전 1401년에 후기 은나라를 시작한 제19대 반경이 수도로 삼았던 곳으로서 소위 은허로 불리는 지금의 안양(安陽)인 하남성의 박(亳)이다.

[한] 서기전 1284년 정유년(丁酉年) 2월에 단군 색불루가 은(殷)나라 군사를 추격하여 황하(黃河) 주변에서 승전의 축하를 받고 변한(弁韓)의 백성들을 회대(淮岱) 땅으로 옮겨 가축을 기르고 농사를 짓게 하였다. 〈檀君世紀〉27)

서기전 1284년은 은나라 무정 41년이 되는 해이다. 여기서 변한(弁韓)은 번한(番韓)을 다르게 표기한 것이 되고, 회대(淮岱)는 회수(淮水)와 대종(岱宗)인 태산을 가리킨다. 이때 단군조선의 색불루 천왕이 은나라 땅 깊숙이 정벌하여 호전적이던 은나라 왕 무정(武丁)의 버릇을 고친 것이 된다.

[한] 서기전 1280년 신축년(辛丑年)에 은주(殷主) 무정(武丁)이 번한(番韓)을 거쳐 천왕(단군)에게 글을 올리고 방물을 바쳤다.28)

서기전 1280년은 은나라 무정 45년이 되는 해이다. 이때 번한(番韓)의 임금은 서여(西余:徐于余)이다. 천자(天子) 무정이 상국(上國)이 되는 천왕격(天王格)의 나라인 번한(番韓)을 통하여 그 상국(上國)인 진조선(眞朝鮮) 천왕(天王)에게 조공을 바친 것이 된다.

[한] 서기전 1266년 을묘년(乙卯年)에 22대 색불루 단군 때 남국(藍國)이 강성하여 고죽군(孤竹君)과 함께 적(은나라)을 쫓아 남으로 엄독홀(奄瀆忽)에 이르러

---

27) 전게 한단고기 〈단군세기〉, 99~100쪽 참조
28) 전게 한단고기 〈태백일사/삼한관경본기, 번한세가〉, 223쪽 참조

은나라 국경 근처에 거하고, 여파달(黎巴達)이 병사를 나누어 진격하여 빈(邠), 기(岐)의 땅에 웅거하도록 하여 유민들과 나라를 세워 여(黎)라고 하였으며, 서융(西戎)과 함께 은나라의 제후들 사이에 차지하도록 하였으니, 천황의 교화가 멀리 항산(恒山) 이남의 땅까지 미쳤다. 〈檀君世紀〉[29]

서기전 1266년은 은나라 무정의 마지막 해인 59년이 되는 해이다. 여기서 남국(藍國)은 단군조선의 군국(君國)으로서 산동지역에 있던 소위 남이(藍夷)라고 기록되는 나라이다. 여기서 보면 고죽국은 남국과 함께 은나라를 공격한 것이 되어 단군조선의 제후국임이 분명해진다.

엄독홀은 서기전 1430년경 은나라 제17대 남경(南庚)이 수도로 삼았던 엄(奄)이 있던 곳이 되는데, 이때 이르러 다시 단군조선의 영역이 된 것이다. 여파달(黎巴達)은 여씨(黎氏)가 되고 나라에 공을 세워 빈, 기의 땅에 세운 나라를 여(黎)라 한 것이 된다.

빈(邠)과 기(岐)는 관중(關中)에 있는 땅으로 견이(畎夷)가 사는 곳이기도 한데, 서기전 1200년경 은나라의 서방 제후국이던 주(周) 나라의 근거지이기도 하다.

서융(西戎)은 서쪽에 있던 융족을 가리키는데, 서이(西夷)를 낮추어 부른 명칭이 되고, 서이는 곧 단군조선의 구이 중의 하나인 백이(白夷)가 된다. 여기 서융에는 은나라 북쪽의 이족이 되는 흉노나 견이들이 빈, 기의 땅으로 옮겨가 살았던 것으로 보아 이들을 통칭한 것이 된다.

항산(恒山)은 태항산맥(太行山脈)에 있는 산으로서 고대중국의 동서남북의 4악 중 북악(北岳)이 되는데, 단군조선의 군국(君國)인 고죽국(孤竹國)과 제후국(諸侯國)인 기후국(箕侯國)의 사이가 되는 태항산맥 중 해발 약 3,000미터가 되는 지금의 오대산(五臺山)이 될 것이다.

---

29) 전게 한단고기 〈단군세기〉, 100쪽 참조

은나라 서쪽에는 세부적으로 서이(西夷), 견이(畎夷), 서융(西戎), 종융(踵戎), 여(黎) 등의 나라가 있는 것이 된다.

이상의 은나라 무정과 관련된 기록은 은나라 644년 중에서 말기의 200년간의 역사가 되는데, 서기 400년경 신라시대 박제상 선생이 지은 부도지(符都誌)에서, 부루씨(夫婁氏)가 천부삼인(天符三印)을 이어받아 천웅(天雄)의 법(法)을 행하고, 일찍이 운해주(雲海州)와 긴밀하게 연락하여 하토(夏土)가 하나로 돌아오기를 시도하였으나 이도(異道)가 심하여 마침내 뜻을 이루지 못하였다는 기록과 일맥상통한다.

즉, 색불루 천왕이 후기 단군조선을 막 시작하고서, 운해주(雲海州)에 해당하는 중국내륙 중에서 황하 남쪽이자 양자강 유역 사이가 되는 회대(淮岱) 지역의 단군조선의 제후국인 남국(藍國) 등과 함께 도(道)를 잃은 무정(武丁)의 은(殷)나라를 공격하여 통일을 이루고자 하였으나, 하(夏)나라 땅을 이어 하나라의 제도(制度)를 그대로 답습한 은나라가 결국 다른 길을 감으로써 뜻을 이루지 못한 것을 가리키는 것이 된다.

(23) 은나라 23대 왕 조경(祖庚)

은나라 왕 조경은 서기전 1265년부터 서기전 1259년까지 7년 재위하였다.

(24) 은나라 제24대 왕 조갑(祖甲)

은나라 왕 조갑은 서기전 1258년부터 서기전 1226년까지 33년 재위하였다.

> [한] 서기전 1237년 갑신년(甲申年)에 23대 아홀 천왕 때 웅갈손(熊乫孫)을 보내어 남국의 왕(藍國君)과 함께 남쪽을 정벌하는 군대가 은(殷)나라 땅에 6읍(邑)을 설치하는 것을 살펴보게 하였고, 은나라 사람들이 서로 싸우면서 결판을 보지 못하므로 마침내 병력을 진격시켜 공격하여 이를 쳐부수었다. 〈檀君世紀〉[30]

서기전 1237년은 은나라 조갑 22년이 되는 해이다.

[한] 서기전 1236년 을유년(乙酉年)에 남국군(藍國君) 금달이 청구군(靑邱君), 구려군(句麗君)과 함께 주개(周愷)에서 회합하고 몽고리(蒙古里)의 병사와 합쳐 가는 곳마다 은(殷)나라의 성책을 부수고 깊숙이 들어가 회대(淮岱)의 땅을 평정하여 나누어 포고씨(蒲古氏)를 엄(淹)에, 영고씨(寧古氏)를 서(徐)에, 방고씨(邦古氏)를 회(淮)에 봉하니 은나라 사람들이 감히 접근하지 못하였다. 〈檀君世紀〉[31]

서기전 1236년은 은나라 조갑 23년이 되는 해이다. 남국(藍國)은 소위 남이(藍夷)로서 산동지역의 태산(泰山)과 회수(淮水)의 사이 지역인 회대(淮岱)의 땅에 위치하고, 청구(靑邱)는 산동지역에 위치하며, 구려는 번한(番韓)의 서북쪽이자 고죽국의 북쪽, 몽고리의 남쪽, 선비와 흉노의 동쪽에 위치하였던 나라로 모두 단군조선의 군국(君國)이 된다.

몽고리는 단군조선 4대 오사구 천왕이 서기전 2137년 동생 오사달을 한(汗)으로 봉한 나라이다. 이때 세워진 산동과 회수지역의 단군조선 제후국인 엄국(淹國), 서국(徐國), 회국(淮國)에서 각각 엄이(淹夷), 서이(徐夷), 회이(淮夷)라는 말이 생겼다.

이상의 은나라 왕 조갑(祖甲)과 관련된 기록은, 은나라 644년 중에서 말기의 약 110년간의 역사가 되는데, 서기 400년경 신라시대 박제상 선생이 지은 부도지(符都誌)에서, 부루씨(夫婁氏)가 천부삼인(天符三印)을 이어받아 천웅(天雄)의 법(法)을 행하고, 일찍이 운해주(雲海州)와 긴밀하게 연락하여 하토(夏土)가 하나로 돌아오기를 시도하였으나 이도(異道)가 심하여 마침내 뜻을 이루지 못하였다는 기록과 일맥상통한다.

---

30) 전게 한단고기 〈단군세기〉, 101쪽 참조
31) 전게 한단고기 〈단군세기〉, 101쪽 참조

즉, 색불루 천왕이 막 시작한 후기 단군조선 초기에 제23대 아홀(阿忽) 천왕이, 단군조선의 군후국인 남국(藍國), 청구, 구려, 몽고리 등의 군사를 내어 운해주(雲海州)에 해당하는 중국내륙 중에서 황하 남쪽이자 양자강 유역 사이가 되는 회대(淮岱) 지역을 평정하여 제후국을 봉하고 장차 통일을 이루고자 하였으나, 하(夏)나라 땅을 이어 하나라의 제도(制度)를 그대로 답습한 은나라가 복속되지 아니하고 이도(異道) 즉 다른 길을 감으로써 뜻을 이루지 못한 것을 가리키는 것이 된다.

(25) 은나라 제25대 왕 늠신(廩辛)

은나라 왕 늠신은 서기전 1225년부터 서기전 1220년까지 6년 재위하였다.

(26) 은나라 제26대 왕 경정(庚丁)

은나라 왕 경정은 서기전 1219년부터 서기전 1199년까지 21년 재위하였다.

(27) 은나라 제27대 왕 무을(武乙)

은나라 왕 무을은 서기전 1198년부터 서기전 1195년까지 4년 재위하였다.

[증] 서기전 1198년~서기전 1196년 "무을(武乙) 이 쇠하고 동이(東夷)가 번성하였고, 드디어 회대(淮岱)의 땅으로 나누어 옮겨가서 중토(中土. 가운데 땅)를 점거하였다."〈후한서 동이열전〉

[증] 서기전 1196년 "무을(武乙) 3년에 무을이 쇠하게 되자 동이(東夷)의 침범이 잦아지고 드디어 회대(淮岱)의 땅으로 나누어 옮겨가서 중토(中土. 가운데 땅)에 머무니 소위 서이(徐夷)가 이들이다."〈博物誌〉

은나라 왕 무을이 쇠하였다는 것은 무을이 도(道)를 잃었다는 것으로서, 정치를 잘 하지 못하였음을 나타낸다. 이에 동이가 회대의 땅을 점거하여 번성하였다는 것이 된다.

동이(東夷)라는 용어가 처음으로 나타나는 기록인데, 이는 은나라 무을의 시대에 은나라 제후국이던 서방의 주(周) 나라가 서서히 역사기록에 등장하는 시기가 되며, 서기전 403년 이후 주나라 전국(戰國)시대에 주나라를 중화(中華), 중국(中國)이라 자칭하면서 동쪽을 동이(東夷), 서쪽을 서융(西戎), 남쪽을 남만(南蠻), 북쪽을 북적(北狄)이라 비하하였던 것인데, 이 전국시대부터 주나라와 관련된 역사를 기록하면서 주나라가 본격적으로 역사에 등장하는 서기전 1198년경까지 소급하여 단군조선을 동이(東夷)라고 적게 된 것이다.

서이(徐夷)가 바로 동이(東夷)의 일족이 되는 것이며, 여기 서이(徐夷)는 곧 서기전 1236년에 세워진 단군조선의 제후국인 서국(徐國)이다. 고대중국의 기록에서는 단군조선의 제후국 이름에 이(夷)라고 붙였던 것이 된다.

세트(SETH) 神

영고씨(寧古氏)가 서국(徐國)의 시조가 되는데, 이 서국이 은나라 무을의 시절에 번성하여 회대 지역의 중토가 되는 중간지역에서 번성하였다는 것이 된다. 즉 서국은 태산(泰山) 남쪽으로 회수(淮水)와의 중간쯤에 있는 나라가 된다.

지금까지 중국기록에 적힌 구이로 풍이(風夷), 황이(黃夷), 우이(于夷), 견이(畎夷), 방이(方夷), 남이(藍夷), 서이(徐夷)가 나오는데, 모두 단군조선의 갈래로서, 황이, 우이, 견이, 방이, 서이는 황이(黃夷)이자 동이(東夷)이며, 풍이와 남이는 9족의 하나인 남족(藍族)으로서 남이(藍夷)이자 동이(東夷)이다.

단군조선은 구이(九夷)의 추대로 건국되었는데, 특히 고대 중국의 동쪽에 있던 이족들이 동이(東夷)이며, 서쪽에 있던 이족들은 서이(西夷)인데, 황이(黃夷)의 일파인 견이(畎夷)가 서이(西夷)의 근처에 있었다. 단군조선의 본토인 진한(眞韓)은 특히 현이(玄夷. 玄은 북쪽의 뜻)라고 오월춘추에 적기도 한다.

구이(九夷)는 원래 구족(九族)으로서 구한(九桓)이므로 옛 한국(桓國), 배달(倍達)나라 때부터 내려왔으며, 황제헌원 때부터 요(堯), 순(舜), 하(夏), 은(殷)나라에 이르기까지 그들 나라를 주위에 둘러싸고 있던 한배달조선(桓倍達朝鮮)의 자치제 후국들이 된다.

단군왕검 천제(天帝)께서 산동지역에서 구려분정(九黎分政)을 실시하였을 때는 서기전 2267년경 순(舜)임금 시절인데, 이때 순(舜)의 나라를 둘러싸고 있던 구려(九黎)의 나라들을 순(舜)에게 감독을 시켰던 것이며, 순(舜)이 말기에 이르러 도(道)를 잃어 이들 나라를 침범하는 등 하여, 결국 순은 단군조선으로부터 토벌(討伐)을 당하여 유상(有象)과 우(禹)의 군사에게 죽임을 당하였던 것이고, 우(禹)도 처음에는 단군조선을 따랐으나 곧 권력에 대한 과욕으로 하왕(夏王)이라 참칭(僭稱)하면서 독단(獨斷)을 차렸다.

(28) 은나라 제28대 왕 태정(太丁)

은나라 왕 태정은 서기전 1194년부터 시기진 1192년까지 3년 재위하였다.

(29) 은나라 제29대 왕 제을(帝乙)

은나라 왕 제을은 서기전 1191년부터 서기전 1155년까지 37년 재위하였다. 제을(帝乙)의 제(帝)라는 명칭으로 보아 폭정을 한 왕이 된다.

(30) 은나라 제30대 왕 제신(帝辛)

은나라의 마지막 왕인 제신은 서기전 1154년부터 서기전 1122년까지 32년 재

위하였다. 제신(帝辛)의 제(帝)라는 명
칭으로 보아 폭정을 한 왕이 된다. 제신
(帝辛)의 이름은 수(受)이며, 호는 주
(紂)라고 한다.

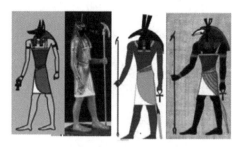

이집트 세트(SETH) 신
새후(휴작) : 검은 새머리(새) 지팡이 손(父) 辛

은나라 마지막 왕인 주(紂)는 항복한
제후 유소씨(有蘇氏)가 바친 달기(妲
己)라는 미인으로 인하여 주지육림(酒
池肉林)에 빠지고 폭정(暴政)을 일삼았다. 주왕(紂王)의 서형(庶兄)인 미자(微子)
가 자주 간하였으나 듣지 않자 미자는 떠나 버렸고, 아우 비간(比干)도 주왕에게 사
흘 동안 간하였다가 주왕으로부터 죽임을 당하였다.

주왕(紂王)의 숙부인 기자(箕子)는 미친 사람 행사를 하고 다니다가 주왕에게 붙
잡혀 갇혔다. 이때 은나라 태사(太師)는 예악(禮樂)과 제사(祭祀)만이라도 보존하
려고 주(周) 나라로 달아났다.

서기전 1183년에 주(周)의 제후가 된 창(昌), 구후(九侯), 악후(鄂侯)의 세 사람
이 주왕(紂王)의 삼공(三公)이 되었는데, 주왕은 간하던 구후와 악후를 죽여서 두
사람의 시체로 마른고기를 만들었다. 이에 창(昌)도 간하다가 옥에 갇혔는데, 창의
신하 산의생(散宜生)이 미녀와 보물을 주왕에게 바치자 창을 석방하였다. 이에 창
은 서백(西伯)에 임명되었다.

서백 창(昌)이 서기전 1134년에 죽자 아들 발(發)이 서백이 되었는데, 3년상을
마치지 않고서 곧바로 주왕(紂王)을 치려 할 때, 백이(伯夷)와 숙제(叔弟)가 나서서
충효(忠孝)를 말하며 말렸는데, 이때 강태공(姜太公)이 의사(義士)라 하며 부축하
도록 하여 길을 비키게 하였다.

서백(西伯) 희발(姬發)은 서이(西夷)의 세력을 이끌고 은나라 주왕을 치니, 주왕
은 목야(牧野)에서 패하고 불 속에 뛰어들어 자살함으로써, 은나라는 서기전 1122
년에 망하였다.

이로써 은나라는 서기전 1766년부터 서기전 1122년까지 30대 645년의 역사를 가진다.

다. 단군조선과 주(周) 나라의 관계역사

(1) 주나라 제1대 무왕(武王)

주나라 무왕은 서기전 1122년부터 서기전 1116년까지 7년 재위하였다. 주무왕은 서기전 1134년에 주문왕의 대를 이어 은나라 제후국이던 주(周)의 서백(西伯)이 되었는데, 이해를 기준으로 3년상(三年喪)을 지난 서기전 1132년부터 재위 연도로 기록하기도 한다.

서기전 1134년에 주문왕이 죽고 무왕이 즉위하여 3년상에 있으면서 은나라를 정벌하고자 할 때, 고죽군(孤竹君)의 아들들인 백이(伯夷)와 숙제(叔弟)가 충효를 언급하며 주무왕을 말렸다. 이때 강태공은 백이와 숙제를 의사(義士)라 하며 부축하여 모시고 길을 비키도록 하였다.

주나라는 은나라의 제후국으로서 서이(西夷)에게 속하고, 단군조선의 제후국인 견이(畎夷), 여(黎) 등의 근처에 있었다.

> [증] 서기전 1122년 "주무왕(周武王) 11년에 은(殷)을 정벌하기 시작하였는데, 주무왕이 서이(西夷)의 제후를 이끌고 은나라를 치고 목야(坶野)로 패퇴시켰다"〈죽서기년〉

서이(西夷)의 세력에는 지용(之踊), 촉(蜀), 강(羌), 미(微), 로(盧), 팽(彭) 등이 속한다〈죽서기년〉. 주나라는 서안(西安) 서쪽의 빈(邠), 기(岐)의 땅을 근거지로 하였다 하는바, 이 빈, 기의 땅에 서기전 1266년에 단군조선의 제후국인 여(黎)라는 나라가 세워졌으며, 서이와 공존하였다.

[증] 서기전 1122년 무왕(武王)이 주(紂)를 멸하자 숙신(肅愼)이 석노와 고시를 바쳤다. 〈후한서 동이열전〉

숙신은 한배달조선의 구족(九族) 중 황족(黃族)의 일파가 되는 방족(方族) 즉 방이(方夷)의 나라이기도 하다.

주무왕이 은나라를 칠 때 단군조선 본국은 은나라의 주왕(紂王)이 정치를 잘못하므로 은나라를 도와주지 않고 그냥 방임한 것이 된다. 산동지역의 동해안 출신인 동이족의 강태공(姜太公)이 천하를 주유하면서 서쪽으로 가 서이(西夷) 출신인 주문왕과 주무왕을 보필하여 주나라를 세우게 하였다.

여기 숙신이 석노와 고시를 바쳤다는 것은 숙신이 주(周) 나라 무왕(武王)에게 단순히 신하로서 조공한 것이 아니라, 단군조선 본국의 사자로서 주무왕이 천자(天子)로서 즉위하는 것을 축하하는 의례상의 선물이라고 보아야 한다.

활과 화살은 임금이 제후에게 징벌권(懲罰權)을 주는 상징물이 된다. 즉, 단군조선의 사자(使者)가 되는 숙신(肅愼)이 주(周) 나라에 가서 무왕(武王)에게 활과 화살을 주었다는 것은, 단군 천왕(天王)이 제후인 천자(天子)에게 천명(天命)으로 은나라를 징벌한 것을 인정해 주는 것이며, 이는 징벌권한을 부여하였음을 사후에 인정한 것이 된다. 이로써 주무왕은 정식 천자(天子)가 된 것이다.

[한] 서기전 1120년에 자서여(子胥餘)가 태항산(太行山)의 서북의 땅으로 피하여 가니, 막조선(莫朝鮮)이 이를 듣고 모든 주(州)와 군(郡)을 샅샅이 조사하더니 열병을 하고 돌아왔다. 〈馬韓世家〉[32]

자서여(子胥餘)는 은나라 왕족 기자(箕子)를 가리킨다. 기자(箕子)의 성씨는 자

---

32) 전게 한단고기 〈태백일사/삼한관경본기, 마한세가〉, 213쪽 참조

씨(子氏)이며 서여(胥餘)는 이름이고, 기자(箕子)의 기(箕)는 봉해진 땅의 이름이며, 자(子)는 봉작의 하나인 자작(子爵)을 가리킨다.

막조선(莫朝鮮)은 마조선(馬朝鮮)을 가리킨다. 마조선의 마한(馬韓)인 아도(阿閣)가 서기전 1120년에 기자 서여가 주(周) 나라를 피하여 태항산 서북의 서화(西華)라는 땅으로 피한다는 소식을 듣고서, 마한의 관경 내의 모든 주(州)와 군(郡)을 돌아다니며 경계를 하였던 것이 된다.

소위 기자(箕子)는 은나라 왕족으로서 당시 하남성에 있었던 기(箕) 땅의 자작(子爵)인바, 마지막 주왕(紂王)의 폭정을 견디지 못하여 미친 사람 행세를 하다가 주왕에게 붙들려 감옥에 갇혀 있었는데, 서기전 1122년에 은나라를 멸망시킨 주무왕(周武王)이 기자를 석방하였던 것이며, 이에 주무왕이 기자에게 천하를 다스리는 방법을 물었는데, 그 역사가 소위 주서(周書)의 홍범(洪範)과 송미자세가(宋微子世家)의 홍범구주편(洪範九疇篇)에 기록되어 있다.

홍범구주는, 서기전 2267년 요순시대의 대홍수 치수와 관련하여 단군조선의 태자 부루께서 주관한 도산회의(塗山會議)에서, 태자 부루께서 순(舜)의 신하 사공(司空) 우(禹)에게 전수하였던 치수법(治水法) 등이 기록된 책으로서, 천자(天子)가 세상을 다스리는 방법을 적은 책이다. 우가 이 홍범구주로 인하여 치수에 성공하였으나, 권력욕으로 이를 악용(惡用)하여 반역(反逆)을 일으켜 독립 정권을 수립함으로써, 단군조선으로부터 정식 천자국(天子國)으로 인정받지 못한 채 하나라 왕조를 시작하였던 것이 된다.

주무왕이 기자에게 치세법을 묻고 주나라의 신하가 되어 달라고 요청하였으나, 기자는 이를 거절하고 패잔병 5,000을 이끌고서 단군조선의 영역으로 피하였는데, 서기전 1120년에 기자는 고죽국의 서쪽이 되는 태항산(太行山) 서북의 땅으로 망명하였다. 이 태항산 서북지역이 곧 흉노(匈奴)의 근거지가 되는 지금의 오르도스 지역의 동쪽에 해당하는 곳이며, 단군조선의 군국(君國)인 구려국(句麗國)의 서남쪽 지역이 되고, 고죽국(孤竹國)의 서쪽이 된다.

이후 소위 기자국은 수유(須臾)라 불리는 단군조선의 기후국(箕侯國)이 되어 주나라의 제후국인 연(燕)나라와 제(齊)나라와 전쟁을 수행하기도 하였는데, 서기전 650년경에 고죽국과 거의 동시대에 주나라 춘추시대 패자였던 제(齊)나라의 침공으로 망한 것이 되어, 그 주류(主流)는 동쪽의 번한(番韓) 지역으로 이동하고, 기자의 차자(次子)의 후손인 선우씨(鮮于氏)는 남하하여 춘추전국시대에 조(趙)나라와 연(燕)나라 사이에 선우중산국(鮮于中山國)을 세우게 된다. 선우중산국은 서기전 296년에 조(趙)나라에 망한다.

서기전 650년경 번한으로 이주하였던 기자의 장자족은 서기전 323년에 읍차(邑借) 기후(箕詡)가 번조선왕(番朝鮮王)이 되어 서기전 194년에 위만에 속아 나라를 잃기까지 번조선을 이었고, 다시 기준왕(箕準王)과 상장(上將) 기탁(箕卓)이 이끄는 번조선 유민들이 마한 땅이던 한반도의 서쪽으로 남하하여 마한(馬韓)을 세우고 마한왕(馬韓王)이 되어, 서기 9년 백제(百濟)에 망하기까지 후삼한 시대의 진왕(辰王)으로서 군림하였다.

(2) 주나라 제2대 성왕(成王)

주나라 성왕은 서기전 1115년부터 서기전 1079년까지 37년 재위하였다.

> [중] 서기전 1116년 무왕이 붕하니, 삼감(三監)과 회이(淮夷)가 배반하였고 주공이 정벌하였다.〈尙書, 후한서 동이열전〉

삼감(三監)은 주나라 천자(天子)의 직속 대부(大夫)가 3명씩 조를 짜서, 8방(方)의 주(州)의 방백(方伯)을 감시하던 체제를 가리키는데, 여기 삼감은 은나라 주왕(紂王)의 왕자이던 무경(武庚)이 녹보(祿父)가 되어 봉해진 은(殷)나라를 감시·감독하던 관숙(管叔), 채숙(蔡叔), 곽숙(霍叔)을 가리킨다.

회이(淮夷)는 서기전 1236년에 회수(淮水)지역에 봉해진 단군조선의 제후국으로서 동이 세력이 되는데, 이때 은나라 무경에게 동조한 것이 된다. 주공(周公)은 주 무왕(周武王)의 아우이며 성왕(成王)에게는 숙부가 된다. 주나라 초기에는 아직도 은나라를 따르는 반란세력이 있어 정치가 안정되지 못하였던 것이 된다.

> [중] 서기전 1115년~서기전 1079년 "성왕(成王) 시대에 관(管)과 채(蔡)가 주나라 를 배반하여 이적(夷狄)을 불러들이니 주공(周公)이 정벌하고 드디어 동이를 평정 하였다."〈후한서 동이열전〉

관숙(管叔)과 채숙(蔡叔)이 어린 성왕을 거부하고 은(殷)나라의 주(紂)왕의 아들 무경(武庚=祿父)을 받들어 모반을 일으켰던 것이고, 이러한 반란을 성왕을 보필하 던 주공이 평정하였다.

여기서 이적(夷狄)은 동이와 북적을 가리키는데, 주나라 동쪽에 있던 중국내륙의 동이 세력으로는 회이(淮夷), 서이(徐夷), 엄이(奄夷), 웅(熊) 등이 있었으며, 북적 세력으로는 주나라 북쪽으로 은기자(殷箕子)의 기후국(箕侯國), 고죽국(孤竹國), 흉노(匈奴) 등이 있었다.

주나라의 삼감(三監)이던 관숙, 채숙, 곽숙이 은나라 왕자였던 무경(武庚)을 받들 어 회이, 서이, 엄이 등의 동이(東夷) 세력의 동조를 얻어, 주나라를 전복시키려 하 였던 대대적인 반란을 일으켰던 것을, 어린 조카인 성왕(成王)을 보필하던 주공(周 公)이 이를 평정하였다.

> [중] 서기전 1115년~서기전 1079년 "성왕(成王)이 관숙과 채숙을 정벌하고 회이 (淮夷)를 멸하였다."〈상서, 후한서 동이열전〉

성왕의 명을 받은 주공(周公)이 군대를 이끌고 동정(東征)을 하여 은나라 주왕(紂 王)의 아들 무경(武庚)과 반란에 참여하였던 관숙(管叔)을 죽이고, 채숙은 귀양을 보낸 뒤, 무경이 통치하던 땅을 강숙(康叔)에게 주어 위(衛)나라 제후로 봉하였다.

이때 주공이 회이(淮夷)를 정벌하여 멸하였다 하나, 이는 춘추필법에 따른 기록인데, 회이는 이때 멸망한 것이 아니라 서기전 221년 진시황(秦始皇)에 의하여 진(秦)나라에 흡수될 때까지 존속한 나라로서, 서기전 1236년부터 1,016년의 역사를 가진다.

(3) 주나라 제3대 강왕(康王)

주나라 강왕은 서기전 1078년부터 서기전 1253년까지 26년 재위하였다.

> [중] 서기전 1078년~1053년 "강왕(康王)의 때에 숙신이 다시 왔고, 뒤에 서이(徐夷)가 왕을 참칭하고 구이(九夷)를 이끌고 종주(宗周)를 정벌하여 서쪽으로 하상(河上)에 이르렀다."〈후한서 동이열전〉

강왕 때 숙신(肅愼)이 다시 왔다는 것은, 주무왕(周武王) 때에 숙신이 와서 석노와 궁시를 바쳤다는 것과 같은 취지로서 조공하였다는 것을 적은 것이 된다. 그러나, 숙신은 단군조선의 천후국(天侯國)으로서 서열상 천자국(天子國)이 되는 주(周)나라와 같거나 한 단계 위가 되는바, 단순한 조공(朝貢) 차원이 아니라 주(周)나라가 정치를 잘 하는지 폭정을 일삼는지 등 정세(情勢)를 살피기 위하여 단군조선의 사자(使者)로서 활동한 것이 된다.

뒤에 서이(徐夷)가 왕을 스스로 칭하고 구이를 이끌고 종주를 정벌하였다는 것은, 주나라 목왕(穆王) 때인 서기전 1000년경에 서국(徐國)에 서언왕(徐偃王)이 출현하여 주나라와 전쟁을 벌여 황하 유역까지 진출하여 36국을 거느린 대국(大國)이 되었던 것을 가리킨다.

서이(徐夷)는 서기전 1236년에 산동지역의 중남부지역에 세워졌던 단군조선의 제후국으로서 천자국(天子國)인 주(周)나라보다 서열상 같거나 높은 단계가 되는 천후국(天侯國)인 바, 정치를 잘 못 할 때 주나라를 정벌할 권한을 가지는 것이 되므로, 서이가 왕을 참칭한 것이 아니라 당연히 단군조선의 천하 왕인 것이다.

여기서 구이(九夷)는 단군조선 전체 구족(九族)의 구이가 아닌, 중국내륙의 동쪽에 있는 동이(東夷)에 속하는 구이가 된다. 주나라 시대에 주나라 동쪽의 내륙으로 산동지역과 양자강 지역에 걸쳐 엄이(淹夷), 남이(藍夷), 서이(徐夷), 회이(淮夷), 래이(萊夷), 개이(介夷), 우이(隅夷), 양이(陽夷), 사이(泗夷) 등의 많은 동이족이 존재하였다.

종주(宗周)는 주나라 조정(朝廷)이 있는 나라를 가리키는데, 주나라는 천자(天子) 직속의 나라와 8방의 나라로 이루어지며, 이 천자 직속의 나라가 곧 천자국(天子國)으로서 종주(宗周)이다. 서이가 이 종주를 쳐서 황하까지 쫓은 것이 된다.

하상(河上)은 황하 물가라는 뜻이 된다. 그리하여 서이가 주나라 천자국과 전쟁하여 서북쪽으로 황하까지 진출하여 주나라 천자를 압박하고 주나라 천자에 속하였던 제후국들을 포함한 36국을 거느린 대국이 되었다.

주나라 천자국은 방(方:넓이) 1,000리의 나라이며, 서이(徐夷)는 이때 중국의 기록상으로 방(方) 500리의 나라가 되어 제후국인 36국을 거느렸는데, 주나라로 볼 때는 종주 천자국의 1/4에 해당하는 대국(大國)이 되었다. 일반 공후(公侯)의 제후국이 방(方) 100리에 불과한 것을 볼 때 25배나 되는 큰 나라이다.

주나라 전체의 크기는 방(方) 3,000리로서 일면 3,000리와 일면 3,000리로 이루어진 9,000리의 나라가 되는데, 북쪽의 항산(恒山), 서쪽의 화산(華山), 동쪽의 태산(泰山), 남쪽의 형산(衡山)을 기준으로 넓이 9,000리가 된다는 것이다.

그러나 이러한 주나라의 땅 넓이도 단군조선에 비교하면 1/4에서 1/100에 해당하는 나라일 뿐이다. 왜냐하면, 단군조선은, 나라의 중심을 태백산인 지금의 백두산을 기준으로 하여 반경 3,000리 즉 일면 6,000리에 해당하는 지역이 천상(天上)에 해당하는 삼한(三韓) 관경에 해당하는 나라이며, 삼한관경 밖의 땅은 천하로서 경계가 없는바, 이는 단군조선이 한배달 나라의 정통을 이은 나라이기 때문에 동서 2

만 리 남북 5만 리의 나라이기 때문이다.

단군조선 삼한의 넓이는 주나라 전체 땅 넓이의 4배가 되며, 동서 2만 리 남북 5만 리로 기준을 잡으면 방(方) 3만2,000리의 나라로서 방 3,000리라고 기록되는 주나라의 약 100배가 넘는다. 즉 주나라는 바깥 경계가 있는 천하(天下)의 천자국(天子國)이며, 단군조선은 바깥 경계가 없는 천상(天上)의 천제국(天帝國), 천왕국(天王國)이기 때문이다.

(4) 주나라 제4대 소왕(昭王)

주나라 소왕은 서기전 1052년부터 서기전 1002년까지 51년 재위하였다.

[한] 서기전 1047년 갑오년(甲午年)에 주하(周瑕)가 번한(番韓) 을나(乙那, 서기전 1054~1015)에게 조공하였다. 〈番韓世家〉[33]

주나라 하(瑕)가 제4대 소왕(昭王)이다. 주나라 소왕이 번조선의 번한(番韓) 을나에게 조공한 것인데, 번조선은 단군조선 천왕(天王)의 비왕(裨王)이 다스리는 나라로서 천군(天君)보다 한 단계 높은 지위의 천왕격(天王格) 나라가 되어, 천왕의 일반 제후인 공(公), 후(侯), 백(伯), 자(子), 남(男) 중에서 자작(子爵)에 해당하는 천자국(天子國)인 주나라의 상국(上國)으로서 조공을 받은 것이 된다.

(5) 주나라 제5대 목왕(穆王)

주나라 목왕은 서기전 1001년부터 서기전 947년까지 55년 재위하였다.

[중] 서기전 1001년~서기전 947년 "목왕(穆王)이 두려워하여 동방의 제후를 나누

---

33) 전게 한단고기 〈태백일사/삼한관경본기, 번한세가〉, 224쪽 참조.

어 서언왕(徐偃王)을 주인으로 섬기도록 명하였다"〈후한서 동이열전〉

이 기록이 서이(徐夷)가 종주(宗周)를 쳐서 하상(河上)에 이르러 500리의 대국(大國)이 되어 36국을 거느렸다고 하는 기록과 상통하는 것이다.

목왕은 주나라의 제5대 왕으로서 서이(徐夷)에게 쫓기어 황하 이남을 내어주고, 주나라에 속하였던 제후국들과 동이족의 나라 등 합 36국이 서이를 종주국(宗主國)으로 삼도록 하였다.

서기전 1000년경에 출현한 서언왕 시대부터 초나라 문왕에게 수도를 점령당한 서기전 680년경까지 약 300년간이 주나라 천자국도 함부로 못 한 서이(徐夷)의 전성기가 된다.

(6) 주나라 제6대 공왕(共王)

주나라 공왕은 서기전 946년부터 서기전 935년까지 12년 재위하였다.

[한] 서기전 943년 무인년(戊寅年) 제29대 마휴(麻休) 단군 원년에 주나라 사람이 공물을 바쳤다. 〈檀君世紀〉[34]

단군조선 제29대 마휴 단군 천왕은 서기전 943년부터 서기전 910년까지 재위하였다. 이때는 주나라 제6대 공왕 시기이며 조공을 한 왕이 된다. 즉, 지방의 천하(天下) 왕(王)인 천자(天子)가 천상(天上) 천조(天朝)의 천왕(天王)에게 조공한 것이다.

(7) 주나라 제7대 의왕(懿王)

주나라 의왕은 서기전 935년부터 서기전 911년까지 25년 재위하였다.

---

34) 전게 한단고기 〈단군세기〉, 105쪽 참조

(8) 주나라 제8대 효왕(孝王)

주나라 효왕은 서기전 910년부터 서기전 896년까지 15년 재위하였다.

> [한] 서기전 909년 임자년(壬子年)에 제30대 내휴(奈休) 단군 때 청구(靑邱)의
> 정치를 둘러보시고 돌에 치우천왕의 공덕을 새기고, 서쪽으로 엄독홀(奄瀆忽)에
> 이르러 분조(分朝)의 여러 한(汗)과 만난 후 병사들을 사열하고 하늘에 제사 지내
> 고, 주나라 사람과 수호를 맺었다. 〈檀君世紀〉[35]

서기전 909년은 주나라 효왕 2년이 되는 해이다. 단군조선의 제30대 내휴 천왕
은 서기전 909년부터 서기전 875년까지 재위하였다.

청구는 배달나라 제14대 치우천왕(서기전 2707~서기전 2598)이 도읍을 한 땅
이며, 그 서쪽에 엄독홀이 있는 것이 된다. 서쪽인 엄독홀은 고대중국 기록에서 엄
이(淹夷)라고 기록되는 동이의 땅이며, 서기전 1236년에는 단군조선에서 엄국(淹
國)을 세운 곳이다.

분조(分朝)는 조정(朝廷)을 나누었다는 뜻으로 봉국(封國) 또는 군후국(君侯國)
을 가리키며, 특히 구려분정(九黎分政)인 분조는 중국내륙의 동쪽이 되는 회대 지
역의 남국(藍國), 청구(靑邱), 엄국(淹國), 서국(徐國), 회국(淮國) 등의 대국을 포함
하여 그 외 수많은 소국을 가리킨다. 고대중국의 서쪽에 있던 단군조선의 분조는 크
게는 견이(畎夷)와 백이(白夷=西夷)가 되고, 남쪽의 분조는 적이(赤夷)가 된다. 이
들 분조는 제후들이 각각 세습자치로 다스리는 나라이다.

청구는 지금의 태산의 남북으로 그 동쪽에 있는 것이 되며, 청구의 서쪽에 엄국
(淹國)이 되는 엄독홀이 있고, 청구의 서남쪽에 남국(藍國)이 있으며, 남국의 남쪽
에 서국(徐國)이 있고, 서국의 남쪽의 회수지역에 회국(淮國)이 있는 것이 된다.

---

35) 전게 한단고기 〈단군세기〉, 106쪽 참조

주나라 춘추전국 시대에 제(齊)나라, 연(燕)나라가 팽창하면서, 제나라에 회대 지역의 청구, 남국, 서국, 엄국 등을 잃은 것이 되고, 고죽국의 땅은 연나라에 내준 것이 된다. 후대에 이 회대 지역은 백제가 차지하였다가 고구려 문자제(文咨帝)에 의하여 고구려에 속한 적이 있고, 백제와 신라 사람들이 많이 활동하던 지역이기도 하다.

> [한] 서기전 902년 기미년(己未年)에 번한(番韓) 이벌(伊伐) 때 상장(上將) 고력(高力)을 파견하여 회군(淮軍)과 합쳐 주(周) 나라를 치게 하였다. 〈番韓世家〉[36]

서기전 902년은 주나라 효왕 9년이 되는 해이다. 이벌(伊伐)은 번조선의 제44대 번한(番韓)으로서 서기전 926년부터 서기전 900년까지 재위하였다.

상장 고력은 번조선의 장군이다. 회군(淮軍)은 회수(淮水)지역에 있던 단군조선의 제후국인 회국(淮國:회이)의 군대를 가리킨다. 회국은 서기전 1236년 단군조선이 회대(淮岱)의 땅을 평정한 후 방고씨(邦古氏)를 봉한 나라이다.

서기전 902년에 회대 지역을 관할하던 번조선의 번한 이벌이 상장군 고력을 파견하여 회국의 군대와 함께 주나라를 치게 한 것이다.

(9) 주나라 제9대 이왕(夷王)

주나라 이왕은 서기전 895년부터 서기전 879년까지 16년 재위하였다. 이왕은 이공(二公)이라고도 한다. 이때 초(楚)나라가 왕을 칭하였다. 주나라 제후국 중에서 가장 먼저 왕을 칭한 나라는 초나라인데, 서기전 741년에 웅거(熊渠)가 본격적으로 왕을 칭하였다.

> [한] 서기전 895년 병인년(丙寅年)에 번한(番韓) 아륵(阿勒) 때 주나라 이공(二

---

36) 전게 한단고기 〈태백일사/삼한관경본기, 번한세가〉, 225~226쪽 참조

公)이 사신을 보내 특산물을 바쳤다. 〈番韓世家〉[37]

서기전 895년에 이공이 즉위한 해인지 고왕이 죽고 대를 이은 해인지 불명이나, 번한에 조공을 바친 것으로 보아 즉위한 해가 될 것이다. 고대중국의 기록은 왕의 몇 년이라는 식으로 적고 있어 정확한 연대를 알기 어려운데, 실제 연대를 계산하다 보면 1~2년은 차이가 생긴다. 그래서 하은주의 역대 연대기록은 1~2년의 차이가 있을 수 있다는 것을 감안하면 될 것이다.

아륵(阿勒)은 번조선(番朝鮮)의 제45대 번한(番韓)으로서 서기전 900년부터 서기전 836년까지 재위하였다.

주나라 제9대 왕 이공(二公)은 이왕(夷王)이라고도 하며, 서기전 895년부터 서기전 879까지 재위한 것이 된다. 그리하여 주나라 이공이 즉위한 해인 서기전 895년에 상국인 번조선에 조공한 것이 된다.

이때까지도 주나라는 단군조선에 호의적인 것이 되며, 천자국(天子國)인 주나라의 상국(上國)이 되는 번조선(番朝鮮)에 조공한 것이다. 이는 번조선이 주나라의 내륙 바로 동쪽에 있는 단군조선의 제후국들을 담당하던 천왕격의 나라이기 때문이다.

(10) 주나라 제10대 여왕(厲王)

주나라 여왕은 서기전 878년부터 서기전 828년까지 51년 재위하였다.

[증] 서기전 878년~서기전 828년 "여왕(厲王)이 무도하여 회이(淮夷)가 도적질하였고, 소공(召公)이 정벌하여 평정하였다"〈후한서 동이열전〉

여왕은 주나라 제10대 왕인데, 무도(無道)하였다 하는바, 정치를 잘 못 하였다는

---

37) 전게 한단고기 〈태백일사/삼한관경본기, 번한세가〉, 225~226쪽 참조

것을 가리킨다. 그리하여 회이가 도적질을 하였다는 말은 앞뒤 논리가 맞지 아니하는 것이 되는데, 이때 회이는 도적질을 한 것이 아니라 주나라의 정치를 바로 잡기 위하여 또는 정치에 간섭하거나 견제하고 통제하기 위하여 군사를 일으킨 것이다. 이는 고대중국이 예를 잃었을 때 싸이에게서 배웠다는 것과 일맥상통한다.

여기 소공(召公)은 주나라 초기의 주공(周公)과 소공(召公)이라 할 때의 소공이 아니라, 그 대를 이은 후손이 되는 다른 인물이 된다. 이 여왕 시대에 주나라는 주공과 소공이 서기전 851년부터 서기전 828년까지 공화정치를 14년간 한 것으로 기록되고 있다.

주공(周公)은 주무왕의 아우인 단(旦)이 시조인데, 주나라의 수도이던 서안(西安)을 중심으로 어린 성왕을 보필하여 섭정하였으며, 소공(召公)은 주무왕의 아우인 석(奭)이 시조인데, 주공이 소공으로 하여금 장차 주나라의 수도로 하기 위하여 낙양(洛陽)을 건설하라 하였고, 낙양이 수도로서 완성된 후에 성왕은 서안에서 다스리고 주공이 낙양에서 다스렸다.

소공은 주무왕 시절에 은나라 잔존세력을 북쪽으로 쫓아내고 평정하여 연(燕)나라에 봉해졌다. 소공 석이 은나라 잔존세력을 칠 때, 은왕족 기자(箕子)의 군대가 소공 석에게 쫓기어 북쪽으로 달아나 태항산(太行山) 서북쪽에 망명하여 정착한 것으로 된다.

연나라의 초기 수도는 하남성에 있던 은나라의 연(燕) 땅에 있었으나, 이때는 연(燕)이라는 명칭을 피하여 언(匽)이라 하였고, 이후 소공 석이 수도를 지금의 안국시(安國市)가 되는 북쪽의 안(安)으로 옮긴 것이 되고, 이후 연나라는 다시 수도를 지금의 이현(易縣)이 되는 이(易)로 옮기어 계(薊)라고도 하였거나 다시 수도를 탁수(涿水) 지역에 옮기고 계(薊)라 하였던 것이 되며, 서기전 226년에 진왕(秦王) 정(政)의 진(秦)나라에 피하면서 옮긴 수도는 요동이 되는 지금의 북경(北京)이 된다.

연나라의 수도는 안(安), 이(易), 계(薊)가 되는데, 서기전 226년 이전에는 모두 지금의 북경의 남서쪽에 위치하고, 서기전 650년경 고죽국이 연나라와 춘추시대

패자였던 제나라의 합공에 망할 때 연나라의 수도는 이(易)가 되며, 고죽국이 연나라 땅이 된 때에 연나라가 수도를 탁수(涿水)의 계(薊)로 옮긴 것이 될 것이다. 후대에 북경이 계(薊)로 불리는데 이는 연나라가 서기전 226년에 요동으로 옮긴 수도가 된다. 여기서 탁수지역의 탁주(涿州)는 한(漢) 나라 말기인 서기 184년경 황건적의 난이 일어날 때 유비(劉備)와 장비(張飛)가 살던 고향이다.

> [한] 서기전 838년 계해년(癸亥年)에 제32대 추밀(鄒密) 단군 때 초(楚)나라 대부(大夫) 이문기(李文起)가 조정에 들어와 벼슬을 하였다. 〈檀君世紀〉[38]

단군조선 제32대 추밀 천왕은 서기전 847년부터 서기전 820년까지 30년 재위하였다.

초(楚)나라는 주(周) 나라의 제후국이나 남만으로 불린 나라인데, 서기전 890년경에 이미 왕을 칭하였고, 서기전 741년에 초나라 웅거(熊渠)가 본격적으로 왕을 칭하였다. 이때 초나라의 왕족은 웅씨(熊氏)가 된다.

초나라 대부(大夫) 이문기가 단군조선의 조정에 들어와 벼슬을 하였다는 것은 그만큼 단군조선과 주나라와의 인적교류가 원만하였다는 것을 알 수 있는데, 이는 서기전 268년경 위(魏)나라 사람인 공빈(孔斌)이 지은 홍사(鴻史)의 서문에서 동이(東夷)와 중화(中華)가 1,000년을 넘게 우방의 나라였으며 사람들이 서로 오가며 살았다고 적고 있는 것과 일맥상통하는 기록이 된다.

후대에도 지속해서 주나라 사람들이 단군조선에 귀화하거나 조정(朝廷)에 들어와 벼슬을 하는 사람들이 많이 기록되고 있다. 대부(大夫)는 제후(諸侯)의 아래 직위에 해당한다.

---

38) 전게 한단고기 〈단군세기〉, 106~107쪽 참조

(11) 주나라 11대 선왕(宣王)

주나라 선왕은 서기전 827년부터 서기전 782년까지 46년 재위하였다.

> [한] 서기전 818년 계미년(癸未年) 단군조선 제33대 감물(甘勿) 천왕 때에 주(周)
> 나라 사람이 와서 호랑이와 코끼리의 가죽을 바쳤다. 〈檀君世紀〉[39]

단군조선 제33대 감물 천왕은 서기전 819년부터 서기전 796년까지 24년 재위
하였다. 특히 주나라는 양자강 남쪽에 사는 코끼리를 잡아 가죽을 만들어 사용하였
던 것이 되는데, 이를 단군조선에 조공한 것이 된다.

(12) 주나라 제12대 유왕(幽王)

주나라 유왕은 서기전 781년부터 서기전 771년까지 11년 재위하였다.

> [중] 서기전 781년~서기전 771년 "유왕(幽王)에 이르러 음란해지자 사이(四夷)가
> 번갈아 가며 침입하였는데 제(齊) 환공(桓公)에 이르러 패권을 닦아 물리쳤다"〈후
> 한서 동이열전〉

여기서 유왕은 주나라 제12대 왕으로 서기전 781년부터 서기전 771년까지 11
년 재위하였다. 유왕이 음란하여 정치를 잘하지 못하자, 이에 주변의 사이(四夷)가
주나라의 정치에 간섭하려는 차원에서 침공한 것이 된다. 여기서 사이(四夷)는 동
서남북의 사이인지 아니면 동이에 속하는 사이인지 불명이나, 아직 춘추전국시대
이전의 서주(西周) 시대이기 때문에 주나라 동서남북의 주변에 있던 이족(夷族)으
로서 즉 소위 동이(東夷), 남만(南蠻), 서융(西戎), 북적(北狄)의 사이(四夷)가 될 것

---

39) 전게 한단고기 〈단군세기〉, 107~108쪽 참조

이다. 물론 동이, 남만, 서융, 북적이라고 불리는 시기는 서기전 403년 이후의 전국시대(戰國時代)가 된다. 그 이전에는 동서남북의 동이(東夷), 서이(西夷), 남이(南夷), 북이(北夷) 등 사이(四夷)가 되는 것이다.

사이(四夷)가 번갈아 가며 주나라 유왕 시기에 주나라를 침공하였는데, 서기전 680년경에 이르러 제나라 환공(桓公)이 패자(覇者)가 되어 주나라 정치에 간섭하거나 통제하거나 접수하려는 이족(夷族)들을 물리치고 주(周) 나라 조정을 지켰다는 것이 된다.

유왕의 시기에서 제나라 환공이 패자가 된 시기까지는 약 100년의 시차가 있는데, 그 사이에 사이(四夷)가 주나라 정치에 간섭한 것이 된다.

주나라 제12대 유왕(幽王)의 시기까지 서주(西周) 시대라 하고, 이후 서기전 770년부터 서기전 404년까지를 춘추시대(春秋時代)라 하며, 서기전 403년부터 서기전 221년까지 전국시대(戰國時代)라 한다.

(13) 주나라 제13대 평왕(平王)

[춘추시대]

주나라 평왕은 서기전 770년부터 서기전 720년까지 51년 재위하였다. 이 평왕 때부터 주나라의 춘추시대(春秋時代)라 한다.

평왕의 이름은 의구(宜臼)이다.

평왕은 서주(西周) 시대의 수도이던 서안(西安)의 동쪽에 있는 낙양에 수도를 두었으므로 이때부터 동주(東周) 시대라 부른다.

[한] 서기전 753년 무자년(戊子年)에 마한(馬韓) 사우(斯虞) 때 주나라 왕 의구(宜臼)가 사신을 보내 신년을 축하하였다. 〈馬韓世家〉[40]

---

40) 전게 한단고기 〈태백일사/삼한관경본기, 마한세가〉, 215쪽 참조

서기전 753년은 주나라 평왕 18년이 되는 해이다. 주나라 왕 의구가 곧 주나라 제14대인 동주(東周) 시대의 제1대 평왕(平王)이 된다.

주나라 왕 의구가 마한에 신년인사를 올린 것이 되는데, 마조선은 천왕격의 임금이 다스리는 나라로서 천자국(天子國)인 주나라의 상국(上國)이 된다. 즉 주나라는 천하의 왕인 천자가 다스리는 나라로서 단군조선의 체계로 보면 군국(君國)의 아래인 일반 제후국에 해당하는 것이다. 단군조선은 군(君) 이하 일반 제후를 한(汗)이라 하였고, 한(汗)의 위 단계로 특히 삼한(三韓)의 한을 한(韓)이라 한 것이 된다. 물론 한(韓)과 한(汗)은 비왕의 뜻이 있다.

마한의 사우는 마조선의 제26대 임금으로 서기전 754년부터 서기전 678년까지 77년 재위하였다. 서기전 753년은 마한 사우의 즉위 2년이 되는 해이다.

서기전 741년에 초(楚)나라의 웅거(熊渠)가 왕을 칭하였다. 주나라 제후국 중에서 가장 먼저 왕을 칭한 나라가 초나라이다.

서기전 722년이 되는 해를 시작으로 하여 공자(孔子)가 춘추(春秋)라는 역사서를 쓰기 시작하였다.

(14) 주나라 제14대 환왕(桓王)

주나라 환왕은 서기전 719년부터 서기전 697년까지 23년 재위하였다.

[한] 서기전 707년 갑술년(甲戌年)에 단군조선 제35대 사벌(沙伐) 단군이 조을(祖乙)을 파견하여 연(燕)나라 서울을 돌파하고, 제(齊)나라 군사와 임치(臨淄)의 남쪽 교외에서 싸워 승리하였다는 것을 알려 왔다. 〈檀君世紀〉[41]

서기전 707년은 주나라 환왕(桓王)의 13년이 되는 해가 된다.

---

41)전계 한단고기 〈단군세기〉, 109~110쪽 참조

단군조선 제35대 사벌 천왕은 서기전 772년부터 서기전 705년까지 68년 재위하였으며, 서기전 707년은 재위 66년이 되는 해가 된다.

이때 단군조선이 국경을 접한 주나라의 제후국인 연(燕)나라, 연과 접한 제(齊)나라와 전쟁한 것이 되는데, 춘추시대 이후 주나라 천자의 권위가 떨어져 제후국들의 움직임이 심상치 않았던 것을 단군조선이 간파하고 군사를 움직인 것이 된다. 이때의 단군조선의 군사는 연나라와 근접하였던 고죽국(孤竹國)과 기후국(箕侯國)과 구려국(句麗國) 또는 번한(番韓)의 군사가 될 것이다.

여기서 연나라 서울은, 지금의 북경의 서남쪽에 위치하였던 것이 되며, 서기전 650년경에 연나라와 제나라의 연합군이 영지국(永支國), 고죽국(孤竹國) 등을 정벌할 때, 단군조선의 번한(番韓) 요중(遼中) 12성(城)의 하나인 영지성(永支城)인 영지국(永支國)과 고죽국 수도의 서남쪽에 있는 것이 되는 것이다. 당시 고죽국의 수도가 탁수(涿水) 부근에 있었던 것으로 추정되는데, 이러하면 연나라 서울은 탁주(涿州)의 서남쪽에 있는 지금의 이현(易縣)이 될 것이다.

연나라는 서기전 650년경 고죽국이 망한 이후에 수도를 탁수 부근으로 옮겨 계(薊)라고 한 것이 되며, 서기전 226년에 진(秦)나라에 쫓기어 요동(遼東)으로 간 때의 수도는 지금의 북경으로서 또한 계(薊)라고 한 것이 된다. 지금의 북경 동쪽에 있는 계(薊)는 진한(秦漢) 시대 이후에 생긴 것이 된다.

서기전 707년 이때까지 산동(山東)지역과 회대(淮岱) 지역에 단군조선의 세력이 여전히 남아 있는 것이 되고, 특히 회이(淮夷:회국) 등은 서기전 221년 진시황(秦始皇) 때 진(秦)나라에 완전히 흡수되어 복속한 것이 된다.

(15) 주나라 제15대 장왕(莊王)

주나라 장왕은 서기전 696년부터 서기전 682년까지 15년 재위하였다.

서기전 690년 제(齊)나라 양공이 기국(紀國)을 멸하였다. 이 기국은 산동지역에 있었으며 단군조선의 제후국이 될 것인데, 기국(杞國)을 다르게 적은 것이 될 것이다. 기국(杞國)은 하(夏)나라의 제후국이었다고도 하나, 기국(杞國)이 망할 우려가 없다는 뜻의 기우(杞憂)라는 고사가 있는 것으로 보아 단군조선 본국에서 멀리 떨어진 산동지역에 존재한 단군조선의 제후국이 되는 나라이다. 기국(紀國)이 기국(杞國)이라면 기국(杞國)이 하(夏)나라 때부터 존속한 나라이므로 최소한 서기전 2200년경부터 이때까지 약 1,500년 이상의 역사를 가지는 것이 된다.

(16) 주나라 제16대 이왕(釐王)

주나라 이왕은 서기전 681년부터 서기전 677년까지 5년 재위하였다.

서기전 680년경에 초(楚)나라 문왕(文王)이 산동지역에 있던 단군조선의 제후국인 서국(徐國:서이)을 정벌하여 수도를 서산(徐山)으로 옮기게 하였다.

주나라 목왕(穆王) 때인 서기전 1000년경에 서국(徐國:서이)의 소위 서언왕(徐偃王)이 주나라를 쳐서 황하까지 몰아붙이고 36국을 거느린 대국(大國)이 되었고, 이에 주나라 천자(天子)인 목왕이 동방의 제후국들을 서언왕을 받들도록 용인할 수밖에 없었는데, 이때부터 초나라 문왕에게 수도를 함락당한 서기 680년까지 약 300년간 서국이 전성기를 누린 것이 된다.

서국은 초나라 문왕에게 패하여 서산(徐山)으로 옮겼다가, 패자가 된 제나라에 병합되었으며, 차차 독립하였다가, 다시 초나라와 제나라의 침공을 받았고, 결국 서기전 512년에 오나라 합려왕에게 완전히 망하였다.

서기전 679년에 제(齊)나라 환공(桓公)이 패자(覇者)가 되었다.

(17) 주나라 17대 혜왕(惠王)

주나라 혜왕은 서기전 676년부터 서기전 652년까지 25년 재위하였다.

서기전 675년에 왕자 퇴가 반란을 일으켰으며, 서기전 673년에 혜왕이 복위되었다.

서기전 668년에 제(齊)나라가 서국(徐國)을 병합하였다. 이에 서국은 제나라의 속국이 되었는데 얼마 후 다시 독립하였던 것이 된다.

서기전 665년에 제(齊)나라 환공(桓公)이 단군조선의 영지국(永支國), 고죽국(孤竹國)을 정벌하였다. 제나라 환공이 영지국과 고죽국을 정벌한 것은 분명히 이 이전에 연나라나 제나라가 단군조선의 국경을 침범하여 이에 대하여 단군조선이 정벌하였던 것이 되고, 이를 다시 연나라와 제나라가 반격한 것이 될 것이다. 서기전 707년에 단군조선이 연나라의 수도를 돌파하여 제나라 수도였던 임치 부근에서 전쟁하여 승리한 적이 있다.

이때 제나라가 주나라의 제후국 중에서 패자가 된 것은 소위 관중(管仲) 때문이다. 제나라 환공이 단군조선의 영지국과 고죽국을 정벌한 것도 관중이 제나라의 국력을 신장시켰기 때문에 가능한 것이었다. 즉 제나라가 패자가 되어 주나라 천자를 대신하여 주나라를 지킨 것이 된다.

서기전 660년에 위(衛)나라 의공이 북적(北狄:북융)의 수만족(鄋瞞族)에게 망하였다가, 제나라 환공에 의하여 위(衛)나라가 부활하였다. 여기서 수만족은 수유족(須臾族) 즉 은나라 왕족으로서 단군조선에 망명한 기자(箕子)의 후손을 가리키는 것이 될 것이며, 수유족을 비하한 명칭이 된다.

즉, 단군조선의 제후국인 수만이라 불리는 기후국(箕侯國)이 주나라의 제후국인 위(衛)나라를 멸망시켰다가, 당시 주나라의 패자였던 제나라가 주나라 천자를 대신하여 위나라를 다시 세운 것이 된다. 위(衛)나라는 서기전 1122년경 주무왕의 아우인 강숙(康叔)이 봉해진 나라이다.

위(衛)나라는 주나라 제후국 중에서 가장 나중에 망한 나라로서 진시황의 아들인 호해(胡亥:서기전 210년~서기전 207년)가 위공(衛公)인 군각(君角)을 폐하여 평민으로 만들어 위나라를 없앴다. 그러나 위나라는 사실상 서기전 240년에 진나라에 망하였던 것이 된다. 물론 소위 전국칠웅(戰國七雄) 중 진(秦)나라 외 육국은 차례로 망하였는데, 서기전 221년에 제(齊)나라가 마지막으로 망하였다.

[한] 서기전 653년 무진년(戊辰年)에 단군조선 제36대 매륵(買勒) 단군이 병력을 보내어 수유(기자의 후손)의 군대와 함께 연(燕)나라를 정벌케 하였고, 이에 연(燕)나라 사람이 제(齊) 나라에 위급함을 알려 제 나라 사람들이 크게 일어나 고죽(孤竹)에 쳐들어 왔는데 우리의 복병에 걸려 이기지 못하고 화해를 구걸하고는 물러갔다. 〈檀君世紀〉[42]

서기전 653년은 주나라 혜왕 25년이 되는 해이다.

이때까지 고죽국(孤竹國)은 단군조선의 제후국으로 남아 있었던 것이 된다. 고죽국은 연나라의 북쪽으로 발해만 서쪽에 있는 것이 되고, 구려국(句麗國)의 남쪽이자 태항산 서북에 있는 기후국(箕侯國)의 동쪽이며 번한(番韓)의 서쪽에 있는 나라가 된다. 즉 고죽국은 지금의 북경(北京)과 탁수(涿水)지역을 중심으로 한 나라가 된다.

고죽국은 고리국(藁釐國) 즉 구려국(句麗國)과 북쪽으로 접하여 구려국과 인연이 깊은 나라이다. 고리국은 해모수의 고향이며 해모수의 원래 성씨가 고씨(高氏)이므로 고구려라고도 한다. 해모수(서기전 239년~서기전 195년)는 북부여 시조로서 번조선의 기비(서기전 232년~서기전 222년)와 모의하여 서기전 232년에 오가연정을 철폐하고 단군조선을 접수하여 단군(檀君:천왕)으로 즉위한 인물이다.

서기전 653년 당시 고죽국의 국력이 쇠약해져 단군조선이 연나라를 정벌할 때는 군사를 내지 못하였던 것이 되는데, 이는 서기전 665년에 제나라의 침공으로 약화되었던 것이 될 것이다. 이때 기후국(箕侯國)이 단군 천왕의 명을 받아 군사를 내어 본국 군사와 함께 합공으로 연나라를 친 것이 된다. 이에 연나라는 당시 종주국(宗主國)이나 다름없던 패자(覇者)의 나라인 제(齊)나라에 구원을 요청하였던 것이고 이에 제나라는 서기전 651년까지 걸쳐 군사를 내어 단군조선의 영지성, 고죽, 구려

---

42) 전계 한단고기 〈단군세기〉, 110~111쪽 참조

등의 서쪽 변경을 침공한 것이 된다.

(18) 주나라 제18대 양왕(襄王)

주나라 양왕은 서기전 651년부터 서기전 619년까지 33년 재위하였다.

서기전 651년에 제나라 환공(桓公)이 산융(山戎), 이지(離支), 고죽(孤竹)을 정벌하였다. 여기서 산융은 지금의 내몽골지역에 있던 단군조선의 군국(君國)인 구려(句麗)를 가리키며, 이지(離支)는 단군조선의 번한(番韓) 요중(遼中) 12성(城)의 하나인 영지성(永支城)을 가리키는 것이 된다. 이해에 고죽국이 제(齊)나라에 망하여 연(燕)나라에 병합된 것이 된다. 또 이 이후 서기전 323년에 기후국(箕侯國) 기자(箕子)의 후손인 읍차(邑借) 기후(箕詡)가 번조선(番朝鮮)에 등장함으로써, 기후국과 고죽국이 서기전 651년경에 연제와의 전쟁으로 거의 같은 시기에 망한 것으로 추정된다.

서기전 651년 제나라 환공이 산융, 이지, 고죽을 칠 때, 기후국이 등장하지 않고 있는데, 서기전 653년에 해당하는 단군세기의 기록을 고려하면, 서기전 651년의 전쟁은 그 연장선에 있는 것이 되고, 이때 기후국, 고죽국, 영지성, 구려국이 연나라와 제나라의 연합군에 대적한 것이 되고, 서기전 415년에 기후국의 한 갈래인 선우중산국(鮮于中山國)의 무공(武公)이 즉위한 것으로 보아 아마도 서기전 650년경부터 서기전 450년경까지 사이에 기후국과 고죽국이 망한 것이 될 것이다.

서기전 632년에 진(晋)나라 문공(文公)이 패자(覇者)가 되었다. 진나라는 서기전 679년에 패자가 된 제(齊)나라 다음으로 춘추시대의 패자가 되었다.

(19) 주나라 제19대 경왕(頃王)

주나라 경왕은 서기전 618년부터 서기전 613년까지 6년 재위하였다.

(20) 주나라 제20대 광왕(匡王)

주나라 광왕은 서기전 612년부터 서기전 607년까지 6년 재위하였다.

서기전 607년에 노자(老子)가 탄생하였다. 노자는 이름이 원래 한건(韓乾)인데 나중에 이이(李珥)로 바꾸었다.

(21) 주나라 제21대 정왕(定王)

주나라 정왕은 서기전 606년부터 서기전 586년까지 21년 재위하였다.

(22) 주나라 제22대 간왕(簡王)

주나라 간왕은 서기전 585년부터 서기전 572년까지 14년 재위하였다. 이때 오(吳)나라가 왕을 칭하였다.

(23) 주나라 제23대 영왕(靈王)

주나라 영왕은 서기전 571년부터 서기전 545년까지 27년 재위하였다. 서기전 569년에 진(晋)나라가 산융(山戎)으로부터 조공을 받은 것으로 기록되고 있으나, 이는 단군조선의 군후국(君侯國)인 산융(山戎: 句麗)이 진(晋)나라의 정세를 살핀 것이 된다. 산융은 지금의 내몽골지역에 위치하였던 구려국(句麗國)을 가리키는 것이 된다.

서기전 567년에 제(齊)나라가 래이(萊夷)를 멸망시켰다. 여기 래이(萊夷)는 즉묵(卽墨) 또는 절묵(節墨)이라고도 하는데, 고죽국(孤竹國)의 분국(分國)이거나 고죽국 출신이 봉해진 나라로서 고죽국과 밀접하게 관련된 나라이다.

만약 래이가 고죽국이 제나라에 망하여 세워진 고죽국의 후계국이라면 굳이 산동지역에 진출하여 세울 이유가 없는 것이 되어 논리상 맞지 않게 된다. 한편으로 제나라가 고죽국을 멸망시키고서 그 유민들을 봉한 나라라면, 서기전 650년경에 고죽국을 멸망시키고서 80년밖에 안 된 나라를 서기전 567년에 멸망시킨 것이 되어 또한 논리상 맞지 않는 것이 된다.

그리하여, 래이가 내륙8이(夷)의 하나라는 것을 고려하면, 래이는 고죽국 사람이 산동지역에 진출하여 세운 나라이거나, 단군조선에서 고죽국 출신을 제후로 봉한 나라가 틀림없는 것이 된다.

하은주(夏殷周) 시대에 산동(山東)지역과 회수(淮水)지역에 걸쳐 수많은 단군조선의 제후국들이 있었던 것이 되는데, 그중에서 크게 내륙8이(夷)로 불리는 나라로서, 엄이(淹夷), 남이(藍夷), 서이(徐夷), 회이(淮夷), 래이(萊夷), 개이(介夷), 우이(隅夷), 양이(陽夷)가 있고 그 외에도 사이(沙夷) 등이 있었다.

이들 중에서 엄이, 남이, 서이, 회이는 남이(藍夷) 계통이 되고, 래이, 개이, 우이, 양이는 산동에 있던 청구(靑邱) 계통이 되는데, 특히 래이(萊夷)는 고죽국의 분국(分國) 즉 고죽국이 사람을 보내어 세운 나라이거나, 단군조선이 고죽국 출신을 봉한 제후국이 될 것이다.

서기전 551년에 공자(孔子)가 탄생하였다. 공자는 노자보다 56세가 적은 것이 된다. 즉 공자가 노자를 찾아가 예를 물은 때에 노자는 70세가 지난 한참 노인이었던 것이 된다.

(24) 주나라 제24대 경왕(景王)

주나라 경왕은 서기전 544년부터 서기전 520년까지 25년 재위하였다. 서기전 530년에 초(楚)나라가 다시 서국(徐國)을 정벌하였다. 이로써 서국은 서기전 680년경에 초나라 문왕(文王)에게 정벌 당하고 서기전 668년에 제나라에 병합된 이후 독립하였다가 이때 이르러 초나라에 다시 정벌 당한 것이 된다.

서기전 526년에 제(齊)나라가 서국(徐國)을 정벌하였다. 제나라가 서국을 정벌한 것으로 보아 이미 서국은 제나라로부터 독립한 나라임이 드러난다.

(25) 주나라 제25대 도왕(悼王)

주나라 도왕은 서기전 519년에 6월간 재위하였다.

(26) 주나라 제26대 경왕(敬王)

주나라 경왕은 서기전 518년부터 서기전 475년까지 44년 재위하였다. 서기전 512년에 서국(徐國)이 오(吳)나라에 완전히 망하였다. 이로써 서국(徐國; 서이)은 서기전 1236년부터 서기전 512년까지 725년의 역사를 가지는 것이 된다.

서기전 479년에 공자가 72세로 졸(卒)하였다. 이해에 진(陳)나라가 초(楚)나라에 망하였다.

(27) 주나라 제27대 원왕(元王)

주나라 원왕은 서기전 474년부터 서기전 469년까지 6년 재위하였다. 서기전 473년에 월(越)나라가 오(吳)나라를 멸망시켰다.

(28) 주나라 제28대 정정왕(貞定王)

주나라 정정왕은 서기전 468년부터 서기전 439년까지 30년 재위하였다. 서기전 453년에 진(晋)나라가 사실상 한위조(韓魏趙)에게 망하였다. 서기전 447년에 채(蔡) 나라가 초(楚)나라에 망하였다.

(29) 주나라 제29대 애왕(哀王)

주나라 애왕은 서기전 439년에 3월간 재위하였다.

(30) 주나라 제30대 사왕(思王)

주나라 사왕은 서기전 439년에 6월간 재위하였다.

(31) 주나라 제31대 고왕(考王)

주나라 고왕은 서기전 438년부터 서기전 426년까지 13년 재위하였다.

(32) 주나라 제32대 위열왕(威烈王)

주나라 위열왕은 서기전 425년부터 서기전 402년까지 24년 재위하였다. 주나라 위열왕은 말기 단군조선을 시작한 구물(丘勿) 천왕이 즉위한 해인 서기전 425년에 왕이 되었다.

서기전 415년에 중산국(中山國)의 무공(武公)이 즉위하였다. 중산국은 선우중산국(鮮于中山國)을 가리키며, 수유족(須臾族) 기자(箕子)의 후손인 선우씨(鮮于氏)가 세운 나라가 된다.

[전국시대]

서기전 403년부터 주(周) 나라는 전국(戰國)시대가 된다. 이때 진(晋)나라는 한(韓), 위(魏), 조(趙) 나라로 삼분되었다.

> [한] 서기전 403년 무인년(戊寅年) 단군조선 제44대 구물(丘勿) 단군 때, 연(燕)
> 나라가 사신을 보내와 새해 문안 인사를 올렸다. 〈檀君世紀〉[43]

연(燕)나라는 주나라의 제후국으로서 춘추시대에는 패자였던 제(齊)나라의 보호를 받았는데, 서기전 403년 전국(戰國)시대 이후에 주나라가 천자국으로서 유명무실하게 된 상황에서, 주나라 천자에게 예(禮)를 올리지 않고 국경을 접하고 있는 단군조선을 상국(上國)으로써 새해 인사를 올려 예를 표한 것이 된다. 물론 연나라가 전략 전술적으로 단군조선의 정치 상황과 군사력 등의 정세를 탐지하기 위하여 행

---

43) 전게 한단고기 〈단군세기〉, 115쪽 참조

한 측면이 있었다고도 보인다.

서기전 425년부터 단군조선도 왕권(王權)이 삼분되어 마조선(馬朝鮮)과 번조선(番朝鮮)도 왕을 칭하게 되어 독자적인 왕권 즉 군사권을 가지게 되었는데, 아마도 연나라가 번조선을 경계하고 견제하는 차원에서 진조선(眞朝鮮) 천왕에게 직접 예를 올렸을 가능성도 크다.

왕을 칭한 역사로 보면, 단군조선은 서기전 425년부터 마조선과 번조선의 마한과 번한이 각 번조선왕, 마조선왕이라 칭하게 되어, 진조선 천왕의 비왕(裨王)이긴 하나 군사권을 독자적으로 가지게 됨으로써, 마조선과 번조선의 왕권이 강화되고 상대적으로 천왕의 권한이 축소된 것으로 된다.

이에 반하여 주나라 전국시대의 칭왕 역사는 단군조선과는 차이점이 있게 되는데, 전국시대 제후국들은 아예 주나라 천자를 무시하고 스스로 왕(王) 즉 천자(天子)라고 칭한 것이다. 단군조선의 마조선왕과 번조선왕은 스스로 왕(王)이라 칭한 것이지 천왕(天王)이라 칭한 것이 아니다. 춘추시대에는 비록 패자(覇者)가 주나라의 주인 노릇을 하나 주나라 천자(天子)를 천자로 모신 점에서 전국시대와는 차이가 있다.

(33) 주나라 제33대 안왕(安王)

주나라 안왕은 서기전 401년부터 서기전 375년까지 27년 재위하였다. 서기전 386년에 제(齊)나라에서 전씨(田氏)가 제후가 되었다. 즉, 서기전 1122년경에 강태공(姜太公)이 봉해진 제나라가 이때 이르러 강씨(姜氏)가 아닌 전씨가 제후가 된 것이다. 전씨(田氏)는 진(陳)나라에서 온 사람이다.

> [한] 서기전 380년 신축년(辛丑年) 단군조선의 제45대 여루(余婁) 단군 때, 연(燕)나라 사람이 변두리의 군(郡)을 침범하므로 수비장수 묘장춘(苗長春)이 이를 쳐부수었다. 〈檀君世紀〉[44]

전국시대에 연(燕)나라가 서서히 팽창하면서 번조선(番朝鮮)의 국경을 침범한 것이 된다. 즉, 서기전 403년 이후 주나라가 전국시대가 되면서 제후들이 주나라 천자를 무시하고 독자적으로 천자 노릇을 하기에 이르렀는데, 주나라 천자는 이를 통제하거나 진압할 힘이 없었다. 즉 주나라 제후국들이 모두 독자적으로 왕권을 수행한 것이 된다.

여기서 변두리의 군(郡)은 곧 진조선과 번조선의 서쪽 변경에 있던 군(郡)이 된다. 진조선의 서쪽 변경은 구려국의 서남단(西南端)이 되는 지금의 대동(大同)인 상곡(上谷) 지역으로서 대요수(大遼水)이던 지금의 영정하(永定河)의 상류지역이 되고, 번조선의 서쪽 변경은 영정하의 중하류 지역이 된다.

서기전 378년에 진(晉)나라가 한위조(韓魏趙)에게 완전히 망하였다.

서기전 375년에 장(鄭)나라가 한(韓)나라에 망하였다.

(34) 주나라 제34대 열왕(烈王)

주나라 열왕은 서기전 374년부터 서기전 368년까지 7년 재위하였다. 맹자(孟子)가 초(鄒)나라에서 출생하였다.

(35) 주나라 제35대 현왕(顯王)

주나라 현왕은 서기전 367년부터 서기전 320년까지 28년 재위하였다.

[한] 서기전 365년 병진년(丙辰年) 단군조선 제45대 여루(余婁) 단군 때, 연(燕)나라 사람 배도(倍道)가 쳐들어와서 요서(遼西)를 함락시키고 운장(雲障)에 육박하였고, 이에 번조선이 대장군 우문언(于文言)에게 명하여 이를 막게 하고, 진조선(眞朝鮮) 막조선(莫朝鮮)도 역시 군대를 보내어 이를 구원하더니, 복병을 숨기고

---

44) 전게 한단고기 〈단군세기〉, 116쪽 참조

연나라와 제나라의 군사를 오도하(五道河)에서 쳐부수고는 요서(遼西)의 여러 성을 남김없이 되찾았다. 〈檀君世紀〉[45]

서기전 365년에 연(燕)나라가 주축이 되어 제(齊)나라와 함께 요서(遼西) 지역을 쳐들어왔던 것이 되고, 이 요서 지역을 단군조선이 다시 회복하였다는 것이 된다.

여기서 운장(雲障)은 지금의 난하(灤河)의 동쪽에 있던 상하운장(上下雲障)을 가리키는 것이 되는데, 이곳이 서기전 195년에 한(漢) 나라의 연왕 노관의 신하이던 위만이 망명하여 정착한 곳이다. 우리의 요서지역이 되는 원래의 요수(遼水)인 영정하(永定河)의 동쪽 지역을 함락하고, 단군조선이 요동(遼東)과 요서(遼西)를 구분하던 지금의 난하인 패수(浿水)를 건너 운장까지 쳐들어 왔다는 것이 된다. 여기서 우리의 요서지역은 패수인 지금의 난하 서쪽 지역을 가리키는데, 고대중국에서는 여전히 대요수(大遼水)인 지금의 영정하 동쪽 지역을 요동이라 하였던 것이 된다.

번조선의 대장군 우문언이 연나라와 제나라의 군사를 막았던 것이고, 이에 진조선과 마조선의 군사가 합류하여, 연제의 군사를 복병작전으로 오도하(五道河)에서 쳐부수고 패수 서쪽의 여러 성을 모두 수복하였다.

여기서 오도하(五道河)는 다섯 갈래의 물길이 있는 강이 되는데, 요서의 성(城)들을 모두 찾았다는 기록으로 미루어 보면, 패수인 난하의 서쪽에 있는 강이 될 것이며, 대요수인 영정하와 패수인 난하 사이에 오도하(五道河)가 있는 것으로 된다. 그런데, 제나라 군사를 패퇴시킨 것으로 보면, 제나라에 가까운 강일 수도 있는데, 이때 오도하는 황하의 하류에 다섯 갈래의 강을 이루는 곳으로서, 황하가 낙양 쪽에서 동류하여 북동쪽으로 흐르면서 발해만으로 흘러드는 지점에 있는 강일 가능성을 배제할 수는 없다.

---

45) 전게 한단고기 〈단군세기〉, 116쪽 참조

여기의 막조선(莫朝鮮)은 마조선(馬朝鮮) 즉 마한(馬韓)을 가리킨다. 마한을 모한(慕韓), 막조선(莫朝鮮)으로 적은 것을 보면, 소리로서 "마"를 표기한 것으로 되는데, "마"는 남쪽을 뜻하는 말이 된다. 즉 마한은 진한(眞韓)의 남쪽에 있다는 뜻이 된다. 한편, 번한(番韓)은 차례를 서서 지키는 임금 또는 나라라는 의미가 되는데, 특히 단군조선의 서쪽을 지키는 비왕(裨王), 또는 나라를 가리키는 것이 된다.

즉, 지리적으로는 번한(番韓) 즉 번조선(番朝鮮)은 서쪽이 되는 단군조선의 오른쪽에 위치하여, 고대중국과의 국경지대를 방어하여 지키는 비왕이 번(番:당번, 불침번의 번)을 서는 나라라는 뜻이 되고, 마한 즉 마조선은 남쪽이 되는 단군조선의 앞쪽에 있는 나라라는 뜻이 된다.

서기 365년에 연나라가 제나라 군사와 함께 침범해 오자 번조선(番朝鮮)이 비상권(非常權)을 발동하여 독자적으로 군대에 명령을 내린 것이 되는데, 이는 국호가 대부여(大扶餘)로 바뀐 서기전 425년부터는 진조선(眞朝鮮) 천왕(天王)의 명령 없이, 번조선의 번한(番韓)이 번조선왕(番朝鮮王)으로서 왕권을 행사하여 군사를 부린 것이 된다.

[한] 서기전 364년 정사년(丁巳年) 단군조선 제45대 여루(余婁) 단군 때, 연(燕)나라 사람이 싸움에 지고는 연운도(連雲島)에 주둔하며 배를 만들고 장차 쳐들어올 기세이므로, 우문언(于文彦)이 추격하여 크게 쳐부수고 그 장수를 쏘아 죽였다. 〈檀君世紀〉[46]

여기서 연운도는 발해만에 있는 섬으로서 당시 연(燕)나라의 관할 내에 있었던 것이 되는데, 단군조선의 우문언이 이끄는 수군(水軍)이 연나라의 연운도까지 추격하여 쳐부순 것이 된다.

---

[46]전게 한단고기 〈단군세기〉, 116쪽 참조

[한] 서기전 350년 신미년(辛未年) 단군조선 제45대 여루(余婁) 단군 때, 북막 추장 액니거길이 조정에 찾아와 말 200필을 바치고 함께 연나라를 칠 것을 청했고, 마침내 번조선의 젊은 장수 신불사(申不私)로 하여금 병력 만 명을 이끌고 가서 합세하여, 연나라의 상곡(上谷)을 공격하고 이를 도와 성읍을 쌓게 하였다. 〈檀君世紀〉[47]

여기서 북막(北漠)은 연나라의 북쪽에 있던 사막지대가 되며 주로 내몽골지역으로서 구려국의 서쪽 또는 북쪽을 가리키는 것이 된다.

북막 추장이 연나라의 팽창을 염려하여 직접 단군조선의 천왕을 찾아 조공하면서 연나라를 칠 것을 청하였는바, 이에 응하여 번조선에 명하여 장수 신불사로 하여금 출사하라고 한 것이 된다. 이로써 번조선이 비록 번조선왕이라 칭하는 왕국이지만 여전히 진조선(眞朝鮮) 천왕의 비왕의 나라인 것이며, 번조선왕이 천왕의 명을 받아 군사를 내어 연나라를 정벌한 것이 된다.

이때 상곡(上谷)은 연(燕)나라 땅임을 알 수 있다. 상곡은 지금의 대동(大同)인데, 단군조선의 구려국(句麗國)의 서쪽 하단 지역이자 기후국(箕侯國)의 북쪽 지역이 되는데, 서기전 365년 연나라가 단군조선의 요서지역을 침공한 후로 서기전 350년 사이에, 연나라가 상곡을 점령하였던 것이 된다.

서기전 350년에 단군조선이 북막 추장 액니거길의 청을 받아들여, 북막의 군사와 함께 번조선 장수 신불사가 상곡(上谷)을 공격하고 상곡 주변에 성읍을 쌓은 것이 되는데, 서기전 343년에 다시 연나라의 침공으로 상곡을 잃고 조양(造陽)의 서쪽을 경계로 삼았다.

---

47) 전게 한단고기 〈단군세기〉, 117~118쪽 참조

[한] 서기전 343년 무오년(戊午年) 단군조선 제45대 여루(余婁) 단군 때, 상곡(上谷) 싸움 후 연나라가 해마다 침범해 오더니 이때 이르러 사신을 보내 화해를 청하므로 허락하고, 조양(造陽)의 서쪽을 경계로 삼았다. 〈檀君世紀〉[48]

서기전 350년 상곡(上谷) 전투 이후로 연나라가 계속하여 동침(東侵)한 것이 되며, 서기전 343년에 연나라가 화친을 청하고 조양(造陽)의 서쪽을 경계로 삼은 것이 된다.

상곡(上谷)은 지금의 대동(大同)으로서 대요수(大遼水)가 되는 영정하(永定河)의 최상류 부근에 위치하고, 조양(造陽)은 대요수의 동쪽에 있는 백하(白河) 또는 고하(沽河)의 상류에 있는 것이 되는데, 여기 조양은 지금의 요령성에 있는 조양(朝陽)과는 다른 지명이 된다.

그리하여 서기전 343년에 단군조선과 연나라의 국경은 대체로 지금의 영정하와 난하 사이에 있는 고하(沽河)가 된다. 고하(沽河)는 습여수(濕餘水), 조하(潮河) 등을 지류로 둔 강인데, 습수(濕水), 조수(潮水), 산수(汕水)를 가진 열수(列水)로 불린 강으로서 습수는 습여수이며 조수는 조하(潮河)가 된다.

[한] 서기전 341년 경진년(庚辰年) 단군조선 제46대 보을(普乙) 단군 때의 12월에, 번조선의 왕 해인(解仁)이 자객(刺客)에게 해를 당하니 오가(五加)가 다투어 일어났다. 〈番韓世家〉[49]

자객이 어느 나라 또는 어느 지역 출신인지 불명인데, 아마도 연나라가 보낸 것으로 추정된다.

번조선왕 해인이 암살당하자 번조선의 오가(五加)들이 혼란에 빠져 서로 왕이 되

---

48) 전게 한단고기 〈단군세기〉, 117~118쪽 참조
49) 전게 한단고기 〈단군세기〉, 118~119쪽 참조

려고 하였던 것이 되는데, 이로써 단군조선(진조선) 조정(朝廷)에도 천왕을 중심으로 하여 삼사오가(三師五加)가 있으며, 마한(마조선) 조정에도 삼사오가가 있으며, 이러한 삼사오가에 해당하는 제도가 각 지역의 주(州), 홀(忽), 원(原), 군(郡), 성(城), 현(縣), 읍(邑), 허락(墟落)에 이르기까지 있었던 것을 알 수 있게 된다. 지방의 마을에 있던 삼로(三老)가 곧 삼사(三師)에 해당한다.

한국(桓國)시대의 9황(皇) 64민(民)은, 나라의 땅을 천제(天帝)가 다스리는 중앙과 바깥의 8방으로 나누고, 이 8방을 다시 각 8방으로 나누어 만들어지는 64방이 지역 백성의 수가 된다. 중앙과 8방의 임금은 중앙을 다스리는 천제(天帝)를 포함하여 모두 한인(桓因)의 형제 9황(皇)이라 하는 것이며, 8방의 8방은 곧 64방으로서 백성(民)이 되는 씨족이나 부족의 수가 되는 것이다.

한국시대는 그 땅이 동서 2만 리, 남북 5만 리라 하는바, 1방의 크기는 대략 동서 7천 리, 남북 1만7천 리가 되는데, 주(周) 나라 땅의 크기는 1방 동서 1,000리, 남북 1,000리로서 9방이 되어 총 동서 3천 리, 남북 3천 리이므로, 한국(桓國)의 크기는 주나라의 111배가 된다. 한편, 단군조선의 삼한관경의 크기만으로도 동서 6,000리, 남북 6,000리로서 주나라 9방 9주(州)의 4배가 된다.

서기전 365년부터 본격적으로 동쪽으로 단군조선의 국경을 침략하기 시작한 연나라가, 번조선의 정세를 탐지한 후 자객을 보내어 번한 즉 번조선왕 해인(解仁)을 암살한 것이 된다. 해인은 일명 산한(山韓)이라고 한다.

[한] 서기전 339년 임오년(壬午年) 번한(番韓) 수한(水韓) 때, 연(燕)나라 사람 배도(倍道)가 쳐들어와서 안촌골(安村忽)을 공격하였으며, 험독홀(險瀆忽)에서도 노략질하니 수유(須臾) 사람 기후(箕詡)가 자식과 제자들 5,000인을 데리고 와 싸움을 도왔고, 이에 군세가 떨치기 시작하더니 곧 진(眞), 번(番) 2 한(韓)의 병력과 함께 협격(協擊)하여 이를 대파하고, 또 한쪽으로는 군사를 나누어 파견하여 계성(薊城)의 남쪽에서도 싸우려 하니, 연나라가 두려워하며 사신을 보내 사과하므

로 대신과 자제를 인질로 삼았다. 〈番韓世家〉[50]

번조선의 번한 수한은 서전 340년부터 서기전 324년까지 17년 재위하였다. 이때의 침입은 연나라 배도가 서기전 365년에 침입한 이후 제2차 침입이 된다.

안촌홀은 번조선에 있던 군(郡) 단위 크기의 마을이 되는데, 단군조선 번한의 요중(遼中) 12성에 속하는 탕지(湯池)가 속하는 곳이 분명하다. 즉 안촌홀은 후대에 고구려의 안시성(安市城)으로 불리는 곳이 된다. 안시성은 곧 탕지보(湯池堡)라 하는바, 지금의 난하 중하류에 있는 천안(遷安) 지역이 된다. 탕지는 번한의 동서남북중 5경의 오덕지(五德地) 중에서 북경(北京)에 해당하는 곳이다.

험독홀은 번조선의 수도를 포함하는 지역이다. 험독은 단군조선 초기부터 번한의 수도였는데 동서남북중의 5경 중에서 동경에 해당한다. 험독은 지금의 산해관(山海關) 자리가 분명하다. 갈석산 지역은 창려에 속하며 고구려의 요동성, 백암성 등이 있는 곳이다.

수유(須臾) 사람 기후(箕詡)는 기자(箕子)의 먼 후손인데, 서기전 650년경에 기후국(箕侯國)이 연제(燕齊)에게 망한 때 주류(主流)가 동쪽으로 이주한 것이 되고, 후대에 번조선에서 읍차의 벼슬을 한 것이 되며, 서기전 339년에 연나라가 번조선의 수도인 험독까지 침범하여 노략질하자, 이에 기후가 자식과 제자들 5,000인을 데리고 와서 연나라 군사와 싸운 것이며, 이어서 진(眞), 번(番) 2 한(韓)의 병력이 와서 함께 협격(協擊)하여 연나라 군사를 대파하고, 또 한쪽으로는 군사를 나누어 계성(薊城)의 남쪽으로 파견하여 그곳에서도 싸우려 하니, 연나라가 겁을 먹고 화친을 청한 것이 된다.

여기서 계성(薊城)은 연나라의 수도가 되는데, 지금의 북경 서남쪽에 위치하는 것이 되고 지금의 탁수(涿水) 지역에 있었던 것이 된다. 이 탁수가 곧 유수(濡水)이

---

50) 전게 한단고기 〈태백일사/삼한관경본기, 번한세가〉, 226~227쪽 참조

며, 이 유수의 최상류 지역에 단군조선의 번한(番韓) 요중(遼中) 12성(城)의 하나였던 영지성(永支城)이 있었다. 즉 영지성은 대요수(大遼水)이던 지금 영정하(永定河)의 서남쪽에 위치하였던 것으로 요서(遼西) 지역에 있었다.

이때 번조선에 인질로 잡힌 연(燕)나라의 대신과 자제는 연나라 소왕의 공자(公子)인 진개(秦開)를 비롯한 일당을 가리키는 것이고, 이후 진개는 번조선 조정에 인질로 잡혀 있다가 석방되었고, 복수심으로 서기전 311년부터 서기전 270년 사이에 번조선을 역습하여 만번한(滿番汗)까지 땅을 차지하여 만번한을 국경으로 삼았다.

만번한(滿番汗)은 패수(浿水)가 되는 지금의 난하(灤河) 서쪽으로 고하(沽河) 하류의 사이에 있는 강(江)을 중심으로 한 지역이 되는데, 지금의 당산(唐山) 부근에 있던 강으로서 당산 쪽인 북동쪽에서 서남으로 흘러 서쪽으로 발해만에 들어가는 강이 된다. 이 만번한 부근에 소위 한사군(漢四郡)의 하나인 낙랑군(樂浪郡)의 남부 지역을 나누어 서기 204년에 공손강이 설치하였던 대방군(帶方郡)이란 곳이 있으며, 이 대방지역에 대수(帶水)가 있는 것이다.

진개는 서기전 339년에 인질로 잡히어 서기전 281년에 만번한을 국경으로 삼았는바, 연대를 계산하면 진개는 약 80세 이상 오래 산 것이 된다. 실제 고대중국의 기록에는 진개가 90세에 이른 노장(老將)이라고 한다.

서기전 334년에 제(齊)나라가 왕을 칭하였다. 이해에 초(楚)나라가 월(越)나라를 멸망시켰다.

서기전 324년에 진(秦)나라가 왕을 칭하였다.

서기전 323년에 한(韓)나라와 연(燕)나라가 왕을 칭하였다.

이때 연나라가 왕을 칭하자 번조선의 읍차이던 기후가 번한성(番汗城)을 선점하여 비어 있던 번조선왕 자리를 차지하고서 번조선왕이라 칭하며 연나라에 대비하면서 진조선 천왕의 윤허를 구하였던 것이 된다. 여기 번한성(番汗城)은 의미상으로는 번조선의 수도인 험독(險瀆)을 가리키는 것으로 보이기도 하나, 여러 정황으로 보면 번한(番韓)의 요중(遼中) 12성(城)의 하나이던 한성(汗城)을 가리키는 것이 틀림없는데, 번한의 동서남북중의 5경의 오덕지(五德地) 중에서 서경(西京)에 해당하는 곳이며, 또 이 한성은 고구려의 요서(遼西) 10성 중의 하나인 한성(韓城)이기도 하다.

[한] 서기전 323년 무술년(戊戌年) 단군조선 제46대 보을(普乙) 단군 때의 1월에, 읍차(邑借) 기후(箕詡)가 병력을 이끌고 입궁(入宮)하여 자칭 번조선왕(番朝鮮王)이라 하고, 사람을 보내 윤허를 구하므로, 이를 허락하고 굳게 연나라를 대비토록 하였다. 〈檀君世紀〉[51]

[한] 서기전 323년 마한(馬韓) 맹남(孟男) 때 연(燕)나라는 사신을 보내와 함께 기후(箕侯)를 치자고 하였으나 마조선(馬朝鮮)은 따르지 아니하였다. 〈馬韓世家〉[52]

[한] 서기전 323년에 번한(番韓) 수한(水韓)이 훙(薨)하였는데 후사 없어 이에 기후(箕詡)가 명을 받아 군령을 대행하였다. 연나라는 사신을 보내 이를 축하하였다. 이해에 연나라가 왕이라 칭하고 장차 쳐들어오려고 하였으니, 기후(箕詡)도 역시 명을 받아 번조선왕이라 칭하고, 처음에는 번한성(番汗城)에 머물며 만일의 사태에 대비하였다. 〈番韓世家〉[53]

서기전 323년에 번조선왕이 된 기후(箕侯)는 서기전 323년부터 서기전 316년까지 8년 재위하였다.

기후(箕詡)는 은(殷) 왕족 기자(箕子)의 먼 후손이고, 기후국(箕侯國)이 망한 이

---

51) 전계 한단고기 〈단군세기〉, 118~119쪽 참조
52) 전계 한단고기 〈태백일사/삼한관경본기, 마한세가〉, 214쪽 참조
53) 전계 한단고기 〈태백일사/삼한관경본기, 번한세가〉, 226~227쪽 참조

후 동쪽으로 이주한 기후의 선대는 번조선 땅에 살면서 읍차(邑借)의 벼슬을 이은 것이 되며, 서기전 323년 1월에 번조선왕 수한(水韓)이 후사가 없이 훙(薨)하자 번조선왕 자리가 비어 이에 기후(箕侯)가 명을 받아 번한성(番汗城)에서 군령을 대행하였던 것인바, 연나라가 이를 두고 번조선에 사신을 보내어 기후(箕詡)를 축하하며 정세를 살폈던 것이 되고, 이해에 연나라가 왕을 칭하고 침공할 준비를 하니, 이에 기후가 스스로 번조선왕이라 칭하고서 연나라 침입에 대비하면서 진조선 천왕에게 사후윤허를 요청하여 허락받은 것이 된다.

이로써 기후는 번조선왕 기씨(箕氏)의 시조가 되며, 서기전 194년 기준왕 때에 연나라의 망명자 위만(衛滿)에 속아 나라를 잃었고, 이에 기씨(箕氏) 일족은 마한 땅으로 이동하게 된다.

연나라가 왕을 함부로 왕을 칭하고 전쟁을 일으키려 하자, 번조선의 대부(大夫) 례(禮)가 연나라로 가서 주나라 천자(天子)가 엄연히 존재함에도 이를 무시하고 왕을 칭하는 것은 무도(無道)한 일임을 일깨워 주었다고 하는데, 연나라는 이를 듣지 않았던 것이 된다.

천하(天下)의 왕(王)은 천자(天子)이다. 주(周) 나라 전체는 천하로서 그 천하 안에 각각의 제후국인 국(國)이 있었고, 그 제후국의 제후들이 스스로 천자 즉 왕이라고 칭한 것이 되다. 치국평천하(治國平天下)라고 할 때 치국(治國)의 국(國)은 제후국(諸侯國)을 가리키며, 천하(天下)는 곧 제후국을 거느린 천하왕의 나라인 천자국(天子國) 전체를 가리키는 것이다.

주(周) 나라를 예로 들면, 주나라 천자(天子)는 천하왕(天下王)으로서 9주(州)를 다스리며, 중앙의 주(州)가 천자의 직할국이고, 팔방의 8주(州)는 방백(方伯)의 나라가 되며, 9주 안에 각각의 수많은 공후백자남의 제후국들이 있었던 것인데, 8주에 각 210개의 제후국이 있었고, 천자 직할지 안에는 93개의 제후국이 있어, 총 1,773개국의 제후국이 있었던 것이 된다. 그래서 이들 1,773개국은 각 경계가 있는 제후국으로서 국(國)이 되며, 주나라 9주(州) 전체가 천하가 되는 것이다. 1주는 방(方) 1,000리 즉 가로, 세로 각각 1,000리가 되는 땅이 되고, 구주는 9개의 방(方) 1,000리가 된다.

이 주(周) 나라에 대하여, 단군조선의 삼한(三韓)은 천상(天上) 천왕국(天王國)의 나라가 되는데, 원폭 6,000리의 나라로서 가로, 세로 각각 1,000리가 되는 땅이 36 개 되어 주나라의 땅의 4배가 된다. 천하가 되는 단군조선 삼한 밖의 땅에는 주나라 도 포함되는데, 단군조선은 한배달의 정통계승국이므로 동서 2만 리, 남북 5만의 나라인바, 가로, 세로 각각 1,000리의 땅이 1000개로 이루어지는 나라이므로, 주 나라의 111배가 되는 셈이다.

번조선은 위계질서 상으로 보면 종주(宗周) 즉 천자국(天子國)인 주(周) 나라의 상 국(上國)이기도 하므로, 연나라의 상국(上國)이 되는데, 연나라가 팽창하면서 번조 선을 침공하기도 하여 예(禮)를 잃은 것이 된다. 이때 연나라가 번조선을 칠 목적으로 마조선(馬朝鮮)을 방문하여 마한(馬韓) 맹남(孟男)에게 함께 번조선을 치자고 부추 겼으나, 마한 맹남은 연나라의 계획을 알고서 이를 받아들이지 않았던 것이 된다.

마한(馬韓; 마조선)은 서기전 323년 이후로 왕이 기록되어 있지 않아 맹남을 마 지막으로 마한의 대가 끊긴 것이 되고, 서기전 232년에 단군조선이 해모수의 북부 여에 접수된 후 단군조선의 유민들이 정치적 불안으로 많이 이동하였던 것이 되는 데, 서기전 209년에 소백림(蘇伯琳)이 마한(馬韓) 땅의 동쪽인 서라벌에 자리 잡고 진한(辰韓)을 세웠으며, 이후에도 특히 서기전 209년에 진(秦)나라에서 연제조(燕 齊趙) 사람들 수만 명이 번조선에 망명하고 지속해서 마한 땅인 한반도로 유입된 것으로 된다.

서기전 194년에는 번조선왕 기준이 위만에 나라를 탈취당하자 배를 타고 마한 땅의 서쪽인 금마(金馬; 益山)로 이동하여 자리 잡고 마한왕(馬韓王)이 되었다가, 서기전 193년에 직산(稷山:평택과 천안 사이)에 자리 잡았던 기탁(箕卓)의 중마한 (中馬韓)으로 대가 이어져, 기씨(箕氏)의 마한(馬韓)이 서기 9년에 백제 온조왕에 게 망할 때까지 계속되었다.

(36) 주나라 제36대 신정왕(愼靚王)

주나라 신정왕은 서기전 319년부터 서기전 314년까지 6년 재위하였다.

서기전 319년에 위(魏)나라와 조(趙)나라가 왕을 칭하였다. 이로써 주나라 전국시대에 가장 먼저 왕을 칭한 초(楚)나라를 비롯하여 소위 전국(戰國) 7웅(雄)이 모두 왕을 칭한 것이 된다.

서기전 318년에 한(韓), 위(魏), 조(趙), 초(楚), 연(燕)의 5개 연합국이 진(秦)나라를 공격하였으나 실패하였다.

(37) 주나라 제37대 난왕(赧王)

주나라 난왕은 서기전 313년부터 서기전 255년까지 59년 재위하였다.

서기전 296년에 선우중산국(鮮于中山國)이 조(趙)나라의 무령왕에게 망하였다. 선우중산국의 선우(鮮于)는, 서기전 1120년 은왕족으로서 주나라를 피하여 단군조선의 영역으로 망명하였던 기자(箕子)의 둘째 아들이 우(于)에 봉해져 앞에 조선(朝鮮)의 선(鮮)을 붙여 만든 성씨가 된다.

서기전 289년에 맹자가 84세로 졸(卒)하였다.

서기전 288년에 진(秦)나라 소양왕이 서제(西帝)라 칭한 후 포기하였고, 제(齊)나라 민왕이 동제(東帝)라 칭한 후 포기하였다.

서기전 286년에 송(宋)나라가 제(齊), 위(魏) 초(楚) 나라 등에게 망하였다.

서기전 284년에 악의가 이끄는 한(韓), 위(魏), 조(趙), 연(燕), 진(秦)의 연합군이 제(齊)나라를 공격하여 대파하였다. 춘추시대 이후 제(齊)나라의 구원을 받기도 하였으나 한편으로 통제를 받던 연(燕)나라가 제(齊)나라를 이기고 복수한 것이 된다.

[한] 서기전 276년 을유년(乙酉年) 번한(番韓) 기석(箕釋) 때, 연나라가 사신을 파견하여 조공을 바쳤다. 〈番韓世家〉[54]

번조선(番朝鮮)의 번한(番韓; 번조선왕) 기석은 서기전 290년부터 서기전 252년까지 39년 재위하였다.

연나라는 이때 번조선에 조공을 바치는 등으로 상국(上國)으로 대하면서 정세를 살핀 것이 된다.

서기전 268년에 단군조선의 사절이 위(魏)나라를 방문하여 위세를 보였다.

서기전 267년에 공빈(孔斌)이 홍사(鴻史) 서문을 지었다. 공빈이 이 홍사 서문을 지은 해는 주(周) 나라 난왕(赧王) 47년이고, 위(魏)나라 안리왕 10년이 되는 해인데, 공빈은 위(魏)나라 사람으로서 공자(孔子)의 7세손으로서, 선대의 공자가 구이(九夷)에 살고 싶다 하여 동이(東夷)에 관한 기록을 남겼듯이, 1년 전인 서기전 268년에 동이(東夷)의 사절이 위(魏)나라를 방문하여 위세를 보인 사실을 손수 기록으로 남긴 것이다.

서기전 259년에 후대의 진시황이 된 정(政)이 출생하였다.

서기전 255년에 진나라 소양왕이 주(周) 나라를 멸하고, 군반(君班)을 세웠다.

(38) 주나라 제38대 군반(君班)

주나라의 군반은 서기전 255년부터 서기전 249년까지 7년 재위하였다.

> [한] 서기전 252년 기유년(己酉年) 단군조선 제47대 고열가(高列加) 단군 때, 연나라가 사신을 보내 새해 인사를 올렸다. 〈檀君世紀〉[55]

연(燕)나라가 새해 인사를 올림으로써 단군조선의 진조선(眞朝鮮)을 상국(上國)으로 대하였던 것이 된다.

---

54) 전게 한단고기 〈태백일사/삼한관경본기, 번한세가〉, 228쪽 참조
55) 전게 한단고기 〈단군세기〉, 119~120족 참조

서기전 249년에 진(秦)나라 양왕(襄王)이 주나라 군반(君班)을 폐하여 주(周) 나라는 완전히 멸망하였다. 이해에 진(秦)나라 왕자 정(政)의 친부(親父) 여불위가 승상이 되었다. 이로써 주나라는 서기전 1122년부터 서기전 249년까지 38대 874년의 역사를 가진다.

5. 단군조선과 진(秦)나라와의 관계역사

가. 주나라 제후국 진(秦)

진(秦)나라는 서기전 771년 견융(犬戎)이 주나라 유왕(幽王)을 죽이자, 양공(襄公)이 주나라를 구원하여 많은 공로가 있어 제후로 봉해진 나라이다. 견융(犬戎)은 견융(畎戎)이며 견족(畎族) 즉 견이(畎夷)로서 한배달조선 9족의 하나이다. 견족은 주로 삼위산에서 서안에 걸쳐 사는 황족(黃族)의 일파인 것이며, 서기전 3897년경에는 반고(盤固)가 제견(諸畎)의 가한(可汗)이 되었는데, 견족은 후대에 돌궐로 이어진다.

황제헌원(黃帝軒轅)의 손자인 전욱고양씨(顓頊高陽氏:서기전 2514년~서기전 2436년)의 자손에 대업(大業)이 있었고, 대업의 아들이 백예(伯翳)로서 순(舜)임금(서기전 2284년~서기전 2224년)에게서 영(嬴)이라는 성(姓)을 하사받았으며, 백예의 자손에 비렴(蜚廉)이 있었고, 비렴의 아들에 여방(女防)이 있었다.

여방의 자손인 비자(非子)가 주(周) 나라 효왕(孝王:서기전 910년~서기전 895년)을 섬겨 견수(汧水)와 위수(渭水) 사이에서 말(馬) 기르는 일을 맡았는데 효왕이 땅을 주어 부용(付庸:제후에 속한 나라)으로 삼아 진(秦)에서 살도록 하였으며, 이에 비자는 영성(嬴姓)이라 하고 영(嬴)의 조상을 제사 지낼 것을 허락받아 영진(嬴秦)이라 하였다.

비자로부터 2대를 지나 진중(秦仲)에 이르러 비로소 세력이 강해졌는데, 주나라

선왕(宣王:서기전 827년~서기전 782년) 때에 대부(大夫)에 임명되어 서융(西戎) 토벌의 명을 받았으나 도리어 패하여 융(戎)에서 죽었다.

진중의 아들 장공(莊公)을 거쳐 양공(襄公)에 이르러 견융(犬戎)이 주나라 유왕(幽王:서기전 781년~서기전 771년)을 죽였는데, 양공은 주나라를 구원하여 많은 공로가 있었다. 그리하여 제후에 봉해져 기산(岐山) 서쪽의 땅을 받았다. 즉 진(秦)나라는 서주(西周) 시대를 지나 동주 시대 초기에 제후로 봉해진 나라이다.

서기전 660년에 목공(穆公)에 이르러 서융(西戎)의 패자가 되었다.

서기전 641년에 양(梁)나라를 멸망시켰다.

서기전 361년에 효공이 상앙을 등용하였다.

서기전 350년에 함양으로 천도하고 상앙이 2차 개혁하였다.

서기전 338년에 효공이 죽고 상앙이 피살되었다.

서기전 328년에 혜문공 10년에 장의가 연횡책을 시행하였다.

서기전 324년에 진나라가 혜문공이 왕을 칭하여 혜문왕이 되었다.

서기전 317년에 촉을 점령하였다.

서기전 312년에 초나라를 대파하였다.

서기전 307년에 진나라 무왕(武王)이 구정(九鼎)을 들다가 죽었다.

서기전 288년에 진나라 소양왕이 서제(西帝)라 칭한 후 포기하였다.

서기전 278년에 진나라가 초(楚)나라를 공격하여 수도를 점령하였다.

서기전 270년에 진나라가 조(趙)나라에 패하였다.

서기전 260년에 진나라가 조(趙)나라를 대파하고 포로 40만 명을 생매장하였다.

서기전 259년에 정(政)이 출생하였다.

서기전 255년에 진나라 소양왕 52년에 주나라 마지막 제37대 난왕(赧王)이 진나라에 항복하여 망하였다.

(1) 제31대 진양왕(秦襄王)

진(秦)나라 양왕(襄王)은 제후로 봉해진 양공(襄公)으로부터 제31대이며, 서기전 249년부터 서기전 247년까지 3년 재위하였다.

진나라의 소양왕이 서기전 255년에 주(周)를 멸망시켜 난왕(赧王)을 폐위시키고 군반왕(君班王)을 즉위시켰는데, 진양왕이 서기전 249년에 군반왕을 폐위시킴으로써 주(周) 나라가 완전히 멸망하였던 것이 된다.

> [한] 서기전 248년 계축년(癸丑年) 단군조선 제47대 고열가(高列加) 단군 때의 겨울에, 북막(北漠) 추장(酋長) 아리당부가 군사를 내어 연(燕)나라를 정벌할 것을 청했으나, 임금께서는 허락하지 않았으니, 이때부터 원망하여 공물을 바치지 않았다. 〈檀君世紀〉56)

이때까지 북막은 조공국(朝貢國)으로서 단군조선을 섬겼음을 알 수 있다. 북막은 북쪽의 사막지대로서 몽골지역에 있는 사막이 되는데, 연(燕)나라의 위치로 보아 북막은 연나라의 북쪽에 있는 것이 되며, 단군조선의 군후국이 되는 구려국(句麗國) 인근에 있던 땅이 된다.

북막이 단군조선에 연나라를 정벌해 달라 청한 것으로 보아 북막이 장차 연나라의 침입을 예상하였던 것이 되는데, 단군조선도 이때 이르러 국력이 쇠락하여 군사를 함부로 내지 못하였던 것이 되고, 또한 제후국들도 통제할 수 없었던 상황에 부닥쳤던 것이 되어, 북막의 청을 들어주지 못하였던 것으로 된다.

이 이후로 북막은 독자적으로 활동하면서, 후에 북부여 땅을 침략하여 약탈하기도 하였다.

---

56) 전게 한단고기 〈단군세기〉, 119~120쪽 참조

(2) 제32대 진왕(秦王) 정(政)

진왕 정은 서기전 246년부터 서기전 210년까지 37년 재위하였는데 서기전 221년까지 왕으로 25년 재위하고, 황제로는 서기전 210년까지 12년 재위하였다.

진왕 정은 서기전 240년에 위(衛)나라를 멸망시켜 제후를 앉혔다가, 진시황 이후 제2대 호해(胡亥) 황제 때 위나라 제후를 폐위시킴으로써, 제후국으로서는 위나라가 가장 마지막으로 완전히 망하였던 것이 된다.

서기전 237년에 진왕(秦王) 정(政)이 승상 여불위를 파면시켰다.

서기전 233년에 진나라의 한비자(韓非子)가 졸(卒)하였다.

서기전 230년에 진(秦)나라는 한(韓)나라를 멸망시켰다.

서기전 228년에 진(秦)나라가 조(趙)나라를 공격하여 수도 대량을 함락시키고 항복을 받았다.

서기전 226년에 진(秦)나라가 연(燕)나라 수도를 함락시켰다. 이에 연나라를 요동으로 도망갔다. 이때 연나라가 새로 수도로 삼은 곳이 또한 계(薊)이며, 이 계는 요동 땅에 있어 대요수(大遼水)가 되는 영정하(永定河) 동쪽에 있는 지금의 북경(北京)이 된다. 후대에 계(薊)라는 지명이 동쪽으로 이동하여 북경의 동쪽에 있는 지금의 계현(薊縣)으로 옮겨졌다.

서기전 225년에 진(秦)나라가 위(魏)나라를 멸망시켰다.

서기전 223년에 진(秦)나라가 초(楚)나라를 멸망시켰다.

서기전 222년에 진(秦)나라가 조(趙)나라와 연(燕)나라를 완전히 멸망시켰다.

서기전 221년에 제(齊)나라를 멸망시킴으로써, 전국시대의 육국(六國)을 모두 통일하였다.

서기전 221년 진왕 정이 육국을 통일할 때, 회대 지역의 회이(淮夷), 사이(泗夷) 등 단군조선의 제후국이던 동이족(東夷族)의 나라도 완전히 망하고서, 진나라에 통합흡수 되었다.

나. 진(秦)

(1) 제1대 진시황(秦始皇) 정(政)

진왕 정은 서기전 221년 제(齊)나라를 마지막으로 멸망시킴으로써 중국을 통일하고 황제(皇帝)라 칭하였다. 처음으로 황제라 칭하였다 하여 시황제(始皇帝)라 한다.

진시황 정(政)은 하은주(夏殷周) 이래 고대중국의 임금들이 모두 천자(天子)로서 왕(王)이라 한 것을 뛰어넘어, 하은주 이전의 태호복희(太皥伏羲)와 염제신농(炎帝神農)과 황제헌원(黃帝軒轅)의 삼황(三皇)과 그 이하 소호금천(少昊金天), 전욱고양(顓頊高陽), 제곡고신(帝嚳高辛), 요(堯), 순(荀)의 오제(五帝) 등의 삼황오제(三皇五帝)와 못하지 않다는 의미로 이를 본떠서, 왕(王) 위의 왕(王)으로서 최고의 임금이라는 뜻으로, 황제(皇帝)라는 칭호를 쓴 것이다.

한편, 우리 역사로는 고대중국의 삼황(三皇)은 배달나라의 천군(天君)과 천자(天子)이며, 오제(五帝) 또한 배달나라와 단군조선 초기의 천자(天子)에 해당하는 것이 된다. 배달나라의 본 임금은 천군의 아버지가 되는 한웅(桓雄)으로서 천왕(天王)이며, 단군조선의 본 임금 또한 천왕격의 비왕(裨王)이 되는 마한(馬韓)과 번한(番韓)을 거느린 단군왕검(檀君王儉) 천제(天帝) 이하 천왕(天王)들이다.

천자(天子)는 천제(天帝)나 천왕(天王)이 봉하는 천국(天國)의 자작(子爵)이다. 천군(天君)은 천왕(天王)의 아들이다. 또, 천왕(天王)은 천제(天帝)의 아들이다. 한웅은 천제(天帝) 한인(桓因)의 아들이며, 단군(檀君)은 곧 천군(天君)인바, 단군왕검은 한웅 천왕의 아들인 천군(天君)으로서 조선(朝鮮)을 개국하여 본 임금인 천왕(天王)으로 즉위하였고, 이어 천왕격의 진한(眞韓), 마한(馬韓), 번한(番韓)을 거느려 천왕(天王) 위의 천제(天帝)로 받들어졌으며, 부루 천왕 이하는 천제자(天帝子)이며 후손으로서 천왕(天王)이 된다.

즉, 고대중국의 최고 임금들은 모두 배달나라와 단군조선의 천자(天子)로서 천하왕(天下王)이었다. 특히 요와 순이 제(帝)라고 기록되면, 단군왕검은 천제(天帝)로 기록되는 것이 된다.

한편, 진시황을 지나 한(漢) 나라 시대에는 최고의 임금을 황제(皇帝)라 하면서 그 아래에 왕(王), 군(君), 제후(諸侯) 등을 두었는데, 황제를 또한 천자(天子)라고 함으로써, 진시황과는 달리 천자를 황제(皇帝)로 하여 나름대로 승격시켰던 것이 된다. 그리하여 후대에 일반적으로 천자는 일반 왕(王)을 거느린 황제(皇帝)라는 의미가 되고, 원래의 작위천자(爵爲天子)의 천자라는 의미보다 왕(王)을 봉하는 천왕(天王)과 같은 위치로 끌어 올려 버린 것이 된다. 즉, 천자(天子)를 천왕(天王)으로 만들어 원래의 의미를 와전(訛傳)시키고 위계질서를 무너뜨린 것이 된다.

원래의 천자(天子)는 천왕이나 천제의 제후(諸侯)로서 역법제정권(曆法制定權)이 없었다. 그런데, 당요(唐堯)나 하우(夏禹)처럼 천자(天子)가 반역(反逆)하여 독단(獨壇)을 차리고 스스로 역법(曆法)을 제정하는 등 하여 천왕의 권한을 훔쳐 흉내 내었는바, 이러한 무도(無道)한 횡포를 후대 진(秦), 한(漢), 수(隋), 당(唐) 등 스스로 황제(皇帝) 또는 천자(天子)라고 칭하는 고대중국의 왕들이 답습하였던 것이 된다.

원래 봉선(封禪)은 제사장인 천군(天君), 천왕(天王), 천제(天帝)가 행하는 제천(祭天)의식이 아니라, 천왕(天王)이나 천제(天帝)에게 고(告)하는 의식으로서, 결국 천국(天國) 천조(天朝)의 상제(上帝)에 보고하는 것이 된다. 봉선(封禪)이라는 글자가 곧 자동으로 아비의 대를 이은 것이 아니라, 진정이든 강압적이든 간에 선양(禪讓)을 통하여 천자(天子)의 자리에 올랐음을 상제(上帝)에게 고함으로써, 사후에 정식으로 봉해지는 의식이다. 봉선(封禪)의 봉(封)을 제단(祭壇)을 봉(封)한다는 의미로 해석하는 것은 억지 논리로 윤색한 것이 된다.

[증] 서기전 221년 "진(秦)나라가 6국을 병합하니, 그 회이(淮夷)와 사이(四夷)가 모두 흩어져 백성이 되었다."〈후한서 동이열전〉

이때까지 회대(淮岱) 지역의 회이(淮夷)와 진(秦)나라 주위의 사방에 사이(四夷)

가 있었는데, 진시황에 의하여 진나라에 복속한 것이 된다. 이와 비슷한 시기에 만리장성 부근의 단군조선 백성들이 대거 한반도 쪽으로 이동하게 되었는데, 진한(辰韓:서기전 209년~서기전 57년)과 변한(弁韓:서기전 209년경~서기 42년)이 먼저 세워졌고, 이후 위만(衛滿)에 쫓긴 번조선왕 기준(箕準)과 상장군 탁(卓)의 마한(馬韓:서기전 194년~서기 9년)이 세워졌다.

서기전 217년에 회사(淮泗) 출신이던 서복(徐福; 徐市)이 진시황(秦始皇)을 속여, 동남동녀, 전문기술자 등 500명과 함께 배를 타고 진나라를 떠나 일본 땅 기이(紀伊)의 불이산(不二山)에 도착하였으며, 서복은 서기전 208년에 사망하였다.

여기서 사이(四夷)가 진나라의 동서남북에 있던 이족(夷族)이 아니라 회이(淮夷)가 있던 회대 지역의 사이(泗夷) 또는 사이(沙夷)를 가리킬 수도 있고, 또는 회대 지역에 있던 내륙 8이(夷) 중에서 후대까지 남아 있던 4이(夷)를 가리킬 수도 있는 것이 된다. 회수지역 부근에 사수(泗水)와 사수(沙水)도 있었던 것이 되어, 여기서 적고 있는 사이(四夷)가 정확하게 어느 것을 가리키는지 불명이나, 사이(泗夷)의 오기일 가능성이 많은 것으로 보이기도 한다.

이로써 고대중국의 동쪽에 있었던 회대(淮岱) 지역의 소위 내륙 8이 등의 동이족(東夷族)의 나라로 서기전 221년까지 존속하던 나라는 모두 진(秦)나라에 흡수통일 되었는데, 이후의 기록에서 동이(東夷)는 만리장성 밖의 동쪽에 있는, 만주를 중심으로 하는 북부여, 발해만 유역의 번조선, 마한 땅인 한반도에 사는 사람이나 나라를 가리키는 것으로 되었다.

서기전 221년까지 고대중국의 내륙 동쪽인 회대 지역에 존재하였던 동이족의 나라로서, 남이(藍夷)는 서기전 2333년부터 서기전 700년경까지 약 1,634년의 역사를 가지고, 엄이(淹夷)는 서기전 1236년부터 서기전 700년경까지 약 540년의 역사를 가지며, 서이(徐夷)는 서기전 1236년부터 서기전 512년까지 725년의 역사를 가지고, 회이(淮夷)는 서기전 1236년부터 서기전 221년까지 1,026년의 역사를 가진다.

그 밖의 래이(萊夷), 개이(介夷), 양이(陽夷), 우이(隅夷) 등의 생몰(生沒) 역사가 불명인데, 이 중에서 래이는 서기전 567년에 제나라에 망한 것으로 기록되고 있다.

회대(淮岱) 지역은 배달나라 후기가 되는 청구(靑邱) 시대의 중심지가 되고, 단군 조선 시대에는 번한(番韓) 관경에 속하는 지역으로서, 이곳에 존재하던 단군조선의 제후국들은 단군조선의 서쪽에서 하은주(夏殷周)를 견제하고 통제하는 역할을 수 행함으로써, 단군조선의 역사가 당우하은주진(唐虞夏殷周秦)의 6대(代)에 걸쳐 2,102년에 이르게 하는 중요한 역할을 담당하였던 것이 된다.

서기전 219년에 진시황이 태산(泰山)에 올라 비석을 세우고 봉선(封禪)을 행하 였다.

서기전 217년에 회사(淮泗) 출신이던 서복(徐福; 徐市)이 진시황(秦始皇)을 속 여, 동남동녀, 전문기술자 등 500명과 함께 배를 타고 진나라를 떠나 일본 땅 기이 (紀伊)의 불이산(不二山)에 도착하였다.

서기전 215년에 몽염을 대장으로 삼아 30만 대군으로 흉노를 치게 하고, 서쪽 감 숙성(甘肅省)의 임조(臨洮)에서 시작하여 요동(遼東)의 요양군(遼陽郡)에 이르는 만리장성을 쌓았다. 여기서 요양군의 요양(遼陽)이라는 말은 요수(遼水)의 남쪽이 라는 말로서 소요수(小遼水)의 남쪽이 되는 곳이며, 지금의 장가구(長家口:장쟈커 우) 부근지역이 된다. 만리장성을 처음 쌓은 것이 아니라 주(周) 나라 전국시대에 쌓 아두었던 기존의 성을 연결한 것이 된다.

장가구 북쪽에는 흉노(匈奴)가 있었고, 장가구 동남쪽에 있는 만번한의 동쪽에는 북부여의 비왕(裨王)의 나라인 기씨(箕氏)의 번조선(番朝鮮)이 있었는데, 북부여와 번조선은 남의 나라를 명분 없이 함부로 침범하지 않는 군자(君子)의 나라로서 만 리장성을 굳이 쌓을 필요가 없었던 것이 된다. 그런데, 한(漢) 나라 때인 서기전 202 년에 연왕(燕王) 노관(盧綰)이 번조선과 동쪽으로 패수(浿水)인 지금의 난하(灤河) 를 국경으로 삼았는데, 이때 진나라 장성과 연나라 때의 장성을 이어 지금의 북경 북쪽에 있는 창평(昌平:襄平) 또는 지금의 계현(薊縣) 부근까지 만리장성을 이은 것으로 된다.

⟨분서갱유⟩

서기전 213년에 승상 이사가 분서갱유의 실마리가 되는 글을 올렸고, 시황제는 그대로 명령으로 포고하였다. 이에 맏아들 부소가 간하니 시황제가 크게 노하여 부소를 섬서성(陝西省)의 상군(上郡)에 귀양 보내어 몽염의 군사로 하여금 감시하게 하였다.

서기전 212년에 방사 후생(侯生)과 노생(盧生)이 시황제를 비방하고 달아나니, 시황제가 크게 노하여 검찰관에게 명하여 엄중히 조사토록 하였으며, 이에 혹독한 검문으로 죄를 범한 464명이 검거되어 모두 함양에서 구덩이에 묻혀 죽었다.

⟨진시황의 사망⟩

서기전 210년에 시황제가 호북, 호남, 강소, 절강 지방을 순시하다가 도중에 사구(沙丘)의 평대(平臺)에서 죽었다. 이사, 조고 등은 상의 끝에 천자의 상을 발표하지 않고, 시황제가 장남 부소를 불러다 즉위시키라는 조서를 받았으나, 부소가 몽염과 결탁하고 있어 자신들의 지위가 위태로우므로 조서를 없애버리고, 거짓으로 시황제의 조서가 내렸다 하고 막내아들 호해를 즉위시키고, 부소에게는 자살을 명하였다.

(2) 제2대 호해(胡亥)

진나라 시황제의 막내아들 호해가 즉위하였다. 호해 황제는 서기전 209년부터 서기전 208년까지 2년 재위하였다.

⟨진승(陳勝)의 난⟩

서기전 209년에 진승(陳勝)이 공자 부소(扶蘇)와 초나라 장군 항연(項燕)을 내세우고 안휘성(安徽省)의 기(蘄)에 웅거하여 대초(大楚)라 하고 진승은 스스로 장군이 되고 오광(吳廣)은 도위가 되었다.

이에 연제조(燕齊趙) 사람들 수만 명이 번조선(番朝鮮)으로 망명하였고, 이에 번조선 기준왕(箕準王)은 그들을 상하운장(上下雲障)에 살도록 하였다.[57] 이어 진승은 장이(張耳), 진여(陳餘)를 맞아들이고 스스로 왕이 되어 국호를 장초(張楚)라 고쳤다. 진승은 친구인 무신(武臣)을 장군에 봉하여 조(趙)나라 땅을 공략하게 하니, 무신은 독립하여 조왕(趙王)이 되었다.

강소성 서주(徐州) 사람인 유방(劉邦)이 패(沛)에서 군사를 일으켜 패공(沛公)이 되었다. 제(齊)나라 사람 전담(田儋)이 스스로 제왕(齊王)이 되었다. 조왕(趙王) 무신이 대장 한광(韓廣)에게 명하여 연(燕)나라 땅을 공략하게 하니, 한광은 연나라 땅을 점령하고 스스로 연왕(燕王)이 되었다. 초나라 장수 주시(周市)가 위(魏)나라 땅을 평정하고, 위나라 공자 구(咎)를 맞아 위왕(魏王)으로 삼았다.

서기전 208년에 진승은 부하 장가(莊賈)에게 죽고, 장가는 진나라에 항복했다.

진나라 명장 장한(章邯)이 위나라를 치니, 제나라와 초나라가 구원하다가 제왕 전담과 위왕 구는 주시와 함께 패하여 죽었다. 조왕 무신은 그의 부하 이량(李良)에게 죽고, 장이(張耳), 진여(陳餘)는 조헐(趙歇)을 내세워 조왕(趙王)으로 삼았다. 항량(項梁)이 초(楚)나라 회왕(懷王)의 손자 심(心)을 찾아 회왕(懷王)으로 삼았다.

진나라가 조나라를 치니, 초나라 회왕은 상장 송의(宋義)와 차장 항우(項羽)로 하여금 조나라를 구원하게 하였다. 항우가 송의를 죽이고 군사를 빼앗았다. 항우는 진나라 군사를 대파하여 상장군이 되었다.

진나라 군사가 계속 패하자 이를 숨겨왔던 조고(趙高)가 호해 황제의 노여움이 두려워 마침내 염악(閻樂)을 시켜 망이궁(望夷宮)에서 호해를 죽이고, 부소의 아들 공자 자영(子嬰)을 진왕(秦王)으로 세웠다.

---

57) 전계 한단고기 〈북부여기 상〉, 128쪽 참조

(3) 제3대 영(嬰)

부소의 아들 공자 자영(子嬰)을 세워 진왕(秦王)으로 삼았다.

서기전 207년 영은 왕위에 오르자 조고와 그 삼족을 죽였다.

항우가 패공과 함께 관중을 치려고 하였으나, 노장(老將)들이 성미 급한 항우 대신에 패공을 보내기로 하였다. 이에 패공(沛公) 유방(劉邦)이 함양(咸陽)을 치고 장량이 패공을 따라 서쪽으로 진격하였는데, 패공이 진나라 군사를 대파하여 함곡관(函谷關)으로 들어가 패상(覇上)에 이르니, 진왕 자영이 나와서 항복하였다. 진나라 영 황제는 서기전 207년에 즉위하였으나 이해에 진나라는 망하였다. 이로써 진나라는 서기전 221년부터 서기전 207년까지 3대 15년 만에 망하였다.

6. 동이(東夷)와 죽서기년(竹書紀年)

죽서기년(竹書紀年)에서는 단군조선(檀君朝鮮)의 백성들 또는 제후국(諸侯國)들을 모두 이(夷)로 적고 있다. 단군조선은 원래 구이(九夷)의 나라이며, 구이는 원래 구족(九族)이라 하고 구한(九桓)이라고도 한다. 구한(九桓)은 한국(桓國)시대 구족을 가리키는 명칭이다.

(1) 죽서기년이 지어진 시기

죽서기년은 서기전 340년경 위(魏)나라 양혜왕(梁惠王) 시기에 지어진 것이 된다. 서기전 403년부터 시작된 주(周) 나라 전국(戰國)시대는 서기전 340년경에 이르러 각 제후국이 왕(王)을 칭하기 시작하던 시기가 되는데, 이미 초(楚)나라는 서기전 741년부터 본격적으로 왕을 칭하였고, 서기전 334년에 초나라가 이미 왕을 칭하였던 월(越)나라를 멸망시킨 때에 제(齊)나라가 왕을 칭하였으며, 이해에 위(魏)나라 혜후(惠侯)가 죽자 혜왕(惠王)으로 추존하였던 것이고, 서기전 324년에 진(秦)나라가 왕을 칭하였고, 서기전 323년에 한(韓)나라와 연(燕)나라가 왕을 칭하였고, 서기전 319년에 조(趙)나라가 왕을 칭하였던 것이 된다.

여기서 위(魏)나라 양혜왕(梁惠王)은 위(魏)나라 혜후(惠侯)로서 서기전 370년에 제후로 즉위하였다가, 서기전 334년에 죽자 혜왕(惠王)으로 추존된 인물이다.

(2) 동이가 죽서기년에 기록되는 기사(記事)의 연대

동이(東夷)라는 용어가 주나라 역사기록인 죽서기년(竹書紀年)에 처음으로 기록되는 기사의 연대는 서기전 1198년에 해당한다.

고대중국의 기록은, 주나라 이후 춘추전국 시대를 지나면서 단군조선을 동이(東夷)라고 기록하고, 주나라를 중화(中華), 중국(中國)이라 자칭하면서 단군조선에서 독립된 나라로 구분하고 있는데, 원래 동이족의 나라인 은(殷)나라를 주(周) 나라의 선대 나라로서 주나라 역사로 이어진 것으로 하여 단군조선과 은나라를 구분 지은 것이 되고, 특히 죽서기년은 은나라 말기인 서기전 1198년경까지 연대를 소급시켜 단군조선을 동이(東夷)라고 기록하고 있다.

죽서기년은 아무리 빨라도 서기전 340년경에 기록된 것이다. 이때 서기전 1198년경에 해당하는 사건을 적으면서, 죽서기년에서 단군조선을 "동이(東夷)"라고 처음 기록하기 시작한 것이 된다. 이는 단군조선을 은나라와도 구분하여 동이라고 적은 것이 되며, 주나라가 은나라를 멸망시켜 은나라 땅인 중원(中原)을 차지하였으므로 주나라를 중화(中華), 중국(中國)이라 자칭하면서, 주나라 주변의 동서남북을 나누어 동쪽의 단군조선 본국인 삼한(三韓)을 동이(東夷)라 하고, 서쪽은 서융(西戎), 남쪽은 남만(南蠻), 북쪽은 북적(北狄)으로 부른 것이 된다.

원래 은나라는 단군조선의 적극적인 개입으로 건국된 나라로서 동이족(東夷族)의 나라가 된다. 주나라는 서이족(西夷族)의 나라로서 동이족의 나라인 은나라를 멸하고 중원 땅을 차지하여 중화, 중국이라 자칭한 나라이다. 이후 동쪽과 동북에 있던 단군조선 본국인 진한(眞韓), 마한(馬韓), 번한(番韓)을 동이(東夷)라고 기록하게 된 것이며, 주나라 전국시대 이후에는 아예 단군조선과 배달나라 전체를 모두 동이(東夷)라고 기록하게 되는 것이다.

죽서기년이 기록될 당시에 위나라 사람인 공자(孔子)의 7세손인 공빈(孔斌:孔子順)은 서기전 268년에 그가 지은 홍사(鴻史) 서문(序文)에서, 중국의 시조로 황제헌원을 설정하는 듯하면서 기록하고 있는데, 배달나라를 단군조선과 함께 동이(東夷)로 기록하고 있다. 즉 자부선인(紫府仙人), 단군(檀君), 부루(扶婁), 순(舜)임금, 유위자(有爲子) 등을 동이 역사로 기록하고 있고, 황제헌원, 요임금, 하, 은, 주나라를 중화, 중국의 역사로 기록하고 있다.

즉 순(舜)이 중국으로 들어와 백왕(百王)을 뛰어넘는 정치를 하였다고 기록함으로써, 요임금의 나라를 중국으로 기록한 것이다. 그러나 황제헌원은 자부선인의 문하생으로서 염제신농의 대를 이었다고 오기(誤記)하고 있기도 하다. 역사를 기록하면서 과장하거나 생략하거나 압축하거나 윤색함으로써 이미 주나라 춘추전국 시대부터 춘추필법 등에 의한 역사의 날조가 시작된 것이 된다.

왜냐하면, 염제신농국은 황제헌원의 나라인 유웅국(有熊國)과는 별도로 단웅국(檀熊國)으로서 그 명맥이 이어져 오고 있었는데, 서기전 2357년에 단군왕검이 외조부의 나라인 염제신농국(단웅국)의 비왕이 되어 섭정하고 있었으며, 서기전 2334년경 요임금의 기습침입으로 나라를 잃고, 결국 단군왕검이 동북의 아사달로 이동하여 배달나라의 동쪽 지역에 있는 나라라는 의미로서의 조선(朝鮮)을 건국하여 배달나라와 염제신농국의 정통을 계승한 것이기 때문이다.

(3) 죽서기년과 주(周) 나라 역사

죽서기년은 주나라를 중심으로 하는 역사기록이라 할 수 있다. 죽서기년은 중원(中原) 천하(天下)의 천자국(天子國)인 주나라를 중화, 중국으로 하여, 천상국(天上國)인 구이(九夷)의 단군조선을 동서남북으로 나누어 주나라의 동쪽에 있는 단군조선의 본국 삼한(三韓)을 동이(東夷)라 하며 구이(九夷)에서 구분되는 용어로 만들어 버리고 있다.

서기전 1198년경이면 은나라 말기에 해당하며 주(周) 나라로는 문왕(文王) 이전인 계력(서기전 1231년~서기전 1183년)의 시대가 된다. 주나라는 은(殷)나라의 서쪽에 있던 작은 제후국으로서, 서기전 1122년 이후 주무왕(周武王:서기전 1134년~서기전 1122년~서기전 1116년) 희발(姬發)에 의하여 문왕으로 추존된 아버지 희창(姬昌)이 서기전 1183년에서 서기전 1134년 사이에 서백(西伯)으로 봉해졌던 나라이다.

서백은 서쪽의 방(方) 1,000리를 다스리는 방백(方伯)을 의미한다. 즉 주나라 구주(九州) 중에서 서방의 양주(梁州) 1주를 다스리던 나라가 곧 주나라였다. 이후 서기전 1122년경 주나라는 서이(西夷)의 주축이 되어 은나라를 멸하고 제후국이 아닌 본국인 천자국(天子國)으로서의 주나라가 된 것이다.

7. 주무왕과 강태공과 백이(伯夷)와 숙제(叔弟)

단군조선의 제후국이던 고죽국(孤竹國) 임금(君)의 아들인 백이(伯夷)와 숙제(叔弟)가, 은나라 말기에 덕(德)이 있던 주문왕(周文王)을 찾아갔다가, 서기전 1134년 주문왕이 죽고 즉위한 주무왕(周武王)이 3년상을 끝내지 않은 채 은나라를 공격하려 한다는 소문을 듣고서, 주무왕이 행차하던 길을 막고서 충(忠)과 효(孝)를 설파하며 말렸는데, 이때 주무왕이 죽이려 하였으나 강태공이 백이와 숙제를 의사(義士)라 하면서 부축해서 모시어 길을 비키게 하였으며, 이후 백이와 숙제는 수양산(首陽山)으로 들어가 살다가 죽었다고 기록되고 있다.[58]

---

58) 전게 한단고기 〈단군세기〉, 98~99쪽 및 전게 십팔사략(상), 47~49쪽 참조

(1) 백이숙제의 출신지와 나이

 백이(伯夷)와 숙제(叔弟)는 단군조선의 군국(君國)인 고죽국의 임금(君)의 아들인 군자(君子)이다. 고죽국의 임금의 성씨는 묵씨(墨氏)이며, 후대 제자백가 시대의 묵자(墨子)는 고죽군(孤竹君)의 후예가 된다.

 백이와 숙제는 서기전 1286년에 단군조선의 제21대 소태(蘇台) 천왕이 군사력을 이용하여 천왕에 즉위한 우현왕(右賢王) 색불루(索弗婁)에게 선양(禪讓)을 한 사건으로 인하여, 색불루 천왕의 소행을 군자의 도리가 아니라고 생각하고서, 세상살이의 욕심을 버리려 고죽국의 임금 자리를 중간 형제에게 내놓고 동해(東海) 물가로 가서 밭을 갈며 자급자족하며 살았다.

 이때 백이와 숙제는 정세를 파악하고 판단할 줄 아는 나이이므로 최소한 15세의 나이가 될 것이다. 그래서 백이와 숙제는 늦어도 서기전 1300년생이 된다.

 이리하여 백이와 숙제는 주무왕이 막 즉위하였던 서기전 1134년에 이미 약 167세가 넘는 나이가 된다. 서기전 1134년경에 강태공은 약 80세의 젊은 나이였으며, 이후 강태공은 서기전 1073년까지 약 60년 이상 무왕(武王)과 성왕(成王)과 강왕(康王)을 보필하였던 것인데, 백이와 숙제는 서기전 1134년에 이미 약 167세로 강태공보다 약 87세가량 많았던 것이 된다. 그래서 강태공이 백이와 숙제를 노인으로 대우한 것이 된다.

 여기서 백이는 큰형이며 숙제는 막내이고, 중간 형제가 나중에 고죽국의 임금 자리를 이었던 것이 된다.

 고죽국은 서기전 2267년경에 단군조선의 군후국으로서 요순시대의 유주(幽州)가 되는 지금의 북경과 천진을 중심으로 하는 나라이며, 고죽국의 수도는 지금의 탁수(涿水)지역에 있었던 것이 되고, 서기전 650년경에 연나라와 춘추시대 패자였던 제나라의 연합군에게 망하였던 것으로 추정되는데, 약 1,600년 이상의 역사를 가지는 나라이다.

 고죽국의 동해 물가는 곧 지금의 발해만 서편의 해안에 해당한다.

(2) 백이숙제의 주나라 출현

서기전 1286년부터 고죽국의 동해 물가로 피하여 자급자족하면서 세상의 욕심을 등지며 살던 백이와 숙제는, 은나라의 마지막 왕인 주왕(紂王)이 폭정을 펼칠 때 서백(西伯)인 주(周) 나라의 창(昌:문왕)이 덕이 있다는 소문을 듣고 주문왕을 찾아갔다.[59]

그런데, 주문왕은 서기전 1134년에 죽고 주무왕이 대를 이어 주나라를 다스리게 되었는데, 주무왕이 3년상을 끝내지 않고 전쟁을 일으킨다는 소문을 듣고서, 주무왕에게 군자(君子)의 도리인 충효(忠孝)의 도리를 알려주기 위하여 주무왕을 찾아갔다.

(3) 강태공이 백이와 숙제를 의사(義士)라 하다

주나라 문왕과 무왕과 성왕을 보필한 강태공은 주나라 태백(고공단부:강태공:태왕 추존:서기전?~서기전 1231)이 바라던 인물이라 하여 주문왕(서기전 1183년~서기전 1134년)에 의하여 태공망(太公望)이라 불렸는데, 강태공은 산동지역의 동해안가 출신으로 원래 이름이 여상(呂尙)이며, 서기전 1211년 출생으로서 약 60세이던 서기전 1150년경에 주문왕에게 등용되었고 이어서 주무왕을 보필하여 천하를 통일하였으며, 제(齊)나라 제후(諸侯)로 봉해져 성왕(서기전 1115년~서기전 1079년)과 강왕(서기전 1078년~서기전 1053년) 때인 서기전 1073년까지 까지 다스린 인물이다.

주무왕이 상복을 입은 채로 강태공과 함께 주문왕의 상(像)을 차에 싣고서 은나라를 정벌할 기회를 엿보면서 행차를 하던 때, 백이와 숙제가 나타나 주무왕에게 제후로서 천자국인 은나라를 치는 것은 신하가 지켜야 할 충(忠)에 어긋나는 행위이

---

59) 전게 십팔사략(상), 47~49쪽 참조

며, 3년상이 끝나지 아니한 상황에서 바깥을 돌아다니며 전쟁을 벌이는 것은 아버지인 문왕에게 효를 다하지 아니하는 행위라고 설파하였다.

이에, 주무왕이 백이와 숙제가 길을 막는다고 죽이라고 하였으나, 강태공이 이를 말리고서 백이와 숙제를 의사(義士)라 하며 사람을 시켜 두 노인을 부축하여 모시게 하고 길을 비키게 하였다.[60]

(4) 백이숙제와 수양산

당시 주무왕을 설득시켜 답을 듣지 못하였던 백이와 숙제는 황하(黃河) 하류가 시작되는, 후대 동주(東周) 시대의 수도인 낙양(洛陽)으로부터 황하를 건너 서북쪽에 있는 수양산(首陽山)에 들어가 살다가 죽었고, 그곳에 백이숙제(伯夷叔弟)의 묘가 실제로 있는 것이 된다.

즉 백이숙제의 묘는 주나라 중앙지역에 있는 것이며, 이는 서기전 268년에 주나라의 제후국이던 위(魏)나라 사람이던 공자의 후손 공빈(孔斌)이 지은 홍사(鴻史)의 서문에서, 동이와 중화가 1,000년이 넘게 우방의 나라였으며 서로 오가는 사람이 줄을 이었다고 기록한 것과 일맥상통하는 것이 된다. 즉 단군조선 사람이 주(周)나라 영역에 자연스럽게 오가서 살았던 증거가 되는 것이다.

망명이 아니면서 백성들이 서로 오가며 살았다는 것은 두 나라가 서로 전쟁 상대가 아니었다는 것이며, 한편으로는 주(周) 나라는 천하왕(天下王)의 나라 즉 천제천왕국(天帝天王國)의 제후국인 천자국(天子國)이므로, 수없이 많은 천자국을 거느린 단군조선의 일개 천자국에 불과하여 단군조선 즉 천제천왕국 백성들의 출입을 막을 법이 없었던 것이 되고, 단군조선은 중앙조정의 천상(天上)의 나라로서 단군조선 직할 영역인 주나라의 동서남북으로 출입하던 천하 백성들 또한 원래 천상의 백성에 속하는 것이 되므로 그들의 출입을 막을 이유가 없었던 것이 된다.

---

60) 전게 십팔사략(상), 47~49쪽 참조

즉, 단군조선을 큰 나라로 보면 주나라는 단군조선이라는 큰 나라에 속하는 한 작은 나라로서, 주나라 백성들도 원래 큰 나라에 속하는 백성들로서 원래 같은 백성인 것과 같은 이치가 된다.

단군조선과 일본의 관계역사

1. 일본 신대역사(神代歷史) 개관

가. 단군조선 추장(酋長)의 역사

일본의 씨족 역사는 서기전 2173년 단군조선의 두지주(豆只州) 예읍(濊邑)의 추장이던 소시모리(素尸牟犁)에서 시작한다.[61] 약 1,000년이 지난 후 소시모리의 후손들이 서기전 1100년경 이전에 한반도 춘천(春川)에 자리 잡은 것으로 추정되고, 다시 남하하여 서기전 1100년경에 소위 국상입존(國常立尊)을 비롯한 후손들이 한반도 남부에 자리 잡은 것으로 추정되며, 국상입존은 일본 땅에 출입하여 고천원(高天原)과 아시하라(葦原) 등의 지명을 남긴 것이 된다.[62]

서기전 850년경에 일본의 국조신(國祖神)인 천조대신(天照大神)이 고천원(高天原)을 떠나 풍위원(豊葦原:토요아시하라)에 정착한 것이 되는데, 고천원은 소시모리의 후손들이 한반도에 자리 잡았던 땅으로서 일본 땅에 그대로 대입된 것이며, 아시하라(葦原)는 "아시벌"로서 "아침땅"이라는 말이고 천조대신이 처음 도착한 곳이 바로 이세(伊勢)이다. 이세(伊勢)라는 말도 아침이라는 말이 될 것이다.

---

61) 전게 한단고기 〈단군세기〉, 68쪽 참조
62) 일본서기 〈신대 상, 하〉 참조

고구려가 왜(倭)를 정벌한 역사를 보더라도 단군조선이 일본 땅을 다스렸다는 것은 기정사실이다.[63] 원래 구주(九州:큐슈), 사국(四國:시코쿠), 본주(本州:혼슈)의 남서부는 단군조선의 마한(馬韓) 관경에 속한 것이며, 본주(本州) 중북부와 북해도(北海島:홋카이도)는 단군조선의 동보(東堡)인 예국(濊國)의 관경에 속하였던 것이 된다. 소시모리가 추장 노릇을 하던 땅은 예(濊)에 속하는 것이다.

단군조선의 두지주(豆只州) 예읍(濊邑)의 위치가 밝혀지면 일본의 뿌리가 밝혀지는데, 두지의 두(豆)가 콩과 관련된 말이 되어 만주 땅에 있는 것이 되고, 예(濊)는 단군조선의 개마(蓋馬)인 백두산(白頭山)의 동쪽에 위치하므로, 두지주 예읍은 두만강 유역에 위치하였던 것이 된다. 소시모리의 땅이 후대에 우수국(牛首國)이 되었다 하고, 강원도 춘천(春川)이 이전에는 우수국(牛首國)이었던 것으로 추정되는데, 단군조선의 예(濊)에 속했던 소시모리의 후손들이 남하하여 한반도의 동예(東濊) 땅에 살다가, 이후 국상입존(國常立尊)이 바다를 건너 일본 땅에 출입한 것이 된다.

서기전 660년 이전의 일본역사[64]는 바로 단군조선의 역사로서 소위 일본의 신대역사(神代歷史)가 되며, 소위 신무천황(神武天皇)의 왕가는 단군조선의 두지주 예읍의 추장의 후손이고, 이후 백제, 가야, 신라, 고구려, 대진국(발해)과 관계 속에서 이어진 역사가 된다.

서기전 2173년에 등장하는 단군조선 두지주 예읍의 추장 소시모리는 일본 왜(倭:大和) 왕조의 시조가 되는 신무(神武)의 선조가 되며, 소시모리는 원래 읍의 수장인 읍차(邑借) 아래 마을단위의 수장격인 추장(酋長)이었다. 일본학자나 일본인들은 신무천황 이전에 "우가야" 시대가 있었다고 내세우고 있는데, 이는 독립왕국

---

63) 광개토경평안호태황비 비문 참조

64) 일본 역사에 관한 고대중국 기록의 재해석이 필요하다 할 것이다. 나아가 일본의 신대(神代)에 해당하는 상고대의 역사에 관한 연구가 많이 필요하다.

이 아니라 단군조선의 영역 내에 있었던 추장(酋長) 즉 마을의 씨족 또는 부족 장(長)의 역사가 된다.

신무가 서기전 660년에 천황을 참칭하기 전에는 그 형이 되는 도반명(稻飯命)이 단군조선 마한(馬韓)의 제후였던 협야후(陝野侯)였으며, 도반명의 아버지가 되는 언파불합(彦波不合)은 단군조선 마한의 한 장수였고[65], 그 선대는 대대로 단군조선의 두지주 예읍의 추장 직을 이은 것이 된다.

일본의 역사는 서기전 2173년 단군조선 두지주 예읍의 추장이었던 소시모리로부터 시작되어 이후 30세에 이르러 천조대신(天照大神:大日靈貴)이 있으며, 34세에 언파불합(彦波不合)이 있고, 35세로 신무(神武)가 출현하는바, 신무 이전의 역사는 단군조선 추장 또는 제후의 역사로서 34대 1,513년간이 된다.

(1) 일본의 뿌리 조상 소시모리(素尸牟犁)

서기전 2173년에 단군조선 두지주 예읍의 추장이던 소시모리가 반란을 일으키므로 예국(濊國)의 제후였던 여수기(余守己)가 진압하고 소시모리의 머리를 베었다. 여수기는 단군조선 초기에 구가(狗加)를 지낸 인물로 예국에 봉해졌다.

이후 소시모리의 땅을 소시모리(素尸牟犁)라 하다가 한자로 적어 우수국(牛首國)이라 하게 되었다. 여기서 우수국의 우수는 곧 소머리로서 소시모리를 이두식으로 표기한 것이 된다. 일본서기에 나오는 국상입존(國常立尊)의 15대조가 되는 천지어중주존(天之御中主尊)은 예읍 추장 소시모리 이후 우수국(牛首國)이라는 나라의 시조가 되는 인물이 된다.

원래 일본 땅에는 소, 말, 양, 닭 등이 없었다고 기록되고 있기도 한데[66], 소모리데라(소머리 절:牛頭寺)라는 절이 있어 소와 관련된 것이 있으니, 우두사를 세운 주

---

65) 전게 한단고기 〈단군세기〉, 68, 109, 110쪽 및 일본서기 〈신대 상, 하〉 참조
66) 범엽, 후한서 〈동이전〉 및 이민수 역, 조선전 〈동이전 왜, 후한서〉, 69쪽 참조

인공들은 도래인(渡來人)이 분명한 것이다. 천조대신(天照大神)의 선대에 우두천황(牛頭天皇)이 있으니 아마도 단군조선의 추장 소시모리가 아닌가 한다.

우두천황은 큰 죄 지은 자들을 처단하는 자로 기록되는데, 이는 단군조선 때 반역하다 참수를 당한 것이 와전되어, 그 스스로 참수를 당하였던 것을 본보기로 하여, 후대인들이 소시모리를 우두천황이라 받들고 악을 처단하는 상징으로 삼은 것이 될 것이다.

(2) 국상입존(國常立尊)

천지어중주존의 16세손이자 천조대신의 7대조에 해당하는 국상입존은 서기전 1100년경 사람이 된다. 고천원(高天原:다까아마하라) 시대는 강원도 춘천(春川)에 있던 시대이거나, 한반도 남부의 가야지역에 있던 시대로 추정되는데, 소시모리의 먼 후손이 되는 국상입존이 서기전 1100년경에 단군조선의 마한 땅이던 지금의 한반도 내에 터를 잡은 것이 된다.

서기전 1100년경 이후에 국상입존이 바다를 건너 지금의 일본 땅에 출입하면서 본주(本州:혼슈)에 이름을 정한 고천원(高天原)에 정착하고, 이후 서기전 870년경에 천조대신이 고천원과 위원(葦原:아시하라)에 정착한 것이 된다.

소시모리의 후손들이 우수국(牛首國)이 된 두지주 예읍에서 점차 남하하여 강원도 춘천의 우수국에 자리 잡았던 것이 되고, 이후 다시 남하하여 한반도 남부에 정착한 것이 되며, 서기전 1100년경에서 서기전 870년경 사이에 지금의 일본 땅 본주(本州:혼슈)를 정착지로 삼은 것이 된다.

(3) 천조대신(天照大神)

국상입존의 8세손이자 언파불합의 4대조에 해당하는 천조대신은 서기전 870년경 사람이 되며, 신무(神武) 이전의 풍위원(豊葦原:토요아시하라) 시대에 일본 땅에 정착한 것이 되는데, 그래서 천조대신을 국조신(國祖神)이라 하는 것이 되며, 그 이전의 다까아마하라(高天原) 시대는 천조대신과 소전오존(素戔鳴尊)의 고향이 되는 한반도 땅에 원래 있었던 것이 된다.

서기전 870년경 천조대신의 아우인 소전오존이 근국(根國:고향 나라)인 신라(新羅)에 갔다는 기록은, 일본서기 기록 당시는 서기 720년으로서 신라시대이므로 그리 적은 것이고, 실제로는 단군조선의 마한 땅이 되는 곳으로서 우수국인 춘천이나 한반도 남부지역이 되는 것이다.

신라시대 이전의 진한(辰韓)은 6부로 이루어진 나라이고, 박혁거세67)를 신라왕으로 추대한 6부 촌장들 중에 소벌도리(蘇伐都利)는 일명 소벌공(蘇伐公)이라 기록되는데, 도리는 곧 공(公) 등과 같이 우두머리를 가리키며 공(公)은 공작(公爵)이나 일반적인 존칭이 된다. 천조대신을 두지도리라 하는바, 두지도리는 곧 두지의 한 읍(邑)의 우두머리인 추장(酋長)으로서 두지공(豆只公)과 같은 말이 된다.

제후(諸侯)는 지방의 왕이 되는데, 제후 아래 성주(城主)나 군(郡) 등에 해당하는 지방장관으로 욕살(褥薩)이 있고, 그 아래 읍(邑)에는 읍차(邑借)가 있으며, 읍의 아래가 마을이 되는데, 이들 마을의 우두머리가 추장(酋長), 촌장(村長)이 된다. 즉 천조대신의 선대가 되는 소시모리는 원래 읍(邑)에 속하는 마을의 추장이었다.

서기전 2173년 반란을 도모하다 참수를 당한 소시모리의 후손 중에 국상입존이 일본 땅을 처음 밟은 것이 되고, 국상입존의 조카인 이장낙존(伊奘諾尊)이 고천원에 정착한 것이 되며, 이장낙존의 딸인 천조대신이 고천원과 아시하라를 다스린 것이 된다.

고천원(高天原:다까아마하라)은 높은 하늘 벌이며, 풍위원중국(豊葦原中國:토

---

67) 신라 시조인 박혁거세 거서간의 아버지가 누구인지 명확히 기록되고 있지 않아 신라와 북부여와의 관계가 불투명한 것으로 인식되는바, 박혁거세가 출현한 서기전 69년경의 북부여 시대 역사를 심도 있게 연구하는 것이 필요하다.

요아시하라)은 풍성한 아침 벌인데, 천조대신이 세습하여 고천원과 위원중국을 다스린 것이 된다. 그리하여 천조대신(天照大神)이 국조신(國祖神)으로 받들어지는 것이다.

국조신이라는 천조대신은 나라의 왕(王)이 아니라 단군조선 추장의 직을 세습한 것이 된다. 그래서 천조대신을 제사하는 이세신궁[68]에 소장되어 있는 원시한글의 내용에 천조대신은 "두디도리(豆只都利:豆只公)"라 적고 있다. 여기서 도리는 우두머리로서 촌장(村長) 또는 추장(酋長)의 뜻인 것이다.

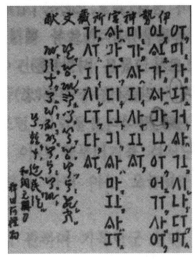

일본 이세신궁 원시한글 축문

일본의 이세신궁에 소장된 문헌의 글을 보면, 이세신궁의 주인공인 천조대신은 단군조선 두지주 예읍의 추장 후손이라는 사실이 드러난다.

위 이세신궁소장문헌(伊勢神宮所藏文獻)의 글은 "우미가유거하고시나두무오호가하라노우어구사우미가하이사요후 하마두디도리하마요하유가수이시두다후"이다.

일본 이세신궁 청동거울 문자

여기서 "두디도리"와 "요하유"는 천조대신(天照大神)을 가리키는 말이다. 두디도리는 두지공(豆只公) 즉 천조대신의 직책이 단군조선의 두지주 예읍의 추장(酋

---

68) 이세신궁에는 신경(神鏡)이라는 청동거울이 소장되고 있는바, 그 제작연도를 밝히면 일본의 역사가 명확히 드러나게 될 것이며, 이 거울에 새겨진 문자가 신대문자인지 후대에 조작된 문자인지 저절로 밝혀지게 되므로, 역사연구에서 너무나 중요한 자리를 차지하고 있는 것이 된다.

長)이라는 것이며, 요하유는 천조대신의 원래 이름인 "대일령(大日靈:오~하루:오~하이류)"의 일본어식 발음으로서 변음 된 상태의 용어가 된다. 천조대신을 대일령존(大日靈尊) 또는 대일령귀(大日靈貴)라고 한다.

나. 단군조선 제후(諸侯)의 역사

(1) 언파불합(彦波不合)

언파불합은 서기전 723년경 사람이다.

서기전 723년 언파불합이 마한(馬韓) 관경 내 장수(將帥)로서 일본 땅 구주에 있던 웅습(熊襲:熊本:구마모토)의 난을 진압하도록 명을 받아 공을 세웠다.[69]

천조대신(天照大神:대일령존)의 5세손이 되는 장군 언파불합이 웅습(熊襲:구마모토)의 난을 진압하기 위하여 출발한 장소는 마한(馬韓) 땅이 되는 한반도의 춘천(春川) 또는 한반도 남부지역으로 추정되며, 그 아들 협야후(陜野侯) 배반명(裵幋命:稻飯命)이 삼도(三島)의 반란을 진압하기 위하여 전선 500척을 이끌고 서기전 667년에 출발한 장소 또한 한반도의 춘천 또는 남부지역이 된다.

장군 언파불합은 웅습의 난을 진압한 공로로 구주(九州)의 남쪽에 있는 협야(陜野)라는 땅에 제후로 봉해진 것이 된다. 그래서 언파불합의 후손들은 협야후(陜野侯)의 족속이 된다.

(2) 협야후(陜野侯) 배반명(裵幋命)

서기전 667년에 단군조선에서 협야후 배반명을 보내어 바다의 도적을 토벌케 하였는데 12월에 삼도(三島)가 모두 평정되었다.[70] 여기서 삼도는 지금의 일본 땅인

---

69) 전계 한단고기 〈단군세기〉, 109~110쪽 참조
70) 전계 한단고기 〈단군세기〉, 110~111쪽 참조

구주(九州:규슈), 사국(四國:시코쿠), 본주(本州:혼슈)로서 단군조선의 마한(馬韓) 관경에 속한 땅이 된다.

서기전 723년에 구주 땅 웅습의 난을 진압한 공로로 협야후로 봉해졌던 인물이 되는 언파불합(彦波不合)의 둘째 아들인 배반명(裵槃命)은, 협야후로서 삼도(三島)의 난을 진압하라는 명을 받았다. 당시 삼도는 마한의 관할에 속하였으므로 협야후가 삼도의 난을 진압하는 데 가장 적합한 인물이었던 것이 된다.

서기전 667년 지금의 일본[71] 땅 삼도(三島)에 난이 일어나자 단군조선(진조선) 제36대 매륵(買勒:서기전 704년~서기전 646년) 천왕이 마한(마조선)에 난을 진압하라 명령을 내리고, 이 명을 받은 마한 궁홀(弓忽:서기전 677년~?)은 협야후 배반명에게 명령을 내렸던 것이며, 이에 협야후 배반명이 가족들을 마한 땅에 남겨둔 채 전선 500척을 이끌고 삼도(三島)의 난을 진압한 것이 된다.[72]

반란을 진압한 이후에 토벌에 참여한 협야후의 무리는 일본 땅에 정착하게 되고, 이에 배반명의 막냇동생인 신무(神武)가 반란을 꾀하고서 반역하여 서기전 660년에 천황이라 참칭하게 되는 것이다. 협야후 배반명은 일본서기에 기록된 언파불합의 둘째 아들인 도반명(稻飯命)이다.

(3) 역천자(逆天者) 신무(神武)

신무는 언파불합의 막내아들이며, 협야후 배반명(도반명)의 아우이다.

서기전 667년에 협야후 배반명이 협야의 무리와 군사를 이끌고 삼도의 반란을 진압하여 12월에 모두 평정하였던 것인데, 이후 막내아우인 신무(神武)가 반역하여 다른 형제들은 모두 바다에 빠뜨려 죽인 후, 스스로 제후가 아닌 천황(天皇)이라

---

71) 일본 땅에는 신궁(神宮)과 신사(神社)가 많으며 소장된 문헌이나 금석문 등이 있는바, 신궁이나 신사를 역사적으로 고찰하고, 소장 문헌 등의 내용을 역사적으로 고찰함으로써, 우리 역사와의 연관성을 밝히는 것이 중요하다 할 것이다.

72) 전게 한단고기 〈태백일사/삼한관경본기, 마한세가〉, 215쪽 참조

참칭하게 되었다.

즉, 일본서기에 기록된 신무(神武)의 7년 동정(東征)의 역사는 신무가 반역을 꾀하여 구주(九州)에 있던 협야(陜野)를 떠나 동쪽으로 군사를 이끌고 가면서 3년 사이에 세 형을 모두 바다에 수장시켜 죽이고는, 서기전 660년 신유년(辛酉年)에 단군조선의 제도를 흉내 내어 스스로 천황(天皇)이라 칭하기까지의 역사를 적은 것이 된다.

이로써 일본의 신대역사(神代歷史)는, 서기전 2173년부터 서기전 723년경까지는 두지도리로서 추장(酋長)의 역사가 되고, 서기전 723년경부터 서기전 660년경까지는 협야후(陜野侯)로서 제후(諸侯)의 역사가 되는 것이며, 서기전 660년에 신무(神武)가 단군조선을 반역하고 천황(天皇)을 참칭함으로써 왕국(王國)의 역사가 시작되었다. 신무가 천황을 참칭할 당시에 삼도(三島)에는 많은 소국이 있었다.

서기전 2224년에 우순(虞舜)의 신하이면서 단군조선의 후원을 얻고 있던 우(禹)가 단군조선을 반역하여 스스로 하왕(夏王)이라 참칭하여 고대중국의 왕조를 시작하였고, 서기전 660년에는 협야후(陜野侯)의 무리인 신무(神武)가 협야후 배반명(도반명)을 비롯한 형제들을 모두 제거하고 단군조선을 반역하여 스스로 천황(天皇)이라 참칭하였던 것이 된다. 이로써 고대중국과 고대일본의 역사는 단군조선에 대한 반역의 역사로 시작되는 것이다.

2. 일본 고대왕국 왜(倭:야마토) 역대기

(1) 제1대 신무왕(神武王) : 서기전 660년~서기전 585년(76년)

신무왕은 신일본반여언존(新日本磐余彦尊)이라 불리며 서기전 711년생으로서 서기전 660년에 천황(天皇)이라 참칭하여 왜(倭) 왕조를 시작하였다. 여기서 일본(日本)이라는 명칭은 서기 672년에 일본이라는 국호가 생긴 이후에 붙여진 것이 된다.

(2) 제2대 수정왕(綏靖王) : 서기전 581년~서기전 549년(33년)

(3) 제3대 안녕왕(安寧王) : 서기전 548년~서기전 511년(38년)

(4) 제4대 의덕왕(懿德王) : 서기전 510년~서기전 477년(34년)

(5) 제5대 효소왕(孝昭王) : 서기전 475년~서기전 393년(83년)

(6) 제6대 효안왕(孝安王) : 서기전 392년~서기전 291년(102년)

(7) 제7대 교령왕(敎靈王) : 서기전 290년~서기전 215년(76년)

서기전 217년에 회사(淮泗) 출신이던 서복(徐福:徐市)이 진시황(秦始皇)을 속여, 동남동녀, 전문기술자 등 500명과 함께 배를 타고 진(秦)나라를 떠나 일본 땅 기이(紀伊)의 불이산(不二山)에 도착하였다.

(8) 제8대 효원왕(孝元王) : 서기전 214년~서기전 158년(57년)

서기전 208년에 진(秦)나라에서 귀화한 서복(徐福)이 죽었다.

(9) 제9대 개화왕(開化王) : 서기전 157년~서기전 98년(60년)

(10) 제10대 숭신왕(崇神王) : 서기전 97년~서기전 30년(68년) 〈이하 생략〉

3. 일본 천황의 즉위의식은 단군신화의 재현

(1) 서설

일본 천황의 즉위의식(卽位儀式)은 바로 소위 단군신화(檀君神話)를 쏙 빼닮은 모형이다. 지금부터 약 25년 전 코리아타임즈(THE KOREA TIMES)지에 일본(日本)의 소위 천황(天皇)의 즉위의식에 관한 기사가 실린 적이 있었는데, 그 즉위의식의 절차와 삼국유사(三國遺事)에 실린 소위 단군신화와 비교검토 하여 그 상관성을 살펴보기로 한다.

(2) 일본 천황의 즉위의식 요약

천황(天皇)이 사망하고 그 아들이 천황이 되기 위해서는, 하룻밤을 통나무로 된 굴(窟)속에서 지내며 신(神)이 내리기를 기도하고, 다음 날 아침에 천황의 자격을 얻게 된다.

(3) 단군신화 내용

삼국유사(三國遺事)에 실린 소위 단군신화를 보면, 한웅(桓雄)이 사람이 되고자 하는 곰과 호랑이를 굴속에서 100일 기도하라고 명하였는데, 호랑이는 참지 못하고 나가버리고 곰은 3·7일 만에 여자로 변하였으며, 신단수(神檀樹)에서 웅녀(熊女)가 혼인하기를 기도하니 한웅(桓雄)이 사람으로 변하여 혼인해서 아들을 낳으니 단군(檀君)이라 했다고 적고 있다.

(4) 일본 천황 즉위의식과 단군신화의 관련성

일본 천황의 즉위의식을 분석해 보면 다음과 같이 단군신화와 상관성이 있다.

(1) 천황이 되기 전 하룻밤을 통나무 굴속에서 지낸다는 것은, 바로 곰이 사람이 되기 위해 기도(수도)하는 절차이다.

(2) 통나무 굴속에서 신(神)이 내리기를 기도한다는 것은, 웅녀(熊女)가 신단수(神檀樹)에서 혼인(婚姻)하기를 기원하는 과정이다.

(3) 다음 날 아침에 천황(天皇)이 된다는 것은, 웅녀가 한웅(桓雄)과 혼인하여 낳은 아들이 단군(檀君)인데, 이 단군이 곧 천제(天帝: 桓因)의 아들인 한웅(桓雄)의 아들로서 한웅천왕(桓雄天王)의 배달나라를 이어받아 조선(朝鮮)을 개국하여 천황(天皇:檀帝)이 된 것을 나타낸다.

즉, 통나무로 만든 굴은 나무로서 신단수(神檀樹)를 상징하면서 곰과 호랑이가 수도하던 장소인 굴(窟)을 나타내는 것이며, 하늘에서 내리는 신(神)은 하늘에서 땅으로 내려오신, 즉 하느님의 아들(천제)인 한웅(桓雄)이나 한웅신(桓雄神)을 말함이며, 다음 날 아침에 통나무 굴속에서 나온 천황(天皇)은 태어난 단군(檀君:단군왕검)을 나타내는 것이 된다.

(5) 결론

이상으로 일본 천황의 즉위의식은, 바로 하느님(天神)의 아들(天神子:天帝子)의 아들(天皇子:天王子)인 단군이 탄생하여 천황(天皇)이 되는 역사적 사실을 함축적으로 재현(再現)하는 형식인데, 한국(桓國) 말기와 배달나라 역사 1,565년의 역사를 한인(桓因), 한웅(桓雄), 단군(檀君)의 아버지, 아들, 손자라는 3대(代)에 걸친 압축된 역사로 나타내어진 소위 단군신화(檀君神話)를, 천황이 될 자가 하룻밤을 통나무 굴속에서 지내면서 신(神)을 받는 절차를 치르고 다음 날 굴속에서 나옴으로써 천황의 자격을 부여받아 천황으로 즉위하는 과정으로서 나타낸 것이 된다.

일본은 역사적으로 볼 때 단군조선, 부여, 고구려, 신라, 백제, 가야, 발해 등의 백성들이 옮겨 가 산 곳이며, 기록상의 천황 또는 지배층은 거의 다 단군조선 이후 바다를 건너간 도래인(渡來人)들이었다. 그래서 곳곳에 단군(檀君)과 관련된 유적들이 널려 있고 고구려, 신라, 백제, 가야 등과 관련된 유적들이 많이 있는 것이다. 일본천황의 즉위의식 또한 그 후손들이 남겨 놓은 자취이다.

(6) 단군신화의 중심인물인 단군왕검에 관한 역사적 사실 개관

삼국유사에서 기록한 소위 단군신화는 역사적 사실을 함축하여 적은 것에 불과하며, 사실은 한인(桓因)의 나라가 한국(桓國)인데 한인(桓因) 이전에 유인씨(有因氏) 시대가 약 1,000년 있었고 또 그 이전에 황궁씨(黃穹氏) 시대가 약 1,000년이 존재하였던 것이고, 천제(天帝) 한인씨(桓因氏)가 모두 7대(代)로 약 1,000년을 다스려 한국시대는 합 3,301년이 되는 것이며, 이후 한웅(桓雄)의 나라가 배달나라(檀國)인데 18대 1565년의 역사가 있고, 단군왕검(檀君王儉)으로 시작되는 단군조선(檀君朝鮮)은 합 47대 총 2,102년의 역사가 있었던 것으로, 단군세기(檀君世紀)와 북부여기(北扶餘記) 등에서 기록되고 있다.

여기서 초대 단군(檀君) 천황(天皇)인 단군왕검(檀君王儉)의 계보 및 역사에 대하여 간단히 적어 보고자 한다.

단군왕검은 배달나라 제18대 거불단(居弗檀) 한웅 천왕의 아들이고 어머니는 웅씨(熊氏) 왕녀(王女)이며 서기전 2370년 5월 2일에 탄생하셨는데, 서기전 2357년에 어머니의 출신지인 웅씨국(熊氏國:檀熊國:염제신농국 후계) 홍제(洪帝)의 비왕(裨王)으로서 24년간을 섭정하여 성제(聖帝)라고도 불리며, 서기전 2357년에 즉위한 당(唐)나라 요(堯)임금의 25년(혹은 50년:서기전 2382년 陶에 봉해짐)인 서기전 2333년 무진년(戊辰年) 10월 3일에 아사달(阿斯達)에서 조선(朝鮮)을 개국하였다.

여기서 단군왕검께서 조선을 개국한 데에는 마땅한 사유가 있다.

즉, 배달나라의 천자국(天子國:제후국)인 염제신농국(炎帝神農國)이 서기전 2697년에 배달나라 제14대 치우천왕(蚩尤天王:자오지 한웅)에게 평정되어 염제국의 마지막 왕인 제유(帝楡)의 아들 괴(魁)를 단웅국(檀熊國:웅씨국의 하나)에 봉하였는데, 마지막 왕인 홍제(洪帝) 시대에 단군왕검이 섭정(攝政) 비왕(裨王)으로 다스릴 때, 황제헌원의 웅국(熊國:웅씨국의 하나)을 이은 당요(唐堯)로부터 수회에 걸쳐 침범을 당하였다.

결국, 서기전 2334년 제3차 침입 시에 단군왕검이 왕성(王城)을 나가 순행하던 차에 급습을 당해 왕성을 점령당하였고 이때 홍제도 전쟁 중에 붕(崩)하였는데, 단군왕검께서는 무리 800을 이끌고 동북으로 3,000리 떨어진 아사달(阿斯達)로 이동하여 아버지 거불단 한웅의 나라인 배달나라(檀國)와 어머닌 나라인 단웅국(檀

熊國)의 정통성(正統性)을 이어받아 서기전 2333년에 조선(朝鮮)을 개국하였다.

단군왕검은 구족(九族:구이)의 추대를 받아 임금으로 즉위하였으며, 곧바로 관경을 삼한(三韓)으로 나누고, 이후 당요(唐堯)와 10년간 대치하면서, 결국 당요를 깨우치려 순(舜임금)의 부자(父子)를 보내어 함께 정벌하고자 하니, 당요가 정세를 알아차리고 곧바로 굴복하여 나라를 보전하였던 것이며, 이후 순을 두 딸을 주어 신하로 삼아 나라를 보존하였고, 결국에는 순에 나라를 넘겨주게 되었다. 순임금은 단군조선의 제후에 불과했으며 하(夏), 은(殷), 주(周) 나라가 서면서 점점 이탈하여, 현재 한배달조선(桓檀朝鮮)을 이은 한국(韓國)과 당우하은주(唐虞夏殷周)를 이은 중국(中國)이 구별되게 된 것이 된다.

(7) 여론- 신무왕(神武王)의 정체

일본의 소위 초대 천황(天皇)인 신무(神武)의 아버지는 일본서기(日本書紀)에서 언파렴무로자초즙불합존(彦波瀲武鸕鷀草葺不合尊:히고나기사다게우가야후기아에즈노미고도)으로 기록되어 있는데, 이 사람은 바로 단군조선 제35대 사벌(沙伐) 천왕 때인 서기전 723년에 단군 천왕이 장수 언파불합(彦波不合)을 시켜 해상의 웅습(熊襲)을 평정케 했다고 기록되고 있는 언파불합이다.

또, 신무천황(서기전 660-서기전 585)은 일본서기에서 신일본반여언존(新日本磐余彦尊)으로 기록하고 있는데, 단군조선 제36대 매륵(買勒) 천왕 때인 서기전 667년에 협야후(陝野侯) 배반명(裵幋命)을 보내어 해상의 적들을 토벌케 하여 12월에 삼도(三島)가 평정되었다고 하고, 단군조선 제3대 가륵 단군 때인 서기전 2173년 두지주(豆只州) 예읍(濊邑)이 반역하여 여수기(余守己)로 하여금 추장(酋長) 소시모리를 베게 하였으며, 그 후손 협야노(陝野奴)가 해상으로 도망하여 삼도에서 천왕을 참칭했다라고 적고 있는바, 여기서 말하는 협야후 배반명의 무리에 속하였던 자 또는 협야노가 바로 신무왕이다.[73]

일본서기에는 언파불합존의 아들로 도반명(稻飯命)이라는 자가 신일본반여언존과 함께 기록되어 있는데, 이 도반명과 신일본반여언존은 서로 다른 인물인데, 도반 명은 협야후 배반명이고, 신무천황은 그 형제(동생)인 신일본반여언존으로서 단군 세기에 협야노(陜野奴)로 기록된 자가 된다.

왜냐하면, 도반명의 稻는 벼 도자이고 飯은 밥 반이며 命자는 목숨 명인데, 배반 명(裵幣命)의 裵(배)는 벼와 비슷한 소리이고 幣은 밥 반(飯)과 같은 소리이며 명 (命)은 같은 글자인바, 바로 동일인을 가리키는 것이 된다.

이리하여 일본서기에 기록된 소위 신무천황(神武天皇)은 단군세기(檀君世紀)에 서 적고 있는 협야노(陜野奴)인 것이며, 서기전 660년에 단군조선을 배반하여 천 왕을 참칭함으로써 왜(倭)라는 독자적인 왕조(王朝)를 세움으로써, 소위 지금의 일 본이라는 나라가 시작되어 이탈(離脫)하였던 것이 된다.

---

73) 전계 한단고기 〈단군세기〉, 68, 109, 110쪽 및 일본서기 〈신대 상, 하〉 참조

단군조선 역대기

1. 전기(前期) 단군조선(檀君朝鮮)

1) 제1대 단군왕검(檀君王儉) 천제(天帝)

서기전 2370년 신묘년(辛卯年) 5월 2일 인시(寅時)에 탄생하셨으며, 아버지는 단웅(檀雄) 즉 배달나라 제18대 거불단(居弗檀) 한웅(桓雄)이시고, 어머니는 웅씨국(熊氏國)인 염제신농국의 후계국, 단웅국(檀熊國)의 제5대 왕 홍제(洪帝)의 따님이시다. 한웅 천왕(天王)의 아들이므로 천군(天君)이고 배달나라 작은 임금이므로 단군(檀君)이시며, 한씨(桓氏)이고 이후 제21대 소태 천왕까지 한씨(桓氏)가 된다.

서기전 2357년 갑진년(甲辰年) 14세에 단웅국의 천자(天子)인 홍제(洪帝)에 의하여 섭정 비왕(裨王)이 되었으며 성제(聖帝)라고 불린다.

서기전 2334년에 왕성을 나가 순방하던 중, 단웅국이 당요(唐堯)의 기습침략으로 왕성을 점령당하고 홍제가 붕하므로, 무리 800을 이끌고 동북의 아사달(阿斯達)로 수도를 옮겼다.

서기전 2333년 무진년(戊辰年) 10월 3일 38세에 배달나라 구족(九族)의 추대에 응하여 임금이 되어, 아사달(阿斯達)을 수도로 삼아 나라를 열어 조선(朝鮮)이라 하였다. 이로써 배달나라와 단웅국의 정통성을 이은 것이 된다. 비왕(裨王)인 천왕격(天王格)의 삼한(三韓)을 두어 천제(天帝)로 받들어진 것이 된다. 천제(天帝) 아래 천왕(天王)이 있는데 태자 부루가 곧 천왕격의 진한(眞韓)으로서 섭정하였다. 태자 부루는 진한(眞韓)으로서 천제자(天帝子)라 불리는데, 천제자(天帝子)가 천제(天帝)의 아들, 곧 천왕(天王) 또는 천왕격의 아들이란 말이다.

서기전 2241년 경자년(庚子年) 3월 15일에 봉정(蓬亭)에서 붕하시니, 93년 재위하였으며, 130세를 사셨다.

2) 제2대 부루(扶婁) 천왕(天王)

서기전 2240년 신축년(辛丑年)부터 서기전 2183년 무술년(戊戌年)까지 58년 재위하였으며, 약 160세 이상을 사신 것이 된다.

단군조선의 개국 시조이신 단군왕검을 천제(天帝)로 받들며, 이후의 소위 단군(檀君)은 천왕(天王)이 된다. 즉, 진한(眞韓)이던 태자 부루가 천왕이 되면서 진한의 직책은 천왕에 흡수된 것이 되어, 이후에는 임금으로서의 진한(眞韓)은 단군조선 시대에는 더 이상 존재하지 아니한 것이 된다. 다만, 관경(管境) 즉 나라(國)를 뜻하는 진한(眞韓)이라는 용어는 이후에도 계속 사용된다. 물론 마한(馬韓)과 번한(番韓)은 서기전 425년까지 임금의 명칭으로 사용된다. 천왕은 중앙조정 즉 상국(上國)의 임금이며, 마한(馬韓)과 번한(番韓)은 천왕(天王)을 보좌하는 섭정(攝政) 비왕(裨王)이 된다.

3) 제3대 가륵(嘉勒) 천왕(天王)

부루 천왕의 태자(太子)이며, 서기전 2182년 기해년(己亥年)부터 서기전 2138년 계미년 9월까지 45년 재위하였다.

4) 제4대 오사구(烏斯丘) 천왕(天王)

가륵 천왕의 태자(太子)이며, 서기전 2137년 갑신년(甲申年)부터 서기전 2100년 신유년(辛酉年) 6월까지 38년 재위하였다.

5) 제5대 구을(丘乙) 천왕(天王)

양가(羊加) 출신이며, 서기전 2099년 임술년(壬戌年)부터 서기전 2084년 정축년(丁丑年) 7월까지 16년 재위하였다.

6) 제6대 달문(達門) 천왕(天王)

우가(牛加) 출신이며, 서기전 2083년 무인년(戊寅年)부터 서기전 2048년 계축년(癸丑年)까지 36년 재위하였다.

7) 제7대 한율(翰栗) 천왕(天王)

양가(羊加) 출신이며, 서기전 2047년 갑인년(甲寅年)부터 서기전 1994년 정미년(丁未年)까지 54년 재위하였다.

8) 제8대 우서한(于西翰:또는 오사함(烏斯含)) 천왕(天王)

서기전 1993년 무신년(戊申年)부터 서기전 1986년 을묘년(乙卯年)까지 8년 재위하였다.

9) 제9대 아술(阿述) 천왕(天王)

우서한 천왕의 태자(太子)이며, 서기전 1985년 병진년(丙辰年)부터 서기전 1951년 경인년(庚寅年)까지 35년 재위하였다.

10) 제10대 노을(魯乙) 천왕(天王)

우가(牛加) 출신이며, 서기전 1950년 신묘년(辛卯年)부터 서기전 1892년 기축년(己丑年)까지 59년 재위하였다.

11) 제11대 도해(道奚) 천왕(天王)

노을 천왕의 태자(太子)이며, 서기전 1891년 경인년(庚寅年)부터 서기전 1835

년 병술년(丙戌年)까지 57년 재위하였다.

12) 제12대 아한(阿漢) 천왕(天王)

우가(牛加) 출신이며, 서기전 1834년 정해년(丁亥年)부터 서기전 1783년 무인년(戊寅年)까지 52년 재위하였다.

13) 제13대 흘달(屹達:또는 대음달(代音達)) 천왕(天王)

우가(牛加) 출신이며, 서기전 1782년 기묘년(己卯年)부터 서기전 1722년 기묘년(己卯年)까지 61년 재위하였다.

14) 제14대 고불(古弗) 천왕(天王)

우가(牛加) 출신이며, 서기전 1721년 경진년(庚辰年)부터 서기전 1662년 기묘년(己卯年)까지 16년 재위하였다.

15) 제15대 대음(代音:또는 후흘달(後屹達)) 천왕(天王)

서기전 1661년 경진년(庚辰年)부터 서기전 1611년 경오년(庚午年)까지 51년 재위하였다.

16) 제16대 위나(尉那) 천왕(天王)

우가(牛加) 출신이며, 서기전 1610년 신미년(辛未年)부터 서기전 1553년 무진년(戊辰年)까지 58년 재위하였다.

17) 제17대 여을(余乙) 천왕(天王)

위나 천왕의 태자(太子)이며, 서기전 1552년 기사년(己巳年)부터 서기전 1485년 병자년(丙子年)까지 68년 재위하였다.

18) 제18대 동엄(余乙) 천왕(天王)

여을 천왕의 태자(太子)이며, 서기전 1484년 정축년(정축年)부터 서기전 1436년 을축년(乙丑年)까지 49년 재위하였다.

19) 제19대 구모소(緱牟蘇) 천왕(天王)

동엄 천왕의 태자(太子)이며, 서기전 1435년 병인년(丙寅年)부터 서기전 1381년 경신년(庚申年)까지 55년 재위하였다.

20) 제20대 고홀(固忽) 천왕(天王)

우가(牛加) 출신이며, 서기전 1380년 신유년(辛酉年)부터 서기전 1338년 계묘년(癸卯年)까지 43년 재위하였다.

21) 제21대 소태(蘇台) 천왕(天王)

고홀 천왕의 태자(太子)이며, 서기전 1337년 갑진년(甲辰年)부터 서기전 1286년 을미년(乙未年)까지 52년 재위하였다.

서기전 1286년에 우현왕(右賢王) 고등(高登)이 죽자 그의 손자인 색불루(索弗婁)가 우현왕이 되었으며, 소태 천왕이 서우여(徐于餘:한서여(桓西餘))에 선양하려 하자 이를 반대하며 부여(扶餘:常春:長春)의 신궁(新宮:九月山 남쪽의 鹿山 신궁)에서 즉위하여 스스로 천왕이 되었다. 이에 소태 천왕은 옥새(玉璽)와 국보(國寶)를 전하고 서우여를 폐하여 서인이 되게 하였으며, 아사달에 은퇴하여 붕어하셨다. 이을 두고 삼국유사에서는 군신(君臣)은 없어지고 부자(父子)는 존재하였다고 적고 있기도 한데, 이는 우현왕 색불루가 군신의 도리를 저버리고 스스로 천왕이 되었음을 가리키는 것이 된다.

2. 후기(後期) 단군조선(檀君朝鮮)

22) 제22대 색불루(索弗婁) 천왕(天王)

개사원(蓋斯原) 욕살(褥薩) 출신의 우현왕(右賢王) 고등(高登)의 손자로서 우현왕을 세습하였고, 무력(武力)으로 천왕에 스스로 즉위하여 사후에 소태 천왕으로부터 선양 받았으며, 서기전 1285년 병신년(丙申年)부터 서기전 1238년 계미년(癸未年)까지 48년 재위하였다.

23) 제23대 아홀(阿忽) 천왕(天王)

색불루 천왕의 태자(太子)이며, 서기전 1237년 갑신년(甲申年)부터 서기전 1162년 기해년(己亥年)까지 76년 재위하였다.

24) 제24대 연나(延那) 천왕(天王)

아홀 천왕의 태자(太子)이며, 서기전 1161년 경자년(庚子年)부터 서기전 1151년 경술년(庚戌年)까지 11년 재위하였다.

25) 제25대 솔나(率那) 천왕(天王)

아홀 천왕의 아들로서 연나 천왕의 태제(太弟)이며, 서기전 1150년 신해년(辛亥年)부터 서기전 1063년 무인년(戊寅年)까지 88년 재위하였다.

26) 제26대 추로(鄒魯) 천왕(天王)

솔나 천왕의 태자(太子)이며, 서기전 1062년 기묘년(己卯年)부터 서기전 998년 계미년(癸未年)까지 65년 재위하였다.

27) 제27대 두밀(豆密) 천왕(天王)

추로 천왕의 태자(太子)이며, 서기전 997년 갑신년(甲申年)부터 서기전 972년 기유년(己酉年)까지 26년 재위하였다.

28) 제28대 해모(奚牟) 천왕(天王)

서기전 971년 경술년(庚戌年)부터 서기전 944년 정축년(丁丑年)까지 28년 재위하였다.

29) 제29대 마휴(摩休) 천왕(天王)

서기전 943년 무인년(戊寅年)부터 서기전 910년 신해년(辛亥年)까지 34년 재위하였다.

30) 제30대 내휴(奈休) 천왕(天王)

해모 천왕의 아들로서 마휴 천왕의 태제(太弟)이며, 서기전 909년 임자년(壬子年)부터 서기전 875년 병술년(丙戌年)까지 35년 재위하였다.

31) 제31대 등올(登屼) 천왕(天王)

제29대 마휴 천왕의 태자(太子)이며, 서기전 874년 정해년(丁亥年)부터 서기전 850년 신해년(辛亥年)까지 25년 재위하였다.

32) 제32대 추밀(鄒密) 천왕(天王)

등올 천왕의 태자(太子)이며, 서기전 849년 임자년(壬子年)부터 서기전 820년 신사년(辛巳年)까지 43년 재위하였다.

33) 제33대 감물(甘勿) 천왕(天王)

추밀 천왕의 태자(太子)이며, 서기전 819년 임오년(壬午年)부터 서기전 796년 을사년(乙巳年)까지 24년 재위하였다.

34) 제34대 오루문(奧婁門) 천왕(天王)

감물 천왕의 태자(太子)이며, 서기전 795년 병오년(丙午年)부터 서기전 773년 무진년(戊辰年)까지 23년 재위하였다.

35) 제35대 사벌(沙伐) 천왕(天王)

오루문 천왕의 태자(太子)이며, 서기전 772년 기사년(己巳年)부터 서기전 705년 병자년(丙子年)까지 68년 재위하였다.

36) 제36대 매륵(買勒) 천왕(天王)

사벌 천왕의 태자(太子)이며, 서기전 704년 정축년(丁丑年)부터 서기전 647년 갑술년(甲戌年)까지 58년 재위하였다.

37) 제37대 마물(麻勿) 천왕(天王)

매륵 천왕의 태자(太子)이며, 서기전 646년 을해년(乙亥年)부터 서기전 591년 경오년(庚午年)까지 56년 재위하였다.

38) 제38대 다물(多勿) 천왕(天王)

마물 천왕의 태자(太子)이며, 서기전 590년 신미년(辛未年)부터 서기전 546년 을묘년(乙卯年)까지 45년 재위하였다.

휘자(諱字)의 쓰임으로 보아 마물 천왕의 태자가 아닌 태제(太弟)로 추정된다.

39) 제39대 두홀(豆忽) 천왕(天王)

다물 천왕의 태자(太子)이며, 서기전 545년 병진년(丙辰年)부터 서기전 510년 신묘년(辛卯年)까지 36년 재위하였다.

40) 제40대 달음(達音) 천왕(天王)

두흘 천왕의 태자(太子)이며, 서기전 509년 임진년(壬辰年)부터 서기전 492년 기유년(己酉年)까지 18년 재위하였다.

41) 제41대 음차(音次) 천왕(天王)

달음 천왕의 태자(太子)이며, 서기전 491년 경술년(庚戌年)부터 서기전 472년 기사년(己巳年)까지 20년 재위하였다.

42) 제42대 을우지(乙于支) 천왕(天王)

음차 천왕의 태자(太子)이며, 서기전 471년 경오년(庚午年)부터 서기전 462년 기묘년(己卯年)까지 10년 재위하였다.

43) 제43대 물리(勿理) 천왕(天王)

을우지 천왕의 태자(太子)이며, 서기전 461년 경진년(庚辰年)부터 서기전 426년 을묘년(乙卯年)까지 36년 재위하였다.

3. 말기(末期) 단군조선(檀君朝鮮)

44) 제44대 구물(丘勿) 천왕(天王)

백민성(白民城) 욕살(褥薩) 출신이며, 서기전 425년 병진년(丙辰年)부터 서기전 397년 갑신년(甲申年)까지 29년 재위하였다. 물리 천왕의 종실이 된다.

45) 제45대 여루(余婁) 천왕(天王)

구물 천왕의 태자(太子)이며, 서기전 396년 을유년(乙酉年)부터 서기전 342년 기묘년(己卯年)까지 55년 재위하였다.

46) 제46대 보을(普乙) 천왕(天王)

여루 천왕의 태자(太子)이며, 서기전 341년 경진년(庚辰年)부터 서기전 296년 을축년(乙丑年)까지 46년 재위하였다.

47) 제47대 고열가(高列加) 천왕(天王)

물리 천왕의 현손(玄孫)으로 상장 출신이며, 서기전 295년 병인년(丙寅年)부터 서기전 238년 계해년(癸亥年) 3월 16일까지 58년 재위하였다.

4. 오가 공화정(五加 共和政)

서기전 238년 계해년(癸亥年) 3월 16일부터 서기전 232년 기사년(己巳年)까지 6년이다.

서기전 239년 임술년(壬戌年) 4월 8일에 북부여(北夫餘) 시조가 된 고구려(高句麗:고씨 구려) 출신의 천왕랑(天王郎) 해모수(解慕漱)께서 5가 공화정을 철폐하고, 나라 사람들의 추대에 응하여 단군에 즉위하니 북부여 시조라 한다.

이리하여, 단군조선은 전기 1,048년, 후기 860년, 말기 188년, 오가공화정 6년 등 합하여 2,102년이 된다. 전기와 후기를 합하면 1,908년으로서 삼국유사에 기록된 단군의 나이가 되며, 단군조선이 사실상 망한 서기전 238년을 기준으로 하면 단군조선의 역사는 2,096년이 된다. 또, 전기 1,048년이며, 후기와 말기를 합하면 1,048년이기도 하다.

단군조선 번한 및 마한세가 역대기

1. 마한세가(馬韓世家) 역대기

(1) 웅백다(熊伯多)

단군왕검 천왕께서 진한(眞韓), 마한(馬韓), 번한(番韓)의 삼한(三韓)으로 관경을 나누고 웅백다를 비왕(裨王)인 마한(馬韓)에 봉하셨다. 마한의 수도는 달지국(達支國)에 두었는데 백아강(白牙岡)이라 한다. 서기전 2333년 10월 3일경부터 서기전 2279년까지 55년간 재위하였다.

마한과 번한은 천왕(天王)의 비왕(裨王)으로서 천군(天君) 이상의 천왕격에 해당하는 직위가 된다. 단군왕검 천왕이 진한(眞韓)으로 태자 부루를 봉한 이후에는 자연히 천제(天帝)가 되며, 진한은 천왕(天王)에, 마한과 번한은 천왕격(天王格)에 해당하는 것이 된다. 그리하여 태자 부루는 천제자(天帝子)로서 천왕(天王)이 되는 것이다.

(2) 노덕리(盧德利)

웅백다의 아들로 서기전 2278년 계해년부터 서기전 2229년 10월까지 50년간 재위하였다.

(3) 불여래(弗如來)

노덕리의 아들로 서기전 2229년 임자년 10월부터 서기전 2180년까지 50년간 재위하였다.

(4) 두라문(杜羅門)

불여래의 아들로 서기전 2179년 임인년부터 서기전 2176년까지 4년간 재위하였다.

(5) 을불리(乙弗利)

두라문의 아들로 서기전 2175년 병오년부터 서기전 2137년까지 39년간 재위하였다.

(6) 근우지(近于支)

을불리의 아들로 서기전 2136년 을유년부터 서기전 2107년까지 28년간 재위하였다.

(7) 을우지(乙于支)

근우지의 아들로 서기전 2106년 을묘년부터 재위하였다.

(8) 궁호(弓戶)

을우지의 아우로 서기전 1994년까지 재위하였다.

(9) 막연(莫延)

궁호에게 후사가 없어 두라문의 아우인 두라시(杜羅時)의 증손으로서 제8대 우서한 천왕의 명을 받아 서기전 1993년 무신년부터 서기전 1939년까지 55년간 재위하였다.

(10) 아화(阿火)

막연의 아우로 서기전 1938년 계묘년부터 서기전 1864년까지 75년간 재위하였다.

(11) 사리(沙里)

아화의 아들로 서기전 1863년 무오년부터 서기전 1806년까지 58년간 재위하였다.

(12) 아리(阿里)

사리의 아우로 서기전 1805년 병진년부터 서기전 1716년까지 90년간 재위하였다.

(13) 갈지(曷智)

아리의 아들로 서기전 1715년 병술년부터 서기전 1634년까지 82년간 재위하였다.

(14) 을아(乙阿)

갈지의 아들로 서기전 1633년 무신년부터 서기전 1551년까지 83년간 재위하였다.

(15) 두막해(豆莫奚)

을아의 아들로 서기전 1550년 신미년부터 서기전 1544년까지 7년간 재위하였다.

(16) 자오수(慈烏漱)

두막해의 아들로 서기전 1543년 무인년부터 서기전 1497년까지 47년간 재위하였다.

(17) 독로(瀆盧)

자오수의 아들로 서기전 1496년 기축년부터 서기전 1372년까지 125년간 재위하였다.

(18) 아루(阿婁)

독로의 아들로 서기전 1371년 경오년부터 서기전 1288년까지 84년간 재위하였다.

(19) 아라사(阿羅斯)

서기전 1286년에 소태(蘇台) 천왕이 해성(海城) 욕살 서우여(徐于余)에게 대위(代位)하려 하자 간하였으나 듣지 않았으며, 이에 색불루(索弗婁)가 즉위하였는데, 마한 아라사가 해성(海城)으로 색불루를 토벌하러 갔다가 패하여 사망하였다. 아루의 아우로 서기전 1287년 갑오년부터 서기전 1286년까지 2년간 재위하였다.

(20) 여원흥(黎元興)

서기전 1285년에 색불루 천왕이 웅녀군(熊女君)의 후손인 여원흥을 마한으로 봉하였다.

서기전 1285년 3월 16일에 색불루 천왕의 명을 받고 삼한대백두산(三韓大白頭山)에 올라 천단(天壇)에서 제를 올렸다. 서기전 1285년 병신년부터 서기전 1233년까지 53년간 재위하였다.

(21) 아실(阿實)

여원흥의 아들로 서기전 1232년부터 재위하였다.

(22) 아도(阿闍)

아실의 아우로 서기전 1122년 이전부터 서기전 1092년까지 31년 이상 재위하였다.

(23) 아화지(阿火只)

아도의 아들로 서기전 1091년 경술년부터 서기전 996년까지 36년간 재위하였다.

(24) 아사지(阿斯智)

아화지의 아우로 서기전 995년 병술년부터 서기전 935년까지 121년간 재위하였다.

(25) 아리손(阿里遜)

아화지의 아들이자 아사지의 조카로 서기전 934년부터 재위하였다.

(26) 소이(所伊)

아리손의 아들로 서기전 755년까지 재위하였다.

(27) 사우(斯虞)

소이의 아들로 서기전 754년 정해년부터 서기전 678년까지 77년간 재위하였다.

(28) 궁홀(弓忽)

사우의 아들로 서기전 677년 갑진년부터 재위하였다.

(29) 동기(東 禾己)

궁홀의 아들로 서기전 589년까지 재위하였다.

(30) 다도(多都)

동기의 아들로 서기전 588년 계유년부터 서기전 510년까지 79년간 재위하였다.

(31) 사라(斯羅)

다도의 아들로 서기전 509년 임진년부터 재위하였다.

(32) 가섭라(迦葉羅)

사라의 아들로 서기전 488년 계축년까지 재위하였다.

(33) 가리(加利)

서기전 426년에 융안(隆安)의 우화충(于和冲)의 반란을 토벌하다 전사하였다.
가섭라의 아들로 서기전 487년 갑인년부터 서기전 426년까지 62년간 재위하였다.

(34) 전내(典奈)

가리의 손자로서 서기전 426년부터 재위하였다. 이때부터 마조선왕이라 불린다.

(35) 진을례(進乙禮)

전내의 아들이다.

(36) 맹남(孟男)

서기전 323년에 연(燕)나라가 기후(箕詡)의 번조선(番朝鮮)을 정벌하자 하였으나 마조선왕 맹남이 거절하였다.

서기전 366년 을묘년부터 재위하였다.

서기전 238년에 고열가 천왕이 제위를 내놓았는데, 마조선왕은 언제 대가 끊겼는지 불명이다. 맹남이 서기전 238년경까지 재위하였다면 약 130년간 재위한 것이 되는데, 마한 중에는 120년 이상 재위한 때도 있어 불가능한 것은 아닌 것으로 된다. 이로써 마한은 서기전 2333년부터 서기전 238년경까지 35대 약 2,096년의 역사를 가진다.

서기전 195년에 발해만 유역의 낙랑홀에서 최승이 배에 보물을 가득 싣고 마한의 백아강에 도착하여 나라를 열어 낙랑국이 되었으며, 이 최씨의 낙랑국은 서기 37년 고구려에 망할 때까지 232년간 이어졌다.

2. 번한세가(番韓世家) 역대기

(1) 치두남(蚩頭男)

단군왕검 천왕께서 진한(眞韓), 마한(馬韓), 번한(番韓)의 삼한(三韓)으로 관경을 나누고 치우천왕의 후손인 치두남을 비왕(裨王)인 번한(番韓)에 봉하셨다. 번한의 수도는 험독(險瀆)에 두었는데 번한 오경(五京) 중 동경(東京)에 해당한다.

서기전 2333년 10월 3일경부터 서기전 2312년까지 22년간 재위하였다.

(2) 낭야(琅耶)

서기전 2311년 경인년 3월에 낭야성(琅耶城)을 개축하여 가한성(可汗城)이라 하였다. 서기전 2301년 경자년에 치두남 시대부터 축조해 온 요중(遼中) 12성을 완성하였다.

서기전 2267년 갑술년에 태자 부루를 따라 도산회의(塗山會議)를 보좌(補佐)하였다. 치두남의 아들로 서기전 2311년 경인년부터 서기전 2239년까지 73년간 재위하였다.

(3) 물길(勿吉)

낭야의 아들로 서기전 2238년 계묘년부터 서기전 2188년까지 51년간 재위하였다.

(4) 애친(愛親)

물길의 아들로 서기전 2187년 갑오년부터 재위하였다.

(5) 도무(道茂)

애친의 아들로 서기전 2099년까지 재위하였다.

(6) 호갑(虎甲)

도무의 아들로 서기전 2098년 계해년부터 서기전 2073년까지 26년간 재위하였다.

(7) 오라(烏羅)

호갑의 아들로 서기전 2072년 기축년부터 서기전 2016년까지 57년간 재위하였다.

(8) 이조(伊朝)

오라의 아들로 서기전 2015년 병술년부터 서기전 1976년까지 40년간 재위하였다.

(9) 거세(居世)

이조의 아우로 서기전 1975년 병인년부터 서기전 1961년까지 15년간 재위하였다.

(10) 자오사(慈烏斯)

거세의 아들로 서기전 1960년 신사년부터 서기전 1947년까지 14년간 재위하였다.

(11) 산신(散新)

자오사의 아들로 서기전 1946년 을미년부터 서기전 1894년까지 53년간 재위하였다.

(12) 계전(季佺)

산신의 아들로 서기전 1893년 무자년부터 서기전 1865년까지 29년간 재위하였다.

(13) 백전(伯佺)

계전의 아들로 서기전 1864년 정사년부터 서기전 1827년까지 38년간 재위하였다

(14) 중전(仲佺)

백전의 아우로 서기전 1826년 을미년부터 서기전 1771년까지 56년간 재위하였다.

(15) 소전(少佺)

중전의 아들로 서기전 1770년 신묘년부터 서기전 1728년까지 43년간 재위하

였다.

(16) 사엄(沙奄)

소전의 아들로 서기전 1727년 갑술년부터 재위하였다.

(17) 서한(棲韓)

사엄의 아우로 서기전 1665년까지 재위하였다.

(18) 물가(勿駕)

서한의 아들로 서기전 1664년 정축년부터 서기전 1661년까지 4년간 재위하였다.

(19) 막진(莫眞)

물가의 아들로 서기전 1660년 신사년부터 서기전 1615년까지 46년간 재위하였다.

(20) 진단(震丹)

막진의 아들로 서기전 1614년 정묘년부터 서기전 1549년까지 66년간 재위하였다.

(21) 감정(甘丁)

진단의 아들로 서기전 1548년 계유년부터 서기전 1531년까지 18년간 재위하였다.

(22) 소밀(蘇密)

감정의 아들로 서기전 1530년 신묘년부터 재위하였다.

(23) 사두막(沙豆莫)

소밀의 아들이다.

(24) 갑비(甲飛)

사두막의 계부(季父)이다.

(25) 오립루(烏立婁)

갑비의 아들로 서기전 1441년 경신년부터 재위하였다.

(26) 서시(徐市)

오립루의 아들이다.

(27) 안시(安市)

서시의 아들로 서기전 1393년 무신년부터 서기전 1353년까지 41년간 재위하였다.

(28) 해모라(奚牟羅)

안시의 아들로 서기전 1352년 기축년부터 서기전 1334년까지 19년간 재위하였다.

(29) 소정(少丁)

서기전 1333년 무신년에 고등(高登)의 권유로 제21대 소태 천왕이 우사(雨師) 소정을 번한에 봉하였다.

서기전 1291년에 고등이 상장(上將) 서여(西余)와 함께 은나라 무정(武丁)을 토벌하여 색도(索度)에 이르러 병사를 보내어 불 지르고 약탈한 뒤 회군하였다. 이때 서여는 은나라의 북박을 습격하여 격파라고 병사들을 탕지산에 주둔케 한 뒤 자객을 보내어 소정을 죽이게 하고서 회군하였다.

번한 소정은 서기전 1333년 무신년부터 서기전 1291년경까지 약 43년간 재위한 것이 된다. 일하여 이후 서기전 1285년까지 번한은 자리가 공석이었던 것이 된다.

(30) 서우여(徐于余)

서기전 1285년 병신년부터 서기전 1225년까지 61년간 재위하였다.

(31) 아락(阿洛)

서기전 1224년 정유년부터 서기전 1185년까지 40년간 재위하였다.

(32) 솔귀(率歸)

서기전 1184년 정축년부터 서기전 1138년까지 47년간 재위하였다.

(33) 임나(任那)

서기전 1137년 갑자년부터 서기전 1106년까지 32년간 재위하였다.

(34) 노단(魯丹)

임나의 아우로 서기전 1105년 병신년부터 서기전 1093년까지 13년간 재위하였다.

(35) 마밀(馬密)

노단의 아들로 서기전 1092년 기유년부터 서기전 1075년까지 18년간 재위하였다.

(36) 모불(牟弗)

마밀의 아들로 서기전 1074년 정묘년부터 서기전 1055년까지 20년간 재위하였다.

(37) 을나(乙那)

모불의 아들로 서기전 1054년 정해년부터 서기전 1015년까지 40년간 재위하였다.

(38) 마휴(摩休)

서기전 1014년 정묘년부터 서기전 1013년까지 2년간 재위하였다.

(39) 등나(登那)

마휴의 아우로 서기전 1012년 기사년부터 서기전 984년까지 29년간 재위하였다.

(40) 해수(奚壽)

등나의 아들로 서기전 983년 무술년부터 서기전 967년까지 17년간 재위하였다.

(41) 오문루(奧門婁)

해수의 아들로 서기전 966년 기묘년부터 서기전 955년까지 12년간 재위하였다.

(42) 누사(婁沙)

오문루의 아들로 서기전 954년 정묘년부터 서기전 927년까지 28년간 재위하였다.

(43) 이벌(伊伐)

누사의 아들로 서기전 926년 을미년부터 서기전 901년까지 26년간 재위하였다.

(44) 아륵(阿勒)

이벌의 아들로 서기전 900년 신유년부터 서기전 837년까지 64년간 재위하였다.

(45) 마휴(麻休 또는 마목 麻沐)

아륵의 아들로 서기전 836년 을축년부터 서기전 786년까지 51년간 재위하였다.

(46) 다두(多斗)

마휴의 아들로 서기전 785년 병진년부터 서기전 753년까지 33년간 재위하였다.

(47) 나이(奈伊)

다두의 아들로 서기전 752년 기축년부터 서기전 723년까지 30년간 재위하였다.

(48) 차음(次音)

나이의 아들로 서기전 722년 기미년부터 서기전 713년까지 10년간 재위하였다.

(49) 불리(不理)

차음의 아들로 서기전 712년 을사년부터 서기전 653년까지 60년간 재위하였다.

(50) 여을(餘乙)

불리의 아들로 서기전 652년 을사년부터 서기전 648년까지 5년간 재위하였다.

(51) 엄루(奄婁)

서기전 647년 갑술년부터 재위하였다.

서기전 643년에 흉노가 조공하였다.

(52) 감위(甘尉)

엄루의 아들로 서기전 614년까지 재위하였다.

(53) 술리(述理)

감위의 아들로 서기전 613년 무신년부터 서기전 604년까지 10년간 재위하였다.

(54) 아갑(阿甲)

술리의 아들로 서기전 603년 무오년부터 서기전 589년까지 15년간 재위하였다. 서기전 591년에 천왕이 한웅, 치우, 단군왕검의 상을 나누어 주어 관가에 모시게 하였다.

(55) 고태(固台)

서기전 588년 계유년부터 서기전 575년까지 14년간 재위하였다.

(56) 소태이(蘇台爾)

고태의 아들로 서기전 574년 정해년부터 서기전 557년까지 18년간 재위하였다.

(57) 마건(馬乾)

소태이의 아들로 서기전 556년 을사년부터 서기전 546년까지 11년간 재위하였다.

(58) 천한(天韓)

서기전 545년 병진년부터 서기전 536년까지 10년간 재위하였다.

(59) 노물(老勿)

천한의 아들로 서기전 535년 병인년부터 서기전 521년까지 15년간 재위하였다.

(60) 도을(道乙)

노물의 아들로 서기전 520년 신사년부터 서기전 506년까지 15년간 재위하였다.

(61) 술휴(述休)

도을의 아들로 서기전 505년 병신년부터 서기전 472년까지 34년간 재위하였다.

(62) 사량(沙良)

술휴의 아들로 서기전 471년 경오년부터 서기전 454년까지 18년간 재위하였다.

(63) 지한(地韓)

사량의 아들로 서기전 453년 무자년부터 서기전 439년까지 15년간 재위하였다.

(64) 인한(人韓)

지한의 아들로 서기전 438년 계묘년부터 서기전 401년까지 38년간 재위하였다.

(65) 서울(西蔚)

인한의 아들로 서기전 400년 신사년부터 서기전 376년까지 25년간 재위하였다.

(66) 가색(哥索)

서울의 아들로 서기전 375년 병오년부터 서기전 342년까지 34년간 재위하였다.

(67) 해인(解仁 일명 산한 山韓)

가색의 아들로 서기전 341년에 즉위하였으나 자객에게 시해를 당하여 1년간 재위하였다.

(68) 수한(水韓)

해인의 아들로 서기전 340년 신사년부터 서기전 323년까지 18년간 재위하였다.

(69) 기후(箕詡)

서기전 323년 무술년부터 서기전 316년까지 8년간 재위하였다.

(70) 기욱(箕煜)

기후의 아들로 서기전 315년부터 서기전 291년 병오년까지 25년간 재위하였다.

(71) 기석(箕釋)

기욱의 아들로 서기전 290년 신미년부터 서기전 252년까지 39년간 재위하였다.

(72) 기윤(箕潤)

기석의 아들로 서기전 251년 경술년부터 서기전 233년까지 19년간 재위하였다.

(73) 기비(箕丕)

기윤의 아들로 서기전 232년 기사년부터 서기전 222년까지 11년간 재위하였다.

(74) 기준(箕準)

기비의 아들로 서기전 221년 경진년부터 서기전 194년 정미년까지 28년간 재위하였다. 번한은 서기전 2333년부터 서기전 194년까지 74대 2,140년의 역사를 가진다.

단군조선 문화제도

1. 정치행정(政治行政)

가. 정치이념

단군조선의 정치이념은 재세리화(在世理化) 홍익인간(弘益人間)이다. 재세이화
는 세상을 도리(道理)로써 되게 한다는 뜻이고, 홍익인간은 인간세상(人間世上)을
널리 이롭게 한다는 뜻이다. 도리라 함은 하늘, 땅, 사람의 마땅한 이치(理致)를 가
리킨다.

홍익인간 이념의 실현은 천부삼인(天符三印) 사상과 직접 관련되어 있으며, 서기
전 7197년에 세워진 한국(桓國) 시대부터 시작되어, 배달나라에 계승되어 다시 단
군조선으로 계승되었다. 물론 천부(天符) 실현은 서기전 70378년 계해년부터 시작
된 마고(麻姑)시대에 이미 존재하였다.

천부삼인(天符三印)은 하늘의 뜻을 상징하는 세 가지 증표이다. 상징(象徵)으로
서 하늘(天), 땅(地), 사람(人)이며, 도형(圖形)으로는 원(圓:○), 방(方:□), 각(角:△)
으로 나타나고, 사물로는 거울(鏡), 방울(鈴) 또는 북(鼓), 칼(劍) 또는 창(槍)이며,
가르침으로는 천부경(天符經)74), 삼일신고(三一神誥)75), 참전계경(參佺戒經)76)
으로 나타난다.

하늘이 첫 번째로 한(桓: 天: 一: 大: one: un), 하늘(天), 하나(一)이며, 땅은 두 번째로 따(地:들), 땅(地), 둘(二:두:two)이며, 사람은 세 번째로 서이(人), 사람(人), 세(三:서이:three)이다.

원(○)은 하늘(天), 태양(太陽:해), 거울(鏡)을 상징하고, 방(□)은 땅(地), 북(鼓), 방울(鈴)을 상징하고, 각(△)은 사람(人), 칼(劍), 창(槍)을 상징한다. 거울은 천성(天性)으로서 인간의 본성(本性) 그 자체이며 천법(天法)을 나타내고, 북이나 방울은 천음(天音)으로서 천법(天法)을 집행하는 것을 나타내며, 칼이나 창은 천법(天法)에 어긋나는 악(惡)을 처단하거나 바로 잡는 신수왕권(神授王權)으로서 천권(天權)을 나타낸다.

거울이 둥근 것은 하늘을 상징하며, 빛을 반사하는 것은 태양을 상징하고, 모습을 비추어 주는 것은 사람으로 하여금 천성(天性)을 되돌아보게 하는 상징성을 지니고 있다.

방울이 음양의 태극모양을 지녀서 소리를 내는 것은 천지(天地) 음양(陰陽)의 태극(太極)으로서 천지자연의 소리를 상징하고, 북이 양면을 가지고 소리를 내는 것도 천지 태극의 소리를 상징한다.

칼이 칼몸, 손잡이, 받침대의 세 부분으로 나누어진 것은 천지인(天地人)의 음양중(陰陽中)으로 완성된 것을 나타내며, 베는 기능은 악을 처단하고 선(善)을 권하고 보호하는 상징성을 가지며, 삼지창(三枝槍)도 세 갈래로 천지인의 셋이 원래 하나임을 나타내고 찌르는 기능은 또한 악(惡)을 처단하는 상징성을 지니는 것이다.

---

74) 천부경의 내용은 분명히 진리일 것인바, 역학적(易學的) 철학적 종교적 해석에서 나아가 역사적 종합적 객관적 해석을 통하여 결과적으로 일반인이 쉽게 이해할 수 있는 해석이 필요하다고 본다.

75) 삼일신고의 내용을 일반인도 쉽게 이해할 수 있도록 철학적 종교적 해석에서 나아가 역사적 종합적 객관적 해석이 필요하다고 본다.

76) 참전계경의 내용이 현시대에도 충분히 적용될 수 있음을 알고서 철학적 종교적 해석에서 나아가 역사적 종교적 객관적 해석이 필요하다고 본다.

천법(天法)을 세우고 집행하고 처단하는 직책이 각 풍백(風伯), 우사(雨師), 운사(雲師)이며, 각 입법(立法), 행정(行政), 사법(司法)으로서 삼권분립(三權分立)으로 균형을 이루어 홍익인간(弘益人間) 세상을 실현하는 것이다.

천부삼인은 인간세상을 다스리는 데 왕도(王道)로 나타난다. 왕도는 인간세상의 사람들을 부모가 되어 자식처럼 보살피는 도리이다. 신(神)은 부모가 되어 만물을 낳으며, 왕(王)은 신(神)을 대신하여 부모가 되어 악(惡)을 처단하여 백성들의 목숨을 보전하고 보살피고, 이러한 왕의 일을 보좌하여 사람들을 가르쳐 바른 도리로써 이끄는 사람이 스승(師)이다. 사람의 스승(師)이 추대를 받아 왕(王)이 되고, 왕이 신(神)을 대신하여 인간세상을 다스리는 것이다.

신(神)을 대신하여 왕도(王道)로써 인간세상을 다스리는 권한이 왕권(王權)이므로 왕권은 곧 천권(天權)인바, 왕권을 실현하는 필요악으로서 선(善)을 지키고 회복시키는 기능을 하는 것이 위엄을 상징하는 칼(劍)이다. 칼은 전쟁 시에는 군사권(軍事權)을 상징하게 된다.

나. 단군조선의 영역(領域)

단군조선은 배달나라의 정통성과 역사를 이었으며, 배달나라는 한국(桓國)의 정통성과 역사를 이었는바, 단군조선은 한국시대 9족(族)의 나라이며, 동서 2만 리 남북 5만 리의 영역을 다스린 나라가 된다.[77]

단군조선의 영역 중 천제(天帝), 천왕(天王)이 다스리는 진한(眞韓)과 천왕의 비왕(裨王)이 다스리는 마한(馬韓)과 번한(番韓)의 삼한관경은 36방 1,000리로서 사방 1,000리의 땅이 36개나 된다. 즉 단군조선 삼한은 36주(州)로 이루어지는 것이 되는데, 이는 방(方) 6,000리의 땅이라는 사실에서 계산되어 나온다.[78]

---

[77] 전게 부도지 및 전게 한단고기 〈삼성기 전 상편, 하편〉, 〈태백일사/한국본기 및 신시본기 및 소도경전본훈〉, 참조

단군조선의 태백산인 지금의 백두산이 단군조선 동서남북의 중심이 되는 곳이
며, 단군조선 삼한 관경은 천상(天上)의 나라로서 백두산에서 동서남북으로 각
3,000리가 된다. 삼한관경의 밖은 동서 2만 리 남북 5만 리에 속하는 천하(天下)의
영역이 된다.

단군조선 삼한(三韓)의 수도

단군조선 시대를 전기, 후기, 말기로 나누어 시기별로 강역을 살펴보면 아래와 같다.

(1) 단군조선 전기 : 아사달 시대 : 서기전 2333년~서기전 1286년

단군왕검은 구이(九夷)의 추대에 응하여 임금이 되어 조선(朝鮮)을 건국하였다.
한배달조선의 건국은 전시대와 후시대를 단절시키는 것이 아니라 정통성을 이어
새롭게 시작하는 것이 될 뿐이다.

---

78) 전계 부도지, 45~46쪽 참조

처음 단군조선의 영역은 중국내륙은 반란자이던 당요(唐堯)의 나라를 제외하고 그 나라를 둘러싼 모든 영역이 이에 해당하였다. 즉 처음 단군조선의 영역은 태원(太原) 이남의 소위 구주(九州)의 땅을 제외한 배달나라 영역 전체가 되는 것이다.

당요의 구주(九州)는 주나라 시대의 영역을 감안하면, 서안(西安)에서 태원(太原)을 거쳐 다시 산동(山東)서쪽을 지나 양자강 유역을 중심으로 하여 가로 세로 각 3,000리 즉 방(方) 3,000리에 해당하는 땅이 되며, 단군조선 삼한관경의 1/4의 넓이에 해당한다.

이후 서기전 2324년경 당요(唐堯)는 단군조선에 굴복하여 반역자에서 벗어나 정식으로 천자(天子)라는 제후가 되었다. 이리하여 단군조선의 강역은 배달나라 영역 그대로였으며, 배달나라는 한국(桓國)을 계승한 나라이므로 한국(桓國)의 영역 그대로가 된다. 즉 파미르고원의 동쪽으로 동서 2만 리에 남북 5만 리에 해당하는 모든 땅이 단군조선의 영역이었다.

물론, 단군조선의 삼한관경 내에 해당하는 땅은 가로세로 각 6,000리로서 방(方) 6,000리이며 방(方) 1,000리의 땅이 36개로서 36주의 나라가 된다. 동서 2만 리 남북 5만 리의 땅은 방(方) 1,000리가 1,000개로서 1,000주(州)에 해당하는 것이 된다.

삼한관경 외의 땅 즉 천하에 해당하는 천자국인 당우하은주(唐虞夏殷周)의 땅은 자치국으로서 단군조선 삼한관경에 포함되지 아니하나 동서 2만 리 남북 5만 리의 구족(九族)에는 포함되는 것이다.

황이(黃夷)는 황하(黃河) 이북으로 시베리아 지역까지 대부분을 차지하고, 백이(白夷)는 서안(西安) 서쪽의 사막의 땅을 차지하며, 적이(赤夷)는 양자강 남쪽의 땅에 살고, 남이(藍夷)는 황하~산동~양자강 사이에 살며, 현이(玄夷)는 흑룡강 유역에 살고, 그 외 황이(黃夷)의 파생족인 양이(陽夷)는 지금의 한반도에 살며, 우이(于夷)는 송화강, 두만강, 우수리강 유역에 살고, 방이(方夷)는 송화강 우수리강 북쪽에 살며, 견이(畎夷)는 서쪽의 삼위산(三危山)을 중심으로 서안(西安)에 걸치는 지

역에 살았다.[79]

그리하여 단군조선의 영토는 파미르고원의 동쪽으로 티베트, 천산(天山), 시베리아, 황하(黃河), 만주, 흑룡강, 한반도, 중국내륙을 모두 포함하는 거대한 제국이었다.

(2) 단군조선 후기 : 백악산아사달 시대 : 서기전 1285년~서기전 426년

서기전 1285년에 우현왕(右賢王) 색불루(索弗婁)가 군사력을 앞세워 제22대 소태(蘇台) 천왕으로부터 선양을 받아 천왕(天王)이 되었다.

스스로 단군 천왕의 정통을 이었다고 하였으니 그 강역은 전기 단군조선의 영역을 그대로 이은 것이 된다.

(3) 단군조선 말기 : 장당경 시대 : 서기전 425년~서기전 232년

서기전 426년에 우화충(于和沖)이 반란을 일으키고 제44대 물리(勿理) 천왕이 피난하였고, 이에 백민성(白民城) 욕살 구물(丘勿)이 명을 받아 군사를 일으켜 난을 진압하니, 오가의 무리가 구물을 추대하여 천왕으로 삼았다.

구물 천왕은 장당경(藏唐京)을 수도로 삼았는데, 이후 단군조선의 결속력이 약화되어 스스로 왕이라 칭하는 경우가 빈번하게 되었고, 서쪽의 번한(番韓)이 번조선(番朝鮮)으로, 한반도의 마한(馬韓)이 마조선(馬朝鮮)으로 단군 천왕의 직할영역은 진조선(眞朝鮮)으로 불리게 되었다. 이로써 주나라 전국시대에 단군조선이 구이(九夷) 대신에 소위 동이(東夷)로 불리게 되는 것이다.

이후 서기전 323년 번조선의 기후(箕詡)가 연(燕)나라를 대비하여 왕이라 칭하면서 단군 천왕의 윤허를 받아 번조선왕이라 칭하였던 것이며, 서기전 194년 번조선에 망명하여 박사로서 상하운장(上下雲障)에 봉해졌던 위만(衛滿)이 번조선을

---

79) 전게 부도지 및 을파소 전수, 참전계경 총론 및 전게 한단고기 〈태백일사/삼신오제본기 및 한국본기〉 참조

차지한 이후에도 조선왕이라 칭하게 되었다.

장당경은 개원(開原)이라 불리는 곳이며, 지금의 요동반도의 북쪽에 해당하고 현재의 심양(審陽)에 해당한다. 서기전 425년 장당경이 당시 단군조선의 수도이며 그 강역에는 변동이 없다고 보이지만 그만큼 결속력은 약화되어 단군의 명령이 잘 듣지 않게 되었고, 서기전 238년에는 결국 고열가 천왕이 자리를 내놓게 되었다.

그래서 장당경 시대의 단군조선의 강역은 만리장성 동쪽의 번조선(番朝鮮)과 한반도의 마조선(馬朝鮮), 만주의 진조선(眞朝鮮) 영역에 해당하고, 만리장성의 북쪽과 서안(西安) 서쪽 지역은 흉노(匈奴), 선비(鮮卑), 견이(犬夷), 백이(白夷:西夷) 등이 단군조선의 명령 없이 각 제후가 왕(王)을 칭하는 등 군사를 마음대로 부리면서 자치(自治)를 한 것이 된다.

서기전 221년 진시황(秦始皇)이 중국내륙을 통일하면서 단군조선의 제후국이던 중국내륙 동쪽 지역의 회이(淮夷), 사이(泗夷) 등 동이국(東夷國)들이 모두 진시황의 진(秦)나라에 복속하게 되면서 단군조선을 계승한 북부여의 영역은 기(箕)씨의 번조선과 진조선 땅이던 만주가 되었고, 한반도는 북쪽 평양지역은 최(崔)씨의 낙랑국(樂浪國), 중부와 남부지역은 동쪽의 진한(辰韓), 서쪽의 마한(馬韓), 남쪽의 변한(弁韓)으로 후삼한(後三韓)의 땅이 되었다.

서기전 238년에 단군조선이 망할 때 마조선(馬朝鮮)도 함께 망한 것이 되며, 서기전 195년 위만이 번조선을 차지하기 이전에 번조선 영역에 속하는 낙랑(樂浪)에서 최숭(崔崇)이 무리를 이끌고 배를 타고 한반도 평양에 도착하여 낙랑국을 세웠던 것이고, 그 이전인 서기전 209년에 서라벌(지금의 경주) 땅에 진한이 세워지고 6부의 자치가 행해져 서기전 57년까지 이어졌으며, 남쪽 땅에는 변한이 세워져 9간들의 자치가 행해져 서기 42년까지 이어졌다.

한편, 서기전 194년에 번조선왕 기준이 위만에게 속아 나라를 빼앗기고 평양으로 배를 타고 왔으나, 토착인들의 저항에 부딪혀 다시 남쪽으로 이동하여 금마(金馬:익산)에서 마한왕이 되었는데 1년 만에 죽고, 직산(稷山)에서 중마한(中馬韓)을 세웠던 변조선의 상장군 탁(卓)이 기준왕의 뒤를 이어 마한왕이 되었으며, 이후 10대를 이어 백제에 망하기까지 서기 9년까지 계속되었다.

다. 봉국제도(封國制度)와 조공제도(朝貢制度)

단군조선은 수많은 군후국(君侯國)을 거느린 대제국(大帝國)이다. 즉, 오방(五方)의 9족(族)은 8방으로 나뉘어 다시 8족이 되어 64족(族)이며, 내외에 수많은 군후국(君侯國)으로 나누어져 자치(自治)를 하였으며, 중앙조정인 진한(眞韓)의 천제(天帝), 천왕(天王)에게 조공(朝貢)하였다.

9족은 한인씨(桓因氏)의 한국(桓國)시대인 서기전 5000년 이전에 이미 정립되어[80] 구한(九桓)이라 불리며, 배달나라 시대에는 구려(九黎)라 불리고, 단군조선 시대에는 고대중국의 기록에 9이(夷)라고 적힌다.

종주(宗主)가 되는 황족(黃族:황이)이 중앙에 있고 8방에 9족이 다시 8방으로 파생되어 모두 64족이 되는 것이다.

단군조선 자체에서 봉하는 비왕(裨王)인 삼한(三韓) 외의 군후(君侯)는 통칭 한(汗)이라 하는데, 한(韓)처럼 비왕(裨王)이긴 하나 삼한(三韓)관경 내 또는 삼한관경 외의 천하왕(天下王)이 된다. 즉 삼한은 단군조선의 직할영역으로서 천상(天上)에 해당하고, 삼한 관경 내외에 둔 수많은 군후국들은 천하왕(天下王)의 나라가 되는 것이다.

천제(天帝)와 천왕(天王)은 항상 천상(天上)의 임금으로서 상제(上帝)이며, 천군(天君)은 중앙조정에 있으면 천상의 작은 임금이고 지방의 한(汗)으로 봉해지면 천하왕(天下王)이 된다. 또, 제후는 중앙조정에 있으면 천상의 제후이고 지방의 한(汗)으로 봉해지면 천하왕(天下王)이 되는 것이다. 즉, 군후를 봉하는 천제나 천왕은 상제로서 천상의 임금이며, 지방에 봉해진 군후는 천하의 임금인 것이다.

---

80) 전계 부도지, 38쪽, 75쪽 및 전계 한단고기 〈삼성기 전 하편〉, 27쪽 참조

단군조선 삼한(三韓)관경 영역

단군조선 군후국의 군후(君侯)는 천군(天君), 천후(天侯)로 불리는 것이며, 삼한(三韓)은 천군 위의 천왕격(天王格)에 해당하고, 이에 대하여 중앙조정인 진한(眞韓) 또는 진조선(眞朝鮮)의 임금인 단군(檀君)은 배달나라의 천군(天君)으로서 단군조선의 황제(皇帝)가 되어 천제(天帝), 천왕(天王)으로 받들어지는 것이다.

군후국은 중앙조정에 조공(朝貢)함으로써 신하국로서의 도리를 지켜 충성을 다하고 나라 전체의 질서를 유지한다. 조공은 신하(臣下)로서 황제(皇帝)가 정사(政事)를 돌보는 조정(朝廷)에 나아가 공물을 바친다는 뜻이다.

군후국은 원칙적으로 지방자치(地方自治)나, 다만 군사권은 천제(天帝)나 천왕(天王)의 명을 받아 수행하게 된다. 서기전 425년 이후에는 마조선왕(馬朝鮮王)과 번조선왕(番朝鮮王)으로서 기존의 비왕(裨王)이 아닌 정식 왕(王)으로서 군사권을 독자적으로 행사하게 되었다. 다만, 진조선의 본 임금을 천왕(天王)으로 받들어 위계질서를 지킨 것이 된다.

단군조선의 봉국(封國)으로는 천왕의 비왕이 다스리는 마한과 번한의 대국(大國)이 둘이 있고, 진한을 비롯한 마한과 번한의 대국 주위에 일반 군후국으로 방(方) 1,000리가 되는 약 20개의 소국(小國)이 있으며, 그 밖에는 70여 조공국이 있었다.[81]

마한과 번한의 직할영역은 각각 방(方) 2,000리 즉 방 1,000리의 4개 주(州)의 나라가 되고, 진한의 직할영역은 8방(방) 즉 8주(州)의 나라가 된다. 이리하여 진한, 마한, 번한은 대국(大國)으로서 삼한관경 36주(州) 중에서 합 16주(州)의 나라가 되는 것이다.

방(方) 1,000리에 약 100개의 방(方) 100리가 되는 큰 제후국이 있는데, 이를 36방(方) 즉 36주(州)로 계산하면 약 3,600개의 제후국이 존재하게 되는 것이다. 이 3,600개의 나라는 단군조선에서는 일반 군후국(君侯國) 외에 추장(酋長)을 둔 마을이 되는 허락(墟落)이라 불렀던 것이 된다. 단군세기에서는 2개의 대국, 20개 소국, 3,624개의 허락(墟落)이 있었다고 기록되고 있다. [82]

한편, 서기 668년에 고구려의 계승국인 대진국(大震國:발해)은 전성기 때 원폭 9,000리의 영역을 가지어 62주(州)로 나누어 다스렸다. 62주의 땅은 방(方) 약 8,000리의 넓이로서 단군조선의 삼한관경의 넓이보다 방(方) 1,000리의 땅이 26개 즉 26주(州)가 더 많은 것이 된다. 물론 단군조선 전체 영역은 사실상 바깥 경계가 없는 나라로서 동서 2만 리에 남북 5만 리이므로 방(方) 1,000리의 땅이 1,000개 즉 총 1,000주(州)에 해당하는 넓이가 된다.

라. 정치행정 구역단위

단군조선의 정치행정 단위는, 관경으로 나눈 삼한(三韓)과 오방으로 나누어 제천

---

81) 전게 한단고기 〈단군세기〉, 74~75쪽 및 78쪽 참조
82) 전게 한단고기 〈단군세기〉, 78쪽 참조

단인 중앙 천부단(天符壇)과 그 밖으로 방비를 위해 사방에 둔 사보(四堡), 그리고 삼사오가(三師五加)의 8가 군후국 또는 9가 군후국, 또 관문(關門)인 12 성문(城門), 36주(州), 외곽 20 군후국(君侯國) 또는 사방 28군후국, 성(城), 원(原), 읍(邑), 락(落) 등으로 나눌 수 있으며, 서기전 1767년에는 군현(郡縣)을 두었다. 한편, 도(道)라는 행정단위의 명칭은 서기전 200년경인 북부여 시대에 생긴 것이 된다.

윷놀이판에 나타나는 중앙, 4방, 8방, 12방, 북두칠성의 3+4 또는 2+5, 바깥 점 20, 28숙(宿)은 각 천제(天帝) 또는 천왕(천王), 사보(四堡), 8군후국, 삼한 9군후국의 12국, 삼사오가(三師五加), 삼한관경 외곽 20 소국, 삼한관경 합 28군후국을 가리키는 것이 된다. 이는 윷놀이판의 모습이 곧 서기전 70378년부터 서기전 7197년까지 63,182년간 존재하였던 마고성(麻姑城) 시대의 역법과 정치행정 제도를 나타낸 것이고, 단군조선이 이를 본떴기 때문이다.

삼사(三師)는 풍백(風伯), 우사(雨師), 운사(雲師)를 가리키며, 오가(五加)는 저가(豬加), 구가(狗加), 양가(羊加), 우가(牛加), 마가(馬加)를 가리킨다.

팔가(八加)와 구가(九加)는 삼사오가를 가리키거나 오가(五加)에 호가(虎加), 용가(龍加), 봉가(鳳加), 응가(鷹加) 등 단군조선 시대에 두었던 관청이나 직책을 더하여 부른 명칭이 된다.

대체로 8군후국으로는 구려(句麗), 진번(眞番), 부여(扶餘), 청구(靑邱), 남국(藍國), 숙신(肅愼), 개마(蓋馬), 예(濊)가 되고, 9군후국은 여기에 옥저(沃沮) 등이 더해진다.

12 군후국으로는 9군후국에 비류(沸流), 졸본(卒本), 고죽국(孤竹國)을 더한 것이 되고, 28군후국은 12 군후국에 다시 몽고리(蒙古里), 흉노(匈奴), 남선비(南鮮卑), 여(黎), 낙랑홀(樂浪忽), 엄독홀(奄瀆忽:淹), 서(徐), 회(淮), 개(介), 래(萊), 양(陽), 우(隅), 견이(畎夷), 백이(白夷), 현이(玄夷), 적이(赤夷) 등을 더한 것이 된다.

단군조선은 구족(九族=구이)의 나라로서, 황(黃), 양(陽), 우(于), 방(方), 견(畎), 백(白), 적(赤), 남(藍), 현(玄)의 9개 부족으로 이루어진 나라이다.

여기서 구려, 진번, 부여는 황족(黃族)의 나라이고, 숙신은 방족(方族)의 나라이며, 예(濊)는 우족(于族)의 나라이고, 개마(蓋馬)는 양족(陽族:한반도)의 나라가 되고, 청구는 황족(黃族)의 나라이며, 남국(藍國)은 남족(藍族)의 나라이고, 고죽국은 황족(黃族)의 나라가 되며, 그 외 견족(畎族), 백족(白族), 현족(玄族), 적족(赤族)은 배달나라 이후로 줄곧 자체적으로 나라를 이은 세습자치국(世襲自治國)이 된다.

사보(四堡)는 동보(東堡), 서보(西堡), 남보(南堡), 북보(北堡)를 가리키며, 단군조선 삼한의 중심이 되는 백두산(白頭山:태백산)의 동서남북으로 각 예(濊), 번한(番韓), 마한(馬韓), 진한(眞韓)을 가리키는 것이 된다. 이 사보제도는 서기전 70378년부터 서기전 7197년 사이에 파미르고원에 존재하였던 마고시대의 제도를 이은 것이다.

예(濊)는 동해지역에 두었던 예국(濊國)을 가리키고, 번한(番韓)은 번(番) 즉 차례를 서 경계를 하는 비왕(裨王)의 나라로서 서쪽을 담당한 비왕의 나라이며, 마한(馬韓)은 남쪽을 지키는 비왕의 나라이고, 진한(眞韓)은 북쪽을 맡고 나라를 총괄하는 천제(天帝), 천왕(天王)의 나라를 가리킨다.

각 사방에는 관문(關門)으로서 1,000리마다 성문(城門)을 두었는데, 사방에 각 3개씩 성문을 두어 모두 12 성문(城門)을 둔 것이 되며, 이는 서기전 70378년부터 서기전 7197년까지 파미르고원에 있었던 마고시대의 제도를 이은 것이 된다.

단군조선의 영역 중 천제(天帝), 천왕(天王)이 다스리는 진한(眞韓)과 천왕의 비왕(裨王)이 다스리는 마한(馬韓)과 번한(番韓)의 삼한관경은 36방 1,000리로서 사방 1,000리의 땅이 36개나 된다. 즉 단군조선 삼한은 36주(州)로 이루어지는 것이 된다. 단군조선의 태백산인 지금의 백두산이 단군조선의 동서남북 중심이 되는 곳이며, 단군조선 삼한 관경은 천상(天上)으로서 백두산에서 동서남북으로 각 3,000리가 되어 가로세로 각 6,000리의 나라가 된다.[83] 물론 삼한관경 밖은 동서 2만 리

---

83) 전게 부도지, 45~46쪽 참조

남북 5만 리에 속하는 천하(天下)의 영역이 된다.

주(州)에는 군후국 중에서 책임자를 임명하여 다스린 것이 된다. 즉, 진한, 마한, 번한, 28개 군후국의 임금이 36주를 각각 일정하게 주(州)를 나누어 담당하였던 것이 된다.

성(城)에는 원칙적으로 지방장관인 욕살(褥薩)을 두었는데, 때로는 승격시켜 제후(諸侯)가 되는 한(汗)으로 봉하기도 하였다.

원(原)은 군(郡) 단위 크기의 행정단위가 되는데, 지방장관인 욕살(褥薩)을 두었다. 한편, 군 단위 크기에 해당하는 홀(忽)에는 군후(君侯)를 봉하였는데, 엄독홀, 낙랑홀이 대표적이다. 군(郡)이라는 글자가 군(君)의 땅임을 나타내는 글자로 볼 때, 군(郡)은 군후(君侯)가 다스리는 나라를 가리키는 행정단위로서, 후대에 중앙집권제 하에서는 욕살에 해당하는 지방장관이 되는 태수(太守)가 다스리게 된 것으로 된다.

읍(邑)은 성곽(城郭)이 없는 큰 마을로서 인구가 밀집된 행정단위를 가리키는 데, 그 우두머리로서 읍차(邑借)를 두었다.

락(落)은 마을로서 읍처럼 인구가 밀집된 지역이 아닌 떨어져 있는 마을을 가리키며, 부락 또는 허락의 총수는 단군조선 삼한 전체에 3,624개가 있었다고 기록되고 있는데, 방(方) 100리마다 하나씩 있었던 것이 되며, 주군현(州郡縣) 제도에서 볼 때는 군(郡) 아래의 현(縣)에 해당하는 행정단위가 될 것이다.

읍(邑)이나 마을(落)에도 중앙조정의 관제처럼 같거나 유사한, 일정한 관제를 둔 것이 되는데, 삼로(三老)는 마을의 연장자 3명을 가리키며, 중앙관제의 삼사(三師)에 해당하는데, 마을을 다스리는 데에 삼로(三老)의 지혜를 활용한 것이 된다.

서기전 1767년에는 주군을 두었다고 주현(州縣)제도를 실시하였다고 기록되고 있고, 서기전 426년에 군(郡)의 명칭이 나타나고 있는데, 이미 그 이전부터 제도상 필요 때문에 주군현 제도가 시행된 것으로 된다.

단군조선은 강이나 바닷가에 진(津)과 포(浦)를 두고, 육지 안에는 택(澤)을 두었는데, 사진(四津)과 사포(四浦) 사이에 육부(六部)의 마을을 두었으며, 팔택(八澤)

을 설치하였다고 기록되고 있다. 이는 어업(漁業)과 농업(農業)이 번성하였음을 단적으로 나타내 주는 것이 된다.

소단위의 마을에는 4가(家) 1구(區)로 하여 1승(乘)이라는 제도를 두었는데[84], 가(家)에는 평균 10호(戶)가 있어 모두 약 100명의 인구수가 되며, 4가(家)는 약 400명의 마을 단위로서 1승(乘)의 전차(戰車)를 생산하여 담당한 것이 된다. 여기서 약 400명 중에서 남정(男丁)은 이 중 1/4 정도로서 약 100명이 될 것이다.

4가(家)는 4리(里)가 되고 10 가(家)는 10리(里)가 된다. 10리 단위에 읍(邑)이 하나씩 존재하는 것이 되며, 읍은 최소한 10 가(家)의 마을로서 모두 약 100호(戶)에 최소한 1,000명이 사는 것이 된다. 읍이 100개가 모이면 군(郡) 단위가 된다. 즉 군(郡) 단위 크기는 100리(里)의 땅이 되어 100개의 읍이 있어 군(郡)에는 약 10만 명의 인구가 사는 것이 된다.

1주(州)에는 약 100개의 군(郡) 또는 현(縣)이 있는 것이 되고, 군(郡) 단위 안에는 약 100개의 읍(邑)이 있는 것이 되는데, 1주(州)에는 인구의 소밀(疏密)을 고려하여 평균하면 약 500만 명 정도가 산 것이 되고, 36주(州)에 총 1억8,000만 명이 산 것이 된다. 단군조선 시대인 서기전 1616년에 호구(戶口) 조사에서 총 1억 8,000만 명이었다고 적고 있다.[85]

마. 한군후(韓君侯)의 체계

단군조선에는 앞에서 본 바와 같이 수많은 봉국(封國) 즉 군후국(君侯國)이 있었다. 이들 군후(君侯)를 한(汗)이라 한다. 한편, 단군조선 천왕의 직속 비왕(裨王)이 되는 진한(眞韓), 마한(馬韓), 번한(番韓)은 한(汗)이라 하지 않고 특별히 한(韓)이라 한다. 즉 한(汗)은 일반적인 제후로서 군후(君侯)가 되고, 한(韓)은 한(汗)을 거느

---

84) 전계 한단고기 〈태백일사/삼한관경본기, 207~208쪽 참조
85) 전계 한단고기 〈단군세기〉, 91쪽 참조

리는 임금으로서 단군 천왕을 바로 아래에서 보좌하는 임금이 된다.

여기서, 진한을 다스리는 단군조선의 본 임금을 천왕이라 하며, 그 아래 마한과 번한은 비왕(裨王)으로서 왕(王)이 되는데, 천왕(天王)에 버금가는 직위가 된다. 즉, 단군조선의 진한(眞韓) 조정(朝廷)은 중앙조정으로서 마한과 번한 조정의 하늘에 해당하므로 진한(眞韓)의 임금을 천상왕(天上王), 천조(天朝)의 왕(王) 즉 천왕(天王)이라 하는 것이며, 마한과 번한은 진한 천왕의 소위 제후가 되는 것이다.

한(汗)은 진한, 마한, 번한의 각 관경에 봉해진 지방의 왕으로서, 진한, 마한, 번한을 중앙으로 보면 지방에 봉해진 비왕(裨王) 즉 소위 천하왕(天下王)이 된다. 이 한(汗)이 곧 천하왕으로서, 자세히 나누어 보면 단군조선의 천왕 아래에 군(君)은 천군(天君), 공(公)은 천공(天公), 후(侯)는 천후(天侯), 백(伯)은 천백(天伯), 자(子)는 천자(天子), 남(男)은 천남(天男)이 되고, 천군 아래의 일반 제후를 통칭 천후(天侯)라 하는 것이 된다.

단군조선 삼한관경 내에서 진한의 영역은 방(方) 1,000리의 땅이 8개로 8주(州)의 넓이가 되며, 마한과 번한은 각각 방 1,000리의 땅이 4개씩인 4주(州)의 나라로, 삼한의 직속 영역은 합 16주(州)가 된다. 또, 삼한 아래의 군후(君侯) 즉 한(汗)의 나라는 각 방(方) 1,000리의 땅으로서 1주(州)에 해당한다.

단군조선 삼한 관경 내에는 마한과 번한의 대국(大國)이 둘이 있고, 진한, 미한, 번한의 외곽에는 20개의 군후국(君侯國)인 소국(小國)이 있었다. 그리하여 단군조선 삼한 관경 내의 영역은 총 36주(州)가 되는 것이다. 물론 단군조선 전체 영역은 사실상 바깥 경계가 없는 동서 2만 리, 남북 5만 리의 땅으로서 총 1,000주(州)에 해당하는 넓이가 된다.

고대중국의 왕을 특히 천자(天子)라 하는데, 단군조선의 위계로 보면 천상의 왕인 천왕(天王)이 봉한 자작(子爵)으로서, 천하(天下)가 되는 지방에 왕(王)으로 봉해진 천하왕(天下王) 즉 천후(天侯)의 하나인 자작(子爵)이라는 제후(諸侯)가 되는 것이다.[86] 고대중국은 천하왕(天下王)의 나라로서 그들의 기록에 의하면 방(方)

1,000리의 땅이 9개인 9주(州)가 되는데, 이는 서기전 2357년경 당요(唐堯). 즉 당나라 요임금이 배달나라 땅을 마음대로 끌어들여 나눈 것이었다.

서기전 2324년경에 당요(唐堯)가 단군조선의 단군왕검 천제(天帝)께 굴복하여 정식 천자(天子)로 인정됨에 따라 9주의 땅이 주(周) 나라에 이르기까지 고대중국의 영역이 된 것이다. 그러나 9주의 땅은 단군조선 삼한 관경 내의 36주에 비하면 1/4에 불과하며, 단군조선 전체 영역인 동서 2만 리, 남북 5만 리로 계산하면 1/111에 불과한 것이 된다.

지방 제후로서는 중앙조정을 천조(天朝)라 하고 그 임금을 천제(天帝), 상제(上帝), 천왕(天王)이라 하는 것이 되며, 천제나 천왕으로서는 지방의 왕인 군(君), 공(公), 후(侯), 백(伯), 자(子), 남(男) 등을 천하왕(天下王)이라 하는 것이 된다. 그리고 당우하은주(唐虞夏殷周) 등 고대중국은 단군조선의 삼한관경(三韓管境) 밖에 있었으므로 항상 천하(天下)로서 그 왕들은 천하왕(天下王)이며 천왕의 자작이 되는 천자(天子)인 것이 된다.

한편, 천제자(天帝子)는 천자(天子)와는 완전히 다르다. 천제자는 천제(天帝)의 아들(子)이라는 의미로서 천왕(天王)이나 천왕격에 해당하고, 천자는 천제나 천왕이 봉한 자작(子爵)이라는 벼슬이 되는 점에서 서로 격이 다르다.

역대 고대한국의 역사에 천제자(天帝子)로 칭한 것으로 기록되는 인물로는 졸본(卒本) 출신의 동명왕(東明王) 고두막한(高豆莫汗)[87], 옥저후(沃沮侯) 불리지(弗離支:고모수=해모수)[88], 고주몽(高朱蒙)[89]이 있다. 모두 단군 천왕의 후손이 되는

---

86) 여씨춘추에 작위천자(爵爲天子)라는 용어가 사용되고 있다. 작위천자라는 말은 봉작을 받아 천자가 된다는 말인데, 즉 천자로 봉해진다는 의미이다. 이는 천자(天子)보다 높은 천제(天帝), 천왕(天王) 등이 제후로서의 천자를 봉한다는 것이 된다.

87) 전계 한단고기 〈북부여기 상〉, 132~133쪽 참조

88) 이규보, 동명왕편 참조

89) 광개토경평안호태황비 비문 및 전계 한단고기 〈태백일사/고구려국본기〉, 262쪽 참조

데, 고두막한은 단군조선의 마지막 천왕이던 고열가(高列加) 천왕의 후손이고, 옥저후 불리지는 북부여 시조 해모수의 증손(曾孫)이 되고, 고주몽은 옥저후 불리지의 아들로서 북부여의 시조인 해모수 천왕의 현손(玄孫)이 된다.

천왕은 돌아가시면 천제(天帝)로 받들어지므로 고두막한과 고주몽이 천제의 후손으로서 천제자(天帝子)라 칭한 것이 된다. 천제(天帝)는 천신(天神)의 화신(化身)으로 대리자이자 동격(同格)이기도 하다. 천신(天神)을 자연신(自然神)이라 한다면, 천제(天帝)는 옥황상제(玉皇上帝)로서 인격신(人格神)이라 할 수 있다.

단군 천제(天帝)나 천왕(天王)의 아들로서 천군국(天君國)이 되는 나라로는, 단군왕검 천제의 아들 부소(扶蘇)가 봉해진 구려국(句麗國), 부우(扶虞)가 봉해진 진번국(眞番國), 부여(扶餘)가 봉해진 부여국(扶餘國)이 있고, 천왕의 아우가 봉해진 나라로는 오사구(烏斯丘) 천왕의 아우 오사달(烏斯達)이 봉해진 몽고리국(蒙古里國:몽골) 이 있다.

또 단군 천제나 천왕의 아들이 아니면서 천군국(天君國)에 봉해진 나라로는 남국(藍國), 청구국(靑邱國), 고죽국(孤竹國) 등이 있다. 이들 나라의 임금을 단군조선 조정에서는 그냥 군(君)이라고 부르지만, 일반제후들과 백성들은 천군(天君)이라 부르는 것이 된다. 고대중국의 임금을 천자(天子)라고 부르는 것과 같은 이치이다.

천군 아래로 고대중국의 왕인 천자(天子)에 해당하는 나라로는 단군조선의 일반 제후국이 되는 숙신(肅愼), 개마(蓋馬), 예(濊), 견이(畎夷), 백이(白夷), 적이(赤夷), 현이(玄夷), 옥저(沃沮), 졸본(卒本), 비류(沸流), 흉노(匈奴) 등이 있으며, 특히 중국 내륙 동쪽의 단군조선 제후국을 예로 든다면, 회이(淮夷), 서이(徐夷), 엄이(淹夷) 등이 있다.

여기서, 하은주(夏殷周)의 서쪽과 남쪽에 위치하는 백이(白夷:西夷:서융), 견이(畎夷:犬夷:견융), 적이(赤夷:남만)에 대하여는 단군조선에서 별도로 봉하였다는 기록이 없는데, 이는 단군조선 건국 초기에 구이(九夷)가 단군왕검을 추대하여 임금으로 모셨기 때문에 자동으로 단군조선이 배달나라의 계승국으로서 이들 백이,

견이, 적이를 자치제후국(천후국)으로 인정해 준 것이 되는 것이다.

북쪽의 황이(黃夷:黃族)로서 선비(鮮卑)는 대대로 배달조선에 반역하지 않고 천후국(天侯國)으로서 존속한 것이 되며, 흉노(匈奴)는 열양(列陽) 욕살(褥薩) 색정(索靖)이 시조가 되는 단군조선의 부족(部族)으로서의 천후국(天侯國)이 되고, 견이(畎夷)는 서와 북에 걸치는 지역에 있었고 단군조선의 명을 받아 하(夏)나라와 은(殷)나라를 정벌하기도 하였다. 주(周) 나라 시대에 서쪽의 이족을 서융(西戎)이라 불렀는데, 여기 서융에는 견이(畎夷:犬戎) 등도 일부 섞인 것으로 보인다.

천하왕(天下王)은 백성의 부모가 된다.[90] 부모는 자식들이 싸우면 말리고 잘못은 알려주어 고치게 하여 올바르게 살도록 인도하여야 한다. 즉 백성의 부모인 천하왕은 부모가 자식을 돌보듯 백성들을 돌보아야 한다. 그런데 고대중국의 많은 왕이 왕도(王道)를 잃고 전쟁을 일삼고 음란을 일삼는 등 하였는데, 이렇게 고대중국의 왕들이 정치를 잘 못 하면, 주변에 있던 단군조선 제후국들이 감시하면서 견제하고 간섭하고 정벌하는 등 함으로써 천자(天子)의 자리를 회복하도록 인도하였으나, 이를 두고 고대중국의 중화주의자들은 반역이니 반란이니 도적질이라고 호도하여 기록하는 등 진정한 왕도(王道)나 천도(天道)를 매도하였다.

특히, 고대중국은 단군조선의 삼한관경 밖 천하왕의 나라로서 그 자체에서 제후들을 봉하기도 하였다. 즉 천하왕인 천자(天子)가 봉하는 제후는 공(公), 후(侯), 백(伯), 자(子), 남(男)인데, 여기에는 천(天)이라는 글자를 절대 붙이지 못한다. 고대중국의 왕이 천자(天子)로서 그 아래에 지방을 다스리는 일반 제후를 봉한 것이 된다.

즉, 고대중국의 제후는 공후백자남이 되고, 단군조선의 제후는 천국(天國)의 한(汗)으로서 천군(天君), 천후(天侯)가 되며, 천후에는 세분하여 천공(天公), 천후(天侯), 천백(天伯), 천자(天子), 천남(天男)이 있는 것이 되고, 고대중국의 왕은 황제헌

90) 홍범구주 건용황극편 참조

원으로부터 시작하여 특히 천자(天子)로 불리는 것이다.

한편, 천자(天子)가 졸(卒)하면 천왕(天王)으로 받들어진다고 한 공자(孔子)는 핵심 중화주의자(中華主義者)로 하늘과 땅의 차이를 무시한 무례(無禮)를 범하고서 소위 춘추필법(春秋筆法)으로 천상왕(天上王)과 천하왕(天下王)의 위계질서를 무너뜨렸다. 왜냐하면 천자(天子)는 천하왕으로서 죽으면 왕보다 높은 황(皇)이나 제(帝)로 높이면 되기 때문이며, 천왕과 천자는 하늘과 땅 차이임에도 억지로 꿰맞춘 것이기 때문이다.

천제(天帝), 천왕(天王), 천군(天君), 천공(天公), 천후(天侯), 천백(天伯), 천자(天子), 천남(天男)의 순으로 보면 천자가 죽으면 천백이나 천후 정도로 높이면 될 일이다. 천자는 아무리 높여도 태상천자(太上天子)에 지나지 않으며, 천백 이상으로 높이려면 천제나 천왕으로부터 따로 봉함을 받거나 윤허(允許)를 받아야 한다.

진시황은 춘추전국 시대 이후 중국을 통일하고서 처음으로 황제(皇帝)라고 자칭하였는데, 이 황제라는 호칭은 태호복희를 비롯한 소위 고대중국의 삼황오제(三皇五帝)에서 본뜬 것이다. 중국기록에서는 삼황오제에 대한 설이 분분한데, 대표적으로 태호복희, 염제신농, 황제헌원을 삼황(三皇)이라 설정하고, 소호금천, 전욱고양, 제곡고신, 요, 순을 오제(五帝)라 설정하며, 하나라 시조 우를 하후(夏后) 또는 하왕(夏王)이라 하고, 은(殷)나라와 주(周) 나라도 마찬가지로 그 임금을 일반적으로 왕(王)이라 부른다.

고대중국의 왕 중에서 일부 제(帝)라고 갖다 붙인 경우에는 폭군(暴君)으로서 정복왕이거나 전쟁을 일삼은 왕이 된다. 여기서 제(帝)와 왕(王)은 원칙적으로 모두 배달나라와 단군조선의 천자(天子)가 되는 것이다. 고대중국의 제와 왕은 아무리 높여도 천하왕인 천자(天子)에 불과하며 천상의 임금인 천왕(天王)이나 천군(天君)이 될 수 없다. 다만, 태호복희는 배달나라 천왕(天王)인 한웅의 아들로서 진제국(震帝國)의 시조가 되어 삼황의 한 분으로 설정되는데, 일반 천자가 아닌 천군(天君)이 된다.

한(漢) 나라가 진(秦)나라를 멸망시킨 후 그 임금을 천자(天子)로 부르며 황제(皇帝)에 해당하는 것으로 격을 높여 황제 아래에 왕(王)을 봉하였다. 그러나 진작 황제라고 불렸던 삼황의 태호복희, 염제신농, 황제헌원과 이하 오제(五帝)들은 배달나라와 단군조선의 제후국의 왕으로서 천자(天子)에 해당하는 임금이었으므로 별다른 의미변화가 없는 것이 된다. 다만, 한(漢) 나라가 그 스스로 천자(天子)의 의미를 천자가 그 아래에 왕을 봉하는 권한을 가지는 것으로 하여 천왕격(天王格)으로 높인 것에 불과한 것이다.

천자(天子)는 하늘나라 임금이 아니라 하늘나라 임금인 천제나 천왕으로부터 봉함을 받은 하늘나라의 자작(子爵)으로서 땅나라의 임금이며 백성을 다스리는 대행자에 해당한다. 천자는 천제(天帝)나 천왕(天王)이나 천군(天君)처럼 천제(天祭)를 직접 올리지 못하고, 상국(上國)의 명을 받아 천제를 지내거나 봉선(封禪)의 형식으로 하늘에 고(告)하는 의식을 치를 수 있을 뿐이다. 만약 이를 넘어서면 대역(大逆)에 해당한다.

당요(唐堯)와 우순(虞舜)의 상제(上帝), 천제(天帝)는 곧 단군조선의 본 임금인 단군왕검이며, 하은주(夏殷周)의 상제, 천제는 곧 단군조선의 역대 단군 천왕(天王)이다. 역대 하은주의 왕들이 단군조선 본국을 직접 쳐들어간 적이 없으며, 단지 제후국들과 전쟁을 하였을 뿐이다. 단군조선의 단군천왕 중에서 직접 군사를 이끌고 은(殷)나라를 정벌한 단군천왕(예: 색불루 단군)도 있었는데, 천상의 천왕(天王)이 제후에 해당하는 천하의 왕인 천자(天子)를 직접 정벌한 것이 된다.

바. 단군조선의 관제(官制)

(1) 단군조선의 중앙관제와 지방관제

단군조선의 중앙관제로는 천왕(天王) 아래 태자(太子)가 있으며, 그 아래 풍백, 우사, 운사의 삼사(三師)와 그 아래 저가, 구가, 양가, 우가, 마가의 오가(五加)를 비롯한 많은 직책이 있었다.

그 외 기록으로 나타나는 것을 보면, 한(韓), 팽우(彭虞), 성조(成造), 고시(高矢), 신지(神誌:臣智), 기성(奇省), 나을(那乙), 희(羲), 우(尤), 화백(和白), 배달신(倍達臣), 삼랑(三郞), 감성(監星), 국선(國仙), 소도(蘇塗), 한(汗), 대인(大人), 국자랑(國子郞:천지화랑), 국자사부(國子師傅), 선사(選士), 작청(作廳), 공공(共工), 우현왕(右賢王), 기수(奇首), 장군(將軍), 후(侯), 천왕랑(天王郞) 등이 있다. 또 교육제도로서 기숙사가 되는 요(寮)가 설치되었다.

또, 지방관제로는 한(韓), 한(汗), 주(州), 성(城), 욕살(褥薩), 군(郡), 현(縣), 읍차(邑借), 추장(酋長)이 기록되고 있다.

천왕(天王)은 단군조선 조정(朝廷)에서는 제(帝)라 하는 것이 되는데, 이는 단군왕검 천제(天帝) 이후 대를 이은 단군을 가리키고, 태자(太子)는 천제나 천왕의 대를 이을 천제자(天帝子) 또는 천왕자(天王子)를 가리키며, 중앙조정의 한(韓)은 진한(眞韓)이며 천왕(天王)의 비왕(裨王)이 되는데 태자 부루(太子扶婁)가 진한(眞韓)이 됨으로써 단군왕검 천왕은 천제(天帝)로 받들어진 것이 된다.

태자 부루가 천왕(天王)이 된 이후에는 진한(眞韓)을 따로 봉하지 아니하여 천왕(天王)이 겸한 것이 된다. 단군왕검은 처음 배달나라 거불단(居弗檀) 한웅(桓雄) 천왕(天王)의 아들인 단군(檀君)으로서 천군(天君)이었다가, 조선을 개국하여 즉위하니 천왕(天王)이 되었으며, 태자 부루가 진한(眞韓)이 됨으로써 천제(天帝)가 되신 것이다.91)

풍백(風伯)은 입법관, 우사(雨師)는 행정관, 운사(雲師)는 사법관을 이르고, 이들을 모두 합쳐 삼사(三師)라 한다. 풍백을 원보(元輔)라고도 하여 신하로서는 최고의

---

91) 단군왕검은 배달나라 단군(檀君) 즉 천군(天君)으로서 서기전 2333년 10월 3일에 천왕이 되었으며, 태자 부루가 천왕격인 진한(眞韓)이 됨으로써 천제(天帝)로서 자연히 받들어진 것이 되며, 이후 천왕(天王)이 돌아가시면 천제(天帝)라 불리게 되는 것이 삼일신(三一神) 사상이다.

직책이 된다. 삼사의 권한은 상호 분립되어 있어 오늘날 시행되는 민주제(民主制)의 기본인 입법, 행정, 사법의 삼권분립(三權分立) 체제였던 것이 된다.

저가(豬加)는 질병담당이고, 구가(狗加)는 치안담당 및 국방담당이며, 양가(羊加)는 선악(善惡)담당으로서 교육(敎育)과 형집행(刑執行)을 담당하고, 우가(牛加)는 농사담당이며, 마가(馬加)는 명령(命令)과 국방을 담당하는데 이들을 모두 합하여 오가(五加)라 하는 것이 된다.

이 오가 외에 호가(虎加), 용가(龍加), 봉가(鳳加), 웅가(熊加), 응가(鷹加), 노가(鷺加), 학가(鶴加) 등으로 불리거나 별칭 되는 관청이 있어 8가 또는 9가라고도 불리었다. 배달나라 시대에 선악담당이던 양가(羊加)는 계가(鷄加)라고도 하였던 것이 된다. 서기전 2598년경 소호금천씨는 새 이름으로 관직을 정하였다 하는데, 동물의 특성을 따서 만든 배달나라의 관제와 크게 다르지 않은 것이 된다.

팽우(彭虞)는 사람 이름으로도 알려져 있는데, 관직의 일반명칭일 가능성이 있으며, 토지개척을 맡았다가 풍백(風伯)을 맡기도 하였으며, 성조(成造)는 건설, 고시(高矢)는 농사, 신지(神誌:臣智)는 명령과 문자, 기성(奇省)은 의약(醫藥), 나을(邪乙)은 호적(戶籍)관리, 희(羲)는 점치는 일, 우(尤)는 병마(兵馬) 즉 군사(軍事)를 담당하였다. 또 천왕의 비(妃)는 누에 치는 일 즉 치잠(治蠶)을 담당하였다.

화백(和白)은 제가회의(諸加會議)로서 국정(國政)의 의사(議事)를 결정하는 기관이다. 배달신(倍達臣)은 제천(祭天)과 관련된 직책이며, 삼랑(三郎)은 삼신시종지랑(三神侍從之郎)의 준말로서 삼신(三神)을 받들어 모시고 제사를 담당하는 벼슬이다. 감성(監星)은 천문을 관측하는 담당이며, 국선(國仙)은 나라에서 뽑은 선인(仙人)이고, 소도(蘇塗)는 천왕(天王), 천군(天君), 국선(國仙) 등이 제천(祭天)행사를 벌이는 곳이다.

한(汗)은 천왕이 봉한 군후(君侯)가 되고, 대인(大人)은 군후의 아래 직책이 되며, 국자랑(國子郎:천지화랑)은 천왕족의 자제들로 이루어진 심신수련단체이고, 국자사부(國子師傅)는 국자랑의 스승을 가리킨다. 선사(選士)는 선발되어 대외적으로 활동하던 선비이다. 작청(作廳)은 기물(器物)을 만드는 공장(工場)이다. 공공(共工)은 토지의 관리를 담당하는 직책이다.

우현왕(右賢王)은 천왕의 좌우에서 보좌하는 비왕격의 군사권을 가지는 왕이 되는데, 서기전 1289년에 등장하는 직책이다.[92] 기수(奇首)는 일명 기자(奇子)라고도 하는데, 해성(海城)의 욕살(褥薩)로서 제21대 소태(蘇台) 천왕에 의하여 살수(薩水)에 봉해졌던 천왕의 종실이던 서우여(徐于餘:西餘:桓西余)가 유일하다.

장군(將軍)은 일반적인 무관(武官)의 장수(將帥)를 가리키고, 후(侯)는 일반적인 제후를 가리키는데 군(君)과 함께 한(汗)에 속하는 것이 된다. 천왕랑(天王郎)은 천왕의 자제(子弟)라는 의미로서 국자랑(國子郎)과 상통하는 것이 된다. 교육제도로서 요(寮)는 서기전 2240년에 제2대 부루 천왕이 설치하였는데 이로써 학문을 크게 일어났다.

지방관제로서의 한(韓)은 마한(馬韓)과 번한(番韓)을 가리키고 천왕의 비왕(裨王)이며, 한(汗)은 진한, 마한, 번한의 땅에 봉해진 봉국(封國)의 왕으로서 군후(君侯)이다. 그래서 단군조선의 영역에는 한국(汗國)으로서 군국(君國)과 후국(侯國)이 존재하며, 지방 천하에서는 스스로 칭하거나 그 아래 작위에 해당하는 나라로부터 천군(天君), 천공(天公), 천후(天侯), 천백(天伯), 천자(天子), 천남(天男) 등의 천후국(天侯國)으로 불리게 되는 것이다.

주(州)는 단군조선 초기부터 나타나는 지방행정 구역단위로서 단군조선의 영역을 방(方) 1,000리로 나눈 것으로 삼한관경 내에 모두 36주(州)가 있었던 것이 되고, 주(州)의 안에 성(城)을 두어 욕살(褥薩)이나 한(汗)으로 봉하였던 것이 되며, 욕살(褥薩)은 지방장관으로서 중앙조정에서 임명된다.

군(郡)은 단군조선 말기에 그 용어가 등장하는데 주(州) 아래 방(方) 100리로서 작은 단위의 행정단위가 된다. 이 군(郡) 단위의 크기는 고대중국의 천자국(天子國)

---

92) 전계 한단고기 〈단군세기〉, 97쪽 참조

으로 보면 천자(天子) 즉 왕(王)이 봉하는 자작(子爵)이 봉해지는 나라가 된다. 즉 지방의 왕이라 할 수 있는 일반 제후(諸侯)가 봉해지는 나라의 크기가 된다. 그리하여 지방의 왕인 군후(君侯)를 통칭 군(君)이라 하는 것이 된다. 행정구역 단위인 군(郡)은 곧 군(君)이 맡은 땅(邦)을 가리키는 글자가 되는 것이다.

현(縣)은 서기전 1767년경에 그 용어가 등장하고 있는데[93], 주(州)나 군(郡) 아래 크기의 단위가 된다. 주나 군현의 아래에 읍(邑)을 두었고 그 우두머리는 읍차(邑借)라 불렀다. 읍차도 세습하였던 것으로 된다. 또, 주(州) 안에 군(郡)이나 현(縣)이나 읍(邑)이 아닌 약 100개씩의 마을이 있어 그 우두머리를 추장(酋長)이라 한 것이 되는데, 36주 안에 모두 약 3,600명의 씨족장이 되는 추장이 다스리는 마을이 있는 것이 된다.

주(州)는 각 해당 주에 봉해진 한(汗) 즉 군국(君國)의 군(君)이나 후국(侯國)의 후(侯)가 총책으로 맡아 관할한 것으로 되고, 군(郡)은 군후(君侯)의 직계에 따라 각 분할하여 관할한 것이 되며, 현(縣)은 대부(大夫)에 해당하는 대인(大人) 등이 봉해진 것으로 추정되고, 읍(邑)은 읍차(邑借)가 다스리고, 마을(落)은 추장(酋長)이 다스린 것이 되는데, 원칙적으로는 처음 봉해진 후 세습하되, 대가 끊기게 되면 화백(和白)으로 결정하거나 상위기관의 허락을 받아 대를 이은 것으로 추정된다. 마한(馬韓)과 번한(番韓)은 대가 끊긴 경우에, 중앙조정의 천왕(天王)이 다시 임명하기도 하였다.

단군조선 초기인 서기전 2049년에 단군조선 조정에 조공한 나라는 마한(馬韓)과 번한(番韓)의 2대국과 20개의 소국(小國)을 포함하여 모두 70개의 조공국(朝貢國)이 있었고, 마을이 3,624개였다고 기록되고 있다.

---

93) 전계 한단고기 〈단군세기〉, 88~89쪽 참조

(2) 단군조선의 관제와 홍범구주의 팔정(八政)과의 관계

홍범구주(洪範九疇)는 서기전 2267년 도산회의(塗山會議) 때, 우순(虞舜)의 신하로 치수담당인 사공(司空) 우(禹)에게 전수된 단군조선의 가르침으로서, 여기에는 오행론(五行論)에서부터 치세론(治世論)까지 기록되어 있는데, 특히 농용팔정(農用八政)의 항목은 정치의 관제(官制)와 관련된 것이다. 즉 홍범구주의 8정은 단군조선 삼사오가(三師五加)의 관제에 해당하는 것이 된다.

홍범구주에서 적은 농용팔정(農用八政)은 식(食), 화(貨), 사(祀), 사공(司空), 사도(司徒), 사구(司寇), 빈(賓), 사(師)이다. 글자 자체에서 보듯이, 식(食)은 먹는 것이니 농사와 관련되고, 화(貨)는 재물이니 나라의 재정과 관련되고, 사(祀)는 1년을 주기로 지내는 제사이고, 사공(司空)은 곧 司工이니 토목건설 담당이며, 사도(司徒)는 무리를 가르치는 교육기관이고, 사구(司寇)는 도둑을 잡는 치안담당이며, 빈(賓)은 손님 접대 관련이니 외교담당이며, 사(師)는 군사 담당이 된다.

한편, 단군조선의 삼사오가(三師五加)는 중앙에 둔 관제로서, 각 풍백(風伯), 우사(雨師), 운사(雲師), 저가(猪加), 구가(狗加), 양가(羊加), 우가(牛加), 마가(馬加)이다. 풍백은 입법관으로서 총괄책임자이기도 하며 토목건설을 담당하고, 우사는 행정책임관으로서 오가 중 질병담당인 저가, 농사담당인 우가, 군사담당인 마가의 업무와 관련되며, 운사는 사법책임관으로서 치안과 형벌담당인 구가, 교육담당인 양가의 업무와 관련되고 배달신(倍達臣)을 겸할 때는 사(祀)의 업무도 담당한 것이 된다. 삼사오가 제도는 권력분립을 원칙으로 한 제도이기 때문에 월권은 허용되지 않았다.

홍범구주의 식(食)은 농사와 관련되어 우가(牛加)에 해당하고, 사공(司空)은 풍백(風伯)의 일부 업무에 해당하며, 사도(司徒)는 양가(羊加)에 해당하고, 사구(司寇)는 구가(狗加)에 해당하고, 사(師)는 구가(狗加) 또는 마가(馬加)에 해당한다.

홍범구주의 화(貨)는 재정담당으로서 저가(猪加)의 업무에 해당한다. 한편 빈(賓)은 외교담당으로서 우사(雨師)의 직무에 포함되는 것으로 보인다.

단군조선의 삼사오가 제도는 배달나라의 제도를 그대로 본뜬 것이며, 8가(加) 또는 9가(加)가 되었다고도 하는데, 이는 삼사오가의 업무를 8가로 나눈 것이 되고, 삼사는 8가의 업무를 각각 나누어 통할한 것이 된다.

이상으로, 홍범구주에 적힌 농용팔정의 팔정은 국가 행정기관과 그 업무로서, 단군조선의 삼사오가(三師五加) 또는 팔가(八加)의 직무와 그대로 상통하는 것이 된다.

(3) 단군조선의 오행육정(五行六政)과 윷놀이의 관계

윷놀이는 윷판에다 중앙의 점을 중심으로 하여 밖으로 28개의 점을 동서남북의 사방(四方)으로 배당하여 안쪽에 2개, 바깥쪽에 5개로 모두 7개씩을 사방에 배치하고, 네 개의 윷가락을 던져 나오는 도, 개, 글, 윷, 모라는 다섯 가지의 점수로써 윷판을 돌아 승부를 가리는 것이다.

단군조선의 행정체제인 오행육정(五行六政)은 곧 오가(五加)의 행정부(行政府)와 6가지 행정(行政)을 가리킨다. 오가는 저가(豬加), 구가(狗加), 양가(羊加), 우가(牛加), 마가(馬加)를 가리키며, 육정은 질병담당, 형벌담당, 선악담당, 농사담당, 명령담당, 군사담당을 가리킨다. 지금으로 말하면 대체로 각 국민의 건강을 담당하는 보건부, 형벌을 담당하는 법무부 또는 사법부, 교육을 담당하는 교육부, 농사를 담당하는 농산부, 대통령의 명령을 담당하는 비서실 또는 기밀을 담당하는 국정원, 국방을 담당하는 국방부 등이 각 맡은 일에 해당한다.

단군조선 시대의 오가제도(五加制度)는 기본적으로 배달나라 시대의 오가제도와 일치하며, 배달나라의 오가제도 또한 한국(桓國)시대의 오가제도와 일치하는 것이 된다. 서기전 3897년 갑자년에 한웅천왕이 배달나라를 세울 때 한국에서 삼사(三師)와 오가(五加)를 거느리고 왔던 것으로, 오가제도는 이미 한국에 있었다.

배달나라 시대에 이 오가제도는 오행(五行)과 관련되어 중앙의 황부(黃部)는 황웅(黃熊), 서쪽의 백부(白部)는 백호(白虎), 북쪽의 현부(玄部)는 현구(玄龜), 동쪽의 청부는 청룡(靑龍), 남쪽의 적부(赤部)는 주작(朱雀) 등 소위 사신도(四神圖)에서 황웅(黃熊)이 더해진 오방신(五方神)으로 대입되기도 한 것이 된다.

중앙관제인 오가(五加)는 오부(五部)를 가리키기도 하고 오부의 장(長)을 가리키기도 하는데, 이 오가(五加)가 지방에 봉해지면 곧 군후국(君侯國)의 한(汗)이 되는 것이다. 오가(五加)가 오방(五方)에 배당되어 오행(五行)에 해당하는 업무를 맡은 것이 된다.

단군조선 시대의 행정(行政)을 육행육정(六行六政)이라 하지 않고 오행육정(五行六政)이라 한 것은, 오가(五加)가 육정(六政)을 담당하였기 때문이다. 그러면, 오가 중에서 어느 하나는 육정 중에서 중복으로 한 업무를 담당한 것이 되는데, 곧 국방의 일을 구가(狗加)나 마가(馬加)가 겸한 것이 된다.

일반적으로 형벌담당인 구가(狗加)는 형벌과 치안을 담당하였는데, 군사를 담당하기도 한 것으로 되는 것이다. 또, 명령을 담당한 마가(馬加)도 국방을 담당한 것이 된다. 국방은 대내외적으로 필요하기 때문이며, 구가는 대내적인 국방, 마가는 명령전달을 포함하여 대외적인 전쟁을 수행하는 국방을 담당하였던 것이라 보인다.

말(馬)은 그 특성으로 보아 명령을 전하고, 전쟁을 수행하는 데 필수적인 요소가 된다. 그래서 마가(馬加)가 명령을 담당하고 군사를 담당한 것은 타당하다. 그런데, 구가(狗加)가 군사를 담당한 것은 당시에 지금과 같은 경찰기관을 별도로 둔 것이 아니라 군사로써 치안을 수행하였기 때문이다.

단군조선의 오행육정은 오가가 육정 즉 여섯 가지 행정을 담당한 것이 되는데, 특히 오가(五加)의 오행(五行)은 음양오행(陰陽五行)이라 할 때의 오행(五行)의 원리와 상통하고 있다. 이는 윷놀이에서 증명된다.

즉, 4개의 윷가락을 공중에 던져 땅바닥에 떨어지면서 나오는 도, 개, 글, 윷, 모라는 5가지 점수는 각 1, 2, 3, 4, 5인데, 이 점수는 말이 가는 거리가 된다. 도는 한 칸을 가고, 개는 두 칸을 가며, 글은 세 칸을 가고, 윷은 네 칸을 가며, 모는 다섯 칸을 간다. 여기서 도, 개, 글, 윷, 모는 각 돼지, 개, 양, 소, 말로서 오가(五加)에서 말하는 저가, 구가, 양가, 우가, 마가를 가리키는 것이 된다.

"도"라는 말은 돼지의 원래 말인 "돝"에서 ㅌ이 생략되거나 묵음화된 말이다. 돝의 새끼라는 말인 "돝 아지"가 "도아지", "도야지", "되야지" 등으로 변음 되고 지금의 "돼지"로 변음 된 것이다.

"개"는 옛말인 "가히" 또는 "가이"가 개로 축약되어 변음 된 것이다.

또, "글"은 양(羊)과 종(種)과 성질(性質)을 같이하는 염소(羬소)를 가리키는 한자말인 "궐"에서 변음 된 것으로 보이기도 하고, 한편으로는 닭으로 대표되는 계가(鷄加)의 변음으로도 보이는데, 양을 궐 또는 글이라 한 것인지 아니면 양가가 담당하였던 글(契, 文)에서 나온 말인지는 더 연구해 볼 일이다.

또, "윷"은 "소"라는 말의 또 다른 말이 되는데, 소의 원래 발음이 "쇼"였던 것이 되고, 이후 "슈" 또는 단순음화된 "소"가 되었으며, 이후 슈는 유성음화하여 "유"가 되고 윷놀이에서 받침 ㅊ이 붙게 된 것으로 된다.

"모"는 말(馬)의 원래 말인 몰에서 ㄹ이 탈락하면서 변음 된 것일 수도 있고, 한자의 음독이 되는 "마"의 변음일 수도 있다.

여기서, 오가(五加)는 오방(五方)에 배당되는데, 저가(豬加)는 중앙, 구가(狗加)는 서방, 양가(羊加)는 북방, 우가(牛加)는 동방, 마가(馬加)는 남방이다. 그리하여 중앙의 저가를 1점, 서방의 구가는 2점, 북방의 양가는 3점, 동방의 우가는 4점, 남방의 마가는 5점으로 각 삼은 것이 된다.

한편, 오방(五方)은 오행(五行)의 원리로 중앙은 토(土), 서방은 금(金), 북방은 수(水), 동방은 목(木), 남방은 화(火)에 각 배당된다. 여기서 토금수목화(土金水木火)의 순서는 토생금(土生金), 금생수(金生水), 수생목(水生木), 목생화(木生火), 화생토(火生土)의 상생(相生) 원리가 된다.

오가가 배당된 방향은 저가는 중앙, 구가는 서방, 양가는 북방, 우가는 동방, 마가는 남방이며, 각 점수가 1, 2, 3, 4, 5로서 순행방향이 되어 오행상생의 방향과 일치하는 것이 된다.

이리하여, 단군조선 시대의 오행육정(五行六政)은 음양오행(陰陽五行)의 상생

(相生) 원리에 맞춘 철학적인 행정체제이다.

특히 오행(五行)은 역(易)의 근본원리를 가르치고 있는 천부경(天符經)의 원리 중 천지인(天地人) 음양중(陰陽中)의 원리에서, 중(中)으로부터 파생된 원리가 된다. 즉, 토금수화목(土金水木火)의 오행은 중(中)에서 나온 음양중의 파생원리가 되는 것이다. 곧, 천지인 음양 중에서, 수(水)는 중(中)에서 나온 음(陰)이며, 화(火)는 중(中)에서 나온 양(陽)이고, 중(中)에서 나온 중(中)이 있고, 여기 중(中)에서 다시 목(木)은 중(中)에서 나온 음(陰)이며, 금(金)은 중(中)에서 나온 양(陽)이고, 토(土)는 중(中)에서 나온 중(中)이 된다.

그리하여, 천지인(天地人)의 음양중(陰陽中)에서, 천(天)은 하늘 즉 태양(太陽)으로서 상(上), 지(地)는 지구(땅) 또는 태음(달:月)으로서 하(下)가 되며, 수(水)는 음(陰)으로서 북(北), 화(火)는 양(陽)으로서 남(南), 목(木)은 중음(中陰)으로서 동(東), 금(金)은 중양(中陽)으로서 서(西), 토(土)는 중중(中中)으로서 중앙이 되는 것이다.

태호복희 8괘역에 대입하면, 태양(太陽)과 태음(太陰)의 자리는 남방의 건괘(乾卦)와 북방의 곤괘(坤卦)이며, 동방의 감괘(坎卦)와 서방의 이괘(離卦)는 각 수(水)와 화(火)로서 각 음(陰), 양(陽)으로서 소위 소음(少陰), 소양(少陽)이며, 다시 동방에 목(木)과 서방에 금(金)이 배당되어 중음(中陰), 중양(中陽)이 되는 것이다. 즉, 남과 북은 음양이며, 동과 서는 중(中)에 해당하는 음과 양인 것이다. 사람을 기준으로 하면 방향으로서의 남과 북은 어느 정도 고정되어 양극화(兩極化)되나, 동과 서는 항상 변하여 일정치 않은 것이 된다.

사. 단군조선의 3경 5경 이궁(離宮) 제도

단군조선 진한(眞韓:진조선)의 수도는 차례로 아사달(阿斯達), 백악산아사달(白岳山阿斯達), 장당경(藏唐京:개사원: 개원: 심양)이다.

첫수도인 아사달은 송화강(松花江)에 있는 아사달로서 지금의 합이빈(哈爾濱:하얼빈)인데, 하얼빈이라는 말은 하늘물가(天河)라는 말의 이두식 표기가 될 것이다. 송화강은 원래 속말(粟末:소므르)로서 지금의 우수리(牛首里)강의 서쪽에 있는 지류가 된다.

두 번째 수도인 백악산아사달은 지금의 장춘(長春)인데, 이전의 상춘(常春)이며 상춘은 늘봄의 이두식 표기로서 고구려의 수도이던 소위 눌현(訥見)이고, 녹산(鹿山)이 있는 곳으로, 단군조선 전기인 아사달 시대에는 신경(新京)으로서 이궁(離宮)이었으며 구월산(九月山)이 있는 곳이 된다. 구월산이라는 글자가 곧 아사달산이라는 말의 이두식 표기가 된다.

마지막 수도인 장당경은 지금의 심양(瀋陽)이며, 단군조선 전기와 후기에는 이궁(離宮)이 있던 것이고, 서기전 1285년에 제22대 색불루(索弗婁) 천왕(天王)이 조부인 고등왕(高登王)의 사당(廟)을 건립한 곳이기도 하다.

아사달 시대의 이궁(離宮)은 장당경, 백악산아사달의 신궁, 영고탑(寧古塔)이 되고, 백악산아사달 시대의 이궁은 장당경, 영고탑(寧古塔)이 되며, 장당경 시대의 이궁은 해성(海城)이 된다.

이리하여, 단군조선 진한의 수도는 아사달, 백악산아사달, 장당경, 영고탑, 해성으로 모두 다섯 곳이 된다. 번한의 수도는 오덕지(五德地)로서 다섯 곳이 되고, 마한의 수도는 백아강으로 한 곳이다.

단기고사(檀奇古史)에서는 서기전 1112년 영고탑(寧古塔)으로 천도한 이후를 후단조선(後檀朝鮮)으로 분류하고 장당경(藏唐京)에 관한 기록이 없는데, 영고탑은 이궁(離宮)이었던 사실로 보아, 천도 기록은 당시 있었던 이궁(離宮)인 영고탑으로 피난하거나 임시수도로 사용한 것을 기록한 것이 된다.

단기고사에서 기자(奇子)조선을 서기전 1285년부터 서기전 194년까지 기록하고 있어, 서기전 1122년경에 시작된 망명자인 은왕족(殷王族) 기자(箕子)의 소위 기자(箕子)조선이 아님을 명백히 밝히고 있다.

단군조선 시대에 이궁(離宮)으로 피난한 경우로는, 서기전 1984년부터 서기전

1982년까지 3년간 상춘으로 피난한 때, 서기전 1250년에 영고탑으로 피난한 때, 서기전 304년 해성(海城)으로 피난한 때로 기록되어 있다.

이궁의 건립 역사를 보면, 단군조선 초기인 서기전 2324년경에 장당경(藏唐京)을 세워 당요(唐堯)를 장치(藏置)하여 정기적으로 조공(朝貢)을 하도록 한 것이 되고, 서기전 2049년에 신경(新京)이라고도 불리는 상춘(常春)의 백악산아사달에 건립해 두었던 것이며, 이후 서기전 1984년에 구월산(九月山)의 남쪽 기슭에 신궁(新宮)을 창건하게 하였던 것이고, 서기전 1345년에 이궁인 영고탑(寧古塔)을 건립하였으며, 서기전 425년에 장당경의 남쪽 해성(海城)에 이궁을 건립하였던 것이 된다.

난이나 천재지변 때문에 수도를 잠깐 옮긴 것은 천도(遷都)가 아니라 이궁(離宮)에 피한 것이 된다. 그래서 아사달 시대에 상춘으로 피난한 것과 서기전 1250년에 영고탑으로 피난한 것과 서기전 304년에 해성으로 피한 것은 모두 천도가 아니라 이궁에 피난한 것이 된다.

(1) 진한(眞韓)의 서울

1) 아사달(阿斯達:송화강 아사달)

전기 단군조선의 수도가 되는 아사달은 지금의 히얼빈(哈爾濱)에 있었으며, 서기전 2333년부터 서기전 1286년까지 수도였던 것이 된다. 하얼빈의 하얼의 소리는 하늘을 가리키는 말이고, 빈(濱)은 물가를 뜻하는 글자가 되는바, 곧 합이빈(哈爾濱)은 하늘물, 하늘물가를 표기한 글자가 된다. 단군조선 시대에는 지금의 송화강을 천하(天河:하늘물)가 된다.

장당경(藏唐京)은 서기전 2084년에 제5대 구을(丘乙) 천왕이 행차하여 삼신단(三神壇)을 봉축하고 한화(桓花)를 심었다. 삼신단은 삼신(三神)에게 제(祭)를 올리는 제천단(祭天壇)을 가리킨다. 한화는 한국(桓國)시대부터 신성시(神聖視)하여 온 하늘꽃이며, 무궁화(無窮花)를 가리킨다.

장당경(藏唐京)이라는 말은 글자에서 보듯이 당(唐)을 장치(藏置)한 곳이라는 말로서, 곧 서기전 2324년에 당(唐)나라 임금이던 요(堯)를 굴복시키고 안치(安置) 대신 장치(藏置)한 곳이 된다. 즉 당요(唐堯)를 장당경에 안치(安置)나 금치(禁置) 즉 줄곧 머물게 하여 신하로 삼은 것이 아니라, 장치(藏置) 즉 당요로 하여금 천자(天子)로서 천하(天下)의 나라인 당(唐)을 다스리도록 하면서, 정기적으로 단군왕검 천제(天帝)를 배알하고 조공(朝貢)하도록 한 곳이 된다.

상춘(常春) 신경(新京)은 서기전 2049년 이전에 건립하였으며, 서기전 1984년에 청해 욕살(褥薩) 우착(于捉)의 반란으로 상춘(常春)으로 피난하면서 구월산(九月山) 남쪽 기슭에 신궁(新宮)을 짓게 하였는데, 서기전 1984년부터 서기전 1282년까지 3년간 피난하였다가 환궁(還宮)하였다. 이 상춘 신궁은 이궁(離宮)이 된다. 서기전 1285년부터 후기 단군조선 시대의 수도가 된다.

영고탑 이궁(離宮)은 서기전 1345년에 건립되었으며, 후기 단군조선 시대인 서기전 1250년에 신독(申督)의 반란으로 피난한 일이 있는데, 서기전 1345년부터 서기전 426년까지 이궁이 된다.

2) 백악산아사달(녹산(鹿山))

후기 단군조선의 수도가 되는 백악산아사달은 서기전 1285년부터 서기전 426년까지 수도이며, 상춘 신경(常春 新京=장춘(長春)) 또는 부여(扶餘) 신궁(新宮)이라고 한다. 한편, 북부여의 첫수도인 난빈(蘭濱)은 웅심산(熊心山) 아래에 있는 것이 되는데, 서기전 220년에 백악산아사달에 366간의 신궁(新宮)을 건립하여 천안궁(天安宮)이라 하였다.

전기 단군조선 시대에 이궁(離宮)이었던 상춘(常春) 신경(新京)이 제2차 수도가 된 것이다. 서기전 1984년에 상춘의 구월산 남쪽 기슭에 신궁을 지었으며, 서기전 1285년에 색불루 천왕이 즉위한 곳은 이 상춘 즉 백악산아사달 중의 녹산(鹿山)이다.

송화강 아사달의 서쪽이 되는 상춘의 아사달을 백악산아사달이란 백악산의 백

(白)이 오행(五行)으로 서쪽을 뜻하기 때문이 아닌가 한다.

전기 단군조선의 이궁이었던 영고탑은 계속하여 후기 단군조선의 이궁이 된다. 후기 단군조선 시대 초기인 서기전 1250년에 신독(申督)의 반란으로 이곳에 피난 하였다가 환궁한 것이 된다. 서기전 426년까지 이궁이 된다.

3) 장당경(藏唐京=蓋斯原)

말기 단군조선의 수도가 되는 장당경은 개사원(蓋斯原) 즉 개원(開原=심양)에 있었다. 서기전 425년부터 서기전 232년 북부여 시조 해모수 천왕에게 오가공화정(五加共和政)이 철폐되어 접수될 때까지 수도가 된다.

서기전 1285년에 제22대 천왕으로 즉위한 색불루(索弗婁) 천왕이 장당경에 행차하여 조부(祖父)인 우현왕(右賢王) 고등(高登)의 묘(廟)를 건립하였는데, 우현왕 고등은 개사원 욕살로서 우현왕이 되었다. 장당경은 전기와 후기의 단군조선 시대의 이궁이었다가 말기 단군조선의 수도가 되어 제3차 수도가 되는 것이다.

해성(海城) 이궁은 서기전 425년에 건립되어 평양(平壤)이라 불리었다. 서기전 304년에 장당경에 화재가 발생하여 해성의 이궁으로 피하였다. 해성의 남쪽에 있는 남해안이 진한(眞韓)의 남해로서 살수(薩水)가 남해로 흘러든다. 즉 살수는 서압록(지금의 요하 중하류)의 동쪽과 동압록(지금의 압록강)의 서쪽에 있는 강으로서 지금의 요동반도 안에 있었던 것이 된다.

(2) 마한(馬韓)의 서울 : 백아강(白牙岡:평양)

단군조선의 남쪽을 관할하던 마한의 서울은 백아강(白牙岡)이다. 백아강은 지금의 대동강(大同江) 평양(平壤)이 된다. 서기전 2333년부터 단군조선이 사실상 망한 해가 되는 서기전 238년경까지 줄곧 수도였던 것으로 된다. 단군조선 삼한(三韓)의 수도가 각각 왕검성(王儉城)이라 기록되는데, 왕검성이란 임검성, 임금성 즉 왕성(王城)이라는 말이다.

모란봉(牧丹峯) 이궁(離宮)은 서기전 2109년에 모란봉 중턱에 건립되었는데, 진한의 천왕(天王)이 순시할 때 머무는 별궁(別宮)으로 삼은 곳이기도 하다.

(3) 번한(番韓)의 서울

번한의 서울은 험독(險瀆), 낭야성(琅耶城), 탕지(湯池), 개평(蓋平), 한성(汗城) 등 모두 5곳으로 오덕지(五德地)라 불린다. 모두 낭야성 외는 모두 번한 요중(遼中) 12성(城)에 해당한다. 번한의 수도는 모두 왕검성으로 불린다.

1) 험독(險瀆)

단군조선 초기인 서기전 2333년부터 서기전 2050년경 이전까지, 이후 대부분의 시기에 수도가 된다. 험독은 지금의 산해관(山海關) 자리인 것으로 추정된다.

험독은 번한 요중(遼中) 12성의 하나이다. 험독은 단군조선 초기부터 위씨조선(衛氏朝鮮)에 이르기까지 가장 중요한 수도로 삼았던 곳이 된다. 번한 5경 중에서 동경(東京)에 해당한다.

2) 가한성(可汗城=낭야성)

낭야성(琅耶城)을 가한성이라 한다. 서기전 2311년에 개축하였고, 서기전 2267년경에 우순을 감독하던 관청인 감우(監虞)를 설치한 곳이기도 하다. 산동반도 남쪽에 있는데, 지금의 청도(靑島:칭다오)가 된다.

서기전 2267년 이후 서기전 2247년까지 20년 동안 태자 부루가 5년마다 순행하면서 우순(虞舜)으로부터 치수와 관련하여 우공(虞貢)의 사례(事例)를 보고받았던 곳이며, 번한 5경 중에서 남경(南京)에 해당한다.

3) 탕지(보)[湯池(堡)]

탕지(湯池)는 번한 요중(遼中) 12성의 하나로서 옛 안덕향 즉 구안덕향(舊安德

鄕)이라 불린다. 서기전 2050년 이전 어느 때부터 서기전 2050년경까지 번한의 수도였던 것으로 추정된다.

탕지 즉 탕지보는 고구려의 안시성(安市城) 자리가 되는데, 갈석산(碣石山)의 북쪽으로 지금의 천안(遷安) 지역의 난하(灤河) 건너 서쪽에 있는 것이 된다. 서기전 339년경에 연(燕)나라가 동쪽으로 침범하였다는 안촌홀(安村忽)이 고구려의 안시성이 있는 곳으로서 탕지(湯池)를 포함하는 군 단위 크기의 땅이 될 것이다. 안촌(安村)과 안시(安市)는 안벌(안전한 벌판 또는 안(內)의 벌)이라는 말을 표기한 것이 될 것이다.

4) 안덕향(安德鄕)

안덕향은 번한 요중 12성의 하나인 개평(蓋平)으로서 서기전 2049년에 번한의 수도였던 것이 된다. 그 이전의 수도였던 탕지를 구안덕향 즉 옛 안덕향이라 한 것이 되고, 개평은 그냥 안덕향이라 한 것이 된다.

개평(蓋平)은 지금의 개평(開平)이며 당산(唐山)의 북쪽에 위치하고 번한 5경 중에서 중경(中京)에 해당한다.

5) 한성(汗城:番汗城)

서기전 323년에 번조선의 읍차(邑借) 기후(箕詡)가 번조선왕 자리가 비어 있는 틈에 선점(先占)하여 번조선왕이라 칭하였던 곳이다. 번조선왕 기후는 나중에 원래의 수도였던 동쪽의 험독(險瀆)으로 옮긴 것이 된다.

한성(汗城)은 번한 요중 12성의 하나이며, 고구려의 요서 10성의 하나인 한성(韓城)이 된다. 서쪽에 위치하여 번한 5경 중에서 서경(西京)에 해당한다. 그리하여 읍차 기후(箕侯)가 살던 곳은 번조선의 서쪽 지역으로서 한성(汗城) 부근이 되는 것인데, 한성은 지금의 고하(沽河) 하류지역 또는 영정하(永定河)와 고하(沽河) 사이의 하류지역 땅에 있었던 것이 된다.

그리고 번조선에 살고 있는 기씨족(箕氏族)은 원래 서기전 650년경 태항산 서쪽의 서화(西華)를 떠나 동쪽으로 이주한 족속으로서, 수유족(須臾族)이라 불리기도 한다. 수유(須臾)라는 말은 서기전 1120년에 주무왕(周武王)을 피하여 단군조선의 영역이던 태항산 서쪽의 태원(太原) 이북의 땅에 정착한 은(殷) 기자(箕子)의 이름인 서여(胥餘)와 같은 소리를 딴 글자가 될 것이다.

(4) 단군조선 서보(西堡)인 번한(番韓)의 수도 오덕지(五德地) 고찰

단군조선(檀君朝鮮) 시조 단군왕검(檀君王儉)은 서기전 2333년경에 치두남(蚩頭男)을 봉하여 번한(番韓)으로 삼았고, 서기전 2311년에는 번한 땅에 요중(遼中) 12성(城)을 쌓았다. 서기전 2311년은 당요(唐堯) 시절로서 서기전 2314년에 당요가 순(舜)을 등용한 지 4년째가 되는 해가 된다.

서기전 2357년에 도(陶) 땅의 제후였던 요(堯)가 유웅국(有熊國:일명 웅국)의 이복형 제지(帝摯)를 멸하고 스스로 천자(天子)가 되어, 마음대로 구주(九州)로써 땅을 나누고, 명협(蓂莢)의 풀에 의지하여 음력(陰曆)으로써 달력을 만들고, 제왕(帝王)의 도(道)를 함부로 주창하고 주변의 나라를 침략하였다.

이에, 단군왕검은 서기전 2333년에 구이(九夷:구족)의 추대에 응하여 조선(朝鮮)을 건국하고서 세상의 질서를 바로잡기 위하여, 순(舜)의 아버지 유호씨(有戶氏)를 천사(天使)로 삼아 서기전 2324년에 요를 깨우치도록 환부(鰥夫), 권사(權士) 등 100여 명을 파견하였다. 유호씨는 환부, 권사 등과 군사 수천을 이끌고 요(堯)를 토벌하기 위하여 접근하였는데, 이에 요는 재빨리 정세를 알아차리고 유호씨를 대접하여 황하 물가(河濱)에 머물도록 하니, 유호씨가 이때부터 요의 소행을 감시만 하게 되었다.

이때 유호씨의 아들 순(舜)은 효자로 이름이 났다. 즉 이때까지 순은 아버지 유호씨의 명령을 고분고분 잘 따랐다. 그런데, 당요(唐堯)가 다른 뜻이 있어 순을 유혹하기 시작하였다. 이에 순도 요임금에게 빌붙기 시작하여 드디어 서기전 2314년 순

(舜)의 나이 30세에 요임금에게 등용되었다. 유호씨는 순에게 여러 번 경고를 하였으나 듣지 않게 되었고, 이때부터 순은 아버지를 떠나 당요(唐堯)에게 협조함으로써 불효자(不孝子)가 된 것이다. 고대중국의 기록에서는 불효자라고만 적고 있지만, 실제로는 아버지에 대한 불효와 환부(鰥夫)의 직책수행을 게을리하여 버림으로써 단군조선에 대한 불충(不忠)을 저지른 것이 된다.

이에 유호씨가 단군왕검 천제(天帝)께 상소를 올리고 대책을 세워야 한다고 하였던 것이 되며, 이로써 당요(唐堯)와 순(舜)의 역심(逆心)을 경계하여 번한 땅 서쪽에 요중 12성을 쌓았으니 서기전 2311년경이 된다.

요중(遼中)이란 요(遼) 안의 땅이라는 말이며, 요(遼)는 멀다는 말로서 단군조선의 중심인 수도 아사달로부터 멀다라는 말이 된다. 그리하여 요수(遼水)는 당시 지금의 북경 서쪽을 흐르는 영정하(永定河)로서 고대중국 기록에 대요수(大遼水)라 기록되는 강과 대요수인 영정하의 상류지역에 북동에서 남서로 흘러 합류하는 지금의 청수하(淸水河)로서 고대중국 기록에 소요수(小遼水)라 기록되는 강을 합친 명칭이 된다. 지금의 북경은 대요수의 동쪽에 위치하여 당시에는 요동(遼東)이 된다. 요중 12성의 위치로 보아도 영정하가 대요수(大遼水)인 것이 틀림없게 된다.

이후 서기전 2294년에 순(舜)이 당요(唐堯)의 섭정이 되었고, 서기전 2288년에 9년 대홍수가 발발하여 곤(鯀)이 치수를 담당하였으며, 서기전 2284년에 순이 요(堯)를 유폐시키고 천자(天子) 자리를 찬탈하였고, 서기전 2280년에 우순(虞舜)이 치수담당 곤을 처형하고 그 자리에 곤의 아들 우(禹)를 앉혀 치수를 맡겼다.

번한 땅에는 수도가 5개가 된다. 이는 단군조선이 서쪽에 있는 반역 잠재세력인 당요(唐堯) 등을 경계하여 정세에 따라 수도를 옮기면서 대처하도록 설정한 것이 된다. 처음의 수도는 험독(險瀆)인데, 번조선의 마지막 수도이기도 하며, 위씨조선의 수도이기도 하다. 동서남북중으로 하여 동쪽의 험독에 4개를 더하여 5경을 둔 것이 된다.

산동반도 남쪽으로 지금의 청도(靑島) 지역에 낭야성(琅耶城)을 쌓았는데 이 성을 서기전 2301년에 개축하여 가한성(加汗城)이라고도 부르며, 특히 서기전 2267년 도산회의 때 감우(監虞)라는 관청을 두어 우순(虞舜)의 정사를 감독하였던 곳이다. 이후 치수담당 사공 우(禹)가 우순(禹舜)에게 정사를 보고하면 순은 다시 5년마다 1회씩 순행(巡行)하던 단군조선의 태자 부루(扶婁)에게 감우(監虞)에서 치수경과 등의 국정(國政)을 보고하고 조공(朝貢)하였다.

우순(虞舜:순임금)은 서기전 2267년부터 서기전 2247년경까지 약 20년에 걸쳐 4번을 소위 사근동후(肆謹東后) 하였던 것이 된다. 여기서 동후는 곧 태자 부루를 가리키며, 태자 부루는 진한(眞韓)으로서 단군왕검의 보좌 겸 섭정 비왕(裨王)이고, 단군왕검 천제(天帝)를 대신하여 나라의 정사를 보았다.

번한의 중앙이 되는 안덕향(安德鄕)은 곧 개평(蓋平)으로서 지금의 당산(唐山) 바로 위에 소재하였고, 동북쪽에 탕지(湯池:탕지보)가 있어 이를 구(舊) 안덕향이라 하고 고구려 때에는 안시성(安市城)이라고도 하며, 서쪽에는 한성(汗城)을 두었는데 고구려의 한성(韓城)이 된다.

단군조선 고인돌 및 비파형동검 분포도

번한 오덕지는 첫수도이자 마지막 수도인 동쪽의 험독(왕검성), 중앙으로 안덕향인 개평, 북쪽의 구 안덕향인 탕지보(안시성), 남쪽의 감우가 있는 가한성인 낭야성, 서쪽의 한성이 되는 것이다.

단군조선의 번한은 서쪽을 지키는 나라로서 수시로 수도를 번갈아 가며 서쪽(요순 하 은 주)의 정세와 군사적 움직임에 대응한 것이 된다.

단군조선의 번한 요중(遼中) 12성(城)을 고려하면, 오덕지의 서쪽 수도가 되는 한성(汗城)은 요수가 되는 영정하의 동쪽과 개평의 사이에 있는 것이 되고, 탕지인 안시성은 지금의 난하 서쪽 유역으로 추정되는데 지금은 난하의 동쪽에 천안(遷安)

이라는 지명이 있어 서로 연관이 있는바, 탕지는 곧 천안의 서쪽 지역으로서 난하 건너 서편에 있는 것이 된다.

서기전 635년경 연(燕)나라가 동진(東進)한 이후로 서기전 202년 한(漢) 나라 초기에 번한(番韓:番朝鮮)의 경계가 지금의 난하(灤河)까지 이동하게 되었는데, 고구려의 안시성(安市)(은 바로 이 난하 부근의 안시성이며, 고구려 태조 때 쌓은 요서(遼西) 10성도 모두 난하(灤河) 부근과 대요수이던 영정하(永定河) 사이에 있다.

오덕지 중의 하나로서 남경(南京)에 해당하는 낭야성(琅耶城)은 산동반도 남쪽에 있고, 후대에 산동(山東)지역에서 회수(淮水)지역에 걸쳐 활동하던 동이족(東夷族)의 중심지가 되었던 것이 된다.

서기전 1122년경까지 산동지역은 단군조선의 번한관경에 속하는 땅으로서 청구(靑邱), 남국(藍國), 엄(淹), 서(徐), 회(淮) 등의 나라가 이미 존속하였고, 제(齊)나라가 주나라의 제후국으로 봉해지면서 임치(臨淄)가 제나라의 수도가 되었고 이후 제나라가 팽창하였으나 여전히 동이족의 나라가 주변에 산재하고 있었던 것이 되는데, 특히 서(徐), 회(淮), 엄(淹), 남(藍), 개(介), 래(萊), 양(陽), 우(隅)라는 내륙(內陸) 8이(夷)가 활동하고 있었다. 서(徐)는 서국(徐國)으로서 서이(徐夷)라고 불리며 서기전 1000년경에 출현한 서언왕(徐偃王)의 나라이기도 한데, 서기전 1236년부터 서기전 512년까지 존속한 나라이다.

서기전 680년에 초(楚)나라 문왕(文王)에게 수도를 함락당하고 서산(徐山)으로 이동하였으며, 서기전 668년에 제(齊)나라의 속국이 되었다가 다시 세력을 키웠다가 서기전 512년에 결국 오나라 합려왕에게 완전히 망하였다. 회이와 그 분파인 사이(泗夷)는 진시황의 진(秦)나라 때까지 존속하다가 서기전 221년에 진시황에 의하여 완전히 흡수되었던 것이 된다.

엄이(淹夷)는 엄독홀(奄瀆忽)에 있던 나라로서 태산(泰山)을 중심으로 한 나라가 되며, 서기전 909년에 단군조선의 제30대 내휴(奈休) 천왕이 청구(靑邱)와 엄독홀에 행차하고 태산에서 천제를 지낸 것을 마지막으로 하여 이후에는 더 이상 기록에 보이지 않는데, 아마도 주(周) 나라의 제후국이던 노(魯)나라에 병합되거나 서기전 667년에 패자(霸者)가 된 제(齊)나라에 의하여 합병된 것이 되고, 차차 나머지 동이 족들의 나라도 제나라나 주변의 주나라 제후국에 병합된 것이다.

단군조선 번한 오덕지는 후대에 나타나는 오경(五京) 제도의 원류가 된다. 물론 이 5경 제도는 오부(五部)나 오가(五加) 제도에서 나온 것이며, 이들 오부나 오가 제 도는 곧 파미르고원 시대의 마고성 4보(堡) 1천부단(天符壇) 제도에서 파생된 것이 된다. 보(堡)는 지키는 보루(堡壘)이고, 천부단은 제천단(祭天壇)이다.

단군조선도 원칙적으로 1천부단 4보를 두었는데, 백두산이 제천단이 있는 곳으 로 천부단 자리가 되고, 동에는 예국(濊國), 서에는 번한(番韓), 남에는 마한(馬韓), 북에는 진한(眞韓)을 둔 것이다. 단군조선 삼한제도(三韓制度)로 볼 때 진한, 번한, 마한은 크게 3경제도가 된다. 대진국(大震國:발해)은 5경 제도를 두었다. 후신라 (後新羅)도 동경인 서라벌 외에 5소경을 두어 5경 제도를 본뜬 것이 된다. 기본적으 로 3경 제도는 천지인 삼신사상(三神思想)에서, 5경 제도는 동서남북중의 오방(五 方)의 오부(五部) 또는 위치와 관련된 1천부단(天符壇) 4보(堡) 제도에서 나온 것이 된다.

단군조선의 강역으로 볼 때, 동쪽 지역에는 침략하는 무리가 없어 그만큼 비중이 약하여 따로 한(韓)을 봉하지 아니한 것이 되며, 특히 항상 전쟁의 실마리를 제공하 던 요순하은주(堯舜夏殷周) 등 서쪽을 경계하던 번한(番韓)의 역할이 컸던 것이 된다.

번한 5경은 모두 지금의 영정하 동쪽에 있으며 원래의 요동(遼東)지역에 있던 것 이 되고, 서기전 202년경 이후에는 패수(浿水)인 난하(灤河) 동쪽에 있는 험독(險 瀆)을 제외한 4개의 수도는 모두 잃은 것이 된다.

고죽국(孤竹國)은 단군조선의 제후국으로서 하(夏)나라 이전부터 존속한 것이 되는데, 하나라는 서기전 2224년부터 시작된 나라이므로 고죽국은 서기전 2224 년 이전부터 시작된 나라가 된다. 고죽국의 위치는, 서기전 2311년 요중 12성을 쌓은 이후에 순(舜)이 요(堯)임금을 유폐시키고 천자(天子) 자리를 차지한 후에 요가 설치한 9주 외에 유주(幽州), 영주(營州), 병주(幷州)의 3주를 추가로 설치하였고, 이에 단군조선이 서기전 2267년 도산회의(塗山會議)에서 3주 중에서 발해만 유역의 유주와 산동지역의 영주를 폐하여 단군조선의 직할 영역으로 편입시켰는바, 이때 유주 땅에 고죽국을 봉한 것이 되어, 소위 유주 지역이 된다. 고죽국의 중심은 지금의 북경(北京)과 천진(天津) 지역이다. 실제로 단군조선의 제후국임을 증명하는 증거물인 비파형 청동검이 천진 지역의 남쪽에서 출토되었는바, 이는 바로 단군조선의 제후국인 고죽국의 위치를 말해 주는 것이 된다.

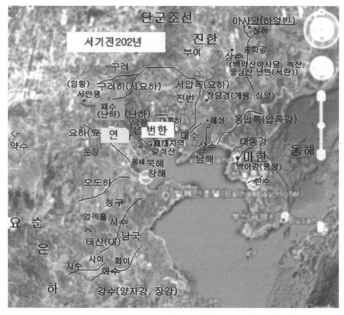

서기전202년경 국경 지도. 북부여-번조선과 한(漢)나라 연(燕)

고대중국의 영역은 제후국인 천자국으로서 그 외곽의 경계가 있지만, 단군조선의 외곽 경계는 없다. 단군조선에서 고대중국의 주변에 일정한 땅을 정하여 제후국을 봉하였던 것이 된다. 즉 고대중국인 당우하은주(唐虞夏殷周)의 둘레에 단군조선의 제후국들이 둘러싸고 있었던 것이 된다. 고대중국의 영역은 대략 서안(西安)~태원(太原)~안양(安陽)~한수(漢水) 지역을 큰 원으로 하여 방(方) 3,000리의 넓이가 되어, 방(方) 1,000리의 땅인 주(州)가 9개가 된다.

이에 반하여, 단군조선의 직할 영역인 삼한관경만 하더라도 방(方) 6,000리의 땅으로서 36주(州)가 되며 고대중국의 영토에 비교하면 최소한 4배가 넘는 것이 되고, 단군조선의 외곽지역을 포함하는 동서 2만 리, 남북 5만 리로 계산하면 약 1,000주(州)의 땅이 되어 111배가 넘는다.

번한 오덕지(五德地)에서 청동거울(靑銅鏡), 청동방울(靑銅鈴), 청동칼(靑銅劍)이 출토될 가능성이 너무나 크다. 즉 험독이 되는 지금의 산해관(山海關) 자리, 서쪽의 한성(汗城:韓城) 자리, 동북의 탕지 즉 안시성 자리가 되는 난하 중하류의 천안(遷安) 부근, 남쪽의 낭야성 자리인 지금의 청도(靑島), 중앙에 해당하는 지금의 개평(蓋平:開平) 부근에서 천부삼인이 되는 청동제품이 출토된다면 바로 단군조선 번한의 역사가 바로 입증되는 것이 된다.

번한은 단군조선의 삼한의 하나인 비왕의 나라로서 천군(天君) 이상의 천왕격(天王格)에 해당하는 나라이므로, 분명히 단군왕검으로부터 천부삼인을 전수하였다고 보인다. 즉 청동거울, 청동방울, 청동칼을 전수하고 천왕의 명을 받아 해마다 천지인 삼신(三神)에게 제사를 지낸 것이 되며, 주로 오덕지를 비롯하여 산동지역에 있던 태산(泰山)에서 행사를 치른 것이 된다. 서기전 2267년에는 태자 부루가 도산회의를 주관하러 갈 때 번한 낭야(琅耶)로 하여금 태산에 올라 천제를 지내게 하였으며 서기전 909년에 청구의 서쪽에 있던 엄독홀(奄瀆忽)에 속했던 태산에서 천제를 지냈던 것이 된다.

청구(靑邱)라는 땅은 지금의 산동지역의 중북부에 해당하는 땅이 되고, 배를 타면 번한의 수도인 험독(險瀆) 등에서 그리 멀지 아니한 곳이 된다. 청구의 서남쪽에 남국(藍國:藍夷)가 있고, 그 남쪽에 서이(徐夷), 서이의 남쪽 회수 부근에 회이(淮夷)가 있었다.

지금의 중국의 태산 부근 또는 산동지역으로부터 회수(淮水)에 걸치는 지역에서 청동거울, 청동방울, 청동칼이 출토될 가능성이 큰데, 최소한 청동칼이 출토될 것은 확실하다. 이미 산동지역에서 출토된 명도전(明刀錢) 즉 제나라의 명도전이라는 소위 제명도(齊明刀)는 대부분이 제(齊)나라의 도전이 아니라 동이족들의 도전이 되는 것이며, 제나라가 동이족들의 도전(刀錢)을 본 따 제나라 땅에 시행한 제법화(齊法化), 제지법화(齊之法化), 연나라를 정복한 기념으로 안이지법화(安易之法化), 제나라가 연나라에 복수하여 연나라를 제압한 기념으로 제반이시결신지법화(齊返易始結信之法化), 제반이결신지법화(齊返易結信之法化) 등을 기념발행 한 것이 된다.

지금의 북경의 동쪽 지역은 영정하인 대요수(大遼水)의 동쪽으로서 번한 땅이며, 연나라가 안(安)을 거쳐 이(易)로 수도를 옮겼다가 다시 계(薊)로 옮기고, 다시 지금의 북경으로 옮겨 계(薊)라고 할 때까지, 북경 일대는 반한관경 내 고죽국(孤竹國)의 영역이었는바, 서기전 226년에 연왕(燕王)이 계(薊:북경)가 되는 요동으로 달아나 서기전 222년에 진(秦)나라에 항복하면서, 번한(번조선)과 경계가 되었던 만번한(滿番汗)은 난하(灤河)의 서쪽에 위치하며 고하(沽河)의 동쪽에 위치하는 것이 되는데, 연나라의 유물은 대부분 통상적으로 영정하의 이남에서 출토되는 것이 당연할 것이다. 실제로 영정하의 남쪽 즉 북경의 서남쪽에 탁주시 부근에 방산현(方山縣)이 있고 여기에 유리하(琉璃河)가 있는데, 이곳에서 연나라 유물이 발굴되었다.

연나라의 산이 되는 연산(燕山)도 실제로는 계(薊)의 동북에 있는 산으로서 난하(灤河)의 훨씬 서쪽에 있으며, 영정하 동쪽에 있는 고하(沽河)와 난하 사이에 있는 것이다. 아마도 연산의 남쪽에 있던 발해만 유역의 지명이 만번한이 아닌가 한다. 난하 중하류 서쪽에 물 창고와 같은 호수(湖水)가 많은데 이 지역으로 추정된다.

고려시대에 번한 오덕지를 본 따 지금의 서울인 한양(漢陽)을 오덕지(五德地)라 설정하면서 고려의 수도인 송악(松嶽)과 서경인 평양(平壤) 외에 한양을 오덕지로 남경(南京)을 두어야 한다는 취지로 기록되고 있다. 고려는 개경, 서경, 남경의 3경 제도를 둔 것이 된다.

오덕지는 고려 시대에 한양(漢陽)의 땅을 동서남북중(東西南北中) 오방(五方)의 오행(五行)에 따른 5가지 덕(德)을 함께 가진 곳이라 의미한 것으로 기록하고 있기도 하지만, 단군조선 번한의 오덕지는 덕(德)을 갖춘 오방(五方)의 땅으로서의 5경(京)이 되는 것이다. 즉, 고려 시대의 오덕지인 한양(漢陽)은 동서남북에 각 위치한 낙산, 인왕산, 목멱산(남산), 북악산을 주변에 둔 중앙의 땅으로서 인의지예신(仁義智禮信)의 5덕(德)을 갖춘 땅이라 한 것이 된다.

아. 순행(巡行)제도

서기전 7197년 이전에 파미르고원의 마고성(麻姑城)을 떠나 동서남북으로 사방 분거한 이후로, 마고후예(麻姑後裔)의 장손인 황궁씨(黃穹氏)는 제족(諸族)의 장(長)으로서 장자(長子)에게 정사(政事)를 돌보게 하고, 차자(次子)와 삼자(三子)가 무리를 이끌고 사방(四方)의 제족(諸族)을 순행(巡行)하도록 하였다.[94]

이러한 순행제도는 유인씨(有因氏)의 한국(桓國)시대와 한인씨(桓因氏)의 한국 시대를 거쳐 배달나라에 계승되었는데, 이후 한동안 순행의 일이 뜸해졌다. 이는 아마도 서기전 2698년경 황제헌원(黃帝軒轅)이 일으킨 전란으로 인하여 배달나라 조정(朝廷)이 돌볼 여유가 없었던 것이 되는데, 다만 제족들을 초청하여 회합(會合)하는 신시(神市) 제도는 계속 이어진 것이 된다.

배달나라 시대에 이미 무여율법(無餘律法)이라는 법이 있었으며, 이 무여율법을 조절하는 환부(鰥夫)라는 직책이 있었고, 그 아래 권사(權士) 등의 직책을 두어 문제가 발생한 지역을 순행(巡行)하며 다스렸는데, 이러한 제도가 단군조선에도 그대로 이어진 것이 된다. 환부(鰥夫)는 종교의 역할을 하는 직책으로 견주면 신부(神

---

94) 전게 부도지, 37~38쪽 참조

父)에 해당하고 나라의 벼슬에 견주면 어사(御使)에 해당하는 것이 된다.

서기전 2220년경 단군조선 초기에 환부(鰥夫)였던 순(舜)의 아버지 유호씨(有戶氏)는 하(夏)나라 우(禹)와 계(啓)에게 천도(天道)를 가르치는 것을 포기하고 서남쪽으로 전교(傳敎)한 사실이 기록되고 있다.

유호씨는 단군왕검보다 100여 세가 많았다.[95] 즉, 서기전 2470년경 출생하였으며, 그 아들 순(舜)은 서기전 2343년에 출생하였고, 서기전 2324년경 유호씨는 단군왕검 천제(天帝)의 명(命)을 받아 환부였던 순과 함께 환부, 권사 100여 명을 통솔하여 당요(唐堯)를 토벌하러 갔다.

이때 요임금은 정세를 알아차리고 곧바로 굴복(屈服)하고서 유호씨를 안심시켰던 것이며, 이후 약 10년에 걸쳐 순(舜)을 꾀었고 두 딸까지 시집을 보내면서 자기 사람으로 만들었으며, 결국 순을 등용하여 제2인자 자리에 앉히게 되었다.

요임금은 순의 나이 30세이던 서기전 2314년에 등용하고, 50세인 서기전 2294년에 섭정(攝政)을 맡겼으며, 서기전 2288년에 9년 홍수를 당하였고, 서기전 2284년에는 결국 순(舜)이 요임금을 유폐(幽閉)시키고 강압적으로 선양(禪讓)을 받아 천자(天子) 자리를 찬탈하였다. 이에 우순(虞舜)은 곤(鯀)이 치수를 담당한 지 9년째인 서기전 2280년에 곤을 우산(羽山)에서 처형하고 그 아들 우(禹)에게 사공(司空)의 벼슬을 주어 치수를 맡겼다.

우(禹)가 치수를 담당한 지 13년인 서기전 2267년에 도산회의(塗山會議)에서 단군조선의 사자(使者) 태자 부루에게서 오행치수법(五行治水法)을 전수하고 치수에 성공하게 되었고, 서기전 2240년에 태자 부루가 천왕(天王)에 즉위하자 우순(虞舜)이 서기전 2247년경 이후 단군조선을 반역하여 남국(藍國)의 이웃에 설치하였던 유주(幽州)와 영주(營州)를 정벌하여 각각 제후를 봉하였다.

서기전 2224년경 유호씨의 작은 아들 유상(有象)과 단군조선의 후원을 받고 있

---

95) 전게 부도지, 60~61쪽 참조

던 우(禹)가 협공(協攻)으로 순(舜)을 공격하였고, 드디어 우의 군사가 순을 죽였다. 그러나 우는 권력에 눈이 멀어 곧 단군조선을 반역하고 독단(獨壇)을 차렸다. 이에 유호씨(중국기록에서는 瞽叟; 有扈氏)가 우(禹)를 도리(道理)로서 설득하였으나 우는 듣지 아니하였으며, 우의 아들 계도 가르침을 듣지 않고 그 백성들과 함께 항거하니, 서기전 2195년경 이에 유호씨는 더는 하나라 백성들의 우매함을 깨우칠 수 없다 포기하고, 월식주(月息州:파미르고원 서쪽, 메소포타미아 지역 등)와 성생주(星生州:파미르고원 남쪽, 인도지역)로 전교(傳敎)를 떠났다. 96)

단군조선은 유호씨의 집안에 교부(敎部) 즉 사도(司徒)의 벼슬을 주었다. 순의 아들 상균(商均)은 단군조선으로 돌아와 사도(司徒)를 지냈다.

서기전 2200년경의 메소포타미아 지역은 수메르족의 도시국가 시대의 말기에 해당하고, 이때 인도지역은 소위 드라비다족의 시대에 해당하는데, 두 지역은 고탑(高塔)과 층대(層臺)를 만드는 풍습을 가지고 있었는데, 인도지역에서 많이 만들던 고탑은 마고(麻姑) 시대의 소(巢)를 이은 것이 되고, 수메르지역의 층대는 지구라트 또는 피라미드 모양의 제단(祭壇)으로서 궁(穹)에 해당한다. 그러나 두 지역 모두 그 만드는 유래(由來)를 알지 못하였던 것이 된다.

역사적으로 수메르족과 드라비다족은 마고후예(麻姑後裔)인 백소씨(白巢氏)와 흑소씨(黑巢氏)의 후손이며, 백소씨와 흑소씨는 서기전 8000년경 이전의 파미르고원 마고성(麻姑城) 시대에 소(巢)를 만들고 지키던 씨족(氏族)이다.

유호씨의 전교(傳敎)는 서기전 7197년경 마고성(麻姑城) 분거이래로 계속 사방을 순행하면서 교류를 하였다는 단적인 증거가 된다. 유호씨는 단군조선의 사자로서 천사(天使)로 비유된다. 유호씨는 서기전 2470년경부터 서기전 2200년경까지 약 270년 이상을 산 것으로 되는데, 유호씨의 아들인 유상(有象)이 유호씨의 대를 이은 것이 되고, 유호씨가 씨족명으로 쓰인 것이라 할 때 유상도 유호씨라고 불릴

---

96) 전계 부도지, 73쪽 참조

수 있고, 이에 유호씨의 연수(年數)가 200세 이상 된다는 것이 합산한 것으로 이해할 수도 있으므로 이상할 것은 없다.

순(舜)임금과 이복동생인 유상(有象)의 관계에 관한 경기도 화악산 설화가 있다. 이 설화에서는 단군(檀君)의 친형이 중국의 천자(天子)이며, 우리나라를 넘보자 단군의 두 아내가 중국 땅에 홍수가 나게 하려다 우리나라에도 홍수가 나 돌로 된 배를 타고 화악산까지 왔다고 한다.

여기서 단군(檀君)은 단군조선의 사자(使者)가 되는 유상(有象)을 가리키는 것이 되고, 단군의 친형(親兄)은 유상의 친형(親兄:실제 이복형)인 우(虞)나라 천자(天子) 순(舜)을 가리킨다. 유상은 단군조선의 사자로 활동하였으므로 단군이라 비유되어 상징화된 것이다. 또, 여기서 중국의 홍수는 서기전 2288년에 시작된 9년 홍수를 가리키며, 우리나라 홍수는 서기전 2284년에 일어난 것을 가리키는데 이때 풍백(風伯) 팽우(彭虞)가 치수를 잘하여 우수주(牛首州)에 기념비(돌)를 세웠다.

이 경기도 화악산 설화는 단군조선 초기에 우리와 고대중국의 천자가 되었던 순(舜) 사이에 있었던, 서기전 2288년 대홍수 이후의 역사가 상호연관된 이야기로서 압축된 것이 된다.

신라 시대에 마랑(馬郞)이라는 제도가 있었다. 서기 400년경에 신라의 박제상(朴堤上)이 지은 부도지(符都誌)에, 남아(男兒) 나이 20세가 된 아름답고 말을 잘하는 사람을 택하여 마랑이라는 직을 주고 명령을 받들어 원행(遠行)하게 하였는데, 혹 성생월식(星生月息)의 옛 땅에 나아가며, 혹 운해천산(雲海天山)의 여러 지역에 가니 이 원행은 부도(符都) 수신(修身)의 유제(遺制)였다고 기록되고 있다.[97] 신라 시대에 고승(高僧)들이 서역(西域)을 순행하고 돌아와 나라의 중책을 맡은 것도 이 마랑의 제도를 이은 것이 된다.

---

97) 전게 부도지, 88~89쪽 참조. ......男兒年二十質美而善辯者 擇授馬郞職 奉命遠行 或出於星生月息之古地 或往於雲海天山之諸城 此行符都修信之遺制也.

여기서 원행(遠行)은 배우거나 구하기 위하여 먼 지역으로 가는 것을 가리킨다. 성생월식의 옛 땅이라 할 때 성생(星生)의 땅은 파미르고원 남쪽 지역으로서 지금의 인도지역이 되며, 월식(月息)의 땅은 파미르고원 서쪽 지역으로서 소위 메소포타미아 지역이 된다. 또, 운해천산 지역 중 운해(雲海)의 땅은 파미르고원 동쪽 지역으로서 티베트 지역의 동쪽으로 황하(黃河)와 양자강 하류에 이르는 지역이 되고, 천산(天山)의 지역은 파미르고원 동북 지역으로서 황하 이북으로 지금의 천산산맥이 뻗어 나간 시베리아, 몽골, 만주 등의 대황원(大荒原) 지역이 된다.

단적으로 이 신라의 마랑이라는 제도는, 단군조선 시대의 심신수련 단체이던 천왕랑(天王郎)인 국자랑(國子郎) 즉 천지화랑(天指花郎)의 제도와 멀리 가는 순행(巡行)제도가 혼합된 형태가 된다.

자. 신시(神市) 조시(朝市) 해시(海市) 제도

단군조선은 10년마다 신시(神市)를 열어 회강(會講)하고 교역(交易)하였다.[98] 즉 신시는 사방의 제족들이 모여서 종교적, 정치적 행사를 벌이고, 문물을 교류하는 등의 역할을 하였던 것이 된다.

신시(神市)는 서기전 3897년에 한웅(桓雄)이 한국(桓國)시대의 제도를 시행하여 사해(四海)의 제족이 회합하고 교류하는 장소로서 나라의 수도로 삼은 곳이기도 하다.

신라시대 박제상이 지은 부도지(符都誌)에서는, 임검씨(壬儉氏:시조 檀君王儉)가 나무를 베어 뗏목 8만을 만들어서 신부(神符)를 새겨 천지(天池)의 물에 흘려보내 사해(四海)의 제족(諸族)을 초청하였으며, 이에 제족이 그 신부가 새겨진 뗏목을 얻어서 보고 차례로 모여들어 박달나무 숲에 신시(神市)를 크게 열었으며, 마고(麻姑)의 계보(系譜)를 닦아 그 족속을 밝히고, 천부의 음에 준하여 그 어문을 정리하였

---

98) 전게 부도지, 44, 49쪽 참조

는데, 10년마다 반드시 신시를 여니 이에 어문(語文)이 같아지고 천하가 하나로 되었다고 적고 있다.[99]

신시(神市)는 순우리말로 즉 이두식으로 풀면 검벌이 되고 신(神)들의 들판, 신(神)들의 도시가 되는데, 곧 배달나라와 단군조선 시대에 있었던 정치적, 종교적 행사의 중심지인 것을 알 수가 있다.

조시(朝市)는 육지에 설치한 교역 장소이며, 해시(海市)는 바닷가에 설치한 교역 장소가 된다. 부도지에서는, 예(澧)와 양(陽)이 교차하는 중심지에 조시(朝市)를 설치하고 팔택(八澤)에 해시(海市)를 열어 매년 10월에 조제(朝祭)를 행하니 사해의 제족이 모두 지방 특산물을 바쳤으며, 산악의 제족은 사슴과 양(羊)을 바치고, 해양 제족은 물고기(魚)와 조개를 바쳤는데 이를 조선제(朝鮮祭)라 하였다고 적고 있다. 또, 곧 희생제(犧牲祭)를 행하여 인간이 반성하게 하고 공(功)에 보답하게 하였으며, 언제나 세제(歲祭) 때에는 물화(物貨)가 폭주하므로, 교역(交易)의 법(法)을 시행하였다고 기록하고 있다.

여기서 조시와 해시는 종교적, 경제적 중심지 즉 제천행사의 중심지이자 물물교역의 중심지임이 틀림없다. 조시는 산악 즉 육지 생산물을 교역하는 중심지이고, 해시는 해산물을 교역하는 중심지가 되는 것이다. 매년 10월에 조제(朝祭)를 열었다 하니 이는 10월 소도제천(蘇塗祭天) 행사와 관련된 것이라고 보인다.

10년마다 신시(神市)를 열고, 매년 10월에 조시(朝市)와 해시(海市)를 열었다 한 것을 보면, 조시와 해시는 매년 10월에 국내적인 소도제천 행사를 열던 곳이 되고 또 지방특산물을 서로 교역하던 장소가 되며, 신시는 국내외적으로 10년마다 연 정치적, 종교적, 경제적 행사의 중심지가 되는 것이다.

신시(神市)는 절대 신화적인 이야기로 그치는 것이 아니다. 한웅(桓雄)이 서기전 3897년에 배달나라(檀國)를 세우고 신시(神市)를 열어 사해 제족과 더불어 홍익인

---

99) 전게 부도지, 49쪽 참조

간(弘益人間)의 이념을 실현하였던 것이며, 단군왕검 또한 조선(朝鮮)을 건국하고서 10년마다 신시(神市)를 열어 사해 제족을 초청하여 정치적, 종교적 가르침을 펴고, 물물을 교역하였던 것이며, 매년 10월에 조시와 해시를 열어 소도 제천행사와 더불어 육지 생산물과 해산물을 서로 교역하게 함으로써 물자가 풍족하게 하여 홍익인간의 이념을 실현하였던 것이 된다.

신시(神市), 조시(朝市), 해시(海市)는 간단히 줄여 말하면, 정치적, 종교적, 경제적 행사를 벌이던 중심지로서 교역(交易)의 장소 즉 시장(市場)이었다.

차. 법제도(法制度)

단군조선의 법제도는 기본적으로 배달나라의 법제도를 계승한 것이 되며, 여기에 단군조선의 특수한 정치상황에 따라 생긴 법제도가 있다. 배달나라의 법제도를 그대로 이은 것으로는 대표적으로 천웅법(天雄法)과 무여율법(無餘律法)을 들 수 있다.

(1) 천웅법(天雄法)

단군왕검께서도 천웅도(天雄道)를 닦고 천웅법을 시행하였다.[100] 천웅법은 천웅(天雄)의 법(法)으로서 한웅천왕(桓雄天王)이 서기전 3897년에 배달나라를 개국 즉 개천(開天)할 때에 수립(樹立)했던 법이다.

천웅이란 한국(桓國)의 웅(雄) 즉 한인천제(桓因天帝)의 자제(子弟)로서 단군조선에서는 천왕랑(天王郞)에 해당한다 할 수 있다. 천왕랑은 곧 단군천왕의 자제로서 국자랑(國子郞) 또는 천지화랑(天指花郞)에 해당한다.

그리하여 천웅법(天雄法)은 한국(桓國) 즉 하늘나라 천제(天帝)의 자제(子弟)로

---

100) 전게 부도지, 44, 49~50쪽 참조

서 지키고 다스리는 법(法)을 가리키는 것이 된다. 즉, 천웅법은 천웅으로서 이루어야 할 도(道) 즉 천웅도(天雄道)를 닦고 지키고 천웅도로써 세상을 다스리는 것이다.

천웅도(天雄道)는 곧 천부삼인(天符三印)의 도(道) 즉 천부(天符)이다. 천부삼인의 도는 곧 천지인(天地人)의 도(道)로서 조화(造化), 교화(敎化), 치화(治化)의 도인 것이며, 바로 천부경(天符經), 삼일신고(三一神誥), 참전계경(參佺戒經)의 가르침을 알고 따르고 펼치는 것이다.

(2) 무여율법(無餘律法)

단군조선도 배달나라의 무여율법 4조를 시행하였다.[101] 무여율법은 세상에 남김이 없도록 하는 율법이다. 서기전 2324년경에 단군조선이 당요(唐堯)를 토벌할 때에 사자(使者) 유호씨(有戶氏)의 장자 순(舜)이 환부(鰥夫)로서 무여율법을 조절(調節)하던 직책을 수행하였다. 그래서 순이 아버지 유호씨를 따라가 당요(唐堯)를 토벌하러 간 것이며, 만약 요임금이 굴복하지 아니하고 끝까지 항거하였다면 토벌한 후에 마땅한 벌을 내려 무여율법을 적용하였을 것이다.

무여율법 4조는, 사람의 행적(行蹟), 공적(功績), 악행(惡行), 죄과(罪過) 등을 밝혀서 그에 마땅한 조치를 하여 세상에 장애(障碍)나 유감(遺憾)이나 사기(邪氣)나 죄집(罪集)이 남지 않도록 하라는 공과상벌(功過賞罰)의 집행법(執行法)이다. 즉, 사람의 행적이나 공적은 명확하게 밝혀서 명예훼손이 되지 않도록 하였던 것이며, 사악한 행동이나 죄를 지은 자는 귀양이나 유배를 보내어 그에 따른 벌을 내렸다.

(3) 천범(天範)

서기전 2333년경 단군왕검께서 조서를 내려 천범(天範)을 가르치셨다. 천범은

---

101) 전계 부도지, 40, 60쪽 참조

곧 하늘나라의 법이라는 말로서 모두 8조(條)인데, 정성(精誠)을 다하면 하늘나라를 뵐 것이며, 마음(心)을 다하면 다른 사람도 또한, 함께할 것이고, 부모와 하늘을 공경하여 효도와 충성을 다하면 하늘이 무너져도 솟아날 구멍이 있을 것이며, 짚신도 짝이 있듯이 너희 남녀는 화목하여 원한을 사지 말고 질투하지 말고 음란하지 말 것이며, 열 손가락 깨물어 안 아픈 손가락이 없듯이 서로 사랑하고 모함하지 말고 서로 돕고 싸우지 말 것이며, 소와 말이 풀을 나누어 뜯어 먹듯이 서로 양보하여 빼앗지 말고 함께 일하고 훔치지 말며, 호랑이처럼 포악하게 굴어 사람을 다치게 하지 말고 사물을 사랑하며 약한 자를 돕되 능멸하지 말고 비천한 자를 구휼하되 모욕하지 말 것이며, 볏짚을 태우면 반드시 그 냄새가 새어 나오나니 본성을 지켜 사악함을 품거나 재앙을 숨기지 말고 마음으로 지극히 하늘을 공경하고 백성들과 친하게 된다면 복록이 무궁하게 될 것이다[102]라고 가르치셨다.

단군왕검께서는 위 천범(天範)을 지키고 실천한다면, 그러한 내 마음과 내 집안과 내 나라가 곧 하늘나라임을 가르치신 것이다.

(4) 홍범구주(洪範九疇)

서기전 2267년에 도산회의(塗山會議)에서 단군조선의 태자 부루께서 우순(虞舜)의 사공(司空) 우(禹)에게 전수한 홍범구주(洪範九疇)는 9개의 항목으로 된 세상을 다스리는 원리 즉 법규범을 기록한 책이다. 천하왕(天下王)인 천자(天子)가 자연(自然)의 이치를 알고 나라와 백성을 왕도(王道)로써 다스리는 법을 싣고 있는 책이다.

홍범구주의 기본이나 원천이 되는 법규범은 단군조선에 이미 있어 시행되고 있었던 것이 된다.

---

102) 전게 한단고기 〈단군세기〉, 57~58쪽 참조

(5) 팔조금법(八條禁法)

단군조선 시대에는 팔조금법이 있었다. 역사기록상 서기전 1282년에 시행된 팔조금법[103]은, 당시의 생활상을 반영한 것이기도 하다.

서기 23년 이후에 지어진 것이 되는 한서(漢書)의 지리지(地理志)에 나타나는 팔조금법에는 그중 3조가 실려 있다. 은(殷)나라의 도(道)가 쇠해지자 기자(箕子)가 조선(朝鮮)으로 가서 그 백성들을 예의에 힘쓰고 농사짓고 누에 쳐서 길쌈하도록 가르쳤으며, 또 낙랑(樂浪)의 조선(朝鮮) 백성들에게 금하는 법 8조목을 만들었는데, 그것은 대개, 사람을 죽인 자는 즉시 죽이고, 남에게 상처를 입힌 자는 곡식으로 받으며, 도둑질을 한 자는 그것이 남자이면 그 집 남자 종을 만들고 여자일 경우에는 역시 여자 종을 만드는데 자기가 용서받고자 하는 자는 한 사람 앞에 50만 냥을 내게 한다고 기록한다.

또, 비록 용서를 받아 보통 백성이 될 때도 풍속에 역시 그들은 부끄러움을 씻지는 못하고, 아내를 얻는 데는 원수를 가리지 않으며, 이렇게 해서 그 백성들은 종시 도둑질을 하지 않아서 대문을 닫고 자는 법이 없었고, 여자들은 모두 정조를 지키고 신용이 있어 음란하지 않고 편벽된 짓을 하지 않았다고 적고 있다.

한서 지리지가 지어질 당시인 후한(後漢:서기 25년~서기 220년) 시대에는, 법으로 금하는 것이 더 많아져서 60여 조목이 되었다고 직고 있는데, 동이(東夷)는 천성이 유순해서 법이 필요하지 않은 곳으로서, 공자(孔子)가 주나라에서 올바른 도(道)가 행해지지 못한 것을 슬퍼하여 바다를 건너 구이(九夷)에 살고자 한 것이 까닭이 있다고 적고 있기까지 하다.

한편, 우리 기록인 태백일사(太白逸史)의 삼한관경본기(三韓管境本紀) 번한세가(番韓世家) 상편(上篇)에는, 서기전 1282년 이때부터 백성들에게 예의, 누에치기, 베짜기, 활쏘기, 글 등을 가르쳤으며, 또 백성들을 위하여 금팔법(禁八法)을 만

---

103) 전게 한단고기 〈태백일사/삼한관경본기〉, 222~223쪽 참조

들었으니,

남을 죽이면 같이 죽여서 다스리고,

남을 다치게 하면 곡식으로 배상에 하고,

남의 것을 도둑질하면 남자는 신분을 무시해 버리고는 그 집의 노예가 되게 하고 여
자는 계집종이 되게 하며,

소도를 훼손시키는 자는 가두어 두며,

예의를 잃은 자는 군에 복무하게 하고,

근면하게 노동하지 않는 자는 부역을 시키며,

음란한 행동을 하는 자는 태형으로 다스리고,

사기 치는 자는 훈계방면하나,

스스로 속죄하려 하면 공표하여 여러 사람에게 알리는 것은 면하여 주지만, 백성
들이 오히려 수치스럽게 여겨서 결혼도 할 수 없었던 듯하다. 이로써 백성들은 끝내
도둑질 따위는 하지 않았으며 문을 닫거나 잠그는 일도 없었고 부녀자들은 정숙하
여 음란하지 않았다. 밭이나 들, 도읍지를 막론하고 음식을 바쳐 제사 올리니 어질
고 겸양하는 풍속이 가득했다104)라고 함으로써, 8조금법 모두를 적고 있다.

결국, 8조금법의 죄명은 각각 살인죄, 상해죄, 절도죄, 소도훼손죄, 무례죄(無禮
罪), 근로해태죄(勤勞懈怠罪), 음란죄, 사기죄에 해당하는 것이 되는데, 이들 죄의
형태는 오늘날에도 모두 적용되는 것이 된다. 특히 소도훼손죄는 종교적 색체가 있
는 분묘발굴죄와 기물손괴죄가 결합한 형태에 해당하는 것이 되고, 소위 무례죄는
명예훼손죄나 모욕죄에 해당하며, 근로해태죄는 직무유기죄 등에 해당하는 것이
된다.

---

104) 전게 한단고기 〈태백일사/삼한관경본기〉, 222~223쪽 참조

단군조선 시대의 팔조금법은 서기전 1282년경에 단군조선 전역에 시행된 것이며, 서기전 1122년경 은나라의 망명자 기자가 처음으로 시행한 것이 아니다. 은나라 기자(箕子)는 조선(朝鮮)으로 망명한 후 자신이 이끌고 온 패군(敗軍)과 난민(難民) 5,000명에게 조선의 제도를 적용해 다스렸던 것이 된다. 이는 팔조금법이 은나라가 망하기 전인 서기전 1122년으로부터 최소한 160년 전인 서기전 1282년에 시행된 것으로 알 수 있다.

소도훼손죄는 당시 단군조선 시대는 제천행사가 활발하였던 시대이므로 제천장소인 신성한 소도를 훼손하는 범죄에 관하여 처벌규정을 두었던 것으로 당연한 것이 된다.

무례죄는 본시 단군조선은 공자(孔子)가 말하였듯이 군자(君子)의 나라로 예의를 지키는 나라였다는 점에서 예의를 잃은 자 즉 무례한 자에 대하여 군에 복무하게 하는 처벌규정을 두었던 것도 아주 당연한 규정이 된다.

또, 근로해태죄 즉 불근로죄(不勤勞罪)는 당시 단군조선 시대는 정전제(井田制)를 실시하여 공동생산 활동을 하던 시대적 배경으로 볼 때 아주 적절한 규정이라고 생각된다.

그 외의 죄의 유형은 현대 형법에 규정된 죄의 유형과 대동소이하며 단지 처벌형태가 다를 뿐이다. 이는 단군조선 시대는 종교적 윤리를 정치적 수단으로 사용하던 시대이고 또한 계급사회였으므로 현재의 사회형태와는 달랐기 때문이다.

그러나, 상해죄에 대하여는 곡식으로 배상한다는 규정으로 보아 탈리오의 법칙에서 한층 더 발전된 법임을 알 수가 있다. 이 상해죄는 오늘날의 처벌규정과 비교하여도 손색이 없는 규정이라고 본다.

또, 사기죄를 범한 자는 훈방하고 속죄하는 자는 공표를 면하게 한다는 규정은 훈방한다는 측면에서는 오늘날의 사기죄에 비하여 처벌 정도가 가벼우나 공표 즉 일반에 공개하므로 그만큼 명예가 실추되어 사회생활을 하는 데 많은 제약이 따른다고 볼 때 처벌이 가벼운 것만도 아닌 것 같다. 그리고 죄를 지은 자와는 백성들이 수

치스럽게 여겨서 혼인도 하지 않았던 것이 된다.

한서 지리지의 팔조금법에 상해죄를 범하였을 때 속죄하려면 50만 전을 갚아야한다는 규정과 그 후 법조목이 60여 조목으로 늘어났다는 기록을 볼 때, 그 당시에 지금 우리가 아는 규정보다 더 자세한 죄명과 처벌규정이 있었던 것으로 미루어 짐작이 간다.

(6) 혼인법(婚姻法)

단군조선 시대에 혼인제도가 이미 시행되고 있었다. 물론 배달나라 시대에도 혼인제도가 있었다. 서기전 3400년경 태호복희의 여동생인 여왜(女媧)가 혼인제도를 만들어 황토족(黃土族)들을 많이 불어나게 하였다고 전한다. 여기서 여왜는 배달나라 한웅천왕의 딸로서 오라버니인 태호복희의 나라인 진(陳) 땅의 진(震)나라를 이어 다스린 인물로 기록된다. 황토족은 여왜가 다스리던 나라가 되는 황하와 산동지역 사이에 땅에 살던 고대 중국의 백성들을 가리킨다.

단군왕검께서는 마고(麻姑)의 계보(系譜)를 정립하여 족속을 밝혔다. 단군조선 시대에 나을(那乙)이라는 직책이 호적(戶籍)을 담당하였는데, 혼인법(婚姻法)을 관장한 부서가 된다. 혼인법은 호적 즉 족보(族譜)에 따라 족외혼(族外婚)을 원칙으로 한 것이 되는데, 이러한 족외혼은 족보를 정립함으로써 가능한 것이 되는바, 단군조선 초기에 이미 마고(麻姑) 후손들의 계보(系譜)가 정립되었던 것이 된다.

족외혼이 성립하려면, 씨족(氏族)이나 부족(部族) 또는 마을과 마을 사이를 오가는 중매(中媒)가 필요하다. 단군조선 시대의 가(家)라는 행정단위는 씨족 단위의 마을을 가리키는 것이 된다. 1가(家)는 평균 4대(代)가 사는 집안을 가리키는 것이 되고 약 10호(戶)이며 1호(戶)에 식구(食口)가 최소한 10명 이상이 사는 것이 되어, 1가(家)에는 최소한 100명 이상 사는 것이 된다.

그리하여 오늘날의 중매라는 제도는 이미 단군조선 초기부터 이루어진 것이 된다. 단군왕검께서 해진 신발(짚신)도 짝이 있으니 남녀가 서로 화목하고 질투하지 말고 음란하지 말라고 가르치셨는데, 남녀의 혼인법을 정립하여 시행함으로써, 힘이 센 자나 힘이 약한 자나 부자나 가난한 자 등을 불문하고 모두 혼인할 수 있는 제도를 만든 것이 된다.

(7) 사형제도(死刑制度)

단군조선 시대에 사형제도를 폐지한 역사가 있다. 단군조선은 서기전 2333년에 배달 나라의 질서를 반역한 당요(唐堯)의 전란을 피하고 세상을 구하기 위하여 세워진 나라인데, 반역자나 반란자는 원칙적으로 사형의 형벌이 적용되던 시대가 되는바, 서기전 1846년에 제11대 도해(道奚) 천왕이 살생을 금하고 방생하며, 옥문을 열어 죄수들을 석방하였던 것이며, 유랑민들에게 먹을 것을 주어 살 수 있도록 하였고, 나아가 사형제도 폐지하였다고 기록되고 있다.[105]

이처럼 사형제도를 폐지하였던 것은, 혹여 그 죄과가 사형에 해당하지 아니함에도 잘못 판단하였거나 죄가 없거나 잘못을 뉘우치는 사람의 생명을 빼앗는 것이 되어, 삼신(三神)이 부여한 생명을 함부로 빼앗는 것이 되어 또한 죄를 짓는 것이 되는바, 그만큼 생명을 소중히 여겼던 것이 된다. 물론 전쟁 중에 적을 죽이는 것은 상황에 따른 불가피한 필요악의 법이 적용되는 것이라 할 수 있으며, 홍익인간 세상을 어지럽히는 모반자나 반란자를 사형에 처하는 것은 명백히 대역죄를 범한 자를 응징하는 것으로서 당연한 일이 될 것이다.

카. 구려분정(九黎分政)

단군조선은 소위 지방자치를 시행하였던 것이 된다. 즉, 각 군후국(君侯國)이 원칙적으로 자치(自治)하고 진한(眞韓) 또는 진조선(眞朝鮮)의 중앙조정에 일정한 세

---

105) 전게 한단고기 〈단군세기〉, 222~223쪽 참조

금이나 특산물을 바치는 조공을 한 것이다.

그리하여 단군조선의 백성인 구족(九族:구이)은 자치한 것이 되고, 군후국으로 봉해진 나라 또한 자치한 것이 되며, 군후국 속에 있는 소국의 제후국들도 자치한 것이 된다.

단군조선의 삼한관경(三韓管境)은 36주(州)가 되는 땅이며, 1주(州)는 평균 방(方) 1,000리의 넓이가 되어 방(方) 100리의 소국(小國)이 100개가 존재할 수 있는 땅이 되는바, 36주(州)에는 최소한 3,600개의 방(方) 100리의 소국이 존재하는 것이 된다. 이들 수많은 소국도 원칙적으로 모두 자치하였으며, 중앙조정의 삼사오가 제도를 본 따 시행한 것이 된다. 특히 단군조선 초기인 단군왕검 천제(天帝) 시절에 회대(淮岱) 지역에서 구려분정(九黎分政)을 실시하였다.[106]

회대 지역은 지금의 산동지역에서 회수(淮水)지역에 걸치는 땅이다. 이 회대 지역은 배달나라 시대에는 동부(東部)에 속하는 땅이며, 배달나라 말기인 치우천왕 시절부터는 배달나라의 중심인 수도가 있던 곳으로서 청구(靑邱)라고 불리는 곳이 된다.

서기전 3528년경에는 배달나라 한웅 천왕의 아들인 태호복희(太皞伏羲)가 우사(雨師)를 지낸 후 산동지역의 서부(西部)인 진(陳)이라는 땅에 진(震)이라는 나라를 만들어 다스린 곳이기도 하다. 또, 서기전 3218년경에는 염제신농(炎帝神農)이 배달나라 우가(牛加)를 지낸 후 태호복희가 세운 진(震)을 접수하여 다스렸으며 이후 수도를 곡부(曲阜)로 옮겼다.

여기서 구려(九黎)는 회대 지역의 구려를 가리키는데, 소위 중국내륙 동쪽 땅에 있었던 내륙 8이(夷) 또는 9 이(夷)를 가리키는 것이 된다. 후대의 주(周) 나라 시대에 기록되고 있는 내륙 8이에는, 엄이(淹夷), 남이(藍夷), 서이(徐夷), 회이(淮夷), 래이(萊夷), 개이(介夷), 양이(陽夷), 우이(隅夷) 등이 있으며, 여기에 도이(島夷), 사

---

106) 전게 한단고기 〈태백일사/삼한관경본기〉, 215쪽 참조

이(泗夷), 사이(沙夷) 등을 더하기도 한다.

이리하여 소위 회대(淮岱) 지역에서 실시된 구려분정(九黎分政)은 단군조선의 직속 군후국(君侯國)들이 지방자치를 하도록 한 제도이다. 여기 군후국은 내륙 8이 또는 9이라 불리는 제후국들을 가리키는 것이 된다. 이 중에서 남이(藍夷)는 단군조선의 군국(君國)이 되는 남국(藍國)을 가리키는데, 단군왕검 천제가 치우천왕의 후손을 군(君)으로 봉한 나라이며, 나머지는 일반 제후가 봉해진 나라가 된다.

이후 도산회의(塗山會議)가 열린 서기전 2267년부터 우순(虞舜)이 반역한 서기전 2247년경까지 우순(虞舜)이 구려분정을 감독(監督)하였다. 즉, 서기전 2267년에 도산회의에서 단군조선의 사자 태자 부루는 우순의 신하 사공(司空) 우(禹)에게 오행치수법(五行治水法)을 전수해주면서 치산치수(治山治水)를 위하여 인력과 물자를 동원할 수 있는 권한을 부여하였던 것인데, 이에 따라 우순(虞舜)이 회대 지역의 단군조선 직속 제후국들을 감독하도록 하였던 것이 된다.

타. 국방 치안 제도

단군조선의 삼사오가(三師五加) 제도는 배달나라의 제도를 그대로 계승한 것이 된다. 오가 중의 구가(狗加)와 마가(馬加)가 국방(國防)과 치안(治安)을 담당한 것이 된다.

일반적으로 구가(狗加)는 주형(主刑)이라 하여 형벌을 담당하였고 마가(馬加)는 주명(主命)이라 하여 명령을 담당하였다. 그런데, 주병(主兵)이라는 직책도 있었으니 배달나라와 단군조선 시대에 우(尤)라는 직책이 그것이다.

배달나라 시대에 군사담당이던 우(尤)를 치우(治尤)라 한 것이 되며, 서기전 2706년에 제14대 한웅으로 즉위한 소위 치우(蚩尤) 천왕은 곧 군사담당이던 치우(治尤)의 벼슬에 있었던 인물이기 때문에 치우(治尤)라 한 것이 된다. 치우(蚩尤)라는 글자는 치우(治尤)의 가차(假借)이거나 비칭(卑稱)이 된다. 앞으로는 고대 중국의 기록을 따르지 말고 치우(治尤)라고 하는 것이 바르다고 본다.

구가(狗加)는 형벌을 맡았는데, 자연히 국내 치안을 담당한 것이 되며, 치안을 유지하기 위해서는 군사력이 필요한 것이 당연하다. 지금은 치안을 경찰이라는 특수 기관이 담당하지만 배달나라나 단군조선 시대에는 구가(狗加)가 담당한 것이 되는 것이다.

마가(馬加)는 명령을 담당하였는데, 멀리까지 명령을 전달하는 방법으로 말(馬)이 필수적이다. 그래서 마가도 군사를 담당한 것이 된다. 즉, 마가는 대내적으로 명령을 담당하면서 대외적인 국방을 담당한 것이 된다. 전쟁을 수행하는 데는 말이 또한 기병(騎兵)의 수단으로서 필수적이다.

군사와 무기를 담당한 우(尤)라는 직책이 구가에 속하였는지 마가에 속하였는지는 불명이나, 일단 구가는 군사력으로 내치를 담당하고 마가는 외치를 담당한 것이 된다. 구가(狗加)가 군사를 담당하였다는 증거로는 오행(五行)의 배치로 구가(狗加)는 금(金)의 자리인 서방(西方)에 해당하여 병기(兵器)를 관장하는 것이 되며, 병신(兵神)이라 상징되는 백호(白虎)의 자리가 되어 군사를 담당한 것임이 확인되는 것이다.

마가(馬加)가 군사를 담당하였다는 논거로는 명령(命令)은 곧 목숨(命)과도 직결되는바, 전쟁은 곧 목숨을 담보로 수행하는 것이므로, 군사력을 상징하는 말(馬)의 특성을 본뜬 직책인 마가가 군사를 담당하였다는 것은 당연한 논리가 되는 것이다.

단군조선 시대는 마냥 태평낙원 시대는 아니며, 이미 인간본성이 타락하여 본심을 회복하지 못하는 족속들이 종종 있었는바, 때에 따라 반란을 진압한 역사가 수차례 있었다.

(1) 반란진압의 역사

1) 단군조선 삼한관경 외 천자국(天子國) 우하은주(虞夏殷周)의 반역

(가) 우(虞) 천자 순(舜)의 반역

순은 서기전 2343년 출생이며, 20세이던 서기전 2324년에 아버지 유호씨(有戶

氏)를 따라 환부(鰥夫)의 직을 수행하면서 당요(唐堯)를 토벌(討伐)하러 갔던 단군조선에서 파견된 인물이다. 이에 서기전 2324년에 요임금은 단군조선의 토벌대에 굴복함으로써 정식 천자(天子)로 사후 승인되었다.

서기전 2314년 순(舜)이 30세에 요임금에게 등용되어, 서기전 2294년에 섭정이 되었고, 서기전 2288년에 요순(堯舜)시대의 9년 대홍수가 발발하여 섭정이던 순(舜)이 곤(鯤)을 치수담당으로 봉하였으나 치수에 성공하지 못하였다. 서기전 2284년에 순(舜)은 요임금을 유폐시키고 위협하여 선양 받아 천자 자리를 찬탈하였고, 요임금이 설치하였던 9주(州)에 유주, 영주, 병주 등 3주를 함부로 추가 설치하였다.

우순(虞舜)은 서기전 2280년에 치수담당 곤(鯤)을 우산(羽山)에서 처형하고 곤의 아들 우(禹)를 사공(司空)에 봉하고 치수를 맡겼다.

이후 우가 서기전 2267년경까지 22년간 치수를 하였으나 마무리를 못 하였고, 이에 우(禹)는 최후의 방법으로 순(舜)임금에게 간하여 단군왕검께 도움을 요청하도록 하였던 것이며, 이에 순임금도 백성을 위하여 상국(上國)인 단군조선에 도움을 요청함으로써 정식 천자(天子)임을 인정받게 되었다.

서기전 2267년 단군왕검 천제(天帝)의 명을 받들어 태자부루(太子扶婁)가 도산회의(塗山會議)를 주관(主管)하고 사공 우(禹)에게 치수법(治水法)을 전수하였다. 이때 유주와 영주는 폐지하여 단군조선 삼한의 직할영역에 편입시키고, 병주는 그냥 두었다. 이후 중국 천자 순임금은 서기전 2247년경까지 20년간 5년에 한 번씩 순회하던 태자 부루에게 치수경과 등 국정을 보고하였다. 우순이 단군조선의 태자 부루에게 조공(朝貢)한 것을 우공(虞貢)이라 한다.

우순(虞舜)은 나라가 홍수를 극복하고 태평시대가 되자 반역(反逆)하기 시작하였다. 서기전 2247년 이후 순(舜)은 단군조선을 반역하여 유주와 영주를 다시 설치하였고, 이에 서기전 2240년에 즉위한 제2대 부루 천왕은 유주와 영주를 정벌하여 폐지하였던 것이고[107], 이때부터 단군조선의 사자 유호씨(有戶氏)는 순(舜)을 제거하기 위하여 둘째 아들 유상(有象)과 치수에 공이 많은 우(禹)에게 명하여 협공(協攻)하도록 하였다.

서기전 2224년에 우(禹)의 군사가 창오(蒼梧)의 들로 도망하던 순(舜)을 죽였는데, 이를 고대중국의 기록에서는 우가 아버지 곤의 원수를 갚았다고 적는다.

(나) 하우(夏禹)의 반역

서기전 2224년에 창오의 들로 도망하던 순(舜)을 죽여 아버지 곤의 원수를 갚은 우(禹)는 유호씨(有戶氏)의 명을 받지 않고 곧 군사를 몰래 모으고 무기를 보수하여 자칭 하왕(夏王)이라 하면서 독단(獨壇)을 차려 반역하였다.[108] 이리하여 단군조선의 정치제도를 모방하여 제후를 마음대로 봉하고 조공하도록 강요하니 수많은 백성들이 우의 폭정을 피하여 나오므로, 이에 우(禹)가 국경을 봉쇄하여 버렸다.[109]

이후 유호씨는 하우(夏禹)를 토벌하였으나 우는 유호씨의 가르침을 오히려 모욕이라 하며 항거하다가, 서기전 2198년 우(禹)는 모산(茅山:회계산)의 진중(陣中)에서 죽고, 그 아들 계(啓)가 왕이 되어 유호씨와 전쟁을 계속하였으나, 수만의 군사로도 수천의 군사밖에 안 되는 유호씨에게 번번히 패하니 그 무리가 격앙(激昻)되었다. 이에 유호씨가 하나라 왕과 백성들이 우매하여 가르치기 어렵다고 군사를 물려 월식주(파미르고원 서쪽. 수메르, 유럽지역)와 성생주(파미르고원 남쪽. 인도지

---

107) 전게 한단고기 〈단군세기〉, 62쪽 참조

108) 우가 반역할 수 있었던 것은 순과의 전쟁에서 승리함으로써 군사력에 자신을 가졌기 때문이며, 어느 정도까지 전쟁을 감수하더라도 군사력으로써 상국의 간섭을 배제할 수 있을 만큼 되었다고 판단하였던 것이 되고, 또한 결정적으로 비어 있는 천자 자리에 욕심을 가지고 있었기 때문이다. 이로써 우가 단군조선의 가르침에서 이탈함으로써 내놓은 자식과 다름없는 처지가 되어버린 것으로 된다. 물론 우와 그 아들 계는 단군조선의 인정을 받지 못했으나 후대의 하나라 왕들 중에는 단군조선을 상국으로 모시는 등으로 정식 천자로 인정받기도 하였다.

109) 전게 부도지, 64~65쪽 참조

역)로 가르침을 펴러 떠났고, 되돌아와서는 그 후손들이 단군조선의 교부(敎部. 문교부에 해당)의 직을 세습하였던 것이다.110)

(다) 천자국 하, 은, 주의 반역

순, 우의 반역 유전자를 이은 하은주의 여러 왕들은 주변의 나라를 침략하는 등 전쟁을 일삼아 홍익인간의 정치이념을 실현하지 못하였다. 전쟁광(戰爭狂)이나 다름없는 하은주(夏殷周)의 여러 왕들이 전쟁을 일으키면 단군조선의 제후국에 해당하는 주변의 이족(夷族)들이 이를 정벌하였고, 정치에 간섭하고 견제하였다. 그러나 결국 하은주의 나라가 모두 그들의 법에 의하여 스스로 망한 꼴이 되었다.

하걸왕(夏桀王)은 처음에는 단군조선이 후원군을 보내와 은탕(殷湯)의 침입을 중지시켰으나, 단군조선 군사와 조약을 위반하므로 결국 구이(九夷:단군조선)의 군사와 은탕의 군사의 협공으로 걸왕은 남소(南巢)로 쫓겨나고 은(殷)나라가 건국되었다. 즉 은나라는 단군조선의 직접적인 군사적 지원으로 건국된 나라이다. 은탕의 재상 이윤은 단군조선의 선인 유위자(有爲子)의 제자이다.

은주왕(殷紂王)은 폭정을 일삼아, 동이출신인 강태공(姜太公)이 보좌한 주무왕(周武王)에게 망하고 서기전 1122년에 주(周) 나라가 건국되었다. 주나라도 춘추전국시대(春秋戰國時代)를 지나면서 왕도정치가 아닌 군사력을 통한 패권(霸權)이 난무하게 되어 결국 제후국들에 의한 자체 내의 내분으로 결국 망하고, 서기전 221년 진시황이 통일하여 스스로 천자(天子)보다 위가 되는 황제(皇帝)라 칭하였다.

주나라 춘추전국시대에 특히 연(燕)나라와 제(齊)나라는 인접하고 있던 단군조선의 서쪽변경이 되는 번조선(番朝鮮) 관할소속의 기후국(箕侯國)과 고죽국(孤竹國)을 서기전 650년경에 멸망시켰고, 연나라는 서기전 365년경 이후 서서히 동침(東侵)하여 서기전 281년경에 패수(浿水)인 난하(灤河) 서쪽에 위치한 만번한(滿

---

110) 전게 부도지, 71~72쪽 참조

番汗)까지 이르게 되었다.

(2) 단군조선 삼한관경 내의 반역 또는 반란

1) 열양 욕살 색정(索靖)

서기전 2177년 열양(列陽)의 욕살(褥薩) 색정이 약수(弱水)에 종신극치(終身棘置)에 처해졌는데 이후 사면되어 약수(弱水)에 봉해졌으며, 흉노(匈奴)의 조상이 되었다 한다.[111]

색정(索靖)의 죄명은 기록되어 있지 아니하나 아마도 단군의 명을 어기거나 백성들을 잘못 다스린 것으로 추정된다.

약수는 흉노의 활동지역에 포함되는 태원(太原) 서쪽의 황하북류(黃河北流) 상단(上端)지역의 동쪽을 포함하는 지금의 오르도스 지역에 있는 황하의 지류에 해당하는 강이 될 것이다. 종신극치는 죽을 때까지 가시나무로 둘러싸인 울타리속에 갇혀 지내는 형벌인데, 주로 탱자나무로 울타리를 만들었다.

열양은 요동(遼東)이라고도 하는데, 요동과 요서를 구분하는 선은 당시 대요수(大遼水)가 되는 지금의 북경근처를 흐르는 영정하(永定河)가 되어, 지금의 고하(沽河) 지역이 된다.

흉노는 단군조선으로 보면 "서쪽지역"에 해당하는데, 고구려의 계루, 연나, 소노, 절노 등 오부(五部)의 방향에서 연나(椽那)와 관련된 말로 보이는데, "하늬바람"의 하늬는 서쪽을 가리키는 말로서 이 "하늬"와 통하는 말이 될 것이다.

소위 흉노족은 단군조선의 한 부족(部族)으로서 서기전 6세기경부터 본격적으로 활동하기 시작하여 팽창하였고, 서기전 2세기경까지 선비, 몽골 지역의 대부분을 차지한 적도 있으며, 후에 이들 흉노의 땅은 견이(畎夷:견족)의 후예가 되는 돌궐(突厥:투르크:터키)이 차지하게 되었다.

---

111) 전게 한단고기 〈단군세기〉, 68쪽 참조

2) 강거(康居)의 반란

강거의 땅은 지금의 티베트지역이 되는데, 서기전 2175년에 강거(康居)가 반란을 일으키자 지백특(支伯特)에서 정벌하였다라고 기록되고 있다.[112]

여기서 강거는 인명(人名)으로서 후대에는 씨족이나 부족의 이름이 되며, 지백특(支伯特)은 티베트라는 소리를 이두식으로 표기한 글자가 된다. 배달나라 시대에 치액특(蚩額特) 한웅(桓雄)이 계셨던바, 이 티벳과 관련이 있는 것으로 보이는데, 아마도 치액특(티벳)에 봉해졌던 일로 이름이 붙여진 것으로 보인다.

티베트지역은 파미르고원의 동쪽에 해당하는 지역으로서, 티베트의 동쪽 지역으로 서안의 서쪽 지역은 한배달조선의 백족(白族:백이, 西夷, 서융)과 견족(畎族:견융)이 활동하던 지역이 된다. 티베트지역은 단군조선 삼한관경 내 36주(州)에는 속하지 아니하나 단군조선 9족의 영역에 속하는 것이 된다.

천산(天山)의 남동쪽에 위치하는 삼위산(三危山)과 서안(西安)에 걸치는 지역이 견족 즉 견이의 활동지역이 되는데, 고대중국은 이 견이를 견융(犬戎)이라고도 하고 경우에 따라 서융(西戎)으로 포괄적으로 부르기도 한 것이 되는 바, 견이는 황족(黃族. 황이)의 일파로서 후대에는 돌궐로 이어진다.

백족 즉 백이(白夷)는 서기전 7197년경 파미르고원에서 사방분거하기 이전에 먼저 파미르고원의 마고성(麻姑城)을 떠나 동쪽의 사막지대로 가서 정착한 지소씨족(支巢氏族)의 후예가 되는데, 한국(桓國)시대에 서안(西安) 서쪽으로 주로 사막지대에 의지하여 살았던 것이다. 이후 새로이 이주해 오던 웅족(熊族)들에게 해를 가하며 텃세를 부리던 호족(虎族)은 백족(白族)의 일부족속이며, 서기전 3897년경에 배달나라를 세운 한웅 천왕에 의하여 사방으로 추방당하여 흩어졌던 일이 있는데, 서기전 2698년경 헌구(軒丘)에 살던 일부의 호족(虎族)인 토착인은 유웅국(有熊國) 황제헌원(黃帝軒轅)의 백성이 되기도 하였다. 후대에 황하상류 지역에 살던 백족은

---

112) 전계 한단고기 〈단군세기〉, 68쪽 참조

서이(西夷)라고도 불리며 주(周) 나라의 주축세력이 되기도 하였던 것이 된다.

서기전 7197년경 파미르고원에서 사방 분거할 때, 동쪽으로 이주한 청궁씨족(靑穹氏族)의 일부가 티베트고원 지역에 정착한 것으로 보이는데, 청궁씨는 황궁씨와 함께 마고(麻姑)의 딸인 궁희(穹姬)의 아들이며, 운해(雲海)의 땅 즉 황하와 양자강 유역을 따라 동쪽으로 이동하여 후대에는 적족(赤族:赤夷:남만)과 남족(藍族:藍夷)으로 불린 것이 된다. 청궁씨족은 황궁씨족과 함께 푸른반점 즉 몽골반점이 특징적이라 할 수 있다.

3) 두지주(豆只州) 예읍(濊邑)의 반란

서기전 2173년 두지주 예읍이 반란을 일으키니 여수기(余守己)가 그 추장(酋長) 소시모리(素尸毛犁)를 참하였다. 이후 이 예읍은 소시모리로 불리다가 음이 변하여 우수국(牛首國)이 되었다. 소시모리의 후손에 협야노(陝野奴)라는 자가 바다로 도망쳐 삼도(三島)에서 천왕을 참칭하였다.[113]

두지주 예읍은 예국(濊國)의 제후 여수기가 봉해진 나라의 한 읍으로서 그 추장인 소시모리가 반란 주모자였는데, 여수기가 제3대 가륵 천왕의 명을 받아 토벌하여 소시모리를 처형한 것이다.

소시모리의 후손에 일본의 국조신(國祖神)이 되는 천조대신(天照大神:대일령존:요하유)이 있고 그 후손에 협야후(陝野侯) 배반명(裵幣命:도반명)과 형제들이 있었는데 그 형제들 중 막내인 신무(神武)라는 자가 서기전 667년 협야후를 따라 삼도의 반란을 진압한 후 서기전 663년까지 사이에 다른 형제들을 모두 제거하고 서기전 660년에 스스로 왕이 되어 단군조선을 반역하여 천왕이라 참칭하였다. 이것이 일본역사의 시작이다. 여기서 협야노는 곧 반역자(反逆者)인 신무를 가리키는 것이 된다.

---

113) 전계 한단고기 〈단군세기〉, 68쪽 참조

4) 청해(靑海) 욕살 우착(于捉)의 반란

서기전 1984년에 청해 욕살 우착이 군대를 일으켜 궁성을 침범하니 제9대 아술(阿述) 천왕이 상춘으로 피하였고, 구월산의 남쪽에 신궁을 지었으며, 우지(于支)와 우율(于栗)에게 명하여 토벌케 하여 죽였고, 3년 뒤인 서기전 1981년에 아사달로 환궁하였다.[114]

여기서 청해(靑海)는 티베트고원의 동쪽에 위치한 지금의 청해성(靑海省) 지역이 된다. 청해지역은 단군조선 삼한관경 내 36주(州)에는 속하지 아니하나 단군조선 9족의 영역에 속하는 것이 된다. 단군조선의 영역은 36주(州)의 땅이 되는 삼한관경 밖으로 동서 2만리, 남북 5만리의 땅이며, 파미르고원의 동쪽 지역 전체로서 약 1,000주(州)에 해당하는 땅이 된다.

1주(州)는 가로와 세로가 각 1,000리 즉 방(方) 1,000리가 되는데, 천자국인 고대중국은 9주의 나라로서 방 3,000리의 나라가 되고[115], 단군조선 삼한의 1/4에 해당하며, 단군조선 전체영역으로 보면 조공국이 되어 단군조선에 속하는 나라로서 그 영토는 1/111에 해당하는 나라가 된다. 제후국들은 바깥 경계가 있으나, 단군조선은 제후국들의 천조(天朝) 즉 하늘나라로서 외곽 경계가 없는 것이 된다.

우착의 난을 진압한 우지와 우율은 이름으로 보아 우착의 친족으로 보인다. 즉, 청해 욕살인 우착이 반란을 일으키자 단군조선 조정에서는 그 형제나 친족인 우지, 우율에게 명하여 난을 진압하게 한 것이 된다.

우착의 난으로 서기전 1984년부터 서기전 1981년까지 3년간 상춘(常春)의 신궁(新宮)에서 지낸 것이 된다. 이 신궁은 나중에 색불루 천왕이 서기전 1285년에 제22대 천왕으로 즉위한 곳이기도 하다.

---

114) 전게 한단고기 〈단군세기〉, 80쪽 참조
115) 전게 예(예기(상), 〈제5 왕제〉, 170~171쪽 참조

5) 우현왕(右賢王) 색불루(索弗婁)의 혁명

서기전 1286년에 조부(祖父)인 우현왕 고등(高登)을 세습하여 우현왕이 된 색불루는 제21대 소태(蘇台) 천왕이 종실(宗室)인 서우여(徐于餘)에게 천왕 자리를 물려주려 하자, 우현왕 색불루가 여러차례 간(諫)하여 말렸으나 소태 천왕이 끝내 듣지 않자 스스로 부여(夫餘:상춘)의 신궁(新宮)에서 즉위하니, 소태 천왕이 옥책(玉冊)과 국보(國寶)를 전하고 선양(禪讓)하게 되었고, 이에 서우여를 폐하여 일반인이 되게 하였으며, 스스로는 아사달에 은퇴(隱退)하여 붕어하셨다.[116]

우현왕 고등(高登)은 장당경이 있는 개사원(蓋斯原)의 욕살로서 서기전 1289년에 귀방(鬼方)을 습격하여 멸망시키고 서북의 땅을 차지하여 세력이 강해졌으며, 이에 소태 천왕에게 우현왕에 임명해 줄 것을 청하여 끝내 우현왕에 봉해졌던 것이다. 고등왕을 두막루(豆莫婁)라고도 부른다. 개사원(蓋斯原)은 개원(開原)의 땅으로서 지금의 심양(瀋陽)에 해당하는 지역이며, 단군조선 시대의 장당경(藏唐京)이 있던 곳이다.

귀방은 단군조선의 서남쪽 지역이 되고, 은(殷)나라로 보면 은나라의 북쪽이 되는 지역으로서 태원 이북지역이 된다. 특히 태원 이북지역은 서기전 1120년경에는 은 왕족 기자(箕子)가 주나라의 신하가 되지 않고 망명하여 자리 잡은 땅으로 기후국이 있었던 것이 된다. 기후국(箕侯國)의 이북에는 단군조선의 군국(君國)이던 구려국(句麗國)이 있었고, 동쪽으로 태항산(太行山) 동쪽에는 고죽국(孤竹國)이 있었다.

우현왕 색불루는 고씨(高氏) 천왕(天王)의 시조가 된다. 서기전 239년 해모수가 고리국(구려국) 출신으로서 북부여를 차지하여 서기전 232년에 단군조선을 접수하니 북부여 시조라고 하고 또한 고구려(高句麗)라고도 부른다. 고구려는 곧 고씨(高氏)의 구려(句麗)라는 말도 된다. 고구려의 직계(直系)로 먼 시조가 곧 고등(高

---

116) 전게 한단고기 〈단군세기〉, 98~99쪽 참조

登)으로서 고구려는 고등을 제사지낸 시조로 삼은 것이 된다. 해모수를 천왕랑(天王郎) 또는 천제자(天帝子)라 함은 곧 단군조선 고씨 단군의 후손임을 나타내는 말이 된다.

색불루 천왕은 군사력으로 천왕 자리를 차지함으로써 소위 성공한 쿠데타의 주인공이 된다. 색불루가 천왕 자리를 소태 천왕의 의사에 반하여 차지하자, 제후들과 백성들이 등을 돌렸는데, 색불루 천왕이 서우여를 번한(番韓)으로 봉하고 여원흥(黎元興) 등이 제후들을 설득하는 등 하여 결국 천왕으로 인정받았던 것이 된다.

이로써 이후 일부 사서에서 소태 천왕까지를 단군조선의 역년으로 기록하고 이후에는 조선이 아닌 부여시대로 기록하는 까닭이 되기도 한다. 삼국유사(三國遺事)에서는 단군의 나이를 1908세라 하여 서기전 2333년부터 서기전 426년까지 단군조선으로 기록하고 있고, 한편으로는 서기전 1286년의 사건으로 군신관계 즉 나라는 없어지고 아버지와 아들이 대를 이은 역사로 비유하고 있기도 하다.

두막루(豆莫婁)라는 말은 "큰 머리", "큰 마루"의 뜻으로 고구려 재상인 대막리지(큰 머리치: 큰 마루치)와 통하는 말이 된다. 서기전 108년에 출현한 졸본(卒本) 출신의 동명왕(東明王) 고두막한(高豆莫汗)도 두막루이다.117)

6) 신독(申督)의 반란

서기전 1250년 변방의 장수 신독이 병력(兵力)을 믿고 반란을 일으켰는데, 색불루 천왕은 백성들과 함께 영고탑(寧古塔)으로 피하였다. 이후 서기전 1237년 가을 7월에 신독을 주살하고 백악산아사달(상춘, 부여)의 신궁(新宮)으로 환궁하였다.118)

여기서 신독의 반란은 서기전 1250년부터 서기전 1237년까지 약 13년에 걸친

---

117) 전게 한단고기 〈북부여기 하〉, 135쪽 참조
118) 전게 한단고기 〈단군세기〉, 100~101쪽 참조

반란으로 상당히 긴 기간에 걸친다.

영고탑은 재난이 있을 때 피하여 머물던 이궁(離宮)이다. 서기전 1250년부터 서기전 1237년까지 13년간 색불루 천왕이 영고탑에 머물렀는데, 단기고사(檀奇古史)에서는 서기전 1112년부터 서기전 238년까지의 수도를 영고탑으로 기록하고 있는 바, 이 단기고사는 대진국(大震國:발해) 시대에 지어진 것이어서 장당경 시대가 누락되어 있는 한편, 영고탑을 수도로서 강조한 것이 된다.

이궁(離宮)은 별궁(別宮)이라 할 수 있는데, 고대중국도 주(周) 나라 춘추전국 시대에 이궁(離宮)을 지은 것으로 기록되고 있다.

7) 웅습(熊襲)의 반란

서기전 723년 제35대 사벌(斯伐) 천왕이 장군 언파불합(彦波弗哈)을 보내어 바다의 웅습(熊襲)을 평정하였다.[119]

언파불합은 서기전 660년 일본 땅 왜(倭) 왕조의 시조가 된 신무(神武)의 아버지로서, 언파렴무로자초즙불합존(彦波瀲武鸕鷀草葺不合尊)이라고 불린다. 언파불합은 일본의 국조신(國祖神)이라 불리는 천조대신(天照大神)의 5세손(世孫)이 된다.

바다의 웅습(熊襲)은 구주(九州:큐슈)에 있는 지명이며, 후대에 웅본(熊本:구마모또)이라 불리는 땅이다. 웅습은 우리말로 곰숲으로 이두식 표기가 된다.

일본 땅은 북해도(北海道:홋가이도), 본주(本州:혼슈), 구주(九州:큐슈), 사국(四國:시코꾸)의 네 개의 섬으로 이루어져 있는데, 북해도와 본주의 북동지역은 단군조선의 동보(東堡)의 역할을 하던 예국(濊國)의 관할에 속하였으며, 본주의 남서지역과 구주와 사국은 남보(南堡)를 맡은 마한(馬韓)의 관할에 속하였던 것이 된다.

단군조선 말기에 이르자 마한의 관할에 속하던 구주의 웅습에서 반란이 일어나

---

119) 전게 한단고기 ,단군세기〉, 109~110쪽 참조

단군조선이 장군 언파불합을 보내어 평정한 것이 된다. 이에 공을 세운 언파불합이 구주의 협야에 봉해져 단군조선의 천하왕(天下王)으로서 소위 천자(天子)가 되는 협야후(陝野侯)라 불리는 것이 된다.

8) 삼도(三島)의 반란

서기전 667년 단군조선 제36대 매륵(買勒) 천왕 때 협야후(陝野侯) 배반명(裵幋命)을 보내어 바다의 도적을 토벌케 하니, 12월에 삼도(三島)가 모두 평정되었다.[120]

배반명은 언파불합의 차자(次子)이다. 서기전 723년경에 협야후에 봉해진 언파불합이 죽으면서 협야후의 자리를 둘째 아들인 도반명(稻飯命)에게 승계시킨 것이 된다. 협야후 배반명(裵幋命)은 곧 도반명(稻飯命)의 다른 표기로서 같은 인물이며 천조대신(天照大神)의 6세손인 것이다.

삼도(三島)는 본주(혼슈), 구주(큐슈), 사국(시코꾸)의 세 섬을 가리키는데, 서기전 723년에 구주의 웅습에서 일어난 난을 언파불합 장군이 평정하였고, 서기전 667년에 일어난 삼도의 난은 언파불합의 대를 이은 협야후 배반명이 12월이 이르러 모두 평정한 것이 된다.

9) 신무(神武)의 반역

서기전 660년 신해년(辛亥年)에 협야후 배반명의 아우이던 신무(神武)가 단군조선을 반역(反逆)하여 천황(天皇)이라 참칭하였다.

즉, 서기전 667년 12월에 협야후(陝野侯) 배반명(裵幋命)이 삼도(三島)를 모두 평정하였는데, 이때 협야후의 무리이던 신무(神武)라는 자가 반란을 꾀하여 서기전 663년까지 사이에 협야후 배반명(裵幋命:稻飯命)을 포함한 언오뢰명(彦五瀨命),

---

120) 전게 한단고기 ,단군세기〉, 110~111쪽 참조

삼모팔야명(三毛八野命)을 모두 살해하여 바다에 수장(水葬)시키는 방법으로 제거하고, 서기전 660년에 천황이라 참칭하였던 것이다.[121]

이로써 서기전 660년부터 일본의 독립적인 왕조시대가 시작되었는데, 단군조선의 삼한관경에서 멀리 떨어져 통제가 거의 미치지 못하는 제후국들의 제후들이 서서히 반역을 꾀하고 왕(王)을 참칭하기에 이르렀고, 서기전 426년에는 우화충(于和沖)의 반란으로 수도를 장당경(藏唐京)으로 옮기는 등 국력의 쇠퇴를 겪게 된다.

신무왕(神武王)은 단군조선의 질서에서 이탈하여 서기전 660년에 본주(혼슈)의 왜(倭)라는 땅에서 천황을 참칭하고 왕조시대를 열었던 것으로, 단군세기에서 협야노(陝野奴)라 하여 반역자로 적힌 것이며, 일본 국조신인 천조대신(天照大神)[122]의 6세손(世孫)이 된다.

10) 융안(隆安) 엽호(獵戶) 우화충(于和沖)의 반란

서기전 426년에 융안의 사냥꾼 우화충이 장군을 자칭하며 수만명의 무리를 모아 서북 36군을 함락시키고 겨울에 도성을 에워싸고 공격하니 제43대 물리(勿理) 천왕은 좌우 궁인(宮人)과 종묘사직의 신주(神主)들을 모시고 배를 타고 피난하여 바닷가로 가셨다가 붕어하셨다.

당시 백민성(白民城) 욕살 구물(丘勿)이 어명을 받들어 군대를 일으켜 장당경(藏唐京)을 선점하니 동서압록의 18성이 원조하였다.

서기전 425년 3월에 큰물이 도성을 휩쓰니 적병들이 큰 혼란에 빠져 구물 천왕이 만명의 군대를 이끌고 가서 정벌하여 우화충을 죽였다. 이에 구물이 여러 장수의

---

121) 성은구 역주, 일본서기 〈권제3〉, 고려원, 1993, 105~125쪽 참조

122) 천조대신이 가지고 있던 거울은 제사장인 천군(天君)의 상징물이며, 단군조선의 종교문화의 한 단면이 된다. 즉, 일본의 혈연적 종교사상적 근원이 단군조선이 되는 것이다. 서기전 660년에 신무왕의 왜가 독립왕조를 시작한 것은 거리상으로 또 군사적인 힘으로 본국인 단군조선(마한)의 간섭을 배제시킬 수 있었기 때문에 가능한 것이 된다.

추앙을 받아 3월 16일 하늘에 제사지내고 장당경에서 즉위하였다. 이에 나라이름을 대부여(大扶餘)라 하였다.[123]

우화충은 장군이 아니었으면서 장군을 참칭하여 무리를 모아 반란을 일으킨 것이고, 구물은 백민성 욕살로서 물리 천왕의 명을 받아 군대를 일으켜 장당경을 선점하고 동서압록 18성의 원조를 받은 것이다.

물리 천왕은 상춘(常春)의 신궁(新宮)을 탈출하여 강을 따라 내려와 아마도 지금의 요하하류에 도착하였으나 붕어하고, 이때 욕살 구물이 상춘의 남서쪽에 있는 장당경을 선점하여 거점으로 삼으니 지금의 요하가 되는 서압록과 지금의 압록강이 되는 동압록 사이의 18개의 성주(욕살에 해당)들이 원조를 한 것이 된다.

서기전 425년 3월에 진압군들은 상춘 신궁의 반란군을 토벌하기 위하여 수공(水攻)을 행한 것이 된다. 즉, 도성을 휩쓴 물은 그냥 홍수가 아니라 물을 가두어 터뜨려서 상춘의 도성을 물로 잠기게 하여 반란군을 혼란에 빠뜨린 후 공격하여 평정한 것이 된다.

음력으로 3월 16일은 대영절(大迎節)이라고도 하는데, 봄에 열던 삼신영고제(三神迎鼓祭) 즉 삼신맞이굿을 벌이던 날로서, 반란군을 모두 평정한 후 이 날에 욕살 구물이 천왕으로 즉위한 것이 된다. 하루전날인 3월 15일은 단군왕검(檀君王儉) 천제(天帝)께서 붕어한 날로서 어천절(御天節)이라고 한다. 초겨울이 되는 음력 10월에 열던 나라 전체의 축제는 국중대회(國中大會)라 불린다.

말기 단군조선의 수도인 장당경(藏唐京)은 중부여 지역에 해당하고, 후기 단군조선의 수도인 백악산아사달의 상춘(常春)은 북부여 지역에 해당한다. 전기 단군조선의 수도인 송화강 아사달 즉 하얼빈 지역은 숙신 땅에 해당한다. 그리하여 전기 단군조선을 숙신(肅愼)으로, 후기 단군조선을 부여(夫餘)로 기록하거나 대칭(代稱)으로 사용하기도 하였던 것이 된다.

---

123) 전계 한단고기 〈단군세기〉, 113~114족 참조

(3) 방비체제(防備體制)

단군조선(檀君朝鮮)은 마고(麻姑)시대의 마고성(麻姑城) 제도를 본 따 1천부단(天符壇) 4보(堡) 제도를 정립하였다.[124] 즉, 단군조선 삼한관경 내에서 중앙에 해당하는 지금의 백두산인 태백산을 삼신(三神)의 자리로 모시고 제천단(祭天壇)인 천부단을 쌓고, 사방에 방비체제인 각 보(堡)를 두었는데, 북에는 북보(北堡)로서 진한(眞韓)을 두고, 동에는 동보(東堡)로서 예(濊)로써 봉하고, 남에는 남보(南堡)로서 마한(馬韓)을 두고, 서에는 서보(西堡)로서 번한(番韓)을 두었던 것이다.

북보인 진한(眞韓)은 사방(四方)의 대표격으로서 중앙의 천부단 자리인 삼신(三神)을 대리하여 나라 전체를 통할하고, 동보인 예(濊:예국)는 다른 보(堡)와는 달리 그 비중이 약하여 한(韓)으로 봉하지 않고 일반 제후(諸侯)로 봉한 것이며, 남보인 마한은 태백산(백두산)의 남쪽의 한반도 지역과 삼도(三島) 등 바다지역을 관할하고, 서보인 번한은 서쪽에서 질서를 어지럽히던 반역(反逆)의 잠재세력인 당요(唐堯)를 경계하는 역할을 맡고 발해만 유역과 산동지역을 관할하였다.

단군조선 초기에 특히 서쪽의 방비에 역점을 두었으니, 단군조선 초기가 되는 서기전 2301년 경자년에 요중(遼中) 12성을 쌓아 당요(唐堯)와 단군조선의 환부(鰥夫)의 직을 버리고 요(堯)에 협조하게 된 순(舜)의 소행을 경계하였는데, 이해는 단군왕검(서기전 2333년~서기전 2241년, 93년) 33년이 되는 해이며, 번한 제2대 낭야(琅耶:서기전 2311년~서기전 2238년)가 11년이 되는 해가 된다.

아래에서는 단군조선의 번한 요중12성에 관하여 살펴보기로 한다.

1) 요중(遼中) 12성(城)

서기전 2301년 경자년에 쌓은 요중 12성은 험독(險瀆), 영지(令支), 탕지(湯池), 통도(桶道), 거용(渠庸), 한성(汗城), 개평(蓋平), 대방(帶方), 백제(百濟), 장령(長

---

124) 전게 부도지, 45~46쪽 참조

嶺), 갈산(碣山), 여성(黎城)이다[125].

2) 요중 12성을 쌓은 목적

단군왕검은 서기전 2333년경 치우천왕(治尤天王)의 후손이 되는 치두남(蚩頭男)을 번한(番韓)으로 봉하였고, 서기전 2267년 도산회의(塗山會議) 이후에는 겸하여 우(虞)의 정치를 감독케 하였다.

여기서 치두남은 사람 이름이기도 하겠지만, 남작(男爵)일 가능성도 있으며, 치두(蚩頭)라 불리는 남작(男爵)을 승진시켜 군(君)보다 위가 되는 번한(番韓)으로 봉한 것으로 된다.

서기전 2333년경 단군조선과 대립한 나라는 당(唐)나라인데, 당요(唐堯)는 배달나라의 천자 황제헌원(黃帝軒轅)의 나라인 웅국(熊國)의 왕(천자) 제곡고신씨(帝嚳高辛氏)의 아들로서 서기전 2401년에 출생하고 서기전 2282년에 도(陶)에 봉해졌으며, 서기전 2357년에는 이복형 제지(帝摯)를 공격하여 멸하고 천자(天子) 자리를 찬탈하고서 스스로 제왕(帝王)이라 주창하였고, 마음대로 땅을 차지하여 9주(州)로 나누는 등 이웃 나라를 함부로 침략하였고 급기야는 단군왕검이 비왕(裨王)으로 섭정(攝政)하던 단웅국(檀熊國)을 기습점령하였던 인물이다.

단군왕검은 순방정치를 하다가 서기전 2334년에 결국 당요에게 왕성을 기습 점령당하였는데, 이에 단웅국 천자이던 홍제(洪帝)께서 붕하시므로 측근의 무리 800을 이끌고 동북으로 3,000리 이상 떨어진 아사달로 피하여 나라를 정비하였던 것이며, 서기전 2333년 10월 3일에 구족의 추대에 응하여 임금이 되어 배달나라와 단웅국의 정통을 계승하여 조선을 개국하였던 것이다.

우(虞)는 순(舜)임금의 나라를 가리키는데, 순임금은 서기전 2343년생이며, 서기전 2324년에 아버지 유호씨(有戶氏)를 따라 환부(鰥夫)의 직을 수행하며 요임금

---

125) 전게 한단고기 〈태백일사/삼한관경본기, 번한세가〉, 217쪽 참조

을 토벌하러 갔던 인물로서, 서기전 2314년 30세에 요임금에게 등용되었고, 서기전 2294년 50세에 섭정을 맡았으며, 서기전 2284년에 요임금으로부터 선양을 받아 천자가 되어 서기전 2224년까지 나라를 다스렸다.

번한 치두남은 서기전 2333년경에 봉해져 서기전 2312년에 사망하고, 치두남의 뒤를 이어 제2대 번한 낭야(琅耶)가 서기전 2311년에 즉위하여 사자(使者) 유호씨(有戶氏)와는 별도로 계속적으로 당요(唐堯)와 순(舜)을 경계한 것이 되며, 서기전 2301년에 결국 요중(遼中) 12성을 완성한 것이 된다.

결국 요중 12성을 쌓은 이유는 요임금과 순을 경계하고 방비하기 위한 것이 된다. 즉, 단군왕검 천제(天帝)께서 나라를 정비한 후 서기전 2324년에 중신(重臣)이던 유호씨(有戶氏)에게 환부(鰥夫), 권사(權士) 등 100여명과 군사를 내주어 요(堯)를 토벌토록 하였던 것이며, 이때 당요는 정세를 간파하고 무조건 굴복함으로써 나라를 보존하였고, 이후 순(舜)의 사람 됨됨이를 살피다가 두 딸을 시집보내는 등 하여 서기전 2314년에 순을 등용함으로써 순을 자기사람으로 만들었는데, 이에 유호씨는 요와 순의 소행을 감시만 하였던 것이고, 이리하여 서기전 2301년에 쌓은 요중 12성은 언제 반역할지 모르는 당요(唐堯)와 당요의 협조자가 된 순(舜)을 감시하고 견제하기 위한 전략에서 쌓은 것이 되는 것이다.

3) 번한(番韓) 요중(遼中) 12성(城)의 위치 고찰

험독(險瀆), 영지(令支), 탕지(湯池), 통도(桶道), 거용(渠鄘), 한성(汗城), 개평(蓋平), 대방(帶方), 백제(百濟), 장령(長嶺), 갈산(碣山), 여성(黎城) 등 단군조선의 서보(西堡)이던 번한(番韓)의 요중(遼中) 12성(城)은 서기전 2301년에 쌓은 것이다.

요동(遼東)과 요서(遼西) 지역에 있어 요중(遼中)이라 하며, 당시 요동과 요서의 구분 기준선은 대요수(大遼水)이던 지금의 북경 부근을 흐르는 영정하와 소요수(小遼水)이던 지금의 장가구 북동에서 남서로 흘러 영정하에 합류하는 청수하(靑水河)가 된다. 여기서 요중 12성은 대체적으로 대요수이던 지금의 영정하를 가운데 두고 동서로 나누어 쌓은 것이 되는 것이다.

우리 기록에서 요동과 요서를 구분하는 요수(遼水)는 대체적으로 서기전 365년 이전까지는 대요수(大遼水)이던 지금의 영정하(永定河)가 되며, 서기전 365년 이후부터 서기 980년경까지는 패수(浿水)이던 지금의 난하(灤河)가 된다. 한편, 중국 측의 기록에서는 서기 250년경 위오촉(魏吳蜀)의 삼국시대는 물론, 서기 980년경 거란의 요(遼)나라가 요하(遼河)를 지금의 요하 즉 요동반도 서편에 흐르는 강으로 옮기기 이전까지, 줄곧 요동과 요서의 구분선은 대요수(大遼水)이던 지금의 영정하(永定河)가 고정적인데, 이후 중국의 기록에서 요수(遼水)를 고하(沽河:백하), 난하(灤河), 대릉하, 요하(遼河) 등으로 동쪽으로 이동시키는 수법으로 날조하고 있는 것이 된다.

번한 요중 12성을 쌓은 이유는 서기전 2300년경 당시 잠재적인 반역자가 되는 당요(唐堯)와 순(舜)을 경계하고 방비하기 위한 것이며, 이후에는 하은주(夏殷周)를 감시하고 경계한 것이 된다.

아래에서는 번한 요중 12성의 위치에 관하여 살펴보기로 한다.

(가) 험독(險瀆)

험독은 번한(番韓)의 가장 중요한 수도이기도 하다. 번한의 최초의 수도이기도 하고 마지막 수도이기도 하며, 줄곧 가장 중요한 역할을 한 곳이 된다. 서기전 194년에 번조선을 차지한 위만(衛滿)도 험독을 수도로 삼았으며, 서기전 108년에 한(漢) 나라에 망할 때까지 수도였다.

험독은 지금의 산해관(山海關) 자리이다. 지금의 난하(灤河)가 되는 옛 패수(浿水)의 동쪽으로 발해만 유역에서 해안가 가까운 곳에 위치한다. 번한의 수도이므로 왕검성(王儉城)이라 불리며 때로는 검(儉)을 험(險)으로 오기하여 왕험성(王險城)이라 기록하기도 한다.

험독은 번한의 5개 수도 중에서 동경(東京)에 해당하여 소위 오덕지(五德地)의 하나이다. 대요수이던 영정하는 물론 난하의 동쪽에 위치하여 요동지역에 위치한다. 이는 단군왕검 천제(天帝)가 서보(西堡)로서의 번한의 수도를 개국 초기에 동쪽에 위치한 곳을 택하여 최적지로서 삼았던 것이 된다.

(나) 영지(令支)

영지의 위치는 정확히 알기 어려우나, 춘추시대인 서기전 665년 제(齊)나라 환공(桓公)이 영지국(永支國)과 고죽국(孤竹國)을 정벌한 기록으로 볼 때, 연나라의 북쪽에 위치하는 것이 된다. 연나라의 북쪽은 당시로는 대체적으로 탁수(涿水) 지역 이남이 되는데, 탁수 이북 즉 지금의 북경(北京)과 천진(天津)을 중심으로 한 나라가 고죽국이 되며, 영지국이라 불리는 영지성(永支城)은 고죽국의 수도에서 서북쪽에 위치한 것이 된다.

그래서 영지성은 고죽국의 수도가 있던 곳이 되는 탁수지역으로 볼 때 유수(濡水)라 불리던 지금의 탁수(涿水) 최상류에 위치한 것이 되며, 북경의 남서쪽에 위치한 것이 되는데, 지금의 대동(大同)과 천진의 중간 쯤에 위치한 것이 된다. 그리하여 영지성은 대요수이던 지금의 영정하 남서쪽에 위치한 것이 되어 항상 요서지역에 있었던 것이 된다.

서기전 707년 단군조선이 연(燕)나라를 돌파하여 제(齊)나라와 제나라 수도이던 임치(臨淄) 부근에서 전쟁을 하여 승리한 후[126], 서기전 665년에 제나라 환공이 영지국과 고죽국을 정벌하였다고 기록되고 있으며, 서기전 653년에 다시 단군조선이 수유(須臾:箕侯國:기자족)의 군대와 함께 연나라를 치니 연나라가 제나라에 도움을 청하여 고죽국에 크게 쳐들어 왔으나 곧 화해하고 물러갔으며, 서기전 651년에 제나라와 연나라가 다시 산융(山戎), 이지(離支), 고죽국을 정벌하였다고 기록된다.

---

126) 전계 한단고기 〈단군세기〉, 109~110쪽 참조

여기서 이지(離支)는 영지(永支)가 되며, 산융(山戎)은 이지와 고죽국의 북쪽에 위치한 단군조선의 군국(君國)인 구려(句麗)를 가리키는 것이 되고, 이때의 산융은 위치상으로 보면 고죽국과 낙랑의 북쪽에 위치한 구려국 땅이 된다. 태항산의 서쪽이 되는 서화(西華)라는 땅은 은(殷)나라 태사 기자(箕子)의 망명지가 되며, 기자의 후손을 수유라고도 불리는데, 수유, 고죽 외의 구려(句麗)가 산융(山戎)이라 적힌 것이 된다.

(다) 탕지(湯池)

탕지는 탕지보(湯池堡)라고도 하며 고구려의 요서(遼西) 10의 하나인 안시성(安市城)이다.[127] 이 탕지는 번한의 수도인 오덕지(五德地) 중의 하나로서 구 안덕향(舊安德鄕) 즉 옛날의 안덕향이라 불리우는 곳으로 중경(中京)이 되는 개평(蓋平)의 북쪽이자 동경(東京)이 되는 험독(險瀆)의 서북에 위치하여 북경(北京)이 되고, 패수이던 지금의 난하의 서편에 위치하였던 것이 되며, 난하를 지나고 있는 현재의 만리장성으로 볼 때 그 남쪽에 위치하고 있는 것이 된다. 난하(灤河)를 가로 지나는 소위 만리장성은 위씨조선(衛氏朝鮮)이 한(漢) 나라에 망한 서기 108년 이후에 쌓은 것이 된다.

탕지는 대요수이던 영정하의 동쪽에 있어 요동지역이 되며, 서기전 365년 이후 우리 기록에서 패수(浿水)이던 지금의 난하를 요동과 요서로 구분할 때는 요서지역에 해당한다. 난하는 서기 980년경 요(遼:거란)가 수도를 임황(臨潢)에서 동쪽으로 옮기면서 지금의 요동반도 서쪽을 흐르는 강을 요하(遼河)라고 하기 전까지는 요동과 요서의 구분하는 강이었다. 즉, 거란의 요(遼)라는 나라 이름이 곧 요수(遼水) 등으로 불리는 요(遼)라는 땅에 있어 붙인 국호가 되며, 요의 초기 수도이던 임황은 대요수이던 영정하와 후대에 소위 요수가 되는 난하(패수)의 동쪽에 위치하고 또한

---

127) 전게 한단고기 〈태백일사/고구려국본기〉, 285~288쪽 참조

소요수(청수하)의 동쪽에 있어 요동 땅으로서 서안평(西安平)으로 불리던 곳이다.

(라) 통도(桶道)

통도성은 고려진(高麗鎭)이라고 불리며, 지금의 북경(北京) 안정문(安定門) 밖 60리 즉 24킬로미터 떨어진 곳에 위치하였다.[128] 북경의 동쪽 또는 동북쪽으로 60리가 된다.

통도성은 지금의 북경과 함께 대요수이던 영정하의 동쪽에 있어 요동지역이 되며, 패수이던 난하를 요동과 요서로 구분하던 때를 기준으로 하면 요서지역이 된다.

(마) 거용(渠鄘)

거용성의 위치는 불명인데, 대요수이던 지금의 영정하와 패수이던 지금의 난하 사이에 위치한 것이 된다. 대요수이던 영정하의 동쪽에 있어 요동지역이 되며, 패수이던 난하를 요동과 요서로 구분하던 때를 기준으로 하면 요서지역이 된다.

(바) 한성(汗城)

단군조선 번한의 한성(汗城) 고구려(高句麗) 요서(遼西) 10성 중의 하나인 한성(韓城)이 틀림없으며[129], 위치상으로 고하(沽河)의 최하류 지역에 위치하는 것이 되고, 서기전 323년에 기자(箕子)의 먼 후손인 읍차(邑借) 기후(箕詡)가 군사력으로 선점(先占)한 성으로 번한성(番汗城)이라고도 기록된다.

번한의 5개 수도가 되는 오덕지(五德地)의 하나에 해당하며, 중앙의 안덕향이라 불리는 중경(中京)인 개평의 서쪽에 위치하여 번한의 수도 중 서경(西京)에 해당한다.

---

128) 전게 한단고기 〈태백일사/고구려국본기〉, 286쪽 참조
129) 전게 한단고기 〈태백일사/고구려국본기〉, 288쪽 참조

한성은 대요수이던 지금의 영정하 동쪽에 위치하여 요동지역이 되며, 난하가 요동과 요서의 구분선이 되는 소위 요수(遼水)가 되는 때를 기준으로 하면 요서지역이 된다.

(사) 개평(蓋平)

번한 수도의 오덕지의 하나로서 안덕향(安德鄕)이라 불리며[130], 동서남북중 다섯 개의 수도 중에 중앙에 위치하여 중경(中京)이 된다. 개평은 지금의 당산(唐山) 바로 위에 개평(開平)이라는 이름으로 남아 있다.

개평은 대요수가 되는 지금의 영정하 동쪽에 있어 요동지역이 되며, 난하가 소위 요수가 되는 때를 기준으로 하면 요서지역이 된다.

(아) 대방(帶方)

번한 요중 12성의 하나가 되는 대방성의 정확한 위치는 불명이나, 낙랑(樂浪)의 위치를 고려하면 낙랑의 남쪽에 위치한 것이 된다. 그리하여 대방은 개평의 동쪽이자 험독의 서쪽이며 탕지의 남쪽이 되고 난하의 서쪽으로 발해만에 가까운 곳이 된다. 이 대방지역에 대수(帶水)가 서쪽으로 흐르는 것이 된다.

서기전 42년경 북부여의 졸본에서 소서노가 비류와 온조를 데리고 떠나 정착한 곳이 되는 패대(浿帶)지역이라고 할 때의 패(浿)는 패수(浿水)로서 지금의 난하가 되고 대(帶)는 대수(帶水)를 가리키는 것이 되는데, 여기서 대수는 지금의 요동반도의 서편에 흐르는 요하의 동쪽에서 서쪽으로 요하에 합류하거나 요동반도 서쪽으로 흐르는 어느 강이 되어, 번한 요중 12성의 하나가 있는 대방과는 다른 지역이 된다.

지금의 난하가 되는 패수(浿水)와 소위 요동반도 북쪽에 있는 대수(帶水) 사이에,

---

130) 전게 한단고기 〈단군세기〉, 74~75쪽 참조

낙랑(樂浪)이 패수에 동서로 걸쳐 있고, 진번(眞番)은 그 동쪽에 위치하는 것이 되는데, 진번(眞番)은 바로 진한(眞韓)과 번한(番韓) 사이의 땅이 되고, 진번의 동쪽지역은 요동반도 북쪽에 흐르는 대수(帶水) 가까이에 있는 것이 되는 바, 진번 땅인 진번국(眞番國)은 지금의 요하 바로 서쪽에 위치하고서 구려(句麗)의 동쪽이자 번한(番韓)의 동북쪽에 위치한 단군조선의 제후국이 된다.

대방은 대요수이던 지금의 영정하 동쪽으로 고하의 동쪽에 위치하고 난하의 서쪽에 위치하여 요동지역이 되며, 패수이던 난하가 요동과 요서의 구분선이 되는 때에는 요서지역이 된다.

(자) 백제(百濟)

일단 발해만 유역에 있었던 성이 되며 대방(帶方) 부근으로 추정된다.

(차) 장령(長嶺)

장령은 후대에 쌓은 소위 만리장성이 지나는 고개로 추정되며, 난하 중류지역의 바로 동쪽에 위치한 것이 된다. 즉, 난하 동쪽으로 장령을 지나는 소위 만리장성은 서기전 108년 위씨조선이 한(漢) 나라에 망한 이후에 축조한 것이 된다.

장령은 대요수이던 지금의 영정하 동쪽이자 패수이던 난하의 동쪽에 위치하여 항상 요동지역에 있었던 것이 된다.

(카) 갈산(碣山)

지명으로 보아 갈석산(碣石山)이 틀림없는데, 고구려의 요동성(遼東城)이 위치한 곳이 된다. 갈석산은 난하(灤河)의 동쪽으로 험독(險瀆)의 서쪽에 위치하고, 소위 진황도(秦皇島)의 서쪽에 위치하는 것이 된다.

여기서 소위 진황도는 진시황이 들렀던 곳이라 하나, 서기전 202년 한(漢) 나라의 연왕 노관(盧綰)이 번조선(番朝鮮)과 난하(灤河)를 국경으로 삼은 것을 보면, 난하의 동쪽지역은 곧 번조선의 영역인데 서기전 221년부터 서기전 210년 사이에 진시황이 들렀다는 진황도는 날조된 것이 명백한 것으로 된다. 즉, 지금의 진황도 자리는 진시황 시대에 진(秦)나라 영역이 아니라, 후대에 동쪽으로 옮긴 것이거나, 진시황이 유람차 잠깐 들렀다 간 곳을 진나라 땅인 것처럼 과장하여 이름 붙인 것이 된다.

한편, 중국의 삼국시대에 위(魏)나라 조조(曹操)가 요동을 정벌하고 이 갈석산에 올라 시를 지은 것이 있다고 전한다.

갈산 즉 갈석산은 대요수이던 지금의 영정하의 동쪽이자 후대의 소위 요수가 되는 난하의 동쪽에 위치하여 항상 요동지역에 있었던 것이 된다.

(타) 여성(黎城)

번한 요중 12성에 속하는 여성(黎城)의 위치는 불명이나, 대요수이던 지금의 영정하 부근에서 지금의 난하 부근 사이에 위치한 것이 된다. 한편, 여성(黎城)은 단군조선 초기인 서기전 2267년 이후 우순(虞舜) 때 구려분정(九黎分政)을 실시한 곳이 되는 산동(山東)지역에 있었던 것으로 추정되기도 한다.

서기전 1266년에 단군조선의 장수인 여파달(黎巴達)이 서쪽의 빈(邠), 기(岐)의 땅 가까운 곳으로 가서 유민들을 규합하여 세운 나라 이름이 여(黎)인데, 이 빈, 기의 땅은 주(周) 나라의 근거지이기도 하다.

번한 요중 12성의 하나인 여성(黎城)이 산동지역에 있는 것이라면, 대요수이던 영정하의 서쪽에 위치하는 것이 되어 항상 요서지역에 있었던 것이 된다.

(4) 병법무예(兵法武藝)

배달나라를 계승한 단군조선에는 군대를 관장한 우(尤)라는 직책을 두었으며, 국방을 담당한 관제로서 구가(狗加)와 마가(馬加)가 있었다. 이로써 이미 배달나라 시대에 군사를 다루는 병법(兵法)과 무예(武藝)가 정립되어 있었던 것이 된다.

서기전 2324년에는 단군왕검 천제(天帝)께서 유호씨(有戶氏)를 사자(使者)로 삼아 당요(唐堯)에게 도(道)를 깨우치도록 명하였는바, 유호씨는 환부(鰥夫), 권사(權士) 등 100여명과 군사를 인솔하여 당요를 토벌하러 갔던 것이며, 이에 당요가 정세를 알아차리고 무조건 굴복하였던 것이다.

서기전 2224년에 우(禹)가 반역(反逆)한 이후 약 30년에 걸쳐 유호씨가 하우(夏禹)와 그 아들 계(啓)를 토벌하였는데, 계가 수만의 군사로도 수천의 군사 밖에 안되는 유호씨에게 연전연패하였는 바, 전략전술(戰略戰術)의 병법(兵法)이 없을 리 없으며, 체력을 단련하고 병기를 다루는 무예(武藝)가 없을 리 없는 것이 된다. 이는 서기전 2700년경 배달나라 치우천왕이 헌원과의 전쟁에서 100전 100승을 한 사실로만 보아도 병법과 무예의 역사는 이미 배달나라 시대부터 이어져 온 것이 된다.

단군조선 시대에 국가의 방비를 위하여 삼한(三韓) 또는 사보(四堡) 제도를 두고, 서기전 2301년에 요중(遼中) 12성(城)을 축조한 것과, 수차례의 반란을 진압한 역사와 은탕(殷湯)의 군사와 연락하여 하걸(夏桀)의 군사를 쳐서 멸한 사실과, 서기전 1291년 이후 은나라 무정(武丁)의 침공을 격퇴하여 조공을 받거나 서기전 1236년에 은나라 땅을 정벌하여 제후국을 봉한 사실 등을 미루어 볼 때, 단군조선에는 이미 병법과 무예가 정비되어 있었던 것이 분명한 것이다.

단군조선 시대의 심신수련 단체인 국자랑(國子郞:천지화랑)은 나라를 지키는 기둥으로서 문예(文藝)와 병법(兵法)과 무예(武藝)를 익히며 심신을 단련한 것이 된다. 또, 지방에서는 소도(蘇塗) 옆에 경당(扃堂)을 두어 미혼의 젊은이들로 하여금 독서(讀書), 습사(習射), 치마(馳馬), 예절(禮節), 음악(音樂), 권박일술(拳撲釖術) 등 육예(六藝)를 익히게 하였으니[131], 독서, 예절, 음악은 병법(兵法)을 포함한 문예(文藝)에 속하며, 습사, 치마, 권박일술은 무예(武藝)에 속하는 것이다.

서기전 1595년 병술년(丙戌年)에 전략가(戰略家) 신우천(新尤天)이 신병서(新

---

131) 전게 한단고기 〈태백일사/삼신오제본기〉, 159쪽 참조

兵書) 한 질을 바치니, 제16대 위나(尉那) 천왕이 신우천을 상장(上將)으로 삼았다하고, 서기전 425년 3월에 큰 물이 백악산아사달의 도성을 휩쓸어 버리니 도적들이 큰 혼란에 빠져 구물(丘勿) 천왕이 만명의 군대로 정벌하니 도적들이 저절로 괴멸하여 반란자 우화충의 목을 베었다 하고, 서기전 339년에 연(燕)나라가 번조선의 안촌홀(安村忽)을 침략하였다가 패하여 대신(大臣)과 공자(公子) 등 자제(子弟)들이 번조선에 인질로 잡혔다는 사실 등에서, 단군조선에 병법과 무예가 없을 리 없는 것이다.

서기전 1122년에 세워진 주(周) 나라의 최고 건국공신인 강태공(姜太公)이 육도삼략(六韜三略)을 지었다 전하나, 그 병법의 원천은 곧 단군조선이 된다. 즉, 강태공은 은나라 말기에 산동지역의 동해안 출신으로서 단군조선의 번한 관경에 속한 청구국(靑邱國) 출신이 되며, 단군조선의 병법을 약 80세까지 익히고 서백(西伯)이던 창(昌:주문왕 추존)을 찾아가 등용되었고, 이어 주무왕이 된 발(發)을 보좌하여 폭정을 펼치던 은나라 주왕(紂王)을 쳐서 은나라를 멸망시키고 주나라를 건국하게 하였던 인물이다.

(5) 단군조선과 고대중국의 변경인 요수(遼水)지역 고찰

1) 번한(番韓) 요중(遼中) 12성

요중(遼中) 12성(城)이란 요동(遼東)과 요서(遼西) 지역에 있는 12성이라는 말이며, 서기전 2301년 당시의 요수(遼水)는 바로 지금의 북경 부근을 흐르는 영정하(永定河)가 된다. 곧 이 영정하는 대요수(大遼水)이며 이에 합류하는 소요수(小遼水)는 북동 지역에서 남서 방향으로 흘러 지금의 장가구(張家口) 부근에서 합류하는 청수하(淸水河)이다.

그리하여, 요중 12성 중에서 영지성(永支城)과 여성(黎城)은 요서지역에 있는 것이 되고, 험독, 탕지, 통도, 거용, 한성, 개평, 대방, 백제, 장령, 갈산은 요동지역에 위치한 것이 된다.

2) 서기전 202년에 요수가 된 패수(난하)

서기전 202년 한(漢) 나라의 연왕(燕王) 노관(盧綰)과 번조선(番朝鮮)이 국경으로 삼은 패수(浿水)인 지금의 난하(灤河)를 기준으로 하게 되면, 험독, 갈산, 장령은 요동지역이 되며, 탕지, 통도, 여성, 영지, 거용, 한성, 개평, 대방, 백제는 요서지역이 된다.

패수가 되는 난하를 요동과 요서를 구분하는 강으로 삼은 것은 우리 기록에 의하면 단군조선 말기인 서기전 365년으로 소급하게 되는데, 실제로는 패수를 한(漢) 나라와 국경으로 삼은 서기전 202년 이후가 되며, 한편 고대중국에서는 요동과 요서의 구분선이 이후에도 계속 대요수이던 영정하로 기록된다.

3) 고구려의 요수는 패수(난하)

그리하여 고구려(高句麗)는 패수인 지금의 난하(灤河)를 요동과 요서의 구분선으로 하였으며, 태조무열제(太祖武烈帝)가 요서(遼西) 10성을 쌓았는데, 이때 요동성(遼東城)만 요동에 있는 것이 되고 나머지는 요서지역에 있었던 것이 된다.

고구려의 요서 10성은, 안시(安市), 석성(石城), 건안(建安), 건흥(建興), 요동(遼東), 풍성(豊城), 한성(韓城), 옥전보(玉田堡), 택성(澤城), 요택(遼澤)이다.[132]

안시성은 번한 요중12성 중의 탕지(湯池)로서 개평(開平)의 동북쪽 70리에 있어 난하의 중하류 서편에 위치하고, 요동성은 창려(昌黎)의 남쪽 즉 갈산(碣山) 즉 갈석산(碣石山) 부근에 위치한 것이 되며, 한성(韓城)은 번한 요중 12성의 하나인 한성(汗城)으로서 풍성(豊城)의 남쪽 200리에 위치하고, 건안은 안시성의 남쪽 70리에 위치하며, 석성은 건안의 서쪽 50리에 위치하고, 건흥은 난하 서쪽에 위치하며, 풍성은 안시성의 서북 100리에 위치하며, 옥전보는 옛 요동국이라 하는데 영정하의 하류지역으로서 영정하의 바로 동쪽이자 한성(韓城)의 서남쪽 60리에 위치하는

---

132) 전게 한단고기 〈태백일사/고구려국본기〉, 288쪽 참조

것이 되고, 요택과 택성은 옥전보의 남쪽의 발해만 유역에 위치하는 것이 되는데 요택은 옛 황하북류(黃河北流)의 좌안(左岸) 즉 왼쪽 언덕에 위치하고 택성은 요택의 서남쪽 50리에 위치한 것이 된다.

특히, 옥전보는 지금도 개평(開平)의 서북쪽에 이름이 남아 있어 고구려의 요서 10성 중의 옥전보인지는 확실하지 아니한데, 고구려의 옥전보는 지금의 옥전보보다 더 서남쪽에 위치한 것으로 추정된다.

고구려의 요서10성은 모두 영정하의 동쪽에 위치하면서 난하의 서쪽에 위치하여 요서지역에 있는 것이 되고, 단지 요동성만 난하의 동쪽에 있는 갈석산 부근에 위치하여 요동지역이 된다.

지금의 요동반도 서쪽을 흐르는 요하(遼河)는 서기 980년경 요(遼:거란)나라가 요동의 서안평(西安平)이던 임황(臨潢)에서 수도를 지금의 요동반도 동쪽으로 옮기고, 요나라 수도가 있던 지금의 난하인 소위 요수를 동쪽으로 옮겨 붙인 명칭이 되므로, 지금의 요하는 고구려 이전의 요동과 요서의 구분선이 아닌 것이다.

원래 요동과 요서[133]의 구분선은 바로 대요수(大遼水)이던 영정하(永定河)이며, 서기전 202년 이후에는 우리 역사에서는 패수가 되는 난하를 기준으로 요동과 요서를 구분하였던 것이고, 고대중국은 이후에도 계속적으로 영정하를 기준으로 요동과 요서를 구분하였던 것인 바, 기록을 세심히 살펴 연대기적으로 요동과 요서를 명확히 구분지어야 하는 것인데, 서기전 202년 이후에는 우리 기록에서는 영정하와 난하 사이를 요서로 기록하며, 중국기록에서는 계속 요동으로 기록하는 것으로 되는 것이다.

옛 요동국이 위치하였다는 옥전보는 대요수이던 영정하 하류의 동쪽에 있었던

---

133) 역사적으로 요동과 요서라는 땅 만큼이나 그 위치가 오락가락하는 기록이 없다. 시대별로 구분하여 요동과 요서 지역을 확정하여야 할 것인 바, 특히 요동과 요서가 지역적으로 이동한 역사가 분명히 있음을 염두에 두고 연구고찰하여야 할 것이다.

것이 되며, 원래 연(燕)나라는 요서지역에 있었으나 고죽국을 차지함으로서 요동지역까지 들어오게 되었던 것이고, 이후 이 요동국은 요서지역이 되었던 것이 되는데, 번조선이 연(燕)나라와 전쟁을 하면서 땅을 잠식당하여 서기전 365년 이후 우리기록에서는 서기전 202년에 한나라의 연왕 노관과 경계를 삼았던 난하(灤河)를 기준으로 요동과 요서를 구분하여 소급하여 기록한 것이 된다.

4) 요서(遼西)지역

(가) 영지성(永支城)

단군조선의 번한 요중12성 중의 하나인 영지(永支)는 고죽국의 수도가 되는 곳에서 서북쪽에 위치한 것으로 기록되는데, 고죽국의 중심지가 지금의 북경(北京)과 천진탁수(涿水) 지역이 되고 수도는 지금의 탁수(涿水) 북쪽에 있었던 것이 된다. 그리하여 영지는 곧 탁수의 지류 중 유수(濡水)라 불리던 강의 최상류 지역에 위치한 것이 되며, 서기전 2267년경 고죽국이 봉해지기 이전인 서기전 2301년에 이미 영지성이 완성되었던 것이고, 고죽국이 봉해진 이후에는 고죽국 관할에 속하는 성(城)이 되는 것이다.

(나) 기후국(箕侯國:서화)과 선우중산국(鮮于中山國)

서기전 650년경 기자(箕子)의 후손들은 처음 망명지였던 서화(西華:태원~대동~태항산)에서 동쪽 또는 동북쪽으로 이동하여 번조선에 정착한 것이 되는데, 기자족(箕子族)을 특히 수유족(須臾族)이라 한다. 후대에 서화의 남쪽에는 기자의 또다른 후손의 나라인 선우중산국이 있었는데(燕)나라와 조(趙)나라 사이에 있었다. 선우씨는 기자의 차자(次子) 족속이 된다.

마한세가(馬韓世家)에서는 은나라 기자 서여가 서화(西華) 즉 태항산맥 서북으로 거처를 옮겼다 하고 기록하고 있는데, 태항산은 바로 북경의 서쪽에 위치하며 대동의 동쪽에 위치하고 있다. 그래서 기자의 망명정착지는 바로 태원(太原) 북쪽의 대동(大同)에서 태항산(太行山)에 걸치는 지역이 된다. 기자의 정착지인 서화의 동쪽 즉 태항산 동쪽에는 바로 고죽국(孤竹國)이 있었다. 그러므로 고죽국은 북경과 탁수지역을 중심으로 한 나라가 되고, 발해만을 동해(東海)라고 부를 수 있는 것이 된다.

원래 기자(箕子)는 은나라의 자작(子爵)으로서 기(箕)땅에 봉해졌는데, 이 기(箕)는 하남성 개봉부 부근에 있었고, 은나라가 망하고 기자가 망명한 곳은 바로 단군조선 번한관경에 가까운 곳으로서 고죽국의 서쪽에 해당하는 땅이었다. 그래서 쉽게 말하면 기자의 망명지 서화라는 땅은 북경의 서쪽에 위치하고 있는 태항산의 서쪽 넘어에 있었던 것이다.

(다) 주나라의 제후국 연(燕)나라

주나라의 제후국 연(燕)나라도 처음에는 하남성에 있는 은나라 제후국 "연(燕)"에서 따온 글자로서 이 "연"을 피하여 "언(匽)"이라 한 것이며, 은 주왕(紂王)의 아들 녹보(祿父)가 난을 일으키고 도망한 곳이 바로 이 언(匽)이라는 땅인데, 바로 북경의 서남쪽 지역으로서 고죽국의 남쪽이자 제(齊)나라의 서북쪽이 되며, 서화(西華)의 동남쪽이고 진(晉)나라와 조(趙)나라의 동쪽 내지 동북이 된다.

서기전 1070년경 처음 연나라가 봉해진 곳은 지금의 탁수(涿水) 남쪽으로 석가장의 동쪽 또는 그 사이 땅이 된다.

북경과 석가장 사이에 안국시(安國市)와 이현(易懸)이 있는데, 연나라의 원래 이름인 "언(匽)"은 "安"과 "易"과 같은 뜻을 가진 글자로서 연나라의 수도였다가 서기전 650년경 고죽국이 망하면서 연나라가 수도를 지금의 탁수지역으로 천도하여 계(薊)라 한 것으로 추정된다. 그리고 서기전 226년 연(燕)나라 말왕 희(喜)가 진(秦)나라 군사를 피하여 도망한 요동(遼東) 땅이 지금의 북경(北京)으로서 명칭을 계(薊)라 한 것이 된다.

(6) 번한(番韓:번조선:番朝鮮)과 연(燕)나라의 경계

1) 탁수(涿水)

서기전 650년경 고죽국과 기후국이 연(燕)나라의 구원요청으로 제(齊)나라 환공(桓公)이 이끌던 제(齊)나라 군사에게 망하기 이전에는, 번조선에 속하던 고죽국과 주나라 제후국인 연나라의 국경은 지금의 탁수(涿水)로 추정된다. 탁수는 유수(濡水)라 불리던 강이 있으며 이 유수의 최상류에 영지성(永支城)이 소재하고 있었던 것이 된다.

2) 대요수인 영정하(永定河)

서기전 650년경 고죽국이 망한 이후에는 번조선과 연나라의 경계는 대요수라 불리던 지금의 영정하였던 것이 되며, 이후 이 영정하와 난하 사이의 땅에는 번조선과 연나라 사이에 여러 차례 전쟁이 있었고 서로 밀고 당기면서 차츰 영정하와 고하(沽河)를 넘어 난하쪽으로 국경이 옮겨진 것이 된다.

3) 고하(沽河)의 상류가 되는 조양(造陽)

서기전 365년에 연(燕)나라가 패수인 난하 서쪽 지역을 함락시키고 난하 동쪽에 위치하고 있는 운장(雲障)으로 육박해 왔는데, 이때 진조선, 번조선, 마조선의 연합군이 합공하여 연과 제나라의 군사를 오도하(五道河)에서 쳐부수고 요서지역의 성을 모두 찾았다고 하는 바, 이때의 요서지역은 곧 난하 서쪽 지역이 된다.

서기전 343년에는 영정하의 상류에 있는 상곡(上谷)에서 전쟁 한 후 영정하의 동쪽이자 고하(沽河)의 상류가 되는 조양(造陽)의 서쪽을 경계로 삼았던 것이 된다.

4) 만번한(滿番汗)

서기전 281년경 연(燕)나라 진개(秦開) 시대에 만번한(滿番汗)을 경계로 하게 되었는데, 만번한은 고하(沽河)의 동쪽에 위치한 지역이 되고, 이때 연나라는 조양(造

陽)에서 북경 북쪽에 위치한 창평(昌平:襄平:영평)의 북쪽까지 이어져 있던 장성을 만번한의 북쪽이 되는 지금의 계(薊)의 동북까지 이은 것으로 추정된다.

진(秦)나라는 연나라의 영토를 차지한 것이 되고, 한(漢) 나라는 진(秦)나라의 영토를 차지한 것이 되어 진나라 또는 한나라 초기에 번조선과의 경계는 이 만번한이 된다.

5) 패수(浿水)인 난하(灤河)

서기전 202년 한(漢) 나라 때에는 연왕(燕王) 노관(盧綰)이 번조선과의 경계를 패수(浿水)인 난하로 삼았는데, 서기전 195년에 노관이 흉노로 망명하고 이때 노관의 신하이던 위만(衛滿)은 번조선에 망명하였던 것이 된다.[134]

이리하여 서기전 202년부터 서기전 108년에 위씨조선이 한무제에게 망할 때까지 번조선 또는 위씨조선(衛氏朝鮮)과 한(漢) 나라와의 경계는 패수인 지금의 난하인 것이다. 그리하여 난하 넘어에 있는 소위 만리장성은 한(漢) 나라 이후에 쌓은 것이 된다.

서기전 108년경 위씨조선 땅에 설치된 소위 한사군(漢四郡)은, 서기전 82년에 한나라가 진번(眞番)과 임둔(臨屯)을 폐지하여 낙랑군에 붙였다고 하나 이때 이 진번과 임둔 땅은 북부여에 속하게 되었던 것이 되고, 낙랑군과 현도군은 이후 고구려와 북중국의 나라 사이에 격전장이 되었으며 결국 서기 313년에 완전히 밀려나 고구려 땅이 되었던 것이 된다.

---

134) 전게 한단고기 〈북부여기 상〉, 128쪽 참조

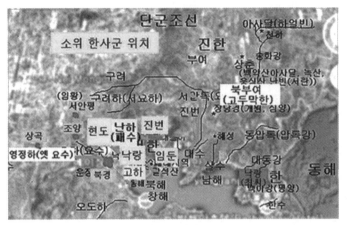

한사군 위치

파. 기타 정치제도

(1) 신원목(伸寃木)

서기전 1946년에 제10대 노을(魯乙) 천왕 시대에 궁문 밖에 신원목을 설치하고 백성들의 억울한 사연을 들었다라고 기록되고 있다.[135] 신원목 제도는 후대의 신문고(申聞鼓) 제도와 상통한다.

(2) 호구조사(戶口調査)

서기전 1666년 제14대 고불(古弗) 천왕 시대에 관리를 사방에 내보내어 호구조사를 하도록 하니, 총 1억 8,000만명이 되었다라고 기록되고 있다.[136]

단군조선은 삼한관경만 36주(州)에 해당하는 나라이며, 1주(州)는 가로와 세로가 1,000리의 땅인데 36주는 가로와 세로가 각 6,000리가 된다.

---

135) 전계 한단고기 〈단군세기〉, 80~81쪽 참조
136) 전계 한단고기 〈단군세기〉, 91쪽 참조

1억 8,000만명이 단군조선 관할에 속하는 총인구인지 삼한관경 내에 속하는 총인수인지 불명인데, 삼한관경의 총인구라고 보면, 36주에 1억 8,000만명이 되어 1주(州)에 평균 500만명이 사는 것이 된다.

만약, 동서 2만리와 남북 5만리라는 단군조선 전체영역으로 계산하면 1,000주(州)에 해당하는 땅에 1억 8,000만 명이 되며, 이에는 고대중국인 은(殷)나라의 인구도 포함되는 것이 된다.

2. 철학종교

단군조선의 철학과 종교[137]를 간략히 말한다면, 천부철학(天符哲學)과 제천교(祭天敎) 즉 천신교(天神敎)라 할 수 있다. 천부철학은 천부삼인(天符三印)으로 상징화되고, 제천의 종교는 참전계경(參佺戒經)의 가르침과 제천단(祭天壇)과 제천행사(祭天行事)로 나타난다.

천부삼인(天符三印)은 천지인(天地人)을 상징하며, 천지인의 삼신(三神)과, 우주만물의 대표격으로 상징화된 천지인 삼물(三物)과, 우주만물을 낳고 다스리는 삼신(三神)으로부터 부여받아 삼신을 대리하는 천권(天權)을 함께 나타낸다.

사람은 하늘과 땅의 조화로 나타났으며, 땅은 하늘에서 나왔으므로 만물의 원친은 하늘이다. 곧 사람의 시조가 하늘과 땅에서 나왔으며 하늘이 그 원천인 것이다. 그래서 사람의 시조인 인신(人神)은 곧 하늘에서 나왔으니 원래 천신(天神)인 것이다. 천지인이 원래 하나이며 천지인 삼신(三神)이 원래 하나라는 사상이 곧 삼일신(三一神) 즉 삼신(三神) 사상이다.

그리하여, 원천적으로 사람이 제천(祭天) 즉 하늘에 제사를 올리는 것은, 삼신(三神)에게 만물조화(萬物造化)의 큰 덕(大德)과 만물번영(萬物繁榮)의 큰 은혜(大惠)

---

137) 우리 역사상 철학종교의 상세한 역사 정립이 필요하다.

와 만물주재(萬物主宰)의 큰 힘(大力)에 감사하는 의식인 것이다.

가. 철학사상

(1) 천부삼인(天符三印)

천부삼인은 하늘과 땅과 사람 즉 천지인(天地人)을 상징하는 세 가지 증거(證據) 또는 증표(證標)이다. 부호(符號)로는 ○(원), □(방), △(각)이며, 문양(紋樣)으로는 ○(무극:無極:일극:一極), ☯(태극:太極:반극:反極:이극:二極), ☲ 삼태극(三太極)이고, 증거물로는 거울(鏡), 방울(鈴) 또는 북(鼓), 칼(劍) 또는 창(槍)이며, 가르침으로는 천부경(天符經), 삼일신고(三一神誥), 참전계경(參佺戒經)이 된다.

원래 천부(天符) 사상은 서기전 70378년에 시작된 전한국시대(前桓國時代)가 되는 마고시대(麻姑時代)부터 있었으며, 서기전 7197년에 시작된 한국(桓國)시대에 천부삼인(天符三印)이 정립되었고, 서기전 3897년에 시작된 배달나라를 거쳐 단군조선에 전수(傳授)된 것이다.

천부삼인은 곧 인간세상을 다스리는 권한(權限)을 상징하는 증거이다. 그리하여 천부삼인은 역대 통치자에게 전수된 것이 된다. 즉, 천부삼인은 사람을 가르치기를 천성(天性) 곧 천도(天道), 천법(天法), 천권(天權)으로 하고, 나라를 다스리기를 입법(立法), 시정(施政) 곧 행정(行政), 행형(行刑) 곧 사법(司法)으로 하며, 백성을 다스리기를 왕도(王道), 왕법(王法), 왕권(王權)으로 하는 것이다.

거울(鏡)은 하늘과 태양(太陽)을 상징하며 사람의 본심(本心)이 원래 태양으로서 천성(天性)임을 알게 하고, 방울(鈴) 또는 북(鼓)은 하늘과 땅의 소리 곧 천음(天音)을 상징하며 자연의 법 곧 천법(天法)을 따르게 하고, 칼(劍) 또는 창(槍)은 악(惡)을 제거하는 도구이며 천성을 잃고 천법을 어기는 자를 처단하는 천권(天權)을 상징한다. 이리하여 천부삼인은 인간세상을 다스리는 권한의 상징으로서 홍익인간(弘益人間), 재세이화(在世理化) 실현의 상징으로 전수된 것이다.

이렇게 거울, 방울 또는 북, 칼 또는 창이 천성, 천법, 천권을 상징하는 천부삼인 (天符三印)의 증거물이자 백성과 나라를 다스리는 통치권한의 증거로서, 마고(麻姑), 마고의 장손 황궁(黃穹), 황궁의 장자 유인(有因), 유인의 아들 한인(桓因), 한인의 아들 한웅(桓雄), 한웅의 아들 단군(檀君)으로 전수(傳授)된 것이 되며, 지금까지 7만년을 넘게 홍익인간(弘益人間) 정신으로 이어진 것이 된다.

천부삼인의 하나인 거울로서의 다뉴세선문경(多紐細線文鏡)은 고도의 제작기술이 필요한 것이 된다. 이러한 다뉴세선문경은 배달조선의 역사를 입증하는 귀중한 증거물이다. 천부삼인은 왕권(王權)의 상징이 된다. 천부삼인은 배달조선에서 지방의 왕 즉 천하왕(天下王)인 군후(君侯)로 봉할 때, 왕인(王印)으로서 왕권(王權)을 부여하는 증거물이 된다. 이는 백제(百濟)가 서기 372년경 왜왕(倭王)에게 하사한 칠지도(七支刀)와 같은 것이다.

특히, 천군(天君)으로서 천하왕(天下王)에 봉할 때는 거울, 방울, 칼이 천부인(天符印)으로서 천권(天權)을 부여하는 요체가 된다. 즉, 배달조선 시대에 청동거울, 청동방울, 청동칼은 제천권(祭天權) 즉 천지인 삼신(三神)에게 제사를 올릴 수 있는 권한과 왕권(王權)을 부여하는 것이 되며, 청동칼은 천군 아래의 천후(天侯) 즉 천공(天公), 천후(天侯), 천백(天伯), 천자(天子), 천남(天男) 등의 제후들에게 왕권(王權)을 부여하는 상징물이 된다.

(2) 천웅도(天雄道)

천웅도는 서기전 3897년에 배달나라를 개국한 한웅(桓雄) 천왕(天王)이 한국(桓國)에서 전수받았던 도(道)이며, 하늘나라의 한인천제의 아들인 한웅(桓雄) 즉 천웅(天雄)으로서 인간세상에 실현하는 도(道)이다. 천웅도는 곧 천부(天符) 즉 천지인(天地人)의 도(道)인 것이다.

한웅은 한인(桓因) 천제(天帝)의 아들 즉 천제자(天帝子)로서 하늘나라인 한국(桓國)시대의 심신수련단체였을 천왕랑(天王郎) 제도의 일원으로 천웅(天雄)이었던 것이며, 천웅은 곧 천사(天師)로서 스승에 해당하는 것이 된다. 한웅은 천웅(天雄)으로서 곧 인간세상에서는 대웅(大雄)이며 대웅은 곧 대사(大師)이다.

배달나라 시조 한웅천왕이 개천(開天)할 때 세운 천웅도(天雄道)는 단군조선에 전수되었다. 곧 단군조선 시대에 천웅도(天雄道)를 닦던 제도가 천지화랑(天指花郎), 국자랑(國子郎) 제도인 것이다. 이후 부여-후삼한에 이어지고 고구려의 조의선인(皂衣仙人), 신라의 화랑(花郎) 제도에 이어진 것이 된다.

(3) 신왕종전도(神王倧佺道)

신왕종전의 도(道) 또한 천부(天符)에서 나온 것이며, 천지인(天地人)의 도이다. 신왕종전의 도는 하늘나라의 신(神)으로서의 도(道), 땅나라를 다스리는 왕(王)으로서의 도, 완전한 사람이 되도록 가르치는 종(倧)으로서의 도, 완전한 사람이 되는 전(佺)으로서의 도를 가리키는 것이며, 곧 하늘과 땅과 사람의 도(道)인 것이다.

1) 신도(神道)

신(神)은 만물을 나게 하고 각자 제 성품(性品)을 온전하게 하는 신묘함이 있어 사람과 백성이 의지하고 빈다.

즉, 신(神)의 도(道)는 조화(造化)의 도이며, 만물이 각자 그 생겨난 일을 다하도록 하는 바, 사람은 신이 베푸는 큰 덕과 큰 은혜와 큰 힘에 감사하고 공경를 표하며 이에 의지하고 원하는 바를 비는 것이다.

2) 왕도(王道)

왕은 그 덕(德)과 의(義)로써 세상을 다스려 각각 그 삶을 편안하게 하고 바르게 다스리니 백성들이 모두 따르는 것이다.

왕은 신(神)을 대리하여 덕을 베풀고 의로움을 행하여 인간세상의 악(惡)을 물리치고 백성들을 자식처럼 보살피며 백성들의 목숨을 안전하게 하니, 백성들이 이에 왕을 따르며 또한 왕이 다스리는 나라를 지키기 위하여 충성을 다하는 것이다.

천부삼인 중에서 칼은 악(惡)을 처단하는 천권(天權) 행사의 징표이다. 참 왕도는 백성의 부모로서 백성을 전쟁이 없는 평화롭고 잘 사는 세상을 만드는 데 있음에도, 일부 허울만 쓴 거짓 왕들이 천제(天帝)나 천왕(天王)의 허락이나 윤허 없이 천자(天子)를 참칭하고 왕도(王道)를 운운하며 전쟁을 일삼고 폭정을 일삼기도 하였다.

고대중국의 소위 천자(天子)가 악을 행하면 단군조선의 구이(九夷)가 이를 계도하여도 듣지 아니하면 천부(天符)를 따라 군사를 일으켜 정벌함으로써 도(道)를 깨닫게 하고 참된 왕을 세우게 하였던 것이다.

고대 하은주(夏殷周)의 나라가 전쟁을 일삼았던 것은 필시 전쟁광(戰爭狂)이거나 폭군(暴君)이거나 한 거짓 왕들이었다. 참된 왕의 자리는 진정한 천자로서 천국(天國)의 도(道)인 홍익인간(弘益人間), 만물평등(萬物平等), 제족자행(諸族自行: 지방자치)을 행하며 백성을 돌보는 자리이다. 고대중국의 거짓 천자는 특히 단군조선의 가르침을 외면하고 항거한 하왕(夏王) 우(禹)와 계(啓) 그리고 은(殷)나라 왕 중에서 특히 제(帝)라 기록된 전쟁광들이나 폭군들이었던 것이다.

단군조선 시대 단군 즉 천왕들 중에는 폭군이 없었다. 단군은 하늘의 뜻에 따라 백성을 돌보는 천신(天神)의 화신으로서 천권(天權)의 대행자이며 천신(天神)에게 제사를 지내고 백성들에게 우주만물이 원래 하나임을 깨닫게 하는 정치를 베풀었고, 스스로 검소하고 하늘, 땅, 사람의 도를 스스로 실천하는 진정한 임금들이었다.

그래서, 단군으로서 폭군이란 있을 수 없는 것이다. 천부경(天符經)과 삼일신고(三一神誥)와 참전계경(參佺戒經)의 가르침에 따라 홍익인간 세상을 실현함에는 완전한 사람이 되고자 하고 완전한 임금이 되어 신의 뜻을 따름에 있는 것이다.

배달나라의 한웅천왕의 아들인 단군(檀君)은 천군(天君)인 것이며, 이에 단군조선의 개국시조 단군왕검은 곧 천군으로서 천왕(天王)의 자리에 오르고 천제(天帝)로 받들어졌던 것이다. 신성(神性)을 지닌 임금이 나라를 다스리고, 도(道)를 닦아 높은 학문을 지닌 선인(仙人)들이 임금을 보좌하며, 완전한 사람이 되기 위하여 계율을 닦는 백성들이 있으니, 천지낙원이 따로 없는 것이 된다.

천제, 천왕, 천군, 천자(天子)나 선인(仙人)이 어찌 악을 행하겠는가? 악(惡)을 행하는 임금은 이미 임금이 아니라 폭군에 지나지 않으며, 악을 행하는 선인(仙人)은 이미 선인이 아니라 악인에 지나지 않는 것이다.

단군조선의 단군왕검 천제(天帝)의 명을 받아 태자 부루가 우순(虞舜)의 신하 우(禹)에게 전수한 홍범구주(洪範九疇)에 실려 있는 황극(皇極)의 도(道)인 천자(天子)의 도가 곧 왕도(王道)로서, 고대중국 왕도정치의 기본이 되었는데, 왕도는 진정한 천자로서 백성을 돌보는 길이었으나, 전국시대(戰國時代)에 패도(覇道)가 난무하여 결국 전쟁 속에 살게 되었고, 진한(秦漢) 이후 땅을 욕심내어 전쟁을 일삼게 되니, 배달조선의 기본 정치이념인 홍익인간(弘益人間), 사해평등(四海平等), 제족자행(諸族自行)의 원리는 전쟁 속에 무색하게 되고, 오로지 백성을 구하고 나라를 지키기기에 급급하여 전쟁을 없애기 위한 전쟁, 응징을 위한 전쟁 등 악을 없애고 응징하기 위한 필요악을 행함으로써, 수많은 생명이 무참히도 억울하게 사라지기도 하였다.

이러한 전쟁은 만물과 인간이 원래 하나임을 망각함으로서 인간자연의 질서를 무시하고 전쟁을 통한 패권을 얻기 위한 패도를 일삼은 데서 연유한 것이다. 왕도는 백성을 위하는 길이나 패도는 패자 즉 그 왕의 탐욕만을 위한 것이 된다. 전쟁의 불씨는 항상 고대중국(황제헌원, 요, 순, 하은주, 진, 한, 수, 당)이 지니고 있었으며, 그 왕들의 탐욕을 채우기 위하여 전쟁을 일으켰던 것이고, 배달조선, 북부여, 고구려, 대진국은 백성을 살리고 전쟁을 없애기 위한 필요악의 전쟁을 하였던 것이 된다.

전쟁은 인간의 욕심 때문에 생긴다. 땅에 대한 욕심과 권력욕이 빚어내는 결과이다. 전쟁을 없애기 위한 전쟁을 하려면 전쟁을 일으킨 자보다 더 센 힘이 있어야 한다. 더센 힘을 비록 왕이 지니지 못하였다 하더라도 그 백성들이 힘을 발휘하여 결국 악을 진압하게 된다. 즉 백성들이 의병(義兵)을 일으키거나 결국 나라를 재건(再建)하는 것이다.

3) 종전도(倧佺道)

종전(倧佺)의 도(道)는 종(倧)과 전(佺)의 도(道)로서 종(倧)은 나라에서 뽑는 것이고 전(佺)은 백성이 뽑는 것이다. 여기에는 선(仙)이 포함되어 종선전(倧仙佺)의 도가 된다. 소위 신선도(神仙道)라 함은 목숨(命) 즉 불로장수(不老長壽)와 관련된 선(仙)에 중점을 두게 된 것이 된다.

종선전(倧仙佺)은 소위 군사부(君師父)에 해당한다. 즉, 종(倧)의 도(道)는 임금으로서의 도(道)이며, 선의 도는 스승으로서의 도이며, 전의 도는 아비, 부모로서의 도가 된다.

그리하여, 종(倧)이 사람들의 으뜸이 되어 임금이 된 후에 나라에서 도(道)가 높은 선(仙)을 뽑아 종(倧)으로 삼아 백성들의 으뜸이 되게 하여 스승으로서 가르치게 하며, 이에 종(倧)이나 선(仙) 따르며 수련하는 무리가 곧 전(佺)으로서 백성들의 부모가 되고자 계율을 닦고 제천(祭天)을 행하며, 이에 부모가 되어 백성들을 가르치고 나라에 일이 있으면 목숨을 바쳐 나라를 지킴으로써 백성들의 목숨을 보전하는 것이다.

아비는 아비답고 임금은 임금다워야 하며 스승은 스승다워야 하고, 아들과 신하와 제자는 각각 아들과 신하와 제자다워야 한다. 즉, 군사부(君師父)는 군사부 다워야 하고 신제자(臣弟子)는 신제자다워야 하는 것이다. 이는 곧 임금과 백성과 스승과 제자와 부모와 자식이 각각 그 도리(道理)를 다하는 것이 된다.

(가) 전도(佺道)

배달나라 신시(神市)시대에는 전(佺)으로써 계(戒)를 닦아 사람을 가르치고 제천(祭天)하였는바, 전(佺)이란 사람이 스스로 완전하다 함에 따라 능히 통성(通性)하여 참(眞)을 이루는 것으로, 비어 있으면서도 하늘에 뿌리를 둔다.

서기전 3897년에 한웅천왕이 웅족(熊族)과 호족(虎族)을 평정할 때, 전계(佺戒)로써 완전한 인간이 되기를 가르쳤는바, 사람은 원래 하늘로부터 완전한 성품을 부여받았으므로 참을 이룰 수 있는 존재인 것이다.

그리하여 완전한 사람은 텅빈 하늘처럼 마음을 비우고 계율을 닦아 본성(本性)을 통하며, 낳아 준 부모처럼 하늘의 은덕에 감사하며 공경하고 제(祭)를 올리는 것이다.

(나) 선도(仙道)

배달나라 청구(靑邱)시대에는 선(仙)으로써 법(法)을 만들어 사람을 가르치고 지역을 관할하였는바, 선(仙)이란 사람이 스스로 낳는 바에 따라 능히 지명(知命)하여 선(善)을 넓히는 것으로, 밝으면서 땅에 뿌리를 둔다.

서기전 2706년에 치우천왕이 수도를 동쪽의 청구(靑邱)로 옮겨 제후들의 발악을 평정하여 평화시대를 열었는 바, 나라의 영토를 관할하여 반역심을 일으키는 자를 도(道)로써 깨닫게 하여 자신의 목숨을 알고 지키게 하여 착함에 이르게 하고 넓히게 하였다.

이리하여 산(山) 사람은 밝은 땅 산(山)에서 스스로 심신을 닦아 목숨을 알고, 스승이 되어 사람들에게 목숨을 알게 가르치며, 산(山)을 가르쳐 주는 스승(師)과 같이 숭상(崇尙)하며 수련하는 곳으로 삼는 것이다.

(다) 종도(倧道)

단군조선 시대에는 종(倧)으로써 왕(王)을 세우고 사람을 가르쳐 책화(責禍)하였는 바, 종(倧)이란 사람이 스스로 으뜸(宗)이다 하는 바에 따라 능히 보정(保精)하여 아름다움(美)을 구제하는 것으로, 굳세면서 사람에 뿌리를 둔다.

서기전 2333년에 조선(朝鮮)을 개국한 단군왕검(檀君王儉)은 스스로 종(倧)으로써 임금이 되어, 종훈(倧訓)으로 법(法)을 세워 법도(法道)를 어기는 자에게 책임을 물어 책화하고, 이로써 백성들의 행복과 목숨을 보전하여 세상의 아름다움을 유지하게 하였다.

이리하여 사람 중의 으뜸인 사람은 중생(衆生)들의 행복을 위하여 세상사는 아름

다음을 보전하게 하고, 사람의 임금(帝:王:君)이 되어 나라의 힘을 보전(保全)하여 나라를 굳건히 지키는 것이다.

(4) 중일도(中一道)

서기전 2176년 을사년(乙巳年) 9월에 가륵(嘉勒) 천왕이 칙서(勅書)로 내려 중일(中一)의 도(道)를 말씀하였다.[138]

천하(天下)의 대본(大本)은 우리 마음의 중일(中一)에 있으니, 사람이 중일(中一)을 잃으면 일이 이루어지지 않고, 만물이 중일(中一)을 잃으면 몸체가 기울어지고 엎어진다. 임금의 마음은 오직 위태(危殆)롭고 중생의 마음은 오직 미미(微微)한데, 완전한 사람은 고르게 통할하여 중(中)을 세워서 잃지 않게 한 연후에 일(一)에 정립하는 것이다. 유중유일(惟中惟一)의 도(道)는, 아비는 마땅히 자애롭고, 아들은 마땅히 효도하며, 임금은 마땅히 의(義)롭고, 신하는 마땅히 충성스러우며, 부부(夫婦)는 마땅히 서로 공경하고, 형제(兄弟)는 마땅히 서로 사랑하며, 노소(老少)는 마땅히 순서가 있고, 붕우(朋友)는 마땅히 믿음이 있어야 한다. 몸을 공경스럽고 검소하게 꾸미며, 학업을 닦고 단련하며, 지혜를 열고 능력을 펴며, 널리 이롭게 함에 서로 힘쓰며, 성기(成己)하고 자유(自由)하며, 만물(萬物)을 열고 평등(平等)하게 함으로써, 천하(天下)는 저절로 맡겨진다. 마땅히 나라의 정통(正統)을 존중하고, 헌법(憲法)을 엄격히 지키며, 각자 자신의 직업에 힘을 다하고, 부지런함을 권장하고 산업을 보호해야 한다. 나라에 일이 생길 때는 몸을 바쳐 옳음을 다하고, 위험을 무릅쓰고 용감하게 나아감으로써, 만세(萬世)의 끝없는 국가운영에 도움이 될 것이다.

여기서, 중일(中一)은 중심을 하나로 한다는 의미이다. 사람은 마음을 중심잡아

---

138) 전계 한단고기 〈태백일사/삼한관경본기, 마한세가 상〉, 205~206쪽 참조

하나로 하여야 만사를 이룰 수 있으며, 물체는 중심이 바로 잡혀야 바로서고 넘어지지 아니한다. 마음에 중심이 잡히지 아니하면 갈팡질팡하게 되는 것이며, 물체가 중심이 잡히지 아니하면 바로 넘어지게 되는 것이다.

중일(中一)의 도(道)는, 부자(父子), 군신(君臣), 부부(夫婦), 형제(兄弟), 노소(老少), 붕우(朋友) 사이의 도리를 지키는 것이다. 즉 사람으로서, 국가의 구성원으로서, 사회의 구성원으로서 지킬 도리이다. 이 중일(中一)의 도(道)는 유교(儒敎)에서 말하는 소위 삼강오륜(三綱五倫)의 원류가 되는 것이다.

중일(中一)의 도(道)에는 크게 홍익(弘益) 사상과 자유(自由) 사상과 만물평등(萬物平等) 사상 등이 내포되어 있다.

가정과 사회에서 나아가 또한 국가(國家)가 존재하므로, 각자 마음의 중심을 하나로 바로 잡아서, 아비는 아비답게, 아들은 아들답게, 남편은 남편답게, 아내는 아내답게, 형은 형답게, 아우는 아우답게, 늙은이는 늙은이답게, 젊은이는 젊은이답게, 벗은 벗답게, 임금은 임금답게, 신하는 신하답게, 각자 할 도리를 다함으로써, 무궁한 국가운영을 다짐하고 권하는 내용을 담고 있는 것이 된다.

(5) 역철학(易哲學) : 음양오행론과 복희8괘역

단군조선 시대의 역철학은 배달나라 시대의 역철학을 그대로 계승한 것이 되며, 특히 소위 음양오행론(陰陽五行論)은 배달나라 시대에 이미 정립된 것이 된다.

태호복희8괘역은 서기전 3528년경에 정립된 것이 되는데, 소위 하도(河圖)를 얻은 이후에 만들어진 것이 된다. 또, 소위 낙서(洛書)는 서기전 2267년경에 우(禹)가 낙수(洛水)에서 얻은 것이며 소위 주문왕팔괘도(周文王八卦圖)는 서기전 1150년경에 출현한 것이 된다.

배달나라 시대에 정립된 음양오행론은 태호복희가 얻은 하도(河圖)와 관련된 것이 되며, 태호복희팔괘역은 음양중(陰陽中)과 오행(五行)을 조합(調合)한 역이 된다.

낙서(洛書)는 태호복희팔괘역의 팔방(八方)에 음양수리(陰陽數理)를 적용하여 배치한 것이 된다. 즉 태호복희팔괘역에 수리(數理)를 적용한 것이다.

주문왕팔괘도는 낙서(洛書)의 음양수리(陰陽數理)에 태호복희팔괘역을 변형시켜 팔괘의 방향을 거의 바꾸어 다시 설정하여 배치한 것이 된다. 즉, 주문왕팔괘도는 지구의 자전과 공전으로 일어나는 시간과 계절을 표현한 태호복희팔괘역에서, 팔방의 괘의 위치를 간과 손은 그대로 두고 모두 바꾸어 재설정한 역이다. 그래서, 단적으로 지구의 자전과 공전을 기반으로 한 순행(巡行)에 따른 원리역(原理易)이 아니라, 눈으로 보이는 현상(現狀)인 태양의 움직임을 따라 만든 역으로서 원리를 벗어나 현상(現象)만을 근거로 한 역이 되는 것이다. 이에 따라 주문왕팔괘역은 순행에 어긋나는 반역(反逆)의 역(易)으로서, 진리를 알지 못하는 사람이 소위 인공적으로 만든 역이라 할 수 있다.

1) 하도(河圖)

하도(河圖)는 서기전 3528년경에 태호복희가 배달나라 시대의 천하(天河) 즉 지금의 황하(黃河)에서 얻은 음양수리오행(陰陽數理五行)의 방위도(方位圖)이다. 즉, 음수(陰數)와 양수(陽數)를 일(· :1)에서 십(十:10)까지 오방(五方)에 오행(五行)으로 배치시킨 그림인 것이다.

하도(河圖)에는, 북방(北方)에 양수(陽數)인 일(一:1)과 음수인 육(六:6), 남방(南方)에 음수(陰數)인 이(二:2)와 양수인 칠(七:7), 동방(東方)에 양수인 삼(三:3)과 음수인 팔(八:8), 서방(西方)에 음수인 사(四:4)와 양수인 구(九:9), 중앙에 양수인 오(五:5)와 음수인 십(十:10)을 각 배치시키고 있다.

이 하도의 역(易)은 태호복희가 황하에서 얻은 것이므로 태호복희 이전이 되는 배달나라 초기에 있었던 역(易)이 된다. 즉 하도에 나타나는 역은 배달나라 초기 또는 그 이전의 한국(桓國)시대 역이 되는 것이다. 이는 한국시대에도 이미 오부(五部) 즉 오가(五加) 제도가 있었던 것에서 쉽게 이해가 된다. 오가(五加)는 오방(五方)에 배치되어 각 가(加)의 수장(首長)이 중앙조정의 각 부서(部署)의 수장이 되어 삼사(三師)를 보좌하여 나라의 다스림을 맡은 직책이 된다.

2) 태호복희팔괘역

태호복희팔괘역은 하도가 출현한 이후에 태호복
희가 팔괘(八卦)를 팔방(八方)에 배치한 역(易)이다.
즉, 건(乾)은 남방, 태(兌)는 남서, 리(離)는 서방, 진
(震)은 북서, 곤(坤)은 북방, 간(艮)은 북동, 감(坎)은
동방, 손(巽)은 남동에 배치되어 있다.

태호복희8괘역도

태호복희팔괘역은 단적으로 지구(地球)가 태양을
중심으로 하여 지축(地軸)이 기울어진 채로 자전(自
轉)과 공전(公轉)을 되풀이함으로써 생기는 시간(時間)과 계절(季節)의 변화를 八
方(팔방)의 팔괘(八卦)로 표현한 것이 된다.

건(乾)은 지구가 자전과 공전을 하여 태양이 하늘에서 사람의 머리 바로 위에 위
치하는 시간으로서 한낮 즉 정오(正午)이며 계절로는 한여름 즉 24절기(節氣)[139]
로 하지(夏至)에 해당한다.

태(兌)는 지구가 자전과 공전을 하여 태양이 서쪽으로 향하여 중간쯤에 도달한
시간으로 미시(未時)와 신시(辛時)의 중간에 해당하고 계절로는 늦여름 또는 초가
을 즉 24절기로 입추(立秋)에 해당한다.

리(離)는 지구가 자전과 공전을 하여 태양이 막 지는 지점인 소위 서쪽에 도달한
시간으로서 저녁 즉 유시(酉時)이며 계절로는 한가을 즉 24절기로는 추분(秋分)에

---

139) 24절기는 태양이 황도상을 왕복하는 기간인 1년을 24등분한 것이 되는데, 처음 사용한 때가
언제인지 불명이다. 연구대상이다. 태호복희가 하루의 시간을 12시로 나누었고, 하루, 1년을 8
등분한 8괘역이 있으며, 윷놀이판에 나타나는 역법(曆法)은 하루 4시 8시 12시, 1주 7일, 한달
4주 28일, 1년 4계 13기 52주 365일이 되는데, 24절기는 윷놀이판에서 무극 즉 태극의 바로 옆
에 있는 천(天)에 해당하는 것을 제외한 6개의 점과 4방을 조합한 24개의 점으로 표현된다.

해당한다.

진(震)은 지구가 자전과 공전을 하여 태양이 지구의 뒤쪽(아래쪽)으로 향하여 반 정도 간 곳에 위치하는 시간으로서 초야(初夜) 즉 술시(戌時)와 해시(亥時)의 중간이며 계절로는 늦가을 또는 초겨울 즉 24절기로는 입동(立冬)에 해당한다.

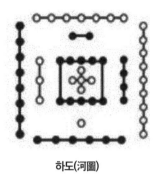

하도(河圖)

곤(坤)은 지구가 자전과 공전을 하여 태양이 지구의 바로 뒤쪽에 위치하는 시간으로서 한밤 즉 자정(子正)이며 계절로는 한겨울 즉 24절기로는 동지(冬至)에 해당한다.

간(艮)은 지구가 자전과 공전을 하여 태양이 지구의 앞쪽으로 향하여 반 정도 간 곳에 위치하는 시간으로서 새벽 즉 축시(丑時)와 인시(寅時)의 중간이며 계절로는 늦겨울 또는 초봄 즉 24절기로는 입춘(立春)에 해당한다.

감(坎)은 지구가 자전과 공전을 하여 태양이 막 떠오르는 지점 즉 소위 동쪽에 도달한 시간으로서 아침 즉 묘시(卯時)이며 계절로는 한봄 즉 24절기로 춘분(春分)에 해당한다.

손(巽)은 지구가 자전과 공전을 하여 태양이 위로 향하여 중간쯤에 도달한 시간으로 진시(辰時)와 사시(巳時)의 중간에 해당하고 계절로는 늦봄 또는 초여름 즉 24절기로 입하(立夏)에 해당한다.

3) 음양중(陰陽中)과 음양오행(陰陽五行)

앞에서 본 배달나라 시대의 하도(河圖)와 태호복희팔괘역은 원래 한역(桓易)에서 나온 것이 되며, 한역은 곧 한국(桓國)시대의 역으로서 배달나라에 전수된 것이 된다.

한국시대에 이미 역의 원리를 담은 천부경(天符經)이라는 가르침이 있었으며, 여기서 파생된 원리로 된 역을 본 따 삼사오가(三師五加)의 정치제도로 나타난 것이 된다. 즉, 천부경에 담겨져 있는 천지인(天地人)은 음양중(陰陽中)의 원리이며, 이 음양중에서 오행(五行)의 원리가 나오는 것이다.

(가) 천부경(天符經)의 역(易)

천부경(天符經)은 홍익인간 세상의 실현을 위하여 서기전 7197년경에 정립된 한국시대의 3대경전의 하나이다. 3대경전이란 우주만물의 창조진화에 관한 역(易)의 원리를 가르치는 천부경(天符經), 천지인 삼신(三神)의 말씀을 가르치는 삼일신고(三一神誥), 완전한 사람에 이르는 실천계율을 담은 참전계경(參佺戒經)이다.

천부경에 담겨 있는 역은 무극(無極)이기도 한 하나(一)에서 시작하여 천지인(天地人)의 만물이 생겨나고 다시 원래의 하나(一)로 되돌아가는 원리로서 한마디로 음양중(陰陽中)의 역(易)의 원리이다. 소위 음양(陰陽)의 원리라는 태호복희팔괘역도 넓게 보면 천지(天地)의 음양(陰陽)과 이 음양의 조합으로 나타낸 음양중(陰陽中)의 역(易)을 팔방(八方)으로 펼친 것이 된다.

천지인의 원래 모습은 무극(無極)의 무(無)인데 이는 절대적인 유(有)이며 만물의 원천으로서 변함이 없는 즉 항상(恒常)의 상대적인 무(無)이며, 이 무(無)에서 나온 하나(一)도 또한 무극(無極)으로서 무(無)와 같으나 상대적인 유(有)로서 만물생성의 출발점이 된다.

원래의 하나(一)를 무극(無極)이라 하며, 이 하나(一)에서 나온 것이 하늘과 땅 즉 천지(天地)의 둘(二)로서 상대적이므로 반극(反極) 또는 태극(太極)으로서 양극(兩極)이 되고, 다시 천지의 조화로 나온 것이 사람(人)으로서 천지인(天地人)의 셋(三)이며, 이 천지인(天地人)을 삼태극(三太極)이라 한다. 그리하여 땅에 하늘이 들어 있으며, 사람 안에 하늘과 땅 즉 천지(天地)가 들어 있는 것이다.

이 하늘과 땅과 사람의 삼태극(三太極)은 역(易)으로 음양중(陰陽中)이 된다. 하늘은 양(陽), 땅은 음(陰), 사람은 중(中)에 해당한다. 사람은 곧 음양의 조화에 의하여 생겨난 존재가 되는 것이다.

보이지 아니하는 만물의 원천인 신(神)으로서의 삼태극(三太極)은 천신(天神), 지신(地神), 인신(人神)의 양음중(陽陰中)이며, 만물로 나타나는 삼태극은 모습을 갖춘 천(天), 지(地), 인(人)으로서 각각 음양중(陰陽中)을 이루는 각각의 삼태극이 된다. 즉, 하늘(天)도 음양중, 땅(地)도 음양중, 사람(人)도 음양중으로 이루어져 완성되는 것이다.

모습을 갖춘 하늘의 음양중(陰陽中)이란, 하늘에 떠 있는 해, 달, 별이며, 모습을 갖춘 땅의 음양중이란 바다, 육지, 식물이며, 모습을 갖춘 사람의 음양중이란 남자, 여자, 자녀이다. 여기서 사람은 모든 동물을 대표하는 상징으로 보면 된다.

이렇게 하여 모습을 모두 갖춘 완성된 천지인은 다시 원래의 모습인 무극(無極)으로 되돌아가는 무한반복 순환과정을 이루는데, 이러한 과정으로 무한 창조(創造)와 무한 진화(進化)를 거듭하는 것이다.

천지인의 삼태극이 완성된 상태는 상대적인 유(有)로서의 모습이며, 항상 변화 즉 변화무상(變化無常)의 과정을 이루는데, 그리하여 역(易)의 대원칙은 원래의 모습인 절대적인 유(有)로서의 무(無)는 변함이 없으므로 항상(恒常)이며, 상대적인 유(有)로서는 항상 변하므로 무상(無常)인 것이다.

천지인 삼신(三神)의 삼태극(三太極)은 일(一), 이(二), 삼(三)이며, 모습을 갖춘 천지인의 완성된 삼태극은 음양중(陰陽中)으로 이루어져 일(一), 이(二), 삼(三)에 차례로 사(四), 오(五), 육(六)이 있고, 다시 차례로 칠(七), 팔(八), 구(九)로 이루어진다. 즉, 일, 사, 칠이 원래 하늘의 숫자이며, 이, 오, 팔이 원래 땅의 숫자이며, 삼, 육, 구가 원래 사람의 숫자가 된다.

여기서 음양중으로 보면, 일(一)은 신(神)인 양(陽)으로서 낮 또는 하늘의 태양(해:天神), 사(四)는 체(體)인 음(陰)으로서 밤 또는 하늘에 떠 있는 달(月), 칠(七)은 완성된 중(中)으로서 음양을 내포한 오행성(五行星) 등 하늘의 별(星)이 된다. 이(二)는 신(神)인 양(陽)으로서 땅의 신(地神) 또는 음(陰)으로서 바다, 오(五)는 양(陽)으로서 모습을 갖춘 땅인 육지에 나타나는 방위로서 오방(五方), 팔(八)은 완성된 땅의 방향인 팔방(八方)이 된다. 삼(三)은 신(神)인 양(陽)으로서 사람의 정기신(精氣神) 또는 남자(남자), 육(六)은 음(陰)으로서의 체(體) 또는 여자(女子), 구(九)는 음양을 갖춘 중성(中性)으로서 사람의 자녀(子女)에 해당한다.

위 숫자를 다시 하늘과 땅과 사람을 상징하는 숫자로 정리하면, 일, 오, 칠이 양으로서 하늘의 숫자가 되고, 이, 사, 팔이 음으로서 땅의 숫자가 되며, 삼, 육, 구가 음양을 갖춘 중으로서 사람의 숫자가 된다.

그리하여, 일(一)은 천신(天神)이자 하늘(天), 오(五)는 땅위의 하늘(天)을 포함한 오방(五方)의 오행(五行:오행성), 칠은 하늘의 방향인 일곱 방향(七方)이자 일월오행성(日月五行)을 가리키는 것이 되어, 각 하늘의 숫자가 되는 것이다.

또, 이(二)는 지신(地神)이자 땅(地), 사(四)는 땅에서의 방향인 사방(四方), 팔(八)은 땅에서의 완성된 방향이 되는 팔방(八方)으로서, 각각 땅의 숫자자 되는 것이다.

그리고, 삼(三)은 인신(人神)이자 양(陽)으로서 사람인 남자(男), 육(六)은 음으로서 사람인 여자(女) 또는 음양이 구비된 남자와 여자로서의 어버이(父母), 구(九)는 음양의 조화로 생겨난 완성된 존재로서 중(中)에 해당하는 자녀(子女)이며 사람으로서 양(陽)의 존재가 되어, 각각 사람의 숫자가 된다.

하늘과 땅과 사람이 다 이루어지고, 땅인 지구는 하늘의 태양을 주위로 하여 자전(自轉)과 공전(公轉)을 행하니, 천지인의 음양중을 지구(땅)에 서 있는 존재인 사람을 기준으로 하여 상중하(上中下)의 삼(三)으로 삼고, 전후좌우(前後左右)를 사방(四方)으로 삼으면, 숫자가 5가 되는 고리가 3개이며 숫자가 7이 되는 고리가 하나로 이루어진다. 즉, 상하좌우중, 상하전후중, 전후좌우중의 5가되는 고리가 되고, 상하전후좌우중의 7이 되는 고리 즉 구(球)가 되니, 이는 사람이 도는 모습이기도 하며 지구가 자전하는 모습이기도 하며, 지구가 태양을 중심으로 도는 모습이기도 한 것이다.

소위 소우주라는 사람이 상중하와 전후좌우가 되어 도는 모습은 곧 지구의 자전과 공전의 모습이며 나아가 우주천체의 각 자전과 공전의 모습으로 일반원리(一般原理)에 해당하는 것이 된다. 이러한 자전과 공전의 원리를 천부경에서 운삼사성환오칠(運三四成環五七)의 7자로 표현해 놓은 것이다.

이와 같이 하나(一)에서 시작하여 생겨난 우주천체가 일정한 법칙에 따라 무한순환(無限循環)하는 과정을 거치면서 다시 원래의 하나(一)로 되돌아가는 과정을 밟는 것이니 일시무시일(一始無始一), 만왕만래(萬往萬來), 일종무종일(一終無終一)이라는 것이 된다. 천부경에 나타나는 역(易)의 원리는 사람이 라는 존재가 우주에서 사라지지 않는 이상 만고불변(萬古不變)의 원리(原理)인 것이다.

(나) 삼신오제설(三神五帝說)과 음양중오행론

삼신(三神)은 천지인(天地人) 삼신(三神)으로 곧 일신(一神)이며, 오제(五帝)는 동서남북중(東西南北中)의 오방(五方)에서 삼신(三神)을 보좌(補佐)하는 제(帝)이다. 이는 한배달조선의 삼사오가(三師五加)의 정치제도로 나타나기도 한다.

천지인 삼신은 역(易)으로 음양중(陰陽中)에 해당하며 만물의 창조원리이고, 오방의 오제는 역(易)으로 음양의 조화인 중(中)에서 파생된 음양중(陰陽中)과 이 파생된 중(中)에서 다시 음양중(陰陽中)으로 파생된 소위 오행(五行)이 되는 것이다.

즉, 일월오행성(日月五行星)은 역(易)으로 음양오행(陰陽五行)으로 나타나며, 여기 오행은 음양(陰陽)에서 나온 중(中)으로서 해가 양(陽), 달이 음(陰), 다섯별이 중(中)에 해당하는 것이다. 이 중(中)이 되는 오행성(五行星)의 기운(氣運)이 각 수(水), 화(火), 목(木), 금(金), 토(土)인데, 오제(五帝) 중 북의 흑제(黑帝)는 수(水), 남의 적제(赤帝)는 화(火), 동의 청제(靑帝)는 목(木), 서의 백제(白帝)는 금(金), 중의 황제는 토(土)를 각 관장한다.

음양의 조화로 중(中)이 나오니 수(水)와 화(火)와 중(中)이며, 수는 중음(中陰)에 해당하고 화는 중양(中陽)에 해당한다. 다시 중(中)에서 음양중이 나오니 목(木), 금(金), 중(中)이며, 목은 중중음(中中陰)에 해당하고 금은 중중양(中中陽)에 해당하며 이때 중(中)은 곧 중중중(中中中)으로서 토(土)인 것이다.

이로써, 해와 달은 양과 음으로서 태양(太陽)과 태음(太陰)이라 하게 되면, 중음(中陰)인 수(水)는 대음(大陰), 중양(中陽)인 화(火)는 대양(大陽), 중중음(中中陰)인 목(木)은 소음(小陰), 중중양(中中陽)인 금은 소양(小陽), 중중중(中中中)인 토(土)는 중(中)에 해당하는 것이 된다.

이에 음양중에서 음양오행이 정립되는데, 오행은 곧 음양중의 중으로서 다시 음양중으로 구분한 것이 된다. 오행을 오방으로 배치하면 천지의 자리를 대신하여 태음(太陰)의 자리인 북(北)에는 수(水), 태양(太陽)의 자리인 남(南)에는 화(火), 소음(少陰)의 자리인 동(東)에는 목(木), 소양(少陽)의 자리인 서(西)에는 금(金), 중의 자리인 중앙에는 토(土)가 각 배당된다.

오행(五行)의 역은 음양중(陰陽中)의 중(中)에서 생겨난 오방(五方)에 배당된 역(易)이기 때문에, 처음부터 음양(陰陽)에서 출발하여 팔방(八方)으로 배당된 팔괘역(八卦易)인 태호복희역(太皞伏羲易)과는 천지음양(天地陰陽) 즉 건곤(乾坤)의 태양(太陽:南)과 태음(太陰:北) 그리고 수(水)와 화(火) 즉 감리(坎離)의 소음(少陰)과 소양(少陽)의 방향 외는 그 방향이 완전히 일치하지 않는 것이 당연하다.

그러므로, 소위 주문왕팔괘도(周文王八卦圖)의 역(易)은 태호복희역을 벗어나기도 하면서 억지로 일부 오행(五行)의 방향을 대입시키고 팔괘역의 방향을 흩트린 역으로서 순역(順易)이 아니라 반역(反易)인 것이 된다. 이러한 반역(反易)의 역사는 고대중국의 역사에서 실제로 일어난 역성혁명(易姓革命) 등 반역(反逆)의 역사와도 일맥상통하는 것이 된다.

(다) 삼신오제(三神五帝)와 오행론(五行論)

삼신오제(三神五帝)에서 오제(五帝)는 오방(五方)에서 삼신(三神)을 보좌(補佐)하며, 오령(五靈)의 사명(司命)인 태수(太水), 태화(太火). 태목(太木), 태금(太金), 태토(太土)의 소위 오행(五行)을 관장한다.

오제(五帝)는 흑제(黑帝), 적제(赤帝), 청제(靑帝), 백제(白帝), 황제(黃帝)이며, 흑제는 숙살(肅殺:죽음)을 주관하고, 적제는 광열(光熱:빛과 열)을 주관하며, 청제는 생육(生育:낳고 기름)을 주관하고, 백제는 성숙(成熟:이루고 익힘)을 주관하며, 황제는 조화(調和)를 주관한다.

오령(五靈)은 태수, 태화, 태목, 태금, 태토이며, 태수는 영윤(榮潤:번영과 윤택)을 주관하고, 태화는 용전(鎔煎:녹이고 달임)을 주관하고, 태목은 영축(營築:만들고 지음)을 주관하며, 태금은 재단(裁斷:자르고 끊음)을 주관하고, 태토는 가종(稼種:심고 뿌림)을 주관한다.

삼신(三神)은 오제(五帝)를 감독하고 오제의 사명(司命)을 주관하며 오령(五靈)으로 하여금 이루게 한다. 오제(五帝)는 삼신(三神)을 보좌하여 각 그 맡은 사명(司命)을 주관하며, 오령(五靈)의 사명을 이루게 한다. 오령(五靈)은 소위 오행(五行)의 사명을 주관한다.

오제(五帝)의 사명과 오령(五靈)의 사명이 소위 오행(五行)의 사명(司命)이 되는데, 흑제와 태수, 적제와 태화, 청제와 태목, 백제와 태금, 황제와 태토가 각 그 사명을 행하는 바, 하늘에서는 오방의 제(帝)가 되고 땅에서는 오방의 령(靈)이 된다.

삼신(三神)이 물(水)을 낳아 태수(太水)로 하여금 북방(北方)의 사명(司命)을 맡게 하여 흑제(黑帝)를 받들게 한 후 기(氣)가 있게 하고, 불(火)을 낳아 태화(太火)로 하여금 남방(南方)의 사명을 맡게 하여 적제(赤帝)를 받들게 한 후 틀(機)이 있게 하며, 나무(木)를 낳아 태목(太木)으로 하여금 동방(東方)의 사명을 맡게 하여 청제(靑帝)를 받들게 한 후 바탕(質)이 있게 하고, 금(金)을 낳아 태금(太金)으로 하여금 서방(西方)의 사명을 맡게 하여 백제(白帝)를 받들게 한 후 형(形)이 있게 하며, 흙(土)을 낳아 태토(太土)로 하여금 중앙의 사명을 맡게 하여 황제(黃帝)를 받들게 한 후 체(體)가 있게 하였다.

이리하여 땅에서 만물(萬物)이 생겨 불어나게 된 것이며, 삼신(三神)을 대신한 천하(天下) 즉 땅위의 천하대장군(天下大將軍)이 오제(五帝)의 사명을 주관하고, 지하(地下) 즉 땅 아래의 지하여장군(地下女將軍)이 오령(五靈)의 사명을 주관하는 것이다.

이상으로 오제(五帝)와 오령(五靈)이 곧 소위 오행(五行)이 된다. 오행은 소위 오행성(五行星)의 기(氣)이며, 하늘의 수화목금토(水火木金土)의 오행성의 기운이 땅에 적용되어 소위 불리는 오행(五行)이 되는 것이다. 천지의 음양에서 생겨난 중(中)이 되는 오행(五行)이 하늘의 오방에 적용되고. 다시 땅의 오방에 적용됨으로써, 인간세상의 원리에 적용된 것으로 된다.

인간세상에 적용된 오행(五行)의 원리는 한국(桓國)시대의 정치제도(政治制度)로 구현되어, 흑제(黑帝)에 해당하는 용왕현구(龍王玄龜)는 선악(善惡)을 주관하고, 적제(赤帝)에 해당하는 주작적표(朱鵲赤熛)는 목숨(命)을 주관하고, 청제(靑帝)에 해당하는 청룡령산(靑龍靈山)은 곡식(穀)을 주관하며, 백제(白帝)에 해당하는 백호병신(白虎兵神)은 형벌(刑)을 주관하고, 황제(黃帝)에 해당하는 황웅여신(黃熊女神)은 질병(病)을 주관하였다.

이러한 한국(桓國)시대의 오제(五帝) 제도는 한국 후기에 소위 양가(羊加), 마가(馬加), 우가(牛加), 구가(狗加), 저가(豬加)의 오가(五加) 제도가 되었던 것이며, 호족(虎族)과 웅족(熊族)의 난으로 인하여 서기전 3897년에 한웅천왕(桓雄天王)이 세운 배달나라의 삼사오가(三師五加)의 오가제도로 계승된 것이 된다.

대체적으로 배달나라 신시(神市) 시대에는 오행의 방향의 순서가 수화목금토(水火木金土)로서 삼신오제론(三神五帝論) 및 서기전 3500년경에 태호복희가 얻은 하도(河圖)의 오행수리(五行數理)의 방향 즉 북남동서중(北南東西中)의 순서와 일치하는 것이 되고, 서기전 2700년경에 시작된 배달나라 청구(靑邱) 시대에는 북동남중서(北東南中西)의 순서로서 수목화토금(水木火土金)의 오행상생론(五行相生論)에 일치하게 된다.

즉, 오행의 순서가 칠회제신력(七回祭神曆)의 일월수화목금토(日月水火木金土)에서처럼 되며, 이후 삼신오제(三神五帝)의 오행론(五行論)은 배달나라 후기에 이르러 수목화토금의 오행상생론(五行相生論)으로 체계화 되었던 것이 되고, 이어 단군조선으로 계승된 것으로 된다.

서기전 2357년경 배달나라 말기에 유웅국(有熊國 또는 熊國)의 천자(天子)가 된 요(堯)는 오행론(五行論)을 오해하고 수(數)에 밝지 못하여 소위 오행망설(五行妄說)을 주장하였던 것이 되는데, 5가 중앙에 고정된 숫자로 오해하여 스스로 오중(五中)의 제왕(帝王)이라 참칭하였던 것이다. 수는 1부터 9까지이며 1부터 5까지가 아니며, 그래서 5는 중앙에 고정된 것이 아니라 4와 7이 또한 중앙에 해당하는 경우가 있기 때문이다. 즉, 땅의 방향을 8방으로 나누고 하늘에 해당하는 중앙을 더하여 9방을 나누어 숫자로 나타내면, 천지인의 생긴 순서대로 1,2,3을 놓고 그 아래에 다시 4,5,6,을 놓으며, 다시 그 아래에 7,8,9를 놓게 되면, 이때 중앙에는 5가 오지만, 4는 음으로써 땅의 숫자가 되고 5는 양으로서 하늘의 숫자가 되므로, 4와 5를 바꾸어 놓으면 5,4,6이 되어 이때는 4가 중앙에 있게 되며, 또 하늘의 방향은 7방향으로서 상하전후좌우중이 되어 중(中)은 7의 자리가 되는 것인데, 이것이 천부경에서 가르치는 성환오칠(成環五七)의 칠(七)이 되는 것이다.

배달나라 시대인 서기전 2700년경에 자부선인 만든 윷놀이에는 오행(五行)이 되는 오가(五加)의 움직임이 상생원리(相生原理)에 해당하는데, 출발점이 되는 1점의 자리가 중앙의 저가(豬加:도:돝) 자리인 바, 이때는 중앙이 1의 자리가 되는 것이다.

4) 홍범구주(洪範九疇)의 오행론(五行論)

홍범구주는 서기전 2267년에 단군조선의 태자 부루가 주관한 도산회의(塗山會議)에서, 우순(虞舜)의 신하 사공(司空) 우(禹)에게 치수법(治水法)을 전수할 때 건네준 소위 금간옥첩(金簡玉牒)이라는 책이다.

이 홍범구주에 오행론이 실려 있으니, 곧 오행(五行)은 수화목금토(水火木金土)이며, 물(水)은 윤택하게 하고 아래로 흐르며 이로 인하여 짠맛이 나고, 불(火)은 불꽃으로 위로 오르며 이로 인하여 쓴맛이 나며, 나무(木)는 굽으면서 곧으며 이로 인하여 신맛이 나고, 금(金)은 따르게 하여 변화하게 하고 이로 인하여 매운맛이 나며, 흙은 심고 거두며 이로 인하여 단맛이 난다(五行 一曰水 二曰火 三曰木 四曰金 五曰土 水曰潤下 火曰炎上 木曰曲直 金曰從革 土爰稼穡 潤下作鹹 炎上作苦 曲直作酸 從革作辛 稼穡作甘)라고 적고 있다.

여기서 홍범구주에 실린 오행론에는 오행의 특성으로 인한 오미(五味)가 더해져 있는데, 오행의 특성은 삼신오제오령(三神五帝五靈)의 오행론과 크게 다르지 않은 것이 된다. 이는 홍범구주의 가르침이 곧 단군조선에서 서기전 2267년 이전에 이미 정립된 내용으로서, 서기전 2267년에 소위 요순 9년 대홍수의 치수관계로 사공 우(禹)에게 전수된 것이며, 태자 부루가 가르쳐 준 오행론(五行論)을 이용한 치수법을 우가 치산치수(治山治水)에 활용하여 결국 치수에 성공하였던 것이다. 태자 부루가 우에게 전수한 치수법을 소위 오행치수법(五行治水法)이라 한다.

5) 오행상생론(五行相生論)

배달나라 초기에 이미 존재하였던 한역(桓易)은 곧 서기전 2700년경 자부선인(紫府仙人)이 만든 윷놀이로 부활되었는데, 그 윷놀이판에 그려진 모습이 바로 무극(無極), 천지인 삼태극(三太極), 중앙(中央) 사방(四方), 중앙 팔방, 12방(方), 북두칠성, 1일 4시(時) 12시각(時刻), 음양오행(陰陽五行), 오행 7일, 4주(週), 28일, 3개월 4계절, 13기(期), 52주(週), 365일 등으로 정립되는 역(易)이자 역(曆)으로서, 천부경(天符經)의 역(易)과 칠회제신력(七回祭神曆)의 원리를 모두 담고 있다.

윷놀이에서 윷가락 4개를 던져 나오는 경우로서 도, 개, 글, 윷, 모라 부르고, 각 점수로서 1, 2, 3, 4, 5가 되는데, 여기서 도개글윷모는 곧 배달나라 시대의 오가(五加)로서 배달나라의 행정을 담당하였으므로 곧 오행(五行)인 바, 중부(中部)가 저가(豬加)로서 도, 서부(西部)가 구가(狗加)로서 개, 북부(北部)가 양가(羊加)로서 글, 동부(東部)가 우가(牛加)로서 윷, 남부(南部)가 마가(馬加)로서 모가 된다.

도는 돝에서 받침이 생략된 말로서 후대에는 새끼라는 말인 아지가 붙어 돝아지가 되고 다시 도아지, 도야지, 돼지로 되었다. 글은 양(羊)과 같은 종(種)이 되는 염소를 가리키는 궐(羷)의 변음이거나 닭을 상징으로 하는 계가(鷄加)의 계라는 소리가 글로 변음된 것이라고도 추정되기도 한다. 윷은 원래 소(牛)의 발음이 되는 쇼에서 변음되어 슈, 유가 되고 받침이 붙어 윳, 윷으로 된 것으로 된다. 모는 말 마(馬)를 읽는 소리인 말, 몰, 마, 모에서 나온 것이 된다.

이리하여 윷놀이에서는 오행이 상생론이 되는 바, 중부의 도가 1점, 서부의 개가 2점, 북부의 글이 3점, 동부의 윷이 4점, 남부의 모가 5점이 되어 순서대로 토, 금, 수, 목, 화가 되어 토생금(土生金), 금생수(金生水), 수생목(水生木), 목생화(木生火), 화생토(火生土)의 상생론으로 정리되고 있는 것이다.

배달나라 시대의 삼사오가 제도는 단군조선 시대에 계승되었는 바, 단군조선 시대의 오행육정(五行六政)의 오행(五行)이 곧 오행상생론(五行相生論)을 바탕으로 한 것이 된다.

6) 윷놀이판에 담긴 역(易)과 역(曆)

윷놀이에 나타나는 역(易)은 곧 배달나라 시대 초기부터 존재한 역(易)으로서 한역(桓易)이며, 그 기본 원리는 이미 한국(桓國) 시대에 존재한 것으로 된다. 나아가 그 원래의 역은 마고(麻姑) 시대부터 내려온 것이 된다.

마고시대에 이미 역법(曆法)이 정립되었는데, 서기전 25858년 계해년(癸亥年) 또는 서기전 24418년 계해년으로 계산되는 바, 서기전 25857년이 역사논리상 타당한 것이 되는데, 바로 마고시대를 이은 황궁씨(黃穹氏)의 마고성(麻姑城) 시대에 해당된다.

서기전 3897년경 배달나라 초기에 이미 1년 365.24219907일이라는 정밀하고도 치밀한 역법(曆法)이 존재하고 있었던 것이 된다. 또한 10간(干) 12지(支)의 간지법이 이미 한국(桓國)시대부터 존재한 것이 되며, 60갑자(甲子)라는 말로써 쓰이기 전에 60계해(癸亥)라 하여 1년 365일의 하루하루에 간지를 배당하였던 것이 되고, 1년 12개월을 12지지(地支)로 나누어 배당하였던 것이 된다. 이리하여 지금의 음력 10월은 해월(亥月)로서 제일 앞달에 해당하여 상달(上月)로 삼았다는 것은 당연한 것이 된다.

마고시대 역법(曆法)의 기본이 되는 역(易)은 북극성을 중심으로 하여 북두칠성이 하루하루 회전하는 모습을 기본으로 하여, 한달, 1년으로 연역하여 적용한 역법이 되어, 윷놀이판에 나타나는 역법(曆法)과 다르지 않은 것이 된다. 왜냐하면 윷놀이판에 나타나는 그림 자체가 곧 북극성을 중심으로 하여 북두칠성이 회전하는 모습을 사방에 나타낸 모습 그대로이기 때문이다.

한편, 윷놀이판의 모습이 평면에 나타낸 역(易)이자 역법(曆法)의 원리라면, 선기옥형(璇璣玉衡)은 입체로 나타낸 역과 역법의 원리가 된다. 여기서는 윷놀이판에 나타나 있는 역(易)과 역법(曆法)의 원리를 살펴본다.

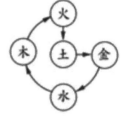

오행상생역

(가) 북두칠성 1회전-1일(日)

북두칠성(北斗七星)은 지구에서 바라보면 북극성(北極星)을 중심으로 하여 하루에 한번씩 회전한다. 즉, 1일에 북두칠성이 북극성을 한번 회전하며, 지구가 오른쪽 즉 서쪽에서 왼쪽 즉 동쪽으로 자전(自轉)하고 있으므로, 하늘의 북두칠성은 반대방향으로 회전하는 모습이 되어 평면에 그리면 시계침이 도는 방향의 반대방향으로 회전하는 모습이 된다.

이렇게 하늘의 북쪽에 있는 북두칠성의 도는 모습은 곧 태극이나 삼태극의 문양처럼 시계침 회전방향의 반대방향이 되는 것이며, 이 방향은 곧 지구가 자전과 공전하는 방향이 된다.

이리하여 윷놀이판에 나타나는 북두칠성의 모습은 시계침 회전방향의 반대방향으로 도는 모습이며, 사방(四方)에 나타내어 하루 중 아침(朝), 한낮(正午), 저녁

(夕), 한밤(子正)의 4시(時)를 나타내는 것이 된다.

(나) 음양오행-7일(日)

윷놀이판에서 북두칠성이 변형된 모습은 중앙에서 사방으로 뻗은 모습으로서 7개의 점으로 나타나며, 이는 곧 해, 달, 오행성 즉 음양오행(陰陽五行)으로서 일, 월, 수, 화, 목, 금, 토의 7일(日)을 나타내는 것이 된다.

(다) 오행상생과 단군조선의 오행육정

오행은 칠회제신력(七回祭神曆)에서처럼 원래 수화목금토(水火木金土)의 순으로 배치되나, 서기전 2700년경 배달나라 말기에 이르러 오행상생론(五行相生論)으로 정립되어 수목화토금(水木火土金)의 순으로 정리되는데, 이는 단군조선의 정치행정제도인 오행육정(五行六政)의 오행과 직접 연관된다.

즉, 단군조선의 오행육정은 오가(五加)의 행정(行政)을 가리키는 바, 오가는 저가(豬加:도), 구가(狗加:개), 양가(羊加:글), 우가(牛加:윷), 마가(馬加:모)이며, 각 맡은 행정은 주병(主病), 주형(主刑), 주선악(主善惡), 주곡(主穀), 주명(主命)이며 이에 더하여 국방담당인 주병(主兵)이 있어 구가(狗加)와 마가(馬加)가 중첩하여 맡은 것이 되어 육정(六政)이 되는 것이다.

윷놀이에서 나타나는 단군조선의 오가행정(五加行政)은 저가가 되는 도는 1점, 구가가 되는 개는 2점, 양가가 되는 글은 3점, 우가가 되는 윷은 4점, 마가가 되는 모는 5점으로서, 1, 2, 3, 4, 5이 순서는 곧 오방으로 중, 서, 북, 동, 남의 순서가 되어 오행으로는 토, 금, 수, 목, 화의 순서가 되는데, 이는 토생금(土生金), 금생수(金生水), 수생목(水生木), 목생화(木生火), 화생토(火生土)의 오행상생론(五行相生論)과 일치하게 된다.

(라) 4방(方)-4상(象)-4시(時)-4주(週)-4계(季)

윷놀이판에 나타나는 사방은 곧 하루로 보면 아침, 한낮, 저녁, 한밤의 4시(時)가 되고, 역(易)으로 보면 4상(相:象)이 되며, 1기(期) 즉 28일을 기준으로 하면 7일씩 4주(週)가 되며, 1년을 기준으로 하면 4계절이 된다.

(마) 28수(宿)-28일(日)-1기(期)

윷놀이판은 중앙과 28수(宿)를 그린 모습인데, 이 28수는 곧 28개의 별자리를 나타낸 것으로서 28일에 해당하며 1기(期)가 된다.

(바) 13기(期)-52주(週)-365일-366일

1기는 28일이며, 중앙을 제외하고 바깥으로 하여 사방, 팔방, 12방이 되어 12달(月)의 수가 이루어지며, 원래 중앙의 1을 더하면 13이 되는데 이것이 1년 13기(期)를 가리키는 것이 된다.

1기에는 각 4주(週)가 있어 13기는 52주(週)가 되며, 1주에 7일이 있어 1년은 합 364일이 되는데, 매년의 처음에 해당하는 1일을 더하여 1년은 합365일이 되고, 4년에 한번씩 1일과 같이 되는 날을 합산하여 366일이 된다.

7) 낙서(洛書)의 음양수리역

(가) 낙서의 출현

낙서는 서기전 2267년경에 우순(虞舜)의 신하 사공(司空) 우(禹)가 낙수(洛水)에서 얻은 것으로 된다. 낙수는 황하(黃河) 중류에 있는 지류이다.

서기전 2267년 도산회의(塗山會議)에서 사공 우(禹)는 단군조선의 사자 태자 부루에게서 오행치수법(五行治水法)을 전수받고 치산치수(治山治水)에 관한 전권(專權)을 부여받아 치수에 몰입하였는 바, 그 과정에서 이 낙서를 얻은 것이 된다.

낙서는 서기전 3500년경에 배달나라의 태호복희가 황하에서 얻었다는 하도(河

圖)와는 달리 5방이 아닌 9방(方)에 음양(陰陽)의 수리(數理)를 적용하여 나타내고 있다.

(나) 낙서의 수리

낙서에 나타나는 방향과 수리는, 북(北)에는 일(一:1)의 양수(陽數), 북동(北東)에는 팔(八:8)의 음수(陰數), 동(東)에는 삼(三:3)의 양수, 남동(南東)에는 사(四:4)의 음수, 남(南)에는 구(九:9)의 양수, 남서(南西)에는 이(二:2)의 음수, 서(西)에는 칠(七:7)의 양수, 북서(北西)에는 육(六:6)의 음수, 중앙에는 오(五:5)의 양수 등의 순서로 각각 배치하고 있다.

여기서 양수(陽數)는 북, 동, 남, 서의 순으로 1, 3, 9, 7이 배치되어 있는데, 이는 양(陽)이 되는 해(태양:太陽)가 지구를 도는 모습을 따르는 방향이 되며, 음수(陰數)는 남서, 남동, 북동, 북서의 순으로 2, 4, 8, 6이 배치되는데, 이는 음(陰)이 되는 땅(지구:地球)이 해가 도는 방향과는 반대방향으로 도는 모습을 따르는 것이 된다.

중앙에는 5가 배당되어 정(井)자 모양의 9방(方)으로 배치되는데, 가로와 세로와 중앙을 지나는 대각선 방향으로 각각 3개의 숫자를 모두 합하면 모두 15가 된다. 즉, 북, 중, 남의 1, 5, 9와 북동, 중, 남서의 8, 5, 2와 동, 중, 서의 3, 5, 7과, 남동, 중, 북서의 4, 5, 6과 북서, 북, 북동의 6, 1, 8과 북동, 동, 남동의 8, 3, 4와 남동, 남, 남서의 4, 9, 2와 남서, 서, 북서의 2, 6, 7의 각 세 개의 숫자의 합이 모두 15가 되는 것이다.

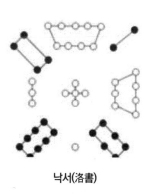

낙서(洛書)

이와 같이 방향에 따라 각 숫자를 배치한 진법(陣法)을 소위 마방진(魔方陣)이라고 하기도 한다. 15라는 숫자는 열자리와 일자리를 합하면 6이 되는데, 이 육(六)이라는 숫자는 천지의 합(1+2+1+2)이 되는 숫자로서 창조의 의미를 지니는 숫자가 된다.

1, 3, 9, 7의 방향은 사람의 눈에 태양이 도는 방향으로서, 각 숫자에 3을 곱한 수가 뒤의 수가 되며, 두자리 숫자가 되는 경우에는 끝자리의 숫자가 된다. 즉, 1, 1x3, 3x3, 9x3, 7x3의 순으로 1, 3, 9, 27, 21이 되는데, 열자리를 떼고 1, 3, 9, 7, 1의 순으로 무한 순환하게 되는 모습이다.

또, 2, 4, 8, 6의 방향은 태양이 도는 방향의 반대방향 즉 지구가 실제로 도는 방향이 되는데, 각 숫자에 2를 곱하여 만들어지는 숫자의 순서가 되며, 두자리 숫자가 되는 경우에는 끝자리의 숫자가 된다. 즉, 2, 2x2, 4x2, 8x2, 6x2의 순으로 2, 4, 8, 16, 12,가 되는데, 열자리를 떼고 2, 4, 8, 6, 2의 순으로 무한 순환하게 되는 모습이다.

(다) 낙서(洛書) 팔방수리역(八方數理易)과 하도(河圖) 사방수리역(四方數理易)의 관계

낙서(洛書)의 팔방(八方)의 수리(數理)와 하도(河圖)의 사방(四方)의 수리(數理)는 밀접한 관계가 있다. 즉, 낙서에서 북서와 북의 6과 1은 하도에서 북(北)의 1, 6과 관계가 있으며, 낙서에서 북동과 동의 8, 3은 하도에서 동(東)의 3, 8과 관계가 있고, 낙서에서 남동과 남의 4, 9는 하도에서 서(西)의 4, 9와 관계가 있으며, 낙서에서 남서와 남의 2, 7은 하도에서 남(南)의 2, 7과 관계가 있다.

여기서, 낙서의 팔방에 배당된 숫자의 위치는, 하도의 사방에 원래 배당된 숫자에서 1, 2, 3, 4는 기본적으로 북, 남, 동, 서로 각 배치하고 6, 7, 8, 9는 북서, 북동, 남동, 남서로 배치한 상태에서, 남동과 남(南)의 4, 9와, 서(西)와 남서의 7과 2를 23.5도 기울어진 지구자전축을 기준으로 하여 대칭이동하여 이루어진 형태가 된다.

이는 서기전 27858년경에 정립된 것으로 되는 마고(麻姑)시대의 사방역(四方易)인 북동남서(北東南西)의 순으로 된 토수화기(土水火氣)의 역(易)이 곧 하도(河圖)의 사방역이 된다. 이후 하도(河圖)의 사방수리역(四方數理易)은 다시 지축의 기울기를 반영하여 변화시켜 나온 소위 낙서(洛書)의 팔방수리역이 되고 태호복희팔괘역으로 정립된 것이 되는데, 곧 태호복희팔괘역은 낙서의 팔방수리역과 일맥상통하는 것이 되는 것이다.

여기서 남(南)과 서(西)에 배당된 화(火)와 기(氣)의 위치변화는 지축의 기울어진 정도에 따라 변화한 것이 되는데, 마고시대에는 지축의 기울기가 작아 전반적으로 온화한 기후였으나, 마고성 시대의 말기에 이르러 지축의 기울기가 크게 변동하여 상대적으로 계절의 변화가 크게 일어난 것으로 인하여 낙서(洛書)의 팔방수리역과 태호복희팔괘역에 반영된 것으로 된다.

(라) 낙서 팔방수리역과 태호복희팔괘역의 관계

낙서(洛書)의 팔방에 반영된 수리(數理)는 태호복희팔괘역과 일맥상통하게 된다. 즉, 낙서에서 북서, 북, 북동, 동, 남동, 남, 남서, 서의 순으로 배치된 6, 1, 8, 3, 4, 9, 2, 7의 숫자는 태호복희팔괘역의 방향에 따라 배당되는 숫자에서 2와 8의 위치를 바꾼 것 외는 모두 일치하게 된다. 이는 북동과 남서의 방향에 배당된 숫자의 위치를 바꾼 것이 되는데, 바로 지축(地軸)과 관련되어 반영된 것이 된다.

태호복희팔괘역의 배치는 북, 북동, 동, 남동의 순으로 1, 2, 3, 4를 배당하고, 중앙에는 5를 배당하며, 다시 북서, 서, 남서, 남의 순으로 6, 7, 8, 9를 배당하면, 1, 2, 3, 4, 5, 6, 7, 8, 9,의 흐름은 곧 음양(陰陽)의 태극모양이 되는데, 여기서 2와 8의 위치를 서로 바꾸면, 북, 북동, 동, 남동, 남, 남서, 서, 북서의 순으로 1, 8, 3, 4, 9, 2, 7, 6이 되어, 낙서의 팔방수리역의 배치와 완전히 일치하게 된다.

이로써, 태호복희팔괘역에 배당되는 숫자의 위치는 곧 낙서의 팔방에 배당되는 숫자의 위치와 일치하는 것이 되며, 그 숫자의 배열은 소위 마방진(魔方陣)이 되며, 낙서에서는 양수인 1, 3, 9, 7의 방향이 태양이 지구를 도는 방향이 되고, 또 음수인 2, 4, 8, 6의 방향은 지구가 자전과 공전하는 방향이 되며, 태호복희팔괘역에서는 양수가 되는 1, 3, 9, 7의 방향은 지구가 태양을 기준으로 하여 자전과 공전하는 방향이 되고, 또 음수인 2, 4, 8, 6의 방향은 달이 지구를 도는 방향이 된다.

그런데, 태양은 실제로 지구의 주위를 돌지 아니하고 오히려 지구가 태양의 주위를 공전하며, 달은 지구의 둘레를 공전하는 바, 지구가 고정된 모습을 나타내는 것이 되는 낙서의 팔방수리역의 배치도보다는 태호복희팔괘역의 팔괘배치도와 팔방수리역이 실제의 모습 즉 진리(眞理)에 부합하는 것이 된다. 즉, 낙서(洛書)는 지구 위의 사람의 눈으로 바라본 태양의 흐름 방향으로 본 역(易)이며, 태호복희팔괘역은 지구가 자전과 공전을 하는 모습을 그대로 반영한 진리역(眞理易)이라 할 수 있다.

8) 팔괘상중론(八卦相重論)과 주역(周易)

서기전 1382년에 지리숙(支離叔)이 주천력(周天曆)과 팔괘상중론(八卦相重論)을 지었다.[140] 여기서, 주천력은 역법(曆法)의 일종이 되는데 정확히 어떠한 역법이었는지는 불명이나 하늘을 회전하는 천체의 운동법칙을 기준으로 정립한 것이 될 것이며, 팔괘상중론은 팔괘 즉 태호복희팔괘역의 팔괘를 중첩한 것을 역으로 논한 것이 될 것이다.

고대중국의 주(周) 나라에서 팔괘(八卦)를 중첩하여 만든 역으로 64괘역인 주역(周易)이 있다. 그런데, 주나라는 서기전 1122년에 건국된 나라이므로 주역이라 하면 서기전 1122년 이후에 정립된 역이 되는데, 이보다 260년 이전인 서기전 1382년에 단군조선에서 이미 팔괘상중론이 지어졌는 바, 이것은 단군조선의 64괘역이 되는 것이다.

과연 주나라의 64괘역인 소위 주역(周易)이 주나라 사람이 창작한 것인지 아니면 단군조선에서 이미 만들어진 팔괘상중론을 재해석한 것인지는 불명이나, 서기전 500년경 공자(孔子)가 술이부작(述而不作)하였다 하는 주역(周易)임을 염두에 둔다면, 주역은 공자 이전의 주나라 서주(西周)시대 또는 춘추(春秋)시대의 전기에 이미 정립된 것으로 된다.

---

140) 전게 한단고기 〈단군세기〉, 95쪽 참조

9) 고대중국의 주문왕팔괘역은 태호복희팔괘역에 반(反)하는 역(易)

(가) 주문왕팔괘역의 출현

소위 주문왕팔괘도(周文王八卦圖)는 주(周) 나라 문왕(文王) 시대의 팔괘역(八卦易)이 되는데, 실제 주나라는 서기전 1122년에 무왕(武王)이 은나라를 무너뜨리고 세운 것이며, 문왕(文王)은 은(殷)나라의 제후국으로서 서백(西伯)이던 희창(姬昌)을 가리키는 것이 되며, 문왕이라는 칭호는 무왕이 추존한 것이 된다.

은나라 시대에 제후국이던 주나라는 서안(西安) 지역에 있던 소국(小國)에 불과하였는데, 은나라 말기에 이르러 주나라의 세력이 커지기 시작하였으며 서기전 1183년에 주나라의 제후가 된 희창(姬昌)이 은나라 마지막 왕인 주왕(紂王) 때 삼공(三公)이 되었는데, 주왕(紂王)이 폭정을 펼치며 희창을 감옥에 가두었고, 이에 희창의 신하 산의생(散宜生)이 미녀와 보배를 구하여 주왕에게 바치니, 주왕은 희창을 석방하고서 서백(西伯)에 임명하였던 것이다.

주나라는 원래 은나라의 제후의 나라로서 소국(小國)에 불과하였으나, 희창(姬昌)이 서백(西伯)이 되어 주나라가 속한 1주(州)를 관장하였던 것이 된다. 즉, 은나라의 전체 땅이 9주(州)라 하면 서쪽의 1주(州)를 주나라가 맡은 것이 되는데, 1주는 가로와 세로 각 1,000리에 해당하는 땅으로서 이 1주(州)에는 공작(公爵)과 후작(侯爵)의 나라가 합 30개, 백작(伯爵)의 나라가 70개, 자작(子爵)과 남작(男爵)의 나라가 합 100개가 있어 모두 200개의 소국이 존재하는 것이 되는 바, 이 중에서 주나라가 방백(方伯) 즉 1주(州)의 대표국이 되어 관장한 것이 된다.

이후 서백 희창은 산동지역 동해안의 동이족(東夷族) 출신인 강태공(姜太公)을 얻었으며, 희창이 서기전 1134년에 죽자 아들 희발(姬發)이 대를 이어 제후가 되었고, 희발이 군사를 일으켜 은(殷)나라를 공격하여 서기전 1122년에 은 주왕(紂王)을 죽여 은나라를 멸망시켰던 것이다.

이에, 주문왕팔괘역은 서기전 1183년부터 서기전 1134년 사이에 만들어진 팔괘역으로서 아마도 강태공이 만든 역이 아닌가 하는데, 강태공은 서기전 1153년부터 서기전 1073년까지 주문왕의 19년, 주무왕의 19년, 주성왕의 37년, 주강왕의 6년 등 약 80연간 보필하였는 바, 그 팔괘가 배치된 방향이 이전에 이미 존재하던 태호복희팔괘역의 팔괘의 방향과는 다른 것이 특징이다.

(나) 주문왕팔괘도의 괘의 방향

주문왕팔괘도에서 괘(卦)는, 북에는 감(坎), 북동에는 간(艮), 동에는 진(震), 남동에는 손(巽), 남에는 리(離), 남서에는 곤(坤), 서에는 태(兌), 북서에는 건(乾)을 각 배치하고 있다.

(다) 주문왕팔괘역과 태호복희팔괘역의 관계

단적으로 말하면, 주문왕팔괘역은 태호복희팔괘역을 변형시킨 것이 된다. 즉, 태호복희팔괘역의 팔괘의 방향을 바꾸어 놓은 것이 되는데, 다만 간(艮)과 손(巽)의 괘의 방향은 그대로 두어 옮기지 아니한 것으로 된다.

한편, 물(水)을 가리키는 감(坎)의 괘를 북방으로 놓고, 불(火)을 가리키는 리(離)의 괘를 남방으로 옮긴 것은 소위 오행(五行)을 팔괘역의 방향에 접목한 것으로 된다.

또, 번개를 가리키는 진(震)의 괘를 동방에 놓고, 하늘과 땅 사이의 불이 되는 화산(火山:중국역은 澤으로 해석)에 해당하는 태(兌)의 괘를 서방에 놓고 있으며, 하늘을 가리키는 건(乾)의 괘는 북서에 놓고, 땅을 가리키는 곤(坤)의 괘는 남서에 놓고 있는데, 특히 진괘(震卦)의 방향은 중원(中原)에서 볼 때, 중원의 동방이 되는 산동지역에 있던 태호복희의 나라 진(震)을 연상하게 한다.

(라) 주문왕팔괘역과 낙서(洛書) 팔방수리역(八方數理易)

주문왕팔괘역의 각 괘에 배당되는 숫자는 낙서의 팔방수리역인데, 이는 서기전 2267년 이전에 이미 존재하였던 낙서의 수리역을 서기전 1153년경 이후에 생긴 주문왕팔괘역에 적용한 것이 된다.

사실상 낙서의 팔방수리역은 주문왕팔괘역과는 별 상
관성이 없는 것이 되는데, 이는 태호복희팔괘역과 상관
된 낙서의 팔방수리역을 억지로 적용한 것이 되기 때문
이다.

주문왕8괘역

낙서의 팔방수리역에서 팔방에 배당된 각 음양의 숫자
는 나름대로 원리와 부합하며 타당성이 있으나, 주문왕
팔괘역에서 각 괘의 방향은 태호복희팔괘역 중 간(艮)괘와 손(巽)괘의 방향은 그대
로 두고, 오행(五行)에서 북(北)에 해당하는 수(水)와 남(南)에 해당하는 화(火)를 팔
괘역의 방향에 적용한 것이며, 이에 따라 곤(坤)과 건(乾)의 위치를 남서와 북서로
옮기고, 중원의 동쪽에 위치하였던 태호복희의 나라 이름이던 진(震)과 같은 진(震)
괘를 동방(東方)으로 놓았으며, 대양(大陽:老陽)에 해당하는 태(兌)를 서방(西方)
로 놓고 있는 것이다.

(마) 태호복희팔괘역의 해석오류와 주문왕팔괘역의 오류론

단적으로 보면, 주문왕팔괘도에 나타나는 역의 원리는 일정한 원칙을 찾을 수 없
으며, 논리에도 맞지 아니하고, 순행(巡行)의 원리에도 맞지 아니하며 억지로 맞춘
것이 된다.

이에 반하여 태호복희팔괘역은 일정한 원리(原理)에 의하여 배치되어, 논리적으
로 타당성이 있으며, 순행(巡行)의 원리에도 맞아 떨어지는 것이 된다.

특히, 고대중국은 태호복희팔괘역에서 괘가 배당되는 방향을 잘못 해석하여, 낙
서의 수리방향으로 즉 사람의 눈에 태양이 움직여 보이는 방향으로 해석해 버리는
경향을 보이고 있는데, 이는 크나큰 오류에 해당한다. 즉, 태호복희팔괘역의 역의
흐름은 지구가 자전과 공전을 하는 방향으로 시계침 회전방향의 반대방향으로 방
향이 설정되어 북, 북동, 동, 남동, 남, 남서, 서, 북서의 순서로 배치되지만, 낙서(洛
書)에서 숫자가 배당된 방향은 시계침 회전방향으로서 태호복희팔괘역의 방향과는

남북을 축으로 하여 동서를 바꾼 모양이 된다.

그래서, 태호복희팔괘역을 해석할 때는 반드시 지구의 자전과 공전 방향이 되는 시계침 회전방향의 반대방향을 괘의 순행방향으로 놓고서 해석하여야 하는 것이며, 낙서의 팔방수리역을 해석할 때는 시계침 회전방향을 순행방향으로 놓고 해석하여야 하는 것이다. 태호복희팔괘역에 낙서의 팔방수리역을 적용하려면 당연히 낙서의 팔방의 숫자를 태호복희팔괘역의 각 괘의 방향에 일치하도록 배당하여야 한다.

그리하여, 태호복희팔괘역에서 북방의 곤괘는 1, 북동은 8, 동은 3, 남동은 4, 남은 9, 남서는 2, 서는 7, 북서는 6을 놓아야 한다. 이렇게 배당하면, 태호복희팔괘역의 순행방향은 시계침 회전방향의 반대방향이므로 지구가 자전과 공전을 하는 방향으로 1, 8, 3, 4, 9, 2, 7, 6의 순서가 되는데, 양수인 1, 3, 9, 7의 각 숫자는 지구가 태양을 기준으로 하여 자전과 공전하는 방향으로서 천지조화(天地調和)로 생긴 사람의 숫자인 3으로 곱하여 나오는 단수를 취한 것이며, 음수인 2, 4, 8, 6은 태음(太陰)인 달(月)이 지구를 주위를 도는 공전방향이 되고 음수인 2를 곱하여 나오는 단수를 취한 것으로 된다.

주문왕팔괘역에 적용시킨 낙서의 팔방수리역에는 하자가 없다고 할 수 있으나, 주문왕팔괘역의 각 괘의 방향은 원리를 벗어나 배치된 것으로서 순역(順易)이 아니라, 원리원칙이라 할 수 있는 진리역(眞理易)인 태호복희역(太皞伏羲易)의 원리에서 벗어나는 반역(反易)이 되는 것이다.

역사적으로 볼 때 역성혁명(易姓革命)을 정당화시키는 역이 되는 주문왕팔괘역은 단적으로 순역(順易)이 아니라 반역(反易)인 것인데, 이는 예외적인 원리를 원칙적인 원리로서 억지로 내세운 것에 불과하며, 자칫 일반원리(一般原理)로서 오해하게 하는 잘못을 유도하는 역(易)이라 할 것인 바, 차면 기운다 또는 대(大)가 소(小)를 이긴다는 등 상극(相剋)의 예외적인 원리가 내포되어 있으면서 상생(相生)의 원칙적인 원리를 나타내고 있는 태호복희팔괘역을 원칙적인 역으로 인식하고 인간세상사에 적용하여야 할 것이다.

여기에서 특히 소위 오행론은 음양중(陰陽中)의 원리에서 파생되어 나온 음, 양, 중음, 중양, 중중음, 중중양, 중중중에서 중(中)에 나온 중음에 해당하는 물(水), 중양에 해당하는 불(火), 중중음에 해당하는 나무(木), 중중양에 해당하는 금(金), 중중중에 해당하는 흙(土)를 오방(五方)의 오행으로 삼은 것인 바, 음양(陰陽)을 조합하여 팔방의 괘로 배치한 태호복희팔괘역의 태음에 해당하는 곤(坤)과 태양에 해당하는 건(乾)과 소위 소음(少陰)에 해당하는 수(水)와 소양(少陽)에 해당하는 화(火)의 방향과 혼동하여서는 안되는 것이다.

왜냐하면 태호복희팔괘역은 태양을 중심으로 하여 지구의 자전(自轉)과 공전(公轉)을 원리원칙으로 하여 그 나타나는 변화를 팔괘의 역으로 나타낸 것이며, 오행(五行) 즉 오행상생역(五行相生易)은 하도나 낙서에서와 같이 지구의 방향이 고정된 것을 기준으로 삼아 사람의 눈에 보이는 대로 곧 태양 또는 오행성이 움직이는 것으로 보이는 방향으로 설정하여 나타낸 것이기 때문이다.

(6) 삼족오(三足烏) 사상

삼족오는 일명 세발까마귀라고도 불리는데, 실제로는 머리위에 벼슬(冠)이 있어 세발 검정 봉황이며, 고구려 훨씬 이전이 되는 단군조선 초기에 출현한 것으로 기록되고 있다. 삼족오는 삼족조(三族鳥)라고도 기록되는데, 그래서 삼족오의 오(烏)는 실제 까마귀라는 새 자체보다는 검은색의 새(鳥)라는 뜻이 되는 것이다.

봉황은 서기전 2598년경 황제헌원(黃帝軒轅)의 대를 이어 유웅국(有熊國)을 다스린 소호금천씨(少昊金天氏)가 새 이름으로 벼슬을 정하였는데 봉황(鳳凰)을 총리직으로 삼았던 것에서 연유하여 후대에는 봉황이 왕(王)으로 상징하기도 한다.

서기전 1987년 단군조선 제8대 우서한 천왕 시대에, 세발 까마귀가 대궐 안으로 들어왔는데 그 날개의 길이가 석자 즉 90센티미터나 되었다라고 기록되는 바141), 날개의 크기가 독수리의 날개 만하므로 보통의 까마귀는 아닌 것이 된다.

그 다음해인 서기전 1986년에 우서한(于西翰) 천왕이 붕어한 것으로 기록되는데, 이는 아마도 새로운 천왕(天王)이 출현할 것을 상징하는 것으로도 보이는 바, 제9대 아술(阿述) 천왕이 즉위하기 이전에 태자(太子)로 책봉될 때 팔의 길이가 각각 석자로 키가 약 2미터가 넘는 것을 비유적으로 나타낸 것일 수도 있겠다.

후대에 해모수(解慕漱)가 까마귀 깃털로 된 관(오우관:烏羽冠)을 쓰고 오룡거(五龍車)를 타고 다녔다라고 기록된 것으로 보면, 까마귀 색인 검은색이 특별한 의미를 지닌 것으로 알 수 있다. 고구려에서는 삼족오를 신성한 동물로 여겨 태양(太陽)을 상징하는 동물로 많이 표현하고 있다.

결론적으로 삼족오(三足烏)의 오(烏)는 검은 새로서 신(神)을 상징하며, 삼족의 삼(三)은 천지인 삼신(三神)의 삼을 상징하는 것이 되어, 태양신(太陽神)을 상징하는 것으로 된다. 태양은 원래 밝은 광명이므로 검은색과 관계가 없는 듯이 보이나 실제 태양에 흑점이 있듯이 검은색과 직결되고 있기도 하다.

숯은 불이 붙어 활활 타오르면 밝은 빛을 내지만 실제 그 바탕은 검정 숯인 바, 태양도 또한 겉으로는 밝은 빛을 내지만 바탕 속은 검다고 인식함으로써 태양의 본체를 검은색으로 인식하는 것이며, 육체나 물체나 물질의 주체가 신(神)이므로, 태양의 본체인 태양신(太陽神)을 삼신(三神)으로서 삼족오로 상징화한 것이 되는 것이다.

오방 즉 동서남북중(東西南北中)을 색으로 나타내면, 청백적흑황(靑白赤黑黃)이다. 그래서 흑은 북쪽을 가리키는 색이다. 소위 오행(五行)의 원류가 되는 삼신오제론(三神五帝論)에 의하면 오방(五方)의 오제(五帝) 중에서 북방은 흑제(黑帝)가 되는 용왕현구(龍王玄龜)가 맡고 있으며 선악(善惡)을 다스린다고 한다. 용왕현구라는 말에서 곧 북방은 물(水)의 자리로서 용왕의 자리이며, 신령스런 검은 거북의 자리인 것이 된다.

중앙을 제외한 동서남북 사방의 방위 중에서는 북쪽이 제일 높은 자리이다. 북쪽

---

141) 전게 한단고기 〈단군세기〉, 79쪽 참조

은 임금이 자리하는 곳이며, 신(神)을 대리하는 자리가 되기도 한다. 실제 인간세상인 단군조선의 정치제도에서도 북방은 단군 천왕(天王)의 자리이며, 삼신(三神)을 대리하여 인간세상을 다스리는, 동서남북의 사방을 총괄하는 자리가 된다.

대궐보다 북쪽에 있어도 임금에게 절할 때는 북쪽을 보고 절한다. 이것은 육신에게 절하는 것이 아니라 그 신령에게 절하는 것이다. 우리의 전통혼인식에서 기러기를 사용하는 것도 북쪽에 계시는 신(神)에게 혼인함을 알리는 상징물로 놓는 것이 된다. 즉 북쪽은 조상신이 계시는 곳이 된다. 그리하여 집안에서 조상께 제사를 지낼 때에도 북쪽에 신위(神位)를 모시는 것이 되며, 이로써 신(神)은 앞쪽인 남방(南方)을 행하게 되는 것이다.

단군왕검 천제의 시대인 서기전 2267년에 도산회의(塗山會議)에서 태자 부루가 우순(虞舜)의 신하 사공(司空) 우(禹)에게 치수의 가르침을 줄 때, 스스로 북극수정자(北極水精子)라고 하였는데, 북극(北極)은 바로 천제(天帝)가 계시는 곳 즉 단군왕검 천제께서 계시는 곳을 가리키는 것이며, 오월춘추(吳越春秋)의 기록에 태자 부루를 현이(玄夷)의 창수사자(蒼水使者)라고 적은 데서 현이의 현(玄)은 감을, 검을 현으로 바로 북쪽을 나타내는 말이 되고, 그리하여 현이의 창수사자는 북극수정자와 일맥상통하는 말이 된다.

검은 색은 북방의 색으로 신(神)을 상징하는 색깔인데, 천지현황(天地玄黃)에서처럼 하늘을 검다고 하는 것은 곧 검은 색이 신(神)을 의미하는 것과 상통하는 것이 된다. 이리하여 검은 색은 하늘(天) 또는 하늘을 대표하는 태양의 본체인 태양신(太陽神) 그리고 하늘을 대신하여 인간 세계를 다스리는 임금(帝)을 나타내는 것이 된다. 이렇듯 삼족오는 삼신(三神)인 태양신이자, 검정봉황으로서 삼신(三神)을 대리하는 임금 또는 임금의 사자(使者), 대리자(代理者)를 가리키기도 한다.

나. 종교문화

단군조선 시대의 종교는 요약하여 표현한다면, 천부(天符)를 실현하는 신왕종전

(神王倧佺)의 도(道)를 실천하는 것이라 할 수 있다.

천부(天符) 철학은 이미 마고시대부터 내려온 것이며 곧 홍익인간(弘益人間) 사상인 것이다. 마고시대도 또한 인간세상인 것이며, 당시 인간들의 심성(心性)이 착하여 죄를 짓지 않고 계율을 잘 지키며 서로 어울려 지내니 지상천국이나 마찬가지였던 것이다.

그런데, 서기전 8000년경에 이르러 지상낙원(地上樂園)이던 마고성(麻姑城)을 황폐화시키는 오미(五味)의 변(變)이 일어나, 천성(天性)인 인간의 본성(本性)을 잃어버리고 타락하게 됨으로써 씻을 수 없는 죄악(罪惡)을 짓게 됨으로써, 이후 홍익인간 세상을 회복하기 위하여 악(惡)을 제거하기 위한 계율을 넘어서는 법(法), 인명을 살상하는 무기(武器) 등의 필요악(必要惡)이 동원되게 되었던 것이다.

또, 정신적으로도 인간들을 계도(啓導)하기 위한 가르침으로써, 천지인(天地人)의 만물(萬物)이 원래 하나에서 나와 평등하며 하늘과 땅의 이치에 따라 함께 행복하게 살도록 하는 재세이화(在世理化)를 실현하기 위한 천부경(天符經), 삼일신고(三一神誥), 참전계경(參佺戒經)이 출현한 것이 된다.

(1) 종교체계

1) 보속복본(補贖複本)

마고(麻姑)시대에 천부(天符) 사상은 처음에는 인간들의 심성이 착하여 정해 놓은 계율을 서로가 잘 지키어 지상낙원이 실현되었으나, 말기에 이르러 오미(五味)의 변란으로 인하여 인간들의 심성이 타락하고 자연의 이치를 거역하고 서로에게 상처를 주거나 심지어 죽이는 지경까지 이르렀는바, 마고성 시대의 지상낙원(地上樂園)을 회복(恢復)하기 위한 맹세가 곧 보속복본이다.

지상낙원은 다름 아닌 천부(天符)가 실현되는 땅인데, 서기전 7197년 이후 천부삼인(天符三印)이 출현하는 시기에는 마고성(麻姑城) 시대의 지상낙원을 실현하기 위하여 홍익인간(弘益人間), 재세이화(在世理化) 사상으로 나타나게 되었던 것이다.

이러한 마고성에서의 지상낙원을 부활시키기 위하여 책임을 지고서, 보속복본으로써 재세이화 홍익인간으로 이끌었으니, 곧 마고의 장손인 황궁씨(黃穹氏), 황궁씨로부터 천부삼인(天符三印)을 전수받은 유인씨(有因氏), 유인씨로부터 천부삼인을 전수받은 한인씨(桓因氏), 한인씨로부터 천부삼인을 전수받은 한웅씨(桓雄氏), 한웅씨로부터 천부삼인을 전수받은 임검씨(壬儉氏:王儉)인 것이며, 곧 한국시대의 천제(天帝), 배달나라의 천왕(天王), 단군조선(檀君朝鮮) 시대의 천왕(天王)인 것이다.

2) 계불의식(禊祓儀式:修戒齊祓)

보속복본(補贖複本)을 위한 맹서(盟誓)를 지키는 의식이 곧 계불(戒祓)이라는 의식이다. 계불이란 목욕재계(沐浴齋戒)를 가리킨다.

한배달조선의 역대 임금들이 모두 계불의식을 행하며 삼신(三神)께 제(祭)를 올리고 홍익인간 세상을 실현하기 위하여 최선을 다하였다. 이러한 계불의식은 서기전 2267년경에 우순의 신하 사공 우가 단군조선의 태자 부루를 뵙기 위하여 석달(또는 100일) 동안 목욕재계하며 제(祭)를 지냈다는 사실에서도 나타나고, 서기 42년 3월 15일의 가야(伽倻) 건국시기에도 기록에 나타나고 있으며, 조상께 제사를 지내기 전에 목욕재계하는 전통으로 지금까지 이어져 오고 있기도 하다. 음력 3월 15일은 단군왕검 천제(天帝)의 어천일(御天日)로서 제(祭)를 올리는 날이다.

목욕재계하는 의식은 제(祭)만이 아니라 마음과 몸을 깨끗이 하는 절차로서 서방종교에서 말하는 세례(洗禮)와도 일맥상통하는 의식이 되는데, 이러한 세례의식은 배달조선 시대에 무여율법(無餘律法)을 조절하는 직책을 수행하던 환부(鰥夫)와도 관련이 있는 것으로 된다. 환부는 물과 관련된 물고기 이름을 벼슬이름으로 정한 것으로 세례의식과 직결되는데, 수메르지역과 인도지역과 가야지역에 나타나는 쌍어문(雙魚紋)과도 연관되는 것이다.

3) 천부단(天符壇)과 사보(四堡)의 단(壇)

종교행사지인 제천단(祭天壇)으로서 마고시대에 이미 천부단(天符壇)과 사보의 보단(堡壇)이 있었으며 사보(四堡)의 지역에서 쌓던 궁소(穹巢)가 있었다. 여기서 사보제도 즉 사보(四堡)의 보단(堡壇)은 일반행정 제도라기보다는 제천단(祭天壇)으로서의 종교적 성격이 더 짙은 것이 된다.

천부단은 중앙의 제천단(祭天壇)이 된다. 단군왕검(임검씨) 천제도 마고시대의 유습을 이어 태백(太白)의 밝은 땅에 천부단 즉 제천단을 쌓았다. 여기서 태백은 태백산을 가리키기도 하고 단군조선의 나라를 가리키기도 한다.

궁소(穹巢)는 천부단을 중심으로 하여 사방에 쌓은 작은 제천단이나 기도장소가 된다. 즉, 궁(穹)은 피라미드형의 제단으로서 꼭대기에 제단을 마련한 것이 되고, 소(巢)는 고탑(高塔) 모양으로서 또한 제를 올리거나 기원하는 장소가 된다. 산꼭대기에 있는 제단은 궁(穹)에 가깝고, 돌탑은 소(巢)에 가까운 것이 된다.

단군조선의 수도는 지금의 송화강에 위치한 하얼빈 지역으로서 당시의 아사달인데, 단군조선 시대의 태백산(太白山)은 지금의 백두산이 되며, 그냥 태백(太白)이라고 보면 아사달에 가까운 지역으로서 신성한 곳을 택하였다고 볼 수 있기도 하다.

단군왕검이 만들게 하였다는 제천단으로 역사기록과 현재까지 유적으로서 남아 있는 것으로는 대표적으로 강화도에 있는 마리산 참성단이 있다. 단군조선의 중앙에 위치한 태백산인 백두산을 천부단(天符壇)이라 하면, 강화도의 참성단은 단군조선 시대 사보(四堡) 제도에 의하여 남보(南堡)인 마한(馬韓)에 있어 보단(堡壇) 또는 궁(穹)에 해당하는 제천단(祭天壇)이 된다.

백두산은 대진국(발해) 시대에도 태백산(太白山)이라 불리었다. 신라시조 박혁거세가 남태백(南太白)에 천부소도(天符小都)를 건설하고 중대(中臺)에 천부단을 쌓고 동서남북의 4대(臺)에 보단(堡壇)을 설치하였다고 하는 바, 이때의 남태백은 지금의 강원도 태백산이 되는데, 남태백을 신라 땅 전체라고 본다면 중대(中臺)가 태백산이 된다. 보단(堡壇)은 천부단 주위의 사방에 만든 보루(堡壘)로서의 제단

(祭壇)을 말한다. 여기서 보루는 방어하는 의미를 가지고 있어 즉 사방의 방어기지가 된다.

단군왕검 천제(天帝)와 박혁거세 거서간(居西干)이 천부단(天符壇)의 사방에 보단(堡壇)을 설치하였다 하는 바, 박혁거세가 천부단 즉 천부소도 사방의 바로 옆에 보단을 만든 것인지, 아니면 단군조선이나 신라의 전체영역에서 먼 사방에 보단을 설치한 것인지 불문명이다.

한편, 신라 박제상이 지은 부도지(符都誌)라는 책에 의하면, 신라가 한반도의 진한 땅에서 정착한 이후 고구려는 북보(北堡)의 땅을 회복하여 온전히 보존하였다라고 적고 있는 바, 신라의 모국(母國)인 동명(東明) 고두막 천왕의 북부여를 기준으로 하면 수도가 졸본(卒本)이므로, 북보는 졸본을 중심으로 하는 보단으로서 단군조선 진한(眞韓)의 본토를 가리키는 것이 된다.

신라시조 박혁거세를 거서간(居西干)이라 하는 바, 거서간은 바로 서쪽의 변방을 지키는 방어장이라는 의미이므로, 서보(西堡)의 방어장이라는 것이 되는데, 박혁거세의 아버지가 바로 고두막한 시절에 서쪽 즉 한(漢) 나라의 침략을 막던 거서간이었던 것이 된다.

그리고 지금의 일본 땅인 본주(本州:혼슈)는 부도지에 의하면 동보(東堡)에 속하였던 것으로 기록되고 있는데, 이는 단군조선의 동보에서 유래된 것이 되며, 남보(南堡)는 마한(馬韓) 땅이던 바로 한반도가 되는 것이다. 그리고 보면 동서남북의 보단 중앙에는 태백산 즉 백두산이 있게 된다.

4) 단군조선 시대의 사보(四堡) 제도 고찰

(가) 종교적 성격

단군조선의 사보(四堡) 제도는 마고(麻姑)시대의 유습을 이은 것이 되는데, 일반 정치행정 제도이기보다는 종교적 성격이 더 짙은 것이 된다. 사보(四堡)제도는 윷놀이판의 사방에 그려진 모형과 같은데, 사방으로 각 천지인(天地人)에 해당하는

보(堡)가 각 3개씩 있는 것이 된다.

(나) 방(方) 6,000리 광역

단군조선 시대에 사보의 보단(堡壇)과 보단 사이에는 도랑이 있고, 도랑과 도랑의 사이는 천리가 되어 단군조선의 영역은 삼한관경(三韓管境)으로만 반경 3,000리가 되고 직경 6,000리 또는 가로 세로 각 6,000리가 되어, 방(方) 1,000리의 땅이 36개 즉 총 36(州)를 가지는 나라가 된다.

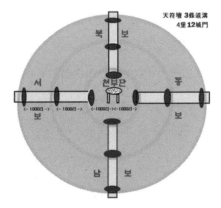

단군조선(朝鮮)영역 모형도

단군왕검 천제께서 천부단(天符壇)을 태백산(太白山)인 백두산에 설치한 것을 기준으로 삼으면, 북보(北堡)는 백두산에서 북쪽으로 송화강을 지나 흑룡강 지역, 동보(東堡)는 백두산의 동쪽으로 지금의 일본 땅인 본주(本州:혼슈)를 포함하여 연해주(沿海州) 지역, 남보(南堡)는 백두산의 남쪽으로 한반도와 일본 땅인 구주(九州:큐슈), 서보(西堡)는 백두산의 서쪽으로 지금의 요하(遼河)를 지나 원래의 대요수(大遼水)이던 지금의 영정하(永定河) 부근과 황하하류, 산동지역에 걸치는 지역이 된다.

사보의 보단과 보단 사이에는 모두 세 개씩의 큰 강이 있었던 것으로 되고, 강과 강 사이는 천리길이 되는데, 백두산을 기준으로 하면, 북쪽으로는 토문강, 송화강, 흑룡강이 있고, 동쪽으로는 두만강, 우수리강, 연해주 앞 동해가 있으며, 남쪽으로는 압록강, 한강, 남해가 있고, 서쪽으로는 지금의 요하, 난하, 황하가 있는 것이 되어, 백두산을 기점으로 하여 거리가 각 3,000리에 이르는 것 된다.

(다) 보단과 도랑과 12개 관문

각 보단 사이에 도랑이 있고, 도랑과 도랑 사이는 천리가 되며, 각 도랑의 안쪽에는 성문(城門) 즉 관문(關門)이 있어 모두 12개의 관문이 있는 것이 된다. 즉, 동서남북에 각 보단이 있고 보단과 보단 사이에 천리씩 떨어진 도랑이 3개씩 있으며, 도랑의 안쪽에는 관문이 있으므로 모두 12곳에 관문이 있게 된다. 이 12관문은 단군조선의 삼한과 9봉후국 체제와 일맥상통한다. 여기서 도랑과 도랑 사이가 천리이므로, 태백산인 백두산을 기점으로 하여 동서남북으로 각 3,000리 즉 가로와 세로가 각 6,000리가 되는 것이다.

마고성인 파미르고원에는 중앙에는 삼신(三神) 또는 마고(麻姑)를 모신 천부단(天符壇)이 있고, 동서남북 사방에 각 보단(堡壇)이 있었으며, 보단과 보단 사이에는 모두 12개의 도랑이 있었으며, 각 도랑의 안쪽에는 관문 즉 성문이 있어 모두 12개의 성문이 있었는데, 성문이 있는 것으로 보아 외부와의 출입이 있었다는 것이 된다. 즉 마고성에는 특정부류의 사람들이 살고 그 외부와 출입을 하였다는 증거가 된다.

여기서, 마고성 내에 사는 사람들은 낙원에서 살았던 사람들이 되며, 지금으로 말하면 성중(城中)에 거주한 서울사람이 되고, 외부에 살던 사람들은 마고가 다스리는 세상의 일반백성들이었다는 것이 된다. 즉 마고성은 당시 마고(麻姑)가 다스리는 나라의 수도에 해당하였던 것이 되는 것이다.

영국의 고대유적지인 스톤헨지 유적지에는 둥그렇게 놓인 거석을 중앙으로 하고 그 주위에 도랑이 둘러싸고 있으며 둑으로 이루어져 있었던 것이 되고, 고구려와 백제의 성(城)은 주위에 만든 도랑인 해자(垓字:隍)나 강(江)을 가지고 있는데, 이것도 성(城)과 도랑으로 이루어진 마고의 본성(本城)에서 유래한 것이 된다.

(라) 단군조선 삼한관경 안과 밖

단군왕검은 위와 같은 마고성의 법을 이어 단군조선 영역의 중앙에 위치하는 태백산(백두산) 또는 태백산 가까운 곳에 천부단을 쌓고, 사보로서 북보는 흑룡강 쪽으로, 동보는 연해주 쪽으로, 남보는 한반도쪽으로, 서보는 황하쪽으로 두었던 것이며, 사보의 보단과 보단 사이에 3개씩의 강을 두고 강과 강 사이에 관문을 설치하여 모두 12개의 성문을 두었던 것이고, 제일 바깥에 있는 관문 밖은 단군조선의 지배를 받는 조공국 등을 포함하는 동서 2만리, 남북 5만리에 속하는 땅이 되며, 그 관문의 안 즉 가로 세로 6,000리 안은 단군조선의 직할인 삼한관경이 되는 것이다.

우순(虞舜)은 단군조선의 제후국이 있던 회대지역의 구려분정(九黎分政) 감독자였는데, 회대지역은 단군조선의 삼한관경에 속하는 서보(西堡)의 관할에 있었고, 우순(虞舜)의 나라는 서보의 밖에 있어 천하(天下)로 불리었던 것이 된다. 숙신, 예, 옥저, 개마, 구려, 비류, 졸본 등은 모두 단군조선 삼한의 관경 내에 있는 것이 된다.

단군조선의 구족인 구이(九夷)를 중심으로 살펴보면, 중국내륙 동쪽의 황하와 산동에 걸치는 지역에 있던 남이(藍夷, 풍이), 서쪽 삼위산(三危山)과 서안(西安) 부근에 걸쳐 있던 견이(畎夷)와 백이(白夷), 양자강 유역에 있던 적이(赤夷)는 단군조선 사보(四堡)의 보단(堡壇)의 밖에 있어 삼한관경의 밖이 되고, 그 외 일부의 황이(黃夷), 백두산 남쪽의 양이(陽夷), 백두산 동쪽의 우이(于夷), 송화강 북쪽의 방이(方夷), 흑룡강 유역의 현이(玄夷)는 단군조선 직할인 삼한관경 내에 있었던 것이 된다.

(마) 신라의 사보(四堡)는 단군조선의 축소판

신라의 사보제도는 단군조선 사보제도의 축소판으로 마고(麻姑)시대의 제도를 이은 것이 된다. 신라시조 박혁거세는 지금의 강원도 태백산인 남태백산(南太白山)에 천부소도(天符小都)를 건설하고 중대(中臺)에 천부단(天符壇)을 쌓고 동서남북에 보단(堡壇)을 설치하였는데, 곧 박혁거세는 단군조선의 법제도를 따른 것이 된다.

신라(新羅)는 건국 시부터 독자적으로 왕(王)을 칭하지 아니하고 단군조선의 비왕(裨王)제도이던 한(韓)의 제도를 이어 거서간, 마립간, 이사금 등으로 칭하였는데, 이는 신라가 모국(母國)이 되는 북부여(北扶餘)를 천왕(天王)의 나라로 받든 것이 되며, 뒤에는 북부여를 계승한 고구려를 상국(上國)으로 받든 것이 된다.

신라의 이러한 건국당시의 사상이나 제도는 단군조선의 법제도나 유습을 이은 데서 그대로 나타나며, 신라가 망할 때까지 고구려(高句麗), 대진국(大震國:발해)

과 마찬가지로 단군조선의 맥을 잇고 있었던 것이 된다.

(2) 종교행사

1) 천단(天壇)의 제천

천단(天壇)은 산의 정상에 두거나 산에 축조한 제천단이 된다.

단군조선의 삼한관경의 중앙에 해당하는 지역인 태백산(백두산)에 둔 제천단, 강화 마리산의 참성단(塹城壇), 백악산아사달의 구월산(九月山) 제천단, 번한의 수도인 오덕지(五德地)에 둔 제천단 등이 이 천단(天壇)에 해당하며, 천왕(天王)이나 천왕의 명을 받은 마한(馬韓), 번한(番韓) 등이 하늘에 제를 올리는 곳이 된다.

후대 신라시조 박혁거세가 쌓은 남태백산이 되는 강원도 태백산의 천제단(天祭壇)은 단군조선의 제도를 그대로 이은 것이 된다.

2) 소도(蘇塗:神壇:仙王堂)의 제천

소도(蘇塗)는 신단(神壇)이 되고, 국선(國仙)이나 천군(天君) 또는 천군격이 되는 천왕(天王)의 대리자가 하늘에 제를 올리는 곳이며, 때로는 천왕이 상소도(上蘇塗)에서 제(祭)를 올리기도 하였던 것이 된다. 또, 전국에 12명산(名山)을 택하여 소도를 설치하기도 하였다.

소도는 천단(天壇)의 아래 즉 주로 산의 중턱으로 마을의 가까운 곳에 둔 제천단으로서, 일명 신단(神壇)이라고 하며 특히 신단수(神檀樹)를 지정하여 한웅상(桓雄像)으로 받들고 제(祭)를 올렸던 것이고, 뒤에 선왕당(仙王堂:서낭당)으로 불리기도 하였다.

소도는 각 마을의 특정지역에 두기도 하였는데 소위 당산(堂山)나무라 불리는 곳이 소도의 역할을 한 것이 된다.

서기전 209년 이후 후삼한 시대에는 천군(天君)이라 불리는 제사장이 별읍(別邑)에 둔 소도(蘇塗)의 제천행사를 주관하였던 것으로 기록되고 있다.

3) 지석단(支石壇)과 마을 공동제(共同祭)

마을의 입구에는 지석단이 있어 마을에서 공동으로 천지인(天地人) 삼신(三神)에게 제(祭)를 올렸다.

지석단은 일명 고인돌이며, 주로 두 개의 기둥에 넓은 덮개가 있는 지석묘(支石墓) 즉 무덤이자 지석단(支石壇) 즉 제단(祭壇)이 된다,

4) 성황당(城隍堂)과 풍어제(豊漁祭)

바닷가에는 성황당을 지어 마을공동체가 제(祭)를 올렸다. 성황당은 육지의 산이나 마을에 둔 천단, 신단, 지석단의 역할을 하는 곳으로서 바닷가의 마을에 둔 제단(祭壇)이 있는 곳으로서, 어업(漁業)에 종사하는 사람들이 풍어(豊漁)와 관련된 제(祭)를 올린 것이 된다.

5) 상춘(백악산아사달) 구월산(九月山) 제천 서효사(誓效詞)

상춘(常春)은 백악산아사달(白岳山阿斯達)의 땅이며 여기에 아사달산(阿斯達山)이 되는 구월산(九月山:아흐달산)에 천단을 두었던 것이 되는데, 서기전 2049년에 천왕이 모든 한(汗) 즉 모든 군후(君侯)들과 함께 하늘에 제를 올렸다고 기록되고 있다.[142]

상춘은 지금의 장춘(長春)이며, 단군조선 시대에 이궁(離宮)을 둔 신경(新京)에 해당하는 곳이 된다. 단군조선 시대에는 본경(本京)인 송화강 아사달 외에 3경을 두었으니 백악산아사달의 신경(新京)과 개사원에 둔 장당경(藏唐京), 영고탑(寧古塔)이다.

서기전 2049년 임자년(壬子年)에 모든 한(汗)들을 상춘(常春)에 모이도록 하여 구월산(九月山)에서 삼신(三神)께 제(祭)를 올렸는데, 신지(神誌) 발리(發理)로 하

---

142) 전게 한단고기 〈단군세기〉, 74~75쪽 참조

여금 서효사(誓效詞)를 짓게 하였으며, 그 서효사는 아래와 같다.

아침 해가 먼저 비치는 땅에, 삼신(三神)께서 밝게 세상에 내리시고, 한인(桓因)께서 모습을 나타내어 먼저 덕을 심으시니 크고 깊어라. 모든 신께서 의논하여 한웅을 보내시니 한웅(桓雄)께서 조칙을 받들어 개천(開天)을 시작하셨도다. 치우(蚩尤)께서 청구(靑邱)를 일으키고 만고(萬古)에 무(武)의 위엄을 떨치시니 회대(淮岱) 지역이 모두 왕께 돌아왔으며 천하가 능히 침범치 못하였도다. 왕검(王儉)께서 대명(大命)을 받으시니, 기쁜 소리가 구한(九桓)에 울려 퍼지고, 고기잡이 백성과 물가의 백성들이 깨어나고, 풀이 자라고 바람이 부는 육지에도 덕화(德化)가 새롭도다. 원한 있는 자는 먼저 원한을 풀고, 병이 있는 자는 먼저 병을 없애며, 한마음으로 인(仁)과 효(孝)가 있을 따름이며, 사해(四海)가 모두 광명(光明)이로다. 진한(眞韓)은 나라 안을 맡으니 다스림의 도(道)는 모두 새로우며, 마한은 그 왼쪽을 보좌하고 번한은 그 남쪽을 보좌하여, 험준한 바위가 사방의 벽을 쌓음이라. 성스런 임금께서 상춘의 신경(新京)에 행차하심은 저울대와 저울추와 저울그릇과 같도다. 저울그릇은 백아강이요, 저울대는 소밀랑이며, 저울추는 안덕향이라. 머리와 꼬리가 수평을 이루어 고르며, 신뢰와 덕(德)이 신(神)의 정기(精氣)를 보호하고, 나라를 흥하게 하여 태평을 보장하니, 조공하는 나라가 70국이며, 영원토록 삼한(三韓)의 뜻을 보장하도다. 왕업(王業)에 흥함과 융성함이 있을지니, 흥함과 폐함을 말하지 말지로다. 정성은 하늘님(天神)을 섬김에 있도다!

(朝光先受地 三神赫世臨 桓因出象先 樹德宏且深 諸神議遣雄 承詔始開天
蚩尤起靑邱 萬古振武聲 淮岱皆歸王 天下莫能侵 王儉受大命 懽聲動九桓
魚水民其蘇 草風德化新 怨者先解怨 病者先去病 一心存仁孝 四海盡光明
眞韓鎭國中 治道咸維新 慕韓保其左 番韓控其南 峻岩圍四壁 聖主幸新京
如秤錘極器 極器白牙岡 秤幹蘇密浪 錘者安德鄉 首尾均平位 賴德護神精
興邦保太平 朝降七十國 永保三韓義 王業有興隆 興廢莫爲說 誠在事天神)

6) 마한(馬韓) 대성산(大聖山) 대시전(大始殿)

서기전 1891년 경인년 겨울 10월에 제11대 도해(道奚) 천왕(天王)께서 명을 내려 대시전(大始殿)을 세우도록 하고 매우 장려하도록 하였는데, 대시전에는 옛 천제한웅(天帝桓雄)의 상(像)을 받들어 모셨는바, 머리 위에는 광채가 번쩍여 마치 큰 해와 같았으니 둥근 빛이 있어 온 우주를 비추며, 박달나무 밑 한화(桓花)의 위에 앉아 계셔 진짜 신(神)과 같았으니 둥근 원의 중심이 있어 천부인(天符印)을 지니셨고, 대원일(大圓一)의 그림을 누전(樓殿)에 표(標)하여 걸어 놓으니, 이를 일러 거발한(居發桓)이라 하였다. 그 기원하는 마음을 돌에 새겨 표(標)한 글이 있었다고 하니, 아래와 같다.

하늘은 현묵(玄黙)으로써 그 큰 도(道)는 보원(普圓)으로, 그 큰 일은 진일(眞一)로 삼고, 땅은 축장(蓄藏)으로써 그 큰 도(道)는 효원(効圓)으로, 그 큰 일은 근일(勤一)로 삼고, 사람은 지능(知能)으로써 그 큰 도(道)는 택원(擇圓)으로, 그 큰 일은 협일(協一)로 삼으니, 그리하여 일신강충(一神降衷)하고 성통광명(性通光明)하며 재세이화(在世理化)하고 홍익인간(弘益人間)하도다!

(天以玄黙 爲大其道也 普圓 其事也 眞一 地以畜藏 爲大其道也 效圓 其事也 勤一 人以知能 爲大其道也 擇圓 其事也 協一 故 一神降衷 性通光明 在世理化 弘益人間)

7) 3월 삼신영고제(三神迎鼓祭)

음력 3월 16일에는 삼신영고제 즉 삼신맞이굿을 행하였다. 하루 전날인 3월 15일은 단군조선 개국시조이신 단군왕검(檀君王儉) 천제(天帝)께서 승천하신 날로서 단군왕검 천제께 제사를 지낸 것이 되고, 그 다음날을 삼신맞이날로 삼아 천지인(天地人) 삼신(三神)께 제사를 지낸 것이 된다.

즉, 단군조선 시대에 3월 16일에 행하였던 삼신영고제는 서기전 2241년 3월 15

일 단군왕검 천제께서 승천하신 이후에 지내는 풍습이 되는데, 후기 단군조선을 시작한 제22대 색불루 천왕은 서기전 1285년 3월 16일에 마한(馬韓) 여원흥(黎元興)으로 하여금 삼한대백두산(三韓大白頭山)인 태백산(太白山:백두산)에서 천제(天祭)를 올리게 하여 전기 단군조선의 정통성을 이었음을 하늘에 고하였던 것이며, 서기전 425년 3월 16일에는 제44대 구물(丘勿) 천왕도 천제(天祭)를 지내고 장당경(藏唐京)에서 즉위하였는데, 이 또한 스스로 단군조선의 정통성을 이었음을 하늘에 고한 것이 된다.

삼신영고제는 역대 단군 천왕(天王)들이 직접 행하였는데, 삼육대례(三六大禮) 즉 삼육구배(三六九拜)로써 하였던 것이 된다.

8) 10월 백의제(白衣祭:束身白茅之義)와 국중대회(國中大會)

단군조선 시대에는 10월에 백의제(白衣祭)를 행하였는데, 이는 서기전 7197년경 사방분거시 마고대성(麻姑大城) 복본(複本)의 맹서를 하였던 황궁씨(黃穹氏)의 속신백모지의(束身白茅之義)를 따른 것이며, 10월에 열었던 조제(朝祭) 즉 희생제(犧牲祭)를 포함하는 조선제(朝鮮祭)와 함께 행한 것이 되고, 백성들에게는 축제로서 국중대회(國中大會)가 된다. 백의제는 백의(白衣) 즉 흰옷를 입고서 행한 제사가 된다.

10월 상순에 국중대회를 열어 둥근 단을 쌓고 하늘에 제를 올렸다. 음력 10월은 12지지(地支)로는 해월(亥月)로서 상달(上月)로 삼았던 것이고, 나라 전체적으로 추수로 인한 풍요로움에 대한 감사의 축제를 벌인 것으로도 된다.

한국(桓國)시대에 이미 10월에 국중대회를 열어 노래하고 춤을 추고 하늘에 제사를 지냈으며, 무예(武藝)와 문예(文藝)를 겨루는 것을 의식(儀式)으로 삼았는데, 이러한 습속은 후삼한(後三韓) 시대까지 이어져 소위 삼한(三韓)의 습속(習俗)이 되었던 것이 된다.

한국시대부터 있어온 10월 제천(祭天) 국중대회(國中大會)는 서기전 3897년

10월 3일의 배달나라 개천(開天)과 서기전 2333년 10월 3일의 조선 개국(開國)과도 연관성이 있는 것이며, 지금에 이르러서는 음력 10월에 각 씨족의 종중(宗中)이나 문중(門中)에서 조상께 묘사(墓祀)를 지내는 습속(習俗)인 시제(時祭)와도 일맥상통하는 것이 된다.

9) 단군조선 역대 천왕의 제천행사

단군조선 시대에 제천(祭天)을 행한 곳은 태백산(太白山:백두산), 마한의 마한산(馬韓山), 마한의 혈구(강화도) 마리산 참성단(塹城壇), 탕지산(湯池山), 회대지역(산동)의 태산(泰山), 엄독홀(奄瀆忽), 진한의 상춘 구월산(九月山), 장당경(藏唐京), 영고탑(寧古塔), 해성(海城)이 된다.

태백산은 단군조선의 중앙에 해당하는 천부단(天符壇)이 있는 곳으로, 마고성(麻姑城)의 중앙에 두었던 천부단과 일맥상통하는 것이 된다.

마한(馬韓)은 남보(南堡)의 땅으로 단군왕검이 특별히 마리산에 참성단을 만들게 하였는데, 한반도에서 가장 기(氣)가 센 곳이 된다. 마한 땅에서는 마한산, 마리산 참성단에서 제천한 것이 된다. 여기서 마한산은 수도가 있던 지금의 대동강 부근의 산이 될 것이다.

번한(番韓)은 서보(西堡)의 땅으로 발해만 유역과 산동지역을 관할하였다. 번한 땅에서는 탕지산, 태산, 엄독홀 등에서 제천하였다.

진한(眞韓)은 북보(北堡)의 땅으로 상춘(常春)과 장당경(藏唐京)과 영고탑(寧古塔)과 해성(海城)에서 천제를 지냈다.

동보(東堡)는 백두산의 동쪽 땅에 해당하는 예국(濊國)이 된다. 동쪽은 동해(東海)에 접하여 특별히 경계할 적(敵)이 없어 서보(西堡)와는 달리 상대적으로 평안했던 곳이 된다. 단, 서기전 2173년에 두지주(豆只州) 예읍(濊邑)의 추장 소시모리(素尸牟犁)의 반란이 있었는데 예국(濊國)의 제후 여수기(余守己)가 진압하여 소시모리의 머리를 벤 역사가 있기는 하다.

위와 같이 태백산의 천부단, 예국의 동보, 마한의 남보, 번한의 서보, 진한의 북보를 두어 제천행사를 벌였던 단군조선은 마고(麻姑)시대의 법(法)을 그대로 계승한 것이 된다.

마고성(麻姑城) 시대에는 중앙에는 천부단(天符壇), 북에는 북보(北堡), 동에는 동보(東堡), 남에는 남보(南堡), 서에는 서보(西堡)를 두었는데, 중앙의 천부단은 마고(麻姑)가 머물고 제천(祭天)하는 장소이며, 북보는 황궁씨(黃穹氏), 동보는 청궁씨(靑穹氏), 남보는 흑소씨(黑巢氏), 서보는 백소씨(白巢氏)가 각각 맡아 다스렸던 것이다.

10) 단군조선 개국시조 단군왕검 천제(天帝) 시대의 제천(祭天)

서기 400년경에 신라의 박제상(朴堤上)이 지은 부도지(符都誌)에서는 임검씨(壬儉氏:단군왕검)가 100년 사이에 가지 아니한 곳이 없었다고 적고 있는바, 제족(諸族)을 찾아다니며 홍익인간(弘益人間) 세상을 실현하기 위하여 순방정치를 하였던 것이 된다.

(가) 마한산(馬韓山) 제천

서기전 2333년경 마한(馬韓) 웅백다(熊伯多)로 하여금 마한산(馬韓山)에 올라 하늘에 제사하도록 하였으며, 이때 단군왕검 천제께서는 조서(詔書)를 내리셨다.[143]

(나) 마리산(摩璃山) 제천

서기전 2283년에 운사(雲師) 배달신(倍達臣)에게 명하여 혈구(穴口)에 삼랑성(三郎城)을 짓고 마리산에 제천단을 쌓게 하였다.[144] 여기서 마리산 제천단이 곧

---

143) 전게 한단고기 〈태백일사/삼한관경본기, 마한세가 상〉, 204쪽 참조

마리산 참성단(塹城壇)이다.

서기전 2280년에 단군왕검 천제께서 친히
마리산(摩璃山)에 행차하여 하늘에 제사 지내
셨다.[145]

강화도의 마리산 참성단은 해발 468미터 정
상에 있는데, 조선시대 세종 때만 하여도 마니

자연산 피라미드 천제단

산(摩尼山)이 아닌 마리산으로 기록하고 있었다. 마리는 머리, 마루, 꼭대기를 뜻한
다. 참성단(塹城壇)이란 산꼭대기를 깎아(塹) 성을 쌓아(城) 만든 제단(祭壇)이라는
뜻이다.

강화학파로 유명한 한말의 최대 문장가인 이건창이 남긴 글은 아래와 같다.

참성단은 혈구 두악산(강화도 마리산)에 있으니 단군왕검이 재위 51년(서기전
2283년)에 산을 깎아 성단(城壇)하고 돌을 쌓아 지어 올렸으며, 높이는 17척이요,
모양은 위는 네모이고, 아래는 둥근데, 바로 단군이 제천하던 곳이다.

또, 참성단에서 약 30미터쯤 떨어진 곳에 중수비가 있는데, 정유년(丁酉:서기
1717년)에 강화유수(江華留守) 최석항(崔錫恒)이 썼다.

우리나라 수천리 땅에 강화는 나라의 방패, 그런 강화 중에도 마리산은 천신에게 제
사드리는 명산, 서쪽 제일 높은 곳에 돌을 쌓아 단을 만들었으니 이름하여 참성단이
다. 세상이 전하기로는 단군이 돌을 쌓아 단을 만들어 하늘에 제사하던 곳. 돌이켜
보건대, 수천 년을 지났으니 풍우에 씻기고 깎이어서 서북 두면이 반쯤 무너졌고 동
편계단이 기울어졌다. 그래서 이 고을 어른들이 만나면 서로 개탄하고 있다. 부족한

---

144) 전게 한단고기 〈단군세기〉, 59쪽 참조
145) 전게 한단고기 〈태백일사/삼한관경본기, 마한세가 상〉, 205쪽 참조

유수로서 이 산에 올라 보니 분연히 이곳을 중수할 뜻이 생겼도다. 아, 무너진 것을
고쳐 옛 모습을 되살리는 것은 수령의 마땅한 책무가 아닌가. 하물며 이곳은 이 겨레
의 시조 단군이 당요와 같은 시대에 나시어 손수 단을 쌓아 정결히 제사지내던 곳임
에 있어서랴!146)

한편, 고려말 이암(李嵒)선생이 지은
단군세기(檀君世紀)에는 "무오 51년
(서기전 2283년)에 임금께서 운사(雲
師)인 배달신(倍達臣)에게 명하여 혈구
(穴口)에 삼랑성(三郞城)을 짓고 제천
의 단(祭天壇)을 마리산(摩璃山)에 쌓
게 하였으니 참성단(塹城壇)이 바로 그
것이다"라고 적고 있다.147)

*서기1717년 정유년(숙종 43년)
에 5월(閏陽月)에 강화유수 최석
항(崔錫恒)이 기록

*강화는 나라의 방패

*참성단 : 단군이 돌을 쌓아 단을
만들어 하늘에 제사하던 곳

*최유수의 청으로 선두포 별장
김덕하(金德夏), 전등사 총섭승
신문(愼默)이 주관하여 10일 내
에 중수

*단군은 요임금과 같은 시대, 동
국 백성의 조상!

첨성단 중수비 : 고려-조선 시대

또, 조선시대 이맥(李陌)선생이 지은 태백일사 삼한관경본기 마한세가 상편에는
"단군왕검 51년에 천왕은 운사인 배달신에게 명하여 삼랑성을 혈구에 쌓고 제천단
을 마리산에 만들었으니 강남(江南)의 장정 8,000명을 선발하여 이들에게 일을 하
도록 하였다. 신유(서기전 2280년임) 3월 천왕은 몸소 마리산으로 행차하여 하늘
에 제사 지냈다."라고 기록하고 있다.148)

이상으로 보면, 참성단은 단군왕검 즉위(서기전 2333년 10월 3일) 51년인 무오
년(서기전 2283년)에 운사에게 명령하여 쌓은 것이며, 마한 땅이었던 한반도의 장
정 8,000여명이 선발되어 삼랑성을 쌓고 제천단을 함께 만든 것이 된다.

삼랑성(三郞城)은 속설에 단군의 세 아들이 지었다고 하나 마한(馬韓) 땅의 장정

---

146) 1987.10.16.자 조선일보 13면 기사 참조
147) 전계 한단고기 〈단군세기〉, 59쪽 참조
148) 전계 한단고기 〈태백일사/삼한관경본기, 마한세가 상〉, 204~205쪽 참조

8천여 명이 쌓은 것이 되고, 세 아들이라는 말은 삼랑(三郎)에서 나온 것이 된다. 삼 랑은 배달신(倍達臣)을 가리키는 바, 삼신시종지랑(三神侍從之郎) 즉 삼신(三神) 을 모시는 직책을 말한다.

(다) 태산(泰山) 제천

서기전 2267년 번한(番韓) 낭야(琅邪)가 태자 부루의 명을 받아 나라에 크게 경 당(扃堂)을 일으키고 삼신(三神)을 태산에서 제사지내니, 이로부터 삼신을 받드는 풍속이 회대(淮岱) 사이에 크게 행해지게 되었다.149)

여기서 회대(淮岱) 사이의 땅은 산동지역의 태산(泰山)에서 회수(淮水)에 걸치는 지역이 되며, 이에 회대지역은 하(夏), 은(殷), 주(周) 나라를 통하여 남이(藍夷)의 땅으로서 곧 중국내륙의 동이(東夷) 땅이 된다.

태산(泰山)은 대종(岱宗)이라고 불리는 산이다. 산동지역의 서쪽에 위치하는 산 으로서 단군조선 초기에 번한 땅의 청구(靑邱) 서쪽과 남국(藍國)의 북쪽에 해당하 는 곳에 있던 산이 된다. 이 태산에서 회수(淮水)에 이르는 땅을 회대(淮岱)지역이 라 부르는 것이며, 이 회대지역은 대체적으로 남이(藍夷)의 땅이 되는 것이다.

남이(藍夷)의 분파로는 엄이(淹夷), 서이(徐夷), 회이(淮夷), 사이(沙夷) 등이 있 었다. 모두 고대중국의 내륙 동쪽에 있던 단군조선의 동이족이며 제후국들의 나라 이름에 지역이나 족속의 명칭인 이(夷)를 붙인 것이 된다. 즉, 고대중국에서는 단군 조선의 번한관경 내 군후국이던 남국(藍國)을 남이(藍夷)라고 불렀던 것이 된다.

남국(藍國)은 치우천왕의 후손으로 이루어진 나라인데, 서기전 1236년에 단군 조선은 남국의 남쪽에 각각, 엄(淹), 서(徐), 회(淮)라는 제후국을 세웠다. 이들 나라 를 고대중국에서는 각 엄이, 서이, 회이라고 불렀던 것이다.

---

149) 전계 한단고기 〈태백일사/삼한관경본기, 번한세가 상〉, 218쪽 참조

단군조선 이후 태산(泰山) 제천의 연원과 천자의 봉선(封禪)

서기전 2267년 단군조선의 태자 부루가 도산회의를 주관하러 도산(塗山)으로 가던 중 번한에 반 달 간 머물면서 중국 천자 순임금으로부터 치수에 대한 경과보고를 받았고, 번한(番韓) 낭야를 대동하고 남쪽으로 가다가 번한 낭야로 하여금 태산(泰山)에서 천제를 올리게 하였는데, 이때부터 삼신(三神)에게 올리는 제천행사가 중국내륙의 동쪽 지역에 널리 행해지게 되었던 것이라 기록된다.[150]

특히 고대중국의 주나라 시대에 천자(天子)가 태산(泰山)에서 제천을 하였다고 기록되고 있는데, 이는 주나라의 왕인 천자가 태산에서 하늘에 제사를 지낸 것으로, 회대(淮岱)지역 동이족의 제천풍속을 이은 것으로서 천하왕인 천자(天子)로서의 역할을 행한 것이 된다.

천자(天子)는 천제(天帝) 또는 천왕(天王)으로부터 봉해진 천하(天下)의 왕(王)이다. 즉 배달나라 시대 고대중국의 소위 삼황오제(三皇五帝)를 비롯하여 요순(堯舜)을 천자로 봉(封)한 이후 세습되어 하은주(夏殷周) 나라의 왕은 천자가 되는 것이다.

하나라는 처음 우(禹)가 단군조선을 반역한 반역자로서 천자로 인정받지 못하였으나 후대에는 하나라 왕들이 사실상 천자(天子)로 묵인되었던 것이 되고, 은나라 시조 탕은 단군조선의 군사력을 업고서 하나라를 멸망시켜 왕이 되었으며, 이때 단군조선은 고죽국(孤竹國)의 임금인 묵태(墨胎)를 보내어 즉위를 축하하여 주는 등 천자로 인정하였던 것이고, 주나라도 은나라를 멸한 후 단군조선의 제후국인 숙신(肅愼)으로부터 왕권(王權)을 상징하는 활을 선물로 축하를 받는 등 진정 천자(天子)로 인정받았던 것이 된다.

단군조선에서는 삼신(三神)에게 제사를 올리는데, 이를 천제(天祭), 또는 제천(祭天)이라 한다. 삼신은 천지인의 일신(一神)을 가리키고, 삼일신(三一神) 사상에

---

150) 전게 한단고기 〈태백일사/삼한관경본기, 번한세가 상〉, 218쪽 참조

의하여 한인 천제, 한웅 천왕, 단군왕검을 모두 천제(天帝), 삼신(三神)이라고 한다. 제천행사는 단군 천왕이 주관하거나 천왕의 명을 받은 천군(天君)이나 천왕(天王) 의 대리자가 행한다. 그래서 단군조선의 삼한(三韓)은 천군(天君) 이상 천왕격의 나라가 되며, 별읍(別邑)이 되는 소도(蘇塗)에서는 소위 천군(天君)이 천제를 지낸 것이 된다.

이와는 달리, 고대중국은 천자(天子)의 나라이다. 천자는 천군(天君)보다 훨씬 아래의 직책으로서 독자적으로 천제(天祭)를 지내지 못하며, 단군조선 전기인 하은(夏殷) 시대에는 마한(馬韓)이나 번한(番韓)의 제천행사를 도왔던 것이 되고, 주나라 시대에는 태산(泰山)이 주나라에 속한 이후에는 제천행사를 계승하여 주나라 왕인 천자가 봉선(封禪)이라는 의식으로서 제천을 행한 것이 된다.

태산은 주나라 시대에 노(魯)나라나 제(齊)나라에 속하게 된 것이 되는데, 당시 제나라 땅의 북쪽과 연(燕)나라의 동쪽은 청구(靑邱)가 되고 제나라의 남쪽과 노나라의 동쪽은 남국(藍國)의 땅이 된다. 제나라의 남쪽에는 남이(藍夷)의 무리인 동이족들의 나라로 서국(徐國), 회국(淮國) 등이 존속하였으며, 서국은 서기전 512년까지, 회국은 서기전 221년 진나라 진시황 시대까지 존속하였다.

진(秦)나라의 진시황(秦始皇)과 한(漢) 나라의 한무제(漢武帝)도 주(周) 나라 시대에 천자(天子)가 행한 봉선(封禪) 의식을 계승하여 스스로 황제라 하며 태산(泰山)에서 봉선(封禪)을 행하였던 것이다. 특히, 진시황은 주나라 등 이전 시대의 천자(天子)보다 더 높은 제왕으로서 옛 삼황오제를 본떠 처음으로 황제를 칭한 것이 되고, 한나라는 천자(天子)의 품격을 황제(皇帝)로 승격시키고 그 아래에 왕, 군, 제후 등을 두었던 것이 된다.

2) 제4대 오사구(烏斯丘) 천왕(天王)

(가) 태백산(太白山) 제천

서기전 2137년 겨울 10월에 북쪽을 순시하다 돌아와 태백산(太白山)에 이르러

삼신께 제사하고 신령한 약초를 얻으니 인삼(人蔘)이라 하고 또 선약(仙藥)이라고도 한다.[151]

여기서 태백산은 곧 백두산이다. 지금의 백두산은 단군조선 시대부터 대진국(大震國:발해) 시대까지 태백산이라 불리었다. 고려시대부터 백두산(白頭山)이라 적히게 되는데 그 이전에는 개마산(蓋馬山) 즉 해마루산으로 불린 것이 된다. 태백(太白)은 한밝, 큰밝이라는 말이고, 백두는 흰머리, 희머리, 해마루라는 말로서 같은 맥락의 글자가 된다.

단군조선의 특산물로 영주해삼(瀛州海蔘)이라 불리는 인삼(人蔘), 오엽서실(五葉瑞實)이라 불리는 잣, 칠색보옥(七色寶玉)이라 불리는 옥이 있었다. 특히 잣나무는 학명으로도 한국의 소나무 즉 영어로는 코리안 파인트리(Korean pinetree)이다.

· 인삼(人蔘) : 삼근영초(三根靈草), 삼영근(三靈根), 영주해삼(瀛州海蔘), 방삭초(方朔草), 불사약(不死藥) : 三 3

*三(삼): 천지인 용암호 삼태극

· 40세(歲) 1기(期) 휴면(休眠)

· 13기(期) 1삭(朔) 축정(蓄精)

· 4삭(朔) 결자(結子)

<符都誌, 朴堤上 著>

단군조선 3대 특산물
1. 옥   2.인삼(人蔘) 산삼(山蔘)   3. 잣

(나) 상춘(常春) 구월산(九月山) 제천

서기전 2109년 임자년(壬子年) 마한(馬韓) 근우지(近于支)는 천왕의 명령을 받고 상춘(常春)에 들어가 구월산(九月山)에서 삼신께 제사지내는 것을 도왔다.[152]

상춘은 백악산아사달의 땅으로서 곧 아사달이기도 하며, 아사달산인 구월산이 있고 이곳에 제천단이 있었던 것인 바, 마한 근우지가 제3대 오사구 천왕을 명을 받들어 상춘 구월산에서 제천행사를 보좌(輔佐)한 것이 된다.

---

151) 전게 한단고기 〈단군세기〉, 70~71쪽 참조
152) 전게 한단고기 〈태백일사/삼한관경본기, 마한세가 상〉, 206~207쪽 참조

3) 제5대 구을(丘乙) 천왕

(가) 태백산 제천

서기전 2099년에 제5대 구을 천왕께서 명을 내려 태백산(太白山)에 단을 쌓고 사자(使者)를 보내 제사를 올리게 하였다.153)

태백산에 제천단을 쌓은 해가 서기전 2099년이라 하고 있으나, 4대 단군오사구가 서기전 2137년 겨울 10월에 북쪽을 순시하다 돌아와 태백산에 이르러 삼신께 제사하였다 하므로, 서기전 2137년 이전에 이미 태백산(백두산)에 제천단이 있었던 것이 되는 바, 단군왕검이 태백산에 천부단을 쌓고 4 보단을 만들었다라는 부도지의 기록을 보건대, 단군왕검의 시대에 이미 제천단을 마련하였던 것이 된다.

(나) 장당경(藏唐京) 제천

서기전 2084년에 구을 천왕께서 장당경(藏唐京)에 행차하여 삼신단(三神壇)을 봉축하고 한화(桓花)를 심었으며, 7월에 남쪽을 순수하다 풍류강(風流江)을 건너 송양(松壤)에 이르러 병을 얻어 붕어하시니 대박산(大博山)에 장사지냈다.154)

장당경은 서기전 425년에 단군조선의 제3차 수도로 삼은 곳인데, 서기전 1285년에 색불루 천왕이 조부인 우현왕(右賢王) 고등(高登)의 묘(廟)를 건립한 곳인 바, 지금의 심양(瀋陽) 땅으로서 개원(開原)이라 불리었고, 개사원 욕살이던 우현왕 고등의 고향이 되며, 개사원에 장당(藏唐)이라는 관청을 두어 당요(唐堯)를 장치(藏置)한 곳이 되며, 단군조선의 이궁으로서 장당경(藏唐京)이라 부른 것이 된다.

풍류강, 송양, 대박산이 고구려 시대 비류(沸流)라 불리던 강의 근처인지, 아니면 지금의 평양 근처인지 불명이다. 북한은 대박산을 평양의 대박산으로 보아 단군왕릉을 만든 것이 되는데, 연대기적으로 볼 때, 그 유골은 단군조선 이전의 배달나라

---

153) 전게 한단고기 〈단군세기〉, 72쪽 참조
154) 전게 한단고기 〈단군세기〉, 72쪽 참조

시대에 다스리던 군장(君長)의 것으로 추정된다. 왜냐하면 단군조선의 수도는 당시 하얼빈이며, 지금의 평양 땅은 마한(馬韓) 땅의 수도가 있던 곳이기 때문이다.

4) 제6대 달문(達門) 천왕

(가) 상춘 구월산 제천

서기전 2049년에 모든 한(汗)들을 상춘(常春)에 모이게 하고 삼신(三神)을 구월산(九月山)에 제사하도록 하여 신지(神誌) 발리(發理)로 하여금 서효사(誓效詞)를 짓게 하였다. 서효사는 아래와 같다.155)

아침 해가 먼저 비치는 땅에, 삼신(三神)께서 밝게 세상에 내리시고, 한인(桓因)께서 모습을 나타내어 먼저 덕을 심으시니 크고 깊어라. 모든 신께서 의논하여 한웅을 보내시니 한웅(桓雄)께서 조칙을 받들어 개천(開天)을 시작하셨도다. 치우(蚩尤)께서 청구(靑邱)를 일으키고 만고(萬古)에 무(武)의 위엄을 떨치시니 회대(淮岱) 지역이 모두 왕에 돌아왔으며 천하가 능히 침범치 못하였도다. 왕검(王儉)께서 대명(大命)을 받으시니, 기쁜 소리가 구한(九桓)에 울려 퍼지고, 고기잡이 백성과 물가의 백성들이 깨어나고, 풀이 자라고 바람이 부는 육지에도 덕화(德化)가 새롭도다. 원한 있는 자는 먼저 원한을 풀고, 병이 있는 자는 먼저 병을 없애며, 한마음으로 인(仁)과 효(孝)가 있을 따름이며, 사해(四海)가 모두 광명(光明)이로다. 진한(眞韓)은 나라 안을 맡으니 다스림의 도(道)는 모두 새로우며, 마한은 그 왼쪽을 보좌하고 번한은 그 남쪽을 보좌하여, 험준한 바위가 사방의 벽을 쌓음이라. 성스런 임금께서 상춘의 신경(新京)에 행차하심은 저울대와 저울추와 저울그릇과 같도다. 저울그릇은 백아강이요, 저울대는 소밀랑이며, 저울추는 안덕향이라. 머리와 꼬리가 수평을 이루어 고르며, 신뢰와 덕(德)이 신(神)의 정기(精氣)를 보호하고, 나라를 흥하게 하여 태평을 보장하니, 조공하는 나라가 70국이며, 영원토록 삼한(三韓)의

---

155) 전게 한단고기 〈단군세기〉, 74~75쪽 참조

뜻을 보장하도다. 왕업(王業)에 흥함과 융성함이 있을지니, 흥함과 폐함을 말하지 말지로다. 정성은 하늘님(天神)을 섬김에 있도다!

(朝光先受地 三神赫世臨 桓因出象先 樹德宏且深 諸神議遣雄 承詔始開天
蚩尤起靑邱 萬古振武聲 淮岱皆歸王 天下莫能侵 王儉受大命 懽聲動九桓
魚水民其蘇 草風德化新 怨者先解怨 病者先去病 一心存仁孝 四海盡光明
眞韓鎭國中 治道咸維新 慕韓保其左 番韓控其南 峻岩圍四壁 聖主幸新京
如秤錘極器 極器白牙岡 秤幹蘇密浪 錘者安德鄕 首尾均平位 賴德護神精
興邦保太平 朝降七十國 永保三韓義 王業有興隆 興廢莫爲說 誠在事天神)

한(汗)은 단군 천왕(天王)이 봉한 군후(君侯) 즉 제후격의 왕(王)을 가리키는데, 원칙적으로 독자군사권을 가지지 않으며, 천왕의 명을 받아 군사를 부릴 수 있다. 왕(王)은 독자군사권을 가진다. 왕은 독자군사권을 가지므로 군사력을 기반으로 반역을 할 가능성이 많다. 지방의 왕은 천하왕(天下王)으로서 천군(天君), 천자(天子) 등으로 불리는데, 천제(天帝) 또는 천왕(天王)이 되는 소위 단군(檀君)이 봉하거나 인정하여준 자가 진정한 지방의 왕이 되는 것이며, 왕을 참칭한다고 왕이 되는 것이 아니다.

요임금은 서기전 2357년경 제왕(帝王)을 참칭하였다가 서기전 2324년경 단군조선에 굴복하여 신하가 되어 정식 천자(天子)로 인정되었으며, 순임금도 천자에 해당하고, 우임금은 자칭 하왕(夏王)이라 하여 단군조선에 반역하였으므로 진정한 천자가 아니었던 것인데, 실질적인 고대중국의 왕조는 하나라로부터 시작된다.

상춘은 늘봄이라는 말로서 눌현(訥見)이라고도 하는데, 눌견(늘 봄)으로 읽어야 이두식 표기법에 맞는 것이 되며, 지금의 장춘(長春)이다. 백악산아사달이 있는 곳으로 단군조선 제2차 수도가 있는 곳이며, 해모수 북부여의 수도이던 웅심산(熊心山) 난빈(蘭濱) 또는 천안궁(天安宮)이 있던 곳이기도 하다.

구월산(九月山)은 상춘(常春)에도 있으며, 지금의 한반도 황해도에도 있는 것이 되는데, 원래의 구월산은 아사달산으로서 상춘에 있었던 것이 된다.

서효사에서는 상춘을 신경(新京)이라 부르고 있는데, 수도 아사달 외에 신경을 세운 것이 되어 이궁(離宮)에 해당하며, 또 다른 이궁(離宮)으로 영고탑(寧古塔)을 두었다. 상춘의 신경은 서기전 1984년부터 서기전 1982년 사이 3년간 우착의 난을 피하여 머물렀는데 이궁의 역할을 한 것이 된다.

고려시대 고려사에서 서효사를 인용한 부분이 있는데, 단군조선의 삼한(三韓)의 수도를 저울에 비유하여 진한은 저울대, 마한은 저울그릇, 번한은 저울추에 비유하고 특히 번한의 수도를 오덕지(五德地)라 적으면서 개경, 서경 외에 오덕지에 해당하는 목멱산(木覓山:南山)이 있는 지금의 서울지역에 남경(南京)을 설치하는 것이 어떠냐는 글을 남기고 있다.

5) 제8대 우서한(于西翰) 천왕

서기전 1993년에 우서한 천왕이 마한(馬韓)의 백아강(白牙岡)에 머무르면서 밭을 나누어 4가(家)를 한 구(區)로 만들게 하고 각 구는 일승(一乘)을 내서 향토를 지키게 하였다.[156]

직접적으로 천왕이 천제(天祭)를 지냈다라고 기록하고 있지 않으나 순행(巡行) 또는 순시(巡視)를 하면서 제천단에서 천제를 지냈다고 보아야 할 것이다.

백아강은 마한(馬韓)의 달지국(達支國)에 있으며, 지금의 평양(平壤)을 가리키고, 마한의 수도인 왕검성이 된다.

사가작구(四家作區)의 제도는 4가(家)를 1구(區)로 하여 1승(乘)을 담당한 것이 되는데, 가(家)에는 10호(戶)가 있고 호(戶)에는 평균 100명의 식구가 있는 바, 4가(家)에는 400명의 인구가 있어 남성(男性)인 장정(壯丁)은 그 1/4 정도로 최소한 100명이 되며, 전차(戰車) 1대를 만들어 향토수비를 지켰던 것이 된다.

---

156) 전계 한단고기 〈태백일사/삼한관경본기, 마한세가〉, 207~208쪽 참조

주나라 시대에 천자(天子)는 만승(萬乘)의 나라라 하고, 큰 제후국의 나라는 천승 (千乘)의 나라라 하는 바, 단군조선으로 보면 1주(州)에는 약 400만 명이 살았던 것 이 되고, 단군조선의 삼한관경이 되는 36주(州) 안에는 합1억4,400만명이 살았던 것으로 계산이 되는데, 서기전 1666년의 단군조선에서 실시한 호구조사(戶口調 査)에서는 총 1억8,000만 명이라 하여 아주 타당성 있는 계산치가 됨을 알 수 있다.

6) 제12대 아한(阿漢) 천왕

서기전 1833년 가을 8월에 나라 안을 두루 순수하여 요하(遼河)의 왼쪽에 이르 러 순수관경비(巡狩管境碑)를 세워 역대 제왕의 이름을 새겨 이를 전하게 하였 다.[157] 여기서도 직접적으로 천제를 지냈다는 것을 기록하고 있지 않으나, 순수하 면서 천제를 지냈던 것이 틀림없다.

요하(遼河)는 서압록(西鴨綠)이라 불리던 지금의 요하(遼河)가 아니라, 요동, 요 서를 구분하던 요하로서 번한(番韓) 땅에 있는 원래의 대요수(大遼水)이던 지금의 영정하(永定河)가 된다. 한편, 지금의 요하의 상류지역은 소위 요하문명의 중심지 로서 단군조선 시대에는 구려의 땅이 되며, 구려하(九黎河)로 불리었던 것으로 추 정된다. 구려하의 하류가 서압록인 지금의 요하가 된다. 동압록은 지금의 압록강이 다. 서압록은 요동반도 바로 서쪽의 남쪽 발해만으로 흐르는 강인 것이다.

7) 제15대 대음(代音) 천왕

서기전 1652년에 서쪽으로 약수(弱水)로 가시어 신지 우속에게 명하여 금과 철 과 고유(석유)를 채취하도록 하였다.[158]

서기전 1634년에 태백산(太白山)에 올라 비석을 세워 역대 단군과 한(汗)들의

---

157) 전게 한단고기 〈단군세기〉, 85~86쪽 참조
158) 전게 한단고기 〈단군세기〉, 92쪽 참조

공을 새겼다.

약수 지역 행차시에 천제를 지냈다는 직접적인 기록은 없으나 천제나 산천에 제를 지낸 것이 될 것이다. 약수(弱水)는 진한(眞韓)의 서쪽이자 번한(番韓)의 서쪽인 황하중류 지역이 되는 북단동류 지역으로서 태원(太原)의 서쪽 지역에 있는 강이 되며, 흉노족의 근거지가 된다. 흉노(匈奴)의 시조가 되는 색정(索靖)은 원래 열양(列陽) 욕살이었는데, 약수에 종신극치(終身棘置) 당하였다가 나중에 사면되어 약수에 봉해졌던 것이다. 열양은 발해만 유역에 있던 땅으로서 지금의 고하(沽河) 유역이 된다. 색정을 종신 귀양형에 처하여, 탱자나무를 울타리로 하여 금치(禁置)하였던 것이 된다.

고유는 지금의 소위 석유(石油)인 원유(原油)를 가리킨다. 이미 단군조선 시대에 석유를 채취하는 기술이 있었던 것이 된다.

8) 제16대 위나(尉那) 천왕

〈영고탑(寧古塔) 제천〉

서기전 1583년에 구한의 여러 한(汗)들을 영고탑(寧古塔)에 모이게 하여 삼신상제(三神上帝)에게 제사지내고, 한인, 한웅, 단군왕검을 모셨다. 5일 동안 크게 연회를 베풀고 무리와 함께 등을 밝히고 밤을 지새우며 경을 읊고 마당밟기를 하며, 한쪽은 횃불을 나란히 하고 한쪽은 환무(環舞)로 애한가(愛桓歌)를 일제히 불렀다.[159]

여기서 영고탑은 단군조선의 이궁(離宮)이 되며, 이때부터 삼신(三神)으로서 한인(桓因), 한웅(桓雄), 단군왕검(檀君王儉)이 모셔지게 된 것으로 된다.

---

159) 전게 한단고기 〈단군세기〉, 93쪽 참조

9) 제17대 여을(余乙) 천왕

서기전 1501년에 오가(五加)와 함께 나라를 돌아보았는데, 개사성(蓋斯城) 경계에 이르니 청포노인이 하례를 하였다.[160]

여기서도 천왕이 천제를 지냈다는 직접적인 기록은 없으나 오가(五加)와 함께 순행(巡行)을 하면서 천제(天祭)을 행한 것이 될 것이다.

개사원에 있는 성이 되는데, 개사원의 욕살(褥薩)이 개사성에 머물며 다스리는 것이 된다. 개사원 욕살은 개사성의 욕살이라고도 한다. 개사원에 단군조선의 이궁인 장당경이 있으며, 서기전 425년에 단군조선의 수도가 되었다.

〈마리산 참성단 제천〉

서기전 1489년 3월 16일 마한(馬韓) 두막해(豆莫奚)가 몸소 마리산(摩璃山)에 행차하여 삼신(三神)을 참성단(塹城壇)에서 제사하니 하주(夏主) 외임(外壬)이 사신을 파견해 제사를 도왔다.[161] 여기서 하주(夏主)는 하나라 왕(王)을 가리키는 말이나, 서기전 1489년 당시에는 은(殷)나라 시대이므로 외임은 은나라 왕이 된다.

은나라 왕인 외임이 단군조선의 마한으로 가서 마한 두막해가 천제를 올리는 것을 보좌한 것이 된다. 이로써 은나라 왕은 곧 천상의 임금이 되는 천군(天君)이상 천왕격에 해당하는 마한(馬韓)의 아래 직책이 되는 천자(天子)로서 천하왕(天下王)이 되는 것이다.

10) 제21대 소태(蘇台) 천왕

〈해성(海城) 제천〉

서기전 1286년에 나라 안을 돌아보다가 남쪽의 해성(海城)에 이르러 늙은이들을 모이게 하여 하늘에 제사를 지내고 노래와 춤을 즐겼다. 오가(五加)들을 불러 제

---

160) 전게 한단고기 〈단군세기〉, 94쪽 참조
161) 전게 한단고기 〈태백일사/삼한관경본기, 마한세가 상〉, 208~209쪽 참조

위를 물러줄 것을 의논하여 욕살(褥薩) 서우여(徐于餘)에게 맡기고 싶어 하였으며, 이에 살수(薩水)의 땅 백리를 둘러보고 서우여를 봉하여 섭주(攝主)로 하여 기수(奇首)라 부르게 하였다.162)

서우여는 해성 욕살이었다. 해성은 지금의 요동반도에 있는 지명이며, 진한 땅에 속한 것이 되고, 서기전 425년 장당경이 수도가 되었을 때 이궁(離宮)을 둔 곳이 되었다. 해성의 남해안에 살수(薩水)가 있다고 하므로, 살수는 지금의 요하(옛 서압록)와 압록강(옛 동압록) 사이에 있는 강이 되어 진한 관할에 속한 것이 된다.

살수의 땅 백리를 해성 욕살 서우여에게 주어 섭주로 봉하였는데, 이 백리의 땅은 공후(公侯)가 봉해지는 나라가 되는 바, 지방장관인 욕살 서우여를 한(汗)으로 즉 단군조선 공후(公侯)의 제후로 봉한 것이 된다.

살수의 위치

서우여(徐于餘)는 서여(西余)라고도하며, 서기전 1285년에 색불루 천왕에 의하여 번한(番韓)에 봉해졌고, 이리하여 번조선은 이때부터 기자(奇子)조선으로 불리기도 하는 것이 된다. 은나라 망명자 기자(箕子) 서여(胥餘)와는 다른 인물이며, 서우여는 소태(蘇台) 천왕의 종실(宗室)이 되어 한서여(桓西余)이며, 기자(箕子)는 이름이 자서여(子胥餘)이다.

11) 제22대 색불루(索弗婁) 천왕

(가) 백악산아사달 제천과 태백산 제천

서기전 1285년 3월 16일 색불루 천왕은 백악산아사달에서 몸소 천제(天祭)를 지내고, 마한(馬韓) 여원흥(余元興)으로 하여금 삼한대백두산(三韓大白頭山:太白

---

162) 전계 한단고기 〈단군세기〉, 98쪽 참조

山)에서 천제를 올리게 하였다.[163]

마한 여원흥이 천왕을 대신하여 고(告)한 백두산 서고문(誓告文)은 아래와 같다.

짐 소자 단군 색불루는 손을 모아 머리를 숙여 절하옵니다. 스스로 천제자(天帝子)로서 나를 닦아 백성에 미치고, 반드시 스스로 하늘에 제(祭)를 올림으로써 황상(皇上)을 공경하겠사오며, 삼신(三神)의 밝은 목숨과 넓은 은혜와 큰 덕을 받았으며 이미 삼한(三韓)의 5만리 땅을 주셨사오니, 홍익인간을 함께 누리겠사옵니다. 이에 마한(馬韓) 여원흥을 보내어 삼신일체(三神一體) 상제(上帝)의 제단에 정성껏 제사 올리게 하였사온데, 신께서는 밝고도 밝아 체물(體物)에 남김이 없사와, 정결히 목욕재계하고 정성으로 바치오니, 내리시어 흠향하시고 고요히 도와주시와, 반드시 새로운 임금의 자리 세움을 크게 꾸미게 하사 세세토록 삼한(三韓)의 천만년 한없는 제업(帝業)을 보존할 수 있도록 하시옵고, 해마다 곡식은 풍년이 들게 하시오며, 나라가 부강하게 하시옵고 백성들이 번창하게 하옵소서! 밝고 밝으신 우리 성제(聖帝)시어! 나를 비워 만물이 있도록 지극히 염원하옵니다!

(朕小子檀君索弗婁 拜手稽首 自天帝子之修我以及民 必自祭天以敬皇上 受三神明命普恩大德 旣與三韓五萬里之土境 共享弘益人間 故 遣馬韓黎元興 致祭于三神一體上帝之壇 神其昭昭 軆物無遺 潔齋誠供 降歆黙佑 必能 賁餙新帝之建極 世保三韓千萬年无彊之祚業 年穀豐熟 國富民殷 庶昭我聖帝 空我存物之至念)

(나) 장당경 고등왕 제사

서기전 1285년 9월 가을에 장당경(藏唐京)으로 행차하여 고등왕묘(高登王廟)를 세우고 제사지냈다.[164]

---

163) 전게 한단고기 〈태백일사/삼한관경본기, 마한세가 하〉, 210~211쪽 참조
164) 전게 한단고기 〈단군세기〉, 99~100쪽 참조

장당경에서 천제를 지냈는지 여부는 기록하고 있지 않으나 고등왕묘에 제사지내기 전에 천제나 산천에 제사를 지낸 것이 될 것이다.

(다) 황하(黃河) 제천

서기전 1284년 2월에 은(殷)나라의 군사를 추격하여 황하(黃河) 주변에서 승전의 축하를 받고, 번한(番韓)의 백성들을 회대(淮岱)의 땅에 옮겨 가축을 기르고 농사를 짓게 하였다.165)

여기서 천제(天祭)를 지냈다는 직접적인 기록은 없으나, 은나라를 정벌하여 황하 주변에서 승전축하연을 벌일 때 천제(天祭)나 산천(山川)에 제(祭)를 올린 것이 될 것이다. 회대(淮岱) 지역은 산동의 태산에서 회수(淮水)에 걸치는 지역인데, 회수는 양자강 북쪽에 있는 강이다.

(라) 마한(馬韓) 순행 제천

매년 중춘(仲春)에는 반드시 순행하여 마한(馬韓)에 머무르며 백성의 근면을 정치로 하였다.166)

중춘은 음력으로 2월이 되는데, 마한 땅을 순수할 때 마한산(馬韓山)이나 마리산(摩璃山)에 올라 천제(天祭)를 지내거나 산천제(山川祭)를 올린 것이 될 것이다.

12) 제27대 두밀(豆密) 천왕

〈상춘 구월산 제천〉

서기전 979년 번한(番韓) 해수(奚壽)가 아들 물한(勿韓)을 파견하여 구월산(九月山)에 가서 삼성묘(三聖廟)에 제사지내게 하였다. 묘는 상춘의 주가성자(朱家城

---

165) 전게 한단고기 〈단군세기〉, 99~100쪽 참조
166) 전게 한단고기 〈태백일사/삼한관경본기, 마한세가 하〉, 211~212쪽 참조

子)에 있다.[167]

여기 구월산은 당시 수도이던 상춘(常春)의 구월산을 가리키는 것이 된다. 주가 성자는 고주몽(高朱蒙)의 집과 성이라는 의미이며, 고주몽은 수도를 졸본에서 늘봄 (訥見:눌견)인 상춘으로 옮겼었다. 상춘은 단군조선 초기의 신경(新京)이며, 백악산 아사달이 있는 곳으로 단군조선의 제2차 수도이기도 하며, 북부여의 수도 난빈(웅심산 서란)이나 천안궁(天安宮)이 있는 곳이기도 하고, 지금의 장춘(長春)이다.

13) 제30대 내휴(奈休) 천왕

〈엄독홀(奄瀆忽) 제천〉

서기전 909년에 남쪽으로 순수하여 청구(靑邱)의 다스림을 둘러보고 돌에 치우 천왕의 공덕을 새겼다. 서쪽으로 엄독홀에 이르러 분조(分朝)의 모든 한(汗)들과 만나 열병하고 하늘에 제사지내고, 주(周) 나라 사람과 수호를 맺었다.[168]

청구는 번한 땅의 서남쪽에 있는 나라이며, 치우천왕의 수도가 있었던 곳이고 지금의 태산의 동쪽으로 산동지역의 북쪽 지역에 해당하며, 그 서남쪽에는 남국(藍國=藍夷)이 있는 것이 된다. 분조(分朝)는 자치 제후국을 가리킨다.

서기전 909년이면 주나라가 200년이 더 흐른 시기인데, 서기전 1236년에 단군조선이 회대지역에 엄(淹), 서(徐), 회(淮)의 제후국을 세운 뒤에도 이때까지 청구와 남국(藍國)의 땅이 되는 산동일대에 단군조선의 제후국들이 존속한 것이 된다. 특히 서국은 서기전 512년에 오나라 합려왕에게 망하였고 회국은 서기전 221년에 진시황에게 망하였다.

이때 엄독홀에서 천제(天祭)를 지낸 것으로 되는데, 태산(泰山)이 엄독홀에 속하였는지 아니면 노(魯)나라나 제(齊)나라에 속하였는지 불명이나, 태산에 올라 천제

---

167) 전게 한단고기 〈태백일사/삼한관경본기, 번한세가 하〉, 224~225쪽 참조
168) 전게 한단고기 〈단군세기〉, 106쪽 참조

를 지낸 것이 아니라면 이때 태산은 엄독홀에 속하지 아니하였던 것이 될 것이다.

14) 제33대 감물(甘勿) 천왕

〈영고탑(寧古塔) 제천〉

서기전 813년에 영고탑의 서문 밖 감물산(甘勿山) 밑에 삼성사(三聖祠)를 세우고 친히 제사를 올렸다.[169] 감물(甘勿) 천왕의 감물(甘勿)이 영고탑의 감물산과 연관성이 있는 것으로 보인다.

삼신(三神)은 천지인(天地人) 삼일신(三一神)을 가리키며, 삼성(三聖)은 한인(桓因), 한웅(桓雄), 단군왕검(檀君王儉)을 가리키는 것이 되는데, 이 삼성을 영고탑 감물산 아래에 건립한 삼성사에 모신 것이 된다. 이에 따라 삼일신 사상에 의하여 한인 천제 이전의 임금이 되는 유인씨(有因氏), 황궁씨(黃穹氏), 마고(麻姑)를 모두 삼신(三神)으로 받든 것이 되는데, 유인씨(有因氏)가 곧 한인(桓因) 천제(天帝) 이전의 삼신(三神)으로서 나반(那般)이라 기록된다.

15) 제36대 매륵(買勒) 천왕

서기전 651년에 고유(高維)로 하여금 한웅(桓雄), 치우(治尤), 단군왕검(檀君王儉)의 삼조(三祖)의 상(像)을 나누어 주시어 관가에 모시게 하였다.

여기서, 천제(天祭)는 원칙적으로 천지인 삼신(三神)에게 제(祭)를 올리는 것인데, 인신(人神)이 되는 조상신인 한웅, 치우, 단군왕검을 관(官)에서 모시고 제(祭)를 올리게 한 것이 된다. 즉, 관청에서 한웅, 치우, 단군왕검의 초상화를 걸어놓고 시간을 정하여 참배한 것이 된다.

---

169) 전계 한단고기 〈단군세기〉, 107~108쪽 참조

16) 제37대 마물(馬勿) 천왕

서기전 591년에 남쪽을 돌아보다가 기수(淇水)에 이르러 붕어하였다.[170] 여기서 마물 천왕이 남쪽을 순행하면서 천제나 산천에 제를 올린 것이 될 것이다.

17) 제44대 구물(丘勿) 천왕

〈장당경 3월 제천〉

서기전 424년 3월 16일 삼신영고제(三神迎鼓祭=삼신 맞이굿)에 친히 행차하여 경배를 올리고 삼육대례(三六大禮)를 행하였다.[171]

음력으로 3월 15일은 단군왕검께서 돌아가신 날로서 지금의 어천절(御天節)이 되고, 다음날인 3월 16일에는 서기전 1846년 훨씬 이전부터 삼신맞이굿 즉 삼신영고제를 지낸 것이 된다.

18) 제47대 고열가(古列加) 천왕

〈백악산아사달 제천〉

서기전 282년 단군왕검(檀君王儉)의 묘를 백악산(白岳山)에 세우고 유사(有司)에게 명하여 사철마다 제사를 지내게 하고, 친히 1년에 한 번씩 제사 지냈다.[172]

백악산은 백악산아사달인 상춘(常春)이나 장당경(藏唐京)에 있는 산을 가리키는 될 것인데, 당시 수도가 장당경이므로 장당경일 가능성이 농후하다. 상춘은 단군조선의 제2차 수도이며, 장당경은 제3차 수도이다.

〈장당경 제천〉

서기전 238년 3월에 하늘에 제사하던 날 저녁에 마침내 오가들과 의논하여 천왕

---

170) 전게 한단고기 〈단군세기〉, 111~112쪽 참조
171) 전게 한단고기 〈단군세기〉, 115쪽 참조
172) 전게 한단고기 〈단군세기〉, 119~120쪽 참조

의 자리를 내놓고 오가들에게 맡기고 입산수도하러 가니, 이에 오가가 6년간 공치(共治) 즉 공화정(共和政)을 시행하였다.

여기서 서기전 238년 3월에 지낸 제사는 3월 16일에 지내는 삼신영고제가 되는데, 3월 15일은 단군왕검 승천일이며 그 다음날을 삼신맞이날로서 천제(天祭)를 지낸 것이 된다.

〈희생제(犠牲祭:朝鮮祭)〉

희생제는 인간으로 하여금 반성하고 공(功)에 보답하게 하는 제사의식이며, 피에 손가락을 꽂아 생명을 성찰하고 땅에 피를 부어 기른 공에 보답함으로써 물체(物體)가 대신 오미(五味)의 잘못을 보상(報償)하여 재앙을 멎게 하기를 원하는 의식으로서 육신(肉身) 고충(苦衷)의 고백(告白)이다.

단군조선 시대에 육지에서는 조시(朝市)를 열고, 바다 물가에서는 해시(海市)를 열었으며, 특히 매년 10월에는 조제(朝祭)를 행하였는데 이때 사해의 제족이 모두 지방의 토산물을 바쳤는바, 산악의 제족은 사슴과 양(羊)을 바치고 해양의 제족은 물고기(魚)와 조개를 바쳤다. 이 조제를 조선제(朝鮮祭)라고도 하는데, 조제(朝祭)에 선(鮮) 즉 물고기(魚)와 육고기인 양(羊)을 모두 쓰는 이유로 조선제(朝鮮祭)라 하는 것이 된다.[173] 10월 국중대회 기간에 행한 것이 된다.

여기서, 단군조선의 국호인 조선(朝鮮)의 의미가 곧 아침해(////O)와 달(月)이 비치는 밝달(檀) 나라로서 바다(魚)의 백성과 육지(羊)의 백성을 모두 포함하는 나라가 되는 것이다.

---

173) 전게 부도지, 52~54쪽 참조

3. 윤리도덕(倫理道德)

단군조선 시대는 홍익인간(弘益人間) 세상을 실현하기 위하여 필요한 정치를 펼친 시대였음은 물론 윤리도덕과 예의(禮儀)의 시대였다라고 할 수 있다. 단군조선이 군자(君子)의 나라로서 불사국(不死國)이며 예의지국(禮儀之國)이었음은 고대 중국의 기록이 명백히 전하는 바이다.

단군조선은 배달나라의 정통성을 계승한 나라로서 배달나라 시대의 정치제도를 홍익인간 세상을 실현하는 데 그대로 적용하였던 것이며, 법 이전에 인간윤리와 사회도덕으로써 백성들을 교화(敎化)하여 진정한 재세이화(在世理化) 홍익인간(弘益人間를 실현하였던 것이 된다.

특히, 참전계경(參佺戒經)은 재세이화 홍익인간을 실현하기 위하여 필요한 법(法) 이전의 계율(戒律)로서 하늘과 땅의 이치에 부합(符合)하는 인간으로서의 도리를 가르치고 있으며, 가정과 사회와 국가에 적용되는 법에 상응하는 윤리도덕의 가르침도 담고 있다.

가. 삼륜구덕(三倫九德:삼륜구서)

배달나라 시대에 이미 삼륜구서(三倫九誓)라는 기본적인 윤리도덕(倫理道德)이 체계화 되어 있었다. 특히 서기전 2700년경 배달나라 제14대 치우천왕이 황제헌원의 반란을 평정할 때, 군사들에게 헌원이 삼륜구서(三倫九誓)의 행함을 게을리하였으므로 토벌하게 되었다라고 설파한 역사가 있기도 하다.174) 삼륜(三倫)이란 세 가지 인간사회 윤리를, 구서(九誓)란 아홉 가지 맹서를 가리키는 것이 되는데, 구서는 곧 아홉가지 도덕으로서 구덕(九德)이기도 하다.

단군조선 시대에 삼륜구서에 관한 첫 기록으로는 서기전 2182년에 마한(馬韓)

---

174) 전게 한단고기 〈태백일사/삼한관경본기, 마한세가 상〉, 202쪽 참조

불여래(弗如來)가 소도(蘇塗)를 세우고 삼륜구서(三倫九誓)의 가르침을 펴니 치화가 크게 행해졌다는 것이 된다.

삼륜(三倫)은 소위 군사부(君師夫)의 기본 윤리를 가리킨다. 즉, 임금은 임금다워야 하며, 스승은 스승다워야 하고, 아버지는 아버지다워야 한다는 것이다. 이에 따라 신하는 신하다워야 하며, 제자는 제자다워야 하고, 자식은 자식다워야 하는 것이 된다.

이러한 삼륜에 관한 가르침은 단군조선 시대 초기인 서기전 2182년에 삼랑 을보륵이 제3대 가륵(嘉勒) 천왕께 신왕종전(神王倧佺)의 도(道)를 말씀드리는 내용에 나타나고 있다.

주나라 춘추시대에 공자(孔子)에게서 시작된 유교의 소위 삼강오륜(三綱五倫)의 삼강(三綱)이 여기에서 말하는 삼륜(三倫)에 해당하는 것이 된다.

구덕(九德)은 사람이 사회와 국가의 구성원으로서 지켜야 할 아홉 가지 도덕으로서 구서(九誓) 즉 아홉가지 맹서가 된다. 특히, 서기전 424년 제44대 구물(丘勿) 천왕이 다스림을 크게 바꾸려고 천제(天帝)의 묘(廟) 마당에 큰 나무를 세우고 북을 매어 달도록 하여 삼칠일(3.7日)을 기한으로 하여 연령순으로 서로 마시면서 권화(勸化)하여 성책(成冊)하였는데, 이를 구서(九誓)의 모임이라 하고 항상 구서(九誓)의 글을 사용하였다고 기록된다.[175]

구덕(九德) 즉 구서(九誓)는, 집에서는 효도하고(孝于家), 형제간에 우애 있으며(友于兄弟), 스승과 벗과는 믿음이 있고(信于師友), 나라에는 충성을 다하며(忠于國), 무리에게는 겸손하고(遜于群), 맡은 정치의 일에 밝으며(明知于政事), 전장에서는 용감하고(勇于戰陣), 몸과 행동에 청렴하며(廉于身行), 직업에는 의로움이 있어야(義于職業) 한다는 것이다.

이러한 구덕의 아홉 가지 도덕은 사람이 가정과 사회와 국가의 구성원으로서 가

---

175) 전계 한단고기 〈태백일사/소도경전본훈〉, 250~256쪽 참조

져야 할 기본규범이 된다. 이로써 배달나라는 물론 단군조선은 가정과 사회와 국가를 모두 중히 여기는 강력한 윤리도덕(倫理道德)의 시대였음을 알 수 있다.

한편, 제3대 가륵(嘉勒) 천왕이 칙서(勅書)로 내린 여덟 가지 가르침이 있는 바, 아비는 마땅히 자애롭고, 자식은 마땅히 효성스러우며, 임금은 마땅히 의로워야 하고, 신하는 마땅히 충성스러워야 하며, 부부는 마땅히 서로 공경하여야 하고, 형제는 마땅히 서로 사랑하여야 하며, 노소는 마땅히 순서가 있어야 하고, 친구는 마땅히 신의가 있어야 한다고 가르치고 있다.176) 이 여덟 가지 가르침은 주나라 춘추시대 공자(孔子)에게서 시작된 유교(儒教)의 소위 삼강오륜(三綱五倫)의 내용을 포괄하는 것이 된다.

나. 천범(天範)

천범은 서기전 2333년 10월 3일에 조선을 개국한 단군왕검(檀君王儉) 천제(天帝)께서 가르치신 하늘의 법으로서, 천부경(天符經), 삼일신고(三一神誥), 참전계경(參佺戒經)의 가르침을 8가지 말씀으로 함축한 내용이 된다.

지금도 우리가 사용하고 있는 속담으로, 하늘이 무너져도 솟아날 구멍이 있다, 짚신도 짝이 있다, 열손가락 깨물어 안 아픈 손가락 없다는 등의 원천이 되는 가르침이 단군왕검 천제의 천범(天範) 8조에서 담겨져 있는 것이다. 천범 8조의 내용에서 단군조선 초기에 이미 경천(敬天), 충효(忠孝) 사상이 존재하였으며, 벼농사가 행해지고 있었다는 것을 단적으로 알 수 있게 한다.

천범(天範) 8조(條)는 아래와 같다.177)

1. 하늘의 법[천범]은 오직 하나이며 그 문은 둘이 아니니, 너희들이 오직 순수하게

---

176) 전게 한단고기 〈태백일사/삼한관경본기, 마한세가 상〉, 205~206쪽 참조
177) 전게 한단고기 〈단군세기〉, 57~58쪽 참조

정성을 하나로 하면, 너희 마음이 하늘을 뵐 것이다.

2. 하늘의 법은 늘 하나이고 사람의 마음은 오로지 같으며, 스스로를 미루어 마음을 잡아 다른 사람의 마음에 이르면, 다른 사람의 마음도 변화하여 역시 하늘의 법에 맞아지니, 이에 만방에 적용하여 다스릴 수 있을 것이다.

3. 너희들은 부모에게서 났고, 부모는 하늘로부터 내려왔으니, 오로지 부모를 공경하고 이에 하늘을 지극히 공경할 것이며, 이를 나라에 이르게 하면 이것이 곧 충효이고, 너희들이 이러한 이치를 정성으로 실천하면 하늘이 무너져도 반드시 먼저 벗어날 것이다.

4. 짐승도 짝이 있고 헤진 신발도 짝이 있나니, 너희 남녀는 화목하여 원망하지 말고 질투하지 말고 음란하지 말 것이다.

5. 너희가 열손가락을 깨물면 그 아픔에 크고 작음이 없으니, 너희들이 서로 사랑하고 헐뜯지 말며 서로 돕고 해치지 아니하면 집안과 나라가 흥할 것이다.

6. 너희들은 소와 말을 보아라, 오히려 그 풀을 나누어 먹지 않느냐. 너희들이 서로 양보하고 빼앗지 않고 함께 일하고 훔치지 아니하면, 나라가 융성할 것이다.

7. 너희들은 범을 보아라, 사나움이 한이 없고 신령스럽지 못하여 이에 비천하게 되었나니, 너희들은 오만하게 굴어 본성을 잃지 말고 사람을 상하게 하지 말며, 늘 하늘의 법을 지키고 지극히 사물을 사랑할 것이며, 너희들이 돕더라도 약한 자를 능멸하지 말고, 구제 구휼하더라도 비천한 자를 모욕하지 말 것이니, 너희들이 만약 이러한 법칙을 어긴다면, 영원히 신(神)의 도움을 얻지 못할 것이며 몸과 집안이 사라질 것이다.

8. 너희들이 만약 벼밭에 불을 놓아 벼가 모두 사라진다면 신인(神人)이 진노할 것

이고, 너희들이 비록 두껍게 감싼다 하여도 그 냄새가 반드시 샐 것이니, 너희들은 본성을 공경스럽게 지녀서 사악함을 품지 말고 악함을 숨기지 말고 재앙을 감추지 말 것이며, 마음으로 지극히 하늘을 공경하고 백성들을 가까이 하면, 이에 복록이 무궁할 것이니, 너희 오가들은 따를 지어다.

([천범8조 원문] 1. 天範惟一 弗二厥門 爾惟純誠一 爾心乃朝天 2. 天範恒一 人心惟同 推己秉心 以及人心 人心惟化 亦合天範 乃用御于萬邦 3. 爾生由親 親降自天 惟敬爾親 乃克敬天 以及于邦國 是乃忠孝 爾克體是道 天有崩 必先脫免 4. 禽獸有雙 弊履有對 爾男女以和 無怨無妬無淫 5. 爾嚼十指 痛無大小 爾相愛無胥讒 互佑無相殘 家國以興 6. 爾觀牛馬 猶分厥芻 爾互讓 無胥奪 共作無相盜 國家以殷 7. 爾觀于虎 强暴不靈 乃作孽 爾無桀驁以戕性無傷人 恒遵天範 克愛勿 爾扶傾無陵弱 濟恤無侮卑 爾有越厥則 永不得神佑 身家以殞 8. 爾如有衝 火于禾田 禾稼將殄滅 神人以怒 爾雖厚包 厥香必漏 爾敬持彝性 無懷慝 無隱惡 無藏禍 心克敬于天 親于民 爾乃福祿 無窮爾五加衆 其欽哉)

다. 삼육대례(三六大禮)

삼육대례(三六大禮)를 행한 역사기록으로는, 서기전 2267년 도산회의(塗山會議) 때 우순(虞舜)의 신하 사공(司空) 우(禹)가 단군조선의 사자(使者) 태자 부루(太子扶婁)로부터 오행치수법(五行治水法)을 전수받을 때 태자 부루께 올린 역사와, 이후 서기전 2182년 5월에 삼랑(三郞) 을보륵(乙普勒)이 제3대 가륵(嘉勒) 천왕께 신왕종전(神王倧佺)의 도(道)를 말씀드릴 때 행한 것과, 서기전 424년 3월 16일 삼신영고제 때 제44대 구물 천왕께서 행한 역사가 있는 바,[178] 이러한 삼육대례는 배

---

178) 전게 한단고기 〈태백일사/삼한관경본기, 번한세가 상〉, 218~219쪽 및 〈단군세기〉, 66쪽, 115쪽 참조

달나라 시대에 이미 행해졌던 것이 된다.

삼육대례란 세 번, 여섯 번 절하는 큰 예의라는 뜻인데, 실제로 행한 예법은 엄지손가락을 교차시켜 바른손을 올려놓고서 삼(三), 육(六), 구(九)의 수(數)에 해당하는 절을 행하는 의식이다. 즉, 삼육대례는 삼육구배(三六九拜)라고도 하는데, 세 번, 여섯 번 아홉 번 정하는 예법이 된다.

엄지손가락을 교차시켜 바른손을 올린 뒤에 삼육대례를 행하는데, 바른손 엄지손가락은 자(子)를 나타내고 왼손 엄지손가락은 해(亥)를 나타내며, 바른손을 더함은 태극(太極)의 형상을 만드는 것이 된다.

삼육구배는 음력 3월 16일에 지내는 삼신영고제(三神迎鼓祭) 등의 때에 올리는 절로서 천지인(天地人) 삼신(三神)에 감사하는 대예법(大禮法)인데, 첫 번째 절에서 세 번 머리를 땅에 닿도록 조아리고, 두 번째 절에서 여섯 번 머리를 땅에 닿도록 조아리며, 세 번째 절에서 아홉 번 머리를 땅에 닿도록 조아리는 예법이 된다.[179]

라. 오상도(五常道:삼한오계:다물오계:세속오계)

오상(五常)의 도(道)는 소도(蘇塗)의 오계(五戒)이다.

소도(蘇塗)는 제천(祭天)하는 신성지역(神聖地域)으로서 교화(敎化)의 근원이 되는 곳이다. 소도에는 오계가 있었으니, 바로 충(忠), 효(孝), 신(信), 용(勇), 인(仁)의 오상(五常)의 도(道)이다.[180]

오상의 도는 서기전 3897년에 시작된 배달나라 시대에 이미 존재한 소도오계(蘇塗五戒)로서, 서기전 2333년에 시작된 단군조선의 삼한오계(三韓五戒)이기도 하며, 서기전 57년에 시작된 고구려 시조 고주몽(高朱蒙)의 다물오계(多勿五戒)이기도 하고, 신라 시대 원광법사가 화랑도(花郎徒)를 위해 정하였다는 세속오계(世俗

---

179) 전계 한단고기 〈태백일사/소도경전본훈〉, 256쪽 참조
180) 전계 한단고기 〈태백일사/삼신오제본기〉, 159쪽 참조

五戒)이기도 하다.

충(忠)은 사군이충(事君以忠), 효(孝)는 사친이효(事親以孝), 신(信)은 교우이신(交友以信), 용(勇)은 임전무퇴(臨陣無退:臨戰無退), 인(仁)은 살생유택(殺生有擇)이다.

〈소도(蘇塗)의 국선화랑(國仙花郎)의 역사〉

한웅천왕(桓雄天王)이 개천(開天)하여 백성에게 교화를 베풀 때 천경(天經:천부경)과 신고(神誥:삼일신고)를 가르쳐 크게 무리를 깨우쳤고. 구한(九桓)은 소도(蘇塗)를 주관하고 관경(管境)을 주관하며 무리와 의논하여 화백(和白)으로써 뜻을 하나로 하게 하였다.

서기전 1891년에 단군조선 제11대 도해(道奚) 천왕이 오가(五加)에게 명하여 12명산의 제일 좋은 곳을 택하여 국선소도(國仙蘇塗)를 설치하게 하였다, 둘레에 많은 박달나무를 심고 가운데서 제일 큰 나무를 가려내 한웅상(桓雄像)을 만들어 이를 봉하고 제사를 지냈다, 이를 웅상(雄常)이라 하였다.[181]

또, 서기전 1763년에 단군조선 제13대 홀달(忽達) 천왕이 소도(蘇塗)를 많이 세워 천지화(天指花)를 심고 미혼(未婚)의 자제(子弟)로 하여금 독서와 활쏘기를 익히게 하니 그들을 일러 국자랑(國子郎)이라 하며 국자랑이 출행할 때 머리에 천지화를 꽂았기 때문에 사람들이 천지화랑(天指花郎)이라 하였다.[182]

또, 서기전 1160년에 제24대 연나(延那) 천왕이 소도(蘇塗)를 증설하고 하늘에 제사 지냈으며, 서기전 1104년에 제25대 솔나(率那) 천왕이 상소도(上蘇塗)에 계시면서 옛날 예의를 강연하였다.[183]

소도제천(蘇塗祭天)은 구려(九黎) 교화(教化)의 근원이었는데, 소도가 선 곳에는

---

181) 전게 한단고기 〈단군세기〉, 81~82쪽 참조
182) 전게 한단고기 〈단군세기〉, 89쪽 참조
183) 전게 한단고기 〈단군세기〉, 102쪽 참조

모두 계율이 있었으니, 충(忠), 효(孝), 신(信), 용(勇), 인(仁)의 오상(五常)의 도(道)이며, 소도 옆에는 경당(扃堂)을 세워 미혼의 자제로 하여금 사물을 강습하게 했는데, 즉 책읽기(讀書), 활쏘기(習射), 말타기(馳馬), 예절(禮節), 가악(歌樂), 권박일술(拳搏釼術) 등의 육예(六藝)를 강습하였다.[184]

원화(源花)는 여랑(女郎)을 말하고 사내는 화랑(花郎)이라고 하거나 천왕랑(天王郎)이라고 하니, 임금이 오우관(烏羽冠)을 하사해 쓰게 하고 의식을 행할 때는 큰 나무를 지정해 한웅신상(桓雄神像)을 만들고 거기에 절을 하였는데, 신수(신단수)를 속세에서는 웅상(雄像)이라고 하는데 상은 늘 있다는 뜻이다.[185]

서기전 1282년에 세운 금팔조(禁八條) 중에는 특히 소도(蘇塗)를 헐거나 부순 자는 금고에 처한다는 규정을 두었다.[186] 이는 신정(神政)의 단적인 증거가 된다.

이상으로 보면, 신라 화랑의 세속오계는 바로 단군조선시대 삼한 소도의 오상(五常)의 계율(戒律)이며, 소도(蘇塗)는 배달나라 때부터 설치되어 교화의 근원이 되었으며 단군조선으로 계승되어 왔던 것이고, 소도 옆에는 경당(扃堂)을 두어 육예를 닦게 하였고 경당은 고구려에도 있었던 것인 바, 소위 세속오계는 국선소도의 오상의 계율로서 삼한오계(三韓五戒)인 것이고, 단군조선의 천지화랑 또는 천왕랑, 국자랑이 고구려의 조의선인과 신라 화랑의 원류인 것이다.

신라에서는 화랑도(花郎徒)의 최고 지도자를 국선(國仙)이라 하고, 그 아래에 간부격의 화랑(花郎)이 있으며, 그 아래 무리를 낭도(郎徒)라 하였던 것이고, 고구려에서는 지도자로서 계율을 지도하고 신탁(神託)을 맡은 자를 참전(參佺)이라 하고, 무예(武藝)를 지도하는 자를 조의(皂衣)라 하며, 그 아래 무리를 선인(仙人:선인도랑)이라 하였던 것이 된다.[187] 소위 선비는 선인(仙人)에서 나온 말로서, 근세 조선

---

184) 전게 한단고기 〈태백일사/삼신오제본기〉, 159쪽 참조

185) 전게 한단고기 〈태백일사/삼신오제본기〉, 160~161쪽 참조

186) 전게 한단고기 〈태백일사/삼한관경본기, 번한세가 하〉, 222~223쪽 참조

187) 전게 한단고기 〈태백일사/고구려국본기〉, 262~263쪽 참조

시대에는 유교의 무리를 선비라고 부르는데, 선비의 원래 뜻은 문무(文武)를 겸비한 사(士)로서의 선인(仙人)이 되는 것이다.

4. 과학 경제 사회

단군조선 시대는 홍익인세(弘益人世)였던 배달나라를 계승한 홍익인간 시대로서, 한편으로는 자연의 이치나 법칙을 터득하여 자원을 활용하고, 한편으로는 자원을 제공하는 자연에 감사하며, 인간으로서의 삶의 행복을 구현하였던 시대라 할 수 있다.

외부의 침략이나 반란 등의 전란을 대비하여 각종의 무기를 제작하여 강력한 군사력을 구비하고, 백성들의 윤택하고도 행복한 삶을 보장하고 진흥시키기 위하여, 자연의 이치나 자원을 활용함으로써 이에 따라 천문역법(天文曆法)의 재정리, 광물자원의 활용, 치산치수 사업 등에 필요한 과학이 발전하였던 것이며, 풍족한 물자의 교류로 교역이 활발하게 되었고, 백성을 위한 조세제도 등이 시행되어 실질적인 홍익인간 세상을 실현하였던 것이 된다.

가. 역법(曆法)

역법은 마고성(麻姑城) 시대인 서기전 25858년경부터 이미 시작되었던 것이 되는데[188], 이때 이미 천문(天文)이 발달하여 하루, 한 달, 사계절, 1년 등을 구분하는 이치를 알고 있었던 것이 된다. 윷놀이판의 그림이 곧 역법(曆法)을 나타낸 것으로서 마고시대부터 내려온 것이 되는 것이다.

마고성 시대에 이미 기화수토(氣火水土)라는 사상(四象)의 역(易)이 있었으

---

188) 전계 부도지, 25~26쪽 및 대진국 제3대 문황제의 삼일신고봉장기 참조

며[189], 이 사상의 역이 1일(日) 4시(時), 1기(期) 4주(週), 1년(年) 4계(季)로 연역되어 윷놀이판의 사방에 역법(曆法)으로 나타낸 것이 된다. 윷놀이판의 역법이 지구의 자전과 공전을 반영한 것이므로 태호복희 8괘역의 배치와도 일맥상통한다. 즉 태호복희 8괘역은 하도(河圖)와 윷놀이판의 4상역(象易)에서 8방역(方易)으로 나타낸 것이 된다.

배달나라 개천 시에 이미 1년 365.24219907일이라는 정밀한 역법이 정립되어 있었던 것이 되는데[190], 1주(週) 7일(日), 1기(期) 4주(週), 1년(年) 13기(期) 52주(週) 365일(日)이라는 역법이 윷놀이판에서 바로 나타난다.

1주 7일로 하는 역법이 칠회력(七回曆)이다. 곧 일월수화목금토(日月水火木金土)의 칠성신(七星神)에 제(祭)를 지내는 날로써 7일(日)을 삼은 것이 된다.[191] 이는 지금의 달력에 나타나는 7요일과 완전히 동일한 것이 되는데, 다만, 수요일과 화요일의 순서가 바뀐 것이 다를 뿐이다.

1기(期)는 4주(週) 28일(日)이 되는데 이는 28수(宿)로 계산된다. 28수는 동방의 항(亢), 각(角), 저(氐), 방(房), 심(心), 미(尾), 기(箕)와, 남방의 정(井), 귀(鬼), 유(柳), 성(星), 장(張), 익(翼), 진(軫)과, 서방의 규(奎), 루(婁), 위(胃), 묘(昴), 필(畢), 자(觜), 삼(參)과, 북방의 두(斗), 우(牛), 여(女), 허(虛), 위(危), 실(室), 벽(壁)이다.

소력(小曆)은 1사(祀) 즉 1년(年)으로 13기(期)이며, 52요복(曜服) 즉 52주(週)이고 364일이 되어 1, 4, 7의 성수(性數)로 이루어지고, 소력의 2회는 중력(中曆)이 되고, 소력의 4회가 대력(大曆)이 된다.[192] 즉 1사 =〉1, 13기=〉1+3=4, 52요복=〉5+2=7, 364일=〉3+6+4=13=〉1+3=4 또는 364의 끝자리 4가 되어, 1, 4, 7의 수가 된다.

---

189) 전게 부도지, 25~26쪽 참조
190) 전게 한단고기 〈태백일사/삼한관경본기, 마한세가 상〉, 198~199쪽 참조
191) 전게 한단고기 〈태백일사/신시본기〉, 174~175쪽 참조
192) 전게 부도지, 69~70쪽 참조

각 1사(祀)마다 시작에 단(旦)이 있어 1과 같아 합하면 365일이 되고, 3사(祀)의 반에 대삭(大朔)의 판(昄)이 있으며, 판은 사(祀)의 2분절이므로, 이는 2, 5, 8의 법수(法數)로 이루어진다.[193] 즉, 365일=〉 3+6+5=14=〉 1+4=5 또는 365일의 끝자리 5, 사의 분절은 4사 8분절=〉 8, 사의 2분절=〉2가 되어, 2, 5, 8의 수가 된다.

판(昄)이 긴 것과 1일은 같아 제 4의 사(祀) 즉 4번째 1년은 366일이 되고, 10사(祀)의 반에 대회(大晦)의 구(咎)가 있으며 구는 시(時)의 근원이고, 300구가 1묘(眇)가 되며, 9633묘를 지나 각(刻), 분(分), 시(時)로서 1일이 되니, 3, 6, 9,의 체수(體數)로 이루어진다.[194] 즉, 366일=〉 3+6+6=15=〉 1+5=6, 300구=〉 3+0+0=3, 9633묘=〉 9+6+3+3=21 =〉 2+1=3 또는 9633의 끝자리 3이 되어, 3, 6, 9의 수가된다.

배달나라 시대 이전에 이미 10간(干) 12지(支)의 천간지지(天干地支)가 정립되어 있었던 것이 되며, 10일 12달의 체계가 잡혀 있어, 1년은 1주(週) 7일(日)과 4주(週) 28일(日)로는 13기 52주 365일로서 음력으로는 윤달을 넣어 13월이 되며, 10일(日)을 기준으로 1년을 12달(月)로 나누면 1달 30일 또는 31일이 되는 것이다.

60갑자는 원래 60계해(癸亥)로 사용되어 오다가 서기전 3500년경 태호복희가 갑자(甲子)를 시작으로 삼았으며[195], 단군조선 시대인 서기전 2096년에는 갑자년인 서기전 2097년을 시작으로 하여 갑자년(甲子년)을 처음으로 삼아 책력(冊曆)을 만들었던 것이다.[196] 계(癸)라는 글자가 상형문자로서 지구가 태양의 주위를 자전과 공전을 하면서 나타나는 모습을 나타낸 글자가 된다.

서기전 2229년에 칠회력(七回曆)이 지어졌으며[197], 서기전 2087년에 혼천기(渾天機)를 제작하였고[198], 서기전 1916년에 이미 감성(監星)이라는 천문관측기

---

193) 게 부도지, 69~70쪽 참조
194) 게 부도지, 69~70쪽 참조
195) 전게 한단고기 〈태백일사/신시본기〉, 177~178쪽 참조
196) 전게 한단고기 〈단군세기〉, 72쪽 참조
197) 전게 한단고기 〈단군세기〉, 65쪽 참조

관을 설치하였으며[199], 서기전 1382년에는 주천력(周天曆)과 팔괘상중론(八卦相重論)이 지어졌는바,[200] 역(易) 및 역법(曆法)과 관련된 우주원리(宇宙原理)에 관한 연구결과가 이미 정립되어 있었던 것이 된다.

윷놀이판이 평면(平面)에 나타낸 역법이라면, 선기옥형(璇璣玉衡) 또는 혼천의(渾天儀:혼천기)는 입체(立體)로 나타낸 것이 된다.

고대중국의 기록에서는 선기옥형을 서기전 2284년부터 서기전 2224년 사이에 천자(天子)로 있었던 순임금 때 제작한 것으로 되는데, 서기전 2267년에 도산회의(塗山會議)를 주관하러 가던 태자 부루가 번한(番韓)의 수도이던 험독(險瀆)에서 반 달 간 민정(民情)을 청문(聽聞)을 할 때, 천자(天子) 순(舜)이 진한(眞韓) 태자 부루를 알현하고 홍수와 치수에 관한 보고를 하면서 이때 단군조선과 시월(時月) 및 율도량형(律度量衡)을 맞춘 것이 되는바, 역법(曆法)은 협의하여 사용 즉 협용(協用)하는 것으로서 당연히 단군조선의 역법과 통일한 것이 된다.

천자(天子) 순(舜)이 단군조선의 역법과 통일하기 이전에는 서기전 2357년에 당요(唐堯)가 배달나라의 질서를 배반하여, 이복형 제지(帝摯)를 쳐서 멸하고 스스로 제왕(帝王)이라 참칭하며 당(唐)을 세우고, 오행망설(五行妄說)을 주장하면서, 배달나라 역법인 태양태음성력(太陽太陰星曆)을 폐기하고 명협(蓂莢)이라는 풀에 의지한 순수한 음력을 사용하여 왔던 것이 된다.

윷놀이판의 역법의 원리는 북극성을 중심으로 북두칠성이 1일(日)을 운행하는 기본적인 모습을 평면에 나타내고 이를 지구가 북극을 중심으로 자전(自轉)하는 모습과 지구가 태양을 중심으로 공전(公轉)하는 모습으로 연역하여 사방(四方)으로 주기를 나누어 1기(期), 1년(年)을 나타낸 것이 되며, 선기옥형의 역법의 원리 또한

---

198) 전게 단군조선 47대, 62쪽 참조
199) 전게 한단고기 〈단군세기〉, 80~81쪽 참조
200) 전게 한단고기 〈단군세기〉, 95쪽 참조

북극성과 북두칠성을 기준으로 하여 지구, 28수, 태양과의 관계를 입체적으로 나타낸 것이 되는데, 모두 천부경(天符經)의 원리가 적용되어 만들어진 것으로 된다.

나. 농공상(農工商) 문화

단군조선 시대는 이미 벼농사를 지었으며 농사와 관련된 제도가 정비되어 있었고, 곡식을 담는 그릇을 제작하였으며, 시장을 열어 교역하여 물자를 필요에 따라 나눠쓰게 하였다.

(1) 정전법(井田法)

단군조선 시대에 농사짓는 땅을 나누어 백성들과 군후들에게 일정한 법에 따라 배분해 주었는데 기본적으로 정전법이 된다. 중앙과 팔방으로 정(井)자 형태로 땅을 나누고 팔방의 땅은 팔방에 사는 백성들이 각자 농사를 짓고 중앙의 땅은 공동 생산하여 세금을 납부하도록 하는 제도이다.

정전법에 의하면 세율(稅率)은 1/9로서 약 11%가 되는데 지금의 부가가치세 10%와 거의 같다.

이후 서기전 1993년에는 1/20의 세율로 변경하였으며[201], 서기전 1661년에는 1/80의 세율로 변경하였는데[202], 이로써 중앙조정(中央朝廷)은 스스로 검소함을 실천하였던 것이며, 진정 백성을 위한 세법이 아닐 수 없는 것이다.

(2) 구정도(丘井圖)

구정도는 정전법(井田법)의 시행을 위하여 땅을 그린 도면(圖面)으로서 지적도

---

201) 전게 한단고기 〈단군세기〉, 79쪽 참조
202) 전게 한단고기 〈단군세기〉, 91~92쪽 참조

(地籍圖)에 해당하는 것이 되는데, 이미 단군조선 초기에 구정도를 만들었다.203)

(3) 벼농사

단군조선 초기부터 이미 벼농사를 지은 것으로 기록되고 있는데, 이로써 배달나라 시대에 이미 벼농사를 지었던 것으로 된다.

서울대 박물관이 경기도 김포군 가현리 일대 김포평야에서 1987년 채집한 쌀을 방사성 탄소측정한 결과 4000년전인 서기전 2100년 전의 것으로 판명됐다는 발표를 한 바 있고, 한국선사문화연구소, 단국대 박물관, 경기도 토지개발공사가 1989년에 경기도 고양군 일산읍 일산리 신도시개발지역에서 3200~4400년 전(서기전 2500~서기전 1200)의 토탄층에서 볍씨를 발굴한 바 있는데, 서기전 2500에서 서기전 1200까지는 배달나라 말기에서 단군조선 전기 시대가 된다.

서기전 2333년경 단군왕검 천제께서 천범 8조의 가르침을 내릴 때, 그 가르침 중에는 벼에 비유하여 가르친 내용이 있는 바204), 단군조선 초기는 물론 배달나라 시대에 벼농사를 지었던 것이 틀림없는 것이 된다.

천범 8조의 제8조는,

> 너희들이 만약 벼밭에 불을 놓아 벼가 모두 사라진다면 신인(神人)이 진노할 것이고, 너희들이 비록 두껍게 감싼다 하여도 그 냄새가 반드시 샐 것이니, 너희들은 본성을 공경스럽게 지녀서 사악함을 품지 말고 악함을 숨기지 말고 재앙을 감추지 말 것이며, 마음으로 지극히 하늘을 공경하고 백성들을 가까이 하면, 이에 복록이 무궁할 것이니, 너희 오가들은 따를 지어다

---

203) 전게 한단고기 〈단군세기〉, 65쪽 참조
204) 전게 한단고기 〈단군세기〉, 58쪽 참조

라고 가르치고 있다.

서기전 2183년에 제2대 부루 천왕께서 붕어하시니, 백성들은 집안에 땅을 골라 제단(祭壇)을 설치하고 질그릇에 벼와 곡식을 가득 담아 단위에 올려 놓았으며, 이를 부루단지라(扶婁壇地)고 부르고 업신(業神)으로 삼았다 하고[205], 서기전 1992년 제8대 우서한 천왕 시절에 풍년이 들어 벼 한포기에 여덟 개의 이삭이 맺혔다라고 기록되고 있으며[206], 특히 황충(메뚜기)이 휩쓸었다[207]는 등 벼농사와 관련된 많은 기록을 남기고 있다.

앞에서 발굴된 볍씨는 단군조선시대에 이미 벼농사를 짓고 있었다는 증거가 됨에 충분한 것이 된다. 한편, 위 볍씨는 한반도에서 발굴된 것이고, 단군조선의 영토는 만주, 시베리아, 한반도, 산동반도, 회대지방, 황하부근, 또는 티벳에 이르기까지 걸쳐 있었으므로 벼농사를 지은 것은 명백한 역사적 사실이 된다.

(4) 누에치기 – 치잠(治蠶)

서기전 2333년경 단군왕검 천제의 비(妃)이신 비서갑(斐西岬) 하백녀(河伯女) 신후(神后)께서 누에치기를 맡아 백성들에게 가르치셨다.[208] 이로써, 단군조선 시대에 이미 명주(明紬) 옷을 지어 입었던 것이 된다.

(5) 칡(葛)을 식량으로 이용하다

포도 등 나무열매를 채집하여 식량으로 이용한 것은 물론, 벼농사를 지어 곡식을 수확하였으며, 영양분인 칡뿌리를 캐서 식량으로 삼았다.

---

205) 전게 한단고기 〈단군세기〉, 65쪽 참조
206) 전게 한단고기 〈단군세기〉, 79쪽 참조
207) 전게 한단고기 〈단군세기〉, 72, 109쪽 참조
208) 전게 한단고기 〈단군세기〉, 58~59쪽 참조

포도가 식량으로 된 계기는 서기전 10000년경 마고성(麻姑城) 시대에 지유(地乳)의 부족으로 일어난 오미(五味)의 난으로 인한 것이라 기록되고 있는데[209], 아마도 그 이전까지는 양(羊)이나 소(牛) 등의 젖을 식량으로 삼았으나 인구증가로 인하여 한계에 달하여 마고성의 성벽에 심겨진 포도열매를 따먹기 시작하면서 마고성이 황폐화 되었던 것이고, 이에 마고성을 나가 사방으로 이동하여 분거를 하였던 것이 된다.

이 사방분거 시에 마고의 장손이던 황궁씨(黃穹氏)가 칡을 식량으로 삼는 방법을 가르쳤다. 포도는 피를 탁하게 하지만 칡은 피를 맑게 하는 작용을 하는데, 황궁씨가 육체는 물론 정신 건강을 위하여 칡을 권장한 것이 된다.

단군왕검 천제(天帝)는 칡뿌리를 많이 복용하고 이슬을 많이 마시어 몸에 털이 길게 났으며 100년 사이에 각 지역을 방문하여 가지 아니한 곳이 없었다라고 기록되고 있다.

(6) 그릇

그릇 굽는 법은 이미 배달나라 시대에도 있었으며, 단군조선 초기에 그릇 굽는 법을 백성들에게 가르쳤던 것이다.

서기전 2183년에 제2대 부루 천왕께서 돌아가시자 백성들이 집집마다 제단을 만들어 그릇에 곡식을 담아 단에 올려놓으니 이를 부루단지(扶婁壇地)라 하였는바[210], 이러한 부루단지 풍습은 지금까지도 전해지고 있다.

다. 시장과 교역

단군조선 시대에 시장과 교역 제도로서 조시(朝市)와 해시(海市)와 신시(神市)가

---

209) 전게 부도지, 28~29쪽 참조
210) 전게 한단고기 〈단군세기〉, 65쪽 참조

있었다. 조시는 육지에, 해시는 진(津)과 포(浦) 즉 바다물가에 둔 시장(市場)이며, 신시는 매 10년마다 연 국제적인 교역행사지(交易行事地)가 된다.

예(澧)와 양(陽)이 교차하는 중심지에 조시(朝市)를 설치하고 팔택(八澤)에 해시(海市)를 열어 매년 10월에 조제(朝祭)를 행하니 사해의 제족이 모두 지방 특산물을 바쳤다. 산악의 제족은 사슴과 양을 바치고, 해양 제족은 물고기와 조개를 바쳤는데 이를 조선제(朝鮮祭)라 하였다. 언제나 세제(歲祭) 때에는 물화(物貨)가 폭주하였으며, 교역의 법을 시행하였다.[211]

한웅(桓雄)이 배달나라를 세우고 신시(神市)를 열어 사해제족(四海諸族)과 더불어 홍익인간의 이념을 실현하였던 것이며, 단군조선 또한 매 10년마다 신시(神市)를 열어 사해제족을 초청하여 정치적 종교적 가르침을 펴고 물물을 교역하였던 것이며, 나라 안에는 조시(朝市)와 해시(海市)를 열고 매년 10월에는 소도제천(蘇塗祭天) 행사와 더불어 조제(朝祭)를 열어 육지생산물과 해산물을 서로 교역하게 함으로써 물자가 풍족하게 하여 경제적으로 홍익인간의 이념을 실현하였던 것이 된다.

라. 화폐문화

서기전 2133년에 원공패전(圓孔貝錢)을 주조(鑄造)하였으며, 서기전 1680년에는 자모전(子母錢)을 주조하였고, 서기전 1426년의 패엽전(貝葉錢)을 주조하였으며, 서기전 643년에는 방공전(方孔錢)을 주조하였다.

특히, 단군조선 영역에서 출토되는 소위 명도전(明刀錢)은 서기전 1680년경에 발행이 시작된 자모전(子母錢)에 해당하는데, 이는 서기전 2181년에 정립된 가림토 38자 또는 그 외 가림토 글자의 자음(子音)과 모음(母音)으로 이루어진 글자가 새겨진 도폐(刀幣)인 것이며, 소위 연제조(燕齊趙)의 도폐라는 것은 역사적으로 단군조선의 도폐를 흉내 낸 것에 불과한 것이 된다.

---

211) 전게 부도지, 52~54쪽 참조

(1) 원공패전(圓孔貝錢)

서기전 2133년에 주조한 원공패전은 단순히 둥근 구멍이 뚫린 조개가 아니라 조개모양의 주조(鑄造)된 화폐를 말한다.[212] 주조(鑄造)란 쇠를 부어 만든 것으로 즉 구리(銅)나 철(鐵) 또는 구리와 철 등의 합금을 불로 녹여서 모양을 만든 것이 된다.

그리하여 원공패전은 역사기록상 처음으로 나타나는 조개모양의 주조화폐로서, 구리(銅)나 청동(靑銅)으로 만든 것이 될 것이다.

(2) 자모전(子母錢)

서기전 1680년에 주조한 자모전(子母錢)[213]은 자전(子錢)과 모전(母錢)을 가리키는 것이 아니라, 자음(子音)과 모음(母音)의 글자를 새긴 화폐라는 의미가 된다.

즉, 서기전 2181년에 정립된 소리글자인 가림토 38자는 자음과 모음으로 이루어지는데, 이와 같은 소리글자의 자음과 모음을 화폐에 새겨 넣은 것이 곧 자모전(子母錢)이 되는 것이다. 이를 증명하는 화폐가 곧 소위 명도전(明刀錢)인데, 명도전은 칼(刀) 모양의 화폐로서 앞면에 명(明)이란 글자가 새겨져 있고, 뒷면에는 각각 당시 단군조선에서 사용되던 수많은 글자들이 새겨져 있다.

배달나라 때부터 쓰여 온 상형문자 중 ㄱ 등의 소리와 일치하는 소위 상음문자(象音文字)가 있어, 서기전 2181년에 소리글자인 가림토 38자로 정선(精選)된 것이며, 서기전 1680년에 주조된 자모전(子母錢)에 가림토의 자음과 모음으로 이루어진 글자를 새겨 넣은 것이 되고, 이후 줄곧 주조발행(鑄造發行)되어 소위 명도전(明刀錢)이라 불리게 되는 화폐가 등장하게 되는 것이다.

특히, 명도전에 새겨진 글자 중에서 닥종이(닥죠희)로 읽히는 글자가 있는데, 닥종이(한지, 韓紙)는 서기전 1420년에 발명되었는바, 이 글자가 새겨진 명도전은 일

---

212) 전게 한단고기 〈단군세기〉, 70~71쪽 참조
213) 전게 단군조선 47대, 105쪽 참조

단 서기전 1420년 이후에 주조(鑄造)된 것이 된다.

서기전 1680년 자모전(子母錢)이 주조된 후, 필요에 따라 수시로 주조발행된 것이 되고, 소위 첨수도(尖首刀), 침수도(針首刀)는 시기적으로 명도전(明刀錢) 이전에 주조된 것이 되는데, 중국학자들은 첨수도를 서기전 770년부터 시작되는 춘추시대에, 명도전을 서기전 403년부터 시작되는 전국시대에 주조발행된 것으로 보나, 실제로는 모두 단군조선에서 주조발행된 화폐로서, 새겨진 글자의 형태로 보면 명도전만 하더라도 춘추시대 훨씬 이전이 되는 서기전 1680년경부터 출현한 것이 된다.

첨수도와 침수도는 자음과 모음으로 읽히는 글자와 순수한 상형문자로 보이는 글자도 있어 서기전 1680년 이전부터 발행되어 온 것이 될 것이고, 명도전은 순수한 상형문자라기보다는 거의 가림토에 해당하는 자음과 모음으로 이루어진 글자가 새겨져 있어 서기전 1680년 이후에 주조된 것으로 되는 것이다.

중국기록에서도 일본에는 한자(漢字) 이전에 문자가 있었다는 취지로 기록하고 있는데, 그 문자가 바로 신대문자(神代文字)로서 단군조선의 가림토(加臨土)임이 틀림없는 것이며, 소위 일본역사에서

명도전(출처 : 국립중앙박물관)

신대(神代)는 서기전 660년에 왕이 된 신무(神武) 이전시기로서, 신무왕 선대가 단군조선의 추장(酋長)이나 제후(諸侯)였던 시기가 된다.

명도전 이전의 첨수도와 침수도가 단군조선의 화폐였음을 중국학자들 스스로 인정하고 있다. 즉, 첨수도와 침수도는 명도전 이전의 화폐로서 중국학자들이 흉노(匈奴), 산융(山戎) 등의 화폐라고 함으로써 단군조선의 도전(刀錢)임을 스스로 인정하고 있는 것이다. 그러나 이는 소위 명도전(明刀錢)이나 첨수도 이후에 발행된

도전(刀錢)을 연제조(燕齊趙)의 화폐임을 내비치려는 의도가 있는 것이 된다.

그리하여 명도전보다 이전에 주조된 것이 되는 첨수도와 침수도에 새겨진 글자는 소위 은(殷)나라 갑골문(甲骨文)과도 유사한 면이 있는데, 곧 단군조선의 상형문자가 되는 것이다. 한편, 소위 명도전에 새겨진 글자는 상형표의 문자, 상형-표음 문자, 표음문자 등으로 나눌 수 있는데, 시기적으로 글자가 상형문자에서 표음문자로 변형되어 발전되는 단계를 단적으로 보여주는 것이 된다.

첨수도, 침수도, 명도전에 새겨진 글자는 주조될 당시에 사용되고 있던 단군조선의 문자로서, 이들 도전들은 과연 단어사전(單語辭典)의 역할을 한다고 할 수 있겠다. 도전을 주주하던 형틀이 마련되어 있어 수시로 발행한 것이 되고, 현재 유물로 출토되는 첨수도, 명도전은 대체적으로 서기전 500년경 이전에 주조된 것으로 추정된다.

(3) 패엽전

서기전 1426년에 주조된 패엽전(貝葉錢)은 조개모양이면서 잎사귀모양이 되는 화폐가 되는데[214], 서기전 2133년에 주조된 원공패전보다는 펴진 모습으로 넙적한 모양이 된다. 후대에 소위 엽전이라는 말은 여기서 유래되는 것이 된다.

출토되는 유물로 패엽전은 나타나지 않고 있는데, 자모전(子母錢)처럼 학폐에 글자를 새겼을 것이나 철전(鐵錢)이어서 부식이 잘되어 유물로 출토되지 아니하는 것일 수도 있겠다.

(4) 방공전

서기전 642년에는 방공전(方孔錢)을 주조하였는데, 네모 모양의 구멍이 뚫린 화

---

214) 전계 단군조선 47대, 127쪽 참조

폐가 된다.215)

철로 만든 화폐인 철전(鐵錢) 중에서 특히 명월전(明月錢)이라 불리는 화폐는 서기전 642년경 이후에 주조된 단군조선의 방공전이 된다. 대체적으로 후대에 주조된 것으로서 철전이었을 패엽전보다는 부식이 상대적으로 되지 않아 유물로 출토되는 것으로 보인다.

후대에 소위 엽전이라 불리는 화폐의 모양이 대체적으로 둥근 모습에 네모 모양의 구멍이 뚫린 것이 되는데, 이는 패엽전과 방공전의 모양이 혼합된 것으로 된다.

(5) 단군조선 화폐와 주나라 연제조(燕齊趙)의 도전(刀錢)

역사적으로 보면, 단군조선은 서기전 2133년에 원공패전을 시작으로 하여, 도폐(刀幣)가 되는 소위 첨수도와 명도전은 자모전(子母錢)으로서 서기전 1680년부터 발행된 것으로 되고, 패엽전이 서기전 1420년부터 발행된 것이 되며, 방공전이 되는 소위 명월전은 서기전 643년경부터 주조발행된 것이 된다.

이에 반하여, 서기전 1122년에 시작된 주(周) 나라는 방족포(方足布) 등을 주조하였으며 각 제후국들에 유통된 것이 되고, 이후 주나라의 제후국인 제(齊)나라에서 주조된 도폐(刀幣)인 제법화(齊法化), 제지법화(齊之法化)는 제나라가 왕을 칭한 서기전 334년경 이후에 발행된 것이 되며, 안이지법화(安易之法化)는 서기전 319년경에 발행된 것이 되고, 연(燕)나라 도폐는 연나라 세력이 강해진 연소왕 시대가 되는 서기전 312년경 이후에 발행된 것이 되며, 제나라 도폐인 제반이시결신지법화(齊返易始結信之法化)는 제나라가 다시 세력이 강해진 서기전 279년경에 발행된 것이 되고 이후 제반이결신지법화(齊返易結信之法化)가 발행된 것으로 된다.

다만, 결정적으로 도폐에 명(明)이라 새겨진 것은, 주나라 제후국이었던 연제조(燕齊趙)의 화폐가 아니라, 해달(朝) 또는 밝달(明月)의 나라인 단군조선(檀君朝鮮)

---

215) 전게 단군조선 47대, 188쪽 참조

에서 직접 주조하여 발행한 단군조선의 화폐가 된다는 사실이다. 왜냐하면 명(明)이라는 글자는 해와 달을 나타내는 조(朝)에서 파생되어 나온 글자로서 곧 단군조선을 가리키는 상징어이기 때문이다. 즉, 조(朝)는 아침 해와 달이 나란히 있는 상형(象形) 문자이며, 명(明)은 해와 달을 함께 쓴 회의(會意) 문자인 것으로, 명(明)은 곧 조(朝)라는 글자에서 햇살이 비치는 해(//o//)를 나타내는 앞 글자 중에서 햇살이 생략된 o(해)가 일(日)로 변형된 글자가 되는 것이다.

마. 조세제도

단군조선 시대의 조세제도에 관한 상세한 내용은 알 수 없으나, 세율에 관한 기록이 있어 당시에 시행되었던 조세제도가 백성을 위한 것임을 알 수 있게 된다.

백성으로부터 거두어들이는 세금은 가장 기본적인 것이며, 군후국(君侯國)들이 중앙조정에 바치는 세금도 일률적으로 일반 백성들이 내는 세율과 같았는지 알 수 없으나, 별도로 일정한 세율이 적용되었을 수도 있다.

단군조선의 기본 조세제도는 정전법(井田法)에 따른 1/9의 세율이 된다. 이 정전법은 서기전 1122년에 시작되는 고대중국의 주(周) 나라 시대의 조세제도로도 기록되고 있는데, 우물 정(井)의 모양으로 농지를 나누어 8방의 백성들이 농사짓게 하고 중앙의 1에 해당하는 땅은 공동으로 농사를 짓게 하여 그 생산물을 세금조로 내게 하는 것이다. 1/9의 세율은 약 11%에 해당하는 것이 되어 지금의 부가가치세 10%나 기독교에서 헌금을 내는 십일조(1/10:10%)와 유사한 세율이 된다.

그런데, 단군조선은 홍익인간을 실현하는 나라로서 백성들의 삶의 행복을 우선시하였으므로, 서기전 1993년 제8대 우서한(于西翰) 천왕이 1/20의 세율로 세금을 내도록하는 법을 정하였다. 이로써, 있는 곳과 없는 곳이 서로 부족한 것을 보충하도록 하였던 것이다. 1/20의 세율은 5%에 해당하여 1/9나 십일조에 비하면 파격적인 세율이 된다.

더 나아가 서기전 1661년에 제15대 대음(代音) 천왕은 1/80의 세율로 세금을 내도록 정하였다. 1/80의 세율은 1/20의 세율의 1/4에 해당하는 바, 1.25%에 해당하여 아마도 인류역사상 전무후무한 세율이 아닌가 한다.

바. 조선(造船)의 역사

배를 만드는 역사는 이미 배달나라 시대부터 있었던 것이 된다. 단군조선 시대에는 배 만드는 조선소를 건립하여 배를 만든 것으로 기록되고 있다. 서기전 2131년에 배 만드는 곳을 살수(薩水)에 설치하였다.[216] 이때 마한(馬韓)에서는 장정 30인을 파견하여 살수에서 배를 만들도록 하였다.[217] 살수는 단군조선의 진한(眞韓) 땅에 속하는 지금의 요동반도에 남쪽으로 흐르는 강이 되는데, 지금의 압록강과 지금의 요하 사이에 있는 것이 되며, 지금의 요동반도 남쪽의 바다를 단군조선 시대에는 진한의 남해안(南海岸)이라 한 것이 된다.

서기전 1846년에는 송화강 기슭에 작청(作廳)을 세워 배와 배에 관련된 물건을 만들게 하였는데[218], 이러한 물건들이 크게 유행되었다. 배에 관련된 물건은 노, 돛 등이 된다. 이때 이외에도 기후천문관측기, 전쟁무기, 악기, 생활용구 등 많은 발명품들이 만들어졌다. 서기전 1410년에도 송화강 남쪽 기슭에 조선소를 세웠다고 한다.[219]

배를 이용한 역사기록으로, 서기전 667년에 협야후 배반명이 마한에서 전선 500척을 이끌고 지금의 일본 땅인 삼도로 가서 반란을 진압하였다[220]라는 기록이 있는데, 전선500척이면 최소한 5,000명 이상이 타고 간 것이 될 것이다.

또, 서기전 426년에 융안의 우화충이 일으킨 반란 때에 제43대 물리 천왕이 배를

---

216) 전게 한단고기 〈단군세기〉, 70~71쪽 참조
217) 전게 한단고기 〈태백일사/삼한관경본기, 마한세가 상〉, 206~207쪽 참조
218) 전게 한단고기 〈단군세기〉, 84~85쪽 참조
219) 전게 단군조선 47대, 128쪽 참조
220) 전게 한단고기 〈태백일사/삼한관경본기, 마한세가 하〉, 215쪽 참조

타고 도피하였으며[221], 서기전 194년에 번조선왕 기준(箕準)이 위만(衛滿)의 속임으로 나라를 빼앗기로 배를 타고 지금의 한반도 땅인 마한(馬韓) 땅으로 피한 역사가 있다.[222]

사. 구휼법(救恤法) 실시

홍익인간 시대인 단군조선 시대에 구휼법이 시행되고 있었다. 서기전 2333년경 단군왕검 천제(天帝)께서 백성들에게 내린 천범(天範) 8조와 참전계경(參佺戒經)에도 있듯이 빈궁하거나 경제적 어려움에 처한 사람들을 구제하는 구휼법이 있었던 것이다.

단군조선 시대에 구휼법을 시행한 대표적인 예로, 서기전 1660년에 홍수가 크게 일어나 민가가 크게 해를 입었는데, 이때 제15대 대음(代音) 천왕은 곡식을 창해사수(蒼海蛇水)의 땅으로 옮겨 백성들에게 고루 나누어 주었던 일을 들 수 있다.[223] 즉, 이때 홍수가 일어난 곳은 창해사수의 땅이 되고, 다른 지역에 있던 곡식을 창해사수의 땅으로 가져와 백성들에게 골고루 나누어 준 것이 된다. 창해사수가 정확히 어디에 있는 곳인지 불명이나, 창해(蒼海)로 볼 수 있는 곳은 지금의 발해만, 산동반도 동쪽 바다, 지금의 동해가 되는데, 창해사수의 땅은 백두산의 동쪽으로 동해(東海)에 가까운 두만강, 우수리강 지역이 될 것이다.

또, 서기전 990년에는 큰 가뭄의 끝에 큰 비가 내려 백성들이 수확이 없게 되었는데, 제27대 두밀 천왕이 명을 내려 창고를 열어 널리 나누어 주도록 한 역사도 있다.[224]

---

221) 전게 한단고기 〈단군세기〉, 113~114쪽 참조
222) 전게 한단고기 〈북부여기 상〉, 129~130쪽 참조
223) 전게 한단고기 〈단군세기〉, 91~92쪽 참조
224) 전게 한단고기 〈단군세기〉, 104~105쪽 참조

이처럼 백성들이 홍수나 가뭄 등의 천재지변으로 곤궁에 처하였을 때 나라에서 주도적으로 곡식을 나누어 주어 구휼하였던 것이 된다.

아. 생활용품 발명

단군조선 시대에 절구(臼), 띠풀지붕[225], 한지(韓紙), 칡옷, 지남차(指南車), 목행마(木行馬), 석고(石鼓) 악기 등의 생활용품 등이 많이 발명되었다.

곡식을 찧는 절구(臼)와 띠풀(茅)로 지붕을 만들게 한 사람은 고려 왕씨의 선대가 되는 일토산(一土山) 사람 왕조명(王朝明)인데, 왕조명은 서기전 1879년경 사람으로서 황제헌원(黃帝軒轅)의 17세손이라 전하고, 왕수긍(王受兢)의 약 20대조가 된다. (殷)은 기자(箕子)의 사사(士師)이던 왕수긍은 서기전 1122년경 사람이며, 왕수긍의 약 7세손으로서 상형문자인 부예(符隸)와 이두법(吏讀法)을 정리한 왕문(王文)은 서기전 925년경 사람이고, 신라시대 차무일(車無一:왕림)은 왕조명의 54대손이 된다.

고려 왕씨의 본향인 일토산(一土山)은 평양(平壤)이라고 하는데, 단군조선 시대와 북부여 시대의 평양은 해성(海城)으로 심양(瀋陽:장당경)의 남쪽에 위치한다. 한편, 현재의 평양은 단군조선 마한(馬韓)의 수도인 백아강(白牙岡)이며 달지국(達支國)이 있던 땅이다.

절구(臼)는 서기전 1879년에 왕조명이 박(泊)땅의 민장(民長)이 되어 다스리면서 발명한 것으로 곡식을 빻는 나무로 만든 기구인데[226], 단군조선의 화폐가 되는 소위 명도전에 절구 모양과 절구라고 읽히는 글자가 새겨져 있기도 하다. 그리하여 이 절구라는 글자는 소위 명도전이 주조될 당시에 사용되고 있던 글자가 된다.

띠풀은 띠(茅)를 말하며 서기전 7197년경에 파미르고원의 마고성(麻姑城)에서

---

225) 띠풀은 삘기이다. 사투리로 핏기, 피끼라고도 한다.
226) 전게 단군조선 47대, 83~84쪽 참조

사방분거할 당시에, 마고의 장손이던 황궁씨(黃穹氏)가 마고(麻姑)에게 복본(複本)의 맹서를 하며 사죄(謝罪)를 올릴 때 사용한 풀로서 제사의식(祭祀儀式)에 사용된다. 서기전 1879년에 왕조명이 백성들에게 띠풀을 뽑아 지붕을 이게 하는 법을 가르쳤던 것이 된다.[227]

한지(韓紙)는 우리 고유의 종이로서 닥나무 껍질로 제조한다. 서기전 1420년에 공장을 세우고 닥종이를 만들었다[228] 하니 이미 한지제조법이 정립되어 있었던 것이 된다. 후한 시대 채륜이 종이를 발명하였다는 역사는 종이제조법을 내놓은 것에 불과하며, 이러한 종이제조법의 원천은 단군조선 시대부터 이미 있었던 것이 된다.

칡옷(葛衣)은 칡의 줄기 껍질로 만든 옷이 되는데, 칡의 껍질을 벗겨 부드럽게 한 후 잘게 실을 뽑아 베를 짜서 만든 옷이 된다. 삼베옷을 만드는 원리와 같다고 보면 될 것이다. 서기전 1420년에 칡껍질로 베를 짠 옷을 입기 시작하였다.[229]

지남차(指南車)는 서기전 1391년에 황운갑(黃雲甲)이라는 사람이 발명하였다 하는데[230], 지남철(指南鐵) 즉 자석(磁石)을 이용하여 진행방향을 알 수 있도록 만든 수레가 된다. 물론 서기전 2698년경 이후에 황제헌원이 치우천왕과 전쟁할 때 지남차를 전쟁용구로 제작한 것으로 전하는데, 연전연패하던 황제헌원이 전투 중에 불리할 때 도망할 방향을 잡기 위하여 창안한 것이 될 것이다.

목행마(木行馬)는 나무로써 말 모양을 만들어 걷거나 움직이도록 만든 것이 되며, 서기전 1391년에 황운갑(黃雲甲)이라는 사람이 발명하였다 하는데, 약 450년 전인 서기전 1846년에 이미 목류마(木流馬)라는 발명품이 만들어지기도 하였다.[231] 정확히 어떤 원리에 의하여 걷게 만든 것인지는 불명이나, 목마 내부에 사람

---

227) 전계 단군조선 47대, 83~84쪽 참조
228) 전계 단군조선 47대, 127쪽 참조
229) 전계 단군조선 47대, 127쪽 참조
230) 전계 단군조선 47대, 128쪽 참조
231) 전계 단군조선 47대, 84~86쪽 참조

이 힘을 가하여 바퀴를 굴리거나 걷도록 만든 장치가 있는 것이 된다. 역사상 지중해 연안에서 벌어졌던 트로이 목마 전쟁은 서기전 1100년경에 있었던 것이 되는데, 단군조선에서 등장한 목마보다는 약 300년 또는 약 750년 뒤가 된다.

964년에 탁암(卓岩)이 만들었다는 석고(石鼓)는 돌로 만든 악기로서 편경(編磬)의 일종이 될 것이다.[232] 단군조선 초기인 부루 천왕 시절에 어아가(於阿歌)가 있었으며, 단군조선 시대에 천웅(天雄)의 악(樂)을 연주하였다 하는 바, 청동으로 만든 방울(鈴), 소가죽으로 만든 북(鼓), 대나무 등으로 만든 피리(音), 돌로 만든 악기 등 여러 종류의 악기들이 이미 있었던 것이 된다.

자. 만국박람회(萬國博覽會)

단군조선이 건국된 지 약 500년이 흐른 서기전 1864년에 지금의 박람회와 같이 장소를 마련하여 각 지역의 생산물들을 모아 열람케 하였는데[233], 천하(天下)의 열국(列國)들이 모여들어 진열된 것이 산과 같이 많았다고 기록되고 있다. 이 만국박람회는 단군조선 시대에 매 10년마다 열었다는 신시(神市)와도 관련된다.

차. 과학발명 대회와 수상(受賞) 발명품

서기전 1846년에 송화강(松花江) 가에 작청(作廳)을 설치하여 배와 각종 기계를 만들었는데, 여기에서 상(賞)을 받은 발명품으로는 양우계(量雨計), 측풍계(測風計), 자행륜차(自行輪車), 경기구(輕氣球), 자발뇌차(自發雷車), 천문경(天文鏡), 조담경(照膽鏡), 구석편(驅石鞭), 자명종(自鳴鐘), 경중누기(輕重漏器), 연적(涓滴), 발뇌동용기(發雷動舂器), 소금(素琴), 천리상응기(千里相應器), 목류마(木流馬), 진천뢰(震天雷), 어풍승천기(御風昇天機), 흡기잠수선(吸氣潛水船), 측천기

---

232) 전게 단군조선 47대, 158쪽 참조
233) 전게 한단고기 〈단군세기〉, 84~85쪽 참조

(測天機), 양해기(量海機), 양청계(量晴計), 측우기(測雨機), 측한계(測寒計), 측서계(測暑計), 황룡선(黃龍船), 양수기(揚水機) 등이 있었다라고 기록하고 있다.[234] 후대의 역사 속에 등장하는 과학 기구기계들은 이미 있었던 제작법에 관한 기록이나 전수되던 것을 참작하여 재현하여 발전시킨 것일 가능성이 많은 것이 된다.

특히 양우계, 측우기, 양수기, 진천뢰, 천문경, 자명종, 소금(거문고종류) 등은 눈과 귀에 익은 것들이다. 신라시대 박제상(朴堤上)이 지었다는 징심록(澄心錄)에도 물명지(物名誌)라는 책이름이 있어 그러한 발명품들이 역사적 사실임을 충분히 추론할 수 있는 것이며, 특히 신라시대의 거칠부소사(居漆夫小史)에도 위 과학발명품들에 관한 사실이 기록되어 있다고 한다.

양우계(量雨計)는 비가 내리는 양을 측정하고, 측풍계(測風計)는 바람의 방향이나 풍량을 측정하며, 자행륜차(自行輪車)는 지금의 자전거와 같은 원리로 만들어진 것이 될 것이고, 경기구(輕氣球)는 공기를 이용하여 하늘로 오르는 장치이며, 자발뇌차(自發雷車)는 자동으로 폭발하는 장치를 만든 전차(戰車)가 될 것이고, 천문경(天文鏡)은 하늘을 관찰하는 망원경과 같은 원리로 만든 것이 될 것이며, 조담경(照膽鏡)은 인체내부를 관찰하는 기구로서 지금의 내시경(內視鏡)이나 청진기(聽診器)와 같은 원리가 될 것이다.

또, 구석편(驅石鞭)은 돌을 멀리까지 날리는 장치가 되고, 자명종(自鳴鐘)은 저절로 울리게 만든 종이나 시계가 될 것이며, 경중누기(輕重漏器)는 물이 새도록 만든 물시계 장치로 보이고, 연적(涓滴)은 붓글씨를 쓰는 데 필요한 물을 공급하는 그릇이며, 발뇌동용기(發雷動舂器)는 폭발장치를 하여 만든 방아 찧는 장치가 된다.

또, 소금(素琴)은 거문고의 일종이며, 천리상응기(千里相應器)는 거리를 측정하는 장치가 되고, 목류마(木流馬)는 나무로써 말 모양으로 만들어 걷도록 만든 장치가 되며, 진천뢰(震天雷)는 폭발음을 내는 폭탄이 될 것이고, 어풍승천기(御風昇天

---

234) 전게 단군조선 47대, 84~86쪽 참조

機)는 바람을 이용하여 하늘을 나는 장치가 되며, 흡기잠수선(吸氣潛水船)은 물속을 오랫동안 잠수할 수 있는 배가 될 것이고, 측천기(測天機)는 날씨나 기후를 측정하는 장치가 될 것이며, 양해기(量海機)는 바닷물의 변화를 측정하는 장치가 될 것이다.

또, 양청계(量晴計)는 날씨가 맑은 정도를 측정하는 장치가 될 것이고, 측우기(測雨機)는 양우계처럼 비가 내리는 정도를 측정하는 장치가 될 것이며, 측한계(測寒計)와 측서계(測暑計)는 추운 정도와 더운 정도를 측정하는 즉 온도측정 장치가 될 것이고, 황룡선(黃龍船)은 배의 일종이 되며, 양수기(揚水機)는 물을 퍼 올리는 장치로서 논에 물을 대거나 바다부근에서 바닷물을 끌어다 소금을 만들 때 쓰는 양수기가 될 것이다.

이러한 발명품이 나온 지 200년이 지난 서기전 1652년에 약수(弱水)에서 고유(膏油)를 채취하였다 하는 바, 여기 고유는 지금의 원유(原油) 즉 석유(石油)가 되는데, 아마도 이미 200년 전에 발명되었던 양수기(揚水機)나 양수기의 원리로 만든 장치로서 땅속 깊숙이 있는 고유를 퍼 올려서 채취하였을 가능성도 있는 것이 된다.

그리하여, 고대중국의 기록에서 만약 양수기나, 석유를 채취하는 기계에 대한 기록이 있다면, 이는 단군조선과 고대중국의 교류관계로 보아 필시 단군조선에도 이미 있었을 가능성이 많다는 결론이 된다.

땅의 표면이 다른 곳과 달라서 조사를 하여 보니 석유(石油: 原油)였다면, 당연히 그 연유를 알아보았을 것이고, 그것에 전담연구자를 두어 석유를 채취하는 기계를 만들도록 하였을 가능성이 충분히 있는 것인데, 즉 지금의 시추기계와 같은 장치를 제작하여 사용하였다는 결론이 나온다. 전혀 불가능하였던 것은 아니라 할 것이다.

카. 광물채취

서기전 1935년에 발해의 연안에서 금덩이가 13섬이나 나왔다.[235]

서기전 1652년에 금, 철, 고유(膏油)를 채취하였다.[236] 물론 구리나 철을 채취하여 물건이나 무기를 만든 역사는 동철기(銅鐵期) 시대가 되는 서기전 3897년에 건국된 배달나라 초기부터 등장한다. 제련술이 간단한 것부터 복잡한 것으로 발전한 것을 염두에 두면 금(金)을 이용한 역사는 배달나라 시대보다 훨씬 이전이 될 것인데, 마고성(麻姑城) 시대인 서기전 10000년경 이전에 이미 오금(烏金)으로 귀걸이를 하고 다녔다는 기록이 있는 사실로도 알 수 있는 것이 된다.

서기전 2133년에 원공패전(圓孔貝錢)이라는 화폐를 주조하고, 서기전 1680년에 자모전(子母錢)을 주조하고, 서기전 1426년에 패엽전(貝葉錢)을 주조하고, 서기전 643년에 방공전(方孔錢)을 주조하였다는 역사만 보더라도 단군조선 시대에 구리나 철을 채취하여 용품을 만드는 기술이 상당히 발달되어 있었다는 것을 충분히 알 수 있게 된다.

타. 특산물(特産物)

단군조선 시대에 세 종류의 특산물이 있었는데, 바로 인삼과 잣과 옥이다.237)

인삼을 삼근영초(三根靈草), 영주해삼(瀛州海蔘))이라 하고, 잣을 오엽서실(五葉瑞實), 봉래해송(蓬萊海松)이라 하며, 옥을 칠색보옥(七色寶玉), 방장해인(方丈海印)이라 한다. 인삼은 3, 잣은 5, 옥은 7의 수를 각각 상징하는 것이 되는데, 3은 천지인(天地人), 5는 오행(五行), 7은 일월오행성(日月五行星) 즉 음양오행(陰陽五行) 또는 북두칠성(北斗七星)을 상징하는 숫자가 된다.

이 세 가지 특산물이 금강(金剛)의 장부(臟府)에 뿌리를 내려 두루 가득한 땅에 임검씨(壬儉氏:단군왕검)가 부도(符都)를 건설하였다 하며, 삼근영초의 인삼(人蔘)과 오엽서실의 백자(栢子:잣)와 칠색보옥의 부인(符印)은 진실로 불함삼역(不咸三

---

235) 전계 한단고기 〈단군세기〉, 80~81쪽 참조
236) 전계 한단고기 〈단군세기〉, 92쪽 참조
237) 전계 부도지, 45~55쪽 참조

域)의 특산(特産)이요 사해제족(四海諸族)의 천혜(天惠)였다라고 기록되고 있다.

영주(瀛州), 봉래(蓬萊), 방장(方丈)이라는 산은, 바다 가운데 있으며, 쑥이 많이 나고, 네모로 제단을 만든 산이라는 의미가 되는데, 한편으로는 삼신산(三神山)인 태백산(백두산)을 다른 이름으로 나누어 부르는 이름이 되고, 또 한편으로는 태백 산에서 갈라져 나온 세 군데의 산을 가리키는 것이 되기도 한다. 즉, 인삼이 나고 쑥 이 자라며 제천단이 있는 마한, 진한, 번한의 산들을 모두 지칭하는 것이 된다.

부도(符都)는 천부(天符)의 도읍(都邑)이라는 뜻으로서 곧 단군조선의 수도를 가 리키는 것이 되고, 불함삼역(不咸三域)은 곧 단군조선의 진한(眞韓), 마한(馬韓), 번한(番韓)의 세 땅을 가리키는 것이 된다.

(1) 인삼(人蔘)

인삼은 삼근령초(三根靈草), 삼령근(三靈 根), 영주해삼(瀛州海蔘), 방삭초(方朔草), 불사 약(不死藥) 등으로 불린다.

신라시대 박제상이 지은 부도지(符都誌)에서 는 인삼에 대하여 "40세(歲)를 1기(期)로 휴면 (休眠)하고, 13기를 1삭(朔)으로 축정(蓄精)하 고, 4삭을 경과하여 씨(子)를 맺어 화(化)하니

인삼(人蔘), 산삼(山蔘)

이를 방삭초(方朔草)라 하며 세상에서 불사약(不死藥)이라 한다"라고 적고 있다. 여기서 인삼의 효능이 발휘되는 재배기간이 나온다.

즉, 40세의 세(歲)는 여기서 1년 단위를 의미하는 것이 아니라, 하루 즉 해가 뜨고 지는 기간인 日을 가리키는 것이 되며, 따라서 1기(期)는 40일(日)이 되고, 또 13기 (期)는 520일이 되며, 또 4삭(朔)은 총 2,080일(日)로서 약 5.7년이 되어 곧 약 6년 이 된다. 그리하여 인삼이 효능이 발휘되려면 최소한 6년근(年根)이 되어야 한다는 것이 된다.

한편, 세(歲)는 나이로서 1년을 의미하게 되는데, 우리말의 한살 두살이라고 말할 때의 "살"과 원래 같은 어원을 가지는 말이 된다. 고대중국의 하(夏)나라가 1년(年)을 세(歲)라 하였다.

이미 단군조선 초기에 인삼이 효능을 가지려면 얼마 동안 자라야 하는지 또는 그 재배법을 알고 있었던 것이 된다. 최소한 6년근을 만들기 위하여 그만한 기간에 공을 들인다는 뜻이다.

삼근령초(三根靈草) 또는 삼령근(三靈根)은 세 갈래로 갈라진 형태인 영험스런 뿌리라는 의미이다. 인삼(人蔘)은 사람 특히 남자의 모습처럼 생겼으므로 이름이 붙여진 것이 된다.

영주해삼(瀛州海蔘)이라는 말은 바다 속에 있는 땅 즉 영주(瀛州) 땅에 나는 해삼(海蔘)이라는 것이다. 여기서 영주(瀛州)라는 땅은 바다에 둘러싸여 있음을 나타내는 것이 되는데, 곧 삼신산(三神山)이 되는 태백산(太白山)인 백두산(白頭山)을 기준으로 하여 남으로 압록강과 두만강의 남쪽에 위치하고 삼면이 바다로 접하고 있는 한반도 지역을 주로 가리키는 것이 된다.

소위 삼신산(三神山)이라 함은 삼신(三神)의 산(山)이라는 말인데, 삼(三)개의 신산(神山)이란 뜻으로 영주산(瀛州山), 봉래산(蓬萊山), 방장산(方丈山)으로 나누어 부르기도 하는 것이 된다.

(2) 잣(栢子)

잣을 오엽서실(五葉瑞實)이라 하는데, 즉 다섯 개의 잎이 있는 상스러운 나무의 열매라는 뜻이 된다. 또한 잣나무(栢:柏)를 봉래해송(蓬萊海松)이라고 하는데, 곧 봉래산의 소나무라는 뜻이며, 바다로 둘러싸인 지역에 있는 것을 나타내는 것이 된다.

즉 봉래산(蓬萊山)은 쑥(蓬:艾)이 자라는 소위 삼신산(三神山)의 한 명칭으로서 태백산(太白山)인 백두산(白頭山)을 달리 부르는 이름이 되며, 봉래해송은 곧 백두산을 기준으로 하여 바닷가에 가까운 곳에 자라는 잣나무가 되는 것이다. 물론 백두산 남쪽의 한반도를 포함하는 것이 될 것이다.

잣나무(柏:栢:朝鮮松)은 영어 학명으로 한국 소나무(Korean Pine Tree)이며, 잣나무의 씨앗 즉 열매인 잣을 백자(柏子)라 한다. 잣이 단군조선 시대의 삼대 특산물로 기록되는 것으로 보아 잣의 효능도 인삼처럼 이미 단군조선 때부터 인정된 것이 된다.

나라에 벼슬의 직급에 제후의 명칭이 있듯이 나무에도 제후의 명칭에 해당하는 것이 있는데, 곧 소나무는 나무(木)의 공(公)작이라는 의미로서 송(松)이며, 잣나무는 나무(木)의 백(伯)작이라는 의미로서 백(柏)이 된다.

(3) 옥(玉)

단군조선 시대의 3대 특산물의 하나인 옥은 칠색보옥(七色寶玉)으로 불리며, 여기에 천부(天符)를 새겨 방장해인(方丈海印)이라 불렀다.

홍산옥기

방장해인(方丈海印)이라는 말은 방장산 (方丈山)에서 캐어낸 칠색보옥(七色寶玉)(玉)에다 천부(天符)를 새긴 부인(符印)이라는 뜻이며, 바다로 둘러싸인 지역에 나는 것을 나타낸다.

즉, 방장산(方丈山)은 소위 삼신산(三神山)의 한 명칭이며, 칠색보옥은 삼신산 (三神山)이 되는 태백산(太白山)인 백두산(白頭山)을 기준으로 하여 바다에 가까운 곳에 있는 광산에서 캐어낸 옥(玉)이 된다. 물론 한반도를 포함한 지역이 될 것이다.

인삼과 잣과 옥은 지금으로 보아도 특산물임에 틀림없는 것이 된다. 한국산 인삼 (人蔘)이 가장 특효가 있는 것으로 보아 그러하고, 잣나무가 한국 소나무라는 학명 (學名)을 보더라도 그러하며, 단군조선의 영역에 속하였던 지금의 요하(遼河)지역이 되는 소위 요하문명지역에서 서기전 6200년경부터 만들어진 것으로 보이는 옥

누에, 옥도장 등 수많은 옥(玉) 제품이 출토된 사실과 현재 춘천옥(春川玉), 봉화옥이 유명한 것으로 보아도 명백한 사실로 드러난다.

파. 식목행사(植木行事)

단군조선 시대에는 특히 종교적 행사를 통한 식목행사를 벌였다. 물론 홍수를 예방하거나 치수를 하기 위하여 식목을 한 것은 당연할 것이다.

서기전 1891년에는 12명산(名山)을 택하여 국선소도(國仙蘇塗)를 설치하고 박달나무를 심었으며, 그 중에서 가장 큰 나무를 골라 한웅상(桓雄像:웅상)으로 모시고 제사를 지냈다.[238]

서기전 1763년에 소도(蘇塗)를 많이 설치하고 천지화(天指花)를 심었는데[239], 여기서 천지화는 곧 소도(蘇塗)나 제단(祭壇)의 꽃나무가 되는 한화(桓花)인 무궁화(無窮花)가 된다. 단군조선 시대의 국자랑(國子郞) 즉 화랑(花郞:천왕랑)들이 한화(桓花)인 천지화(天指花)를 머리에 꽂았으므로 천지화랑(天指花郞)이라 하였다.

한화(桓花)는 하늘의 광명(밝)의 꽃이라는 의미를 가지며, 천지화는 하늘을 가리키는 꽃이라는 의미인데, 서로 상통하는 명칭이 된다. 한화 즉 무궁화는 하루하루 해(太陽)를 따라 피었다 저녁이면 지고 아침이면 새로이 피는 꽃인데, 나날이 새로워지는 일신일일신우일신(日新日日新又日新)의 의미를 가지는 꽃이 된다.

서기전 1583년에 불렀다는 애한가(愛桓歌)라 불리는 노래는 산유화(山有花)라는 가사가 있는데, 당시 식목행사에 무궁화를 많이 심은 것이 된다.[240] 애한가는 다음과 같다.

---

238) 전계 한단고기 〈단군세기〉, 81~82쪽 참조
239) 전계 한단고기 〈단군세기〉, 89쪽 참조
240) 전계 한단고기 〈단군세기〉, 93쪽 참조

산에 꽃이 있네, 산에 꽃이 있네.

지난해에 만 그루 심고, 올해도 만 그루 심네.

봄이 오니 불함에 꽃이 만발하여 붉네.

천신을 섬기며 태평을 즐기네.

(山有花 山有花 去年種萬樹 今年種萬樹 春來不咸 花萬紅 有事天神 樂太平)

하. 풍속(風俗)

(1) 편발(編髮)

서기전 2238년 9월에 제2대 부루(扶婁) 천왕께서 조서를 내려 백성들로 하여금 편발(編髮)을 하여 머리를 덮도록 하고 푸른 옷을 입도록 하였다.[241] 편발은 머리카락을 땋아 늘어뜨리는 머리형태이다.

(2) 고시례(高矢禮)[242]

음식을 먹기 전에 음식을 조금 덜어 땅에다 뿌리면서 "고시례"라 하며 주문(呪文)을 외우는 의식은 배달나라 시대에 농사담당이던 고시씨(高矢氏) 혹은 고시례(高矢禮)께 농사법을 가르쳐 준 데 대한 감사를 표하는 것이 되는데, 단군조선 시대에도 고시씨가 농사담당이었는 바, 후대에까지 전통풍속으로 내려온 것이 된다.

(3) 부루단지(扶婁壇地)

서기전 2183년에 제2대 부루(扶婁) 천왕께서 돌아가시자 백성들이 집 안에 터를

---

241) 전게 한단고기 〈단군세기〉, 64~65쪽 참조
242) 고수레

골라 제단을 만들고 곡식을 담은 질그릇243)을 올려놓았던 것에서 연유하여 부루단지라고 불렸는데244), 지금까지도 부루단지 풍습이 전해지고 있다.

(4) 댕기(檀旂)

서기전 2241년 3월 15일에 단군왕검 천제(天帝)께서 돌아가시니 백성들이 마치 부모님이 돌아가신 듯 단기(檀旂)를 받들어 모시고 아침저녁으로 함께 경배하며 마음속에서 잊지 못하였는데245), 여기서 단기(檀旂)는 천지인(天地人)을 상징하는 빨강, 파랑, 노랑의 천연색 깃발을 가리키는 것이며, 단기의 축소형이 머리를 묶는 삼색(三色)의 댕기인데 단기가 변음이 되어 댕기가 된 것이다.

(5) 어아가(於阿歌)

배달나라 이후로 하늘에 제사를 지낼 때마다 백성들이 크게 모여 함께 부르던 노래를 어아가(於阿歌)라 하는데, 조상들의 은덕에 감사하는 노래이며, 재세이화 홍익인간을 지향하는 노래이다. 서기전 2240년 부루 천왕 때에도 어아가를 불렀으며, 고구려 광개토호태황 때도 병사들이 불렀다. 어아가의 가사는 다음과 같다.246)

어아어아 우리 대조신(大祖神) 큰 은덕 배달나라, 우리 모두 백백천천 잊지마세!
어아어아 착한 마음 큰 활되고, 악한 마음 과녁이네, 우리 백백천천인 모두 큰 활줄
같은 착한 마음, 곧은 화살 한 마음 같네!
어아어아 우리 백백천천인 모두 큰 활 하나, 무리지은 많은 과녁 뚫어 부수니, 끓는
물 같은 착한 마음 속, 한 덩이 눈 같은 악한 마음이네!

---

243) 흙으로 구운 그릇, 흙그릇
244) 전게 한단고기 〈단군세기〉, 65쪽 참조
245) 전게 한단고기 〈단군세기〉, 61쪽 참조
246) 전게 한단고기 〈단군세기〉, 63쪽 및 〈태백일사/고구려국본기〉, 265~266쪽 참조

어아어아 우리 백백천천인 모두 큰 활 굳고 굳은 같은 마음, 배달나라 광영일세, 백백천천년 큰 은덕 우리 대조신 우리 대조신!

(於阿於阿 我等大祖神 大恩德 倍達國 我等皆 百百千千 勿忘
於阿於阿 善心大弓成 惡心矢的成 我等百百千千人皆 大弓絃同善心直矢一心同
於阿於阿 我等百百千千人皆大弓一 衆多矢的 貫破 水沸湯同善心中一塊雪惡心
於阿於阿 我等百百千千人皆 大弓堅勁同心 倍達國光榮 百百千千年 大恩德 我等大祖神 我等大祖神)

(6) 천웅악(天雄樂)

하늘에 제를 올릴 때 천웅(天雄)의 악(樂)을 연주하였으며[247], 이때 어아가를 함께 부른 것으로 된다. 천웅의 악을 연주하는 악기로는 피리(笛), 방울(鈴), 북(鼓), 긴 북(長鼓), 쇠북(鐘:징, 꽹과리), 돌북(石鼓) 등의 천음(天音)을 내는 것들이 될 것이며, 천성(天性:본성)을 상징하는 거울을 앞세우고, 천권(天權)을 상징하는 칼이나 창으로 호위한 것이 될 것이다.

(7) 민요(民謠)

하늘에 제사를 올릴 때 백성들이 함께 부르던 노래가 어아가(於阿歌)이며, 한화(桓花) 즉 무궁화를 심을 때 부르던 노래가 애한가(愛桓歌)이며, 삼신(三神)에게 제(祭)를 올리는 제천단(祭天壇)을 축조할 때 부르던 노래가 삼신단봉축가(三神壇奉築歌)이다. 또, 풍년이 들어 백성들이 기뻐하면 부르던 노래가 도리가(獻歌)이다.

---

247) 전계 부도지, 49~50쪽 및 전계 한단고기 〈북부여기 하〉, 136~137쪽 및 〈태백일사/고구려국본기〉, 265~270쪽 참조

서기전 1130년에 번한(番韓) 임나(任那)가 제25대 솔나(率那) 천왕의 조서를 받아 천단(天壇)을 설치하고 삼신(三神)께 제를 지내며 백성들과 둥글게 모여 북치며 노래하던 삼신단봉축가는 다음과 같다.[248]

정성으로 천단을 쌓고, 삼신께 축수하세 (精誠乙奴 天壇築爲古 三神主其 祝壽爲世)!
황운을 축수함이어, 만만세로다 (皇運乙 祝壽爲未於 萬萬歲魯多)!
만인을 돌아봄이여, 풍년을 즐거워하도다 (萬民乙 睹羅保美御 豊年乙 叱居越爲度多)!"

서기전 795년 제34대 오루문(奧婁門) 천왕 때 오곡이 풍성하게 익어 백성들이 기뻐하며 도리가를 지어 불렀다.[249] 이 도리가는 아래와 같다.

하늘에는 아침해 솟아, 밝은 빛으로 비추어 빛나고,
나라에는 거룩한 분 계시어, 덕의 가르침은 널리 퍼지네!
큰 땅 나라 우리 배달, 거룩한 조정(朝廷)으로,
많고 많은 사람마다, 가혹한 정치 보지 못하네!
빛나게 밝게 노래하며 길이길이 태평하리!

(天有朝暾 明光照耀 國有聖人 德敎廣被 大邑國我倍達聖朝 多多人不見苛政 熙皞歌之 長太平)

도리가는 "드리 노래"라는 소리를 나타낸 이두식 표기로서, 드리는 노래, 바치는

---

248) 전게 한단고기 〈태백일사/삼한관경본기〉, 223~224쪽 참조
249) 전게 한단고기 〈단군세기〉, 108~109쪽 참조

노래 즉 헌가(獻歌)를 가리킨다. 도리가는 공수(貢壽), 공수(供授), 두열(頭列), 조리(朝離), 주리(侏離), 도솔(都率) 등으로 불리는데, 모두 "바침, 받드리, 드리"라는 말을 나타낸 이두식 표기가 된다.

(8) 아리랑 연원 문제

아리랑이라는 노래는 그 정확한 연원이 현재까지 불명인데, 노래가사의 내용으로 보아, 서기전 2333년 10월 3일에 조선을 개국하기 이전에 단군왕검(檀君王儉)이 당요(唐堯)가 일으킨 전란(戰亂)을 피하여 동북의 아사달로 이동할 때 수많은 산고개와 강을 건너게 되었는데, 이때 뒤 따라가다 더 이상 가지 못하고 뒤에 처졌던 어떤 백성이 덕치(德治)를 베풀던 단군왕검을 그리며 불렀던 노래가 최초의 아리랑이 되었으며, 이후 노래가 사라지지 않고 점점 백성들 사이에 퍼져갔던 것이 되고, 서기전 238년 단군조선이 망한 후 서기전 209년경 진(秦)나라의 혼란기와 겹쳐 이후 단군조선 유민의 대이동이 일어나 한반도에까지 전해져 지금의 민요로 정착화되고 한편으로는 만주지역으로 전파되어 전승된 것으로 보인다.

거. 천문지리(天文地理) 관측관찰

단군세기(檀君世紀)에 기록된 단군조선의 천문지리에 관한 관측관찰 기록은 극히 일부분으로서 대표적인 경우로 이해된다. 특히 일식(日蝕)이나 오성취루(五星聚婁) 현상은 주기적 천문현상으로서 연대기적 계산이 가능한 것으로 되는데, 다만, 음력(陰曆)으로 계산하여 그 기록의 정확성을 검증해야 하는 점을 염두에 두어야 한다.

서기전 2183년에 일식(日蝕)이 있었다.[250] 달에 의한 일식은 달이 해와 지구의

---

250) 전계 한단고기 〈단군세기〉, 65쪽 참조

중간에 일직선으로 들어 달이 해를 가리는 현상이다. 즉, 일식은 지구가 자전축이 기울어진 상태에서 태양의 주위를 도는 공전(公轉)과 달이 지구의 주위를 도는 공전으로 인하여, 태양, 달, 지구의 순으로 일직선에 놓이는 경우에 나타난다. 달이 태양을 완전히 가리는 경우를 개기일식(皆旣日蝕)이라 하는데 실제로는 약 8분 이내에 끝난다. 또, 달이 태양을 완전히 가리지 못하고 달의 둘레를 따라 태양의 가장자리가 보이는 일식은 금환일식(金環日蝕)이라 한다. 반면, 월식은 달이 지구에 의하여 가려질 때 일어나므로 보름에만 일어나는 것이 되는데 개기월식의 시간은 약 100분 정도 되며 전체 월식은 약 3.5시간에 이른다.

지구가 태양을 공전하는 주기는 약 365일로서 공전속도는 초속 약 29.85킬로미터이며, 달이 지구를 공전하는 주기는 약 29.5일로 공전속도는 초속 약 947미터이고, 지구가 자전하는 주기는 약 24시간으로 자전속도는 초속 약 465미터이며, 달이 자전하는 주기는 공전주기와 같아 약 29.5일로 자전속도는 초속 약 8.56미터가 된다. 지구와 달의 공전 괘도를 고려하면 일식, 개기일식, 금환일식 등의 주기를 계산할 수 있을 것이다. 대략적으로 일식은 1년에 2~5차례 정도 일어나며, 월식은 일어날 때도 있고 없을 때도 있으며, 1년에 보통 2차례로 1~3차례 발생한다.

서기전 1985년에 두 개의 태양이 나란히 나왔다(兩日竝出)[251]. 실제로 태양이 두 개가 나타난 단순한 천문현상이라고 보기보다는, 최고의 왕(王)으로서 두 명이 출현한 정치적 상황을 비유적으로 표현한 것이거나, 실제로 태양으로 보이는 혜성(彗星) 등이 출현하거나, 한 개의 태양이 개기일식으로 완전히 사라졌다가 다시 나타난 천문현상을 기록한 것일 가능성도 있는 것으로 이해된다.

서기전 1733년에 오성취루(五星聚婁) 즉 오성(五星)이 루성(婁星)에 모였다.[252] 오성은 수화목금토(水火木金土)의 오행성(五行星)을 가리키며, 루(婁)라는

---

251) 전게 한단고기 〈단군세기〉, 79~80쪽 참조
252) 전게 한단고기 〈단군세기〉, 89쪽 참조

별은 28수(宿) 중의 서방(西方)에 위치한 규(奎), 루(婁), 위(胃), 묘(昴), 필(畢), 자(觜), 삼(參)의 7개 별 중에서 루(婁)를 가리키는 것이 된다. 즉, 오성취루란 수화목금토의 오행성이 모두 루성 쪽으로 모여든 현상을 가리키는 것이다. 이 천문현상을 연대기적으로 계산하면 정확한 연대를 알 수 있을 것이며, 서기전 1733년이라는 연대가 정확한지 아닌지 증명될 수 있을 것이다.

서기전 1370년 가을에 하얀 태양이 무지개를 뚫었다(白日貫虹).[253] 태양이 무지개 자리를 지나갔다는 것인데, 원래 무지개는 사람이 태양을 등진 채로 사람의 앞에 있는 공기 중의 수분이 태양광을 산란시켜 일어나는 현상이므로, 태양이 무지개를 그냥 둔 채 뚫고 지나가는 현상은 과학적으로 있을 수 없는 현상이 된다. 그래서 태양이 무지개를 뚫었다는 말은, 무지개가 하늘을 가로질러 생겼다가 태양이 그 무지개의 중간자리를 지나갔다라고 해석하는 것이 타당할 것이다.

서기전 1276년에 누런 안개(黃霧)가 끼었다.[254] 누런 안개는 지금으로 말하면 황사(黃砂) 현상을 가리키는 것이 된다. 단군조선 땅으로 보면 서쪽으로 모래사막이 있는 내몽골지역과 내몽골의 서쪽으로 고비사막이 있는 바, 황사현상이 일어날 가능성은 충분히 있는 것이 된다.

서기전 936년 여름에 지진(地震)이 있었다.[255] 정확이 어느 지역에서 일어난 지진인지는 불명이나 진한(眞韓) 땅에 일어난 것으로 되는데, 지진의 진원지로 가능성이 높은 곳은 백두산 지역, 육지가 함몰하는 발해만 지역, 육지가 상승하는 동해안 지역이 될 것이나, 진한 지역에 속한 곳이라 보면 백두산 지역이나 백두산의 동쪽으로서 연해주의 동해안이 될 것이다.

서기전 935년에 남해(南海)의 조수(潮水)가 3척이나 물러갔다.[256] 여기서 남해

253) 전계 한단고기 〈단군세기〉, 96쪽 참조
254) 전계 단군조선 47대, 137쪽 참조
255) 전계 한단고기 〈단군세기〉, 105쪽 참조
256) 전계 한단고기 〈단군세기〉, 105쪽 참조

는 진한(眞韓)의 남해이므로 지금의 요동반도 남쪽 바다가 되는데, 당시 바닷물이 3척 즉 약 1미터 정도 물러간 것이 되는 바, 단순한 주기적으로 일어나는 썰물현상이 아니라 빙하의 증가 등 어떠한 기상이변으로 인한 것으로 보인다.

서기전 786년에 두개의 해가 나란히 뜨더니(兩日竝出) 마침내 누런 안개(黃霧)가 사방에 그득하였다.[257] 여기서 두 개의 해는 원래 있는 태양과 태양처럼 빛나는 혜성(彗星)이 나타난 것으로 보이며, 황사현상이 일어났던 것으로 될 것이다.

서기전 248년 10월 초하루에 일식(日蝕)이 있었다.[258] 단군조선 시대에 마지막으로 기록된 천문현상이 된다. 서기전 2183년에 일어난 일식으로부터 1945년째에 일어난 일식이 되는데 그 사이에 수차례의 일식이 있었던 것이 될 것이다. 물론 일식은 낮 시간에 일어나는 것이므로 위도(緯度)와 경도(經度)에 따라 달리 나타나게 되어 다른 지역에서는 일식현상이 없을 수도 있는 것이 된다.

너. 편찬(編纂) 사업

단군조선 시대에는 책력, 역사, 지도를 편찬하거나 제작하였는데, 서기전 2229년에는 구정도(丘井圖)와 칠회력(七回曆)을 만들어 배포(配布)하고, 서기전 2180년에 배달류기(倍達留記)가 편찬되었으며, 서기전 2096년에는 책력(冊曆)을 편찬하였고, 서기전 1382년에는 주천력(周天曆)과 팔괘상중론(八卦相重論)이 지어졌으며, 서기전 1341년에는 구한(九桓)지도가 제작되었다.

(1) 책력(冊曆)

서기전 2229년에 배포된 칠회력(七回曆)[259]은 계해(癸亥)를 머리로 하여 만든

---

257) 전게 한단고기 〈단군세기〉, 109쪽 참조
258) 전게 단군조선 47대, 219쪽 참조
259) 전게 한단고기 〈단군세기〉, 65쪽 참조

칠회제신력(七回祭神曆)이라는 책력(冊曆)이며, 서기전 2096년에 만들어진 책력은 갑자(甲子)를 머리로 한 역법(曆法)이 된다.[260] 서기전 1382년에 지어진 주천력(周天曆)도 역법이 되는데[261], 칠회력과 어떻게 다르고 같은지 불명인 바, 아마도 윷놀이판에 나타나는 역법(曆法)의 원리와 같이 28수(宿)를 배치시키거나 태호복희팔괘역의 원리를 반영하여 지구의 자전(自轉)과 공전(公轉) 및 달(月)과 오행성(五行星)의 운행(運行)을 부가하여 그림으로 그린 책력이 아닌가 추정되기도 한다.

(2) 역사편찬(歷史編纂)

서기전 2180년에 배달류기(倍達留記)가 편찬되었는바[262], 단군조선 초기에 지어진 것으로서 그 기록의 대상이 되는 역사는 단군조선 초기보다는 그 이전이 되는 배달나라 시대가 될 것이다.

배달류기라는 용어가 과연 역사적으로 정확한 명칭인지는 불명인데. 배달(倍達)이라는 명칭과 檀(단)이라는 명칭 또는 박달(朴達) 및 백달(白達)이라는 명칭 중에서 어느 명칭이 역사상 가장 먼저 출현한 것인지가 문제된다. 물론 배달(倍達)이라는 말은 백달(白達)이라는 글자를 읽는 소리에서 변음된 것으로 보이는 바, 檀(단)이라는 글자가 가장 먼저 출현한 것이라면 배달류기의 배달(倍達)은 단(檀)의 대체자(代替字)가 될 것이다.

(3) 지도제작

단군조선 시대에 정전법(井田法) 실행을 위하여 구정도(丘井圖)가 제작된 것이 되며[263], 단군조선의 전 영역으로 확대실시하기 위하여 이에 따라 구한(九桓)지도

---

260) 전계 한단고기 〈단군세기〉, 72쪽 참조
261) 전계 한단고기 〈단군세기〉, 95쪽 참조
262) 전계 한단고기 〈단군세기〉, 68쪽 참조

와 구정도가 필요한 것이 되는데, 구한지도에는 단군조선의 삼한관경과 삼한관경 외의 구족을 모두 포함하는 지역이 들어가는 것이 된다.

더. 금석문(金石文)

단군조선 시대에는 이미 문자가 사용되고 있었는바, 금판이나 돌, 청동 등에 글자를 새긴 역사를 가지고 있다.

(1) 삼일신고 청석본

서기전 2333년경에 단군왕검 천제(天帝)께서 무리들에게 삼일신고(三一神誥)를 강연하실 때, 당시 문자담당이던 신지씨(神誌氏)가 동해(東海)에서 고시씨(高矢氏)가 캐어 온 청석(靑石)에다 삼일신고를 새겼던 것인 바, 이를 삼일신고 청석본(靑石本) 또는 석본(石本)이라 한다. 또, 서기전 1122년 은(殷)나라가 망할 때 은왕족 기자가 주나라의 신하가 되지 아니하고 서기전 1120년에 단군조선으로 망명하였는바, 이때 기자는 사사(士師)이던 왕수긍(王受兢)에게 부탁하여 삼일신고를 단목판(檀木板)에 새기게 하여 읽었는데, 이를 삼일신고 단목본(檀木本) 또는 단본(檀本)이라 한다.264)

(2) 금간옥첩(金簡玉牒)

소위 금간옥첩이란 불리는 책은 서기전 2267년에 단군조선의 사자이던 태자 부루(太子扶婁)께서 주관한 도산회의(塗山會議)에서 우순(虞舜)의 신하 사공(司空) 우(禹)에게 오행치수법(五行治水法)을 전수할 때 건네 준 것인데265), 글자대로 풀

---

264) 대진국 제3대 문황제의 삼일신고봉장기 참조
265) 전게 한단고기 〈태백일사/삼한관경본기, 번한세가 상〉, 218~219쪽 참조

이하여 보면 금판과 옥판에 글자를 새겨 놓은 것이 된다.

단군조선 시대에는 배달나라 시대부터 내려온 상형문자(象形文字)가 있었으며, 서기전 2181년에는 소리글자인 가림토(加臨土) 38자가 정선되었는데, 서기전 2267년의 도산회의 때에는 가림토 38자가 정립되기 이전이므로, 소위 금간옥첩에 새겨진 글자는 가림토 38자가 아닌 상형문자임이 틀림없는 것이 된다. 그 새겨진 글자가 어떤 형태였는지는 불명이나, 배달나라 시대에 있었던 서체(書體)로는 녹서(鹿書), 용서(龍書), 화서(花書), 우서(雨書), 과두문(蝌蚪文), 조족문(鳥足文) 등이 있었으니 이들 서체 중의 하나일 것이다.

(3) 치수기념비(治水記念碑)

치수에는 치산이 뒤 따르는 바, 치산치수에는 자(尺), 직각자(曲尺:矩) 또는 원을 그리는 자(規) 등이 사용되었다.

서기전 2284년에 단군조선의 우수주(牛首州)에 대홍수가 일어나 풍백(風伯) 팽우(彭虞)가 치수를 잘 하여 백성들에게 피해가 없었으며, 이에 우수주에 치수기념비를 세웠다.266) 우수주는 속말(粟末)이라는 강이 있는 지역으로서 지금의 송화강(松花江)과 우수리(牛首里)강 지역이 될 것이다.

송화강과 우수리가 곧 속말 즉 소머리(牛首)로서 소므르, 소물(牛水)이 되며, 송화강은 우수리강과 함께 흑룡강(아무르강)에 합류하는 강이 된다. 여기서 흑룡강의 흑룡(黑龍)이 곧 아무르이며, 아무르는 흐므르(검므르)에서 변음된 것으로 보인다.267)

또, 서기전 2267년에 개최된 도산회의에서 태자 부루로부터 치수에 관한 전권(專權)을 부여받은 사공(司空) 우(禹)가 결국 치수에 성공하게 되었는데, 이에 우

---

266) 전게 한단고기 〈단군세기〉, 58~59쪽 참조
267) 黑의 훈독은 검, 음독은 흑인데 흑이 검의 변음으로 보인다.

(禹)는 양자강(楊子江) 남쪽에 있는 남악(南嶽) 형산(衡山)에 치수기념비를 세웠는바, 이 치수기념비는 태자 부루의 공덕을 새긴 비(碑)이기고 하며, 그 새겨진 글자의 형태가 과두문(蝌蚪文)이 된다.

우(禹)가 세운 치수기념비의 비문[268]을 명(明)나라 때 양신(楊愼)이라는 학자가 해독(解讀)하였는데 그 글을 해석(解釋)하면 아래와 같다.

임금께서 여러 좌우의 대신들에게 말씀한 바대로, 물이 차 섬이 되어버린 모든 곳을 돌아다니고, 새와 짐승들이 드나드는 곳에 오르기도 하였도다! 온몸으로 직접 홍수를 체험하면서 밝게 펴 일으켰도다! 오랫동안 돌아다니며 집을 잊었고, 악록산을 뜰 삼아 잠을 자기도 하였도다! 슬기롭게 수행하며 만들기도 하고 부수기도 하였지만, 그러나 마음은 심히 새롭게 되지 못하였도다! 마음의 평정을 구하기 위하여 화악태형(華岳泰衡)으로 갔으나, 산마루는 트였으되 일은 이루어지지 않고 쇠퇴하였도다! 신(神)에게 제사 올리기에 힘쓰니, 막힌 것과 어두움이 사라지고, 남독의 범람이 걷혀지고, 옷가지가 갖추어지고 먹을 것이 마련되었도다! 온 나라가 평안하고, 백성들이 춤추는 시대여 영원하여라!

(楊愼禹碑釋文 : 承帝日咨, 翼輔佐卿° 洲諸與登, 鳥獸之門° 參身洪流, 而明發爾興° 久旅忘家, 宿嶽麓庭° 智營形折, 心罔弗辰° 往求平定, 華岳泰衡° 宗疏事衰, 勞余神禋° 鬱塞昏徙° 南瀆愆亨° 衣制食備, 萬國其寧, 竄舞永奔°)

(4) 삼일신고비(三一神誥碑)

서기전 2225년에 마한(馬韓) 불여래(弗如來)가 남산(南山)에 삼일신고비를 세

---

268) 서기전 2267년경부터 서기전 2247년경 사이에 세운 것이 되는 우 치수기념비에 새겨진 비문을 정확히 해석하려면 역사적 배경을 완전히 이해하여야만 가능하게 된다. 소위 과두문을 완전히 해독할 수 있어야만 또한 가능하다. 연구대상이다.

웠다.269) 여기서 남산은 단군조선 시대의 마한 땅의 수도였던 백아강(白牙岡)의 남산이므로 지금의 평양(平壤) 지역에 있는 남산이 된다.

삼일신고(三一神誥)는 삼일신(三一神) 즉 삼신(三神)이자 일신(一神:天神)의 가르침으로서 모두 366자로 이루어져 있는데, 무한(無限) 창조적(創造的) 진화(進化)의 순환역(循環易)을 가르치고 있는 천부경(天符經)을 철학적(哲學的)으로, 신교적(神敎的)으로, 도학적(道學的)으로 연역(演繹)하여 가르침을 주는 것이 된다.

(5) 조야별기(朝野別記) 석비(石碑)

서기전 2133년 10월에 조정(朝廷)과 백성(百姓)의 구별을 돌에 새겨 써서 백성들에게 널리 알렸다.270)

나라를 다스리는 중앙조정과 생업에 종사하며 다스림을 받고 나라로부터 보호를 받는 일반 백성들의 할 일이 각각 있는 바, 조정(朝廷)으로서의 할 일과 백성으로서의 할 일을 구별하여 널리 알려서 그 맡은 직분(職分)을 다하도록 한 것이 된다.

(6) 순수관경비(巡狩管境碑)

서기전 1833년 8월에 요하(遼河)의 왼쪽에 순수관경비를 세웠다.271) 여기서 요하는 단군조선 시대의 소위 요수(遼水)로서 최소한 요하의 동쪽은 번한(番韓) 땅이 되는데, 서기 250년경까지 지금의 북경(北京)을 끼고 흐르는 영정하(永定河)가 대요수(大遼水)였는바, 이 영정하가 된다. 그리하여 여기 순수관경비는 지금의 영정하 동쪽으로 번한 땅의 서쪽에 세워진 것이 되는 것이다.

한편, 단군조선의 군국(君國)이 되는 고죽국(孤竹國)은 서기전 2267년경에 지금

---

269) 전계 한단고기 〈태백일사/삼한관경본기, 205쪽 참조
270) 전계 한단고기 〈단군세기〉, 70~71쪽 참조
271) 전계 한단고기 〈단군세기〉, 85~86쪽 참조

의 북경과 천진을 중심으로 하여 봉해진 나라가 되는데, 만약 천왕이 고죽국의 땅에 순수관경비를 세웠던 것이라면 고죽국의 서쪽 경계가 요수가 되는 강이 있었던 것이 되는데, 지금의 천진 부근을 흐르는 탁수(涿水)가 당시의 요수(遼水)였을 가능성을 배제할 수는 없는 것이 된다.

즉, 서기전 2301년에 요수(遼水)는 지금의 영정하가 되고, 서기전 2267년 이후에는 요수가 지금의 탁수(涿水)가 되었을 가능성도 있다는 것이다. 한편, 고죽국의 수도는 무체성(無棣城)이라고 하는 바, 제(齊)나라 땅이던 곳에 갈석산(碣石山)이 있고 무체라는 지명이 있어 고죽국의 영역이 지금의 산동지역에까지 걸쳤던 것으로도 보인다. 그래서 후대에 나타나는 래이(萊夷), 즉묵(即墨), 절묵(節墨)의 땅이 고죽국 땅이었을 가능성도 있는 것이 된다.

순수관경비는 임금이 순행(巡行)하여 사냥을 하면서 영역(領域)을 관리하는 차원에서 세운 비를 가리킨다.

(7) 열성군한(列聖群汗) 공적비(功績碑)

서기전 1634년에 태백산에 비석을 세워 열성(列聖:천왕)과 군한(群汗:군후)들의 공적을 새겼다.[272] 여기서 태백산은 단군조선 삼한관경의 중앙이 되는 지금의 백두산을 가리키는 것이 된다. 열성은 역대 단군 천왕(天王)을 가리키는 것이 되고, 군한(群汗)은 군(君)과 제후(諸侯)를 가리키는 것이 된다.

서기전 909년에 청구(靑邱)에 치우천왕(蚩尤天王)의 공덕(功德)을 돌에 새겼다.[273] 여기서 청구는 지금의 산동지역으로서 배달나라 제14대 치우천왕이 수도를 두었던 곳이며, 단군왕검 천제(天帝)께서 서기전 2333년경에 고시씨(高矢氏)의 후예를 군(君)으로 봉한 나라인데, 주나라 춘추시대의 140년 이전까지 청구라는 나

---

272) 전게 한단고기 〈단군세기〉, 92쪽 참조
273) 전게 한단고기 〈단군세기〉, 106쪽 참조

라가 존속하고 있었던 것이 된다.

(8) 기후방정(箕侯方鼎)과 고죽방정(孤竹方鼎)

난하(灤河) 동쪽의 발해만 유역에서 출토된 기후
방정과 고죽방정으로 인하여 기후국(箕侯國)과 고죽
국(孤竹國)이 난하유역에서 그 동쪽 지역에 걸쳐 있
었던 것으로 오인하는 경우가 있는데, 기후국은 태항
산 서쪽 너머에 있었고, 고죽국은 기후국의 동쪽으로
발해만 서편을 끼고서 산동반도 북쪽 지역까지 걸쳐
있었던 나라가 된다.

방정

일반 솥은 다리가 셋이 달린 원형(圓形)이나, 방정
(方鼎)은 네모 모양의 솥이 된다. 기후방정과 고죽방
정은 청동제품으로서 글자가 새겨져 있는데, 이처럼
주조물(鑄造物)에 새겨 넣은 글자를 소위 금문(金文)
이라 한다.

고죽국은 서기전 2267년경부터, 기후국은 서기전
1120년부터 단군조선의 군후국이었는 바, 이후에 주
조된 소위 고죽방정과 기후방정은 단군조선의 유물

고죽방정 금문

이 되는 것이며, 이들에 새겨진 글자들은 소위 금문으로서 은(殷)나라나 주(周) 나
라의 글자가 아니라 단군조선의 글자가 되는 것이다. 설사 단군조선의 글자와 은주
(殷周)의 글자가 같다 할지라도 그 글자가 은나라나 주나라만의 글자가 아닌 것이
된다.

즉, 은나라 문자로 알려진 소위 갑골문이 단군조선의 영역에서 나타난다면 이는
은나라 갑골문이 아니라 단군조선의 갑골문이 되는 것이며, 은나라 말기나 주나라
초기에 만들어졌다고 알려지는 청동제품에 새겨진 글자가 단군조선의 영역에서 출

토된 청동제품에 새겨진 글자와 같다 할지라도, 이들 문자가 은나라나 주나라만의 글자가 아니라 곧 단군조선의 글자이기도 하다는 것이다.

단군조선 시대에는 배달나라 때부터 사용되어 오던 상형문자(象形文字)와, 소위 상형문자 자체가 소리글자가 되는 소위 상음문자(象音文字), 그리고 소위 가림토(加臨土)가 되는 소리글자(表音文字)가 함께 사용되고 있었던 것을 항상 염두에 두어야 하는 것이다.

5. 단군조선의 언어문자 –단군조선 문자의 역사적 고찰

단군조선 시대의 말과 글은 당연히 배달나라의 말과 글이 된다. 가림토 38자와 명도전에 새겨진 글자로 미루어 보아 단군조선 시대의 말은 지금 우리가 쓰는 말과 비교할 때 변음 된 측면을 재외하면 대동소이한 것으로 될 것이다.

배달나라 시대에 이미 9족(族)이 있어 종주국(宗主國)이 쓰던 언어와 다른 구별되는 언어로서 8족의 8음(音)이 있었던 것이 되고 문자로는 배달나라 전체에 2문(文)이 있었던 것이 되는데, 배달나라 시대의 9족(族)의 말은 사물을 지칭하는 등의 단어나 단어에 붙는 조사 등이 다를 뿐 모두 소위 우랄알타이족에 속하는 언어로서 지금의 교착어(膠着語) 계통이 되는 것이며, 문자로는 상형문자(象形文字)와, 상형문자에 비하여 표음문자에 해당하는 상음문자(象音文字)의 2종류가 사용되었던 것이 된다. 이후 단군조선 초기인 서기전 2181년에 이르러 소위 상음문자(象音文字) 중에서 대표적인 자음(子音)과 모음(母音)을 정선(精選)하여 가림토(加臨土) 38자로 정립된 것으로 된다.[274]

한편, 서기전 2698년에 시작된 황제헌원(黃帝軒轅)의 나라인 유웅국(有熊國)의 백성들은 황제헌원이 도입한 배달나라의 상형문자(象形文字)를 일상의 의사소통

---

274) 전계 한단고기 〈단군세기〉, 67~68쪽 참조

의 도구로 삼으면서 소위 고립어(孤立語)가 되는 문장언어(文章言語)를 일상 언어로써 사용하게 되어, 이후 약 1,000년을 지나면서 일종의 언어로 정착화되는 과정을 겪었던 것이 된다. 이리하여 서기전 2698년으로부터 약 1,000년이 지나는 시점인 서기전 1700년경이 되는 하(夏)나라 말기나 은(殷)나라 초기에 지금의 중국어와 같은 고립어로서 이미 하나의 언어로 고착화(固着化)된 것이 될 것이다.

아래에서는 단군조선 문자의 연원(淵源), 발전(發展) 등의 역사와 함께 단군조선 문자와 관련된 전반적인 내용을 [단군조선 문자의 역사적 고찰]이란 논제로 살펴보기로 한다.

단군조선 문자의 역사적 고찰

지금 우리가 쓰고 있는 한글은 세종대왕(世宗大王)이 만들었다는 훈민정음(訓民正音)에서 나온 글자이다. 훈민정음이 소리글자라는 것은 한국 사람이라면 다 아는 사실이다.

그런데, 우리말의 거의 70%를 차지한다는 한자어(漢字語)는 소위 한자(漢字)라는 글자로 이루어진 우리말이다. 일반 상식적으로 중국의 문자로 알고 있는 소위 한자(漢字)는 우리 역사상 수입하였다 하는 사실적 기록이 없을뿐더러 실제 수입하였던 사실이 없다. 그러면, 과연 이 한자(漢字)라는 글자는 도대체 누가 언제 만들어 사용하게 된 것이며, 또 한자를 읽는 소리는 언제부터 생겼을까?

결론부터 말한다면, 후대에 소위 한자(漢字)라고 불리는 상형문자(象形文字)이자 표의문자(表意文字)는 우리 한국(韓國)의 선조(先祖)가 되는 사람들이 처음으로 만든 글자이며, 그 읽는 소리인 음독(音讀)과 훈독(訓讀)이 모두 원래 우리말임을 단언한다.

역사가 흐르면서 한국(韓國)과 중국(中國)이 구별되게 되었고, 한국의 선대에 소리글자인 가림토(加臨土)가 만들어지면서, 한국역사 속에서는 소위 상형문자와 상형문자를 읽는 표준음을 나타내는 소리글자인 가림토(加臨土)가 함께 사용되어 왔던 것이며, 중국의 역사 속에서는 상형문자만 사용되어 왔던 것이 되는데, 역사사건을 기록하거나 의사소통 등의 문제로 상형문자를 주된 글자로 사용함으로써, 특히 한국과 중국의 상호관련 하에서 글자자체로서 뜻을 나타내며 의사전달에 편리한 상형문자가 공용화된 것이 된다.

그러나, 한국의 역사 속에서는 여전히 표음문자이던 가림토 글자를 단군조선 이후에도 서기전 209년부터 시작되는 후삼한(後三韓) 시대는 물론 서기 6세기의 가야시대까지 사용하여 온 것이 되고, 비공식적으로는 비전(秘傳)으로 또는 민간에 암암리에 전승되어 왔을 가능성도 배제할 수 없다.

글이라는 말 자체가 긁다, 그리다에서 나온 말이며 그림이라는 말과 같은 어원을 가지는 것이다. 契(글)이라는 글자는 처음에는 아래 글자인 大가 없었던 것이 되고, 칼로 그리듯 "긁"어서 표시한 결과를 가리키는 것이 되어, 글자임을 나타내는 문자인 것이며, 지금은 음독(音讀) 및 훈독(訓讀)으로 모두 "글"이라고 소리내는 글자가 된 것이다.

또, 文이라는 글자는 지금은 "글월 문"이라 읽는데, 원래 방문(房門)의 무늬모양을 나타내는 상형문자인 것이며, 가림토식 독법(讀法)으로 "문"으로도 읽히고 "글"이라고도 읽히는 글자가 된다. 契과 文이라는 글자에서 보듯이 소위 한자를 읽는 소리인 음독(音讀)과 훈독(訓讀)은 모두 우리말이며, 특히 지금의 음독(音讀)은 곧 소위 한자(漢字)의 표준음(標準音)임을 단적으로 나타내는 것이 된다. 契과 文은 모두 "글"을 뜻하는 글자인데 契은 "글"로 文은 "문"으로 음독(音讀)을 가진 글자로 정립된 것으로 된다.

아래에서는 우리 한국의 역사상 문자 즉 상형문자와 표음문자와 관련된 역사, 상형문자를 읽는 소리 즉 표준음(標準音)의 문제, 상형문자를 사용한 우리말 표기인 이두(吏讀)와 상형문자를 간소화한 문자인 부예(符隸)와 함께 우리 문자와 관련된 전반적인 문제를 고찰해 보기로 한다.

가. 그림과 문자의 관계

그림 즉 도형(圖形)을 문자라고 단정하기는 곤란하다. 그러나 때에 따라서는 그림 자체가 기호(記號)나 부호(符號)로서 의사전달의 도구로 볼 수 있을 것이며, 더 나아가 일종의 문자(文字)로서 기능하는 것으로 볼 수도 있을 것이다.

그림은 소위 문자를 사용하게 되는 역사(歷史)시대 이전에 인류가 이미 그려서 사용하였다. 우리 한국의 역사상에도 구석기 시대나 신석기 시대로 볼 수 있는 시기에 그림을 남기고 있는 것이다. 물론 역사시대 이후에는 그림이 예술적으로 활용되었던 것이라 할 수 있다.

그림은 문자발전 단계에서 보면 문자의 원천이라고 할 수 있다. 즉 그림이 변화하여 문자가 되는 것이다. 상형문자는 다른 말로 그림문자인 것이며, 사물 등을 나타내는 그림이 점점 간략화 되거나 축소화 또는 상징화 되면서 부호(符號)에서 글자로 변하여 소위 상형문자가 되는 것이다.

상형문자가 처음에는 그림에서 출발하였듯이, 현재 인류가 사용하고 있는 소리글자는 처음에는 상형문자에서 출발한 것이 된다. 그리하여 우리가 소리글자로 알고 있는 세종대왕의 훈민정음 즉 한글의 낱글자는 원래 상형문자에서 나온 것이 된다.

훈민정음 28자의 글자 모양은 단순히 발음기관의 모양만을 딴 것이 아니다. 사람은 우주의 일부분으로서 우주를 담고 있는 존재이므로, 발음기관의 변하는 모습 또한 자연에 존재하는 것이므로 한글의 글자 모습은 곧 자연의 모습으로서 결론적으로 상형문자인 것이다.

○, □, △은 그림일까, 부호일까, 문자일까? 모두 다 맞는다고 할 것이다. 왜냐하면 서기전 2181년에 출현하는 단군조선의 표음문자인 가림토38자에 모두 들어 있는 글자이며, 축소화 상징화 하면 소위 삼재(三才)라 불리는 . ㅡ ㅣ 가 되어 기본 모음으로 사용되기 때문이다. 이 세 가지 ○, □, △과 . ㅡ ㅣ 은 세종대왕의 훈민정음 28자에도 모두 들어있는 글자로서 기본글자인 것이다.

그런데, ○, □, △의 도형은 우리 역사상 아무리 늦어도 일반적으로 역사시대로 분류되는 청동기 시대가 되는 서기전 3897년경에 이미 출현하고 있다.

나. 우리 역사상 부호(符號)의 출현

○, □, △은 도형(圖形)으로서 천부삼인(天符三印)이다. 즉 ○, □, △은 하늘, 땅, 사람을 상징하는 증표(證標)인 그림이며 부호(符號)가 된다. 그런데, 이 ○, □, △은 부호에서 나아가 상형문자가 된다. 그림 즉 도형이 부호가 되고 곧 문자가 되는 경우에 해당한다.

천부삼인은 우리 역사상 한국(桓國)의 한인(桓因) 천제(天帝)가 한웅(桓雄)에게 전수한 것으로 기록되고 있다. 여기서 ○, □, △이 도형(圖形)으로서의 천부삼인(天符三印)이며, 서기전 3897년 10월 3일에 배달나라를 세운 한웅(桓雄) 천왕(天王)이 하늘나라에서 전수받아 가져온 것이 된다.

한국시대는 서기전 7197년부터 서기전 3897년까지에 해당한다. 서기전 3897년에 한웅 천왕이 천부삼인(天符三印)을 증표로써 홍익인간(弘益人間) 세상을 여니 개천(開天)이라고 부르는 것이다.

한웅천왕이 천부삼인을 한국(桓國)에서 전수(傳授)받아 왔으니, ○, □, △의 문양은 이미 한국시대에 존재하였던 것이 된다. 즉, ○, □, △을 그냥 그림이나 부호가 아니라 문자로 보게 된다면 이미 한국시대에 문자가 있었다는 결론이 된다.

천부삼인(三物)

홍익인간 세상은 널리 인간세상을 이롭게 한다는 뜻이며, 천부(天符) 즉 하늘의 뜻에 따라 다스린다는 의미이다. 천부삼인은 천지인의 세 가지 증표이다. 그리하여 도형으로서의 천부삼인 ○, □, △은 각각 하늘, 땅, 사람을 상징한다.

하늘은 둥글어 ○의 모양이며, 땅은 전후좌우 또는 동서남북의 네 방향(方向)이 있어 □의 모양이고, 사람은 서있는 존재이므로 △의 모양이 된다. 모양 자체에서 상형문자라 할 수 있다.

한편, 우리 역사상 역법(曆法) 즉 달력은 서기전 25858년 계해년(癸亥年) 또는 서기전 24418년 계해년부터 사용한 것으로 역산(逆算)되는데[275], 우리가 설날과 추석 명절에 놀이도구로 사용하는 윷놀이판의 그림이 곧 지금 우리가 쓰고 있는 7일과 28수(宿)를 달력의 기본으로 한 양력(陽曆)을 나타내는 것이다.

즉, 윷놀이판의 기본 그림은 7개의 점이 북두칠성을 나타내는 것이 되는데, 이미 북두칠성이 북극을 중심으로 회전하는 모습이 서기전 25000년경에 정립되어 있었다는 결론이 되며, 윷놀이판의 그림에서 북두칠성을 나타내는 7개의 점을 단순한 그림으로 볼 것인지 아니면 북두칠성을 나타내는 상형문자로 볼 것인지에 따라 그림이냐, 부호냐 또는 문자냐 하는 문제가 대두된다.

또, 부도지(符都誌)와 한단고기(桓檀古記) 삼성기(三聖紀)의 기록을 종합하면, 서기전 7197년경에 해당하는 시기에 천부(天符)를 신표(信標)로 사용하였다는 결론을 얻을 수 있는데, 이 천부(天符)는 부호(符號)로서의 도형(圖形)이거나 부호가 그려진 물건이 되며, 만약 도형이라면 단순한 그림이냐 아니면 부호이냐 또는 더 나아가 상형문자이냐 하는 문제가 나올 수 있게 된다.

그런데, 늦어도 서기전 6200년경에 해당하는 시기에 이미 천부삼인(天符三印)이라는 용어가 역사기록상에 등장하는 바, 이때는 한국(桓國) 시대의 중기에 해당하고, 천부삼인은 곧 천지인의 세 가지 증표로서 도형으로는 ○, □, △이 되며, 물건으로는 거울, 방울 또는 북, 칼 또는 창이 되는 바, 서기전 3897년에 한웅이 한인으로부터 전수받았다는 천부삼인이 도형인 ○, □, △이 되므로, 서기전 6200년경에 이미 ○, □, △이 사용되고 있었다는 것이 된다.

이로써, 천부삼인의 원천이 되는 천부(天符)는 하늘과 땅을 상징하는 부호로서 ○, □가 되는데, 우리의 역사기록상 서기전 7197년 이전이 되는 시기에 오금(烏金)

---

275) 대진국 제3대 문황제의 삼일신고봉장기 및 전계 부도지 25~26쪽 참조

이라는 방울이 귀걸이로 사용되었던 것을 볼 때276), 방울의 구멍이 뚫린 모양을 고려하면 ◐의 모양이 될 것이고, 이는 태극(太極) 모양으로서 二(이)를 나타내는 도형이 된다. ○을 한번 잘라 펴면 一이 되고, ◐은 점이 2개이므로 나누면 二이 아래와 위로 겹쳐진 모양으로서 □으로 나타낼 수 있으며 간략히 처리하면 二가 되는 것이다.

여기서 ○, ◐을 단순한 그림이나 부호가 아니라 사물을 가리키는 상형문자로 본다면, 실질적으로 우리 역사상 문자 사용 시기는 서기전 7197년 이전으로 소급하게 되는 것이며, 윷놀이판에 새겨진 7개의 점이 북두칠성을 나타내는 문자로 보게 된다면 역법이 정립된 시기가 되는 서기전 25858년경까지 소급하게 될 것이다.

다. 우리 역사상 문자(文字)의 출현

우리 역사기록인 신시본기(神市本紀)에는 서기전 3897년경 배달나라 초기에 신지(神誌) 혁덕(赫德)이 문자를 만들었다라고 적고 있다.277) 신지는 관직(官職)이며 혁덕은 인명(人名)이다. 이때 신지 혁덕이 만든 문자를 녹도문(鹿圖文)이라고 부른다. 녹도문은 사슴을 나타내는 문자로써 문자의 역사가 시작되었다는 의미에서 불리는 것이 된다.

또, 이때 이미 소리글자의 원류가 되는 ㄱ 모양의 글자가 사용되었다라고 기록되고도 있는데278), 이 ㄱ은 곧 상형문자이기도 하므로, 우리 역사상 상형문자가 시작된 서기전 3897년에 ㄱ이라는 글자가 등장한다는 것은 당연한 논리가 된다.

녹도문은 사슴을 특징적으로 나타내는 글자로서 당연히 상형문자가 된다. 즉 서기전 3897년부터 이미 상형문자가 만들어지면서 사용된 것이다. 물론 이때부터 후

---

276) 전게 부도지, 27쪽 참조
277) 전게 한단고기 〈태백일사/신시본기〉, 169~170쪽 참조
278) 전게 한단고기 〈태백일사/소도경전본훈〉, 242쪽 참조

대에 소리글자가 되는 상형문자도 함께 만들어지고 사용된 것으로 될 것이다.

그리고, 약 1,000년이 흐른 뒤인 서기전 2700년경 배달나라 제14대 치우천왕(蚩尤天王) 시대에 놀이도구인 투전목(鬪佃目)이라는 것이 사용되었으며, 숫자를 나타내는 산목(算木)이 사용되었는바,[279] 투전목의 도형은 그림이나 부호가 될 것인데 경우에 따라서는 문자로도 분류될 수 있을 것이며, 산목의 숫자를 나타내는 것은 지금도 사용되는 소위 한자(漢字)의 숫자와 동일하거나 유사한 모양으로 논리적인 글자인데, 분명히 글자인 것이다. 특히 사물의 모습이 아닌 숫자 등을 나타내는 글자를 지사문자(指事文字)라 한다.

논리적으로 서기전 25858년에 이미 역법(曆法)이 정립되어 사용되었다면, 셈하는 숫자를 나타내는 그림이나 부호 또는 지사문자가 사용되었을 것이며, 또 하늘, 땅, 사람, 해, 달, 별, 나무, 물 등 사람이 쉽게 접하고 인식하는 기초적인 사물도 이미 그림이나 부호나 상형문자 형태로 사용되었다고 보는 것이 타당할 것이다.

문자사용의 시작시기를 꼭 집어 말할 수는 없을 것이나, 본격적으로 문자가 공식적으로 체계적으로 사용된 것은 우리 역사에서 기록상으로도 배달나라 초기부터가 될 것이며, 그 이전에는 그림, 부호(符號) 등으로서 의사를 전달하는 원시적인 형태의 상형문자가 사용되었다고 보는 것이 맞을 것이라 본다.

라. 배달나라 시대의 문자

배달나라 시대에 한웅씨(桓雄氏)가 8음 2문(八音二文)을 닦았다라고 기록되는데[280], 이는 8개의 언어와 2개의 문자를 배웠다는 것이 된다. 한웅씨는 배달나라의 임금인 한웅(桓雄) 천왕(天王)을 가리킨다.

배달나라는 한국(桓國)의 정통성을 이은 나라로서 또한 9족(族)의 나라이다. 9족

---

279) 전게 한단고기 〈태백일사/소도경전본훈〉, 244쪽 참조
280) 전게 부도지, 41쪽 참조

은 9 부족(部族)으로서 부족단위로 언어가 분화되어 9개의 언어가 있었다는 것이 되는데, 태어날 때 이미 1개 언어를 접하여 사용하고 있으므로 나머지 8개의 언어를 배웠다는 것이 된다.

한편, 문자는 태어날 때부터 배우는 것이 아니라 일정한 나이가 되어 배우는 것이므로 배달나라 시대에 존재하였던 2개의 문자를 배운 것이 된다. 이때 2개의 문자는 배달나라 초기부터 내려온 녹도문(鹿圖文) 계통의 상형문자(象形文字)와 상형과 소리가 일치하는 상형-표음 문자로서 단군조선 초기에 정립된 정음(正音) 즉 바른 소리 글자인 가림토(加臨土)의 원천이 되는 원시 표음문자(表音文字)를 배운 것이 된다.

배달나라 시대에 천문(天文)과 지리(地理)를 저술하고 학문(學問)을 하는 풍조가 일어났다라고 하는 바, 문자의 대혁명이 일어났던 것이라 할 수 있다. 즉, 문자로써 관찰하여 얻은 천문(天文)과 답사하여 얻은 지리(地理)를 책으로 짓고, 철학적으로 연구하고 논술하는 학문풍조가 번성하였던 것이 된다.

서기전 3897년경 배달나라 초기에 신지(神誌) 혁덕(赫德)이 창안한 녹도문(鹿圖文)이 생긴 이후에, 서기전 3500년경에 출현하여 8괘역을 정리한 태호복희(太皞伏羲)는 역학(易學)의 대가였으며, 태호복희와 동문수학한 선인(仙人) 발귀리(發貴理)는 천지인 삼태극(三太極)의 원리(原理)를 논하였다[281]고 기록되고 있다.

배달나라 시대에 이미 상형문자를 만드는 6서법(書法)이 정립되었다. 6서법이란 지사(指事), 상형(象形), 회의(會意), 형성(形聲), 가차(假借), 전주(轉注)이다. 지사는 개수나 아래 위를 가리키는 모습 등을 나타내는 글자이며, 상형은 상형문자의 대표격인 글자를 만드는 방법으로서 사물의 모양을 나타내는 글자이고, 회의는 글자를 조합하여 새로운 뜻을 나타내는 글자이며, 형성은 같은 소리이나 다른 뜻을 나타내는 글자가 되고, 가차는 같은 소리를 가진 다른 글자를 같은 뜻으로 빌려 쓰는 방

---

281) 전게 한단고기 〈태백일사/소도경전본훈〉, 229~230쪽 참조

법이며, 전주는 한 글자를 다른 뜻으로 확장하여 사용하는 방법이 된다.

이리하여, 상형문자를 사용한 학문이 발전하게 되었는바, 의사소통이 가능한 문장의 작법이 이미 정립된 것으로 된다. 처음에는 글자를 나열하는 방법으로 하다가 점차 정교한 법칙으로써 문장을 만들어 뜻을 명확히 전달하는 방법으로 진화한 것이 될 것이다.

이후 서기전 2700년경에 출현한 자부선인(紫府仙人)은 치우천왕의 명에 따라 삼황내문경(三皇內門經)을 저술하여 당시 배달나라의 제후로서의 신하 자리를 거부하고 천왕(天王) 자리를 넘보며 100여회에 이르는 전란(戰亂)을 일으킨 황제헌원(黃帝軒轅)에게 가르침을 주어 진정한 신하로서 치우천왕에게 신복(臣伏)하도록 만들었다. 소위 삼황내문경은 천지인(天地人)의 이치(理致)를 적은 것이 될 것인데, 이로써 헌원(軒轅)이 천지인 삼신(三神)의 대행자인 치우천왕(蚩尤天王)을 상제(上帝)로서 진정으로 받들어 모시는 신하인 천자(天子)로 되돌아가게 하였던 것이 된다.

황제헌원은 창힐(倉頡)로부터 문자(文字)를 배웠다. 창힐 또한 배달나라 시대의 신하로서 문자를 배웠던 것이고, 자신이 개발한 과두문(蝌蚪文)과 조족문(鳥足文)을 헌원(軒轅)에게 전수하였던 인물이 된다. 고대중국의 사서(史書)에서는 창힐이 황제헌원의 신하로 기록하고 있으나 이는 과장되거나 윤색된 춘추필법에 해당하는 기록이 된다.

남해 낭하리 석각

헌원이 동서남북중의 중앙 지역에 봉해진 배달나라의 천자(天子)라면, 창힐은 동부 지역에 봉해진 배달나라의 천자(天子)로서 동격이기 때문이다. 동서남북중의 오부를 총괄하는 임금은 곧 천지인(天地人) 삼신(三神)의 대리자인 배달나라 한웅인 천왕(天王)인 것이다. 천왕을 오방(五方)

에서 보좌하는 왕(王)을 오제(五帝)라 하며, 헌원과 창힐은 이 오제의 하나에 각 해당하는 것이다. 헌원과 창힐 외에 오제에 해당하는 인물은 북부의 대요(大撓), 남부의 축융(祝融), 서부의 소호(少皞)이다. 모두 배달나라의 지방에 봉해진 천하왕(天下王)인 천자(天子)인 것이다.

(1) 상음문자론(象音文字論)

앞에서 본 바와 같이 배달나라 시대에 이미 상형문자가 있었다. 또한 소리글자도 있었다.

그런데, 배달나라 시대의 소리글자는 원천적으로 상형문자가 된다. 여기서 상형문자이면서 소리글자인 글자를 상음문자(象音文字)라 할 수 있다. 즉 ○, □, △는 상형문자이면서 소리글자의 자음에 해당하므로 상음문자가 되는 것이다. 그래서 상형문자는 물론 표의문자이기도 하지만, 이 상음문자도 동시에 표의문자가 되는 것이며, 이로써 상형문자에서 나온 표음문자 또한 원천적으로 표의문자가 되는 것이다. 결론적으로 단군조선 시대에 출현하는 소리글자인 가림토와 세종대왕의 훈민정음의 글자는 원래 상형문자에서 나온 것이므로 당연히 표의문자이기도 한 것이다.

천부삼인(天符三印)의 도형이 되는 ○, □, △ 자체가 이미 상형문자이며 소리글자가 된다. 물론 ○, □, △은 천지자연에 나타난 모든 물상(物像)을 세 가지로 상징화한 것이 된다. ○, □, △에서 도출되는 기호(記號)나 부호(符號)는 수없이 많다. 즉 ㄱ, ㄴ, ㄷ, ㄹ, ㅁ, ㅂ, ㅅ, ㅇ, ㅈ 등을 모두 도출할 수 있게 된다.

○, □, △의 도형은 기본형태의 대표적인 글자가 되는 것으로 이러한 글자의 모습은 천지자연에 이미 존재하고 있는 것이 된다. 또한 천지자연에는 가림토 글자나 훈민정음에 해당하는 글자의 모양이 존재하고 있다. 이들 수많은 모습이나 모양의 기본형태가 ○, □, △의 삼태극(三太極)의 원리로 압축된 것이 된다.

□, △를 읽는 소리는 소위 자음으로서 입을 자연스럽게 벌려 소리 내는 방법으로

읽는 것이 되어, 아래 아(.)를 붙인 소리가 될 것이다. 그리하여 ㅇ, ㅁ, 유성음 ㅅ의 소리가 된다. 여기서 ㅁ는 뜨의 소리로도 읽은 것이 된다. 시대가 흐르면서 ㅇ는 "안"으로 다시 "흔(하늘:天:하나 一)"이 되고, 뜨는 "땋"으로 다시 "땅(地)" 또는 "달(들:둘:二)"이 되고, ㅅ는 "스" 또는 "서"로 다시 "서이(人)", "세(三)"가 된 것으로 된다.

그런데, 소위 자음으로 볼 수 있는 형태의 상형문자에 점(.)이나 ㅡ, ㅣ 등에 유사한 형태를 가진 글자가 조합되면 자음과 모음이 조화되는 소리가 되는 것이다. 물론 소위 삼재(三才)가 되는 . ㅡ ㅣ는 천지자연에도 존재하는 모양이기도 하고 ○, □, △를 극도로 축소하여 상징화한 모양이기도 하다.

결론적으로 배달나라 시대에 존재하였던 상형문자이자 소리글자가 되는 상음문자(象音文字)는 서기전 2181년에 정선(精選)된 가림토(加臨土) 38자로 정립된 것이 된다. 또 단군조선의 가림토 글자는 세종대왕의 훈민정음(訓民正音) 28자로 부활한 것이 된다.

단군조선 시대 초기인 서기전 2181년에 정립된 가림토38자를 포함한 수많은 소리글자는 곧 배달나라 시대의 소리글자로서 단군조선 이전이나 이후에 다른 문명 문화권에 전파되었을 글자이기도 하다. 가림토와 친연성이 있는 문자로는 인도의 브라미(Brahmi : 梵) 문자가 있고, 소아시아에서 나왔다는 알파벳(Alphabet)도 물론 가림토와 친연성을 지니고 있다. 이는 민족의 이동과 문자의 역사에 관한 연구로 충분히 밝혀질 것으로 보인다.

(2) 상형문자

우리 역사기록인 신시본기(神市本紀)에서 문자의 역사는 서기전 3897년경 배달나라 초기에 신지(神誌) 혁덕(赫德)이 창안한 녹도문(鹿圖文)에서 시작되었다고 적고 있다.282)

후대에 해당하는 시기에 각 용서(龍書), 화서(花書), 우서(雨書), 조족문(鳥足文),

과두문(蝌蚪文) 등의 글자에 관한 용어가 기록되고 있는데, 이것들은 모두 상형문자로서 서체(書體)에 해당한다 할 것이다.

물론, 지사(指事)문자에 해당하는 글자는, 배달나라 초기에 이미 산목(算木)이라는 이름으로 글자가 있었다.[283] 즉 1, 2, 3, 4, 5, 6, 7, 8, 9, 10의 순서로 一, 二, 三, 一 네 개, 丨, 一 아래 丨, 二 아래 丨, 三 아래 丨, 一 네 개 아래 丨, X 이다. 여기서 시대가 흐름에 따라 五(오)라는 숫자를 나타내는 글자는 처음에는 X의 이(二)등분을 나타내는 글자에서 점차 변형되어 나온 글자가 되며 그 읽는 소리도 "오"라 하는 과정을 거친 것이 된다.

(가) 신지 혁덕의 녹도문(鹿圖文)

녹도문(鹿圖文)이란 사슴(鹿)을 가리키는 그림으로서의 글자를 의미한다. 이는 서기전 3897년경 처음 신지 혁덕이 사냥을 하던 중 사슴을 놓치고 나서 사슴이 지난 자국을 보고 그것이 사슴이라는 것을 알 수 있도록 표현한 그림에서 시작하였으므로, 사슴을 그린 글자 즉 사슴 그림 글자로서 녹도문(鹿圖文)이라고 한 것이다.[284]

과연 서기전 3897년경에 신지 혁덕이 사슴을 그린 글자가 어떠한 글자형태였는지 지금으로서는 명확히 알 수 없으나, 후대 서기전 2700년경의 인물이 되는 소위 창힐(倉頡)의 조적서(鳥跡書)라고 하는 글자에서 볼 때, 그 글자들의 글자체가 새의 발자국 모양을 띄고 있으며, 한편으로는 사슴의 뿔 모양을 닮아 있는 바, 일부에서는 녹도문(鹿圖文) 또는 녹서(鹿書)라고도 하는 것이 된다.

---

282) 전게 한단고기 〈태백일사/신시본기〉, 169~170쪽 및 〈태백일사/소도경전본훈〉, 232쪽 참조
283) 전게 한단고기 〈태백일사/소도경전본훈〉, 244쪽 참조
284) 전게 한단고기 〈태백일사/신시본기〉, 169~170쪽

(나) 태호복희의 용서(龍書)

서기전 3500년경 배달나라 시대에 태호복희(太皞伏羲)는 용서(龍書)를 만들었다라고 전한다.[285]

태호복희는 배달나라 한웅 천왕(天王)의 아들로서 천군(天君)이며, 우사(雨師)를 지내고 산동지역의 서부에 진(陳)이라는 땅에서 진(震)이라는 나라를 세운 것으로 전하는데, 이를 진제국(震帝國)이라 부른다. 우사(雨師)의 우(雨)는 용(龍)과 관련된 글자이기도 한데, 그리하여 고대중국의 기록에서는 태호복희의 모습을 인두사신(人頭蛇身) 또는 인두용신(人頭龍身)이라 하여 몸을 뱀으로 표현하기도 하였던 것이 된다.

실제 역사기록상으로는 용서(龍書)에 해당하는 글자 자체가 전하지 아니하므로 정확히 어떠한 문자형태였는지는 모르지만, 용(龍)의 모습과 움직임을 본 따 만든 서체(書體)가 될 것이다.

(다) 치우천왕 시대의 화서(花書)와 투전목(鬪佃目)

서기전 2700년경 배달나라 치우천왕(蚩尤天王)의 시절에 화서(花書)가 있었다고 전한다.[286]

치우천왕은 배달나라 제14대 자오지(慈烏支) 한웅(桓雄)을 가리키며, 서기전 2706년에 즉위하여 서기전 2697년 갑자년에 염제신농국(炎帝神農國)을 평정하고서 그 제8대 유망(楡罔)의 아들 괴(魁)를 다시 단웅국(檀熊國)에 봉하였다. 그런데, 서기전 2698년에 유웅국(有熊國)의 천자이던 공손씨(公孫氏)를 이어 왕이 된 헌원(軒轅)이 반란을 일으켜 이후 10년을 넘게 약 100여회를 도전해 왔는바, 끝내는 치우천왕의 명을 받은 자부선인(紫府仙人)이 헌원에게 삼황내문경(三皇內門

---

285) 전게 한단고기 〈태백일사/소도경전본훈〉, 246쪽 참조
286) 전게 한단고기 〈태백일사/소도경전본훈〉, 246쪽 참조

經)을 전수(傳授)하여 주어 도(道)를 깨닫게 만들어 진정한 신하로 굴복하게 하고 전쟁을 종식시켰던 것이다.

화서(花書)는 태호복희가 만든 용서(龍書)처럼 꽃의 모양을 본 따 만든 서체(書體)의 일종이라고 보면 될 것이다.

(라) 자부선인의 우서(雨書)

서기전 2700년경 배달나라 치우천왕 시절에 자부선인(紫府仙人)이 우서(雨書)를 만들었다 전한다.[287]

자부선인은 배달나라의 대표적인 선인(仙人)으로서 광성자(廣成子) 또는 광명왕(光明王)으로도 불리는데, 서기전 3500년경 태호복희와 동문수학하였던 발귀리(發貴理) 선인(仙人)의 후손으로서 서기전 2240년경 단군조선 시대의 선인(仙人)으로 일명 묘전랑(妙佺郎)이라 불리던 대련(大連)과 서기전 2181년에 가림토(加臨土) 38자를 정립한 을보륵(乙普勒) 선인(仙人)과 함께 태백산(太白山) 사선각(四仙閣)에 모셔진 사선(四仙)의 한 분이시다. 위 사선(四仙)을 모신 것은 단군조선 초기가 되며, 그래서 태백산은 지금의 백두산이 된다.

우서(雨書)는 앞의 용서(龍書)나 화서(花書)처럼 비가 하늘에서 떨어지는 모양을 본 따 만든 서체(書體)의 일종이 될 것이다.

(마) 창힐의 과두문(蝌蚪文)과 조족문(鳥足文)

서기전 2700년경 배달나라 치우천왕 시절에 창힐(倉頡)이라는 인물이 과두문과 조족문을 만들었다라고 전한다.

창힐은 배달나라 시대에 배달나라의 동부(東部)를 관할한 청제(靑帝)가 된다. 헌원이 배달나라의 중앙지역이 되는 황부(黃部)를 맡은 천자(天子)로서 황제(黃帝)라

---

287) 전게 한단고기 〈태백일사/소도경전본훈〉, 246쪽 참조

하는 것과 같다.

창힐은 황제헌원에게 문자를 전수한 인물로 전하는데, 배달나라의 문자인 부도(符圖)의 글을 배운 인물이 된다. 부도(符圖)는 곧 배달나라의 상형문자를 가리킨다. 창힐은 황제헌원에게 과두문을 전하였다 하기도 하고 조족문을 전수하였다 하기도 하는데, 과두문은 글자의 체가 올챙이 모양이며, 조족문은 새발자국 모양이 된다. 소위 조족문(鳥足文)이라고 알려진 글로는 창힐이 만든 글자가 되는 창성조적서(倉聖鳥跡書)에 새겨진 글이 대표적이다.[288]

남악형산 우사공치수부루공덕비의 송나라시대 탁본 비

과두문의 서체(書體)로서 가장 오래된 유물로 남아 있는 것으로 서기전 2267년 경에서 서기전 2247년경 사이에 요순(堯舜)시대 9년 대홍수의 치수관계로 우순(虞舜)의 사공(司空) 우(禹)가 단군조선의 태자 부루로부터 치수법(治水法)을 전수받고 치수에 성공한 후, 남악(南岳) 형산(衡山)의 구루봉에 세운, 중국 측에서 소위 우왕비(禹王碑)라 부르는 우치수기념부루공덕비(禹治水紀念扶婁功德碑)를 들 수 있다.

(3) 표음문자(表音文字) - 상음문자(象音文字)

배달나라 시대의 표음문자는 별도의 명칭이 있었던 것이 아니라 상형문자의 일종이 되는데, 상형과 표음 즉 읽히는 소리가 일치하는 글자가 되어 소위 상음문자(象音文字)라고 부를 수 있다.

이 상음문자의 대표적인 글자로서 서기전 3897년에 배달나라를 세울 때 한국(桓

---

288) 실제 창성조적서에 새긴 글자는 조족문이라기 보다는 배달나라 녹서, 녹도문과 같다.

國)에서 가져온 천부삼인의 부호이자 상형문자가 되는 ○, □, △이다. 이 ○, □, △의 세 가지 글자는 표음문자의 자음이 되는 ㄱ, ㄴ, ㄷ, ㄹ, ㅁ, ㅂ, ㅅ, ㅇ 등의 조합된 글자이기도 하면서, 이들을 도출할 수 있는 글자로서 그 원천이 되는 글자이기도 하다. 물론 이들 글자의 원형은 천지자연에 그대로 담겨져 있는 것이며, 의사소통을 위하여 그 특징을 그림으로 그려 글자로 사용한 것이 되는 것이다.

창성조적비 (창힐 조족문자 비)
글자모양이 범수교 문자와 동일

서기전 3897년경 배달나라 초기부터 표음문자의 시초가 되는 글자로서 이미 소위 상음문자(象音文字)가 사용되어온 것이 된다. 이 상음문자는 서기전 2181년에 단군조선 제3대 가륵(嘉勒) 천왕 시절의 삼랑 을보륵이 가림토 38자로 정선(精選)하여 정리된 것으로 된다.

즉, 단군조선의 가림토 38자는 배달나라 시대에 사용되던 소위 상음문자의 낱자를 대표적인 글자로 정리한 것이며, 그 외에도 소리글자가 되는 글자들이 있었던 것이 되고, 이후에도 같은 소리를 내는 글자를 다른 형태로 표현하여 사용한 것이 되는데, 이는 사람마다 같은 글자라도 다른 모양으로 쓰는 것과 같은 이치에 해당한다.

이리하여, 단군조선 시대인 서기전 2181년에 정립된 가림토 38자가 아닌 다른 형태의 글자가 계속 사용되었던 것이 되고, 이러한 사실은 단군조선 시대에 주조된 소위 명도전(明刀錢)에 새겨진 글자로써 증명되며, 또한 배달나라 상음문자 또는 가림토 글자 계통이라 할 수 있는 인도의 브라미(Brahmi) 문자로 보아도 알 수 있는 것이 된다. 인도의 브라흠(Brahm)은 한자로 범(梵)이라 기록되며 인도의 고대 산스크리트를 범어(梵語)라고 부른다.

(4) 황제헌원과 원시중국어

소위 중국(中國)의 역사는 주(周) 나라 전국(戰國)시대부터 스스로 중화(中華), 중국(中國)이라 칭하면서 본격 시작되나, 그들의 실질적인 선대역사는 멀게는 서기전 2698년 계해년에 유웅국의 왕이 되어 배달나라 치우천왕에게 100여회를 도전하였던 황제헌원(黃帝軒轅)에 뿌리를 두는 것이 된다.

황제헌원은 배달나라의 천자(天子)로서 서기전 2697년 이후에 치우천왕에게 10년간 73회를 도전하고 합 100여회에 걸쳐 전쟁을 일으켰다가, 서기전 2688년 경에 이르러 자부선인의 가르침으로 삼황내문경을 접하고, 도를 깨달아 배달나라의 진정한 신하가 됨으로써, 배달나라의 중앙지역인 황부(黃部)의 최고책임자인 황제(黃帝)로 인정되어 정식 천자(天子)가 되었던 것이다.

황제헌원은 공손씨(公孫氏)의 아들이거나 후손이며, 공손씨의 공손(公孫)이라는 말은 곰의 후손이라는 이두식 표기가 되는데, 공손씨의 선대가 되는 유웅국(有熊國)의 시조인 소전씨(少典氏)는 웅족 출신으로서 서기전 3242년에 배달나라 천왕으로부터 강수(姜水)에 감병(監兵)으로 봉해진 천자(天子)이다.

소전씨의 아들인 염제신농씨(炎帝神農氏)는 처음 배달나라의 농사담당이던 우가(牛加)를 지낸 인물로 신농(神農)이라 불리며, 서기전 3218년에 산동지역에 있던 태호복희가 서기전 3528년경에 세웠던 나라인 진(震)나라를 접수하여 다스리게 되니 염제(炎帝)라 불리는 것이다.

공손씨는 염제신농씨의 방계(傍系) 혈족이 된다. 공손씨는 감병을 게을리 하여 헌구(軒丘)로 유배되었다가 그곳에서 왕이 되니 소전씨의 나라이름을 그대로 따 유웅국(有熊國)이며, 헌원이 이 헌구(軒丘)의 유웅국에서 태어났으므로 헌원이라 부르는 것이 된다.

서기전 2698년경 당시에 헌원(軒轅)은 염제신농국이 쇠퇴하여 많은 제후들이 군사를 일으키려 할 때, 치우천왕(治尤天王)이 먼저 염제신농국을 평정하자 치우천왕에게 도전한 것이다.[289] 그런데, 황제헌원은 나라의 관제(官制)에 운(雲)이라는 글자를 사용한 벼슬이름을 두었으며290), 산해경(山海經)에 배달나라 제14대 한웅(桓雄)이 되는 치우(蚩尤)가 풍백(風伯)과 우사(雨師)에게 청하여 헌원(軒轅)을 폭풍우로 혼쭐나게 하였다는 기록 등을 감안하면, 당시 헌원이 배달나라의 운사(雲師)를 지낸 인물로 추정되기도 한다.

즉, 헌원이 유웅국 출신으로서 배달나라의 운사(雲師)를 지내고 염제신농국이 쇠퇴함을 보고 유웅국으로 되돌아가 군사를 일으켜 전쟁을 도모한 것으로 보이는 것이다.

헌원이 정식으로 배달나라의 천자(天子)로서 황제(黃帝)가 된 후, 창힐(倉頡)로부터 문자를 전수받아 백성들에게 가르친 것이 된다. 이후 유웅국의 백성들은 창힐이 전수한 상형문자로 일상생활의 의사소통 도구로 사용하였을 것이고, 나아가 이를 언어(言語)로 사용하게 됨으로써 원시중국어가 시작된 것으로 추정된다.

배달나라에는 8음(音) 2문(文)이 있었다고 하는데, 8개 부족에 각 다른 언어가 존재하였던 것이며, 글자는 2가지가 있었다는 것이다. 이에 더하여 황제헌원이 상형문자로 된 문장을 말로써 사용함으로써 9개 언어가 되는 셈이다.

태호복희씨 이후 주양(朱襄)이라는 인물이 육서(六書)를 정립하였다고 전한다.291) 이때는 서기전 3300년경이 되는데, 황제헌원 이전에 상형문자로서 글자를 만드는 방법이 정립되었고 이를 사용한 문장작법이 정립되어 있었던 것으로 된다.

이에 따라 황제헌원의 백성들은 점차 문장언어(文章言語)를 사용함에 따라 배달나라 일반백성들과는 다른 형식의 언어를 사용한 것이 되는데, 상형문자를 사용하는 문장언어는 고립어(孤立語) 형식이며, 배달나라 일반 백성들이 사용하는 언어는 원시한국어인 교착어 형식이 되는 것이다.

---

289) 전게 한단고기 〈태백일사/신시본기〉, 178~182쪽 참조
290) 전게 십팔사략(상), 21쪽 참조
291) 전게 한단고기 〈태백일사/신시본기〉, 177~179쪽 참조

이후 당우하은(唐虞夏殷)과 주(周) 나라를 거치면서 원시중국어는 약 2,000년을 지나는 사이에 문장언어(文章言語)가 하나의 구두언어(口頭言語)로 정착되어 지금의 중국어로 굳어진 것이 된다.

마. 단군조선 시대의 문자

　　한단고기(桓檀古記) 삼한관경본기(三韓管境本紀)에 보면 "풍백(風伯)은 천부(天符)를 새긴 거울을 들고 앞서가고"라는 기록이 있는데, 이로써 청동거울에 천부(天符)를 새긴 것으로 되며, 이 천부는 바로 원(○), 방(□), 각(△) 또는 무극(無極:원:○), 태극(太極:◐), 삼태극(三太極)의 문양 또는 하나(一), 둘(二), 셋(三) 등 천지인(天地人)을 의미하는 상징을 새긴 것으로 추정된다.

삼태극

　　한단고기 단군세기(檀君世紀)에서는 서기전 1833년에 요하(遼河)의 남쪽에 순수관경비(巡狩管境碑)를 세워 역대 제왕(帝王)의 이름을 새겼다라고 기록하고 있다.[292] 여기서 비문의 글자는 곧 단군조선의 문자가 되는 것이다.

　　또, 신라(新羅) 시대인 서기 400년경 박제상(朴堤上)이 지은 부도지(符都誌)에서는 단군조선 시대의 어문정리(語文整理)와 어문통일(語文統一)에 관한 기록을 남기고 있다.

　　부도지에 의하면, "임검씨(壬儉氏)는 마고(麻姑)의 계보(系譜)를 닦아 그 족속(族屬)을 밝히고, 천부(天符)의 음(音)에 준하여 그 어문(語文)을 정리하였으며, 매 10년마다 반드시 신시(神市)를 여니 이에 어문이 같아지고 천하가 하나로 되어 인세(人世)가 태화(太和)하였다(壬儉氏……修麻姑之譜 明其族屬 準天符之音 整其語

---

292) 전계 한단고기 〈단군세기〉, 85~86쪽 참조

文……每十歲必開神市 於是 語文同軌 一準天下 人世太和……)"라고 적고 있다.293)

여기서 임검씨의 나라는 곧 단군조선(檀君朝鮮)이며, 단군조선의 시조 단군왕검(檀君王儉)은 신지(神誌)에게 글자를 만들게 하였던 것이고, 제3대 가륵(嘉勒) 단군은 서기전 2181년에 상형문자인 진서(眞書)가 있어도 말이 통하지 않아 바른소리인 정음(正音) 38자를 만들도록 하였는데, 이를 가림토(加臨土:加臨多)라 하였다 한다.294)

진서(眞書)는 뜻글자로서 상형문자(象形文字)이며 바로 배달나라의 녹서(鹿書:鹿圖文), 용서(龍書), 우서(雨書), 화서(花書), 조족문(鳥足文), 과두문(蝌蚪文) 등을 가리키는 것이고, 단군조선에서는 이를 신전(神篆)이라 하였던 것이며, 가림토는 소리글자로서 말(언어)이나 글자의 소리를 통일시키기 위하여 필요한 발음기호에 해당하는 글자가 된다.

단군조선 시대에도 배달나라와 같이 10년마다 신시(神市)를 열어 사방의 사해(四海) 각지의 백성들이 모이게 하여 특산물을 교환하면서 하늘에 제사도 지내고 언어소통의 통일을 기하였던 것이다.

배달나라 말기에 요(堯)는 신시(神市)에 참가하였던 인물이며, 단군조선 시대에는 요임금을 비롯한 순임금, 하, 은, 주의 천자(天子)들이 모두 단군조선에 조공하였던 것이 되고, 매 10년마나 신시(神市)에 사자(使者) 등을 보내어 참가한 것이 될 것이다.

배달나라의 신시와 단군조선의 신시에는 한국(桓國)의 9족이 되는 구한(九桓) 즉 배달나라의 구려(九黎)이자 단군조선의 구한 또는 구이(九夷)가 되는 족속들은 모두 참석한 것으로 추정되며, 역대 하은주(夏殷周)가 번한(番韓)이나 마한(馬韓)에

293) 전계 부도지, 49~50쪽 참조
294) 전계 한단고기 〈단군세기〉, 67~68쪽 참조

조공(朝貢)을 하거나 참례(參禮)한 사례가 있음을 보아, 고대중국도 사신을 보내거나 하여 신시(神市)에 참석한 것이 틀림없는 것이 된다.

왜냐하면, 단군조선은 요(堯)의 당(唐)나라, 순(舜)의 우(虞)나라, 하(夏), 은(殷), 주(周) 나라를 단군조선 백성들과 족속이 다른 나라로 보지 않았고, 특히 하나라 시조 우(禹)는 단군조선의 가르침을 따르지 않고 반역하여 자치(自治) 왕조(王朝)를 시작한 인물이며, 주(周) 나라는 백족(白族:白夷:西夷)의 나라인데 백족 역시 마고(麻姑)의 후손으로서 단군조선은 주(周) 나라의 지배층을 마고의 후손으로 인식하고 있었던 것이 된다.

즉, 단군조선의 수도는 일개의 소부족(小部族)의 나라인 소국(小國)의 수도가 아니며, 사방 사해(四海)의 9족(族)의 공도(公都)였다.[295] 단군조선은 마고계보(麻姑系譜)의 족속들의 결속을 다지기 위하여 매 10년마다 신시(神市)를 열어 문물을 교환하기도 하고 어문(語文)을 통일시키고 종교행사를 벌였던 것이다.

(1) 상형문자

1) 진서(眞書:참글:神篆:신전)

단군조선은 배달나라를 계승한 나라이므로, 배달나라의 상형문자를 사용한 것은 당연한 것이 된다. 즉, 단군조선 시대에 배달나라의 상형문자가 되는 녹서(鹿書) 또는 녹도문(鹿圖文), 용서(龍書), 화서(花書), 우서(雨書), 과두문(蝌蚪文), 조족문(鳥足文) 등으로 불리던 문자를 사용하고 있었던 것이다.

단군조선에 소위 단군조선 상형문자로서 전서체(篆書體)라 할 수 있는 신전(神篆)이라는 참글, 진서(眞書)가 있었다.[296] 신전(神篆)은 신령스런 옛 글자라는 뜻이 되며, 진서(眞書)라는 글자는 훈(訓)으로 읽으면 참글이 된다.

---

295) 전게 부도지, 〈부록 김시습의 징심록추기〉, 121쪽 참조
296) 전게 한단고기 〈단군세기〉, 67~68쪽 참조

참글이라는 말은 "참 그림"이라는 말로서 상형문자임을 의미한다. 즉 신전이라는 문자는 상형문자인 것이다. 이는 신전 또는 진서가 곧 배달나라 초기부터 전해져 오던 녹서(鹿書), 태호복희에 의하여 만들어진 용서(龍書), 자부선인에 의하여 만들어진 우서(雨書), 치우천왕 시대의 화서(花書), 창힐이 창안하였다는 과두문(蝌蚪文), 조족문(鳥足文) 등을 가리키는 것이 된다.

특히, 배달나라의 동부(東部)를 책임지고 있던 청제(靑帝) 창힐(倉頡)이 다스리던 땅인 산동지역과 발해만 유역은 단군조선의 서쪽 영역으로서 번한(番韓) 관경에 속하는 바, 단군조선이 창힐이 창안하였다는 과두문과 조족문을 사용하고 있었다는 것은 의심할 수 없는 것이 된다.

대진국(大震國:발해) 제3대 문황제(文皇帝)가 지은 삼일신고봉장기(三一神誥奉藏記)에 의하면, 서기전 2333년 10월 3일 조선 개국 당시에 단군왕검(檀君王儉)께서 삼일신고(三一神誥)를 강연하실 때, 고시(高矢)는 동해(東海)에서 청석(靑石)을 캐오고, 신지(神誌)는 청석에다 삼일신고를 새겼다고 전한다. 이때 청석에 새긴 삼일신고의 글자체가 곧 상형문자로서 신전(神篆) 즉 진서(眞書)로서 과두문(蝌蚪文) 등이 될 것이다.

또, 단군조선 초기가 되는 서기전 2267년에 치수문제로 개최된 도산회의(塗山會議)에서 단군조선의 태자 부루가 우순(虞舜)의 신하 사공(司空) 우(禹)에게 전수한 홍범구주(洪範九疇)라 불리는 소위 금간옥첩(金簡玉牒) 또는 신서(神書)는, 단군조선에서 작성한 책으로서 그 안에 든 글자는 서기전 2181년 가림토 38자가 만들어지기 이전이므로 상형문자인 진서(眞書)가 되는 것이다.

금간옥첩이란 말은 금(金)으로 판(版)에 옥(玉)으로 된 책(冊)이란 뜻이 되는데, 이는 곧 금판에 글자를 새긴 것이며 옥(玉)을 박아 꾸민 것이 된다. 물론 옥을 글자 모양으로 갈고 다듬어 금판에 박은 것일 수도 있다. 그 글자의 형태는 아마도 녹도문(鹿圖文:鹿書:사슴 그림 글자) 또는 과두문(蝌蚪文:올챙이 모양의 글자) 등이 될 것이다.

2) 진서(眞書)의 아류인 은문(殷文:은갑골문)[297]

은문(殷文)은 은(殷)나라의 문자로 소위 갑골문(甲骨文)이라고 불린다. 은나라는 서기전 1766년에 단군조선(檀君朝鮮)의 군사력 지원으로 하(夏)나라를 멸망시키고 시작된 나라이며, 서기전 1122년에 폭정을 펼치던 주왕(紂王)이 주(周) 나라의 무왕(武王)에게 망하기까지 645년간 존재한 나라이다. 서이족(西夷族)의 나라인 주(周) 나라에 반하여 은(殷)나라는 동이족(東夷族)의 나라로 알려져 있다.

갑골문(甲骨文)은 거북이 등껍질(甲)이나 동물의 뼈(骨)에 새긴 글자를 가리키는데, 예리한 칼 등으로 긁어 파서 만드는 글자로서 글(契)이라는 글자에서 대(大)를 뺀 글자와 상통하게 된다. 즉, 글(契)이란 그림(圖)이라는 말과 어원을 같이하는 말로서 칼(刀)로써 긁어 표시한 뜻을 지닌 문자(文字)가 되는 것이다.

은나라 시대의 갑골문은 단적으로 상형문자(象形文字)이며, 지사(指事), 상형(象形), 가차(假借), 전주(轉注) 등의 육서법(六書法)이 적용되는 글자이다.

서기전 1120년경 은(殷)나라의 자작(子爵)이던 기자(箕子)가 은나라가 망하자, 자신이 홍범구주(洪範九疇)를 가르쳐 주었던 주(周) 나라의 무왕(武王)에게 신하가 되지 않고 단군조선 땅으로 망명하였는데, 이때 기자는 일토산(一土山:王山) 사람으로서 자신의 사사(士師)이던 왕수긍(王受兢)에게 부탁하여 단군조선의 삼일신고(三一神誥)를 단목판(檀木板)에 은문(殷文)으로 옮겨 적게 하여 읽었다라고 서기 739년경 대진국(大震國:발해)의 제3대 문황제(文皇帝)가 지은 삼일신고봉장기(三一神誥奉藏記)에 전한다.

여기서, 서기전 1120년경 당시에 목판에 글을 새기는 방법을 알고 있었던 것이 되는데, 이때 은문(殷文)은 은나라의 소위 갑골문(甲骨文)으로서 대체적으로 단군조선의 신전(神篆)과는 다른 글자체였던 것이 된다. 이는 아마도 은나라가 시대 흐

---

297) 은나라 갑골문은 단군조선의 갑골문과 상관성이 있을 것인 바, 은갑골문의 글자를 단순한 상형문자로만 보지 말고 단군조선의 가림토 글자와 연관하여 해독하고 해석하는 것이 필요하다고 본다.

름에 따라 원래 단군조선의 글자와 같았던 상형
문자의 형태를 변형시켜 사용하거나 독자적으로
새로운 글자를 만들어 사용함으로써 글자의 모
양이 달라진 것이 될 것이다. 이는 주나라 전국시
대의 육국의 문자가 각각 달랐던 것과 같은 이치
가 된다.

갑골문

역사적으로 은나라 유적지인 은허(殷墟) 외에
단군조선의 영역이던 발해만 유역과 두만강 유
역에 갑골문의 일종인 우골문(牛骨文)이 나타난 것으로 알려져 있다. 은허는 산동
지역의 서쪽으로 황하 바로 이북에 있는 지금의 안양(安陽)이라는 땅이 대표적인
데, 역사적으로 이곳은 은나라의 여러 수도 중의 하나가 된다.

갑골문을 새긴 도구가 대체적으로 뾰족한 칼이라는 점에서 글자의 형태가 칼로
긁은 모양이 되는데, 청석 등 돌에 글자를 새길 때와는 다른 형태가 된다. 아마도 돌
에 새긴 글자의 형태는 서기전 2267년 이후 서기전 2247년경 사이에 우순(虞舜)
의 신하 사공(司空) 우(禹)가 새겼던 치수기념비의 비문과 같은 글자체인 과두문과
같은 유형이 될 것이다.

소위 갑골문의 글자체가 선으로 이루어진 것을 염두에 두면, 단군조선 시대에 글
자를 읽는 소리가 은 갑골문의 글자를 읽는 소리와 밀접하게 관련이 있는 것이 된
다. 즉, 서기전 2181년에 정립된 단군조선의 가림토 38자의 모양을 고려하면, 은
갑골문의 글자가 자음(子音)과 모음(母音)으로 구분이 가능한 글자가 되는데, 곧 은
갑골문은 단군조선의 상형문자인 신전(神篆) 즉 진서(眞書)와 같은 상형문자(象形
文字)로서 그 아류(亞類)가 되는 것이며, 그 글자를 읽는 소리는 단군조선의 가림토
38자의 자음과 모음의 낱자로 이루어진 글자로 분석하여 읽었던 소리와 일치하는
것으로 강력히 추정되는 것이다.

단적인 예로써 하나를 든다면, 은 갑골문에 나타나는 사람이라는 글자인 인(人)

이라는 글자는, 왼쪽으로 삐친 ㅣ모양과 오른쪽으로 삐친 ㄴ모양의 글자가 되어 "ㅣ ㄴ"이 되어 지금의 "인"이 되는 이치와 같은 것이다. 물론 이 인(人)이라는 글자는 사람모습을 나타낸 "사람"이라고 읽히는 글자의 특징을 살린 축소화된 글자가 되며, 그리하여 人이라는 글자를 후대에 훈(訓:뜻)과 음(音:소리)으로 읽어 "사람 인"이라 하는 것이 된다.

3) 진서(眞書)의 변형체(變形體)인 부예(符隸)

가) 부예(符隸)

부예라는 글자는 서기전 925년에 단군조선(檀君朝鮮) 부여(夫餘)의 한수(漢水) 사람 왕문(王文)이 이두법(吏讀法)을 만들 때 신전(神篆)을 간략화 하여 만들었다 라고 기록되고 있다.[298]

원래 부여(夫餘)는 단군조선 초기에 단군왕검 천제의 넷째 아들인 부여(扶餘)가 봉해진 군국(君國)인데, 서기전 1285년부터 부여 땅이 단군조선의 중심인 수도가 있던 곳이 되어 부여가 단군조선의 대칭(代稱)이 되기도 한다.

한수(漢水)는 왕문(王文)의 고향이 되는 일토산(一土山) 지역에 있던 강이 되는데, 일토산은 왕문의 선조가 되는 서기전 1122년경 인물로서 망명자인 은(殷) 왕족 기자(箕子)의 사사(士師)이던 왕수긍(王受兢)의 고향이기도 한 바, 왕문은 번조선 사람이 되므로 일토산과 한수는 곧 번조선에 있었던 것이 된다.

번조선의 관할지역을 고려하면, 번조선은 지금의 발해만 유역을 중심으로 하여 지금의 요동반도의 요하(遼河) 서편으로 산동지역까지 포함하는 땅이 되는데, 이리하여 일토산(一土山)과 한수(漢水)는 서기전 1120년경에 기자(箕子)가 자리잡은 기후국(箕侯國)에 있거나 지금의 요하 서편에 있는 지역이 될 것이다.

진(秦)나라 때 정막(程邈)이 숙신(肅愼)으로 사신으로 갔다가 돌아오는 길에 한

---

298) 전계 한단고기 〈태백일사/삼한관경본기〉, 225~226쪽 참조

수(漢水)에서 왕문의 예법(隷法)을 얻었으며, 그 획을 계승하여 조금 바꾸어 팔분체(八分體)를 만들었다 한다.[299] 숙신은 부여의 동쪽에 위치한 땅으로 지금의 송화강 동쪽에 위치한 것이 된다.

숙신(肅愼)은 원래 서기전 2333년경에 송화강 동쪽에 봉해진 단군조선의 제후국으로서 뒤에 읍루(挹婁), 말갈(靺鞨) 등으로 불리우고 여진(女眞)[300], 만주(滿洲)로 불리기도 한다. 진(秦)나라는 주(周) 나라를 멸망시킨 서기전 249년부터 망한 서기전 207년까지 사이에 존재한 나라인데, 단군조선은 서기전 238년에 망하고 서기전 232년에 해모수의 북부여에 접수되었으므로, 진(秦)나라 출신의 정막이 활동한 시기는 단군조선 말기에서 북부여 해모수(서기전 239-서기전 194) 시대에 해당하는 것이 된다.

진서(眞書)는 단군조선 초기부터 존재한 상형문자인 신전(神篆)을 가리킨다. 이에 반하여 서기전 925년에 왕문(王文)이 만든 부예(符隷)는 신전(神篆)을 변형시켜 간소화한 글자가 된다. 즉 진서(眞書)가 단군조선의 전서체(篆書體)라면 부예(符隷)는 전서체를 변형시킨 예서체(隷書體)에 해당하는 것이다.

부예의 부(符)는 상형문자임을 나타내고 있으며, 예(隷)는 이전의 문자를 따른 글자임을 나타내는 것이 된다. 그리하여 부예는 완전히 새로운 글자라는 것이 아니라 신전(神篆)에서 나온 후신(後身)임을 뜻하는 것이다.

부예가 어떤 형태의 글자인지는 아직 명문(明文)의 기록이 없어 불명이나, 역사적으로 추론하면 소위 춘추시대부터 존재한 것이 되는 소위 첨수도(尖首刀)와 명도전(明刀錢)에 새겨진 문자의 형태가 될 것이다.

첨수도와 명도전에는 수많은 상형문자와 가림토문자 및 이에 유사한 모양의 글

---

299) 전게 한단고기 〈태백일사/소도경전본훈〉, 246쪽 참조

300) 여진족 및 금(金)나라의 역사는 우리 역사의 일부분인 바, 고려시대 역사와 상관지어 남북국 시대로 반드시 정립되어야 한다.

자가 새겨져 있는데, 특히 상형문자에 해당하는 글자들이 곧 왕문이 만들었다는 부예(符隸)와 상통하는 문자가 될 것이다. 왜냐하면 첨수도나 명도전에는 그 문자들이 상형을 딴 경우가 많은데, 그 글자들의 모습이 복잡한 형태의 글자가 아니라 어떻게 보면 소리글자의 자음과 모음으로 구분이 가능한 간단한 형태의 상형문자이기 때문이다.

즉, 부예(符隸)를 간략하게 말한다면, 복잡한 상형문자를 간략화(簡略化)하여 소리글자인 자음과 모음의 조합으로 읽을 수 있는 형태까지 변형된 글자라 할 수 있겠다. 이러한 부예가 후대에 진(秦)나라의 정막(程邈)에 의하여 지금의 한자(漢字)의 원류가 되는 글자 즉 소위 예서체(隸書體)에 해당하는 글자의 모습으로 변형된 것으로 된다.

나) 왕문(王文)과 왕수긍(王受兢)

왕문은 단군조선의 번조선(番朝鮮) 사람으로서 서기전 925년에 단군조선의 상형문자인 신전(神篆:眞書)을 간략화 하여 한자(漢字)의 원류가 되는 문자인 부예(符隸)를 만들고, 이두문(吏讀文)을 만들었다.

왕문의 선조인 왕수긍(王受兢)이라는 인물은 서기전 1120년경 은나라 왕족인 기자(箕子)가 은나라가 망하자 주나라 무왕(武王)의 신하가 되기를 거부하고 단군조선으로 도망하여 왔을 때, 기자의 사사(士師)였는데, 이때 기자는 단군조선의 삼일신고(三一神誥)를 왕수긍에게 부탁하여 은문(殷文)으로 적게 하여 즐겨 읽었다고 전한다.301)

왕문은 당시 주(周) 나라 사람이 아니다. 당시 왕문의 고향이 되는 한수(漢水)는 양자강의 지류가 되는 지금의 한수(漢水)가 아니라, 황하(黃河) 이북으로 단군조선 영역 내에 있던 번조선(番朝鮮) 땅에 소재한 강이 되는 것이다.

---

301) 대진국 제3대 문황제의 삼일신고봉장기 참조

왕수긍(王受兢)은 일토산(一土山) 사람이라 하는 바, 서기전 1120년경 당시 일토산은 곧 왕산(王山)이 되고, 후대에 일토산을 일명 평양(平壤)이라고도 하는데, 이 평양은 지금의 대동강 평양이 아니라, 서기전 425년경에는 평양이 해성(海城)으로서 지금의 요동반도 북부에 소재하는 지금의 심양(瀋陽) 남쪽에 위치하는 안산(按山) 지역이 되며, 심양은 단군조선의 장당경(藏唐京)이 소재한 곳이고, 이 장당경은 개사원(蓋斯原)에 있었던 것이다.

장당경은 서기전 1285년 단군 색불루(索弗婁)가 즉위하면서 고등왕묘(高登王廟)를 건립한 곳이며, 부여(夫餘) 땅에 속한다. 즉 서기전 425년 단군 구물(丘勿)이 소도를 장당경으로 삼고 국호를 대부여(大夫餘)라 하였다.302) 즉 왕수긍, 왕문의 집안은 이곳 해성(海城) 근처인 부여지역 출신으로 추정되는데, 이 해성(海城) 지역은 번한(番韓) 또는 번조선(番朝鮮), 후대의 기씨(箕氏)의 번조선, 위씨조선(衛氏朝鮮)과 근접한 곳이기도 하다.

다만, 서기전 1120년경에 일토산(一土山)이 어디인지, 서기전 925년경에 한수(漢水) 또는 서기전 250년경의 부여 땅의 한수(漢水)가 어디인지 불명인데, 일토산(一土山)과 한수(漢水)는 번조선 땅이던 요동반도 서쪽으로 태원(太原) 이북에서 찾아야 할 것이다.

한편, 문화류씨(文化柳氏) 족보에는 왕문이 쓴 글은 전자 같기도 하고 부적 같기도 한데, 왕문은 왕수긍(箕子의 師士)의 아버지다(王文書文字而 如篆 如符文 卽 受兢之父)라고 하여, 왕문(王文)이 왕수긍(王受兢)의 선대로 기록되어 있으나 이는 명백한 오류이며, 왕문이 왕수긍보다 약 200년 이후의 후손으로 약 7세손(世孫)이 된다.

왕문이 만든 이두법(吏讀法)은 서기전 925년 당시에 쓰이던 상형문자로써 그 훈(訓)이나 음(音)을 따서 우리말을 표기한 방법이 된다. 삼국사기(三國史記)나 삼국

302) 전계 한단고기 〈단군세기〉, 114쪽 참조

유사(三國遺事)를 보더라도 신라(新羅)가 아닌 고구려(高句麗)에서도 이미 이두식(吏讀式) 표기가 쓰이고 있었던 것을 알 수가 있는데, 신라의 설총이 처음으로 이두를 만든 것은 아니며, 설총은 신라의 이두법을 체계화하여 정리한 인물이 되는 것이다. 즉, 우리에게 이두법(吏讀法)은 서기전 925년부터 시작된 것이 된다.

4) 첨수도(尖首刀) 및 명도전(明刀錢)에 새겨진 문자

첨수도와 명도전이라 불리는 도전(刀錢:칼돈)에는 글자가 새겨져 있다. 첨수도는 머리끝이 뾰족하다 하여 이름 붙여진 것이며, 명도전은 명(明)이라는 글자가 새겨져 있어 붙여진 것이 된다.

단군조선의 영역이던 지역에서 출토되는 첨수도와 명도전은 단적으로 단군조선에서 주

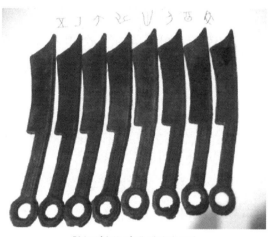

첨수도(尖首刀)에 새겨진 글자

조(鑄造)되고 유통(流通)된 단군조선 자체의 화폐가 된다.[303] 물론 고대 중국의 주(周) 나라 영역에서 출토되는 첨수도나 명도전이 있긴 하다. 즉, 연(燕)나라에서 출토되는 명도전을 연명도(燕明刀)라 부르고 제(齊)나라에서 출토되는 명도전을 제명도(齊明刀)라 부른다. 그러나, 연명도라는 것은 거의 단군조선 영역에서 출토되는 단군조선의 명도전이며, 제명도도 제나라가 독자적으로 주조한 것이 아니라 단군조선에서 주조된 것이 제나라 땅으로 유입된 것으로 추정된다.

특히, 도전에 명(明)이라고 새겨져 있지 아니한 소위 명도전은 단군조선의 명도

---

303) 전게 고조선 사라진 역사, 137~157쪽 참조

전이 아닐 가능성이 많고, 주나라의 제후국이던 연제조(燕齊趙) 등이 단군조선의 명도전을 흉내 내어 만든 것이거나, 단군조선의 제후국이던 기후국(箕侯國), 흉노(匈奴)나 그 후예 또는 산동지역의 단군조선 제후국들이 주조유통한 것으로 된다.

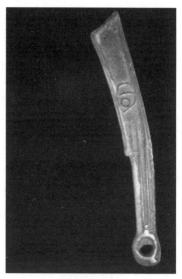

명도전 앞면

단군조선 영역은 명도전의 출토지로 보면, 대요수가 되는 지금의 영정하 동쪽으로 발해만 유역의 번한 땅을 포함하여, 번한의 북쪽으로 구려 땅이 되는 지금의 요하 상류지역, 마한 땅이 되는 한반도의 북부지역과 진한 땅이 되는 요동반도와 만주 지역이 그 중심지역이 된다.

이와 같이 특히 명도전이 단군조선 삼한의 중심지역에 집중적으로 출토되는 것으로 보면, 단군조선의 화폐임을 명백하게 알 수 있으며, 북경의 서쪽으로는 상대적으로 미미한 것을 고려하면, 서기전 650년경 기후국과 고죽국이 망하면서 지금의 영정하 동쪽의 번한 직할 영역으로 그 주류세력이 이동한 결과로 인한 것임이 드러난다.

즉, 명도전은 춘추시대에 주조되어 유통된 화폐로서 서기전 650년경 이후에는 지금의 영정하 동쪽으로 단군조선 삼한의 중심지역에서 주조유통된 것으로 되는 것이다. 한편, 산동지역의 단군조선 제후국들은 이후에 자체적으로 명도전을 주조유통한 것이 되는데, 이들 산동지역의 명도전이 제명도로 잘못 명명된 것으로 되는 것이다.

단군조선의 첨수도는 명도전 이전에 주조유통된 것이며, 은나라 말기나 주나라 초기부터 이미 존재한 것이 되는데, 이때의 단군조선 영역은 대요수인 지금의 영정하 서쪽으로 기후국(箕侯國)은 물론 흉노(匈奴)의 근거지인 지금의 오르도스 지역과 산동지역에 걸치는데, 이러한 단군조선의 첨수도(尖首刀)를 모방하여 제(齊)나라가 반수도(反首刀)인 제지법화(齊之法化) 등을 주조한 것이 된다.

첨수도에는 명도전에 비하여 상대적으로 오래된 형태 즉 고체(古體)의 상형문자가 새겨져 있다. 그냥 상형문자로 보아도

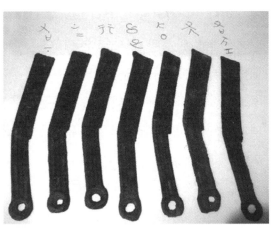

명도전 뒷면에 새겨진 문자

문제가 없는 글자들이며, 물론 자음과 모음으로 구분하여 소리글자로 조합하여 읽을 수 있는 글자들이 된다.

명도전에는 첨수도에 비하여 상대적으로 진화된 상형문자가 새겨져 있으며, 또 상형문자이면서 자음과 모음으로 구분하여 소리글자로 읽을 수 있는 글자인 소위 상형-표음 문자가 새겨져 있기도 하고, 자음과 모음으로 구분하여 적으면서 상형을 띤 글자가 되는 소위 표음-상형 문자가 새겨져 있기도 하며, 상형보다도 자음과 모음으로 읽을 수 있는 순수한 소리글자(표음문자)라 할 수 있는 글자가 새겨져 있기도 하다.

이와 같이 첨수도와 명도전에 새겨진 글자는, 서기전 2181년에 정립된 소리글자인 가림토 38자와 가림토 38자 외의 자음(子音)과 모음(母音)으로 새겨져 있으며, 자음과 모음으로 구분이 가능한 글자가 되어 전체적으로 보면 소리글자 즉 표음문자라고도 할 수 있는 사실에서, 소위 자음과 모음으로 이루어진 글자가 새겨진 화폐 또는 칼 모양의 화폐라는 의미로 자모전(子母錢) 또는 자모도전(子母刀錢)이 된다.

실제로 우리 역사기록에는 서기전 1680년에 단군조선에서 자모전(子母錢)을 주조하였다고 적고 있는데, 이때의 자모전은 작은 단위의 돈과 큰 단위의 돈이 아니라 자음(子音)과 모음(母音)의 글자가 새겨진 돈이라는 의미가 되는 것이다.

5) 상형문자 진서(眞書)를 읽는 소리 - 음독(音讀)과 훈독(訓讀)

가) 설문해자(說文解字)와 상형문자 발음표기법

허신(許愼)이 지었다는 설문해자는 소위 한자(漢子)의 발음표기를 적은 것으로서 초성(初聲)과 중성(中聲) 및 종성(終聲)을 두 글자로 나누어 적는 방법인데, 앞 글자는 초성을, 뒤 글자는 중성과 종성을 나타낸다. 이러한 발음표기법을 반절(半切)이라 한다.

즉, 예를 들어 동(東)은 덕홍절(德紅切)이 되는데, 덕(德)의 초성인 "ㄷ"을 따고 홍(紅)의 중성과 종성인 "옹"을 따서, "동"이라고 발음하는 방식이다. 이를 중국어식 발음으로 나타내면, "ㄸ + 옹"이 되어 "똥"이 된다.

허신의 설문해자는 시기적으로 한(漢) 나라 시대의 한자의 발음표기가 되는데, 현재 우리 한국어에 쓰이는 한자(漢字)의 발음은 이 설문해자에서 표기한 발음과 초성, 중성, 종성 모두 완전히 일치한다.

그러나, 현재 중국어의 발음 중 종성의 발음은 ㄴ, ㅇ, ㄹ만 사용하고 있는데, 이는 설문해자에서 표기한 한자의 발음 중에서 종성에 해당하는 발음과 일치한다고 할 수 없는 경우가 허다하게 되는데, 시간이 흐름에 따라 발음의 편리성으로 인하여 간소화하는 경향이 있는 점을 고려하면, 원래의 한자(漢字) 발음은 종성이 분명하게 있었던 것이 되고, 지금의 중국어 발음은 간소화 한 것이 된다.

이리하여, 허신의 설문해자에서 표기하는 소위 한자(漢字)의 발음은 우리 한국어에서 쓰이는 한자의 음독(音讀)이 되는 것으로서, 즉 설문해자는 곧 상형문자를 읽던 우리 한국어의 발음을 적어 놓은 것이 된다.

그런데, 한(漢) 나라 시대에 이 설문해자에 표기된 발음이 우리 한국어의 발음이라는 것은 곧 단군조선(檀君朝鮮) 시대의 발음을 가리키는 것이 된다. 단군조선 시대에 신전(神篆:眞書)이나 부예(符隷)라는 상형문자가 있었고, 그 상형문자의 발음을 통일시키기 위하여 서기전 2181년에 소리글자인 가림토(加臨土) 38자를 정립한 사실이 있음을 볼 때, 당연한 것이 된다. 즉, 허신의 설문해자에 기록된 소위 한자의 발음은, 단군조선 시대에 상형문자(象形文字)를 읽던 발음이 되는 것이다.

나) 단군조선 도전문(刀錢文)과 은(殷) 갑골문(甲骨文)

단군조선의 첨수도와 명도전에 새겨진 글자는 상형문자이면서 자음과 모음으로 구분이 가능하여 소리글자로 읽히는 글자가 된다. 즉, 첨수도와 명도전에 새겨진 글자는 각 글자마다 발음이 있는 글자인 것이다. 첨수도와 명도전이 자모전(子母錢)이라는 이유가 여기에 있다.[304]

그림은 원칙적으로 발음을 가진 글이 아니라 뜻을 나타내는 하나의 수단이 된다. 물론 간단한 그림은 경우에 따라 자음과 모음으로 구분할 수 있어 소리글자가 될 수도 있다. 이렇게 그림이 간소화 되어 상징화 되면, 자음과 모음으로 구분 가능한 글자로 변형되는데, 이 단계가 곧 상형문자가 소리글자로 읽히는 단계로서 소위 상음문자(象音文字)가 되는 것이다.

그리하여, 첨수도와 명도전에 새겨진 글자는 상음문자로서 상형문자가 되는 상형문자, 상형-표음 문자, 표음-상형 문자 등이 된다. 즉, 단군조선의 도전(刀錢)인 첨수도와 명도전에 새겨진 글자는 명백한 글자로서 소리로 읽히는 즉 발음을 가지고 있는 글자가 되는 것이다.

은나라의 갑골문은 단적으로 말하면 상형문자이다. 그런데, 그 글자들의 발음은 고연 어떠하였을까? 분명히 어떠한 발음 법칙이 있었을 것이다. 이는 서기전 3000년경에 이미 정립된 육서법에 의하여 명백한 사실이 된다. 즉, 육서법에 형성(形聲)이라는 법칙이 있어 글자의 소리를 나타내는 방법이 있었다. 그러면, 형성문자가 아닌 글자의 발음은 어떻게 알고 또 읽었을까?

바로, 배달나라 시대부터 내려온 발음법칙이 있었다는 결론이다. 그것은 곧 모든

---

304) 허대동 지음/이민화 감수/조홍근 검증, 고조선 문자, 도서출판 경진, 2011, 64쪽, 94~254쪽 참조

상형문자가 소위 상음문자(象音文字)라는 사실이다. 즉, 모든 상형문자는 단순한 그림이 아니라 발음을 가지는 글자로서, 상형문자 자체 내에 발음요소를 가지고 있다는 것이다. 다시 말하면, 상형문자 내에 소리글자가 포함되어 있다는 것이다.

그리하여, 배달나라 시대부터 내려온 모든 상형문자는 이미 자체적으로 발음이 있었던 것인데. 그 발음요소가 곧 자음과 모음이 되는 것이며, 이것이 서기전 2181년에 38자로 정립된 것이 가림토 38자인 것이 된다. 물론 이 38자 외에 소리를 표현하는 글자가 많았던 것은 분명한 사실이 된다. 즉, 가림토 38자는 같거나 유사한 형태를 가진 글자들의 발음을 대표적인 글자로 표기한 것으로서, 곧 여러 형태의 글자에서 공통분모 격으로서 정선(精選)된 글자가 되는 것이다.

은나라 갑골문의 글자를 읽는 방법은 갑골문이 이미 소위 상음문자(象音文字)라는 사실에서 드러난다. 즉, 서기전 1766년경에서 서기전 1122년경 사이에 사용된 은나라 시대의 문자인 소위 은 갑골문은 각각 그 고유의 발음을 가진 글자인 것이며, 그 읽는 방법은 자음과 모음으로 구분하여 읽는 방법인 것이다.

대표적인 예를 들면, 人 이라는 글자는 단순한 그림이 아니라 사람을 가리키는 상형문자가 되는데, 이를 가림토식으로 자음과 모음으로 구분하여 읽는다면, 위에서 아래로 삐진 l와 왼쪽 위에서 오른쪽 아내로 삐친 ㄴ 형태의 글자 모양이 되는데, 이는 바로 "l ㄴ"으로서 "인"이라고 발음 나는 것이 된다.

물론 모든 글사가 자음과 모음으로 구분하여 읽으면 될 것이나, 그 읽던 발음은 글자의 형태가 바뀌면서 시대에 따라 변할 수 있는 바, 현재 우리가 읽는 소위 한자의 발음은 대체적으로 은 갑골문이나 단군조선의 신전이나 부예를 읽던 소리로서 가림토식으로 자음과 모음으로 읽은 것이 되어 단군조선 시대의 발음이 대부분이 되는 것이다.

(2) 표음문자

앞에서 모든 상형문자(象形文字)가 원래 소위 상음문자(象音文字)로서 그 글자를 읽는 발음요소을 포함하고 있는 점에서, 소리글자와 크게 다르지 않는 것이 되는데, 다만, 소리글자는 상형문자의 형태를 벗어나 발음을 나타내는 형태의 글자로 간소하게 변한 것이 된다.

즉, 표음문자는 상형(象形)의 틀을 벗어나 소리를 나타내는 부호로서 기능을 하는 것이 된다. 배달나라 시대부터 이미 상형문자와 소리글자가 일치하는 간단한 형태의 상음문자가 있었던 것이며, 복잡한 형태의 상형문자 속에도 각 표음문자가 되는 자음과 모음의 요소를 가지고 있어 소리글자로 읽을 수 있는 글자가 되는 것인데, 이러한 자음과 모음의 요소가 되는 형태의 글자를 정선하여 대표적인 모양으로 정리한 것이 서기전 2181년에 삼랑(三郞) 을보륵(乙普勒) 선인(仙人)이 만든 가림토(加臨土) 38자인 것이다

1) 가림토 38자 정립 이전의 소리글자

서기전 2181년 가림토 38자가 정립되기 이전에도 소리글자인 소위 상음문자와 상형문자의 발음요소가 되는 글자가 배달나라 시대부터 있었다.

이러한 글자는 가림토 38자의 자음과 모음의 각 낱자와 유사한 형태의 글자가 되는데, 음가는 거의 같은 것이라 보면 된다.

가림토 38자 이전의 소리글자가 되는 대표적인 예로서 인도 브라미(Brahmi) 문자를 들 수 있다. 소위 범어(梵語) 즉 산스크리트라 불리는 문자가 곧 브라미 문자로서 서기전 2181년 이전의 배달나라 시대와 단군조선 초기에 사용되던 소리글자가 된다.

2) 정음(正音:바른소리) 가림토(加臨土) 38자

서기전 2181년에 삼랑 을보륵에 의하여 가림토 38자가 만들어졌다. 가림토라는 말은 "가리는 말"로서 소리를 구분하는 글자를 의미한다. 다른 말로 정음(正音)이라고 하는데 정음이라는 글자를 훈으로 읽으면 "바른소리"가 되는데 말소리를 바르게

표기하는 글자라는 의미가 된다.

단군조선 가림토 38자

　　그리하여 서기전 2181년에 이미 있던 상형문자에 표음문자가 추가로 정립된 것이다. 가림토 38자의 정립은 특히 상형문자의 소리를 표기하여 지방마다 나라마다 달라지는 발음을 하나로 통일하기 위한 것이었다. 이리하여 단군조선의 상형문자에 대한 단군조선의 발음은 이후 부여삼한을 거쳐 고구려, 백제, 신라, 고려, 조선 시대에 이르기까지 거의 변함없이 이어져 온 것이 된다.

　　단군조선의 상형문자에 대한 발음이 고대중국에 유통되어 소위 한자(漢字)라는 같은 뜻의 글자에 적용시켜 한나라 시대에 허신이 반절법(半切法)이라는 방식으로 발음을 표기하였던 것이 된다. 이 반절법에 의한 발음과 그 변형된 발음이 차차 지금의 중국어 발음이 된 것이고, 세종대왕 때의 동국정운(東國正韻)의 발음은 당시 중국어 발음을 한글표기로 기록한 것이 된다. 여기서 중국어 발음은 단군조선어에서 변형되어 파생된 또 다른 발음의 말이 되는 것이다.

　　서기전 2181년에 가림토38자가 정립되기 이전에 그 훨씬 전부터 상형문자의 형태가 서서히 표음문자화 되는 과정 즉 소위 상음문자(象音文字) 단계를 밟았던 것이 된다. 즉 상형문자가 상형-표음 문자로 볼 수 있는 과정을 밟아 변형되고 이 상형-표음 문자에서 표음문자가 되는 38자를 추출한 것으로 되는 것이다.

가) 가림토 38자 정선(精選)
　　단군조선 초기인 서기전 2181년에 만들어졌다는 가림토 38자는 삼랑(三郞) 을 보륵(乙普勒)이 처음으로 만든 것이 아니라, 당시까지 존재하고 사용되고 있던 글자들을 모아 그 모양이나 소리가 같은 계통으로 각 분류하여 38자로 정리하고서 정선(精選)한 것이 된다.

즉, 굽은 모습을 나타낸 ㄱ과 유사한 모양의 글자는 ㄱ으로 통일하고, 이어진 모습을 나타낸 ㄴ과 같은 모양의 글자는 ㄴ으로 통일하고, 닿아 있으면서 떨어진 모습을 나타내는 ㄷ 또는 C와 유사한 글자는 ㄷ으로 통일하고, 굽으면서 이어지고 닿아 있으면서 떨어진 모습을 나타내는 글자는 ㄹ로 통일하는 식으로 체계화함으로써 모두 38자로 정리한 것이 된다.

이러한 가림토 38자가 존재하였다는 사실이, 근세 조선시대 세종대왕 시절에 정인지가 지은 훈민정음 해례본의 서문에 기록되어 있다.

훈민정음 해례본 정인지(鄭麟趾) 서(序)

천지자연의 소리가 있으니 반드시 천지자연의 글자가 있다. 그래서 옛 사람이 소리에 따라 글자를 만들어 만물의 뜻을 통하게 하고, 삼재(三才)의 도(道)를 실었으므로 후세에도 능히 바뀌지 아니하였다.

그러나, 사방의 풍토가 나뉘어져 다르게 되니 소리의 기운도 역시 따라 달라졌다. 대개 외국의 말은 소리는 있으나 그에 해당하는 글자가 없어 중국의 문자를 빌어 통용케 한 것은 오히려 그 소리에서 벌어지게 하는 것이 되었다. 어찌 능히 통달한다 하여도 틈(鑿:벌어짐: 어긋남)이 없으리오? 대개 그 처한 바에 따라 편안하게 할 필요가 있으나 가히 억지로 같게 할 수는 없는 것이다. 우리 동방의 예악과 문장은 화하(중화)와 같으나 방언의 말이 그(중화)와 같지 아니하다.

(有天地自然之聲 則必有天地自然之文 所以古人因聲制子 以通萬物之情 以載三才之道 而後世不能易也. 然四方風土區別 聲氣亦隨而異焉. 蓋外國之語 有其聲而無其字 假中國文字 以通其用 是猶鑿之也. 豈能達而無乎. 要皆各隨所處而安 不可强之使同也. 五東方禮樂文章 擬華夏 但方言之語 不

與之同).

<有天地自然之聲>

천지자연의 소리는 곧 천지
자연의 법(法)이다. 법(法)은
섭리(攝理)이며 이치(理致)이
다. 그리하여 천지자연의 소
리, 천음(天音)은 천지자연의
법 즉 천법(天法)이다. 천음
(天音)을 나타낸 상징물이 방
울(鈴)이다. 이 방울은 천지자

훈민정음 해례 정인지 서문

鄭麟趾 序

有天地自然之聲 則必有天地自然之文. 所以古人因聲制字
以通萬物之情 以載三才之道 而後世不能易也. 然四方風土區
別 聲氣亦隨而異焉. 盖外國之語 有其聲而無其字. 假中國文字
以通其用 是猶枘鑿之 也. 豈能達而無 乎. 要皆各隨所處而安 不
可强之使同也. 吾東方禮樂文章 擬華夏. 但方言之語 不與之同.
學書者患其旨趣之難曉 獄者疾其曲折之難通. 昔新羅薛總 始
作吏讀……我殿下創制正音二十八字 略揭例義以示之 名曰訓
民正音. 象形而字倣古篆 因聲而音叶七調. 三極之義 二氣之妙
莫不該括 以二十八字而轉換無窮 簡而要 精而通. 故智者不終
朝而會 愚者可浹旬而學 以是解書 可以知其義. 以是聽訟 可以
得其情. 字韻則淸濁之能辨 樂歌則律呂之克諧. 無所用而不備
無所往而不達. 雖風聲鶴 鷄鳴狗吠 皆可得而書矣……臣鄭麟趾
拜手稽首謹書.

연의 소리를 나타낸다. 방울은 태극(太極:二極:음양)을 상징하는 것으로서 천부인
(天符印) 삼개 중의 하나이다.

훈민정음은 삼재(三才)의 원리에 따라 이기(二氣) 즉 음양의 이치를 담은 소리글
자이다. 즉 천지인의 상징인 ㅇ ㅁ 각의 원리에 입각하여 만든 글자로서 자음과 모
음이 모두 이 ㅇ ㅁ 각에서 만들어졌는데, 자음은 발음기관의 모양을 나타내면서 모
음은 ㅇ ㅁ 각의 축소 상징화된 . ─ ㅣ로 구성되면서 음양의 이치를 담고 있는 것이
다. 자음과 모음 보누 삼재(三才)의 도(道)를 싣고 있는 이전의 소리글자를 본딴 것
이므로 당연한 것이 된다.

서기전 7197년 이전의 파미르고원 마고성 시대에 이미 오금(烏金)으로 된 귀걸
이를 하고 다녔으며 천음(天音)을 듣기 위한 것이라고 기록되고 있다.[305] 천부인
(天符印) 삼인(三印)은 거울, 방울 또는 북, 칼이며, 재질로는 청동거울, 청동방울,
청동검이 대표적이다.

---

305) 전게 부도지, 27쪽 참조

거울은 무극(無極), 일극(一極)으로서 하늘, 태양을 상징하며 천성(天性)을 나타내고, 방울은 이극(二極), 반극(反極), 태극(太極, 음양)으로서 천음(天音)으로서 천법(天法)을 나타내며 천지(天地) 즉 하늘과 땅이 원래 하나임을 나타내고, 칼은 삼극(三極), 삼태극(三太極)으로서 천권(天權)을 나타내며, 하늘, 땅, 사람이 원래 하나임을 나타낸다.

서기전 7197년경에 천부(天符)가 신표(信標)로 사용되었고, 서기전 7197년경부터 서기전 6097년경 사이에 해당하는 시기에 천부삼인(天符三印)이라는 용어가 기록되고 있다.[306]

〈則必有天地自然之文〉

천지자연의 글자는 천지자연의 소리를 나타낸 부호이다. 천지자연의 모습을 나타낸 것이 그림이나 글자인데, 글자에는 크게 그림글자와 소리글자가 있다. 여기서 말하는 천지자연의 글자는 곧 표음문자인 소리글자를 가리킨다. 즉 앞에서 천지자연의 소리가 있고 이에 천지자연의 글자가 있다고 하였기 때문이다. 이는 정인지 선생이 훈민정음 이전에 이미 표음문자가 있었음을 단적으로 나타내 주는 글이다.

〈所以古人因聲制子 以通萬物之情 以載三才之道〉

옛 사람이 소리에 따라 글자를 만들어 만물의 뜻을 통하게 하고 삼재(三才)의 도(道)를 실었다 하여, 표음문자임을 다시 나타내고 있다. 소리글자로 뜻을 통하게 하였다 하므로 소리글자인 동시에 뜻글자가 되는 것이다.

삼재(三才)는 천지인을 가리키며, ㅇ ㅁ 각을 나타낸다. 이 원방각은 자음의 기본이 되기도 하고, 상징화 되어 . ㅡ ㅣ 의 기본모음이 되기도 한다. ㅇ은 하늘이나 태양을 나타내고 둥근 모양을 나타내며, ㅁ은 사방이 있는 땅을 나타내고, 각(세모)은 서

---

306) 전게 부도지, 37~38쪽 참조

있는 존재인 사람을 나타낸다. 상징화된 . ㅡ ㅣ 는 곧 태양(하늘), 땅, 사람을 나타내는 모음이 된다.

훈민정음의 삼재(三才)의 원리가 이미 옛 사람이 만든 소리글자에 분명히 실려 있다는 것이다. 이는 옛 사람이 만든 표음문자가 삼재의 원리에 따라 만들어진 것임을 단적으로 나타내 주는 것이다.

〈而後世不能易也〉

후세에 능히 바뀌지 않았다 하므로, 옛 사람이 만든 소리글자가 상당히 오랜 기간 동안 사용되어 왔음을 나타낸다. 이는 서기전 924년 왕문(王文)에 의하여 만들어진 이두법을 고려하면, 서기전 924년 이전에 오랜 기간 사용되었음을 알 수 있게 한다.

〈然四方風土區別 聲氣亦隨而異焉〉

그러나, 사방의 풍토가 나뉘어져 달라지니 소리의 기운도 역시 따라 달라졌다 하는 데서, 단군조선이 망한 때가 되는 서기전 238년경 이후 사방의 제후국들이 칭왕을 하면서 독자노선을 걷게 됨으로써 말소리가 달라진 것을 나타낸다.

서기전 2333년에 개국된 단군조선이 약 150년이 지난 시점인 서기전 2181년에 삼랑 을보륵이 정음(바른소리)을 만드니 가림토38자이다. 이때 가림토 글자를 만든 이유가 진서(眞書:상형문자=神篆)가 있었으나 나라마다 소리가 달라지니 이를 통일시키기 위하여 만들었다 한다. 약 1,000년이 지난 서기전 1285년에 색불루단군에 의하여 후기조선이 시작되었으나 이때까지도 계속 사용된 것이 되고, 특히 침수도, 첨수도, 명도전이 주조발행된 것으로 보이는 주나라 전국시대까지도 계속 사용된 것으로 된다.

주나라 전국시대는 서기전 403년부터 서기전 249년까지이다. 단군조선은 서기전 238년에 사실상 망하고 서기전 239년에 시작된 해모수의 북부여에 의하여 서기전 202년에 접수된다.

단군조선이 망하자 특히 진한과 번한의 유민들이 동으로 남으로 이동하여 한반도 남쪽으로 가서 각각 나라를 열었는데, 변한12국이 서기 42년에 가야연맹에 의하여 대체될 때, 아라가야가 있었으며, 이 아라가야는 지금의 함안 지역에 있었고 유물로 나온 토기 위에 가림토글자가 새겨있는 것으로 보아 이때까지도 계속 사용되어 온 것으로 보인다. 다만, 조정에서는 한자를 사용하거나 이두를 사용하여 표기한 것이 된다.

사방이 나뉘어져 각각의 나라가 되니 문화와 습속 달라지므로 자연히 말소리도 변하게 된다. 그래서 소리의 기운 즉 소리 내는 방법이 달라지는 것이다. 서기전 2181년 이후에 단군조선의 제후국들이 멀리 떨어져 있는 경우에는 그에 따라 다른 말이 생겼던 것이 분명하며, 서기전 660년 일본이 천왕을 참칭하면서 독립을 시도하여 그에 따라 말소리도 달라진 것으로 보인다.

〈蓋外國之語 有其聲而無其字 假中國文字 以通其用 是猶鑿之也. 豈能達而無乎. 要皆各隨所處而安 不可强之使同也. 五東方禮樂文章 擬華夏 但方言之語 不與之同〉

나라마다 말이 있으나 그 소리에 따른 글자가 모두 있는 것이 아니어서, 중국의 문자를 빌어 사용하였는데, 이것이 오히려 그 소리를 정확히 나타내지 못함으로서 글자와 소리를 벌어지게 한 것이 된다. 아무리 글자에 통달한다 하더라도 글자와 소리를 완전히 일치하게 할 수는 없는 것이다. 대체적으로 각기 처한 바에 따라 편안하게 사용하도록 할 필요는 있으나 억지로 같게 할 수는 없는 것이다.

우리 동방(조선)의 예악과 문장은 중국에 견주나, 말은 같지 않다는 것이다. 그래서 세종대왕이 훈민정음 28자를 창제하시니, 상형이자방고전(象形而字倣古篆)이라 하여 모양을 나타내며 글자는 옛 전자를 본 땄다 함으로써, 훈민정음이 상형문자이자 글자의 모양이 옛 글자를 본뜬 것이라 한 것이다. 여기서 상형은 발음기관의 모습을 나타낸 것으로 해석이 되는데, 글자의 모양을 옛 글자에서 본뜬 것이라 하므로 소리글자로서 발음기관의 모양을 나타낸 글자라는 것이다.

이상으로 훈민정음 해례본의 정인지 서문의 서두에서 보는 바와 같이, 훈민정음 이전에 이미 오랜 기간 동안 천지자연의 소리에 따른 천지자연의 글자를 삼재의 원리에 따라 만들어 사용하였으며, 훈민정음의 글자를 이 글자에서 본뜬 것이고, 모양은 발음기관의 모양이 되는 것이다. 바로 이 글자가 곧 단군조선의 가림토 글자가 되는 것이며, 이 가림토 글자가 바로 삼재의 원리에 따라 만든 소리글자임을 단적으로 나타내는 것이 된다.

이제 훈민정음 이전에 이미 소리글자가 있었으며, 한글이 이 소리글자를 본 딴 것임을 부인할 수 없는 것이다. 즉 서기전 2181년에 만들어진 가림토38자는 세종대왕의 훈민정음의 기본글자가 되는 것이다. 다만, 훈민정음 신제 당시에 가림토38자, 정음38자, 단군(檀君)조선(朝鮮), 을보륵(乙普勒), 영해박씨, 징심록(澄心錄) 음신지(音信誌) 등을 언급하지 아니한 것이 아쉬울 뿐이다.

훈민정음은 서기전 2181년에 만들어진 소리글자 가림토38자를 본뜬 것이며, 이 가림토글자는 천지자연의 소리를 나타낸 부호로서 원래 천지자연의 소리와 일치하는 것이고, 천지자연의 소리는 곧 천지자연의 형상이 된다. 천지자연의 모습이 곧 천지자연의 소리인 것이다.

시각과 청각은 느끼는 감각이 다를 뿐이며 모두 천지자연의 소리이다. 천지자연의 소리는 천지자연의 법이며, 이에 따라 형상이 나타나는 것이다. 모습을 가지기 이전의 천지자연은 곧 소리인 것이다. 소리(聲)는 기(氣)이다. 성(聲)은 음(音)이다. 음은 피리 등 악기 소리를 나타내는 글자가 된다. 악기소리가 바로 천지자연의 소리를 나타낸 것이다.

기(氣)는 작용이며, 그 작용의 원천은 바로 신(神)이다. 신(神)이 기(氣)가 되고, 기(氣)가 바탕(質)이 되고, 바탕(質)에서 틀(機)이 잡히며, 틀(機)에서 체(體)가 잡히며, 체에서 형(形)이 나타난다. 소리는 기(氣)로서 만물의 바탕(質)이 되고 기(氣)가 어우러져 때로는 소리로 때로는 모습(形體)으로 나타나는 것이다. 단적으로 보이는 기(氣)는 모습(形象)이며, 보이지 않는 기(氣)는 곧 소리(音, 聲)인 것이다.

소리글자는 천지자연의 소리를 나타낸 글자이고, 천지자연의 소리는 곧 천지자연의 모습이기도 한 것이다. 그래서 그 소리글자는 바로 그 형상을 나타내는 글자로서 상형문자이기도 한 것이다. 이러한 소리글자이자 상형문자인 글자가 바로 천지인의 모습을 담은 가림토이며, 가림토는 천지자연의 소리(聲)을 나타낸 글자인 것이다.

나) 가림토 38자의 음가

가림토 38자의 음가는 훈민정음의 자음과 모음의 음가와 다르지 않은 것이 된다. 즉, 같은 글자의 자음은 가림토의 음가가 훈민정음의 음가가 동일한 것이며, 같은 글자의 모음 또한 음가가 동일한 것이 된다.

단지, 가림토 38자에는 있고 훈민정음 28자에는 없는 글자가 되는, X는 ㄱㅅ, ㅋㅅ, ㅎ에 해당하는 것이 되고, ㅡ 아래 ㅈ은 ㅉ이 되며, ㅅ 아래 ㅁ은 ㅅㅁ으로 ㅁㅁ과 같은 소리가 되고, ㅅ 아래 ㄷ은 ㅅㄷ으로 ㄸ과 같은 소리이며, M은 ㅅㄱ이 되고, ㅣ 뒤에 ㄷ은 ㄷ의 구개음화된 소리로 "치" 소리가 되며, ㅐ는 ㅂ이 되고, ㅒ는 ㅃ이 되며, ㅡ 아래 △은 ㅆ의 유성음이 되고, ㅡ 아래 ㄱ은 ㄲ이 되며, ㅍ은 ㄴ의 쌍자음 즉 ㄴㄴ 소리가 되고, ㅡ 아래 ㅍ은 ㅍ의 쌍자음이 된다.

다) 상형문자의 표준음 정립

서기전 2181년에 가림토 38자가 정리된 이유는 당시에 사용되던 상형문자의 읽는 소리를 통일하기 위한 것이다.

즉, 당시 상형문자이던 참글 즉 진서(眞書:神篆)를 읽는 소리가 10리(里)의 읍(邑)마다 100리(里)의 나라마다 모두 달라져 의사소통에 장애가 생기므로, 이 상형문자를 읽는 소리를 통일하기 위하여 만들어진 것이 된다.

라) 상형문자를 읽는 소리 – 음독(音讀)과 훈독(訓讀)

상형문자를 읽는 소리는 그 글자의 모습을 보고 자음과 모음을 어떻게 구분하여 읽느냐에 따라 다르게 읽힐 수도 있게 되는데, 이리하여 상형문자를 읽는 소리로서 하나만이 아니라 글자의 모양에 따라 한 가지 이상 생겨나게 되는데, 이리하여 소위 음독(音讀)과 훈독(訓讀)이 생겨난 것이 된다.

즉, 상형문자인 참글(眞書:神篆)의 글자 모습이 시대가 흐름에 따라 간소화 하는 과정을 밟게 되는데, 이러한 과정에서 읽히는 글자의 소리가 두 가지 정도로 나게 되어 음독과 훈독으로 불리게 되는 경우로 나타난 것이 된다.

예를 들면, 소를 가리키는 牛라는 글자는 뿔을 가진 소(牛)의 모습을 나타낸 글자가 변형된 모습의 글자인데, 가림토식의 자음과 모음으로 나누어 읽는다면, 그 글자의 모습이 ㅅ ㅣ ㅡ가 되어 "쇼 (또는 셔)"에 가까운 소리가 되고, 이 "쇼"라는 소리가 시대가 흐름에 따라 중모음이 단모음화 되어 "소"가 되고, 한편 모음이 변음 되어 "슈"가 되며 이어 자음이 유성음화 되어 "유"가 되고, 다시 중모음이 단모음으로 변음되어 "우"가 되는 과정을 거치게 되는데, 여기서 지금까지 남아 있는 소리인 "소"와 "우"라는 소리를 "牛"라는 글자를 읽는 소리로 하여 "소 우"라고 읽는 것이 된다.

(3) 가림토 38자 외의 소리글자

가림토 38자는 유사한 글자를 계통으로 분류하여 가장 대표성 있는 글자를 한자식 정선하여 모두 38자로 정리한 것이 되는데, 어디까지나 가림토38자는 견본이 되는 글자이며 그 글자체의 모습이 변화무상하게 되는 것은 당연한 것이 된다. 이는 사람마다 같은 글자를 쓴다 하더라도, 그 글자를 쓰는 모습이나 주어지는 힘 등이 모두 다르므로 그 결과 쓰인 글자 또한 그 모양이 달라지는 것과 같은 이치가 된다.

역사적으로 단군조선의 화폐가 되는 소위 명도전(明刀錢)에 새겨진 문자에는, 상형문자만이 아니라 소리글자인 가림토 글자가 상형모양으로 새겨진 것으로 볼 수 있는 글자들이 수없이 많다.

단군조선의 상형문자는 가림토 38자가 정립되기 이전부터 자음과 모음을 각각 나타내는 글자의 혼합된 상태가 되는 소위 상형-표음 문자로 변형 발전되었던 것이 되고, 이러한 글자의 형태는 가림토 38자가 만들어진 이후까지 줄곧 쓰여진 것이 된다.

특히, 가림토38자가 정립된 이후에는 상형문자를 그 글자의 소리를 나타내는 자음과 모음을 혼합하여 표기하는 방식으로 적기도 하였던 것이 되는데, 이러한 글자 형태가 바로 단군조선의 화폐가 되는 소위 첨수도(尖首刀), 침수도(針首刀), 명도전(明刀錢)에 수없이 남아 있다. 상형문자를 자음과 모음을 혼합한 방식으로 새겨진 글자를 소위 상형-표음 문자라 할 수 있겠다.

갑골문은 거북의 등껍질이나 소뼈 등에 새긴 글자인데, 은(殷)나라는 서기전 1766년부터 서기전 1122년 사이에 약 645년간 존재한 나라이고, 단군조선은 서기전 2333년부터 서기전 232년 사이에 2,102년간 존재한 나라가 되는데, 은나라보다 약 600년 이전에 건국되었다. 이 은나라의 문자가 되는 소위 갑골문자는 상형문자이면서 가림토식의 자음과 모음으로 읽히는 글자가 되는데, 상형-표음 문자라할 수 있겠다.

한편, 은나라 말기나 주나라 초기에 나타나는 소위 금문(金文)은 갑골문에 비하여 부드러운 서체가 되는데, 기본적으로는 상형문자이나 그 읽는 소리는 갑골문에 준하는 글자가 될 것이며, 단군조선과 주나라의 빈번한 상호교류 관계로 보아 상형문자를 공유한 것이 되는 바, 단군조선의 제후국이 되는 기후국의 방정과 고죽국의 방정이 이를 입증해 주는 것이 된다.

단군조선은 서기전 2333년경에 이미 청석(靑石)을 재료로 하여 글을 남겼다. 그리고 서기전 1122년경 목판(木板)에 글을 새겼다. 그 외에 소위 우골(牛骨)문자가 유물로 나타난다. 즉, 글자를 쓰는 재료가 있었으므로 글자를 쓰는 방법이 당연히 있었던 것이고, 글자의 모습 즉 서체(書體)가 있었던 것이 된다. 소리글자인 가림토 글자와 연관시켜 보면 소위 명도전 등에 새겨진 문자의 형태는 주물형태이므로 끝이나 선의 모양이 부드러운 반면에, 갑골문의 글자 형태는 칼 등으로 긁은 모양이 되어 선이 날카로운 모양이 된다.

서기전 209년 이후에 시작된 한반도에서의 후삼한 시대를 지나 서기 42년에 시작된 가야시대에서 지금의 함안에 자리 잡은 아라가야가 있는데, 이 아라가야의 출토유물 중에서 토기에는 단군조선 시대의 가림토 글자가 되는 문자들이 많이 새겨져 있다. 즉, 아라가야의 토기에 새겨진 문자는 곧 단군조선 시대의 가림토 글자가 되는 것이며, 가림토38자에 없는 형태의 글자들이 있는데 단순한 상형문자가 아닌 소리글자임에 틀림없는 것이 된다.

또, 서기전 660년에 시작된 것으로 되는 일본의 소위 왜왕조(倭王朝) 이전의 시기를 소위 신대(神代)라 부르는데, 이 신대에 해당하는 시기에 만들어졌다는 신대문자가 일본 땅에 많이 남아 있는 바, 이 신대문자가 거의 단군조선의 가림토 38자에 해당하는 글자가 되며, 특히 응용되어 만들어진 글자도 있다.

ㅛ이라는 글자는 가림토 38자에서는 ㄴ의 쌍자음에 해당하는 소리로서 "ㄴ, 나"로 읽히는 글자가 되는데, 일본의 이세신궁의 소장문헌에 나타나는 원시한글에 있는 ㅛ과 유사한 글자는 ㅣ의 모음을 2등분한 글자로서 반자음 "이[y]"의 소리가 된다.

또, ㄷ의 좌우를 바꾼 글자를 ㄹ 글자로 사용하고 있으며, ㅅ 아래 ㅇ을 쓴 글자는 ㅎ 글자로 사용한 것이 된다.

돌궐족은 역사상 단군조선의 한 부족에 해당하는 견족(畎族:견이)의 후예가 되는데, 서기 7~8세기에 이르러 나라를 세우기도 하면서 문자를 사용하였는데, 이를 돌궐문자라 하는 바, 그 글자들의 모든 형태가 단군조선 시대에 사용되던 상형문자에서 딴 것이 되는데, 결국 가림토 글자와 같거나 유사한 형태인 것이며, 다만 글자들의 발음이 가림토식 발음과 다른 것이 된다. 이는 시대가 흐름에 따라 글자를 읽는 방법이 다르거나 변음 즉 소리가 변화된 것으로 빚어진 결과가 될 것이다.

(4) 칼돈(刀錢:명도전)에 새겨진 표음문자

넓게는 첨수도와 명도전에 새겨진 모든 글자가 소리글자에 해당하게 된다. 즉, 첨수도나 명도전에 새겨진 글자인 상형문자가 단순한 상형문자가 아니라 소리글자로 읽혀지는 상형문자인 것이며, 여기서 나아가 상형-표음 문자로 발전하고 다시 표음-상형 문자로 발전하며, 다시 최종적으로 순수한 표음문자로 발전하게 된 것으로 된다.

원래 표음문자가 상형문자에서 나왔으니 상형문자이기도 하지만 발음을 표기하는 수단에서 나아가, 그 글자의 상형의 뜻을 초월하여 단어가 되고, 다시 문장을 표현하는 방식으로 발전하면 순수한 표음문자 즉 소리글자로 정착되는 것이 된다.

첨수도보다 명도전에는 순수한 표음문자로 해독되는 글자가 많은 것이 된다. 즉, 원래의 상형을 초월하여 순수한 소리글자로써 새겨진 것이 된다. 물론, 훈민정음의 글 쓰는 방식과는 다소 체계화 되어 있지 아니하나 자음과 모음의 결합으로 읽는 방식은 같은 것이 된다.

가림토 38자가 정립된 이후에 특히 가림토 글자를 상형화하여 자음과 모음을 구분하여 상형문자로 새긴 글자를 표음-상형 문자라 할 수 있는데, 이러

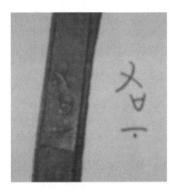

右 ㅜ
명도전에 새겨진 상형문자와
발음기호 가림토

한 글자 또한 첨수도, 침수도, 명도전에 수없이 남아 있다. 서기전 1680년에 주조된 자모전(子母錢)은 이 표음-상형 문자를 새긴 도전으로 여겨진다. 원래는 상형문자가 변형되어 자음과 모음이 혼합된 상형-표음문자였으나 표음부분의 자음과 모음을 구분하여 적는 방식으로 표음-상형 문자가 출현한 것이 된다.

소위 첨수도, 침수도, 명도전에 새겨진 글자 중에는 순수한 표음문자 즉 가림토 38자를 이용한 글자도 있다. 이두식으로 상형문자를 표음문자로 활용한 사례도 발견된다. 그리하여 서기전 924년경 왕문이 부예와 이두법을 만들 때 이전의 상형-표음 문자나 표음-상형 문자를 본떠 부예를 만든 것이 되고, 이두법을 정립한 것이 될 것이다.

첨수도, 침수도는 단군조선 초기 및 은나라 초기가 되는 서기전 1600년경 이전부터 주조된 것으로 되며, 명도전은 은나라 후기 또는 주나라 초기에 주조된 것으로 보인다. 이러한 첨수도, 침수도, 명도전은 원래 고대중국의 은, 주, 연, 제 나라의 화폐가 아니라 단군조선에서 주조되고 사용된 화폐였던 것이며, 후대에 제나라나 연나라가 별도로 이전의 명도전을 본 따 만들었을 수도 있다. 제명도, 연명도의 주조 연대를 밝히면 그 역사적 과정을 더 확실히 알 수 있게 된다.

이후 가림토38자는 고구려, 백제, 신라, 가야 시대에 고대중국과의 교류로 인하여, 단군조선의 상형문자이던 신전(진서)이 하나라와 은나라 때 서로 유통이 거의 단절되다시피 하였다가 은나라가 망하고 주나라가 되면서 상통하게 되면서 동화된 상형문자인 소위 한자를 주로 씀으로서 세종대왕이 훈민정음28자를 신제하기 전까지는 기록에만 남아 있게 되고 거의 소장되다시피 하였던 것이 된다.

은갑골문은 단적으로 배달나라의 조족문이나 과두문이 황제헌원의 나라에 유통된 이후 약 1,000년이 지나면서 변형 발전된 상형문자이다. 서기전 2224년에 우가 단군조선에 반역하여 자칭 하왕이라 하면서 독단으로 폐쇄정치를 함으로써 단군조선과의 교류가 뜸해져 문자와 말이 완전히 달라졌고, 은나라 때도 문자의 유통이 거의 이루어지지 않아 은나라가 망한 때인 서기전 1122년경에 이미 은갑골문과 단군조선의 신전(진서) 문자가 많이 달라져 있었던 것이다. 물론 서로 상통하는 문자도 많았던 것은 사실로 보인다.

중국학자들조차 단군조선의 화폐라고 보고 있는 첨수도, 침수도에는 명도전 이전의 문자가 새겨져 있는데 상형문자, 상형-표음문자로 볼 수 있는 문자들이다. 명도전에는 상형문자, 상형-표음문자, 표음-상형문자, 표음문자, 이두식 문자 등이 새겨져 있다.

고대중국의 문자가 되는 은갑골문 이후의 문자가 아닌 특유한 문자가 새겨진 첨수도, 침수도, 명도전 상의 글자는 100% 단군조선의 문자이며, 이 글자를 연구하여 해독하고 해석함으로서 단군조선 시대의 언어, 문자, 정치, 제도, 문화, 역사 등을 알 수 있을 것이다.

바. 단군조선 가림토 38자의 방계와 직계

(1) 인도 브라미 문자

인도지역에서 시작되었다는 소위 브라미(Brahmi) 문자는 산스크리트가 되는데 소위 범어(梵語)라 하는 문자이다.

범(梵) 또는 브람, 브라흠(Brahm)이라는 말은 역사적 어원으로 볼 때 바람(風)과 통하는 말이 되는데 단군조선 구족의 하나이던 풍족(風族) 즉 풍이(風夷:藍夷라고도 함)에서 연유한 것으로 강력히 추정된다.

즉, 이는 서기전 2224년경에 단군조선의 천자(天子)이던 우순(虞舜)의 신하 우(禹)가 단군조선의 천사(天使)이던 유호씨(有戶氏)의 명을 받아 유상(有象)의 군사와 합공으로 반역자 순을 쳐서 순을 죽인 후, 스스로 반역하여 하왕이라 칭하면서 함부로 단군조선의 제도를 흉내 내어 제후를 봉하고 조공을 받는 등 폭돌한 정치를 펼치자, 이에 불만을 품었던 태호복희 후손들이 되는 풍족(風族) 즉 풍이(風夷)가 중심이 되어 하나라를 탈출하여 단군조선의 영역으로 피난하였던 것이며, 이후 이들 풍족이 중심이 되어 서방으로 이동하면서 역사속의 인도유럽어족인 아리안족이 되어 서기전 2000년경에 인도지역으로 가서 정착하였던 것에서, 연유하는 것이라 할 수 있게 되는 것이다.

인도의 브라미 문자는 소리글자이며, 단군조선의 소리글자인 가림토와 밀접한 연관성을 가지는 글자인데, 서기전 2181년에 가림토 38자가 정립되기 이전에 사용되고 있던 소위 상음문자(象音文字)를 변화시켜 소리글자로 사용한 것이 될 것이다. 이로써 브라미문자와 가림토는 친연성을 가지며, 단적으로 배달나라 시대에 사용된 공통문자가 되는 것이며, 계통적으로 단군조선의 가림토 38자와는 단군조선 초기에 분화된 방계(傍系)에 해당하는 것이 된다.

단군조선의 화폐가 되는 소위 명도전에 새겨진 문자는 브라미 문자와 같거나 유사한 글자들이 많은데, 이는 브라미문자와 가림토가 친연성이 있음을 단적으로 보여주는 것이 된다.

(2) 일본 신대문자(神代文字)

일본의 신대문자는 서기전 660년 이전에 사용되던 문자로서 단군조선의 가림토 38자에 해당하는 문자가 되며, 일부 새로이 만들어 사용되어진 문자로 볼 수 있는 것이 있으나, 전체적으로 보면 단군조선의 가림토가 된다.

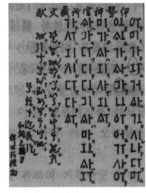

그리하여 일본의 신대문자는 계통적으로 보면 단군조선 가림토 38자의 직계에 해당하는 것이 된다.

일본 이세신궁 원시한글 축문

(3) 아라가야 문자

아라가야는 서기 42년에 건국된 가야연맹의 하나로서 지금의 경상남도 함안을 중심으로 하던 나라인데, 이 지역에서 출토되는 토기에 순수한 상형문자로 볼 수 없는 글자가 새겨져 있는데, 단군조선의 가림토 38자에 해당하는 글자도 있고, 이에 속하지 아니하는 글자들도 있어, 전체적으로 보면 소리글자

아라가야 토기에 새겨진 가림토계 문자

인 가림토 글자인 바, 단군조선의 삼한관경이던 마한(馬韓)에 속하였던 땅이므로 가림토 38자의 직계에 해당하는 원시한글307)이라고 할 수 있겠다.

원래 김씨 왕족의 가야는 서기 42년에 건국되었는데, 그 이전의 김씨족은 서기전 110년경부터 서기 23년 사이에는 한(漢) 나라의 땅인 지금의 산동지역에 살았던 것이 되고, 그 이전에는 소위 흉노족으로서 주로 만리장성 밖에서 서쪽으로는 후대의 돌궐족이 되는 견족(견이)과 북쪽으로는 선비족들과 땅을 나누어 살면서, 서기전 7세기경부터 세력이 팽창하여 고대중국의 북방 세력이 되었던 것인데, 원래 흉노족은 서기전 2173년경부터 지금의 오르도스 지역에서 시작된 단군조선의 한 부족이었던 것이다.308)

이에 아라가야인이 단군조선의 문자를 사용한 것은 당연한 것이며, 만약 아라가야의 문자가 김씨왕족이 가져온 문자가 아니라면, 아라가야 지역은 단군조선의 마한 땅이었던 곳이므로 당연히 단군조선의 문자가 되는 가림토를 사용하였던 것이 되고, 후대의 아라가야가 이전의 문자를 계승하여 사용하였던 것이 되는 것이다.

(4) 돌궐문자

서기 7세기경에 사용된 돌궐의 문자는 단군조선의 가림토 38자에 해당하는 글자도 있고 아닌 글자도 있는 바, 기본적으로는 단군조선의 상형문자와 가림토 글자의 형태가 된다 할 수 있으며, 단지 시대가 흐름에 따라 글자를 읽는 소리가 달라졌다고 할 수 있고, 문자로만 본다면 가림토의 방계에 해당한다고 할 수 있다.

(5) 세종대왕의 훈민정음

서기 1446년에 반포된 세종대왕의 훈민정음은 28자로서 단군조선의 소리글자

---

307) 아라가야만이 아니라 한반도의 삼한 이전에 사용되던 유물에 반드시 문자가 새겨져 있을 터인 바, 그 새겨진 문자를 그냥 단순한 부호 등으로 생각하지 말고 상형문자나 소리글자인 단군조선의 가림토와 연계하여 분석하고 해독함으로써, 단군조선 가림토가 만들어지기만 하고 실용되지 아니한 문자가 아니라 실용적인 문자였음을 밝히는 노력을 다 하여야 할 것이다.

308) 전계 한단고기 〈단군세기〉, 68쪽 참조

인 가림토 38자와 직결되므로 가림토 38자의 바로 직계(直系)가 된다.

훈민정음 해례본의 정인지 서문에서 이미 옛 시대에 소리글자가 있었음을 밝히고 있으며, 훈민정음의 글자는 소리글자가 되는 고전(古篆) 즉 옛 글자를 본뜬 것이라고 단정하고 있는 것이 된다.

훈민정음의 기본 28자에는 단군조선의 가림토 38자에는 없는 형태의 글자인 ㆆ이 있는 것이 특징이며, 소리에 따라 글자를 만들 수 있도록 체계화시켰으므로 가림토 38자에 있던 글자를 거의 조합하여 모두 만들 수 있는 체제를 갖춘 것이 된다.

즉, 훈민정음의 모음 11자는 가림토 38자 중의 모음과 100% 일치하고, 자음에서는 일부 일치하지 아니하는 것이 있는 바, 훈민정음의 자음 17자는 가림토 38자의 자음 27자를 그대로 적용하거나 글자를 만드는 법에 의하여 보완이 되도록 한 점에서 더 체계적이라 할 수 있는 것이 된다.

돌궐 톤유쿡 비문 글자 - 가림토 계통 추정

· ㅣ ㅡ ㅏ ㅓ ㅗ ㅜ ㅕ ㅑ ㅢ ㅈ ㅈ ㅋ ㅌ
ㅇㄱ ㄴ ㅁ ㄷ ㅅ ㅈ ㅊ ㅿ ㅱ ㅸ ㅇ ㅿ ㅺ ㅻ
ㅂ ㄹㄹ ㅂㅂ ㅍ ㅍ ㅊ ㅊ ㄲ ㅍ ㅍ ㅍ

단군조선 가림토 38 자

돌궐 톤유쿡 비문과 가림토 글자

결론적으로, 훈민정음은 조선시대 김시습 선생이 단정적으로 밝혔듯이 단군조선 가림토 38자의 부활(復活)인 것이며, 그동안 단군조선 시대의 가림토 38자에 관한 글자 외 각 글자에 대한 음가(音價)나, 자음과 모음으로 글자를 만드는 서법(書法) 등을 알 수 없었던 것에서 나아가, 음가를 명확히 규정하고 글자를 만드는 법을 체계화시켰다는 사실에서, 세종대왕의 획기적인 업적이라 할 수 있다.

(6) 알파벳과의 관련성

현재 사용되고 있는 표음문자인 소위 알파벳은 역사적으로 소아시아 지역에서 사용되던 문자로서 원래는 상형문자에서 나온 것이며 글자의 수도 많았던 것인데,

시대가 흐름에 따라 순수한 표음문자로 발전한 것이 된다. 역사적으로 약 3,000개 이던 상형문자가 표음문자로 진화하면서 60개로 정리되고 다시 30개 안쪽으로 정리된 것으로 된다.

A는 원래 소(牛)의 머리 모양을 나타낸 상형문자에서 변형된 글자가 되어 지금은 소리글자가 된 것이다. 즉, 현재 사용되고 있는 영어의 알파벳은 원래 상형문자에서 진화하여 소리글자로 정착된 것이 되는데, 그 자음이나 모음을 읽는 소리가 단군조선의 가림토 또는 훈민정음, 한글을 읽는 방법과 같거나 유사한 것으로 나타난다.

예를 들면, A는 ㅐ의 모습과 유사하여 그 음가가 유사하며, B는 ㅣ와 옆으로 된 두개의 U가 결합된 형태의 글자로서 "UUㅣ"가 되어 "비"라고 발음 나는 것이 된다. 또, D는 옆으로 된 "ㄷ ㅣ"의 글자가 되며, G는 귀모양으로서 "ㄱ ㅡ ㅣ"로 이루어지는 글자가 되어 "귀"가 되고 구개음화 되어 "쥐"라고 발음하나 여전히 음가는 "ㄱ"이 된다. 이처럼, 알파벳의 소리와 음가는 단군조선의 가림토 방식으로 발음 나는 것이 대부분이 된다.

그리하여 알파벳과 단군조선의 가림토 글자는 친연성을 가지는 것이 되는데, 이는 알파벳을 사용하던 역사적 족속들과 알파벳의 원류가 되는 문자를 사용하던 역사적 족속들이 모두 단군조선과 밀접한 관련이 있는 것이 되는 바, 알파벳을 정리한 그리스[309]나 로마에 정착한 사람들이 곧 아리안족으로서 인도의 브라만족과 밀접한 관계에 있는 족속이며, 소아시아지역 또한 수메르지역이던 메소포타미아 지역에 근접한 지역으로서 단군조선의 역사문화에서 자유로울 수 없는 것이 된다.

결국 영어의 알파벳은 계통적으로 상형문자에서 나왔으며, 단군조선의 가림토의 일종으로서 브라미 문자와 마찬가지로 방계(傍系)에 해당하는 것이 된다.

---

309) 그리스는 인도아리안족과 관련되어 있는 바, 우리 역사상 가지에 해당하므로 그리스의 역사 정립이 필요하다. 특히 그리이스의 신화를 역사적으로 재해석할 필요가 있으며, 그리스 문자의 탄생과 관련한 역사적 고찰이 필요하다.

사. 고대중국의 배달나라 상형문자 도입과 중국어의 분화(分化)

지금 소위 중국과 중국인이 사용하고 있는 글자는 소위 한자(漢字)이거나 한자에서 변형된 간체자(簡體字)라는 것이다. 그리고 지금의 중국의 대표적인 공식언어는 소위 한어(漢語)라고도 하는 중국어가 된다. 그리하여, 중국의 공식적 글자와 공식적인 언어는 한자(漢字)와 한어(漢語)에 뿌리를 두는 것이 된다.

그렇다면, 한자와 한어는 어떠한 역사를 가질까? 즉, 한자와 한어는 언제, 어디서, 누가, 무엇으로, 어떻게, 왜 만들었을까? 이에 관하여 살펴보기로 한다.

(1) 한자(漢字)의 역사 - 배달나라 문자를 도입하다

한자(漢字)는 단적으로 상형문자이다. 고대중국의 역사 속에서 한자의 원류는 진(秦)나라 시대 문자이며, 진나라 이전의 문자는 소위 전국칠웅(戰國七雄)의 문자이며, 그 이전에는 주(周) 나라 문자이고, 그 이전으로는 은(殷)나라의 문자이며 그 이전으로는 하(夏)나라 문자이고, 그 이전으로는 요순(堯舜) 시대의 문자이며, 그 이전으로는 황제헌원(黃帝軒轅)이 왕으로 있던 유웅국(有熊國)의 문자였던 것이 된다.

서기전 2698년 계해년에 헌원이 공손씨(公孫氏)를 이어 유웅국의 천자(天子)가 되었으며, 당시 염제신농국(炎帝神農國)이 쇠퇴하면서 여러 제후들이 땅을 다투기 시작하였는데, 이때 배달나라의 종주이던 제14대 치우천왕(治尤天王)이 서기전 2697년 갑자년에 염제신농국을 평정하여 염제 제8대 유망(楡罔)의 아들 괴(魁)를 다시 단웅국(檀熊國)에 봉하였던 것이며, 이후 헌원이 군사를 일으켜 치우천왕에게 10년을 넘게 총 100여회를 도전하였는바, 연전연패 한 후 결국 헌원은 자부선인(紫府仙人)의 도(道)에 대한 가르침을 전수받아 진정한 신하로서 치우천왕에게 굴복하여 황제(黃帝)로서 정식 천자로 인정되었던 것이다.

황제헌원은 창힐(倉詰)에게서 문자를 전수받았는데 곧 배달나라 문자이던 소위 과두문(蝌蚪文:올챙이 문자) 또는 조족문(鳥足文:새 발자국 문자)이었다. 실제 역사상으로 창힐은 황제헌원의 신하가 아니라 배달나라의 동부(東部)의 책임자인 청제(靑帝)였던 것이며, 배달나라의 문자를 배워 소위 과두문과 조족문을 창안하였던 인물이 된다.

배달나라의 상형문자를 도입한 황제헌원은 자신의 나라인 유웅국 백성들에게 사용하게 하였던 것이며, 이 상형문자로 된 문장을 일반 의사소통의 도구로 사용하게 함으로써 점차 배달나라의 언어가 되는 교착어 대신에 이 상형문자로 된 소위 문장언어를 사용하게 되었던 것으로 된다.

이상으로, 지금의 중국(中國)이 사용하고 있는 문자인 소위 한자(漢字)는, 서기전 2698년경 유웅국(有熊國)의 왕이던 황제헌원(黃帝軒轅)이 배달나라 문자이던 창힐(倉詰)의 과두문 또는 조족문을 도입하여, 백성들의 일상 의사소통 도구로서 상용(常用)하게 하였던 데서 연유한 것이 된다.

(2) 한어(漢語:중국어)의 분화(分化) - 문장언어인 고립어가 되다

황제헌원을 비롯한 유웅국 백성들이 상용하게 된 상형문자로써 일상 의사소통의 도구로 사용하게 되니, 이는 소위 문장언어(文章言語)를 사용하게 되는 것이다. 이로써 특히 상형문자로 된 문장언어는 뜻글자로만 조합되고 특별히 조사(助詞)를 붙이지 아니하므로 소위 고립어(孤立語)식의 문장이 되니, 자연히 유웅국 백성들이 사용하는 말은 고립어(孤立語)가 되는 것으로 된다.

이러하기를 여러 대를 거듭하게 되자 소위 문장언어로 고착화 되어 그들 유웅국의 공식적인 언어로 정착하게 되었던 것으로 되는데, 이러한 언어적 습관이 약 1,000년 이상 내려오는 사이에 굳어져 하나의 언어로 정착된 것이다.

중국의 역사기록으로 보면, 중국의 역사는 서기전 3528년경 태호복희에서 시작된다. 태호복희는 배달나라 한웅(桓雄)의 아들로서 중국의 입장에서는 천강(天降)의 역사이다. 그래서 서기전 220년경 진시황(秦始皇) 시대 인물인 서복(徐福)[310]은 태호복희의 역사를 하늘나라에서 내려와 세워진 천강(天降)의 역사로 기록한다.

즉 고대중국의 역사는 배달겨레의 역사인 것이다.

황제헌원은 배달나라 제후국인 유웅국(有熊國)의 왕으로서 중부(中部)의 천자 (天子)인 황제(黃帝)라 불리는 인물인데, 동시대에 존재하였던 창힐(倉詰)은 당시 황제(黃帝)와 동격에 해당하는 청제(靑帝)였다. 즉 창힐은 배달나라의 오방(五方) 중 동방(東方)의 천자(天子)로서 오제(五帝)의 하나였던 것이다.

창힐은 배달나라 문자인 상형문자를 황제헌원에게 전수(傳授)하여 주었던 것이 되는데, 직접 가르쳐 주었다기보다 문자담당을 황제헌원에게 보내 주어 가르치게 하였던 것으로 이해된다. 이리하여 유웅국도 문자 전문가를 두어 나라를 다스렸던 것이 된다.

배달나라 시대에 상형문자는 이미 6서법(書法)이 정립되어 있었다. 즉 지사(指 事), 상형(象形), 회의(會意), 형성(形聲), 가차(假借), 전주(轉注)라는 6가지 서법이 있었던 것이다. 즉 의사를 전달하는 데 필요한 문자표기법(文字表記法), 문장작법 (文章作法)이 완성되어 있었던 것이다.

배달나라 시대에 한웅(桓雄)은 8음2문(八音二文)을 수학(修學)하였다 한다. 즉 8가지 소리에 2가지 문자를 익혔다는 것이다. 여기서 2가지 문자는 역사적으로 볼 때 상형문자(象形文字)와 표음문자(表音文字) 또는 소위 상음문자(象音文字)가 된 다. 상형문자는 녹도문(鹿圖文) 또는 녹서(鹿書)가 되고, 표음문자는 ○(원), □(방), △(각)으로 대표되는 소위 간소화 된 상형문자를 간략화, 상징화 한 문자가 된다.

역사적 흐름으로 볼 때, 황제헌원은 상형문자를 도입하여 백성들에게 사용하게 함으로써, 지금의 중국어라는 특수한 언어를 형성케 한 인물이 된다. 황제헌원의 나 라인 유웅국의 백성들이 배달나라 상형문자를 이용한 문장을 상용화(常用化)함으

---

310) 산동과 양자강 사이에 소재하였던 동이족 땅에 살다가 진시황을 피하여 일본으로 가서 정착한 서복(서시)이 그의 최종 정착지인 일본에 남긴 기록을 찾아 연구함으로써 배달나라와 단군조선 의 역사를 엿볼 수 있지 않을까 한다.

로써 소위 문장언어(文章言語)로서 의사소통을 하게 되고, 이것이 그들의 언어로 고착화 된 것으로 되는 것이다. 즉 황제헌원 시대에 고대중국어가 형성되기 시작하였던 것이 된다.

배달나라의 자치제후국(自治諸侯國)이던 유웅국이 교착어가 되는 배달나라 말을 사용하는 대신 문장언어를 의사소통 수단으로 사용함으로써 고립어식(孤立語式)의 특수한 언어가 생긴 것이 되는데, 이후 요순(堯舜), 하(夏)나라와 은(殷)나라 시대를 거치면서 약 1,500년이 흐른 주(周) 나라 시대에는 이미 단군조선의 언어와 확연히 구분되는 구조체계를 가진 언어를 사용한 것이 되며, 이는 소위 한자문장식(漢字文章式) 언어라 할 수 있는 것이다.

소위 한어인 중국어는 단적으로 자연발생적으로 생긴 자연언어가 아닌 인위적으로 만들어진 인공언어(人工言語)가 된다311). 즉 한국어처럼 단어의 순서가 다르더라도 의사소통에 문제가 거의 없는 언어형태가 아니라, 단어의 순서를 바꾸면 정확한 뜻을 알기 어려운 특수한 형태로 만들어진 언어인 것이다.

일반적으로 문법(文法), 어법(語法)이 다른 외국어는 그 문장을 구성하는 단어의 자리를 바꾸지 못한다. 만약 단어의 위치를 바꾸면 뜻이 통하지 않게 된다. 이처럼 중국어는 소위 한문식(漢文式) 언어로서 배달나라의 문장언어(文章言語)에서 출발한 언어가 되는 바, 각 단어들의 위치를 임의로 바꾸지 못하게 되는 것이다. 그리하여 외국어에 해당하는 배달나라의 상형문자로 구성된 문장이 그들의 언어로서 고착화 된 것이다.

---

311) 언어학 등에서 말하는 자연언어는 사람이 태어나서 저절로 배우게 되는, 일상적으로 쓰는 언어로서의 일상언어를 가리키고, 인공언어는 인위적으로 만들어 사용하는 기호화된 언어로서의 형식언어를 말한다. 필자가 말하는 자연언어와 인공언어는 역사적으로 볼 때 자연발생적으로 말로 하는 언어에 해당하는 것을 자연언어라 하고, 이와는 달리 글자를 만들어 사용하면서부터 분명한 의사전달을 위하여 일정한 작법을 통하여 만든 문장형식을 의사소통 방식으로 사용함으로써 하나의 언어로 정착된 것을 인공언어라 함에 유의.

중국어는 단적으로 말이 먼저 생기고 그 후에 문자가 생긴 언어가 아니라, 먼저 문자가 있은 후에 그 문자가 이루는 문장에 따른 언어가 된다. 이는 고립어(孤立語)의 특성상 충분히 알 수 있는 부분이다.

이상으로, 중국어는 서기전 2698년경 유웅국의 황제헌원이 배달나라에서 도입한 상형문자로 된 문장의 작법(作法)을 활용하여, 그에 따른 문장이 의사표시 수단으로 상용화됨으로써 습관화, 고착화 되어 시간이 흐름에 따라 특수하게 형성된 언어가 되는 것이다. 특히, 현재 한자(漢字)에 대한 중국어 발음은 많은 부분이 대체적으로 단군조선 시대 상형문자를 읽던 음독(音讀)의 변형된 소리로 추정된다.

아. 우리 역사상 한자(漢字)의 상용화(常用化)

단군조선 초기인 서기전 2181년에 출현한 가림토 38자는 당시에 사용되고 있던 상형문자인 진서(眞書:참글:神篆)의 글자를 읽는 표준음을 통일하기 위하여 정립된 것이 된다. 즉, 뜻을 전하는 수단은 여전히 상형문자로 된 문장인 것이며, 소리글자인 가림토 글자만으로 문장을 만들어 쓴 것이 아닌 것이다. 상형문자의 독음을 정확히 하기 위한 수단으로서 소리글자가 탄생된 것이 된다.

그래서, 우리 역사상 상형문자를 수입한 기록이 없을뿐더러 수입한 사실이 없다. 즉, 원래부터 우리는 상형문자를 의사소통의 한 도구로서 사용하며 왔던 것이다. 역사기록으로 서기전 3897년경부터 상형문자를 사용하여 왔으며, 이에 더하여 상형문자와 읽는 소리가 같은 소위 상음문자(象音文字)를 동시에 사용하면서 역사를 이어온 것이 된다.

단적으로 은(殷)나라 문자가 한자(漢字)의 원형이라면, 이미 단군조선 시대에는 한자의 원형인 은문(殷文) 즉 갑골문(甲骨文)을 사용하고 있었던 것이며, 하(夏)나라 문자가 한자의 원형이라면 단군조선 시대에 이미 한자의 원형을 사용하고 있었던 것이 된다. 더 나아가 황제헌원 이하 요순시대에 사용되었던 고대중국의 문자가 한자의 원형이라면 배달나라는 물론 단군조선 초기에 이미 한자의 원형을 사용하고 있었던 것이 된다.

그래서, 우리는 역사상 한자(漢字)를 고대 중국으로부터 수입한 적이 전혀 없으며, 배달나라 시대부터 즉 처음부터 일상의 의사소통 도구로써 한자를 상용(常用)하고 있었던 것으로 되는 것이다. 다만, 그 글자의 서체(書體)가 변형되어 왔으며, 고대중국이 사용하던 글자와 통일되어 온 것에 불과한 것이다. 물론 역사흐름 속에서 고대중국이 상형문자를 사용하여 오면서 만든 글자가 아닌, 우리가 독자적으로 만든 글자도 상당수 있다는 것은 당연한 논리가 된다.

자. 소위 한자는 우리 선조가 만들고 고대중국에 전수된 우리 글자이다

역사적으로 소위 한자(漢字)의 원형은 배달나라 시대에 사용되던 상형문자(象形文字)인 것이며, 배달나라 역사의 주인공은 배달나라의 정통성을 이은 나라인 단군조선(檀君朝鮮)인 것이며, 단군조선을 계승한 지금의 한국(韓國)인 것이다.

지금의 소위 한자는 배달나라 문자에서 발전된 것이므로, 소위 한자는 곧 우리의 선조가 되는 배달나라 시대의 우리 조상들이 만든 글자로서, 배달나라 제후국이던 황제헌원의 유웅국(有熊國)에 전수(傳授)되었던 것이며, 이 유웅국을 계승한 고대중국의 문자가 된 이후 지금에 이른 것이 된다.

특히 단군조선 시대인 서기전 925년에 왕문(王文)이 창안한 부예(符隸)라는 문자는 단군조선의 상형문자인 신전(神篆)의 글자를 간소화한 상형문자이며, 진(秦)나라 시대에 육국(六國)의 문자를 통일하며 정립된 진(秦)나라 문자 등 고대중국의 소위 한자(漢字)의 서체(書體)는 이 부예의 예법(例法)을 따른 아류(亞流)라 할 수 있는 것이 된다.

소위 한자(漢字)는 고대중국의 한 국가였던 한(漢) 나라만의 문자가 아니라, 그 이전 시대에 이미 사용되고 있었던 문자로서, 고대중국의 종주(宗主)로서 상국(上國)이던 배달나라 및 단군조선의 문자였던 것이다.

(1) 참글(眞書)과 바른소리(正音)는 음양의 조화관계

단군조선 시대에 양립(兩立)하는 참글인 진서(眞書:신전)와 바른소리인 정음(正音) 즉 가림토(加臨土) 글자는, 글과 소리로서 소위 음양(陰陽)의 이치에 해당하는 조화(調和)관계에 있는 것이 된다.

상형문자인 참글은 머릿속 즉 뇌에서 뜻을 떠올리는 글자라면, 소리글자인 가림토는 말 즉 소리로써 나타내는 글자가 되는데, 뇌에 있는 존재는 신(神) 또는 심(心)이 되고, 입으로 나오는 소리(音聲)는 기(氣)가 되므로, 음양의 관계에 있는 것이 된다.

물론, 소리글자인 가림토 즉 정음(正音)은 원래 상형문자인 참글인 진서(眞書) 즉 신전(神篆)에서 나오거나 신전에서 정립된 글자가 되어 원래 하나였던 것이 되는 바, 상형문자를 음(陰)이라 하면 가림토는 상대적으로 양(陽)이라 할 수 있고, 이 상형문자와 가림토를 읽는 소리는 음양의 합이 되어 중(中)이라 할 수 있어, 소위 음양중(陰陽中)의 이치에 해당하여 삼위일체가 되는 것이다. 하늘에는 하늘과 땅과 사람이 모두 포함되듯이, 원래의 상형문자에는 소리글자가 되는 요소 및 그 소리가 처음부터 내포되어 있는 것이 된다.

(2) 참글(眞書) 교육으로 역사를 보전하자

소위 한자(漢字)는 중국 고유(固有)의 글자이기도 하지만, 원래는 우리의 고유의 글자로서 고대중국의 나라들이 그들의 글자로서 사용하여 온 것에 불과한 것인 바, 분명한 우리 고유의 글자인 것이다.

한자(漢字)라는 용어는 한(漢) 나라의 글자라는 의미를 나타내는 단어가 되므로, 우리 역사상의 용어로서 진서(眞書) 또는 참글이라 부르는 것이 타당할 것인데, 글이라는 말 자체가 그리다, 그림이라는 말과 같은 어원에서 나온 것이므로, 진서(眞書:참글)를 원래의 진정한 그림에서 나온 글자라는 의미로 사용하면 될 것이다.

이렇게 보면, 소리글자인 가림토 또는 한글은 진서(眞書)에서 파생되어 나온 후차적인 글자가 되어 진서(眞書)가 아닌 다른 용어로서 정음(正音:바른소리)이라고 부르면 되는 것이다.

우리의 고유의 글자인 소리글자 한글과 더불어 상형문자 참글의 역사를 제대로 알고서 자라나는 세대에게 우리 글자임을 교육하여 역사를 보전하여야 할 것이다.

홍익인간 7만년역사

韓中日
역사 연대기 중심 총망라

홍익인간
7만년역사

韓中日
역사 연대기 중심 총망라

제5편
북부여 후삼한 시대

단군조선 ~ 고구려 수도

진한

하얼빈
아사달   단군조선 전기

부여 장춘
단군조선 후기 백학산 가섭원 동부여
북부여 아사달 길림
고구려 2차   북부여 말기
서압록   홀본(졸본) 고구려 1차
(임황)   태백산
서안평 진번 심양   (백두산)
구려하(서요하)   장당경   집안
국내성 고구려 3차
단군조선 말기   대동강
당지보
요하(요수) 번한성 청독   평양 마한
개평 갈석산   고구려 후기 동해
운장   살수   한수
천진 장해
오도하 번한 오덕지
영독촌 남아성
사 (가한성)
남국
태산(대)
사이 회이
사수 회수   강수(양자강, 장강)

참조역사신문
http://ichn.co.kr

〈서설〉

북부여(北扶餘)와 후삼한(後三韓)은 모두 단군조선 백성들이 세운 나라이다. 북부여는 단군조선의 군국(君國)인 구려국(句麗國) 출신인 천왕랑(天王郎) 해모수(解慕漱)가 서기전 239년 4월 8일에 웅심산(熊心山)의 난빈(蘭濱)에서 시작한 나라이며 여러 제후국들이 해모수를 따랐다.312) 구려국은 일명 고리국(藁離國,高離國)이라고 하며, 서기전 1285년에 시작된 후기단군조선(後期檀君朝鮮)의 종실(宗室)인 고씨(高氏)의 구려이므로 고구려(高句麗)라고도 부른다. 웅심산은 북부여에 소재하므로 해모수의 부여를 북부여라 부르는 것이 된다.

북부여라는 국호(國號)는 실제로 서기전 86년에 후기 북부여를 시작한 졸본(卒本) 출신의 한(汗)이었던 고두막(高豆莫) 천왕(天王)이 칭하였다.313) 즉 그 이전에는 단군조선의 말기인 서기전 425년에 칭한 대부여(大夫餘)라는 국호가 있었으며314), 해모수가 별도로 국호를 칭한 것이 아닌 것이다.

후삼한의 진한(辰韓), 변한(弁韓), 마한(馬韓)은 원래 단군조선 시대의 진한(眞韓), 번한(番韓), 마한(馬韓)의 같은 소리를 딴 명칭이 된다. 다만 진한(辰韓)의 진을 진(秦)으로 쓰기도 하고, 변한(弁韓)의 변(弁)이라는 글자가 단군조선의 번한(番韓)의 번(番)과는 조금 다른 소리가 되는데, 이는 후대에 기록하면서 와전(訛傳)된 것으로 보인다. 물론 변한의 변을 고깔 변(弁)을 쓴 이유가 한반도 남부에 고깔처럼 생긴 변한 땅의 모습을 나타내거나 고깔모자를 즐겨 쓰던 사람들의 특징을 나타낸 글자임을 부정할 수는 없는 것이 된다.

북부여 시대는 서기전 239년부터 고구려가 세워진 서기전 37년까지 계속되었고, 후삼한 시대는 서기전 209년부터 가야가 건국된 서기 42년까지 계속된 것으로 된다.

---

312) 전게 한단고기 〈단군세기〉, 119~121쪽 및 〈북부여기 상〉, 125쪽 참조
313) 전게 한단고기 〈북부여기 하〉, 136~137쪽 참조
314) 전게 한단고기 〈단군세기〉, 114쪽 참조

북부여(北扶餘)

1. 고리국 출신 천왕랑 해모수

서기전 239년 4월 8일에 해모수가 웅심산의 난빈에서 북부여를 시작하였다.[315] 해모수는 후기단군조선의 종실인 고씨로서 원래 고모수(高慕漱)이며, 성씨를 태양(太陽)을 가리키는 해(解)로 삼은 것이다.

해모수의 선대가 불명이나 단군조선의 종실(宗室)로서 구려국(句麗國:고리국)의 왕족이 되며, 천왕랑(天王郞)을 지낸 것이 된다. 천왕랑이란 단군조선의 천지화랑(天指花郞), 국자랑(國子郞)을 가리키는 것으로서 단군조선 천왕의 혈족임을 나타내는 것이 된다.

아마도 해모수가 구려국 출신으로서 어려서 단군조선 중앙 조정의 국자랑(國子郞)이 되어 천웅도(天雄道)를 수련하고, 이후 구려국을 기반으로 군사력을 키워 단군조선이 쇠퇴하는 것을 지켜보면서 기회를 기다린 것이 된다. 이는 해모수가 변조선(番朝鮮)의 기비(箕丕)와 모의한 것에서도 나타난다.[316]

그래서 북부여는 단군조선을 역성혁명(易姓革命)으로 나라를 바꾼 것이 아니라,

---

315) 전계 한단고기 〈북부여기 상〉, 125쪽 참조
316) 전계 한단고기 〈단군세기〉, 120~121쪽 참조

종실로서 접수, 승계한 것이 된다.317)

2. 단군조선 말기 오가(五加)의 6년 공화정

서기전 238년 3월 16일 삼신영고제(삼신맞이굿)를 지낸 후 단군조선의 마지막 제47대 고열가(高列加) 천왕이 제위(帝位)를 내놓으시고 오가(五加)들에게 정치를 맡기면서, 오가의 공화정(共和政)이 시작되었다.318)

이후 오가들은 공화정을 실시하면서 현자(賢者)를 물색하여 천왕으로 모시지 못하고 6년이라는 시간을 허비한 것이 된다.

이러한 때 서기전 239년 4월 8일부터 북부여를 시작하였던 해모수가 서기전 232년에 단군조선의 수도였던 장당경(藏唐京)을 찾아가 오가들을 설득하여 공화정을 철폐하고 나라를 접수하였던 것이다.319)

3. 단군조선을 접수한 천왕랑 해모수가 단군이 되다

해모수가 천왕랑으로서 북부여를 일으켰다가 서기전 232년에 단군조선의 오가 공화정을 철폐하여 접수하니, 오가들을 비롯한 나라 사람들이 해모수를 추대하여 단군으로 모시니320) 정식 천왕(天王)으로 즉위한 것이 된다.

이로써, 해모수는 천왕랑(天王郎)이라는 직책에서 단군조선을 계승한 나라의 천왕(天王)으로 즉위한 것이다. 단군(檀君)은 원래 배달나라의 작은 임금으로서 천군

---

317) 전게 한단고기 〈북부여기 상〉, 126쪽 참조
318) 전게 한단고기 〈단군세기〉, 120~121쪽 참조
319) 전게 한단고기 〈북부여기 상〉, 126쪽 참조
320) 전게 한단고기 〈북부여기 상〉, 126쪽 참조

(天君)에 해당하는 말이지만, 단군조선의 단군(檀君)은 수많은 제후들을 거느린 천왕(天王)이며, 북부여의 단군 또한 천왕이 되는 것이다. 즉 단군조선의 제후국들은 자동적으로 북부여의 제후국으로 인수인계된 셈이다.

4. 해모수 북부여를 부흥시킨 동명왕(東明王) 고두막한

서기전 108년에 위씨조선(衛氏朝鮮)이 한무제(漢武帝)의 한(漢) 나라에 망하자, 단군조선의 고토를 회복하여 북부여를 부흥시키고자 기회를 보고 있던 졸본의 왕이던 고두막한(高豆莫汗)이 의병을 일으켜 동명왕(東明王)이라 칭하면서 한(漢) 나라와 전쟁을 하였다.321) 동명(東明)이란 이두식으로 새밝, 새벌, 새부여라는 뜻을 가진 글자가 되어 부여를 부흥시킨다는 의미를 가지는 것이 된다.

동명왕 고두막(高豆莫)은 서기전 108년부터 서기전 87년까지 옛 구려 땅과 위씨조선 땅의 유민들과 더불어 한(漢) 나라 군사와 전쟁을 하면서 땅을 되찾거나 지켰다.

서기전 108년에는 지금의 난하(灤河) 최상류 지역에 위치하고 소요수(小遼水: 지금의 청수하)의 동쪽에 소재한 서안평(西安平:북안평)까지 진출하여 구려(句麗) 땅을 찾았으며, 서기전 86년에 북부여 천왕으로 즉위한 후 줄곧 한(漢) 나라와 전쟁을 하면서 땅을 지켰고, 서기전 82년에는 소위 한사군에 속하였던 진번(眞番)과 임둔(臨屯) 땅을 수복하였던 것이 된다. 서안평 남쪽이 되는 구려 땅 남부의 현도군(玄免郡)과 난하 중하류 지역의 동서로 걸치면서 서쪽으로 치우쳐 있던 낙랑군(樂浪郡)은 한(漢) 나라 이후에는 소위 북중국(北中國)이라 불리는 여러 나라가 이어오다가 서기 313년에 고구려에 의하여 완전히 축출되었다.

---

321) 전게 한단고기 〈북부여기 상〉, 132~133쪽 및 〈북부여기 하〉, 136쪽 참조

5. 북부여 대통을 이은 고구려 시조 동명성제(東明聖帝) 고주몽

서기전 59년에 동부여에서 도망하여 북부여의 졸본(卒本)으로 온 고주몽(高朱蒙)이 서기전 58년에 즉위하여 북부여 고무서(高無胥) 단군의 대를 이었다.[322] 그래서 고주몽을 또한 단군(檀君)이라 한다. 물론 나라의 힘이 많이 축소된 상태라 천왕(天王)이라 하기에는 역부족이기는 하나 엄연히 천왕의 나라를 계승한 것이 된다.

고주몽 단군이 서기전 37년에 고구려(高句麗)를 세우면서, 단군조선의 부여 땅에 자리 잡은 북부여의 나라에서 나아가, 단군조선의 동서지역의 중앙(中央)이던 구려(句麗) 땅에 근거를 두어 다물정책(多勿政策)을 펼치기 시작하였다. 즉 북부여라는 나라를 부흥시킨 고두막 천왕의 다물업(多勿業)을 이어 본격적인 단군조선 고토회복 정책을 편 것이 된다.

고구려 시조 고주몽을 동명성제(東明聖帝)라 함은, 북부여 동명왕(東明王) 고두막한(高豆莫汗)의 고토회복(古土恢復)의 업(業)을 이은 고구려의 황제(皇帝)임을 나타내는 것이 된다. 이후 고구려는 여러 제후국을 둠으로써 소위 천왕(天王)의 나라가 되며, 왕호를 제(帝), 태황(太皇)이라 하여 어하라(於瑕羅:비류백제), 신라(新羅), 백제(百濟:온조백제), 가야(伽倻), 대마(對馬), 왜(倭), 거란(契丹), 비려(碑麗), 동부여(東扶餘), 비류(沸流) 등 일반왕국 등을 제후국으로 둔 황제국(皇帝國)이 된다.

6. 북부여의 제후국 동부여(東扶餘)

서기전 86년에 동명왕 고두막한이 북부여 천왕(天王)으로 즉위하고서 북부여 해부루(解夫婁) 천왕을 강등시켜 동부여 제후로 봉하였는데[323], 이후 동부여는 북부

---

322) 전게 한단고기 〈북부여기 하〉, 137~138쪽 참조

여의 제후국으로 지내다가 북부여의 계승국인 고구려와 대적하기도 하였다.

서기 22년에 동부여의 대소왕(帶素王)이 고구려의 대무신열제(大武神烈帝)에게 망하였다. 이에 동부여의 흔적은 갈사국(曷思國)과 고구려 서쪽의 연나부(椽那部) 낙씨(絡氏)의 부여(夫餘)로 이어졌는데, 갈사국은 서기 68년에 고구려에 항복하였고, 연나부 부여는 서서히 서쪽으로 진출하여 독립적으로 활동하다가 서기 494년에 고구려 문자제(文咨帝)에 의하여 낙씨 부여도 완전히 망하여 고구려의 연나부에 다시 속하게 되었다.[324]

7. 북부여 역대기

(1) 전기(前期) 북부여

(1) 제1대 해모수(解慕漱) 천왕 : 단군조선 고구려(高句麗:고씨 구려) 출신으로서 고씨단군(高氏檀君) 천왕(天王)의 종실이며, 웅심산(熊心山) 난빈(蘭濱)에서 즉위하여 서기전 239년 임술년(壬戌年) 4월 8일부터 서기전 195년 병오년(丙午年) 겨울까지 45년 재위하였다.

서기전 232년 기사년(己巳年)에 장당경(藏唐京)으로 가서 단군조선의 오가(五加) 공화정(共和政)을 철폐하고, 나라 사람들에 의하여 단군으로 추대되어 천왕(天王)이 되었다.

(2) 제2대 모수리(慕漱離) 천왕 : 해모수 천왕의 태자이며, 서기전 194년 정미년(丁未年)부터 서기전 170년 신미년(辛未年)까지 25년 재위하였다.

(3) 제3대 고해사(高奚斯) 천왕 : 모수리 천왕의 태자이며, 서기전 169년 임신년(壬申年)부터 서기전 121년 경신년(庚申年)까지 49년 재위하였다.

---

323) 전계 한단고기 〈북부여기 하〉, 136~137쪽 참조
324) 전계 한단고기 〈가섭원부여기〉, 142~143쪽 참조

(4) 제4대 고우루(高于婁:또는 해우루(解于婁)) 천왕 : 고해사 천왕의 태자이며, 서기전 120년 신유년(辛酉年)부터 서기전 87년 갑오년(甲午年) 10월까지 34년 재위하였다.

(5) 제5대 해부루(解夫婁) 천왕 : 고우루 천왕의 아우이며, 서기전 87년 갑오년(甲午年) 10월경에 즉위하였으나 동명왕(東明王) 고두막(高豆莫)의 위협으로 서기전 86년 을미년(乙未年)에 동부여(東夫餘)로 옮기고 강등되어 동부여후(東夫餘侯: 동부여 왕)가 되었다.

(2) 후기(後期) 북부여

(6) 제6대 고두막(高豆莫) 천왕 : 졸본(卒本)의 한(汗) 출신으로서 단군조선 고열가 천왕의 후손(後孫)이라 하며, 서기전 86년 을미년(乙未年)부터 서기전 60년 신유년(辛酉年)까지 27년 재위하였다.

서기전 108년 계유년(癸酉年)부터 서기전 86년까지 동명왕(東明王)으로서 23년 재위하였다.

(7) 제7대 고무서(高無胥) 천왕 : 서기전 59년 임술년(壬戌年)에 졸본천(卒本川)에서 즉위하여 서기전 58년 계해년(癸亥年) 10월까지 2년 재위하였다.

(3) 말기(末期) 북부여

(8) 제8대 고주몽(高朱蒙) 천왕 : 서기전 57년 갑자년(甲子年)에 즉위하여, 서기전 37년 갑신년(甲申年)에 국호를 고구려(高句麗)라 하였으며, 서기전 19년 임인년(壬寅年)까지 39년 재위하였고, 61세를 사셨다.

북부여 시조 해모수의 나라를 고구려(高句麗)라고도 하므로, 고구려의 역사는 서기전 239년부터 서기 668년까지 907년의 역사를 가진다. 또는 단군조선을 접수한 서기전 232년을 기준으로 하면 서기 668년까지 900년의 역사가 된다.

후삼한(後三韓)

　후삼한(後三韓)은 단군조선의 진한, 번한, 마한 사람들로 이루어진 나라이다. 즉 단군조선의 유민(遺民)들의 나라인 것이다. 유민(遺民)이란 남은 백성이라는 말로서 그 백성이 그 백성인 것이다.

　진한(辰韓)은 주로 단군조선의 진한 땅인 서쪽의 고죽국(孤竹國), 기후국(箕侯國), 구려국(句麗國), 낙랑국(樂浪國), 진번국(眞番國) 사람들이 동쪽으로 다시 남쪽으로 이동하여 한반도의 동쪽 지역에 자리 잡아 서기전 209년에 세워진 나라이다. 만리장성 부근이나 난하(灤河) 유역에서 이동한 사람들이 많았고, 진시황의 진(秦)나라를 피하여 망명해 온 사람들도 섞여 있어 진한(秦韓)이라고 적기도 하는 것이 된다.

　변한(弁韓)은 진한(辰韓)과 거의 같은 지역에 살던 사람들이 이동하여 세운 나라가 되는데, 단군조선의 번한, 번조선 사람들도 다소 섞여 있던 것이 되며, 진한과 더불어 동으로 남으로 이동하여 한반도의 남쪽 지역에 자리 잡았다. 진한(辰韓)과 구별하지 않고 통칭하여 변진(弁辰)이라 적기도 한다. 진한과 거의 같은 시기에 세워진 나라가 된다.

　마한(馬韓)은 진한과 변한과 같이 마찬가지로 단군조선의 마한(馬韓) 땅에 자리 잡은 나라이면서, 발해만 유역에 있던 단군조선의 번한(番韓:번조선)이 서기전

194년에 위만(衛滿)에게 망하면서 배를 타고 바다를 건너와 한반도의 서쪽에 자리 잡고 세운 나라인데, 번조선의 마지막 기씨(箕氏) 왕이던 기준왕(箕準王)이 금마(金馬:益山)에서 제1대 왕이 되었으며, 제2대 왕은 번조선의 상장(上將) 출신인 기씨(箕氏)의 탁(卓)이 목지(目支:月支:稷山)에서 이었던바, 이후 기씨의 마한이 합 10대를 이어 서기 9년 백제 제1대 온조왕에게 망할 때까지 계속되었다.

1. 후삼한의 성립시기

단군조선은 서기전 238년 3월 16일에 고열가 천왕이 나라를 오가들에게 맡긴 때 사실상 망하였으며, 이후 서기전 232년까지 6년간 오가공화정이 실시되었고, 북부여를 세운 해모수에 의하여 북부여로 접수되었던 것이다.

후삼한 시대는 단군조선이 북부여로 계승된 후 유민(遺民)들이 한반도로 이동하여 서기전 209년에 진한(辰韓)을 세움으로써 시작된 것이 되며, 이와 비슷한 시기에 변한이 세워진 것이 되고, 서기전 194년에 마한이 세워졌던 것이다.

이리하여 한반도에서 후삼한인 진한, 변한, 마한이 모두 세워져 병립(竝立)한 시기는 서기전 194년이 된다.

2. 후삼한의 영역

진한(辰韓)은 서라벌(경주)을 수도로 한 나라로서 한반도의 동쪽 지역을 차지한 것이 된다. 지금의 강원도 태백산(太白山)을 포함한 강원도 남부지역에서 경상북도와 그 동해안에 걸친 것이 된다.

변한(弁韓)은 주로 가야(伽倻) 지역과 일치하는데, 한반도의 남중부 지역에서 남부 해안에 걸친 나라가 된다. 동쪽으로 진한과 접하고 북서쪽으로 마한과 접한 것이 된다. 지금의 전라북도 동부 경계지역과 충청북도의 남부 경계지역을 거쳐 전라남도의 동부지역과 경상남도 전역을 포함하여 남해안에 걸친 고깔모양(삼각형)의 지형이 된다.

마한(馬韓)은 주로 지금의 한강(漢江) 유역을 포함한 경기도 지역에서 직산(稷山)을 거쳐 충청도를 포함하고, 전라북도의 익산(益山)을 거치고 남쪽으로 전라남도의 지리산(智異山) 동쪽을 포함하여, 서해안에 걸치는 지역이 된다. 한강유역은 서기 18년에 온조에게 땅을 떼주어 나라를 세우게 하였다.

직산은 지금의 천안(天安)과 평택(平澤) 사이에 있는 땅으로서, 서기전 194년에 번조선의 상장(上將)이던 기탁(箕卓)이 무리를 이끌고 중마한(中馬韓:단군조선 마한 땅 중부지역)을 세웠던 곳으로 월지(月支)라고 기록되는데, 월지는 목지(目支)의 오기(誤記)가 될 것이다. 이 중마한의 왕이 곧 후삼한의 진왕(辰王)으로서 서기 9년까지 후삼한을 통할한 임금이 된다.

익산은 서기전 194년에 번조선왕 기준(箕準)이 최종적으로 자리 잡은 곳으로서, 위만(衛滿)에게 패하여 배를 타고 바다를 건너 단군조선 마한 땅의 수도였다가 서기전 195년에 최숭(崔崇)이 낙랑홀(樂浪忽)에서 이동해와 자리 잡은 낙랑(樂浪)이라고 불린 한반도의 평양(平壤)으로 갔다가, 토착인들의 저항에 부딪쳐 자리 잡지 못하고 다시 배를 타고 한반도의 남부로 이동하여 도착한 곳이다. 익산에서 기준왕은 마한왕(馬韓王)이라 칭하였으며 1년 재위하고, 마한왕의 자리는 이후 직산(稷山)의 기탁(箕卓)이 이었던 것이다. 기탁은 기준왕의 아들이거나 종실이 된다.

3. 후삼한의 백성

후삼한의 백성으로는 기존의 단군조선의 마한 땅 사람도 당연히 있었던 것이며, 이동해 온 사람들이 나라를 주도적으로 다스린 것이 된다. 모두 단군조선의 진한, 번한, 마한의 유민(遺民)들로서 지배층은 이동해 온 유민들이 된다.

4. 후삼한에 소속된 소국들

후삼한은 진한(辰韓)이 건국된 서기전 209년부터 시작되었는데, 이미 단군조선의 마한(馬韓) 땅이던 곳이므로 수많은 소국(小國)들이 존재하고 있었던 것이고, 여기에 이동해온 사람들이 나라를 세우거나 차지하였던 것이 된다.

기록에 의하면 변진(弁辰) 24국과 마한(馬韓) 54국으로 모두 78개국이 있었다고 하는데, 그 지배왕족과 상세한 역사는 기록되지 않고 있다.

변진 24국으로는, 기사국(己私國), 불사국(不斯國), 변진미리미진국(弁陳彌離彌陳國), 변진누도국(弁辰樓塗國), 근기국(勤耆國), 난리미동국(難離彌凍國), 변진고자미동국(弁辰古資彌凍國), 변진고순시국(弁辰古淳是國), 염원국(冉爰國), 변진반로국(弁辰半路國), 변진낙노국(弁辰樂奴國), 군미국(軍彌國), 변군미국(弁軍彌國), 변진미오사마국(弁辰彌烏邪馬國), 여담국(如湛國), 변진감로국(弁辰甘路國), 시로국(尸路國), 주선국(州鮮國), 마연국(馬延國), 변진구사국(弁辰狗邪國), 변진정조마국(弁辰定漕馬國), 변진안사국(弁辰安邪國), 변진독로국(弁辰瀆盧國), 사로국(斯盧國), 우유국(優由國)인 바, 실제로는 25국이 기록되어 있다.325)

마한 54국은, 원양국(爰襄國), 모양수국(牟襄水國), 상수국(桑水國), 소석색국(小石索國), 대석색국(大石索國), 우휴모록국(優休牟淥國), 신분첨국(臣濆沽國), 백제국(伯濟國), 속로불사국(速盧不斯國), 일화국(日華國), 고탄자국(古誕者國), 고리국(古離國), 노남국(怒藍國), 자지국(自支國), 자리모로국(咨離牟盧國), 소위건국(素謂乾國), 고원국(古爰國), 막로국(莫盧國), 비리국(卑離國), 고리비국(古卑離國), 신첩국(臣疊國), 지침국(支侵國), 구로국(狗盧國), 비미국(卑彌國), 감해비리국(監奚卑離國), 고만국(古滿國), 치리국국(致利鞠國), 염로국(冉路國), 아림국(兒林國), 사로국(駟盧國), 내비리국(內卑離國), 감해국(感奚國), 매로국(邁盧國),

---

325) 전게 조선전 〈삼국지 동이전 弁辰〉, 110~112쪽 참조

군비리국(群卑離國), 전사오차국(田斯烏且國), 일리국(一離國), 불미국(不彌國), 우반국(友半國), 구소국(狗素國), 정로국(挺盧國), 모로비리국(牟盧卑離國), 신소도국(臣蘇塗國), 막로국(莫盧國), 고랍국(古㯮國), 임소반국(臨素半國), 신운신국(臣雲新國), 여래비리국(如來卑離國), 초산도비리국(楚山塗卑離國), 일난국(一難國), 구해국(狗奚國), 불운국(不雲國), 불사분사국(不斯濆邪國), 원지국(爰池國), 건마국(乾馬國), 초리국(楚離國)이다.326)

5. 후삼한의 계승국 – 신라, 백제, 가야

신라(新羅)와 백제(百濟)와 가야(伽倻)는 초기에 모두 한반도에 수도를 둔 나라이면서 각각 진한(辰韓), 마한(馬韓), 변한(弁韓)을 계승하거나 병합한 나라이다.

신라는 서기전 57년에 13세의 박혁거세(朴赫居世)가 진한(辰韓)의 6부(部)의 추대에 응하여 왕이 되어 나라를 세운 것이다. 이는 박혁거세가 북부여의 거서간(居西干)의 대를 이었으므로 거서간이란 왕호를 썼으며, 북부여의 제후임을 나타낸 것이 되고, 진한 6부의 사람들이 박혁거세의 족보를 알고 있었던 것이 된다. 서기 57년에 북부여 졸본(卒本)에서는 고주몽이 북부여의 대통(大統)을 이었다.

백제는 서기전 18년에 온조가 지금의 한강유역에 자리 잡고 마한왕(馬韓王)으로부터 땅을 떼어 받아 세운 나라이다. 서기전 42년 북부여 시대에 고주몽의 아들인 온조가 어머니 소서노를 따라 이복형 비류와 함께 진번(眞番)의 패대(浿帶)지역으로 갔다가, 서기전 31년에 어머니 소서노가 고구려 고주몽 성제에 의하여 어하라국에 책봉되었고, 서기전 19년에 훙하니 비류가 이었는데, 이때 온조는 따로 나라를 세우기 위하여 배를 타고 바다를 건너 미추홀(밑골)인 인천(仁川)을 거쳐 한강을 거슬러 올라가, 한산(漢山) 아래에 터를 잡아 위지성(尉支城)을 쌓고 시작하니327) 곧

---

326) 전게 조선전 〈삼국지 동이전 韓〉,100~101쪽 참조

온조의 십제(十濟)인 것이다. 이후 아하라국(비류백제)이 온조의 나라에 병합되니 온조의 백제(百濟)라 불리는 것이 된다.

가야는 서기 42년에 김수로왕이 금관국(金冠國)을 세우면서 시작한 나라인데, 모두 6국이라 전한다. 가야는 변한(弁韓)을 이은 나라가 되는데, 변한 12국이 가야 6국으로 불리지만 그 외 기록되지 아니한 가야국이 많았던 것으로 보인다. 이는 특히 지금의 창녕(昌寧)지역에 있었던 비사벌의 불사국(不斯國)이 후대에 비사벌가야(比斯伐加耶)라 불리는 것에서도 알 수 있다.

---

327) 전게 한단고기 〈태백일사/고구려국본기〉, 290~291쪽 참조

위씨조선(衛氏朝鮮)

1. 번조선 망명자 위만

서기전 195년에 한(漢) 나라의 요동지역의 연왕(燕王)이던 노관이 흉노(匈奴)로 망명하자, 그 신하이던 위만(衛滿)은 번조선에 망명하였다.[328] 당시 한나라와 번조선의 경계는 패수라 불리는 강으로서 지금의 난하(灤河)였다. 이때 번조선왕 기준(箕準)은 위만(衛滿)을 박사(博士)로 대우하여, 지금의 난하 건너 상하운장(上下雲障)을 떼주어 머물게 하였다.

상하운장에는 서기전 209년에 번조선왕이 진(秦)나라 땅에서 망명하여 온 연제조(燕齊趙) 유민(流民)들을 살게 하였는데[329], 여기에 위만이 살면서 세력을 키웠던 것이 된다.

2. 번조선왕 자리 찬탈

서기전 194년에 위만은 번조선 기준왕(箕準王)의 은혜를 저버리고, 기준왕을 보

---

328) 전게 한단고기 〈북부여기 상〉, 128쪽 참조
329) 전게 한단고기 〈북부여기 상〉, 128쪽 참조

위한다며 속여서 공격하여 험독을 빼앗고 스스로 왕이 되어 조선왕(朝鮮王)이라 칭하였다.330)

이리하여 북부여는 위만을 번조선을 이은 자라 하지 않고 도적이라 부른 것이 된다. 즉, 위씨조선은 북부여의 제후국이 아니라 도(道)를 어겨 번조선을 망하게 한 나라로서 대적(對敵)한 나라가 된다.

그러나, 위만이 스스로 조선왕(朝鮮王)이라 칭한 것으로 보아, 한(漢)과 구별한 것이 되는데, 북부여 시대의 열국의 역사에 포함시키는 것이 타당한 것이다. 물론 지배층은 위만의 측근이지만 기본 백성은 번조선 사람으로서 원래 단군조선의 백성들과 망명한 연제조(燕齊趙)의 유민들이다. 그리하여 서기전 108년에 위씨조선이 망하자, 졸본의 고두막한(高豆莫汗)이 단군조선의 고토를 회복하려 북부여 부흥(復興)을 기치로 내걸고 의병(義兵)을 일으켜 한(漢) 나라와 전쟁한 것이 된다.

3. 우거왕의 북부여 침략

특히 위씨조선의 3대왕인 우거(右渠)는 수시로 북부여의 서쪽 변경을 침공하였다. 서기전 118년에 우거왕이 북부여를 침공하여 해성(海城) 이북의 50리를 차지하였다.331) 해성은 서기전 425년에 시작된 단군조선의 말기의 수도이던 장당경의 남쪽에 있으며, 이궁(離宮)으로서 평양(平壤)이라 불린 곳이다.

서기전 115년에 북부여가 위씨조선이 차지한 해성(海城)을 격파하여 수복하였다.332)

---

330) 전게 한단고기 〈북부여기 상〉, 129~130쪽 및 〈태백일사/삼한관경본기, 번한세가 하〉, 228쪽 및 반고, 한서 〈조선전〉 및 전게 조선전 〈조선전, 한서〉, 31쪽 참조
331) 전게 한단고기 〈북부여기 상〉, 131~132쪽 참조
332) 전게 한단고기 〈북부여기 상〉, 132쪽 참조

서기전 194년부터 서기전 108년경까지 위씨조선과 북부여는 전쟁을 하면서 위씨조선이 차지하였던 진번(眞番) 땅의 거의 대부분을 결국 수복한 것이 된다. 서기전 108년에 설치된 소위 한사군(漢四郡)333)이 되는 진번군(眞番郡)에는 서쪽의 진번 땅이 포함된 것으로 보이며, 이 진번 땅은 서기전 82년에 임둔군(臨屯郡)과 함께 모두 수복한 것이 된다.

4. 위씨조선의 멸망

서기전 108년에 한(漢) 나라가 위씨조선을 결국 멸망시켰는데334), 위씨조선은 반역 등 내부의 분란으로 멸망한 것이 된다. 당시 위씨조선을 망하게 한 대신들은 한(漢) 나라의 제후로 각각 봉해졌다.

5. 소위 한사군 문제

서기전 108년에 위씨조선을 멸망시킨 한(漢) 나라는 소위 한사군(漢四郡)을 설치하였다고 기록된다.

소위 한사군은 낙랑군(樂浪郡), 현도군(玄兔郡), 진번군(眞番郡), 임둔군(臨屯郡)인데, 낙랑군은 서기전 108년에, 현도군은 서기전 107년에 각 설치되고335), 진번군과 임둔군은 설치연도가 명확하게 기록되지 않으나 서기전 108년에 설치된 것으로 간주되고 있다.

---

333) 소위 한사군은 우리 역사에서 차지하는 비중이 기록상으로만 볼 때 만만치 않은 것이 되는데, 그 설치된 역사적 배경을 비롯하여 위치, 영역, 지배 등 실제적 역사를 정확히 밝히는 연구를 철저히 하여야 할 것이다.
334) 전게 한단고기 〈북부여기 상〉, 132쪽 참조
335) 반고, 한서 〈지리지〉 및 전게 조선전 〈지리지, 한서〉, 22~27쪽 참조

이들 소위 한사군의 명칭은 단군조선 시대 또는 번조선이나 위씨조선 시대부터 있어온 지명이나 국명이 된다. 낙랑군은 단군조선의 군국(君國)이던 낙랑홀(樂浪忽)에서 나온 것이며, 현도군은 단군조선의 군국(君國)인 구려(句麗) 땅의 남부지역으로 단군조선 시대 또는 번조선이나 위씨조선 시대에 생긴 명칭이 되고, 진번군은 단군조선의 군국(君國)인 진번국(眞番國)에서 나온 것이며, 임둔군 또한 진번국의 남쪽으로 발해만 유역에 걸친 지역으로서 단군조선 시대 또는 번조선이나 위씨조선 시대에 생긴 명칭이 된다.

중국기록에서는 소위 한사군 중에서 진번군과 임둔군은 서기전 82년에 낙랑군에 붙였다 하나, 이는 고대중국 기록의 애매모호한 춘추필법에 해당하는 기록이며, 실제로는 서기전 86년에 북부여 천왕이 된 고두막 천왕에 의하여 북부여에 수복된 것이 될 것이다.

이러한 사실은, 서기전 42년에 소서노(召西弩)가 비류와 온조를 데리고 북부여 졸본에서 진번(眞番)의 패대(浿帶)지역으로 가서 땅을 개척하여 서기전 31년에 어하라국(於瑕羅國)으로 책봉 받았는데336), 이 진번의 패대지역이 소위 진번백제(眞番百濟)라 불리는 곳이 되며, 곧 소위 한사군의 진번군과 임둔군이 위치하던 곳이 되고, 이 진번백제의 땅이 후대 발해만 유역에 있던 백제의 요서군(遼西郡)과 진평군(晋平郡)이 성립된 기초기지(基礎基地)가 되는 곳으로서, 서기전 82년에 진번군과 임둔군이 북부여에 수복되었던 것으로 드러나게 되는 것이다.

한사군 중 낙랑군과 서기 204년에 낙랑군에서 파생된 대방군은, 서기 313년에 고구려의 미천제(美川帝)에 의하여 완전히 축출되었으며, 현도군도 이때 정벌당하여 이후 고구려 역사에서 소위 한사군의 명칭이 더 이상 나타나지 않게 된다.

---

336) 전게 한단고기 〈태백일사/고구려국본기〉, 290~291쪽 참조

북부여(北扶餘) 연대기

1. 북부여(北扶餘) 제1대 해모수(解慕漱) 천왕(天王)(서기전 239년 ~서기전 195년)

(1) 고구려(高句麗) 출신의 종실 해모수가 군사를 일으키다 – 북부여(北扶餘)의 시작

서기전 239년 임술년(壬戌年) 4월 8일에 23세이던 종실(宗室) 대해모수(大解慕漱)가 천왕의 자리에 오르고자 몰래 수유(須臾) 사람 기비(箕丕)와 약속하고 웅심산(熊心山)을 내려와 군대를 일으켜, 옛 서울 백악산(白岳山)을 습격하여 점령하고는 천왕랑(天王郞)이라 칭했다.

해모수는 웅심산(熊心山)에 의지하여 궁실을 난빈(蘭濱)에 쌓았다. 까마귀 깃털로 만든 모자를 쓰고 용광(龍光)의 칼(釖)을 차고 오룡거(五龍車)를 타고 다녔다. 따르는 종자들 500인과 함께 아침에는 정사를 듣고 저녁에는 하늘로 오르더니 이에 즉위하였다. 해모수의 선조는 고리국(藁離國) 사람이다.

해모수가 북부여 시조가 된 때 23세였으며337), 고주몽이 북부여(졸본부여) 단군이 된 때가 23세였다.338)

---

337) 전게 한단고기 〈북부여기 상〉, 125쪽 참조
338) 전게 한단고기 〈북부여기 하〉, 138쪽 참조. 고주몽은 서기전 57년에 북부여 제8대 단군으로

웅심산(熊心山)은 곰맘산으로서 고마산이며, 고마산은 즉 개마산(蓋馬山)을 다르게 나타낸 글자가 되는데, 이 개마산은 지금의 백두산이 있는 동개마산이 아닌 북개마산(北蓋馬山)으로서 지금의 대흥안령산맥(大興安嶺山脈)에 있는 산이 될 것이며, 상춘(常春)에 있는 백악산아사달(白岳山阿斯達)에 가까운 산이 될 것이다.

(2) 해모수 천왕랑의 3월 제천(祭天)과 연호법(煙戶法) 제정

서기전 238년 3월 16일에 해모수 천왕랑(天王郎)께서 하늘에 제사를 지내고 연호법(烟戶法)을 제정하더니 오가(五加)의 병력을 나누어 배치하여 밭을 갈아 자급자족함으로써 뜻밖의 일에 대비하도록 하였다.[339]

연호법은 묘(墓)나 릉(陵)을 관리하고 제사지내는 등의 법(法)을 가리킨다. 고구려의 제19대 광개토호태황이 국연(國烟)과 간연(看烟)의 연호법을 제정하여 시행한 것으로 광개토황비문에 새겨져 있기도 하다.

(3) 단군조선 오가 공화정 철폐, 해모수가 천왕(天王)으로 즉위하다]

서기전 232년 기사년(己巳年)에 해모수 천왕랑(天王郎)이 무리를 이끌고 가서옛 도읍의 오가(五加)들을 회유하여 마침내 공화정치를 철폐하였다. 이에 만백성들이 추대하여 단군(檀君)으로 즉위하여 천왕(天王)이 되었으며[340], 이에 북부여(北扶餘) 시조라 한다. 여기서 옛 도읍은 장당경(藏唐京)을 가리킨다.

공화정치는 공동화백(共同和白) 정치를 가리키는데, 서기전 238년 3월 16일에 고열가(高列加) 천왕이 오가들에게 정치를 맡긴 이후 서기전 232년까지 오가(五加)의 공화정(共和政)이 시행된 것이 되며, 이를 해모수가 철폐시키고 나라를 접수

즉위한 것이 된다.

339) 전계 한단고기 〈북부여기 상〉, 125쪽 참조
340) 전계 한단고기 〈북부여기 상〉, 126쪽 참조

함으로써 천왕의 자리에 정식으로 오른 것이 된다.

(4) 기비(箕丕)를 번조선왕으로 삼다

서기전 232년에 해모수 천왕은 그동안 명령을 받들어 열심히 보좌하였던 번조선왕 기윤(箕潤)의 아들인 수유후(須臾侯) 기비(箕丕)를 번조선왕(番朝鮮王)으로 삼고 상하(上下)의 운장(雲障)을 지키게 하였다.[341]

상하(上下)의 운장(雲障)은 패수(浿水)였던 지금의 난하(灤河) 중류 지역의 바로 동쪽에 있었던 것이 되는데, 서기전 209년에 연제조(燕齊趙)의 망명인들을 살게 하였던 곳이기도 하다.

(5) 태교(胎敎) 시행 – 공양태모법(公養胎母法)

서기전 232년 겨울 10월에 해모수 천왕(天王)은 공양태모법(公養胎母法)을 세워 사람을 가르침에는 반드시 태교(胎敎)부터 실시하도록 하였다.[342]

태교는 태아 즉 아이가 어머니 뱃속에 있을 때부터 가르치는 것을 의미하는데, 이러한 철학은 태아를 사람으로 보는 것이며, 태어나자마자 한살로 치는 것과 일맥상통하는 것이다. 태어나자마자 한살로 계산하는 법은 한국의 독특한 나이 계산법으로서 다른 나라의 계산법과 확연히 차이가 있는데, 다른 나라는 태어나면 0살이며 만 1년이 되어야만 한살로서 만(滿)으로 계산한다. 태교를 하는 이유는 태아를 사람으로 보기 때문이다.

---

341) 전계 한단고기 〈단군세기〉, 120~121쪽 및 〈태백일사/삼한관경본기, 번한세가 하〉, 228쪽 참조
342) 전계 한단고기 〈북부여기 상〉, 126쪽 참조

(6) 북막의 약탈질

서기전 229년 임신년(壬申年)에 북막(北漠)의 추장(酋長) 산지객륭(山只喀隆)이 영주(寧州)를 습격하여 순사(巡使) 목원등(穆遠登)을 죽이고 크게 약탈질하고 돌아갔다.343)

북막은 서기전 248년에 추장 아리당부가 단군조선에 연나라를 치자고 요청하였다가 거절당하자 그때부터 조공국(朝貢國)에서 일탈하여 독자적으로 활동하였던 것이며, 이에 이르러 북부여를 침공하여 약탈질한 것이 된다.

영주(寧州)는 북부여의 서쪽이자 번조선의 서북쪽 변경이 될 것인데, 옛 구려국의 남쪽 땅으로서 현재의 고하(沽河)의 중상류 부근이 될 것이며, 후대에 거란의 땅이던 영주(營州)이거나 그 부근이 될 것이다.

(7) 기준을 번조선왕으로 봉하다

서기전 221년 경진년(庚辰年)에 번조선왕 기비(箕丕)가 죽으니 아들 기준(箕準)을 아비의 뒤를 이어 번조선왕으로 봉하였으며, 관리를 보내어 병사를 감독하고 연(燕)나라를 대비하는 일에 더욱 힘쓰게 하였다.344)

기준왕은 서기전 195년에 위만(衛滿)을 박사로 모셨으나 서기전 194년에 위만이 배신하여 나라를 빼앗았는데, 이에 기준왕은 배를 타고 마한 땅으로 가서 평양(平壤, 낙랑)을 거쳐 다시 남쪽의 금마(金馬)에 정착하여 서기전 194년에 제1대 마한왕(馬韓王)이 되었다.

(8) 백악산아사달 제천

서기전 220년 신사년(辛巳年)에 명을 내리어 백악산아사달에서 하늘에 제사를

---

343) 전계 한단고기 〈북부여기 상〉, 126쪽 참조
344) 전계 한단고기 〈북부여기 상〉, 126쪽 참조

지내도록 하였다.345)

(9) 366간 천안궁

서기전 220년 가을 7월에 백악산아사달에 새로운 궁궐 366간을 지어 이름하여 천안궁(天安宮)이라 하였다.346)

366이라는 숫자는 4년마다 계산되는 1년의 완성된 숫자인데, 낱자를 모두 합하면 3+6+6=15 여기서 1+5=6이 되어 음양의 사람을 나타낸 숫자가 되어 창조의 뜻을 가지게 되는데, 1년은 주기적으로 무한히 되풀이 되는 것이다.

북부여의 본궁인 신궁(新宮)이 백악산아사달에 지어진 것이 된다. 북부여의 첫 수도는 웅심산(熊心山) 난빈(蘭濱)이다. 이후 북부여의 수도는 고무서 천왕이 졸본(卒本)을 수도로 삼은 서기전 59년까지 백악산아사달이 된다.

(10) 창해역사 여홍성의 진시황 저격

서기전 219년 계미년(癸未年)에 창해역사(滄海力士) 여홍성(黎洪星)이 한(韓)나라 사람 장량(張良)과 함께 진(秦)나라 왕 정(政)을 박랑사(博浪沙) 가운데서 저격하였으나 빗나가 진시황을 호위하던 부차(副車)를 박살냈다.347)

(11) 연제조(燕齊趙) 사람들의 망명귀순

서기전 209년 임진년(壬辰年)에 진승(陳勝)이 군대를 일으키니 진(秦)나라 사람들이 크게 어지러웠다. 이에 연나라, 제나라, 조나라 사람들이 도망하여 번조선(番朝鮮)에 귀순하는 자가 수만 명이나 되었다. 이들을 상하(上下)의 운장(雲障)에 갈

---

345) 전게 한단고기 〈북부여기 상〉, 126쪽 참조
346) 전게 한단고기 〈북부여기 상〉, 126~127쪽 참조
347) 전게 한단고기 〈북부여기 상〉, 128쪽 참조

라 살게 하고 장군을 파견하여 감독케 하였다.348)

서기전 221년에 진시황(秦始皇)이 통일하였으나 진승(陳勝)의 반란이 일어나 진나라에 망하였던 연, 제, 조 나라의 사람들이 진나라 땅을 벗어나 번조선으로 들어와 망명하였던 것이다. 이때 망명귀화한 사람들이 동으로 남으로 이동하여 마한(馬韓) 땅인 한반도의 남쪽으로 들어가 살기도 하였던 것이 된다.

(12) 소백림(蘇伯琳)이 마한 땅 동쪽에서 진한(辰韓)을 세우다

서기전 209년 임진년(壬辰年)에 소백손(蘇伯孫)이 마한 땅 서라벌에 이르러 진한(辰韓)을 세웠다. 소백손은 소백림(蘇伯琳)이라고도 적힌다.349)

원래 소씨(蘇氏)는 풍이(風夷)의 후손으로서 소성(蘇城)에 봉해져 소씨성을 가지게 된 것이 되는데, 이 소성은 단군조선 초기에 도산회의(塗山會議)를 계기로 단군조선의 영역에 편입되었던 것이 되고, 후대에 단군조선이 망하자 유민(遺民)들이 동으로 이동하여 한반도로 유입되었던 것이며, 그들 중 소백손(蘇伯孫)이 서기전 209년에 단군조선의 제도를 본떠 진한(辰韓)을 건국한 것이 된다.

이때 남쪽에는 변한(弁韓)이 세워진 것이 된다. 남쪽의 변한은 진한(辰韓)과 같은 계통이 되는 바, 함께 변진(弁辰)이라고도 부르는 것이 된다.

(13) 한(漢) 나라와 패수(浿水)를 국경으로 삼다

서기전 202년 기해년(己亥年)에 한(漢) 나라의 연왕(燕王) 노관(盧綰)이 다시 요동(遼東)의 옛 성터를 수리하고 동쪽은 패수(浿水)로써 경계선을 삼으니 패수는 곧 오늘의 난하(灤河)이다.350)

---

348) 전계 한단고기 〈북부여기 상〉, 128쪽 참조
349) 진주소씨 대동보 서문 참조
350) 전계 한단고기 〈북부여기 상〉, 128쪽 참조

한(漢) 나라는 유방(劉邦)이 세운 나라인데, 유방은 요임금의 후손으로 서기전 206년에 군사를 일으켜 한왕(漢王)이라 불리고, 서기전 202년에 해하(垓下)에서 항우(項羽)를 격파하고 중원 천하를 통일하여 한고조(漢高祖)가 되었다.

여기서 요동은 한나라에서 본 요동이 되는데, 원래의 대요수(大遼水)였던 지금의 영정하(永定河)의 동쪽을 가리키며, 북부여에서 보면 패수의 서쪽 지역이므로 요서(遼西)지역이 된다.

서기전 281년에 연나라 진개가 만번한(滿番汗)을 국경으로 삼은 이후 다시 동쪽으로 국경이 이동한 것이 된다.

이후 요동과 요서의 구분은 우리 역사기록에서는 대진국 시대까지 패수인 난하를 기준으로 하고, 고대중국의 기록으로는 한(漢) 나라 때까지는 대요수(大遼水)인 영정하(永定河)가 요동과 요서의 기준이 되고, 이후 하북성에 존재하였던 북방국들은 그들의 정책에 따라 요수(遼水)를 대요수인 영정하에서 동쪽으로 이동시켜 고하(沽河, 白河), 난하(灤河, 원래의 浿水), 대릉하, 지금의 요하(遼河, 원래의 西鴨綠) 등으로 설정하였던 것이 된다.

특히 지금의 요동반도 서편으로 흐르는 지금의 요하는 서기 980년경 거란의 요(遼)나라가 대진국(大震國)을 멸망시킨 후 동쪽으로 수도를 옮기면서 요하(遼河)를 이동시킨 결과로 생긴 것이다. 원래 거란의 요하는 서안평(西安平) 부근에 남북으로 흐르던 강으로서 소요수(小遼水)이며, 대요수인 영정하의 중상류 지역에서 북동쪽에서 남서쪽으로 합류하는 지금의 청수하(淸水河)가 된다. 즉 원래 요동과 요서의 구분은 소요수(小遼水)와 대요수(大遼水)를 기준으로 한 것이 된다.

서기 668년에 고구려가 망하면서 고구려를 계승한 대진국(大震國)은 지금의 난하(灤河) 서쪽의 요서(遼西)지역을 포함하여 지금의 발해만 유역을 차지하였던 것으로 인하여 발해(渤海)라는 이름이 남겨진 것이 된다. 대진국은 당나라를 공격하여 등주(登州) 등 산동지역에 발해관을 설치하기도 하였다.

(14) 연나라 사람 위만(衛滿)의 번조선 망명

서기전 195년 병오년(丙午年)에 연왕(燕王) 노관(盧綰)이 한(漢) 나라를 배반하고 흉노(匈奴)로 망명하니, 그의 무리인 위만(衛滿)은 우리에게 망명을 요구하였으나 해모수 천왕께서는 이를 허락하지 않으셨다. 천왕께서 병으로 인해 스스로 결단을 내리지 못하고 있었는데 번조선왕 기준(箕準)이 크게 실수하여 마침내 위만(衛滿)을 박사(博士)로 모시고 상하운장(上下雲障)을 떼어서 위만에게 봉해 주었다.351)

서기전 195년 병오년 겨울에 최숭(崔崇)이 낙랑(樂浪)으로부터 진귀한 보물을 산처럼 가득 싣고 바다를 건너 마한(馬韓)의 서울 왕검성(王儉城:백아강:평양)에 이르렀다.352) 아마도 서기전 194년 바로 이후에 낙랑홀(樂浪忽)이 위씨조선에 들어간 것이 될 것이다. 낙랑홀은 패수가 되는 난하 중상류의 동서에 걸친 지역으로서 번조선의 북쪽, 구려의 남쪽 사이에 끼인, 보통 크기의 군(郡)과 비슷한 넓이인 지름 약 100리의 땅이 될 것이다.

(15) 태자 모수리 즉위

서기전 195년 겨울에 해모수(解慕漱) 천왕께서 붕하시어 웅심산(熊心山) 동쪽 기슭에 장사지내고, 태자 모수리(慕漱離)가 즉위하였다.353) 웅심산은 해모수 천왕의 근거지였는데, 연고지(緣故地)에 장사를 지낸 것이 된다.

---

351) 전게 한단고기 〈북부여기 상〉, 128쪽 참조
352) 전게 한단고기 〈북부여기 상〉, 131~132쪽 참조
353) 전게 한단고기 〈북부여기 상〉, 128쪽 참조

2. 북부여(北夫餘) 제2대 모수리(慕漱離) 천왕(天王)(서기전 194년~서 기전 170년)

(1) 번조선의 멸망

서기전 194년 정미년(丁未年)에 번조선왕 기준(箕準)은 수유(須臾)에 있으면서 항상 많은 복을 심어 백성들이 매우 풍부하였다. 뒤에 떠돌이 도적인 위만(衛滿)의 꼬임에 빠져 패하고 마침내 바다로 들어간 후 돌아오지 않았다.[354]

수유족(須臾族)이 사는 곳을 가리키며 수유족은 소위 은(殷) 기자(箕子)의 후손인 기후족(箕侯族)을 가리킨다. 여기서는 수유는 번조선 땅을 지칭하는 것이 된다.

기준왕이 바다로 들어간 후 돌아오지 않았다는 것은 기준왕이 번조선을 위만으로부터 회복하지 못하고 멀리 떠난 것을 가리키는데, 역사적으로는 서기전 194년에 기준왕이 배를 타고 마한 땅으로 갔는바, 처음에 최숭(崔崇)이 먼저 정착한 낙랑국(樂浪國)이 있는 지금의 평양(平壤)에 도착하였으나 토착인들의 저항에 부딪혀다시 남하하였던 것이고, 이에 한반도의 남서쪽 금마(金馬)에 정착하게 되었으며이에 마한왕이 되었는데, 1년을 채우지 못하고 훙(薨)하였던 것이다.

이에 번조선의 탁(卓)이 무리를 이끌고 와서 월지(月支)에서 중마한(中馬韓)을 세웠는데, 금마(金馬)의 마한(馬韓)을 이어 제2대 왕이 되었던 것이며, 서기전 194년부터 서기 9년에 백제에게 멸망할 때까지 후삼한의 마한(馬韓)은 합 10대왕 203년의 역사를 가진다.

(2) 마한 땅의 후삼한

서기전 194년 위만(衛滿)에게 속아 나라를 빼앗긴 번조선왕(番朝鮮王) 기준(箕準)은 배를 타고 마한(馬韓) 땅의 낙랑(樂浪)에 들어갔으나, 토착인들의 저항에 부

---

354) 전게 한단고기 〈북부여기 상〉, 129~130쪽 참조

딪혀 쫓겨나니, 다시 배를 타고 남하하여 마한 땅의 서쪽 지역인 금마(金馬)에 이르러 나라를 세우니 마한(馬韓)이다.

이리하여 기준왕(箕準王)은 마한(馬韓)의 제1대 무강왕(武康王)이라 하며 1년 만에 붕하니, 월지(月支)에서 중마한(中馬韓)을 세운 탁(卓)이 제2대 마한왕이 되었다.

서기전 194년 번조선이 망하자 오가의 무리들은 상장(上將) 탁(卓)을 받들어 모두 함께 산을 넘어 마한땅 서쪽 지역에 있는 월지(月支)에 이르러 나라를 세우니, 월지는 탁이 태어난 고향이니 이를 가리켜 중마한(中馬韓)이라 한다.355) 서기전 193년에 기준왕의 뒤를 이어 제2대 마한왕이 되니 강왕(康王)이라 한다.

마한 땅에 기준왕(箕準王)과 탁왕(卓王)의 마한이 세워지기 전인 서기전 209년에 동쪽에 진한(辰韓)이 세워지고, 이때 남쪽에는 변한(弁韓)이 세워졌는데, 이후 진한과 변한은 마한(馬韓)의 다스림을 따르며 세세토록 배반하는 일이 없었다.

즉 마한의 임금인 마한왕(馬韓王)이 진한과 변한을 모두 아우르는 진왕(辰王)이 되었고 진한과 변한은 왕이라기보다 비왕(裨王)인 한(韓)인 것이다. 이는 진한(眞韓), 진조선(眞朝鮮)의 임금인 단군이 천왕(天王)으로서 마한(馬韓), 마조선(馬朝鮮)과 번한(番韓), 번조선(番朝鮮)을 다스린 것과 같은 맥락이다.

단군조선 시대에는 진한(眞韓), 진조선(眞朝鮮)의 임금이 진왕(辰王)으로서 본왕(本王) 즉 상국(上國)의 왕인 천왕(天王)이며, 마한(馬韓), 마조선(馬朝鮮)과 번한(番韓), 번조선(番朝鮮)은 비왕(裨王)이 다스린 것이다.

(3) 위만의 침입에 대비하다

서기전 193년 무신년(戊申年)에 천왕께서 상장(上將) 연타발(延他勃)을 파견하여 평양(平壤)에 성책을 설치하고 도적떼에 대비케 하였다. 위만(衛滿) 역시 싫증을

---

355) 전게 한단고기 〈북부여기 상〉, 129~130쪽 참조

느꼈던지 다시는 침범치 않았다.356)

여기 평양(平壤)은 장당경(藏唐京)인 개원(開原) 즉 지금의 심양(瀋陽)의 남쪽에 있던 해성(海城)을 가리키는데, 한반도의 평양은 고구려의 남경(南京)에 해당되며, 단군조선 시대에는 백아강(白牙岡)이라 불리었고 수도의 도성(都城)은 왕검성(王儉城)이라고 불리기도 하였다.

(4) 아우 고진(高辰)에게 해성(海城)을 수비케 하다

서기전 192년 기유년(己酉年)에 해성(海城)을 평양도(平壤道)에 속하게 하고는 황제의 동생 고진(高辰)을 시켜 이를 수비케 하니, 중부여(中扶餘) 일대가 모두 복종하매 그들에게 양곡을 풀어 주어 구제하였다.

행정구역인 도(道)는 북부여 초기에 정립된 것이 되며, 주군현(州郡縣) 제도는 단군조선 시대에 정립된 것이 된다.

고진(高辰)은 해성(海城)을 포함하는 서압록(西鴨綠) 지역을 수비하는 데 공이 있어 서기전 120년에 고구려후(高句麗侯)에 봉해지는데, 고리군왕(槀離郡王)이라고도 불린다.

중부여(中扶餘) 지역은 장당경(藏唐京), 해성(海城), 서압록(西鴨綠) 지역을 포함하는 지역으로서 상춘(常春)을 중심으로 하는 북부여(北扶餘) 지역의 남부가 된다.

(5) 경향분수법(京鄕分守法)

서기전 192년 겨울 10월에 경향분수법(京鄕分守法)을 세웠으니 서울 도성은 곧 천왕이 직접 수비를 총괄하며 지방은 네 갈래로 나누어 군대를 주둔시키니 마치 윷놀이에서 용도(龍圖)를 관전(觀戰)하고 그 변화를 아는 것과 같았다.357)

---

356) 전계 한단고기 〈북부여기 상〉, 129~130쪽 참조
357) 전계 한단고기 〈북부여기 상〉, 129~130쪽 참조

윷놀이판은 중앙과 사방으로 나눠지는데, 동서남북으로 삼사오가(三師五加)가 배치된 모습이며 음양오행상생(陰陽五行相生)의 원리를 담고 있다. 즉 삼사는 내부에서 바깥으로 천지인 또는 음양중으로서 풍백, 우사, 운사가 되고, 오가(五加)는 바깥쪽의 다섯 자리로서 도, 개, 글, 윷, 모의 자리가 되며, 각 저가, 구가, 양가, 우가, 마가를 나타낸다.

그리고 한 칸을 가는 도(돝, 돼지, 豬加)는 중부(中部)에 해당하고, 두 칸을 가는 개(狗, 狗加)는 서부(西部)에 해당하고, 세 칸을 가는 글(羊, 羊加)은 북부(北部)에 해당하고, 네 칸을 가는 윷(소, 牛加)은 동부(東部)에 해당하고, 다섯 칸을 가는 모(馬, 馬加)는 남부(南部)에 해당하는데, 순서대로 방향으로는 중서북동남이 되고 오행으로는 토금수목화가 되어 토생금(土生金), 금생수(金生水), 수생목(水生木), 목생화(木生火), 화생토(火生土)로서 오행상생(五行相生)의 원리를 나타내고 있다.

(6) 태자 고해사 즉위

서기전 170년 신미년(辛未年)에 모수리(慕漱離) 천왕께서 붕하시고 태자 고해사(高奚斯)가 즉위하였다.358)

3. 북부여(北扶餘) 제3대 고해사(高奚斯) 천왕(天王)(서기전 169년~서기전 121년)

(1) 낙랑왕 최숭이 곡식 300섬을 해성(海城)에 바치다

서기전 169년 임신년(임신년) 정월에 낙랑왕(樂浪王) 최숭(崔崇)이 곡식 300섬을 해성에 바쳤다.359)

---

358) 전게 한단고기 〈북부여기 상〉, 130쪽 참조
359) 전게 한단고기 〈북부여기 상〉, 130쪽 참조

낙랑왕 최숭은 서기전 195년 겨울에 번조선 지역에 있던 낙랑홀(樂浪忽)을 떠나 배를 타고 마한 땅의 백아강(白牙岡)에 도착하여 정착하여 왕노릇을 한 인물이다. 마한(馬韓) 땅은 지금의 한반도 땅을 가리키며, 백아강은 한반도의 평양(平壤)을 가리키며 일명 왕검성(王儉城)이라고도 한다. 마한(馬韓) 땅의 왕검성은 임금성, 임검성으로서 마한(馬韓), 마조선왕(馬朝鮮王)이 수도를 삼은 곳이다.

낙랑왕 최숭은 북부여의 제후에 해당하였던 것이며, 해성(海城)은 장당경의 남쪽에 있던 성으로서 단군조선 말기에 이궁(離宮)으로서 평양(平壤)이라고 불렸다.

발해만 유역의 낙랑(樂浪)은 이후 위씨조선(衛氏朝鮮)에 들어가게 되고 진번(眞番)과 임둔(臨屯)도 서기전 120년 이전에 위씨조선에 들어간 것이 되며, 서기전 118년경에는 해성 이북의 50리 땅을 우거왕(右渠王)에게 빼앗겼다가 3년 후인 서기전 115년에 해성(海城)지역을 수복하였던 것이 된다.

(2) 남여성(南閭城)에서 위만을 토벌하다

서기전 128년 계축년(癸丑年)에 천왕께서 몸소 보병(步兵)과 기병(騎兵) 만 명을 이끌고 위만(衛滿)의 도둑떼를 남여성(南閭城)에서 쳐부수고 관리를 두었다.[360]

남여성(南閭城)은 북부여로 볼 때는 남쪽에 둔 성(城)이 되는데, 위씨조선을 견제하는 요새로서 서압록(西鴨綠)이 되는 지금의 요하(遼河) 서쪽으로서 임둔(臨屯) 땅에 있었던 것으로 보인다.

지금의 요하 바로 서쪽이자 요하 상류의 남쪽지역 사이 땅은 진번(眞番)이 되고 진번의 남쪽에 임둔(臨屯)이 있었던 것이 되며, 진번의 서쪽에 구려(句麗)가 있었던 것이 되고 임둔의 서쪽이자 구려의 남쪽, 진번(眞番)의 남서쪽에 번조선(番朝鮮)이 있었던 것이 되는데, 위씨조선이 서기전 120년 이전에 이 진번과 임둔을 차지하게

---

360) 전게 한단고기 〈북부여기 상〉, 131쪽 참조

되는 것이 된다.

(3) 일군국(一群國)이 조공하다

서기전 121년 경신년(庚申年)에 일군국(一群國)이 사신을 보내 방물을 헌상하였다.[361] 일군국은 서기전 5000년 이전부터 있어온 한국의 12한국 중 하나이며 줄곧 단군조선과 북부여에 이르기까지 조공을 한 나라가 된다.

일군국은 거리상으로 숙신(肅愼)에서 약 5만 리 떨어진 나라인데, 서북쪽으로 5만리를 계산하면 우랄산맥을 넘어서서 지금의 북유럽지역이 된다. 아마도 영국의 스톤헨지 문명의 주인공과 연관성이 있지 않나 한다. 한편, 12한국의 하나인 비리국(卑離國)은 바이칼호 동쪽에 위치한 나라로서 지금의 브리야트공화국 자리가 되며, 양운국(養雲國)은 바이칼호 서편에 위치한 나라가 되고, 구막한국(寇莫汗國)은 양운국의 서쪽으로 우랄산맥과 알타이산맥 사이에 위치한 나라가 된다.

(4) 태자 고우루(高于婁) 즉위

서기전 121년 경신년(庚申年) 9월에 천왕께서 붕하시고 태자 고우루(高于婁)가 즉위하였다. 고우루를 일명 해우루(解于婁)라고 한다.[362] 고우루를 해우루라 한 것은 곧 고씨(高氏)와 해씨(解氏)는 같다는 것이 된다.

---

361) 전게 한단고기 〈북부여기 상〉, 131쪽 참조
362) 전게 한단고기 〈북부여기 상〉, 131~132쪽 참조

4. 북부여(北扶餘) 제4대 고우루(高于婁) 천왕(天王)(서기전 108년~서기전 87년)

(1) 고진(高辰)을 고구려후(高句麗侯)로 삼다

서기전 120년 신유년(辛酉年)에 장수를 보내어 우거(右渠)를 토벌하였으나 이로움이 없었다. 고진(高辰)을 발탁하여 서압록(西鴨綠)을 수비토록 하니 병력을 늘리고 많은 성책(城柵)을 설치하여 능히 우거(右渠)를 대비하는 데 공이 있었으므로 승진시켜 고구려후(高句麗侯)로 삼았다.[363]

당시 위씨조선의 3대왕인 우거의 세력이 강했던 것이 되는데, 지금의 요하가 되는 서압록 지역을 고진(高辰)으로 하여금 지키게 하여 공을 세우니 고구려후로서 제후로 봉한 것이며, 일명 고리군왕(槁離郡王)이라고도 한다.

고리(槁離)는 구려(句麗:구리)와 같은 소리를 나타낸 글자이며, 서기전 1285년 이후에는 고씨(高氏)의 구려국(句麗國)이므로 또한 고구려(高句麗)라 하는 것이 되고, 후대에 구려국(句麗國)을 고리군(槁離郡)이라 부른 것이 된다.

고주몽(高朱蒙) 성제(聖帝)의 고구려(高句麗)라는 국명은 가깝게는 해모수의 북부여(北扶餘)가 구려국 출신인 해모수(=고모수)의 나라이므로 일명 고구려이며, 멀게는 서기전 1285년 고씨 단군 천왕이 다스리던 구려국에 고씨 천왕족(天王族)이 봉해져서 고구려라 할 수 있는 것이다.

(2) 해성(海城) 이북 50리를 우거(右渠)에게 빼앗기다

서기전 118년 계해년(癸亥年)에 우거(右渠)의 도적들이 대거 침략하니 우리의 군대가 크게 패하여 해성(海城) 이북 50리의 땅을 모조리 우거의 땅이 되었다.[364]

---

363) 전게 한단고기 〈북부여기 상〉, 131~132쪽 참조
364) 전게 한단고기 〈북부여기 상〉, 131~132쪽 참조

이때 우거왕이 동쪽으로 서압록(西鴨綠)이던 지금의 요하(遼河)를 건너와 장당경(藏唐京) 남쪽에 위치한 해성(海城) 평양의 북쪽 50리 땅을 차지하였던 것이 된다.

(3) 해성(海城) 수복 실패

서기전 117년 갑자년(甲子年)에 천왕께서 장군을 보내 성을 공격하였으나 석달이 걸려도 이기지 못하였다.365)

(4) 해성(海城) 격파

서기전 115년 병인년(丙寅年)에 천왕께서 몸소 정예군 5,000을 이끌고 습격하여 해성(海城)을 격파하고 추격하여 살수(薩水)에 이르니 구려하(九黎河)의 동쪽은 모두가 항복해 왔다.366)

고우루 천왕께서 친히 군사 5,000을 거느리고 해성(海城)을 습격하여 우거(右渠)의 군대를 격파하고 남쪽으로 흐르는 살수(薩水) 유역을 수복하니, 우거의 군대가 물러나고 구려하의 동쪽이 북부여에 귀복하였던 것이다.

여기 구려하(九黎河)가 정확이 어느 강인지는 이름으로만 보면 불명하나, 서압록의 서쪽에 있는 강이 될 것이며, 구(九)라는 글자가 있어 아홉 갈래의 강이라고 보면 아마도 지금의 요하의 상류지역을 가리키는 것이 될 것인데, 소위 열하(烈河)라고 불리는 지역으로 보이며, 단군조선의 군국(君國)이던 구려국(句麗國)이 동서로 걸쳐 있는 지역이 될 것이다.

역사적으로 구려하(九黎河)는 서안평(西安平) 부근에 있는 강으로서 지금의 서요하(西遼河) 상류 지역이 분명하게 된다. 한편, 요동반도 바로 서쪽에서 남으로 굽어 흐르는 요하 즉 서요하의 중하류 지역은 서압록(西鴨綠)이라 불렸으며, 지금의

---

365) 전게 한단고기 〈북부여기 상〉, 131~132쪽 참조
366) 전게 한단고기 〈북부여기 상〉, 132쪽 참조

압록강은 동압록(東鴨綠)이 불렸다.

(5) 좌원(坐原)에 목책(木柵)을 설치하다

서기전 114년 정묘년(丁卯年)에 목책(木柵)을 좌원(坐原)에 설치하고 군대를 남여(南閭)에 두어 이로써 뜻하지 않은 사태에 대비하게 하였다.[367]

남여성(南閭城)을 수복한 것이 되는데, 서압록이 되는 지금의 요하 서편에서 남쪽에 위치한 성이 된다. 남여성은 진번(眞番)의 남쪽 지역이 되는 임둔(臨屯) 땅에 있었던 것이 될 것이다.

(6) 위씨조선(衛氏朝鮮) 멸망

서기전 108년 계유년(癸酉年)에 한(漢) 나라 유철(劉徹)이 평나(平那)를 노략질하여 우거를 멸망시키더니 4군(郡)을 두고자 사방으로 병력을 침략시켰다.[368]

한(漢) 나라 유철(劉徹)은 한무제(漢武帝)를 가리키며, 평나(平那)는 위씨조선 땅의 중심지를 가리키는 것이 되고, 소위 한사군의 땅이 된 지역은 위씨조선 땅으로서 낙랑(樂浪), 번조선(番朝鮮) 땅, 진번(眞番), 임둔(臨屯), 구려(句麗)의 일부가 되며, 낙랑을 포함한 번조선 땅이 소위 낙랑군(樂浪郡)이 되고, 낙랑의 서북지역 중 구려의 일부가 현토군(玄兎郡)이 되며, 낙랑군의 동쪽에 진번군, 진번군의 남쪽에 임둔군이 있었던 것이 된다.

(7) 한(漢) 나라가 위씨조선 땅에 군(郡)을 설치하다

서기전 108년에 낙랑군(樂浪郡)을 설치하고 서기전 107년에 현토군(玄兎郡)을 설치하였다고 기록되고 있다.

---

367) 전계 한단고기 〈북부여기 상〉, 132쪽 참조
368) 전계 한단고기 〈북부여기 상〉, 132쪽 참조

소위 낙랑군은 서기전 108년에 설치하였다 하고, 현토군은 서기전 107년에 설치하였다 하며, 진번군과 임둔군에 대하여는 정확한 기록이 보이지 아니한 바, 서기전 108년에 낙랑군과 함께 설치한 것으로 간주하고 있는 듯이 보이는데, 아마도 토착인의 자치에 맡겨진 것이 될 것이다.

한(漢) 나라는 위씨조선을 멸망시키고 서기전 108년에 단군조선의 낙랑홀 자리이던 곳에 낙랑군을 설치하고, 서기전 107년에는 단군조선의 구려국 땅의 남부지역의 일부에 현토군을 설치하였던 것이 된다. 낙랑과 현토는 단군조선 시대에 이미 있던 지명으로서 한(漢) 나라가 군명으로 그대로 사용한 것이 된다.

진번(眞番)과 임둔(臨屯)은 서기전 194년 위만이 번조선을 뺏은 후 위씨정권이 침공으로 차지한 것이 되는데, 서기전 108년에 한나라가 위씨조선을 멸망시키고 이전부터 사용하던 이름을 그대로 따서 진번군, 임둔군이라 명명한 것이 되며, 서기전 82년에 북부여가 수복함으로써 서기전 42년에 소서노(召西奴)가 비류와 온조를 데리고 이곳으로 와서 개척하여 어하라국(於瑕羅國)을 세워 서기전 31년에 고주몽 성제(聖帝)로부터 제후로 봉해진 것이 된다.

(8) 졸본의 고두막한이 동명(東明)이라 칭하며 다물업을 열어 북부여를 부흥시키다

서기전 108년 계유년(癸酉年)에 고두막한(高豆莫汗)이 일찍이 북부여가 쇠약해지고 한(漢) 나라 도둑들이 왕성해짐을 보고 북부여의 부흥을 위하여, 분연히 세상을 구할 뜻을 세워 졸본(卒本)에서 즉위하고 스스로 동명(東明)이라 하였다. 고두막한을 고열가(古列加)의 후손이라고 한다.[369]

고두막한(高豆莫汗)은 졸본(卒本)의 한(汗) 즉 북부여의 제후이다. 졸본은 단군조선 시대에 제후국 중의 하나이다.

여기 동명(東明)은 고두막한이 세운 동명국(東明國)이기도 하며 고두막한이 한

---

369) 전계 한단고기 〈북부여기 하〉, 135쪽 참조

(汗)에서 나아가 왕(王)을 칭하여 동명왕(東明王)임을 나타낸다. 왕(王)은 독자적인 군사권을 가지므로 명을 받아 군사권을 수행하는 비왕(裨王)인 한(汗)과는 다르다. 굳이 왕이라 하는 것은 그냥 제후가 아닌 독자적으로 군사권을 가진 것을 나타내는 것이 된다.

고두막한의 고(高)는 고씨라는 성씨가 되고, 두막(豆莫=豆莫婁 : 콩마루=큰마루)은 "큰 머리"라는 뜻을 소리로 표기한 글자가 되며, 한(汗)은 단군조선 시대의 지방 천하왕(天下王)인 군후(君侯)를 가리킨다.

즉 한(汗)은 지방의 천하왕으로서 고대중국의 천자(天子)에 해당하는 작위(爵位)가 된다. 작위체계상으로 세분하면, 군(君)〉공(公)〉후(侯)〉백(伯)〉자(子)〉남(男)의 앞에 천국(天國), 천조(天朝)에서 명을 받은 봉작(封爵)이라는 의미로서 천(天)이라는 글자를 붙이면, 천군(天君)〉천공(天公)〉천후(天侯)〉천백(天伯)〉천자(天子)〉천남(天男)이 되는데, 천자는 끝에서 두 번째 봉작이 되고 단군조선의 한(汗)은 천군(天君)에서 천남(天男)을 통칭한 것이 된다. 반면, 진한, 마한, 변한의 한(韓)은 특별히 일반적인 한(汗)보다 한 단계 위가 되는 천왕격(天王格)으로서 천제(天帝), 천왕(天王)의 비왕(裨王)이 된다.

서기전 108년에 졸본 출신의 고두막한(高豆莫汗)이 펼친 북부여(北扶餘) 부흥의 다물업(多勿業)은, 서기전 59년에 동부여(東扶餘)에서 졸본(卒本)으로 오면서 오이, 마리, 협보, 재사, 묵거, 무골의 의인(義人)을 얻은 고주몽(高朱蒙)에 의하여 단군조선 구려(高句麗) 부흥의 다물업으로 계승된다.

(9) 동명왕 고두막한이 한(漢) 나라를 격파하다

서기전 106년 을해년(乙亥年)에 동명왕(東明王) 고두막한(高豆莫汗)이 스스로 장수가 되어 의병(義兵)을 일으켜 격문을 전하니 이르는 곳마다 무적이었으며, 열흘이 못되어 5,000명의 의병이 모여 한(漢) 나라 침략군을 연파하였고, 이에 지방의 백성들 모두가 사방에서 일어나 호응함으로써 싸우는 군사를 도와서 크게 떨쳐

보답하였다. 한(漢) 나라 도둑들은 싸울 때마다 먼 곳에서 그 모습만 보고도 무너져 흩어져 버리므로, 마침내 군대를 이끌고 구려하(九黎河)를 건너 요동(遼東)의 서안평(西安平)에 이르렀으니 바로 옛 고리국(槁離國)의 땅이었다.[370]

동명왕 고두막한이 스스로 의병(義兵)을 일으켜 침략자인 한(漢) 나라 군사와 전쟁을 한 것은 단지 북부여를 차지하기 위한 것이 아니라 애국심(愛國心)의 발로로서 북부여의 부흥(復興)을 꾀한 것이 된다. 물론 서기전 87년부터 서기전 86년에 걸쳐 북부여의 천왕 자리를 내놓으라고 고우루 천왕과 해부루 천왕을 위협하였던 것은 자신을 지지하는 막강한 군사력(軍事力)을 지니고 있었기 때문에 가능한 것이 된다.

여기서 요동(遼東)은 북부여(北扶餘)의 요동으로서 패수(浿水)가 되는 지금의 난하(灤河)의 동쪽 지역이자 소요수(小遼水)가 되는 지금의 청수하(清水河)의 동쪽 지역을 가리킨다. 청수하는 지금의 영정하 중상류 지역에서 북동쪽에서 남서쪽으로 합류하는 강이며 이 합류지점에도 요(遼)와 관련된 지명이 있었다.

서안평(西安平)은 요동에 있는 땅인데, 소요수가 되는 청수하의 동쪽에 위치한 것이 되며, 패수가 되는 난하의 최상류지역에 위치하는 것이 된다.

고리국(槁離國)은 곧 단군조선 전기의 군국(君國)이던 구려국(句麗國)을 가리키는데, 고리(槁離)라는 말과 구려(句麗)라는 말은 같은 말을 나타낸 표기가 되는데, 구려의 려(麗)를 땅이라는 의미로서 구리라 읽으면 같은 말임이 드러나게 된다.

서안평(西安平)은 서쪽에 위치한 안평(安平)이라는 뜻을 가지는데, 원래의 안평은 대요수가 되는 지금의 영정하 동쪽에 위치한 땅이며, 여기 서안평은 대요수(大遼水)와 소유수(小遼水)의 동쪽에 있어 요동 땅에 위치한 것이 되는데, 구려하(九黎河)의 최상류지역 부근에 있는 서안평은 곧 소요수의 바로 동쪽에 위치한 땅이 되어 구려국 즉 고리국 땅에 있었던 것이다.

---

370) 전계 한단고기 〈북부여기 하〉, 135쪽 참조

서안평(西安平)은 고구려의 요새이기도 하며 후대에 거란(契丹, 遼)의 수도가 된 곳으로서 원래의 거란의 요하(遼河)가 되는 소요수(小遼水)가 있는 곳이고, 구려하(九黎河) 즉 지금의 서요하(西遼河) 상류지역에 위치하고 있는 것이 된다. 신(新)나라의 왕망(王芒)은 서안평을 북안평(北安平)이라 불렀는데, 상대적으로 남쪽에도 안평이라는 지명이 있었던 것이 된다.

(10) 고두막한이 배천(裵川)의 한(漢) 나라 도둑들을 격파하다

서기전 87년 갑오년(甲午年)에 동명왕(東明王) 고두막한(高豆莫汗)이 장수를 보내어 배천(裵川)의 한나라 도둑들을 쳐부수고 유민(遺民)과 힘을 합하여 향하는 곳마다 한(漢) 나라 도둑떼를 연파하더니, 그 수비 장수까지 사로잡았으며 방비를 잘 갖추어 적에 대비하였다.371)

배천(裵川)은 진번(眞番)이나 임둔(臨屯)의 땅에 있었던 작은 강으로 추정되는데, 진번국(眞番國)의 유민(遺民)이자 번조선(番朝鮮)의 유민(遺民)이며 위씨조선(衛氏朝鮮)의 유민(遺民)이 되는 사람들과 합세하여 한(漢) 나라 군사를 물리친 것이 되고, 실제로 서기전 82년에는 진번과 임둔 땅을 수복한 것으로 된다.

(11) 동명왕 고두막한이 천제자(天帝子)라 칭하며 나라를 비키라 하다

서기전 87년 갑오년(甲午년) 10월에 동명왕(東明王) 고두막한(高豆莫汗)은 사람을 시켜서 고하기를 "나는 천제자(天帝子)인데 장차 이곳에 도읍을 정하고자 하니, 왕(王)은 이 땅에서 옮겨가시오"라고 하니, 고우루 천왕은 매우 곤란해졌다. 마침내 고우루 천왕은 걱정으로 병을 얻어 붕어하였다.372)

실제로 동명왕 고두막한은 졸본의 제후인 한(汗)으로서 단군 고열가(高列加) 천

---

371) 전게 한단고기 〈북부여기 하〉, 136~137쪽 참조

372) 전게 한단고기 〈북부여기 상〉, 132~133쪽 참조

왕의 후손이며, 돌아가신 단군천왕을 높이면 천제(天帝)가 되어, 고두막한 자신은 현재는 천왕(天王)은 아니지만 천왕이 될 자격을 가진 천제자(天帝子)가 자연스레 되는 것이다. 즉 천제자(天帝子)는 천왕(天王)과 동격이라 보면 된다.

고우루 천왕은 서기전 120년에 고진(高辰)을 고구려후로 봉하여 위씨조선을 방어하게 하였고, 이후 우거왕의 군사들이 동침하여 해성(海城) 이북의 50리를 잃고서 서기전 115년에 수복하기도 하였으나, 북부여의 군사력이 약화일로에 있었던 것이 되는데, 서기전 108년에 한나라가 위씨조선을 멸망시킬 때 북부여 조정이 속수무책으로 있어 졸본의 고두막한이 의병을 일으켜 한(漢) 나라와 대적한 것이 된다.

이로써 보면, 당시 북부여의 세력은 약화되어 있어 고두막한이 동명왕이라 칭한 것을 제지할 수도 없었던 상황이어서 고우루 천왕이 힘으로 어찌할 수 없었던 시기가 된다. 이리하여 걱정만 하다가 병사한 것이 된다.

(12) 아우 해부루 즉위

서기전 87년 갑오년(甲午年)에 고우루(高于婁) 천왕께서 동명왕(東明王) 고두막한(高豆莫汗)의 위협에 걱정으로 병을 얻어 붕하시니, 고우루 천왕의 아우 해부루(解夫婁)가 즉위하였다.[373]

태자나 아들의 세습이 아니라 형제세습이 되는데, 이는 고우루 천왕에게 태자나 아들이 없었거나 어렸기 때문일 수도 있다.

---

373) 전계 한단고기 〈북부여기 상〉, 132~133쪽 참조

5. 북부여(北扶餘) 제5대 해부루(解夫婁) 천왕(天王)(서기전 87년~서기전 86년)

(1) 동명왕 고두막한의 위협으로 수도를 동쪽으로 옮기다

서기전 87년 갑오년(甲午年) 말에 해부루(解夫婁)가 천왕으로 즉위하였는데, 동명왕 고두막한은 여전히 군대를 앞세워 나라를 비키라고 위협하기를 끊이지 않았으므로, 군신(君臣)이 매우 이를 어렵게 여겼으며, 이때 국상(國相) 아란불(阿蘭弗)이 "통하의 물가 가섭원의 벌판에 땅이 있는데 땅은 기름지고 오곡은 잘 됩니다. 서울을 둘 만한 곳입니다."라고 하며 마침내 해부루 천왕에게 권하여 도성을 옮겼다. 이를 가섭원(迦葉原) 부여라 하며 또는 동부여(東扶餘)라고도 한다.374)

이리하여 동명왕 고두막한이 천왕의 자리에 오른 서기전 86년 이후에는 해부루는 북부여 고두막 천왕의 제후인 동부여후(東扶餘侯)로서 뒤에 동부여왕(東扶餘王)이라 불리게 된다.375)

동명왕 고두막한은 무기를 사용한 전쟁이 아닌 위협적인 말로써 천왕의 자리를 차지한 것이 된다. 이는 서기전 1286년에 우현왕(右賢王) 색불루(索弗婁)가 군사력을 바탕으로 천왕으로 즉위하여 사후(事後)에 소태 천왕으로부터 선양(禪讓)받은 것과는 약간 성격이 다르지만, 군사력을 기반으로 천왕의 자리를 차지한 점에서 강압적(强壓的)인 선양(禪讓)에 해당한다. 물론 고두막 천왕의 즉위는 무혈(無血) 군사혁명에 해당하는 점에서 약간의 유혈전쟁(流血戰爭)이 있었던 색불루 천왕의 즉위 때와는 차이가 있다.

물론, 해부루의 국상인 아란불이 정세를 잘 판단하여 조절을 잘 하였던 것이 되는데, 그렇지 않았다면 군사력을 앞세운 고두막한이 유혈전쟁을 일으켰을 가능성이 있어 백성들에게는 천만다행한 일이었던 것이 된다.

---

374) 전게 한단고기 〈북부여기 상〉, 132~133쪽 참조
375) 전게 한단고기 〈북부여기 하〉, 136~137쪽 참조

서기전 108년에 동명(東明)이라 칭한 졸본(卒本)의 고두막한(高豆莫汗)은 북부여의 부흥(復興)을 꾀하였고, 서기전 59년에 동부여에서 졸본으로 탈출해 온 고주몽(高朱蒙)은 서기전 57년에 졸본(卒本)에서 북부여의 대통을 이어, 한(漢) 나라와의 다물전쟁을 하였던 고두막한(高豆莫汗)의 유업(遺業)을 계승함으로써, 고구려의 동명성제(東明聖帝)로 불리는 것이며, 확대된 다물정책(多勿政策)으로써 단군조선의 고토(古土)를 회복(恢復)하는 것을 실행에 옮겼던 것이 된다.

6. 북부여(北扶餘) 제6대 고두막(高豆莫) 천왕(天王)(서기전 86년~서기전 60년)

(1) 동명왕 고두막한의 천왕 즉위와 동부여왕 해부루

서기전 86년 을미년(乙未年)에 고두막 천왕이 즉위하였다. 북부여가 성읍(城邑)을 들어 항복하였는데, 여러 차례 보전하고자 애원하므로 고두막(高豆莫) 천왕께서 이를 듣고 해부루(解夫婁)를 낮추어 제후로 삼아 분릉(山分 陵)으로 옮기게 하고는, 북을 치며 나팔을 부는 이들을 앞세우고 수 만 군중을 이끌고 도성(都城)에 들어와 북부여(北夫餘)라 칭하였다.376)

이에 해부루는 분릉의 왕 즉 동부여왕으로 봉해졌는데, 고두막 천왕의 제후에 해당한다. 분릉(山分 陵)은 일명 가섭원(迦葉原)이라고 한다. 분릉은 낮은 산이나 언덕 형태를 나타내고, 가섭원은 숲이 우거진 벌판을 나타낸다.

해부루 천왕이 강등되어 동부여왕으로서 동쪽으로 이동하여 정착한 곳이 상춘(常春)의 동쪽에 위치한 지금의 길림(吉林)이 된다. 길림(吉林)이라는 글자는 가섭원(迦葉原)과 의미상으로 통한다. 상춘이 북부여로서 북부여 전체의 수도(首都)라면, 길림은 동쪽의 부여 땅이 되어 동부여(東扶餘)가 되는 것이다. 길림의 동쪽 송화

---

376) 전게 한단고기 〈북부여기 상〉, 136~137쪽 참조

강 건너의 땅은 숙신(肅愼)의 땅이 된다.

이때 북부여의 수도는 백악산아사달의 신궁(新宮)인 천안궁(天安宮)이며, 동명왕 고두막한이 해부루 천왕을 동부여로 옮기게 하고, 여전히 수도로 삼아 북부여라 칭한 것이 된다. 북부여 시조 해모수 천왕은 국호를 북부여라 칭한 것이 아니나 후대의 역사로 보아 북부여라 불리는 것이 되고, 고두막 천왕이 국호를 북부여라 칭한 것이 된다.

(2) 동부여 제1대왕 해부루(解夫婁:서기전 86년~서기전 48년)

서기전 86년 을미년(乙未年)에 해부루왕은 북부여 때문에 제약을 받아 가섭원(분릉)으로 수도를 옮기고, 북부여 고두막 천왕으로부터 강등되어 제후(諸侯)인 지방의 왕(王)으로 봉해졌다. 가섭원은 오곡이 다 잘 되었는데 특히 보리가 많았고 또 범, 표범, 곰, 이리 따위가 많아서 사냥하기 편했다.[377]

(3) 동부여 땅의 정춘요(正春謠)

서기전 84년 정유년(丁酉年)에 동부여 해부루왕이 국상(國相) 아란불(阿蘭弗)에게 명하여 널리 베풀어 주변의 유민들을 불러 모으도록 하였다. 이렇게 하여 잘 먹여주고 따뜻하게 살 곳을 주며 또 밭을 주어 경작하게 하니 몇 해 안되어 나라는 풍부해지고 백성들은 풍족해졌다. 때에 필요할 때마다 비가 내려 분릉을 기름지게 하는 지라, 백성들이 왕에게 정춘(正春)의 노래를 지어 불렀다. 정춘이란 "진짜 봄이다"라는 의미가 된다.[378]

---

377) 전계 한단고기 〈가섭원부여기〉, 139~140쪽 참조
378) 전계 한단고기 〈가섭원부여기〉, 139~140쪽 참조

(4) 한(漢) 나라 도적들을 격파하다

서기전 86년 을미년 가월 8월에 서압록하(西鴨綠河)의 상류에서 한구(漢寇)[379] 와 여러 차례 싸워서 이겼다.[380]

서압록하는 지금의 요하(遼河)를 가리키는데, 서기전 86년 이후 서기전 82년에 는 서압록하 서편에 위치한 진번과 임둔을 북부여가 수복하게 된다.

(5) 진번과 임둔을 수복(收復)하다

서기전 82년 기해년(己亥年)에 한사군의 속하였던 진번군과 임둔군을 수복하여 북부여에 속하게 하였다.

고대중국 기록에서는 서기전 82년에 이르러 임둔, 진번을 없애고 낙랑과 현도에 소속시켰더니 뒤에 현도는 다시 구려로 옮겨 갔다〈東夷傳 滅〉라고 적고 있으나, 이 는 소위 춘추필법에 의한 기록이며, 실제로는 진번군과 임둔군이 북부여에 수복된 것이 된다.

(6) 고모수(해모수)와 유화부인

서기전 80년 신축년(辛丑年)에 하백녀(河伯女:하백의 딸) 유화(柳花)가 나들이 를 나갔는데 북부여의 황손(皇孫) 고모수(高慕漱)가 유혹하더니 강제로 압록강변 의 어떤 집에서 자기 멋대로 하여 버리고는 고모수는 승천(昇天)하여 돌아오지 않 았다. 유화의 부모는 유화가 무모하게 고모수를 따라갔음을 책망하여 마침내 구석 방에 딸을 가두어 버렸다.[381] 고모수는 본명이 불리지이며, 고진의 손자가 된다. 여 기서 승천하였다는 말은 고모수가 정사(政事)를 보러 중앙조정(中央朝廷)으로 복

---

379) 한(漢) 나라의 도적 즉 한나라 침략군
380) 전계 한단고기 〈북부여기 하〉, 136~137쪽 참조
381) 전계 한단고기 〈가섭원부여기〉, 139~140쪽 참조

귀하였다는 것을 의미한다. 이에 반하여 하백(河伯)의 땅은 지방이 된다.

(7) 고주몽의 탄생

서기전 79년 임인년(壬寅年) 5월 5일에 고주몽이 탄생하였다.[382] 유화부인의 부모가 구석방에 딸을 가두어 버렸다는 것에서 고주몽은 외조부 하백(河伯)의 집 즉 어머니 유화부인의 친정에서 태어난 것이 되고, 이후 유화부인이 어린 고주몽을 데리고 웅심산으로 갔다가 사방을 주유(周遊)하다가 동부여로 간 것이 된다.

고모수가 승천(昇天)하여 돌아오지 않았다라고 기록되는 것은 고모수가 유화를 임신시키고는 북부여 조정(朝廷)으로 들어가서는 찾지 않았다는 것을 가리킬 수도 있고, 고모수가 사망하였다는 것을 가리킬 수도 있다. 여기서는 유화가 나중에 고주몽을 데리고 고모수의 친가(親家)인 시가(媤家)가 있는 북부여 웅심산으로 갔던 것이며, 이후 사방을 주유하다가 고주몽이 5세경에 동부여로 간 것이 되므로, 고모수는 아마도 고주몽이 어릴 때 사망한 것이 될 것이다.

이리하여, 해부루왕이 유화를 이상히 여겨 수레를 같이 타고 궁으로 돌아와 깊숙한 곳에 가두어 버렸으며, 이에 유화부인이 큰 알 하나를 낳으니 한 사내아이가 그 껍질을 깨고 나왔다라고 기록되는데, 이때 고주몽은 이미 5세였던 것이 된다. 해부루와 고주몽의 아버지 고모수는 6촌형제 사이가 된다.

이름을 고주몽이라 불렀는데 생김새가 뛰어났으며 나이 7세에 저 혼자 활과 화살을 만들어 쏘았는데 백발백중이었다. 부여에선 활 쏘는 것을 일컬어 주몽(朱蒙)이라 하였으므로 이로써 이름으로 불렀던 것이 된다. 추모(鄒牟)는 주몽(朱蒙)과 같은 소리를 적은 이두식 표기가 된다.

---

382) 전게 한단고기 〈북부여기 하〉, 137쪽 및 〈가섭원부여기〉, 139~140쪽 참조

(8) 해부루왕이 금와를 얻다

서기전 77년 갑진년(甲辰年)에 해부루왕은 늙도록 아들이 없어 어느 날 산천에 제사지내고 아들 있기를 빌었더니 타고 있던 말이 곤연(곤연)에 이르러 큰 돌을 마주보고 서서 눈물을 흘렸다. 왕은 이를 이상히 여겨 사람을 시켜 그 큰 돌을 굴리게 하였더니 어린애가 있었는데, 금색의 개구리모양이었다. 해부루왕은 몹시 기뻐하며 "이 아이야말로 하늘이 나에게 내리신 아기로다"하시며 곧 거두어 기르니, 이를 금와(金蛙)라 하고 그가 성장하매 태자로 책봉하였다.383)

(9) 태자 고무서의 즉위

서기전 60년 신유년(辛酉年)에 고두막 천왕께서 붕하시니 유명(遺命)에 따라 졸본천(卒本川)에 장사지내고, 태자 고무서가 즉위하였다.384)

7. 북부여(北夫餘) 제7대 고무서(高無胥) 천왕(天王)(서기전 59년~서기전 58년)

(1) 수도를 졸본으로 삼다

서기전 59년 임술년(壬戌年)에 고무서 천왕이 졸본천에서 즉위하고는 백악산에서 장로들과 함께 모여 역사에 따른 실례에 따라 널리 하늘에 제사할 것을 약속하니 모두가 크게 기뻐하였다.385)

고무서 천왕께서는 태어나면서부터 신(神)과 같은 덕이 있어 능히 주술로써 바람과 비를 불러 잘 구제하므로 민심을 크게 얻어 소해모수(小解慕漱)라고 불렸다. 한

---

383) 전게 한단고기 〈가섭원부여기〉, 140~141쪽 참조
384) 전게 한단고기 〈북부여기 하〉, 137쪽 참조
385) 전게 한단고기 〈북부여기 하〉, 137~138쪽 참조

편, 대해모수(大解慕漱)는 북부여 시조 해모수를 가리킨다.

(2) 한나라 도적들을 격파하다

서기전 59년 임술년에 한나라 도적들이 요좌(遼左)에서 소란을 피우므로 여러 차례 싸워 크게 이겼다.[386]

여기서 요좌(遼左)는 요수의 동쪽으로서 요동(遼東)을 가리키며, 요동과 요서의 기준이 되는 소요수(小遼水)와 난하를 기준으로 그 동쪽이 되며, 현도군과 낙랑군의 동쪽이 될 것이다. 진번 땅과 임둔 땅은 서기전 82년에 북부여에 이미 귀속되었던 것이 된다.

(3) 고주몽이 동부여에서 북부여 졸본으로 탈출하다

서기전 59년 고주몽이 21세 되던 해에 동부여에서 나라 사람들이 고주몽을 가리켜 나라에 이로움이 없는 인물이라 하며 죽이려 하므로, 남동쪽으로 도망하라는 어머니 유화부인의 명을 받들어, 덕으로 사귄 친구인 오이(烏伊), 마리(摩離), 협보(陜父)와 함께 길을 떠나 분릉수(엄리대수)에 이르렀는데, 건너려고 하였으나 다리가 없으므로 뒤쫓아 오는 군사들에게 몰릴까 두려워 하여 물에 고하기를, "나는 천제자(天帝子)요 하백(河伯)의 외손(外孫)인데 오늘 도주함에 추격하는 자들이 다가오고 있는데 어찌하란 말인가?"라고 하니, 이때 물고기와 자라 등이 떠올라 다리를 만들므로 주몽이 건너가자 물고기와 자라는 다시 흩어졌다.[387]

여기서 물고기와 자라 등은 하백의 다스림을 받고 있던 어민이나 어부들을 가리키는 것이 되며, 다리를 만들었다는 것은 배와 배를 서로 이어서 다리처럼 만들었다라는 것을 나타낸다.

---

386) 전게 한단고기 〈북부여기 하〉, 137~138쪽 참조
387) 전게 한단고기 〈북부여기 하〉, 138쪽 참조

이에 고주몽은 졸본으로 가다가 모둔곡(毛屯谷)에서 다시 재사(再思), 무골(武骨), 묵거(墨居)를 만나니 모두 7의인(義人)이 되어 무리들 앞에서 다물흥방(多勿興邦)을 맹세하며 하늘에 제를 지냈다. 이때 하늘에 고(告)한 제천문(祭天文)이 있다.

(4) 고주몽 다물흥방(多勿興邦) 고천문(告天文)[388]

한한상존(桓桓上尊)이시여!

구한(九桓)에 비추어 내리시사 밭을 일구고 황무지를 바꾸어 우리 땅에 우리 곡식으로, 오직 우리 진한(辰韓)이 융성하고 부강하게 하소서!

7인이 같은 덕(德)으로 큰 원을 회복하고자 맹서하고 도적들을 물리쳐, 우리 옛 강토를 완전하게 하고, 오래된 숙병(宿病)을 제거하고, 우리의 누적된 원한을 풀고, 기근과 병란을 일거에 없애고, 도를 따라 백성을 사랑하고, 삼한(三韓)이 함께 다스려져, 서에서 동으로, 북에서 남으로, 어려서는 반드시 전(佺)을 따르고 늙어서는 종(倧)이 있을 바이다!

노래와 춤으로 마땅히 취하고 배부르게 되오며, 구한(九桓)이 하나의 땅으로서 오래오래 계승되오리다!

이제 소자 과덕하여 근면에 힘씀에, 머리를 조아려 받드니, 신(神)께선 흠향을 마다하지 마시고, 소자들이 가는 정벌에 이롭게 하시고, 공을 빛나게 하소서. 우리나라를 도우시사 우리백성들이 오래 살게 하소서!

(桓桓上尊 照臨九桓 昫昫闢荒 我土我穀 惟我辰韓 旣殷且富 七人同德 誓復

---

388) 을파소 전수, 참전계경 총론 참조

弘願 斥逐寇掠 完我旧疆 去彼宿病 解我積寃 飢饉兵亂 一幷掃盡 引道愛民
三韓同治 自西而東 自北而南 幼必從佺 老有所倧 以歌以舞 且醉且飽 九桓
一土 齊登壽域 今朕寡德 甚勤而時 叩頭薦供 神嗜飲食 以利我征 俾光我功
佑我國家 壽我人民)

고주몽의 일행이 졸본(卒本)에 이르렀는데, 고무서 천왕은 아들이 없어 고주몽을
보고 사람이 범상치 않음을 느끼고 둘째 딸 소서노(召西弩)를 아내로 삼게 하였다.

(5) 흰 노루(白獐)을 얻다

서기전 58년 계해년(癸亥年)에 고무서 천왕이 영고탑(寧古塔)을 순시하다가 흰
노루를 얻었다.[389]

(6) 고무몽의 북부여 단군 즉위

서기전 58년 계해년(癸亥年) 10월에 고무서 천왕께서 붕하시고, 고주몽이 유언
에 따라 대통(大統)을 이었다. 이에 고주몽도 또한 단군(檀君)이 된다. 고주몽이 고
구려를 건국한 후에는 시호가 동명성제(東明聖帝)로서, 일반 왕(王)을 거느리거나
봉하는 제(帝)가 된다.

8. 북부여(北夫餘) 제8대 고주몽(高朱蒙) 천왕(天王)(서기전 57년~서기전 37년)

(1) 졸본부여 단군 고주몽과 신라시조 거서간 박혁거세

서기전 57년, 갑자년(甲子年)에 고주몽이 북부여의 졸본에서 고무서 천왕의 대

---

389) 전게 한단고기 〈북부여기 하〉, 137~138쪽 참조

를 이어 즉위하였다. 이때 고주몽이 23세였다. 이리하여 고주몽 또한 단군(檀君)이라 한다. 이해에 마한 땅 동쪽에 자리 잡은 진한(辰韓)에서 박혁거세(朴赫居世)가 6부의 추대를 받아 거서간(居西干)이 되었는데 이때 박혁거세는 13세였다.

즉위연도로 따지면 고주몽이 북부여 단군이 된 때와 박혁거세가 신라 시조가 된 때가 같다. 다만, 단군은 천왕(天王)으로서 제후를 거느린 본 임금이며, 거서간은 한(汗)으로서 천왕의 제후에 해당하므로 천자(天子)에 해당한다.

고주몽이 북부여의 대를 이을 당시 북부여는 세력이 약화된 상태에서 각 제후들이 왕이라 칭하던 때가 되는데, 박혁거세가 거서간이라 칭한 것은 북부여의 서방을 지키는 방어장으로서 천자의 직분을 수행한다는 뜻이 담겨져 있는 것이다.

박혁거세의 아버지[390]는 박혁거세가 태어날 당시인 서기전 69년에 북부여의 거서간(居西干) 즉 서방을 지키는 방어장인 한(汗)의 직책을 수행하다 사망한 것이 되는데, 어머니 파소(婆蘇)가 어린 박혁거세를 데리고 북부여 제실(帝室)로 갔다가, 미래에 박혁거세의 자리를 찾아 주기 위하여, 다시 남하하여 한반도의 동쪽에 있는 진한으로 갔던 것이며, 이때 진한(辰韓) 6부(部)의 수장(首長)이던 소벌도리(蘇伐都利, 蘇伐公)가 왕으로 추대하고, 이에 6부가 모두 응하여 신라시조(新羅始祖)로 삼은 것이 된다.

박혁거세의 어머니 파소(婆蘇)는 북부여 제실녀(帝室女)인 바, 서기전 69년경에는 고두막 천왕 시절로서 남편은 북부여의 거서간(居西干)으로서 고두막 천왕의 손녀사위가 되는 것이다. 즉 파소는 고두막 천왕의 아들인 고무서의 장녀(長女)가 되며, 당시 고무서가 태자이던 시절에 남편이 거서간의 자리에 있다가 사망하자 임신한 채로 북부여의 제실로 되돌아갔다가, 제 자리를 찾지 못하자 유복자인 박혁거세와 종자(從者)들을 데리고 동옥저를 거쳐 한반도의 동쪽인 진한(辰韓) 땅으로 배를

---

390) 홍사한은(鴻史桓殷)이라는 기록에는 박혁거세의 아버지가 박원달이라고 한다. 신빙성이 있다고 본다.

타고 남하한 것이다.

한편, 고주몽은 서기전 79년생인데, 서기전 59년경에 동부여에서 이미 예씨(禮氏)부인과의 사이에 유리(琉璃)가 태어났었으며, 북부여의 졸본으로 와서는 고무서 천왕의 둘째 딸인 소서노(召西弩)와 혼인하였던 것인데, 이 소서노는 파소의 아우가 되는 것이다. 고무서 천왕에게 딸이 셋 있었다고 기록되는데 셋째 딸이 누구인지는 아직 불명이다.

(2) 동부여 태자 금와(金蛙) 즉위

서기전 48년 계유년(癸酉年)에 동부여 해부루왕이 훙하고 태자 금와가 즉위하였다.[391]

(3) 동부여 제2대왕 금와가 조공하다

서기전 47년 갑술년(甲戌年)에 동부여 금와왕(서기전 47~서기전 7)이 사신을 보내어 고주몽 단군의 북부여에 특산물을 바쳤다.

(4) 고주몽이 고구려를 건국하다

서기전 37년에 고주몽 단군(檀君)이 국호를 고구려(高句麗)라 하였다. 이해 43세였다. 이리하여 고주몽 단군은 고구려의 제1대 동명성제(東明聖帝)로 기록된다. 여기서 제(帝)는 일반 왕(王)에 해당하는 제후를 거느리는 임금으로서 단군조선이나 북부여로 보면 천왕(天王)에 해당한다. 신라의 거서간(居西干), 이사금(尼斯今: 寐錦), 마립간(麻立干)이나 백제의 어라하(於羅瑕)는 제후격의 천자(天子)에 해당한다.

---

391) 전계 한단고기 〈가섭원부여기〉, 141쪽 참조

후삼한(後三韓)의 역사

1. 진한(辰韓)의 역사

(1) 소백손(蘇伯孫)이 마한 땅 동쪽에서 진한(辰韓)을 세우다

서기전 209년 임진년(壬辰年)에 소백손(蘇伯孫)이 마한 땅 서라벌에 이르러 진한(辰韓)을 세웠다. 그러나, 진한은 마한과는 달리 왕(王)을 선출하지 않고 6촌 촌장들이 화백(和白) 즉 공화정치(共和政治)를 하였던 것이 된다. 소백손은 소백림(蘇伯琳)이라고도 적힌다.

원래 소씨(蘇氏)는 풍이(風夷)의 후손으로서 소성(蘇城)에 봉해져 소씨성을 가지게 된 것인데, 이 소성(蘇城)은 단군조선 초기에 도산회의(塗山會議)를 계기로 단군조선의 영역에 편입되었던 것이 되고, 후대에 단군조선이 망하자 유민(遺民)들이 동으로 이동하여 한반도로 유입되었던 것이며, 그들 중 소백손(蘇伯孫)이 서기전 209년에 단군조선의 제도를 본따 진한(辰韓)을 건국한 것이 된다.

(2) 진한(辰韓) 6부(部)

진한(辰韓) 6부는 처음에는 6촌(村)이라 불리었는데, 서기 32년 신라 제3대 유리 이사금이 진한 6촌의 이름을 바꾸어 6부로 고치고 성씨를 하사였는바, 양산촌은 양부, 고허촌은 사량부, 대수촌은 점량부, 진지촌은 본피부, 가리촌은 한지부, 명활촌은 습비부라 하고, 양부는 이씨(李氏), 사량부는 최씨(崔氏), 점량부는 손씨(孫氏), 본피부는 정씨(鄭氏), 한지부는 배씨(裵氏), 습비부는 설씨(薛氏)로써 각 사성(賜姓)하였던 것이다.

(3) 변진24국 −25국

단군조선 시대의 마한 땅이던 한반도의 남쪽에 서기전 209년 이후에 동쪽에는 진한(辰韓), 남쪽에는 변한(弁韓)이 있었으며 모두 24국이 있었다고 전하는데, 기사국(己私國), 불사국(不斯國), 변진미리미진국(弁陳彌離彌陳國), 변진누도국(弁辰樓塗國), 근기국(勤耆國), 난리미동국(難離彌凍國), 변진고자미동국(弁辰古資彌凍國), 변진고순시국(弁辰古淳是國), 염원국(冉爰國), 변진반로국(弁辰半路國), 변진낙노국(弁辰樂奴國), 군미국(軍彌國), 변군미국(弁軍彌國), 변진미오사마국(弁辰彌烏邪馬國), 여담국(如湛國), 변진감로국(弁辰甘路國), 시로국(尸路國), 주선국(州鮮國), 마연국(馬延國), 변진구사국(弁辰狗邪國), 변진정조마국(弁辰定漕馬國), 변진안사국(弁辰安邪國), 변진독로국(弁辰瀆盧國), 사로국(斯盧國), 우유국(優由國)이며, 실제로는 25국으로 기록되어 있다.[392]

여기서 대표적으로 불사국은 비사벌가야로 이어지고, 변진구사국은 변진구야국으로서 후대에 김수로왕의 금관구야국으로 이어지며, 변진안사국은 변진안라국으로서 후대에 안라국 즉 아라가야로 이어지고, 사로국은 신라로 이어진 것으로 된다.

(4) 진한 12국

위 변진 25국 중에서 진한 12국에는, 기사국(己私國), 불사국(不斯國), 근기국(勤耆國), 난리미동국(難離彌凍國), 염원국(冉爰國), 군미국(軍彌國), 여담국(如湛

---

392) 진수, 삼국지 〈동이전, 변진〉 및 전계 조선전 〈동이전 弁辰, 삼국지〉, 110~112쪽 참조

國), 시로국(尸路國), 주선국(州鮮國), 마연국(馬延國), 사로국(斯盧國), 우유국(優由國)이 속하는 것이 되고 그 외는 변한 13국이 되는 셈이다.

위 12국 중에서 특히 불사국은 지금의 창녕(昌寧) 지역에 있던 나라로서 후대에 비사벌가야(比斯伐伽倻)로 불리는데, 변진 24국에 속하면서 진한 12국에 속하였던 것이 된다. 이 비사벌가야의 왕족은 조씨(曹氏)이며 서기 551년경 진흥왕(眞興王) 대에 신라에 병합되어 김씨(金氏)를 하사받았다가 서기 631년 2월에 진평왕(眞平王)으로부터 조씨(曹氏)를 환원(還元))하여 사성 받은 것이 된다. 변한 땅이 대체적으로 가야 땅이 되었는데, 불사국은 처음에는 변한이 아닌 진한에 속하고 후대에는 신라와 구별되어 가야(伽倻)에 속한 땅이 되는 것이다.

사로국은 사로 즉 서라벌에 있던 나라로서 진한(辰韓)의 중심지가 되고, 서기전 57년에 신라로 이어진 것이 되는데, 신라의 초기 국명이 사로인 것에서 알 수 있다.

(5) 진한의 영역과 호수

한반도 동부에 진한(辰韓)이 건국될 때 남쪽에는 변한(弁韓)이 세워진 것이 된다. 남쪽의 변한은 진한(辰韓)과 같은 계통이 되는 바, 따라서 함께 변진(弁辰)이라고도 불리는 것이 된다. 진한은 북쪽은 예맥과 인접하고, 서쪽에는 마한이 있고 남쪽에는 변한이 있으며, 진한에는 모두 12개국이 있었다.

처음에는 진한 6부(部)로서 여섯 나라가 있었는데, 뒤에 와서는 차츰 나뉘어져 12국이 되었다라고도 하는 바, 한반도의 진한 땅은 원래 단군조선의 마한 땅으로서 소국(小國)들이 이미 존재하고 있었던 것이고, 진한 6부는 진한의 수도이던 사로를 중심으로 6개 부족의 소국으로 하여 자리를 잡았다가 진한 조정(朝廷)의 6부(部)가 된 것으로 된다.

진한(辰韓)에는 총호수가 4~5만호가 있었다고 기록된다,

(6) 진한의 관제

각 나라마다 조그만 별읍(別邑)을 두었고 각 그 우두머리를 거수(渠帥)라 하였다. 큰 나라에는 수장을 신지(臣智)라 하였고, 그 아래에 검측(儉側)을 두고, 그 아래를 번예(樊濊)라 하고, 그 아래를 살해(殺奚)라 하고, 그 아래에 차읍(借邑)을 두었다.[393]

여기서 별읍(別邑)은 소도(蘇塗)를 가리키는 것이 된다. 이 소도는 단군시대부터 내려온 제천행사를 벌이는 특별지역으로서 신성(神聖)지역인 것이다.

신지, 검측, 번예, 살해, 차읍 등은 직위에 따른 명칭이 되는데, 차읍이 읍의 수장인 읍차(邑借)임을 고려하면, 살해는 군(郡)의 태수(太守)나 성주(城主)에 해당하고, 신지, 검측, 번예는 각 공후백자남의 제후에 해당하는 것이 될 것이다.

(7) 인구수

변진 24국에 큰 나라는 4~5천호(千戶), 작은 나라는 6~7백호(百戶)가 되며 총호수가 4~5만호(萬戶)가 된다.

여기서 1호(戶)에는 약 10명의 식구가 살았던 것으로 계산이 되는데, 4~5만호이면 총 인구는 약 40~50만명이 되는 셈이 된다. 그리하여 진한 12국의 총 인구수는 약 20~25만명 정도가 될 것이다.

(8) 마한왕이 진왕(辰王)

서기전 194년에 한반도의 중서부에 자리 잡은 직산(稷山)의 마한(馬韓)이 목지국(目支國)으로서 중마한(中馬韓)이라 불리는데 진한과 변한을 통할한 것이 되며, 이 마한(馬韓)의 왕(王)을 최고의 임금인 진왕(辰王)이라 한 것이 된다.

---

393) 진수, 삼국지 〈동이전, 변진〉 및 전게 조선전 〈동이전 弁辰, 삼국지〉, 110~112쪽 참조

마한왕은 단군조선의 변조선 출신으로서 서기전 194년에 금마(金馬:익산)에 마한을 세운 기준(箕準)왕과 서기전 193년에 직산에 중마한을 세운 탁왕(卓王)의 대를 이은 왕을 가리키는 것이 된다.

(9) 진한의 역년(歷年)

후삼한 시대의 진한은 서기전 209년부터 신라가 건국된 서기전 57년까지 153년의 역사를 가지며 역대(歷代)는 불명이나 소씨(蘇氏)가 대를 이은 것이 된다.

(10) 신라의 건국

서기전 57년 북부여의 거서간(居西干) 집안 출신인 박혁거세가 진한 6부(部)의 수장이던 소벌공(蘇伐公)을 비롯한 6부의 추대에 의하여 신라왕이 되었다. 소벌공은 소벌도리라고도 불리는데, 성명이 소벌(蘇伐)이며 진한의 건국자인 소백손(蘇伯孫)의 후손이 된다. 이후 신라는 서기 935년까지 992년의 역사를 가진다.

2. 변한(弁韓)의 역사

서기전 209년 임진년(壬辰年)에 소백손(蘇伯孫)이 마한 땅 서라벌에 이르러 진한(辰韓)을 세웠는데, 이때 진한의 서남쪽과 남쪽에 변한(弁韓)이 세워진 것이 된다. 변한은 진한(辰韓)과 같은 계통이 되는 바, 함께 변진(弁辰)이라고도 부르는 것이 된다. 변한은 진한의 남쪽에 있으며 모두 12국 또는 13국이 되고, 남쪽은 왜(倭)와 인접한다.

(1) 변진24국 -25국

단군조선 시대의 마한 땅이던 한반도 남쪽에 서기전 209년 이후에 동쪽에는 진한(辰韓), 남쪽에는 변한(弁韓)이 있었는바, 모두 24국이 있었다고 전하는데, 기사국(己私國), 불사국(不斯國), 변진미리미진국(弁陳彌離彌陳國), 변진누도국(弁辰樓塗國), 근기국(勤耆國), 난리미동국(難離彌凍國) 변진고자미동국(弁辰古資彌凍國), 변진고순시국(弁辰古淳是國), 염원국(冉爰國), 변진반로국(弁辰半路國), 변진낙노국(弁辰樂奴國), 군미국(軍彌國), 변군미국(弁軍彌國), 변진미오사마국(弁辰彌烏邪馬國), 여담국(如湛國), 변진감로국(弁辰甘路國), 시로국(尸路國), 주선국(州鮮國), 마연국(馬延國), 변진구사국(弁辰狗邪國), 변진정조마국(弁辰定漕馬國), 변진안사국(弁辰安邪國), 변진독로국(弁辰瀆盧國), 사로국(斯盧國), 우유국(優由國)인 바, 실제로는 25국이 기록되어 있다.

(2) 변한12국 – 13국

위 변진 25국 중에서 변한 12국(13국)에는, 변진미리미진국(弁陳彌離彌陳國), 변진누도국(弁辰樓塗國), 변진고자미동국(弁辰古資彌凍國), 변진고순시국(弁辰古淳是國), 변진반로국(弁辰半路國), 변진낙노국(弁辰樂奴國), 변군미국(弁軍彌國), 변진미오사마국(弁辰彌烏邪馬國), 변진감로국(弁辰甘路國), 변진구사국(弁辰狗邪國), 변진정조마국(弁辰定漕馬國), 변진안사국(弁辰安邪國), 변진독로국(弁辰瀆盧國)이 있으며 그 외는 진한 12국이 되는 셈이다.

여기서, 변진구사국은 변진구야국으로서 후대에 김해에 수도를 둔 김수로왕의 금관구야국으로 이어지고, 변진안사국은 변진안라국으로서 후대에 안라국 즉 함안에 수도를 둔 아라가야로 이어진 것으로 된다. 독로국(변진독로국)은 왜(倭)와 연접해 있었다.

(3) 변한의 관제

변한의 관제는 진한의 관제와 같다. 각 나라마다 조그만 별읍(別邑)을 두고 각 그 우두머리를 거수(渠帥)라 하였다. 큰 나라에는 수장을 신지(臣智)라 하였고, 그 아래에 검측(儉側)을 두고, 그 아래를 번예(樊濊)라 하고, 그 아래를 살해(殺奚)라 하고, 그 아래에 차읍(借邑)을 두었다.394)

여기서 별읍은 소도(蘇塗)를 가리키는 것이 된다. 이 소도는 단군시대부터 내려온 제천행사를 벌이는 특별지역으로서 신성(神聖)지역인 것이다. 거수는 소도를 관장하는 수장이므로 국선(國仙)이 될 것이다.

차읍은 읍차를 다르게 적은 것으로서 읍(邑)의 수장이 되고, 살해는 읍의 위가 되는 행정단위의 수장으로서 군(郡)의 태수나 성주(城主)가 될 것이며, 그 위가 되는 신지, 검측, 번예는 각 공후백자남의 제후에 해당하는 것이 될 것이다. 특히 살해는 단군조선의 성주(城主)나 원(原)의 수장이 되는 지방의 최고장관인 욕살(褥薩)과 통하는 말로 보인다. 물론 단군조선의 욕살은 고구려의 지방장관이 되는 욕살과 같은 직위가 된다.

(4) 인구수

변진 24국에 큰 나라는 4~5천호(千戶), 작은 나라는 6~7백호(百戶)가 되며 총 호수가 4~5만호(萬戶)가 된다. 여기서 1호(戶)에는 약 10명의 식구가 살았던 것으로 계산이 되는데, 4~5만호이면 총 인구는 약 40~50만명이 되는 셈이 된다. 그리하여 변한 12국의 총 인구수는 약 20~25만명 정도가 될 것이다.

(5) 마한왕이 진왕

서기전 194년에 한반도의 서쪽에 자리 잡은 직산(稷山)의 마한(馬韓)이 목지국(目支國)으로서 진한과 변한을 통할한 것이 되며, 마한왕(馬韓王)을 최고의 임금인

---

394) 진수, 삼국지 〈동이전, 변진〉 및 전계 조선전 〈동이전 弁辰, 삼국지〉, 110~112쪽 참조

진왕(辰王)이라 한 것이 된다.

마한왕은 단군조선의 번조선 출신으로서 서기전 194년에 금마(金馬:익산)에 마한을 세운 기준(箕準)왕과 서기전 193년에 직산에 중마한을 세운 탁왕(卓王)의 대를 이은 왕을 가리키는 것이 된다.

(6) 9간(干)의 공화정(共和政)

변한은 9간이 공화정으로 다스린 것으로 기록되는데, 이는 진한 6촌(村)의 촌장들이 왕(王)을 선출하지 아니하고 화백(和白)으로 공화정치(共和政治)를 실시한 것과 같은 체제가 된다.

간(干)은 신라의 거서간(居西干)의 간과 같이 본왕을 염두에 두어 왕이 아닌 비왕(裨王)이라는 의미가 된다. 한(韓), 간(干), 한(汗), 가한(可汗), 칸 등은 원래 왕이 아니라 비왕(裨王) 또는 보왕(補王)의 뜻을 가진다. 진한과 변한의 한은 북부여 천왕이나 마한왕의 비왕이라는 의미를 가지고, 신라의 거서간, 마립간은 북부여나 고구려의 비왕이라는 의미를 가지며, 신라의 왕(王) 아래 두었던 갈문왕(葛文王)이 소왕(小王)으로서의 비왕(裨王)이라는 뜻으로 한(韓)에 해당하고, 갈문왕 아래에 간(干)을 두었던 것이 된다.

(7) 변한의 역년(歷年)

후삼한 시대의 변한은 진한이 건국된 서기전 209년부터 가야가 건국된 서기 42년까지 251년의 역사를 가지며 역대(歷代)는 불명이다.

(8) 가야의 건국

서기전 121년에 흉노의 휴도왕 금류(金留)가 한(漢) 나라 무제(武帝)에 항복하고, 휴도왕 금류의 태자이던 김일제(金日磾)가 서기전 86년에 한나라의 투후(秺侯)

로 봉해졌다가, 서기 8년에 왕망(王芒)이 정변을 일으켜 신나라를 세웠으나 서기 23년에 망하게 되니, 이에 흉노족(匈奴族)의 후예인 김씨(金氏)395) 일족이 대거 한반도 남쪽의 변한(弁韓) 땅으로 이주하게 되었던 것이다.

원래 흉노족은 서기전 2177년 이후에 파생된 단군조선의 한 부족(部族)으로서396) 약수(弱水)가 있는 황하중류의 북단(北端)지역과 지금의 오르도스 지역을 중심으로 활동하였던 것이 된다.

서기 23년에 김수로(金首路)가 탄생하였다.

서기 42년 3월 15일 단군왕검(檀君王儉) 어천(御天) 제일(祭日)에 20세이던 김수로가 변한(弁韓) 구간(九干)의 추대로 왕이 되어 지금의 김해(金海)를 중심으로 금관국(金冠國)을 세웠다. 이에 김씨(金氏)의 6가야국(伽倻國)이 변한 땅을 다스리게 된 것이다.

6가야는 각 나라마다 비록 왕은 있으나 한 국가로 통일되지 않고, 단군조선의 봉국(封國) 제도의 유습을 이어 연방(聯邦), 연맹(聯盟)으로 다스렸던 것이 된다.

3. 마한(馬韓)의 역사

가. 마한의 역대기

(1) 제1대 무강왕(武康王:기준(箕準):서기전 194년~서기전 193년)

(가) 번조선(番朝鮮)의 멸망

서기전 194년 정미년(丁未年)에 번조선왕 기준(箕準)은 수유(須臾)에 있으면서

---

395) 김씨의 역사는 서기전 2598년 소호금천씨로부터 시작되는데, 나중에 흉노왕으로 나타나고 한반도 가야와 신라의 김씨가 되는바, 그 중간시대에 있었던 김씨의 역사를 연구하는 것이 의미가 있을 것이다.

396) 전게 한단고기 〈단군세기〉, 68쪽 참조

항상 많은 복을 심어 백성들이 매우 풍부하였다. 뒤에 떠돌이 도적인 위만(衛滿)의 꼬임에 빠져 패하고 마침내 바다로 들어간 후 돌아오지 않았다.[397]

수유(須臾)는 수유족(須臾族)이 사는 곳을 가리키며, 수유족은 소위 은(殷) 기자(箕子) 서여(胥餘)의 후손인 기후족(箕侯族)을 가리킨다. 여기서는 수유는 수유족의 근거지인 번조선 땅을 지칭하는 것이 된다.

기준왕이 바다로 들어간 후 돌아오지 않았다는 것은, 기준왕이 위만의 속임수에 빠져 번조선을 잃고서 회복하지 못하고 멀리 떠난 것을 가리키는데, 역사적으로는 서기전 194년에 기준왕이 번조선을 떠나 배를 타고 마한 땅으로 갔던 것인 바, 처음에는 서기전 195년에 최숭(崔崇)이 먼저 정착하여 세웠던 낙랑국(樂浪國)이 있는 지금의 평양(平壤)에 도착하였으나 토착인들의 저항에 부딪혀 다시 남하하였던 것이고, 이에 한반도의 남서쪽 금마(金馬)에 정착하게 되었던 것이며, 스스로 마한왕이 되었으나 1년을 채우지 못하고 붕(崩)하였던 것이다.

이에 번조선 출신의 상장군(上將軍) 탁(卓)이 무리를 이끌고 와서 월지(月支)에서 중마한(中馬韓)을 세웠는데, 금마(金馬)의 마한(馬韓)을 이어 제2대 왕이 되었던 것이며, 서기전 194년부터 서기 9년에 백제에게 멸망할 때까지 후삼한의 마한(馬韓)은 합 10대왕 203년의 역사를 가진다. 여기서 월지(月支)는 목지(目支)를 다르게 적은 글자가 된다. 중마한은 마한 땅의 중부지역이 되는 지금의 직산(稷山)을 중심으로 한 나라이기 때문에 붙여진 국명이 된다.

(나) 마한 땅의 후삼한

서기전 194년 위만(衛滿)에게 속아 나라를 빼앗긴 번조선왕(番朝鮮王) 기준(箕準)은 배를 타고 마한(馬韓) 땅의 낙랑(樂浪)에 들어갔으나, 토착인들의 저항에 부딪혀 쫓겨나니, 다시 배를 타고 남하하여 마한 땅의 서쪽 지역인 금마(金馬)에 이르

---

397) 전게 한단고기 〈북부여기 상〉, 129~130쪽 참조

러 나라를 세우니 마한(馬韓)인 것이며, 금마는 지금의 익산(益山)이 된다.

이리하여 기준왕(箕準王)은 마한(馬韓)의 제1대 무강왕(武康王)이라 하며 1년만에 붕하니, 목지(目支:月支)에서 중마한(中馬韓)을 세운 탁(卓)이 제2대 마한왕이 되었다. 목지(目支)는 월지(月支)의 오기(誤記)로 보인다. 월지는 천안과 평택 사이에 위치한 지금의 직산(稷山)이다.

(2) 제2대 강왕(康王:卓:서기전 193년~서기전 189년)

서기전 194년 번조선이 망하자 오가의 무리들은 상장(上將) 탁(卓)을 받들어 모두 함께 산을 넘어 마한땅 서쪽 지역에 있는 월지(月支)에 이르러 나라를 세우니, 월지는 탁이 태어난 고향이니 이를 가리켜 중마한(中馬韓)이라 한다.398) 서기전 193년에 기준왕의 뒤를 이어 제2대 마한왕이 되니 강왕(康王)이라 한다.

마한 땅에 기준왕(箕準王)과 탁왕(卓王)의 마한이 세워지기 전인 서기전 209년에 동쪽에 진한(辰韓)이 세워지고, 이때 남쪽에는 변한(弁韓)이 세워졌는데, 이후 진한과 변한은 마한(馬韓)의 다스림을 따르며 세세토록 배반하는 일이 없었다.

즉 마한의 임금인 마한왕(馬韓王)이 진한과 변한을 모두 아우르는 진왕(辰王)이 되었고 진한과 변한은 왕이라기보다 비왕(裨王)인 한(韓)인 것이다. 이는 진한(眞韓) 즉 진조선(眞朝鮮)의 임금인 단군이 천왕(天王)으로서 마한(馬韓) 즉 마조선(馬朝鮮)과 번한(番韓) 즉 번조선(番朝鮮)을 다스린 것과 같은 맥락이다.

단군조선 시대에는 진한(眞韓)-진조선(眞朝鮮)의 임금이 진왕(辰王)으로서 본왕(本王) 즉 상국(上國)의 왕인 천왕(天王)이며, 마한(馬韓)-마조선(馬朝鮮)과 번한(番韓)-번조선(番朝鮮)은 비왕(裨王)이 다스린 것이다.

---

398) 전계 한단고기 〈북부여기 상〉, 129~130쪽 참조

(3) 제3대 안왕(安王:龕:서기전 189~서기전 157)

(4) 제4대 혜왕(惠王:寔:서기전 157~서기전 144)

(5) 제5대 명왕(明王:武:서기전 144~서기전 113)

(6) 제6대 효왕(孝王:亨:서기전 113~서기전 73)

(7) 제7대 양왕(襄王:燮:서기전 73~서기전 58)

(8) 제8대 원왕(元王:勳:서기전 58~서기전 32)

(9) 제9대 계왕(稽王:貞:서기전 32~서기전 16)

〈백제(百濟)의 건국을 돕다〉

서기전 18년에 마한의 제9대 계왕(稽王)이 백제의 시조 온조(溫祚)에게 한강유역 땅을 떼어 주어 나라를 세우게 하였다. 이에 온조는 서기전 18년에 한산(漢山) 아래 한강의 남쪽 즉 하남(河南)에 위지성(尉支城:위례성)을 쌓았다.

위지성(위례성)은 13년간 백제의 초기 수도로서 지금의 몽촌토성 자리가 되며, 서기전 5년부터 서기 371년까지 376년간 수도가 된 한성(漢城)은 풍납토성이 되고, 서기 371년부터 서기 475년까지 약 100년간 수도가 된 한산(漢山)은 지금의 남한산성(南漢山城) 자리가 되는데, 지금의 서울 즉 한성(漢城)에서의 백제역사는 서기전 18년부터 서기 475년까지 총493년이 된다.399)

(10) 제10대 학왕(學王:서기전 16년~서기 9년)

〈백제에게 망하다〉

서기 9년에 백제에게 망하니, 이로써 후삼한의 마한은 10대 203년이다. 마한의 계왕이 서기전 18년에 온조에게 나라를 세울 수 있도록 한강유역을 떼어 주면서 배려하였으나, 서기 9년에 백제의 공격을 받고 멸망하였던 것이 된다.

---

399) 백제 수도 위례성과 한성의 위치는 아직도 명확히 밝혀지지 않은 상태로 연구과제이다.

나. 마한 54국

(1) 마한54국

마한은 한반도의 서쪽에 있으며 모두 54국이 된다. 북쪽은 낙랑과 연결되고, 남쪽은 왜와 연접되며, 동쪽은 진한과 접한다. 진한 12국과 변한 12국을 합하면 마한 관할에는 모두 78국이 있는 것이 된다.

마한 54국은 아래와 같다.

원양국(爰襄國), 모양수국(牟襄水國), 상수국(桑水國), 소석색국(小石索國), 대석색국(大石索國), 우휴모록국(優休牟淥國), 신분첨국(臣濆沽國), 백제국(伯濟國), 속로불사국(速盧不斯國), 일화국(日華國), 고탄자국(古誕者國), 고리국(古離國), 노남국(怒藍國), 자지국(自支國), 자리모로국(咨離牟盧國), 소위건국(素謂乾國), 고원국(古爰國), 막로국(莫盧國), 비리국(卑離國), 고리비국(古卑離國), 신첩국(臣疊國), 지침국(支侵國), 구로곡(狗盧國), 비미국(卑彌國), 감해비리국(監奚卑離國), 고만국(古滿國), 치리국국(致利鞠國), 염로국(冉路國), 아림국(兒林國), 사로국(駟盧國), 내비리국(內卑離國), 감해국(感奚國), 매로국(邁盧國), 군비리국(群卑離國), 전사오차국(田斯烏且國), 일리국(一離國), 불미국(不彌國), 우반국(友半國), 구소국(狗素國), 정로국(挺盧國), 모로비리국(牟盧卑離國), 신소도국(臣蘇塗國), 막로국(莫盧國), 고랍국(古臘國), 임소반국(臨素半國), 신운신국(臣雲神國), 여래비리국(如來卑離國), 초산도비리국(楚山塗卑離國), 일난국(一難國), 구해국(狗奚國), 불운국(不雲國), 불사분사국(不斯濆邪國), 원지국(爰池國), 건마국(乾馬國), 초리국(楚離國)이다.[400]

---

400) 진수, 삼국지 〈동이전, 한〉 및 전게 조선전 〈동이전 한, 삼국지〉, 100~101쪽 참조

(2) 마한의 관제

작은 고을 즉 별읍(別邑)마다 우두머리로 거수(渠帥)가 있다. 큰 고을에서는 우두머리를 신지(臣智)라 하고, 그 아래에 검측(儉側)이 있고, 그 아래에 번지(樊祗)가 있고, 그 아래에 살해(殺奚)가 있으며, 그 아래에 읍해(邑借)가 있다.401)

진왕(辰王)은 월지국(月支國)을 다스리고, 신지(臣智)에게는 우호신운견지보안사숙지분신리아불례구사진지렴(優呼臣雲遣支報安叔支濆臣離兒不例狗邪秦支廉)이라는 칭호를 더하기도 하였다.402)

벼슬에는 위솔선읍군(魏率善邑君), 귀의후(歸義侯), 중랑장(中郞將), 도위(都尉), 백(伯), 장(長), 후(侯) 등이 있었다.403)

각 나라마다 한 사람씩을 세워 천신(天神)에게 제사를 올리게 하는데 이 사람을 천군(天君)이라고 한다.404)

여기서 별읍(別邑)은 소도(蘇塗)를 가리키는 것이 된다. 소도에는 큰 나무가 있어 방울과 북을 매다는데 절(寺)과 같은 말이 된다. 큰 나무는 신단수 즉 당산나무를 가리키는 것이 되고, 절과 같다는 말은 종교행사 장소인 신성지역임을 나타내는 것이 된다.

마한의 소국(小國)에서 천제(天祭)를 지내는 담당자를 천군(天君)이라 하는 바, 이로써 목지국(目支國:月支國)의 왕인 마한(馬韓)의 진왕(辰王)은 소국들의 본왕으로서 천왕격(天王格)의 임금이 된다. 여기서 목지국(目支國)은 월지국(月支國)의 오기가 된다.

소도의 수장은 거수(渠帥)이다. 소도를 관장한 사람은 국선(國仙)이 되는데, 곧

---

401) 범엽, 후한서 〈동이전, 한〉 및 전게 조선전 〈동이전 한, 후한서〉, 65~68쪽 참조
402) 진수, 삼국지 〈동이전, 한〉 및 전게 조선전 〈동이전 한, 삼국지〉, 100~101쪽 참조
403) 진수, 삼국지 〈동이전, 한〉 및 전게 조선전 〈동이전 한, 삼국지〉, 100~101쪽 참조
404) 범엽, 후한서 〈동이전, 한〉 및 전게 조선전 〈동이전 한, 후한서〉, 65~68쪽 참조

국선이 거수에 해당하는 것으로 된다.

신지(臣智), 검측(儉側), 번예(樊濊)의 다른 표기가 되는 번지(樊祗)는 공후백자남의 제후에 해당하고, 그 아래의 살해(殺奚)는 지방의 최고장관인 욕살(褥薩)에 해당하며, 읍해(邑偕)는 읍차(邑借)의 오기(誤記)로서 읍(邑)의 수장을 가리키는 것이 된다.

(3) 인구수

큰 나라는 만여호가 되고, 작은 나라는 수천 호가 된다. 총 10여만 호가 된다. 마한의 관할에 속하는 진한과 변한을 합한 총 78국의 땅을 모두 합치면 약 4,000리(里)가 된다. 이는 가로와 세로 각 약 2,000리 즉 방(方) 2,000리라는 것이 되는데, 단군조선 시대의 1주(州)에 해당하는 방(方) 1,000리의 땅이 4개가 있는 것이 된다.

하지만 후삼한 시대의 마한 관할은 실제로 한반도의 중남부 지역이 되는데, 즉 지금의 한강유역에서 남쪽으로 전 지역을 가리키는 것이 되며, 사방 둘레가 약 4,000리로서 방(方) 1,000리의 땅이 된다.

1호당 식구를 약 10명이라고 계산하면 10여만 호의 총인구수는 약 100만여명이 된다. 즉 지금의 한강 이남으로 약 100만 명이 살았다는 것이 된다.

한편, 단군조선 시대인 서기전 1666년경에는 36주(州)와 은(殷)나라 9주(州)를 합한 총 45주(州)에 총 1억8,000만 명이 살아, 평균적으로 1주(州)에 해당하는 방(方) 1,000리에 약 400만명이 살았던 것이 되어, 후삼한 시대에 비하여 인구밀도가 약 4배에 해당되었던 것으로 계산된다. 물론 단군조선의 영역은 45주 밖으로 일반 조공국까지 합하면 동서 2만리 남북 5만리의 땅이 되어 서기전 1666년경에 1억8,000만 명이 살았다는 것은 충분히 가능성이 있는 것으로 된다.

북부여(北夫餘) 시대
동부여 역대기 역사

1. 동부여의 시조 해부루왕 – 고두막 천왕이 해부루를 동부여후에 봉하다

서기전 86년 을미년(乙未年)에 고두막 천왕이 즉위하였다. 북부여가 성읍(城邑)을 들어 항복하였는데, 여러 차례 보전하고자 애원하므로 고두막(高豆莫) 천왕께서 이를 듣고 해부루(解夫婁)를 낮추어 제후로 삼아 분릉(山分 陵)으로 옮기게 하고는 북을 치며 나팔을 부는 이들을 앞세우고 수 만 군중을 이끌고 도성에 들어와 북부여(北夫餘)라 칭하였다.[405]

이에 해부루는 분릉의 왕 즉 동부여왕으로 봉해졌는데, 고두막 천왕의 제후에 해당한다. 분릉(山分 陵)은 일녕 가섭원(迦葉原)이라고 한다. 분릉은 낮은 산이나 언덕 형태를 나타내고 가섭원의 숲이 우거진 벌판을 나타낸다.

해부루 천왕이 강등되어 동부여왕으로서 동쪽으로 이동하여 정착한 곳이 상춘(常春)의 동쪽에 위치한 지금의 길림(吉林)이 된다. 길림(吉林)이라는 글자는 가섭원(迦葉原)과 의미상으로 통한다. 상춘이 북부여로서 북부여 전체의 수도(首都)라면, 길림은 동쪽의 부여 땅이 되어 동부여(東夫餘)가 되는 것이다. 길림의 동쪽 송화

---

405) 전계 한단고기 〈북부여기 하〉, 136~137쪽 참조

강 건너의 땅은 숙신(肅愼)의 땅이 된다.

이때 북부여의 수도는 서기전 220년에 지은 천안궁(天安宮)이 있는 백악산아사달이었으며406), 동명왕 고두막한이 해부루 천왕을 동부여로 옮기게 하고 여전히 수도로 삼아 북부여라 칭한 것이 된다.

2. 동부여 역대기 역사

(1) 동부여 제1대왕 해부루(解夫婁:서기전 86년~서기전 48년)

서기전 86년 을미년(乙未年)에 해부루왕은 북부여 때문에 제약을 받아 가섭원(분릉)으로 수도를 옮기고 북부여 고두막 천왕으로부터 강등되어 제후(諸侯)인 지방의 왕(王)으로 봉해졌다. 가섭원은 오곡이 다 잘 되었는데 특히 보리가 많았고 또 범, 표범, 곰, 이리 따위가 많아서 사냥하기 편했다.407)

(가) 동부여 땅의 정춘요(正春謠)

서기전 84년 정유년(정유년)에 동부여 해부루왕이 국상 아란불에게 명하여 널리 베풀어 주변의 유민들을 불러 모으도록 하였다. 이렇게 하여 잘 먹여주고 따뜻하게 살 곳을 주며 또 밭을 주어 경작하게 하니 몇 해 안되어 나라는 풍부해지고 백성들은 풍족해졌다. 때에 필요할 때마다 비가 내려 분릉을 기름지게 하는 지라, 백성들이 왕에게 정춘(正春)의 노래를 지어 불렀다.408)

(나) 해부루왕이 금와를 얻다

서기전 77년 갑진년(甲辰年)에 해부루왕은 늙도록 아들이 없어 어느 날 산천에

---

406) 전계 한단고기 〈북부여기 상〉 126~127쪽 참조
407) 전계 한단고기 〈가섭원부여기〉, 139~140쪽 참조
408) 전계 한단고기 〈가섭원부여기〉, 139~140쪽 참조

제사지내고 아들 있기를 빌었더니 타고 있던 말이 곤연에 이르러 큰 돌을 마주보고 서서 눈물을 흘렸다. 왕은 이를 이상히 여겨 사람을 시켜 그 큰 돌을 굴리게 하였더니 어린애가 있었는데, 금색의 개구리 모양이었다. 해부루왕은 몹시 기뻐하며 "이 아이야말로 하늘이 나에게 내리신 아기로다"하시며 곧 거두어 기르니, 이를 금와라 하고 그가 성장하매 태자로 책봉하였다.[409]

(다) 고주몽이 어머니 유화부인을 따라 동부여에 살다

서기전 75년에 유화부인(柳花夫人)이 5세의 고주몽을 데리고 해부루왕을 따라 동부여로 가서 살게 되었다.

고주몽은 서기전 79년 임인년(壬寅年) 5월 5일에 분릉에서 태어난 것이 아니라 유화부인의 친정인 하백(河伯)의 집에서 태어난 것이 되고, 고주몽이 어릴 때에 어머니 유화부인이 고주몽을 데리고 웅심산(熊心山)으로 갔으며 이후 사방을 돌아다니다가 동부여의 해부루왕을 따라 가서 살게 된 것이며, 이때 고주몽은 이미 5살이 되었던 것이 된다. 해부루왕과 고주몽의 아버지 고모수(해모수:불리지)는 6촌형제가 된다. 서기전 73년 고주몽이 나이 7세에 저 혼자 활과 화살을 만들어 쏘았는데 백발백중이었다. 부여에선 활 쏘는 것을 일컬어 주몽이라 하였으므로 이로써 이름으로 불렀다.

(라) 고주몽이 동부여에서 북부여 졸본으로 탈출하다

서기전 59년 고주몽이 21세 되던 해에 동부여에서 동부여 사람들이 고주몽을 가리켜 나라에 이로움이 없는 인물이라 하며 죽이려 하므로, 남동쪽으로 도망하라는 어머니 유화부인의 명을 받들어, 덕으로 사귄 친구인 오이, 마리, 협보와 함께 길을 떠나 분릉수(엄리대수)를 건너 졸본천에 이르렀다. 이때 고무서 천왕은 아들이 없어

---

409) 전계 한단고기 〈가섭원부여기〉, 140~141쪽 참조

고주몽을 보고 사람이 범상치 않음을 느끼고 둘째 딸 소서노를 아내로 삼게 하였다.

(마) 태자 금와의 즉위

서기전 48년에 해부루왕이 훙(薨)하고 태자 금와가 즉위하였다.410)

(2) 동부여 제2대왕 금와(金蛙:서기전 47년~서기전 7년)

(가) 동부여가 북부여에 조공하다

서기전 47년 갑술년(甲戌年)에 북부여(고주몽의 북부여:고구려)에 사신을 보내어 특산물을 바쳤다.411) 동부여는 북부여의 제후국이므로 조공을 한 것이 된다.

(나) 유화부인이 돌아가시다

서기전 24년 정유년(丁酉年)에 유화부인이 동부여에서 돌아가셨다. 이에 고구려는 호위병 수만으로 유화부인을 동부여에서 졸본으로 모셔와 장사지냈는데 황태후(皇太后)의 예로 산 같은 능(陵)을 만들고 곁에 묘사(廟社)를 지었다.412)

(다) 태자 대소의 즉위

서기전 7년 갑인년(甲寅年)에 금와왕이 훙하고 태자 대소가 즉위하였다.413)

---

410) 전게 한단고기 〈가섭원부여기〉, 141쪽 참조. 해부루왕은 서기전 86년에 고두막 천왕에 의하여 동부여로 쫓겨나 제후가 된 것임. 금와는 왕의 아들로서 세자이나 해부루왕이 원래 북부여 천왕이었으므로 편의상 태자라고 하는 것임. 해부루의 동부여는 스스로는 북부여라고 자칭할 수도 있는 것이다.

411) 전게 한단고기 〈가섭원부여기〉, 141쪽 참조.

412) 전게 한단고기 〈가섭원부여기〉, 141쪽 참조

413) 전게 한단고기 〈가섭원부여기〉, 141쪽 참조

(3) 동부여 제3대왕 대소(帶巢:서기전 6년~서기 22년)

(가) 동부여가 고구려에 국교를 청하다

서기전 6년 을묘년(乙卯年) 봄 정월에 대소왕이 고구려에 사신을 보내어 국교를 청하고 왕자를 인질로 삼자고 하였다. 이에 고구려의 제2대 유리명제는 태자 도절 (都切)로써 인질을 삼으려 하였으나 도절이 가지 않으므로 유리명제가 크게 꾸짖었다.414)

(나) 고구려를 치다

서기전 6년 겨울 10월에 대소왕이 병력 5만을 이끌고 졸본성으로 가서 침략하였으나 큰 눈이 와서 많은 동사자만 내고 퇴각하였다.415)

(다) 학반령 전쟁

서기 13년 계유년(癸酉年)에 대소왕이 고구려를 침공하였는데 학반령(鶴盤嶺) 밑에서 고구려의 복병을 만나 크게 패하였다.416) 이때 고구려의 임금은 제3대 대무신열제(大武神烈帝)이다.

(라) 대소왕의 전사

서기 22년 임오년(壬午年) 2월에 고구려가 크게 쳐들어와서 대소왕이 몸소 출전하였으나 진흙탕에 빠져 말이 빠져 나오지 못하는 사이에 고구려의 대장군 괴유(怪由)가 바로 앞에 있다가 대소왕을 살해하였다. 이때 동부여군은 이에 굴하지 않고 여러 겹으로 포위하였는데 큰 안개가 7일 동안 계속되어 고구려의 대무신열제는 몰

---

414) 전게 한단고기 〈가섭원부여기〉, 141~142쪽 참조
415) 전게 한단고기 〈가섭원부여기〉, 142쪽 참조
416) 전게 한단고기 〈가섭원부여기〉, 142쪽 참조

래 병사를 이끌고 밤에 탈출하여 샛길을 따라 도망가 버렸다.417)

(4) 동부여의 후예

(가) 대소왕의 동생이 갈사국(曷思國)을 세우다

서기 22년 여름 4월에 대소왕의 동생은 따르는 무리를 데리고 길을 떠나 압록곡 (鴨綠谷)에 이르러, 해두왕(海頭王)이 사냥 나온 것을 보고는 그를 죽이고 그 백성 들을 취하여 그 길로 갈사수(曷思水)의 변두리를 차지하고는 나라를 세워 왕이라 칭하니 갈사(曷思)라 한다.418)

(나) 대소왕의 종제(從弟)가 고구려에 투항하다

서기 22년 가을 7월에 대소왕의 종제(從弟)가 동부여의 백성 만여 명을 데리고 고구려에 투항하였다. 이에 고구려는 그를 봉하여 왕으로 삼고 연나부에 안치하였 다. 그의 등 뒤에 낙(絡)과 같은 무늬가 있으므로 낙씨라 사성을 하였으며, 뒤에 차 츰 자립하여 개원(開原)의 서북으로 옮겨가 백랑곡(白狼谷)에 이르니 연(燕)나라 땅에 가까운 곳이었다.419)

(다) 갈사국이 고구려에 항복하다

갈사국은 서기 68년 8월에 고구려의 태조무열제 때, 제3대 도두왕(都頭王)이 고 구려가 날로 강해지는 것을 보고 마침내 나라를 들어 항복하였다. 이로써 갈사국은 3대 47년이다.420)

---

417) 전게 한단고기 〈가섭원부여기〉, 141쪽 참조
418) 전게 한단고기 〈가섭원부여기〉, 142쪽 참조
419) 전게 한단고기 〈가섭원부여기〉, 143쪽 참조
420) 전게 한단고기 〈가섭원부여기〉, 142쪽 참조

(마) 고구려가 갈사국 도두왕을 동부여후에 봉하다

서기 68년 8월에 고구려는 항복한 도두왕을 우태(于台)라 부르고, 혼춘(琿春)을 식읍(食邑)으로 삼게 하여 동부여후(東夫餘侯)에 봉하였다.[421]

(바) 낙씨(絡氏:연나부 낙씨) 부여(夫餘)가 고구려에 망하다

서기 494년 고구려의 문자제(文咨帝)가 낙씨 부여를 고구려의 연나부에 편입하니, 낙씨는 마침내 제사가 끊겼다.[422]

연나부 낙씨 부여의 역사는 고신백가(高新百加)의 사국시대(四國時代) 역사에서 다시 살펴보기로 한다.

---

421) 전게 한단고기 〈가섭원부여기〉, 142쪽 참조
422) 전게 한단고기 〈가섭원부여기〉, 143쪽 참조